我的詩國

MY POETREPUBLIC

羅門著

下冊

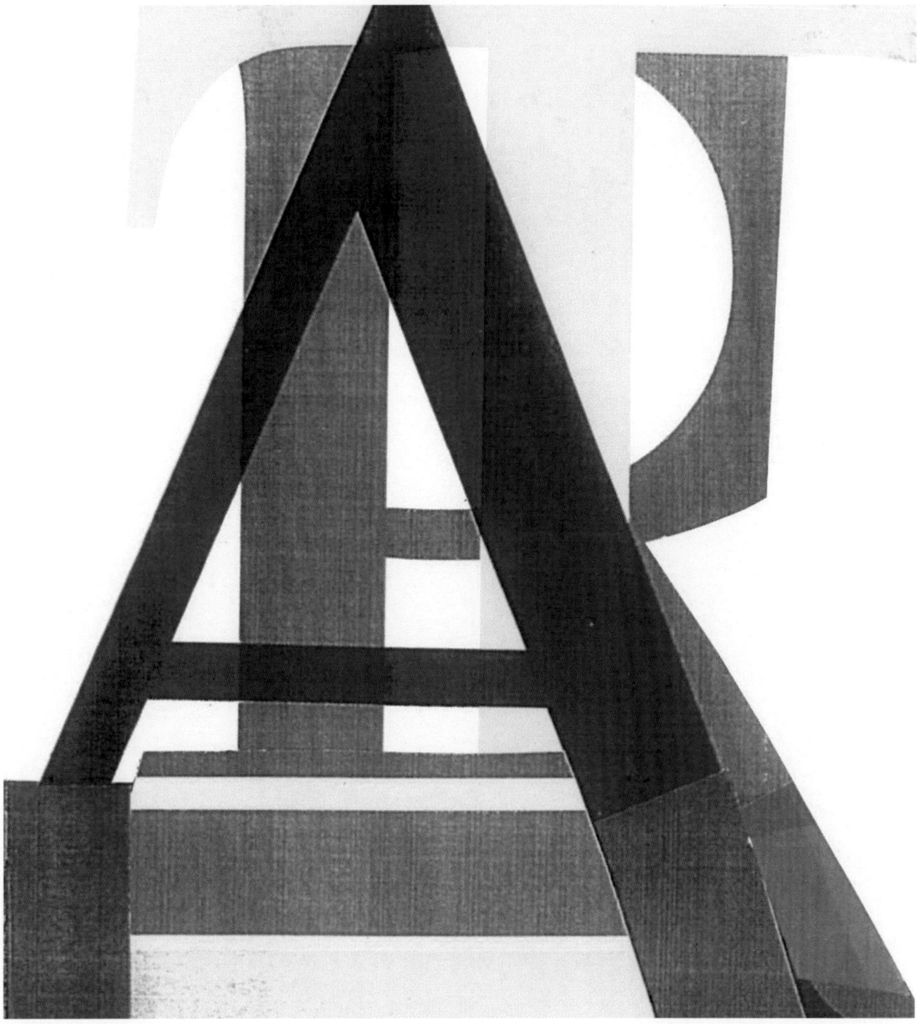

詩國

POETREPUBLIC

詩與藝術一體

將詩文學與藝術兩個球
統合成一個沿著「第三自然螺旋型」
世界旋轉的球體

101
存在的回聲
POETRY, PAINTING, SCULPTURE
建構人類美的視覺聖地

NO.1

（1）精要書寫我半世紀從事「詩」與「藝術」的直航通航

（2）我「詩」與「藝術」特殊思維活動空間的精點說明圖片

世界上所有的詩人
與藝術家，都是以不同
的媒体與符號表現「詩
（POETRY）」——
因為無所不在的「詩」，非但
如孔子認為是「天地的心」與
法國詩人馬拉美說是「真理」；
其實它更是「完美」與「永恆」存在
的最高指標；詩人與藝術家
創作的心靈，是一直在潛意識
中受其指引牽動與運作，形成不可
見的萬能智慧磁場，搜索控管「美」
整個活動空間與情境．

2003 羅門

在心靈深層世界
經過半世紀沉思
默想所体認深悟的
這段詩話——
它已不但是詩與藝術
世界的一面鏡，在對照所
有詩文學与藝術創作者的
真像；同時是詩與藝術
世界緊握住的王牌與
上方寶劍.

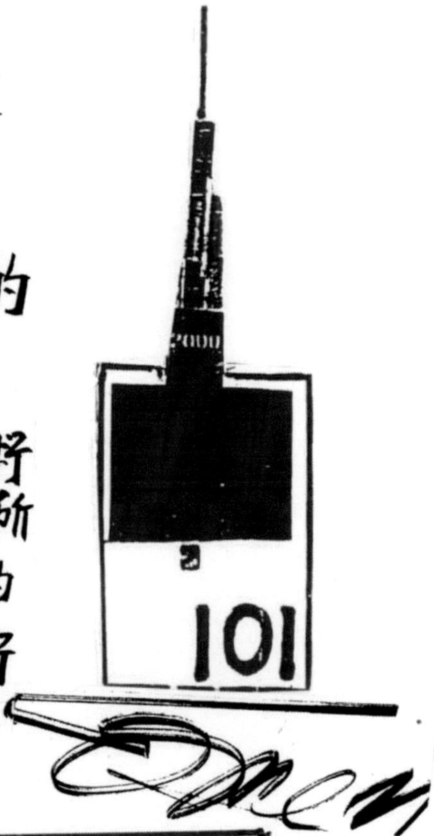

世界上眞正偉大的「大師級」、「桂冠級」詩人文學家與藝術家，是必須具有 ——「生命觀」、「世界觀」、「宇宙觀」、「時空觀」與「永恆觀」……等宏觀的大思想智慧以及大的才華與藝術功力。

同時他作品的媒體符號應是人類精神思想世界（相對於物理世界）的原子能與核能其爆發的威力與光能，不但能進入而且能美化與亮麗東方 孔孟老莊、西方亞利斯多德、蘇格拉底、柏拉圖、羅素乃至道教、回教、佛教、基督教…等生命思想的活動境域，並能捺響「上帝」天國天堂的門鈴，以及拿到「上帝」的通行証與信用卡，最後同「上帝」一起存在於『前進中的永恆』！

註：這是我在「第三自然螺旋型架構」世界的「磨鏡房」爲詩與藝術世界以及世界上所有具深知遠見的詩人藝術家與批評家、磨了超出半世紀的一面鏡子。

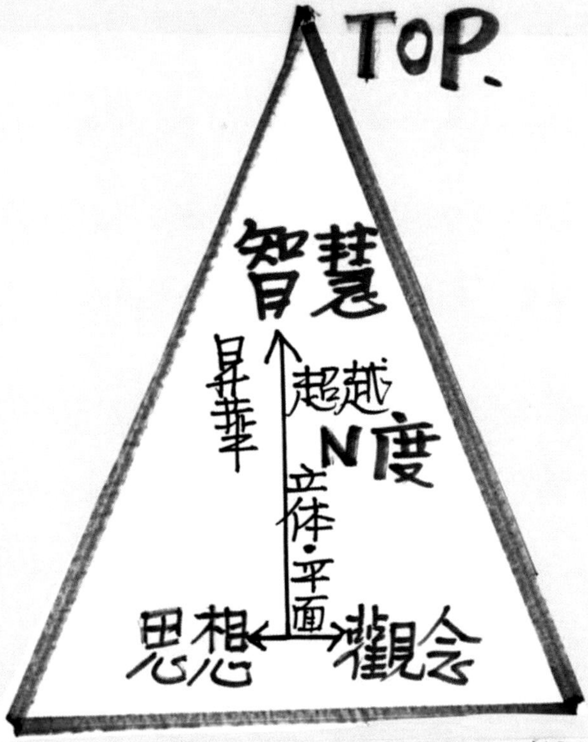

● 對詩與藝術創作終極世界的探索與論斷

● 「觀念思想」是從各種特殊「窗口」與「鏡頭」所看到的點明點見世界；

● 「智慧」是海闊天空、大開大放所看到全明全見與全觀通觀的無限世界。

● 在人類創造精神的活動空間境域——詩與藝術是智慧中的智慧；而只有智慧能將平面與立体的思維空間於超越中轉化昇華進入無限的N度空間。

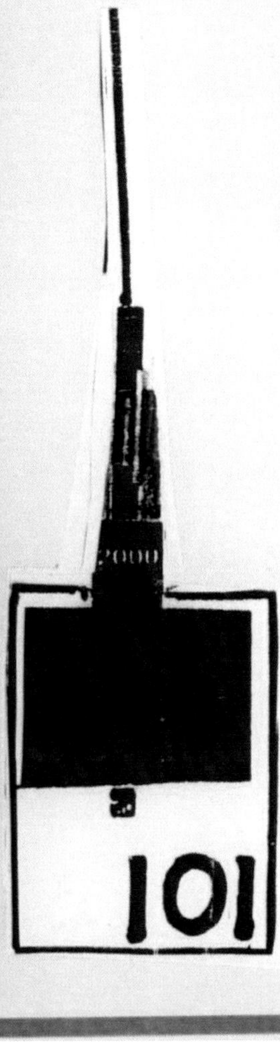

世界上最美的語言是詩人而非哲學家說的；如此詩的精美的語言，是必須經由藝術特殊的轉化力進入「詩」美的質感與核心地帶去作業；否則，停留在「文」的平面直面敘說，勢必造成詩的損失與消失；

誠然「詩」貴在它存在的無限性與永恒性。

詩眼看批評家

我「第三自然」藝術世界第一流批評家的鑑定——

◎他必須是「表現符號」內涵力最強的感應者、解讀者與判定者，甚至是再度的創作者。

◎他應該是能跨越「主觀」與「客觀」的固定界線，更進入高層次的「直觀」與「通觀」境域。

◎他是有思想力量能在這一刻調動「過去」、「現在」與「未來」三位「證人」，來一起確實求證與評定作品能否進入「前進中的永恆」之境。

「附」

杜威（John Dewey）：

藝術批評，必然要受到「第一手的知覺的性質」（The quality of first-hand perception）的決定；在這種情形下，如果批評家的知覺遲鈍，那末再廣博的學問，再正確的理論，也無濟於事。

第三自然螺旋形架構世界

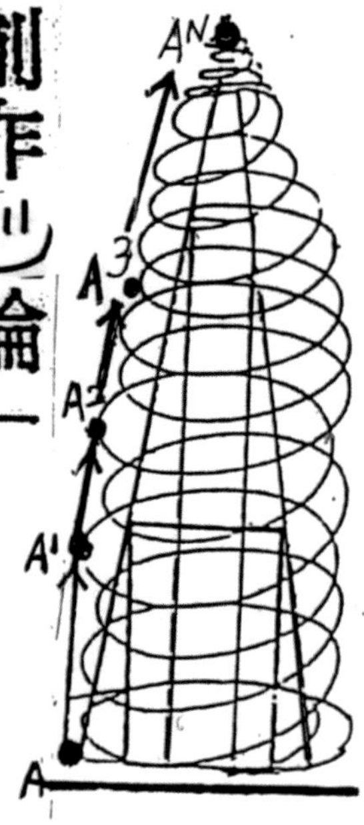

「創作心輪」

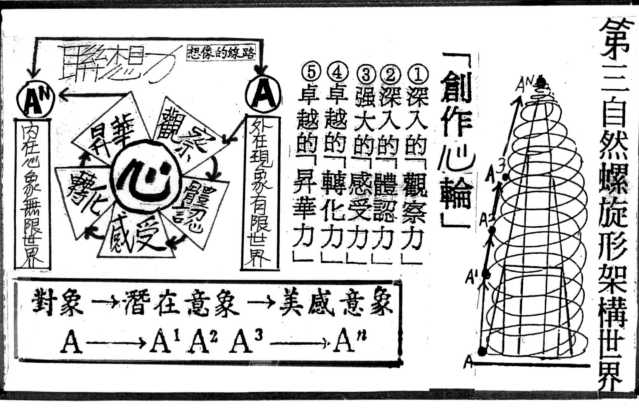

①深入的「觀察力」
②深入的「體認力」
③强大的「感受力」
④卓越的「轉化力」
⑤卓越的「昇華力」

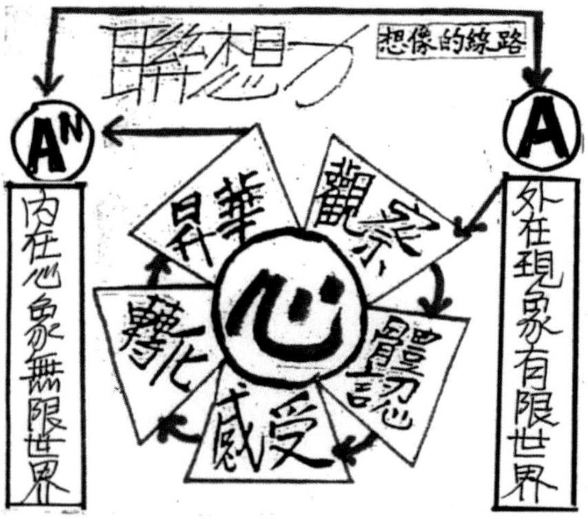

對象 → 潛在意象 → 美感意象

$A \longrightarrow A^1\ A^2\ A^3 \longrightarrow A^n$

●七大眼睛

- ●現實的眼睛
- ●想像的眼睛
- ●回憶的眼睛
- ●夢幻的眼睛
- ●觀念的眼睛
- ●超現實的眼睛
- ●佛洛依特形下潛意識眼睛
- ●容格形而上的潛意識眼睛
- ●靈悟的眼睛

●詩眼七視

- 環視　看不見範圍
- 注視　使一切穩住不動
- 凝視　焚化所有的焦點
- 窺視　點亮所有的奧秘
- 仰視　再也高不上去
- 俯視　讓整個世界跪拜下來
- 無視　從有看到無　從無看到有

「創作者」與「觀賞者」進入詩與藝術世界，必須——

(1) 坐上「創作心輪（摩天輪）」
(2) 戴上「視的詩眼「望遠鏡」」

● 純粹藝術的精確說詞

至上主義大師馬勒維奇（Malevich）認爲，眞正的繪畫是繪畫只爲自身存在，也就是說，創作僅存在於繪畫本身，其包含的造形並非借自大自然，而是源自繪畫的質與量。馬勒維奇的至上主義與康丁斯基的「藝術的精神性」，均強調精神性主張，康丁斯基反對拷貝物質世界及任何會干擾繪畫的個人物體，以便能更專心於精神世界，他所致力的是純粹的色彩與抽象造形的結合。而馬勒維奇則認爲，體系是在時間與空間中建立的，它獨立於所有的美學經驗與情緒，那更像是在實現一種理念的哲學性色彩體系，所有色彩是與造形本身創意相結合而來，造形的建構是無限的，色彩的多樣性也是全然自由的。

生命力與表現力。對我來說，一件作品必須先有它本身的生命力。我的意思並不是指生活之生命力的一種反映，或運動，身體的活動，跳躍、舞蹈等等的活力，而是說一件作品必須有它內在蘊積的能力，有它本身的強力的生命，而不是從屬於它所再現的對象。當一件作品有了這種強有力的生機的時候，我們必不用"美"這個字和它聯絡起來。

美，在晚期的希臘或文藝復興時代的意義裡，並不是我之雕刻所追求的目標。

在表現的美與表現的力之間，是有著機能作用之區別的。前者在於愉悅感官爲其目的，而後者卻有一種精神上的生命力，它對我來說乃是更加感動人，並且必感覺更加深刻的。

因爲一件作品並不是以再現自然之表象爲其目的，所以它並不是從生命中的一種脫逃——而是一種深入實在的滲透……一種生命之意義的表現，一種對於生存之更加倍的努力之刺激(參閱Herbert Read，Sculpture and Drawing，vol. I，1957)。

● 赫伯特里特（HERBERT READ）認爲

任何存在的"形"以純粹的幾何形呈現時抽象地進入人的意識，最後這一和諧的隱態的形構系統，再從感性經驗的世界脫離並在另一世界——本質的塑形世界中獲得一居先的地位。

考察 檢驗詩與藝術的
二面鏡子
「生命哲學」與「藝術美學」

(1) 美妙
(2) 奇妙
(3) 巧妙
(4) 微妙
(5) 奧妙
(6) 玄妙
(7) 神妙

(1) 精確
(2) 精鍊
(3) 精密
(4) 精深
(5) 精微
(6) 精純
(7) 精美

(1) 環視
(2) 注視
(3) 凝視
(4) 窺視
(5) 仰視
(6) 俯視
(7) 無視

7 SEVEN UP 內觀世界的藝術

繪畫與看畫都要張開「詩眼」

詩眼

7眼
- 現實的眼睛
- 想像的眼睛
- 回憶的眼睛
- 夢幻的眼睛
- 觀念的眼睛
- 超現實的眼睛
- 佛洛依特形下潛意識眼睛
- 容格形而上的潛意識眼睛
- 靈悟的眼睛

詩眼七視

環視 看不見範圍
注視 使一切穩住不動
凝視 焚化所有的焦點
窺視 點亮所有的奧秘
仰視 再也高不上去
俯視 讓整個世界跪拜下來
無視 從有看到無 從無看到有

詩與藝術創作的心輪

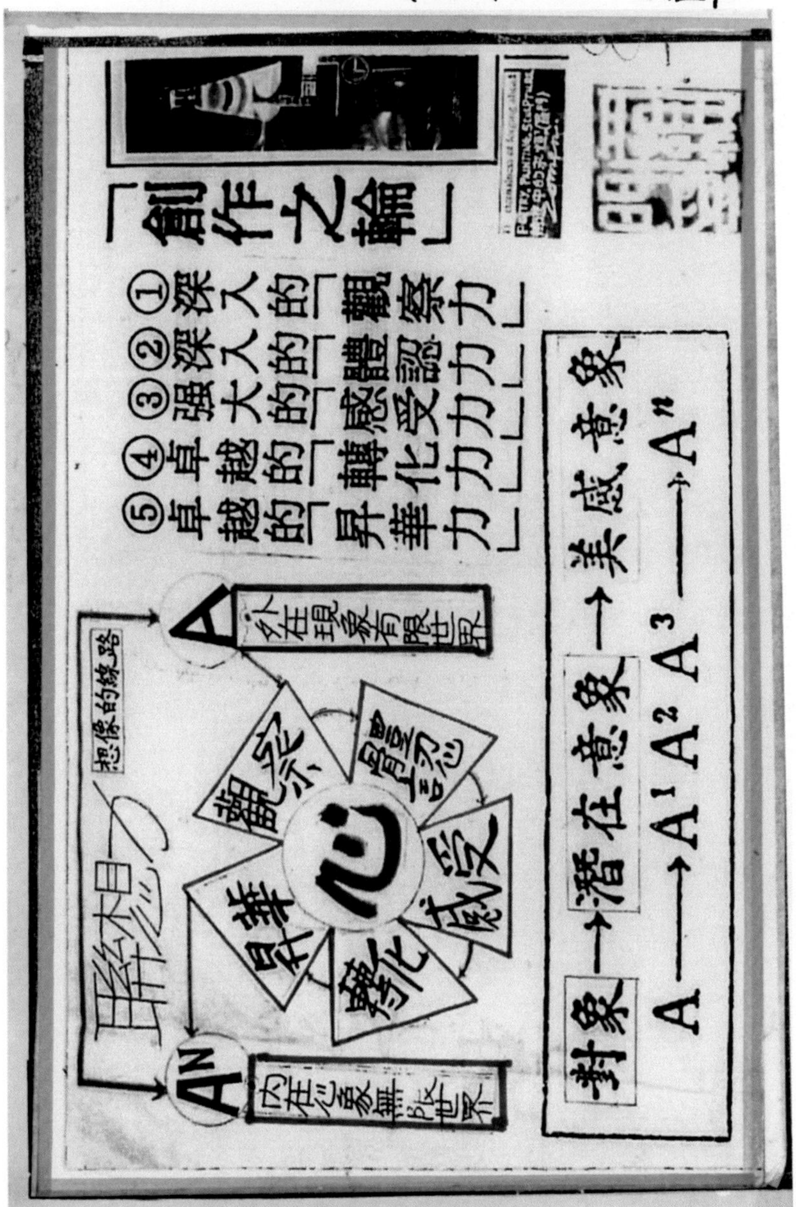

「附錄」 詩人與藝術家從「觀察」到「體認」到「感受」到「轉化」到「昇華」，進入靈視的「無限的內在心象世界」這個世界，便正是存在於內心中的「第三自然」世界。——

詩與藝術絕非第一層面現實的複寫，而是將之透過聯想力，導入內心潛在的經驗世界，予以交感、提昇與轉化為內心的第二層面的現實，使其獲得更富足的內涵，而存在於更龐大且完美與永恆的生命結構與形態之中，也就是存在於內心無限的「第三自然」之中。所以詩能使我們從目視的有限外在現象世界，進入靈視的無限的內在心象世界。

當代國際上五位藝術大師創作中、較特殊不凡的「卓越點」查驗詩語言創作世界的品質。

(1)第一個「質點」是大師畢卡索的「空間描描」與「立體表現」觀念。

(2)第二個「質點」，是雕塑大師加克美蒂作品中所表現的「壓縮、凝聚與冷斂美」

(3)第三個「質點」是雕塑大師布朗庫斯在作品中透過抽象過程所提升的「單純美」

(4)第四個「質點」，是抽象畫大師康丁斯基作品中，所呈露的「律動美」

(5)第五個「質點」是雕塑大師康利摩爾作品中的「圓渾感（或飽和感）」

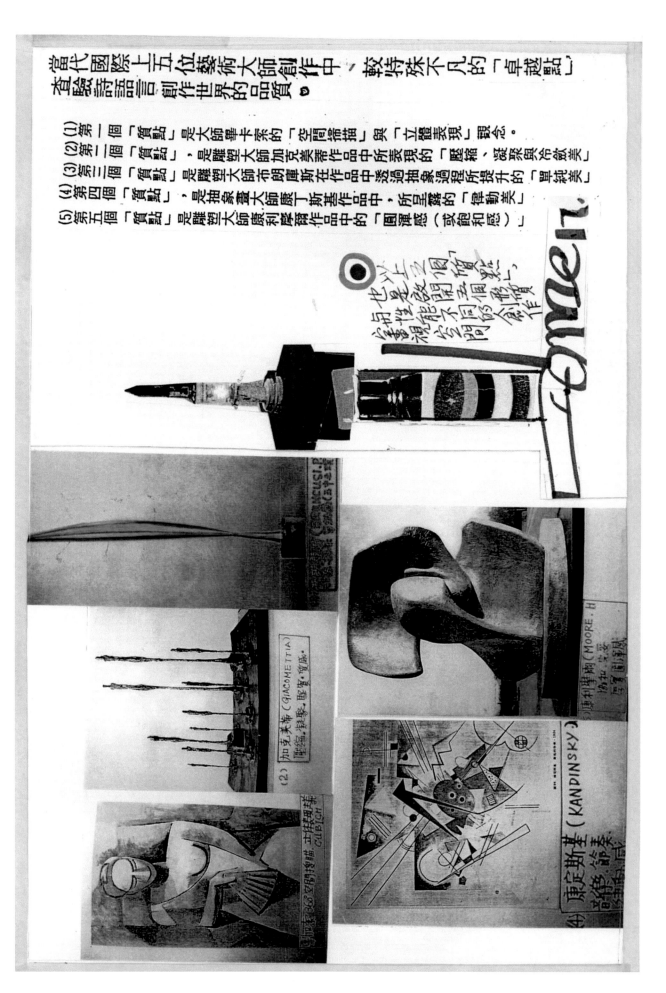

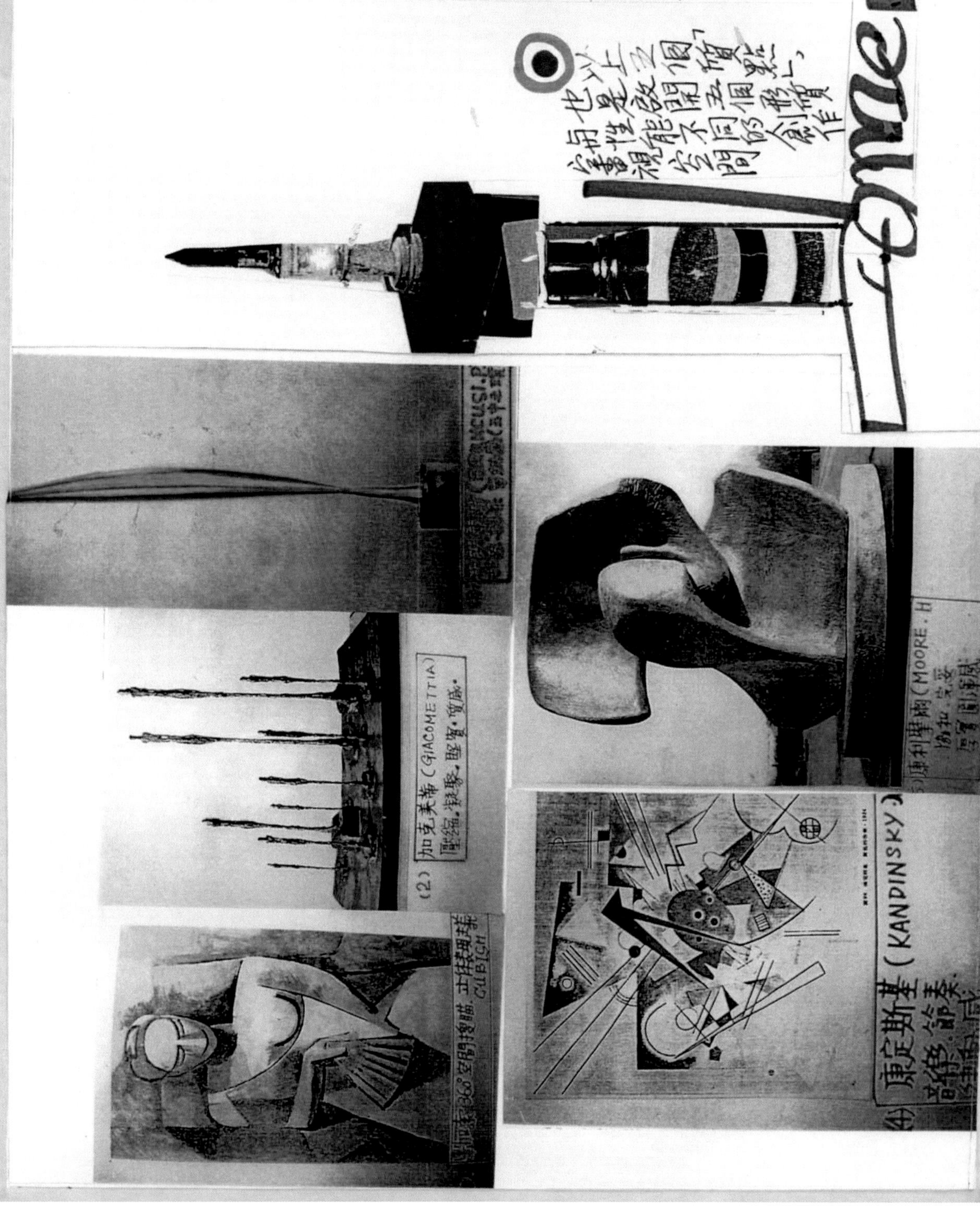

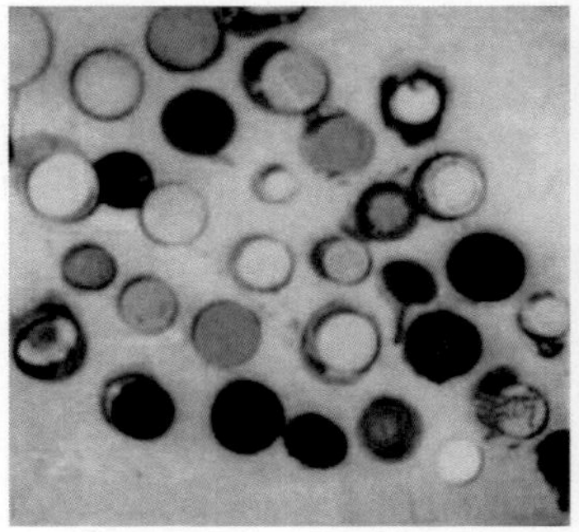

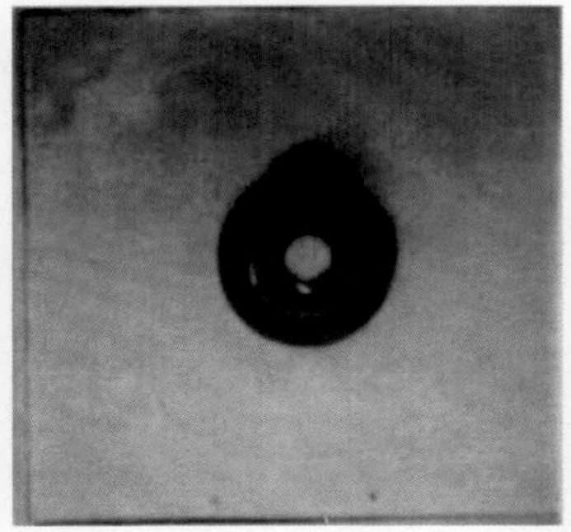

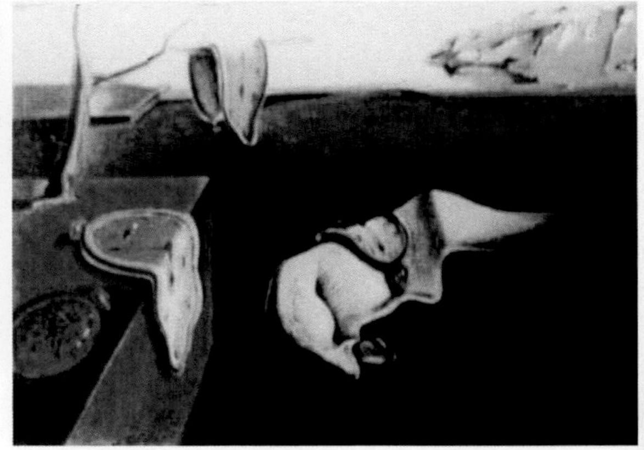

●德國新寫實大畫家彼德那格勒，他的「屋頂花園」是在用線條釣20世紀人類在都市物質文明生存時空中的抓寂感：詩人柳宗元的「獨釣寒江雪」是在用文字釣大自然荒寒的孤寂感

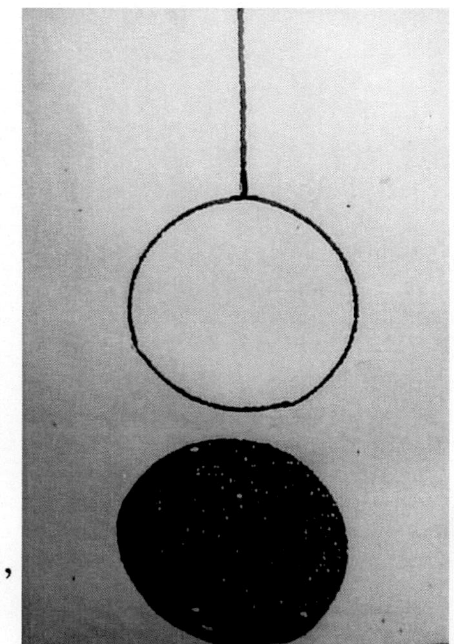

●此圖說明：
「大漠孤煙直，長河落日圓」中國古詩千年前早就在詩思空間創造藝術的「立體」與「幾何」造型觀念

●其他的「超現實」「極限」畫作質地，都與詩「POETRY」有密切關連

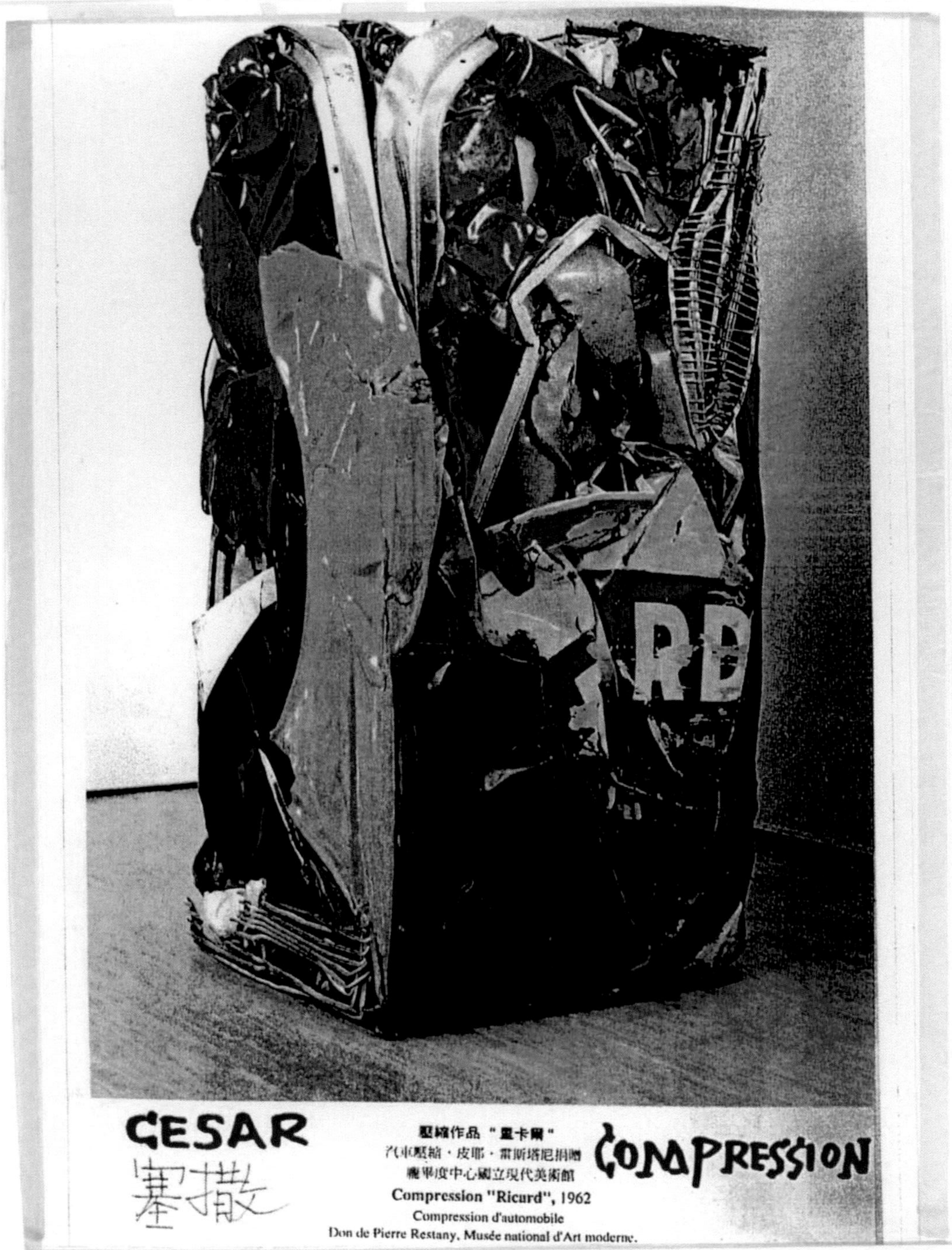

CESAR
塞撒
壓縮作品 "里卡爾"
汽車壓縮．皮耶．雷斯塔尼捐贈
龐畢度中心國立現代美術館
Compression "Ricurd", 1962
Compression d'automobile
Don de Pierre Restany. Musée national d'Art moderne.
COMPRESSION

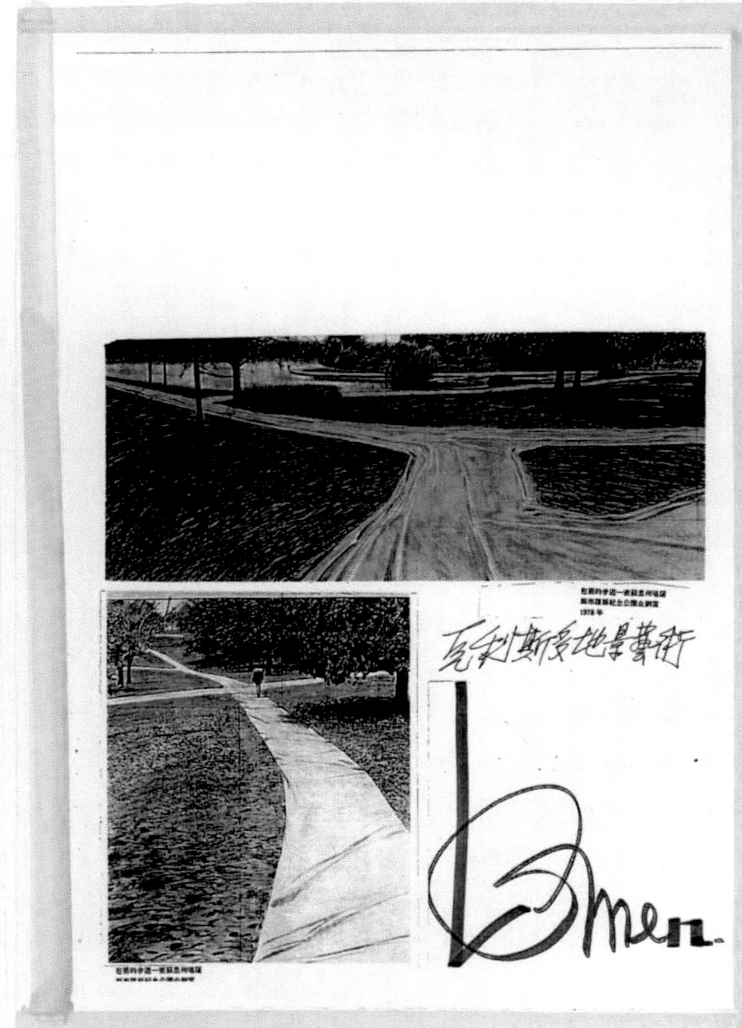

●克利斯多的「地景藝術」(LAND ART)
塞撒的「壓縮藝術」(COMPRESSION ART)
都是「詩眼」打開「觀念」的視窗在看

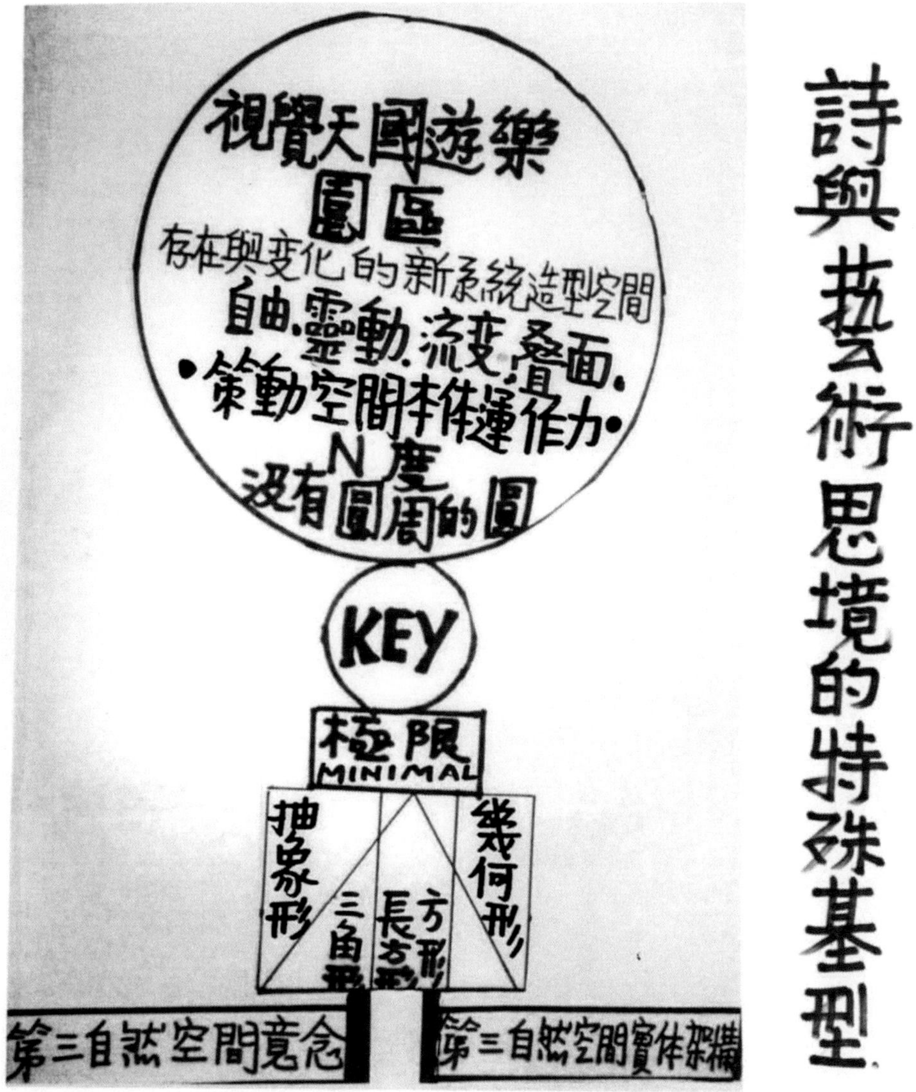
詩與藝術思境的特殊基型
視覺天國遊樂
園區
存在與变化的新系統造型空間
自由.靈動.流变.叠面.
•策動空間主体運作力•
N度
沒有圓周的圓
KEY
極限
MINIMAL
抽象形
三角形
長方形
幾何形
第三自然空間意念
第三自然空間實体架構

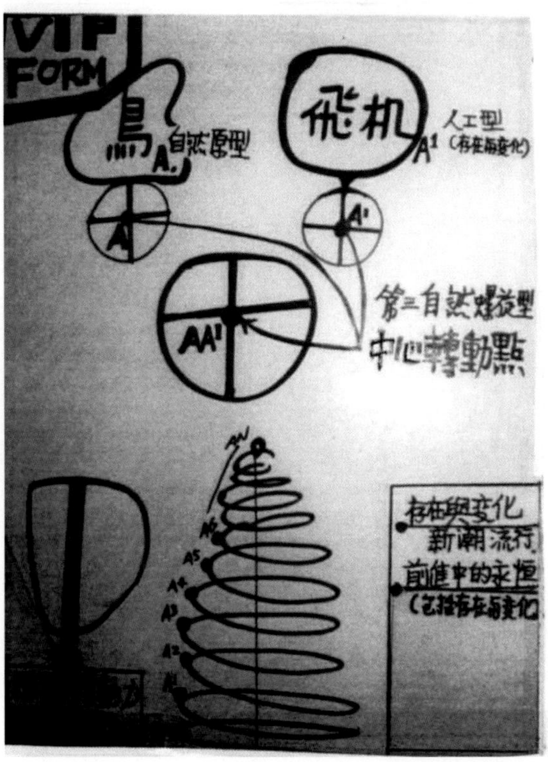
FORM
鳥
自然原型
飛机
人工型
(存在與变化)
第三自然螺旋型
中心轉動點
存在與变化
新潮流行
前進中的永恒

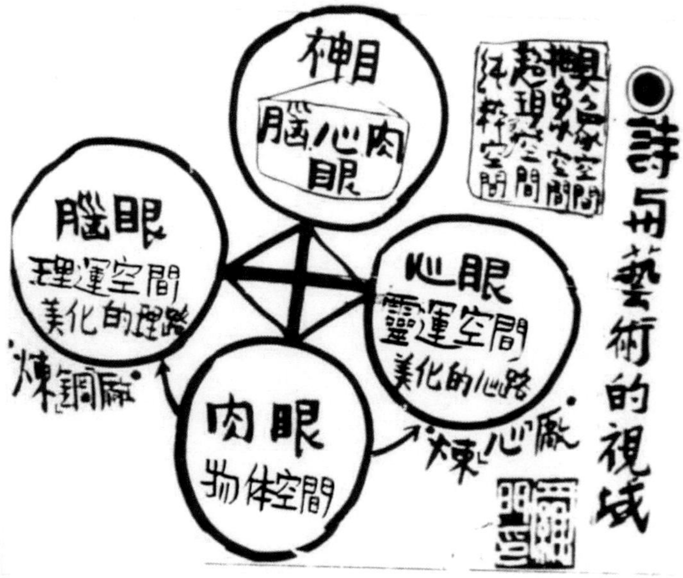
詩与藝術的視域
神目
腦心肉
眼
腦眼
理運空間
美化的理路
心眼
靈運空間
美化的心路
肉眼
物体空間
煉鋼廠
煉心廠

NO.2

（1）**我半世紀穿越藝術 NDB 多向度境域的重要活動圖文資料**

（2）**我爲近 30 位國內外名畫家寫評或寫序他們贈送 40 多幅畫作**

（3）**我除創作台灣最早的裝置藝術（INSTALATION ART）作品 ── 「燈屋」，建構聞名的多元化藝文生活造型空間；尚實驗性創作剪貼藝術（COLLGE ART）**

台灣尖端科學家與詩人藝術家
空前的大結合為建構「物質文明空間」
與「人文空間」的大橋通往存在完美的境域

雷射藝術特展
LASER ART EXHIBITION

雷射・藝術・生活
LASER・ART・LIFE

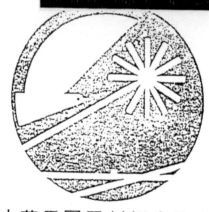

中華民國雷射推廣協會
成立大會

中華民國七十一年三月廿八日

詩人藝術家與尖端科學家的交流與結合

中華民國雷射推廣協會
籌備會組織

主任委員：楊英風

委　　員：毛高文、王廣亞、汪鐵志、
(依姓氏筆劃序)
胡錦標、侯博文、侯翠杏、
馬志欽、席慕蓉、張一蕃、
陳奇祿、黃廣志、鄧昌國、
賴金男、羅　門

詩人藝術家與尖端科學家
1985 藝展與專題演講

雷射藝術特展
LASER ART EXHIBITION

雷射・藝術・生活
LASER・ART・LIFE

雷射發明25週年誌慶
系列專題講座
SYMPOSIUM

演講者簡介

／**石大成博士**
行政院國科會光電小組執行祕書

／**蘇瑞屏女士**
台北市立美術館　館長

／**劉海北博士**
雲石光電科技股份有限公司總經理

／**胡錦標博士**
國立台灣大學機械系教授
國立台灣大學慶齡工業研究中心主任

／**張榮森博士**
行政院國科會光電小組研究員

／**羅　門先生**
中國當代十大詩人・專業作家

雷射藝術特展
臺北市立美術館／

展出日期：民國七十四年四月四日
專題演講於本館視聽室，

追踪美！詩眼中的視覺藝術世界

羅門

在台北市立美術館
雷射藝術展系列講座講稿

其實追踪「美」就是追踪人與萬物內在生命的「美」的內容，這也是詩人與藝術家終生的專業工作，所以看似兩個題目，其實它們是有相關聯性的，同時這次的雷射藝術展，也是屬於視覺藝術世界的範圍，故廣泛來探討，應是有意義的。

一、「美」的追踪

爲什麼我不談一般人喜愛說的「眞、善、美」？這是基於我三十年來追求詩與藝術所體認到的，如果我們能測底了解詩與藝術的主要功能，我認爲追踪「美」就夠了。但我仍必須在此加以聲明，我認爲的美，不只是表象性的美；而更是屬於精神與生命內涵性的「美」，在詩人與藝術家具有高度轉化能力的內心世界中，痛苦、寂寞與悲劇，也是具有感人的「美」的。其實，經過詩與藝術轉化過後所產生的「美感」，已事實上含有「眞」與「善」的力量在，譬如你在貝多芬的音樂中，被一種不可抵抗的「美」所感動，你會去做傷害「善」良的事嗎？的確，「美」是較任何力量都要絕對的一種力量，能自然且有效地引領人類的心靈活動，進入良知良能的位置，而切實的接近「善」，較一般道德更爲道德。所以美國前故總統甘迺迪曾以世界性的領袖身分說出：「詩與藝術使人類的靈魂淨化，權力使人類的靈魂腐化。」同時當你看到貝多芬的音樂在演奏時，擁有無比權勢的王侯，擁有大思想的哲學家與擁有大財富的貴族，都忘我的受感動，內心全被樂音佔領，而超昇到生命完美無比的頂點，擁抱到較他們在以上所擁抱到的一切還要榮華與富足。然而那只是一些至爲「抽象」的聲音，却比世界上任何的「眞」實，都還要「眞」實。在那一些聲音裡，它究竟含有多少噸能計算得出來的智識學問、思想與情感？而它的確是人類精神世界中「眞」實無比、威力無比的「原子能」。難怪日本音樂界要讚美貝多芬是人類心靈世界中的第二位上帝。他帶給人類靈魂完美與永恆不朽的光輝。可見詩與藝術所創造的「美」，不但包括了「眞」與「善」，而且是建造人類心靈豪華宮殿的主要建材，甚至是構成上帝生命實質的東西，如果世界確存在一個有眞實生命的上帝。

由此可見透過詩與藝術追踪「美」，不僅是詩人與藝術家的德行，同時也是全人類應該去共同面對的一個重大的生存主題。否則，我們只好看着無數的現代人忙着把原始在荒野睡覺與吃飯的地方，往希爾頓的套房與餐廳裡搬，然後被慾望放逐在都市綠色的原野上，都一個個成爲流行的文明動物。

至此，我想對「美」的追踪這個「美」字，提出我個人的宣言式的看法，我認爲：

㈠「美」是生命永恒不朽的內容，時空的核心；一切都必須從內心中轉化昇華成爲「美」的存在。

㈡進入事物與生命的深處，將「美」喚醒，它已成爲詩人與藝術家存在的決策。

㈢詩人與藝術家終生爲「美」工作。

㈣「美」的心靈，如果死亡，太陽與皇冠也只好拿來紮花圈了。

㈤世界上最「美」的人群、社會與國家，絕非機器造的；而是詩與藝術造的。

㈥人類必須同時擁有科學所創造的「美」的物境，與詩人藝術家所創造的「美」的心境，方有純正的幸福可言。

㈦讓我們一起跟着法國詩人馬拉美說：「向美致敬。」

二、詩眼中的視覺藝術世界

我之所以用「詩眼中」這三個字，是因爲詩眼是內在的眼睛——內在的視力；是穿越一切表象，進入內在進行無限探索的「能見度(VISIBILITY)」，是任何藝術創作者必須具備的，否則便將降格成爲一架「照相機」，只能去重複製作一棵樹或一座橋的外形，終於要被伯拉圖說的「畫一棵樹一座橋，倒不如去種樹造橋對人生有意義」這句話，驅趕出他的理想國，但如果你能用詩眼把外在的橋與樹，都看成內在無數的生命之樹與橋，進而更能看見陶淵明「東籬下」之外的無限的「南山」，則你可對伯拉圖說：「你理想國的坪數太小了，我還是自己搬到較你理想國更廣濶的世界裡去。」

的確「詩眼」是任何類型的大藝術家必須具有的，因爲它是內在最卓越的視力，能看到一切最精彩的地方，也就是能掌握視覺藝術創作世界探索的深廣度，決定藝術家未來的前途，即使是被我視爲「抽象中的抽象畫」——如「新造型」「絕對」、「極限」等畫派，從「自然表象世界」穿越「偏於感性流變的抽象世界」到「凝結爲單純的知性抽象世界」，仍是由於詩眼(內在卓越的視力)在廣濶的內在視野上，不斷探索、體認與昇越到這一特殊的視覺狀態而呈現的，絕非憑空存在的。

因此視覺藝術中的雷射藝術，也同樣無法躲避詩眼對「美」做深入透視的焦點，若說雷射光是透視外在活動世界最強的光；則曾被我視爲「神之目，上帝的眼睛」的詩眼，便是透視內在活動世界最強的光；而一切藝術活動即屬於內在世界的活動，當然也難逃過詩眼了。

三、用「詩眼」來探視雷射光藝術

當現代藝術已成爲一多向性與多種可能的創作形勢，於是所有的創作意念與媒體，都任由創作者去做自由的選擇。當然，雷射光也已被視覺藝術家看上，雷射藝術也已被衆目看成藝術的新生兒，然而它究竟在視覺藝術未來發展的途徑上，將扮演何樣的角色呢？

由於雷射光已被視爲世界上最美最純的光；爲光之后，它的出現，使星光、月光、日光與所有的燈光都暗然失色，顯然它對於美化視覺空間與開發「光」活動的新境域，勢必具有強大的潛力與威勢，使人類的眼睛發出壓抑不住的驚讚。當然視覺藝術家，是絕不會放過這一具卓越性的媒體的。

我想雷射光可運用到多面性的藝術創作層面上來。

㈠可拓展繪畫與攝影的境域。

㈡可用來塑造任何光都無法媲美的光的動感造型藝術。

㈢可用它富於掃描與流動性的光彩，製作整個立體空間舞台(包括台上台下)的「流動性」的彩色「佈景」，開拓甚至革新「佈景」的觀念，使演出環境，在快速的變化中，溢流出源源不絕的藝術美感、氣氛與效果。

㈣在多元媒體的綜合藝術表現中，它有想像不到的效果，特別搶鏡頭。因爲它的色彩與線條，在快速中輸送過來的具壓倒性與懾服力的快感與美感，使眼睛無法抗拒與閃躲，具有直覺上「第一眼」的優先性。

㈤雷射對推展都市空間環境藝術，尤其是美化都市夜景與製作「光的彩色噴泉」等方面，都將有可預見的功能與貢獻。

五、結語

以上所言，都是雷射光在視覺藝術上所提供的可見與可預見的效益，也是它產生的正面價值。

然而由於藝術家，已被視爲精神世界的科學家，他必須也像物質科學家一樣精深入微地澈底了解到元主素個(創作媒體)的運作特性。既然如此，從事雷射藝術的創作者，勢必面對一個尚待克服的疑難，那就是雷射在純粹的「亮麗」感中，一直以快速的「射」性，做「自主的」「不太聽話」的綫發展現，像這樣，它的作用力便特別偏向於官能快感的視覺反應層面上，對於人類內在生命在深層世界活動的心象與各種精神狀態，便難於掛勾、配合與切實的引發出來。因此，它在目前看來，似乎只能在「官能的快感世界」稱心如意的工作或擔負主體藝術表現的「補助力」，尚不能成爲精確地反射出人類內在活動的獨立力量，這不能不引起雷射藝術工作者的省察，並去重新做考慮與尋求改進，因爲由人類智慧創造出來的一切，都必須歸向「人」，而「人」內在發生的一切若不能顧及，則難免會落空，科學的力量，雖可把我們的產房與墳墓搬到月球，却無法把我們內心中所發生的一切搬出地球或月球，這方面須由藝術家(或哲學家)來管了，不能管，藝術家便失業了，至少失去最好的職業。

縱然如此，雷射藝術在現代都市行動化與急速度衝刺的生活環境中，仍是它發展的有利時刻，因爲它色感的優勢、色彩放射性的優勢、色彩動力的優勢，以及色彩跳躍的節奏感、律動感與變化性，都是使它在視覺的「快感」的活動層面上，產生具壓倒性的威力的，對於這代人偏向於外動性的視覺活動世界，勢必帶來新的震撼；如果經過雷射藝術家今後不斷的摸索，又能馴服它的光能，深入到人類心靈的內層世界去切實工作，則雷射藝術在未來有無限的展望與遠景是可見的。

在此謹希望蘇館長能極力爭取到經費，購置一套足以展示雷射藝術的設備，使台北市立美術館不但成爲推展國內雷射藝術的主力；而且除展示靜態的視覺藝術活動外，尚有動態的視覺藝術表現。這樣美術館的展覽活動，必更具吸引力。

行政院李政務委員國鼎蒞館參觀指導。

嚴前總統家淦蒞館參觀指導、由蘇館長接待。

雷射藝術特展
LASER ART EXHIBITION
雷射・藝術・生活
LASER・ART・LIFE

1985

上圖：嚴前總統蒞臨參觀
下圖：葉公超先生蒞臨參觀及參觀者交融情形

雷射景觀；科學與藝術的結合。宇宙神祕生命活動的片斷寫照、邃遠美妙，變化無窮。

天地化育

宇宙間萬物，形形色色，從具象的美到抽象的美，自古以來，不知道透過多少藝術家玄妙的心靈與精巧的手，利用各種不同的方式和各種不同的媒體，展露在他們的作品裡，他們用刻刀，鑿就了雕塑，用畫筆，作出了繪畫，但是，自然界的美，何止萬千，豈能讓世人如此容易地捉摸？儘管如此，歷史上無數的雕塑與繪畫家們，畢竟盡了全力，創造了無數的美好！

隨着科技的發展，又興起了攝影藝術。他們利用攝影機，可以在剎那間，把自然界的林林總總，大自自然景觀、人像靜物，小至電子顯微鏡下物質結構的美，盡收於方寸之中，他們運用了匠心和不同的攝影技巧，終於也捕捉到了大自然中的另一境界的美。

可是自然界的美是多面的。有一天偶然發現，當雷射的光束，透過不同的媒體，經過各種技巧的運用，所呈現出來的色彩、線條與畫面，是那麼多采多姿時，他們興奮得跳了起來，因為他們又找到了自然界的另一種純真的光色美！就這樣他們開拓出來了一片藝術的處女地，創造了一片異樣的雷射景觀！

羅門與胡錦標博士交談

雷射發明人梅門博士於1960年發明第一具手持紅寶石雷射
The Laser inventor Theodore Harold Maiman
Invented the first handle Rudy Laser in 1960.

石博士大成(國科會光電小組執行秘書)
陳次長梅生(教育部)
何副主委宜慈(國科會)
方院長賢齊(工研院)
李政務委員國鼎
孫資政運璿
梅門博士(雷射發明人)

1983年前孫院長邀請雷射發明人梅門博士來華訪問
In 1983, Theodore Harold Maiman, The first Laser inventor,
Was invited to visit the R.O.C. by Premier Sun.

中央研究院吳院長大猷博士、國科會光電小組執行秘書石大成博士、
台北市政府教育局毛局長連塭等蒞館參觀指導。

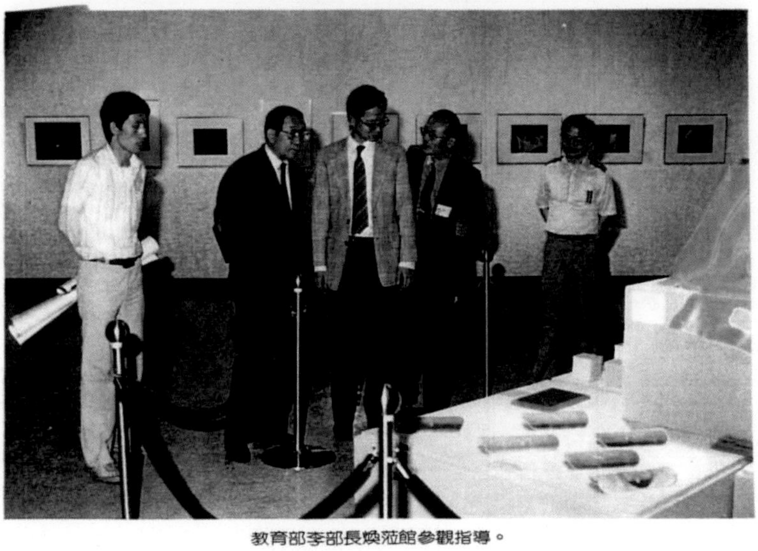

教育部李部長煥蒞館參觀指導。

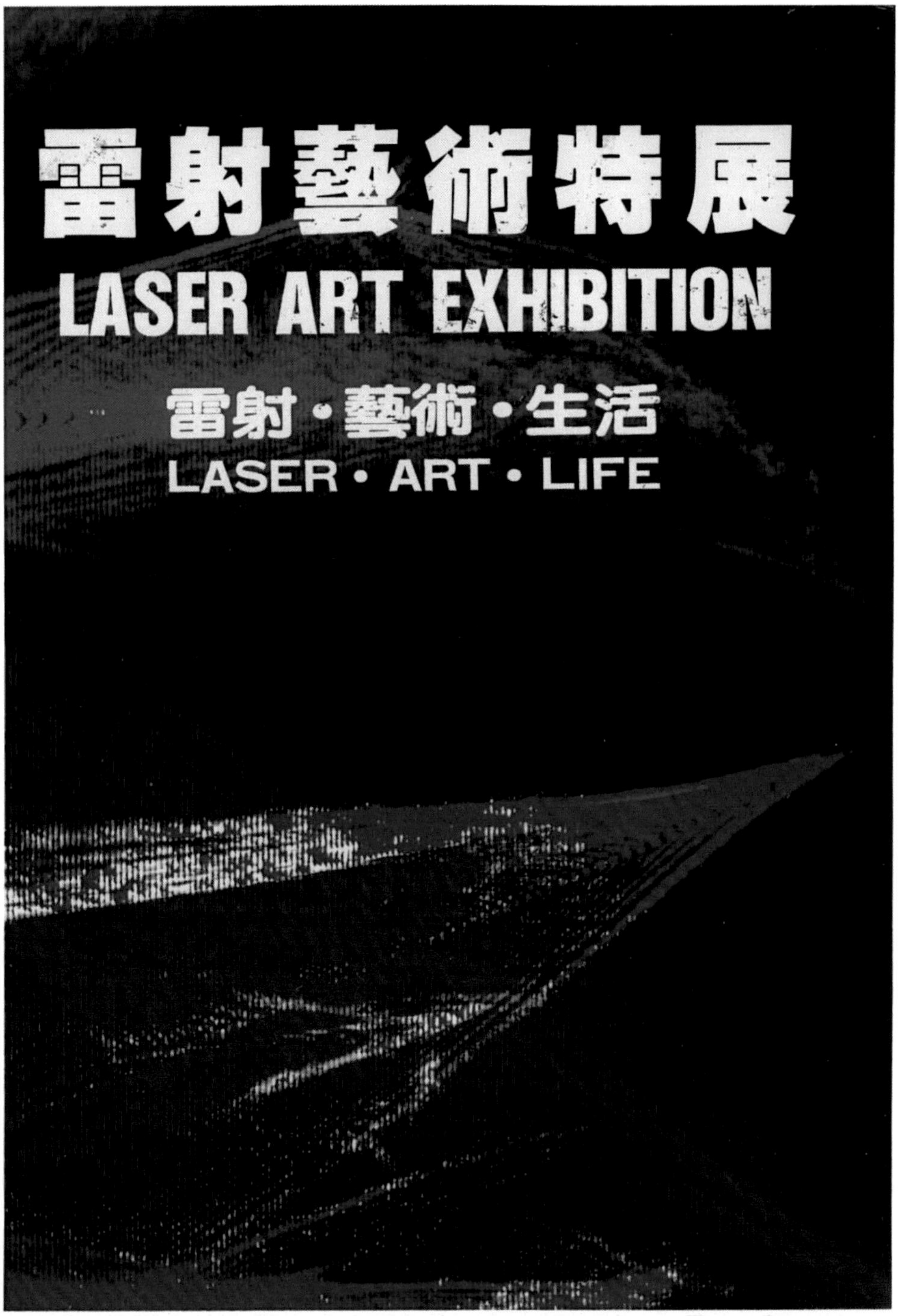

設計：張　榮　森		詩歌：羅　　門	
羅　曉　義		雕塑：何　恆　雄	
毛　海　屛		音樂：羅　曉　義	
陳　木　子		舞蹈：張　麗　芬	

光的詩境

羅　門

> ● 光是宇宙的眼睛
> 帶着世界到處看；
> ● 讓大自然的光流與人類內在生命的光流，交流在一起，也美在一起；
> ● 在現代，人類的智慧已面臨强大的挑戰，必須使「物境」與「心境」溶化溝通，透過詩與藝術的力量，讓外在的「物象」進一步轉化爲內在無限奧秘與繁美的「心象」；而使人類活在「心」與「物」、「理知」與「感知」相互動的無限豐盈的美感世界中，臻至溫馨與完美的生存境界，否則，人類將陷入「心」與「物」越來越拉遠距離的冷漠世界裡，成爲被物慾所放逐的群衆。

(1)光的行踪

光從直線出發

行成琴弦　　便聲高音遠
行成林野　　便色明彩麗
行成石柱　　便天長地久
行成水平線　便帶着日月來
　　　　　　　　日月去

光從拋物線出發

行成噴泉　　便繽繽紛紛
行成鳥　　　便逍逍遙遙
行成風　　　便飄飄逸逸
行成雲　　　便同千山萬水
　　　　　　　　起伏浮沉

光從圓形出發

行成渦漩　　便向下深奧
行成塔　　　便向上玄昇
行成樹的年輪　便滾進時間最精美的紋路
行成天空　　便抱住廣濶走進永恒

(2)雷射光之歌

妳是光之后
所有的光
都朝妳看
跟着妳跑

妳出現
星光
月光
日光
都失色

從詩人荷馬的盲睛中
妳射出一把把
　亮麗的金箭
射開宇宙的門
　外太空的門
　　地球的門
世界便在妳彩色繽紛的多弦琴上
　　　　　　　　歌來舞去
每隻眼睛都飛成絢爛的鳳凰鳥

〔附〕「光的行踪」與「雷射光之歌」兩詩，是這次動態雷射藝術「光之同步」與「光之行踪」兩項演出的序詩。

動態雷射藝術(一)

設計：張榮森
羅曉義
毛海屛
陳木子

詩歌：羅門
雕塑：何恆雄
音樂：羅曉義
舞蹈：張麗芬

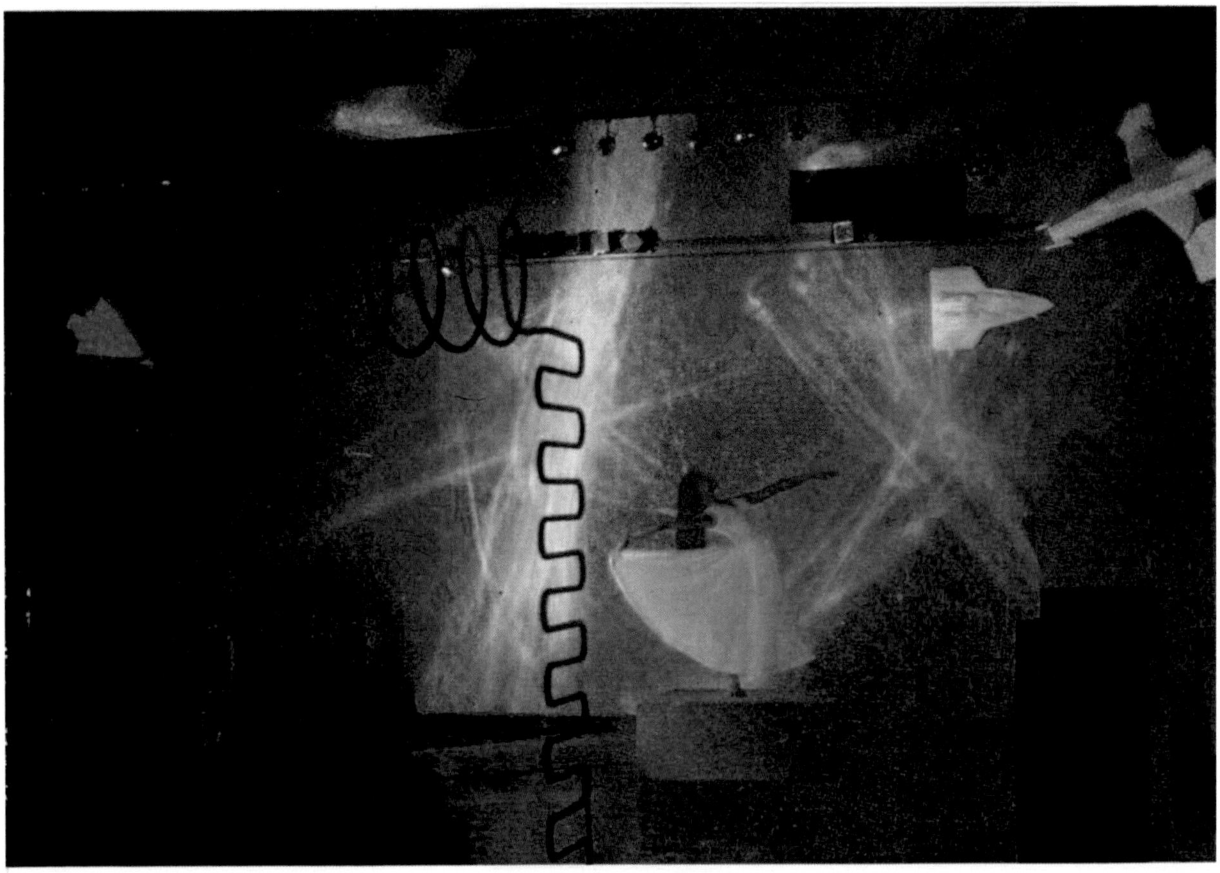

動態雷射藝術(三)

動態雷射藝術(二)

動態雷射藝術(四)

中華民國七十年九月十四日

中國時報

電話：總機三〇八七一一一採訪組三〇六四五五三訂報三〇六二三九七廣告三八一八七二〇 中華民國卅九年十月二日創刊 社址台北市大理街一三二號 今日出版三大張 每月一五〇元

中華民國七十年九月十四日

中國時報

《異想天開》大徵稿

●「異想天開」是一個讓你的思想飛天入地、激發你的想像力的專欄！

●公開徵稿，歡迎你來異想天開，題材不拘，只要你想得出的「妙招」，都請趕快寄來！

●文長三百字以內，稿費每則五百元，稿至即選即用。

●來稿請寄至北市大理街一三二號本報藝文組「異想天開」收。長期徵稿，請註明姓名地址。

〈異想天開〉

街道電動運輸帶

大百貨公司裡除升降電梯之外，還有手扶電梯，真方便，要是馬路邊的人行道上也有這樣的設備，該多好！

比如說，台北市中華商場一帶，馬路邊兩旁的人行道都改成手扶式電動運輸帶，行人只要在北門下車，踏上單向運輸帶，就能一口氣到達南門附近，中途若想購物，即時下來就可。若是想到對街，可以踏上橫跨馬路上空的輔助運輸帶（不是天橋地下道，那太累人），然後再踏上對街的單向運輸帶。

我在想，人行道上要是裝置這種手扶電動運輸帶，那麼，行人就可以不必再推來擠去，公車也不必再進入鬧區，亂糟糟的景象就能一掃而光。

當然，整個城市各街道都裝置運輸帶，那就更好了。（拾玖品）

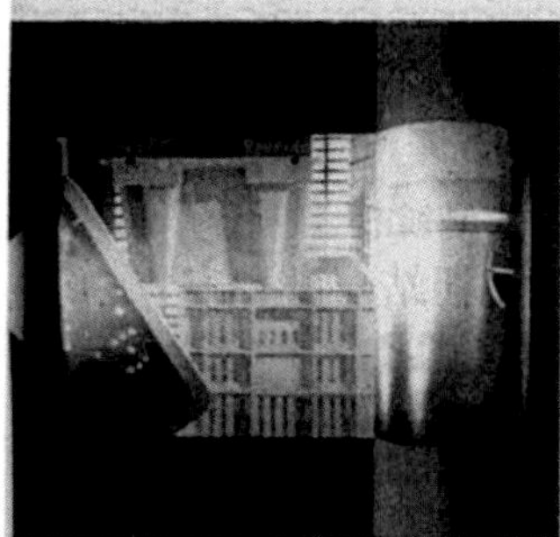

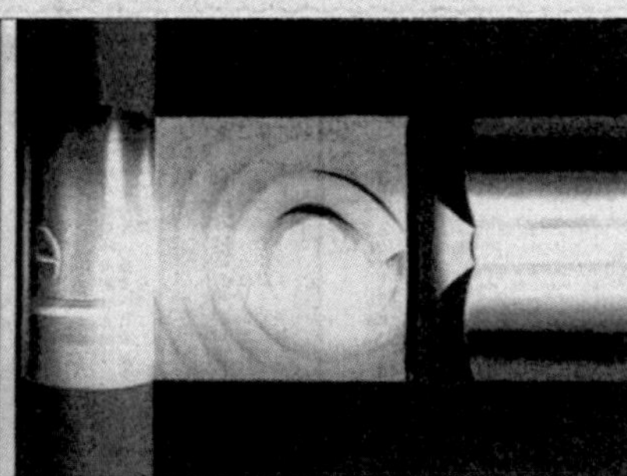

羅門

中國雷射藝術啓航了

一些感想與看法

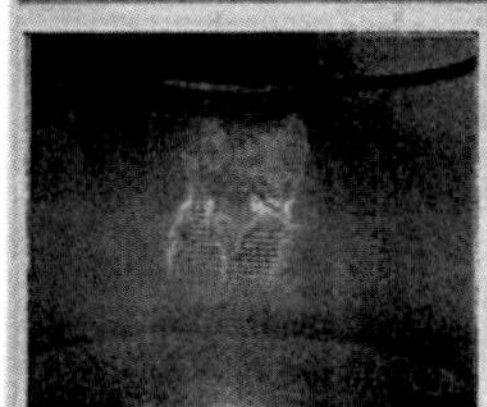

大展作品／360全像片 Sven Hoglund（瑞典）

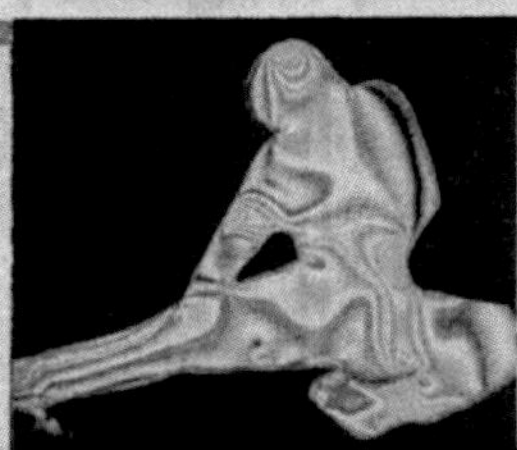

功夫／胡錦標作品

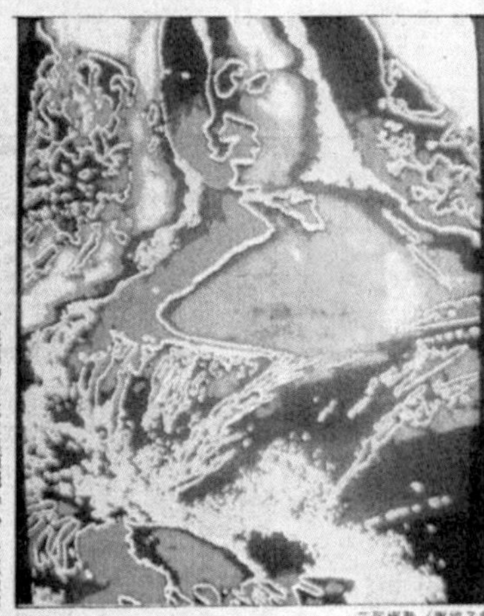

電子繪畫／[illegible] Sven Hoglund（瑞典）

這次舉辦的第一屆國際雷射景觀大展，是具有歷史性的意義的，它使雷射藝術正式在我國啓航。我以詩人身分應邀參與這次活動，的確有一些嚴肅的看法與感想。

× × ×

首先我認為人類高度的智慧與思考力，應是用在對未來更具實效與富足的生存世界之開發與創造上，使人類的文化與文明能向更廣闊的境域求進步與發展，絕不會有人愚昧到把生存的範圍縮小，不讓美好的事物進來，應是盡力擴展視野，去瞭望宇宙間更多美好的景象，以滿足我們的人生。基於這一觀點，我們勢必接受雷射藝術，理由是：

超乎想像的美妙色彩與線條

①我們既承認「攝影藝術」，便不能不承認「雷射藝術」，甚至認為雷射光經過藝術工作者的技巧處理，產生具藝術性的美感效果，已構成用光來「繪畫」與光來「雕塑」的現象，有待藝術家朝這方面去探究與創作。

②視覺藝術，不外是提昇與更美化人類的視覺生活。而雷射藝術，以宇宙間最純美的光，所放射出的那些超乎想像的美妙的色彩與線條，怎能不使眼睛著迷，而看成視覺生活世界中新穎且富麗的資源？尤其是當那些色彩與線條在活動與變化中，將宇宙萬物於流動（如河）、飄動（如雲）、湧動（如泉）、波動（如海）、旋動（如風）、閃動（如光）、飛動（如鳥）……等最美妙的抽象樣子與姿勢，全都確且不可更改地呈現出來，任誰都會被那種異性的快感與美感所吸引，那是靠筆做不到的，它已超出慣常的繪畫能力，而是以藝術家的「才能」與「宇宙力」所共謀的一個至為純然與神化的「處女型」的全新的視境，也可說是雷射藝術家不以「攝影機」與「畫筆」而以更新奇的「雷射機」，在人類眼球上所開發的一塊視覺的新大陸，有待藝術家進一步的去倡導、推展與發展。

雷射藝術是一種近乎孤立性的美

③雷射藝術，以「雷射機」傳達作者的心象活動時，因其本身有不可投換的自主性與拒絕「心」進去的機械性便難於達到「心物交融」與「隨心所欲」的理想境界，使我們發現心與物之間的交通，在雷射藝術中不能全面「通車」，難免懷著疑慮。這疑慮便是雷射藝術工作者所製作的那些至為美妙的色彩與線條，只能使我們的視覺產生純然的快感或美感，而無法深微地表現我們內心在時空中活動的種種情境——諸如痛苦、憂傷、孤寂、絕望、空虛以及快樂與幸福……等精神狀況與生命的神態，而雷射藝術這種近乎孤立性的「美」，較偏於官能而缺乏情神內涵力，是同我們傳統的藝術美感心靈有距離與阻隔的，它給予我們幾乎是一個抽離人性與感性而偏向絕對客觀純粹的美的視覺世界，像未來派大師馬里內第（MARINETTE）所說的：「只有科學、速度與快感……沒有人性上的喜怒哀樂……」這雖也是一種存在的樣相，但它那被客觀化了的「冷然感」，凍結甚至埋沒了人類內心中固有的多種情感之活動，人豈不感到單調，甚至對人自己本身的生命世界產生嚴重的鄉愁嗎？這情形，看來較「油燈」的光望著「電燈」的光對古老田園所產生的「鄉愁」更大了。所以雷射藝術家確實面臨了難局。

期盼創作者將心血與雷光流在一起

然而，雷射藝術對於開發人類新的視覺生活與視覺藝術，我認為仍是有展望與貢獻的，我們應以開放的心靈與高度的智慧來面對，予以判斷與做選擇性的接受：

①如果雷射藝術家經過不斷的探索實驗與創造，能戰勝以上的挑戰，能全然馴服雷射的機械性，能將創作者的心血與雷光流在一起；如果雷射光流動的色彩與線條的確純美得不能再純美而且很玄、很禪、很接近東方自然的神秘性與原本性，那麼雷射藝術，在人類視覺世界中，帶來一大具革命性的空前的成就，是可預見的。關於這一看法，有不少參與這次活動的雷射藝術工作者，是持有信心與希望的。

開發更壯觀的人類視覺生活

②雷射藝術工作者，在不斷的努力中，即使最後仍不能使「心血」與「雷光」流在一起；仍不能製作出像齊白石與夏戈爾那樣溢流著人性的溫暖的色彩與「線條」；仍不能建立起一個融入「情意我」的樣式的視覺世界；至少也可製作出那一些純美的冷靜的色彩與線條，以建立起一令人驚喜與美妙壯觀的冷式（孤立）視覺世界。這站在視覺藝術多向性地開發人類視覺生活的觀念上，仍是有其存在的不可否認的價值的，因為它從另一視覺層面，提供人類一純屬於快感與美感的景觀世界，也是有其某方面的貢獻的，那是對人類的視覺生活與視覺藝術有助益的，有待我國熱心雷射藝術的人士付出更多的努力。

× × ×

最後，謝謝張榮森與楊奉琛兩位先生的策劃與設計，將我的作品，用了雷射優美的光波、音樂優美的音波與朗誦者優美的聲波……等三種「波」，架構起一具立體性的美感視聽環境，予以發表與演出。

介紹雷射藝術的特色

羅門 1981

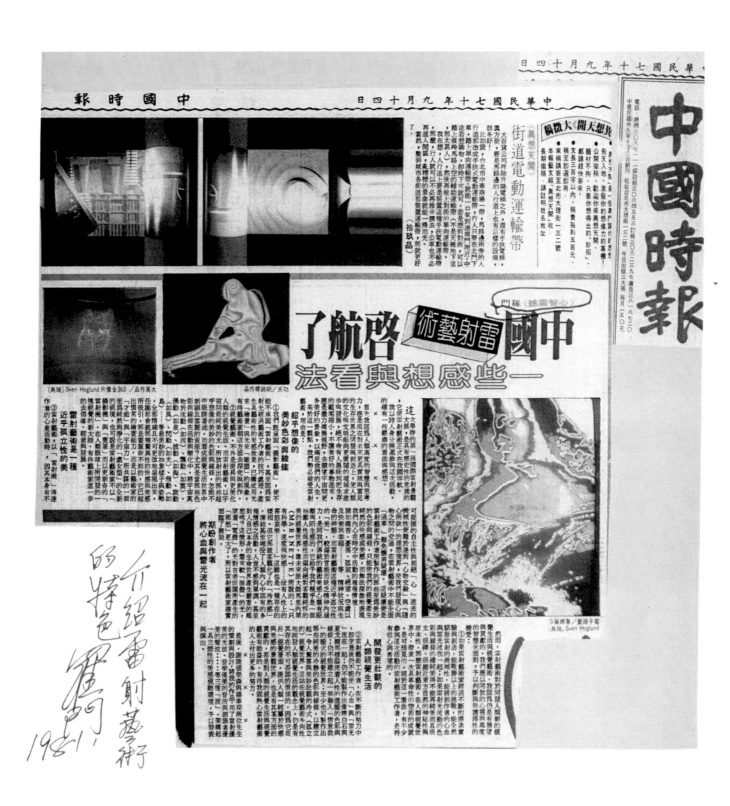

中華民國七十八年八月二十五日　台灣新聞報

視覺的新大陸

（國際雷射景觀藝術在我國啟航）

羅門

●西子灣●

由名雕塑家楊英風以及雷射學者專家胡錦標博士、張榮森博士、馬志遠教授與青年藝術工作者楊奉琛等熱心人士，透過中華民國雷射推展協會所策劃的第一屆雷射景觀國際大展，於最近在台北開幕，為期一週（八月十六至廿三日）。分別在歐洲、美國、日本等地區邀請了將近十多個國家的雷射藝術家（其中有學者專家、藝術家與美術館館長），共襄盛舉。除有關雷射的學術講演與座談外，更有雷射景觀藝術的演出——包括雷射光繪畫展、雷射光所製作的動感影像展（近似光的雕塑）、雷射光舞劇展、皮影劇展，以及雷射光配合詩與音樂的多元體表演。誠然這是一項具有構想、新創性與新觀念的藝術活動；同時因為它是世界上第一次國際性的雷射景觀展示會，在我國舉行，具有歷史性的意義，郵政局將發行郵票，以資紀念。

我與蓉子能以詩人身份應邀參加這大帶有實驗性與新創性的藝術活動，不能沒有一些感想與看法：

首先我認為人類高度的智慧與思想，是應該不斷用在對未來更具實效與富足的生存世界之開發與創造上，使人類的文化與文明，能向更廣闊更富足的境域求進步與發展。絕不會有人愚昧到把生存的範圍縮小，不讓美好的事物進來；應該是盡量擴展視野，去瞭望宇宙更多美好的景象，以滿足我們的人生。

基於這一觀點，我對雷射的價值觀，有已肯定的部份；也有某些疑慮與尚待解決的部份。

現在先來談已肯定的部份：

我相信任何一個稍為有常識與智識人，都會站在開發現代文明的新觀點上，承認雷射光對於光學、醫學、國防以及現代工業文明的貢獻是重大的；對於改善人類實用性的生存世界，更是無限的（此因屬於實用科學的範圍，我不去談，那是雷射學者專家們的課題）。我要談的是雷射光同人類藝術生活的關係。我認為雷射光對人類今後的視覺生活與視覺藝術，是會帶來莫大的影響助益與展望的：

①因為人的眼睛一張開便看見光；而「雷射光」是宇宙間最純最美的光；眼睛怎會拒絕不看呢，尤其是它放射出的那些超乎想像的繽紛燦爛以及美得那麼玄妙與不可思議的色彩與線條，像是從「宇宙的調色盤」裏流露出來的，任何新寫實與超寫實的畫家，也無法用畫筆去畫，它怎能不使眼睛著迷呢？眼睛又怎能不將它看成視覺世界中新穎且豐美的資源呢？

②當雷射藝術工作者，使雷射光所產生的色彩與線條在活動與變化中，呈現的種種視覺狀態，幾乎把宇宙萬物於流動、飄動、飛動、波動、湧動、旋動、躍動、奔動、揮動、等

快感」與「美感」所吸引，那是任何「拖墨帶水」的畫家，用畫筆做不到的；它是超出傳統的繪畫能力，以藝術家的「才能」與「宇宙力」所共謀的一個至為純然與淨化的「處女型」的新視境；也可說是雷射藝術工作者，對人類眼球上所開發的視覺新大陸，有待藝術家進一步的去創導、經營與發展。在目前對它雖感到陌生與疑惑，但在視覺中它所帶來的美妙與驚奇感是無法抗拒的，我們事實上也不能不承認它所呈現的某方面的「美好」，已存在於我們的視覺世界中，它存在的價值，正如張榮森博士所說的：「雷射景觀藝術，將一般藝術『視覺的形』，推演到『絕對的型』，追求這種絕對

策劃與技巧的處理，產生具藝術性的美感效果，而被視為「雷射藝術」，正像攝影機要在具有藝術觀念的攝影者手中，被視為攝影藝術；我們甚至可把雷射藝術視為『光的繪畫藝術（用光來繪畫）』與『光的造型藝術（用光來塑造形象）』，這是可能的。我不同意有人把雷射藝術當作「視覺遊戲」來看，我認為持那種態度是不夠嚴肅且缺乏深思的。因為雷射機與雷光、攝影機與軟片、畫筆與色彩，都只是創作者的工具與媒體，主要的還是要看創作者所持的藝術觀念與運用表現技巧的高低，它既可能創造出高度藝術性的作品來，也可能是非藝術性的贗品與[illegible]

涵蓋艱深高度藝術性、思想內

④由於雷射創作境界[illegible]純美得不能再純美、奇妙得不能再奇妙的色彩與線條，是從看不見的「宇宙的調色盤」裏流露出來的，很玄、很禪、很接近東方自然的神秘性與原本性像這些卓越的媒體，是畫筆所無法處理的。它被運用到視覺藝術中來，勢必引發一具革命性與新穎性的藝術形態。

⑤雷射藝術工作者以「光」、「雷射機」與「心」，畫出那形如心象的自然景物，是有可能的，如他們在過去展出作品中的「陶然亭」、「遠山曦照」「春陽吐綠」等，都是能在這方面掌握到某些預期的效果的，而為雷射藝術描出了相當美麗的遠景。

接著來談疑慮尚待解決的部份：

由於畫家是用「色彩」「筆」與「心」來作畫，「筆」是被動的，畫家的「心」可全然的操縱與貫注，將「情、意、我」的世界帶進去，而雷射藝術工作者，是用「光」「雷射機」與「心」來作畫，雷射機有其本身不可捉摸的「自主性」，與拒絕「心」進去的「純機械性」，創作者便無法達到隨心所欲的境界——也就是說無法使情思與材料媒體達到理想配合與相交溶的程度，於是使我們發現心與物之間的交通有了障礙，不能不產生一些疑慮，那就是：

①當雷射藝術工作者所製作的那些至為美妙的色彩與線條，只能使我們的視覺產生無限的「美感」與「快感」；而無法深徹且有效地表現我們內心在時空中活動的種種情境——諸如痛苦、憂傷、孤寂、悲觀、絕望、空虛、以及快樂與幸福等的生命感覺與神態。則這種近乎孤立性的「美」，它是較偏向於官能而缺乏精神內涵的。它同我們傳統的藝術美感心靈是有距離與陌生感的，它很難確實與深入地傳達人類內心活動複雜的過程與信息，它給予我們是一個幾乎抽離人性與感性而偏向絕對客觀與純粹的美的視覺世界，像未來派大師馬里內第（MARINETTE）所說的『只有科學、速度與快感』……沒有人性上的喜怒哀樂」，這雖也是一種存在的傾向與樣相，但它那客觀無情的「冷然性」，凍結甚至埋沒了人類多種情感的存在，也的確令人疑慮。人生存於世，如果只有「快感」，沒有其他的情緒之感應與反應，人是否會覺得單調與乏味呢？甚至對人固有多種情境的生命世界，亦生極嚴重的「鄉愁」，這情形，較「油燈」的光望著「電燈」的光，對古老田園所產生的「鄉愁」更大。所以關於雷射藝術的色彩與線條，能否含有光份的人性，是令人至為關心的，也是雷射藝術工作者面臨[illegible]

一次具革命性的空前的成就與勝利。因為畫筆一下只能畫一條線條；雷射光一下可畫數十根甚至數百根的線條。

②當雷射藝術家終不能在雷射光的景觀中（或畫面上），全然有把握的呈現出那個蘊流着真摯人性與感性（物我交溶）的「暖式」視覺世界，而只能創造出那壯觀與純美無比的「冷式」視境，則它仍然被視為只是一種給「官能」與「腦」看的視覺藝術，而非也給「心」看的視覺藝術。總是缺乏一種對人類內在生命的震撼力與滲透力，難免有某些遺憾與美中不足之感。因為所有偉大完美的作品，是同時給「心」「腦」與「官能」三者來看與滿足的，尤其是特別給「心」來看。因為只有「心」能感悟與領略真實與永恆的「生命」。記得有一位雕塑家將一件雕塑品完成後，其形態雖是非常的美，但因他越看越覺得自己不在裏邊，純係物形美，不能滿足他。於是他壓抑不住那種「抗拒感」，便憤怒的將雕塑品的頂端劈斷，讓血流進去，他覺得自己已在作品裏邊，心才滿足的安定下來。這正是說明，任何一個藝術家（包括雷射藝術家）所創造的作品，都必須有人的生命與作者的心在其中，才會更感動人。

因為凡是能感動人的，都必須交給「心」去感動，這也就是說雷射藝術工作者，也一樣的必須把創作的才能與智慧，去使心物交溶（而非疏離）在作品的美感世界裏。當然，雷射藝術家，即使在不斷的摸索與具實驗性的創作過程中，仍不能充份創作出那全然暖式（含有人性與情意）的視覺世界，也必能開放出一個令人驚喜與純美的冷式（絕對孤立）的視覺世界，這站在藝術多向性地開發人類視覺生活的觀念上，仍是有其存在與某些肯定性的價值的。我們仍可從另外的視覺層面，去接受它所提供的純屬於快感與美感的景觀世界。

最後，我由衷的對推動這次活動的所有熱心人士，表以敬意，因為他們多年來的探求與努力，使雷射景觀藝術正式在我們祖先的土地上啟航，使我們生存的環境與視覺世界中，增加了一些是以往所沒有的美好事物，擴展我們創作新的視野與構想，這意義與影響，想必是深遠的。如果在未來，他們的構想與觀念，能透過雷射藝術的作品，證實出創作者的「心血」能同雷射的「光」交流在一起，則人類的視覺藝術與視覺生活，有無限輝煌的前途與產生重大的變化是可預見的。

雷射藝術——「功夫」（張榮森作）

中華民國六十九年八月十五

民族晚報

用「光」繪畫

（看大漢雷射景觀展有感）

．羅門

看了名藝術家楊英風、青年造型藝術工作者楊奉琛以及雷射學者專家馬志欽教授、胡錦標博士與張榮森博士等五人於本月九日展出的「大漢雷射景觀展」，我有以下的一些感想與看法：

羅門

- 光是宇宙的眼睛
  帶着世界到處看；
- 讓大自然的光流與人類內在生命的光流，交流在一起，也美在一起；
- 在現代，人類的智慧已面臨强大的挑戰，必須使「物境」與「心境」溶化溝通，透過詩與藝術的力量，讓外在的「物象」進一步轉化為內在無限奧秘與繁美的「心象」；而使人類活在「心」與「物」、「理知」與「感知」相互動的無限豐盈的美感世界中，臻至溫馨與完美的生存境界，否則，人類將陷入「心」與「物」越來越拉遠距離的冷漠世界裡，成為被物慾所放逐的群衆。

中央日報　民國七十五年七月二十五日

世界走在純粹的透明與繽紛裡

——雷射光的演出——

羅門

世界回到無邊無際
無始無終
只留下動靜
虛實
明暗
給光走

黑色空間在睡
光也在睡
白色空間醒來
光也醒來

光帶着星星　追月亮
帶着月亮　追太陽
終於追到了最美的雷射光
世界便走在純粹的繽紛
與透明裡
且歌且舞
不帶形體

那一條條亮麗的光線
會是太空船的航線
那一道道絢麗的光痕
會是火箭的油痕
那一層層綺麗的光波
會是宇宙在航行中
湧過來的風浪
雲浪
與海浪
那一圈圈美麗的光環
會是宇宙從外太空
帶着一個個星球
滾過來
那一陣陣明麗的光霧
如果是時空在夢裡迷離
看一切都朦朦朧朧
世界上最美的一首朦朧詩
便只能由雷射光來讀
讀到最後
便帶宇宙回到神神秘秘的
原來
回到渾渾沌沌的
有無中

「附記」：爲配合七月二十二日在世貿大樓舉行的光電科技文化展示會，當天由科學家張榮森博士，雕塑家何恆雄教授與本人將在現場製作以「雷射」、「造型」、「詩」、「舞」、「音樂」等多元媒體的雷射藝術表現，此詩是這次表現的主題詩。

時報雜誌

TIMES MAGAZINE WEEKLY

52 中華民國69年11月30日～12月6日
每周發行／定價20元

時報雜誌

野鴿子不再黃昏

——論雷射景觀兼答羅門先生

／張榮森

野鴿子不再黃昏

十幾年前我落寞地站在窗外，黃昏漸漸隱去，夜幕一層層地襲來，一隻野鴿朝著落日方向飛去，我左手拿著物理系入學的通知書，右手拿著與父親爭辯的信件，「爲什麼不讓我照自己的藝術與趣去發展呢？」心中浮起王尚義臨終前的悲傷。

十年後異國的窗外，月夜星光閃閃，慶祝光學學位宴會兼有光學藝術展示，熱鬧地進行著。室內室外交織著一片雷射七彩音樂和光芒。白髮皤皤的老教授走過來一邊敬酒一邊問道：「畢業後有什麼打算，到那家公司去？」我很高興的回答他說：「我運氣很好，國內有了工作。我要回國繼續學習與研究，發展我們的光學與光學藝術。」

羅門先生在此所說的孤絕形態，乃是雷射景觀中基本元素的「色」和「形」（Form）。（它與物體的「形狀」（Shape）不同）它是物理的、心理的與力學的作用共同所創出的新次元（Dimengion），是屬於人類利用雷射，自物質結構中所挖掘出的宇宙。雷射景觀將一般藝術「視覺的形」推演至「絕對的形」，此種「形」乃是物體基本姿態，它的形態由於極純與極點本物質結構去繞射光線之圖樣構成。這種追求絕對的視覺美感也是今日繪畫的趨向。今日繪畫不僅要活用新的形象，而且還要開拓新的造形方法與造形領域，以及新視野。此在立體主義與未來主義已見其發端，構成主義與新造形主義則完全脫離自然，而以抽象的形態表現。這種「科學、速度、美與快感」的冷式視覺美感空間，乃是一種非人性的純客觀純物態的世界。因此羅門先生認爲雷射景觀有脫離自然，甚至人性本身而生第一次與第二次的鄉愁的危機。

他這種說法從非科學家或非雷射景觀的製作者的觀點來看，在一部分雷射景觀作品中也許會給人如此的印象。因爲這一部分作品也許是要走未來派或走構成主義的路子。可是大部分的作品卻是要走肯定東方文化、肯定

「遠山夕照」楊英風作

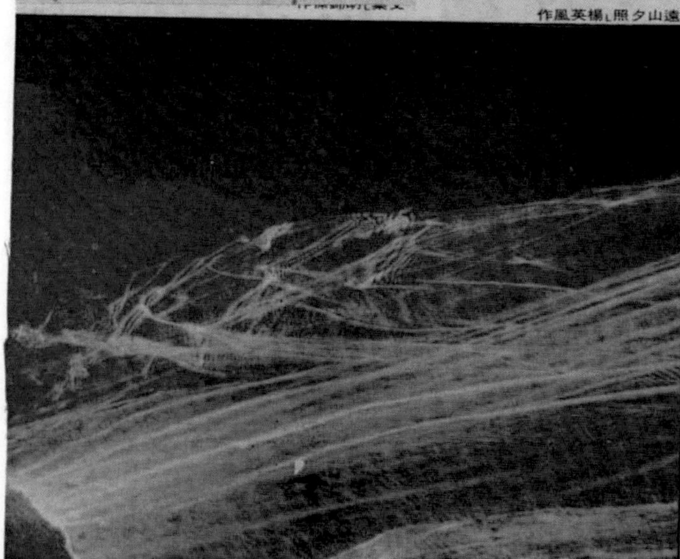

民國八十年十月間，配合國際大師米羅作品在臺北市立美術館展出，羅門特邀在該館做專題演講

台北市立美術館
TAIPEI FINE ARTS MUSEUM

盛況空前的國際藝術大師米羅作品大展，在臺灣舉行，應臺北市立美術館邀請以「詩眼看米羅」爲題，做一場專題演講（一九九一年十月十九日）

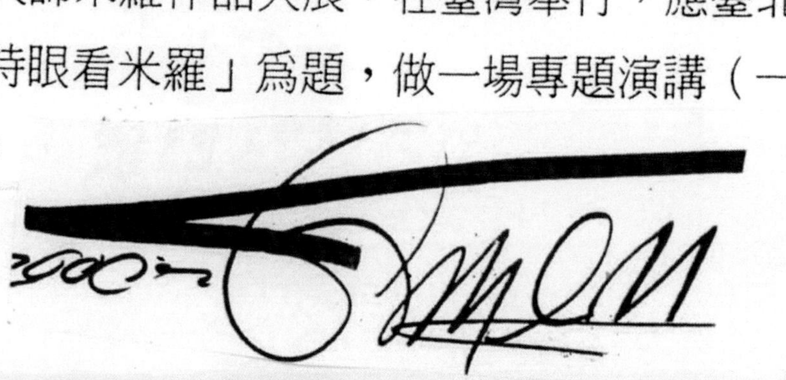

盛況空前的國際藝術大師米羅作品大展，在臺灣舉行，應臺北市立美術館邀請以「詩眼看米羅」爲題，做一場專題演講（一九九一年十月十九日）。

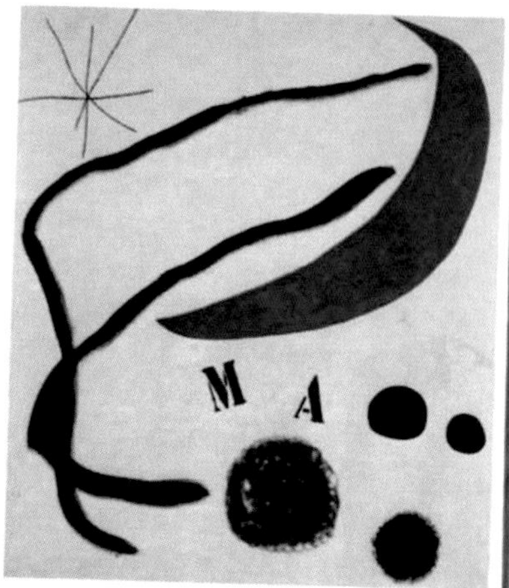

21.詩 I（Poem ,1968）油畫

台北市立美術館館刊

TAIPEI FINE ARTS MUSEUM PE

詩、夢、自然——米羅的藝術

目 次

Contents

美術論叢40

詩・夢・自然——米羅的藝術

Poetry, Dream and Nature——Art of Miró

發 行 人／黃光男

台北市立美術館編輯

總 編 輯／李既鳴

主　　編／林吉峰

編　　審／王素峰

執行編輯／鄭惠美

美術設計／馮健華、陳瓊瑜、黃惠芬

文字助理／黃祥裕、丁素宜、羅淑婉

總　　務／卓琇琴、蘇威郎

會　　計／馬雲彩、陳素霞

發 行 所／台北市立美術館

台北市中山北路三段181號

電話：(02)5957656

承　　印／飛燕印刷有限公司

中華民國八十一年十一月初版

詩眼看米羅

羅門

首先要說明，我一直强調以「詩眼」來看藝術、看文學以及看世界上的一切，那是因爲「詩眼」結合了肉眼、腦眼與心眼三種視力，具有深入與廣闊的能見度，能洞見埋在深層世界中精彩、真實、純美以及奧秘與帶有永恆感的一切。尤其是在藝術與文學的範疇內，歷代偉大的藝術家與文學家，都幾乎是在創作中以卓越的「詩眼」來探視與觀看世界，而創作出偉大的不朽之作。這除了詩人，像小說家莎士比亞、海明威、卡繆、散文家屠格涅夫、音樂家貝多芬、莫扎特、舞蹈家保羅泰勒、鄧肯、電影大導演大衛．連、視覺藝術家米開蘭基羅、夏格爾、布朗庫西、亨利摩爾、克利、達利……等，尤其是目前在台北市立美術館展出作品的大師米羅，都可說是運用高視力的「詩眼」，來從事創作的。

所以要想看出潛藏在米羅媒體與造型符號背後的那個真正偉大與具永恆震撼性的世界，就不能不用「詩眼」了。

一、詩眼看米羅張開在「直覺」與「潛意識」中的「詩眼」

所謂「直覺」便是從內在直接出來不被扭曲的一種直視力，也近乎是文藝批評家杜威(JOHN DEWEY)所指的「第一手的覺知(FIRST HAND PERCEPTION)」。那都是使創作達到不受干擾的高「純度」與「真實性」的力量，能抓住一切存在的真純與原本的根源。至於「潛意識」，便是裸睡在內在深層世界中、等待喚醒的無數「真實」—它較現實中的真實更真實；也近乎是眼鏡蛇(COBLA)畫派所强調的、從存在底層世界自由湧現的生命原力與實感。由此可見米羅張開在「直覺」與超現實「潛意識」中的「詩眼」，便正是

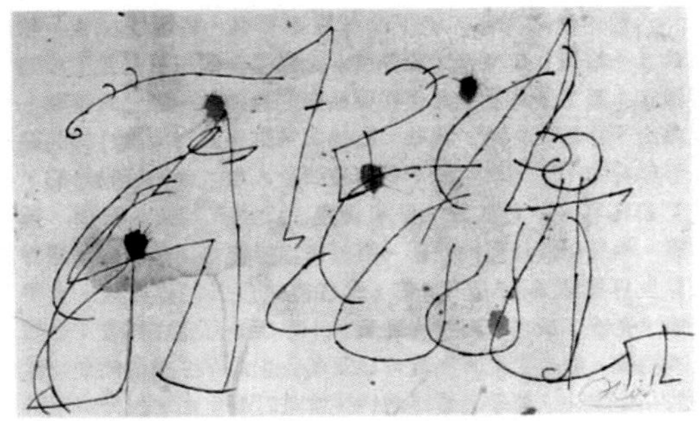

圖1　米羅　人物，鳥　1976

有效地監視藝術創作生命兩個最主要的部位——「純度」與「真實性」；且在見證與警告凡是不能維持住「純度」與「真實性」的創作生命，都必定走上粗劣、虛幻甚至死亡之路，而米羅詩眼始終盯住的是真純與向無限延伸的創作生命，進行著他與「永恆」簽約的藝術工作。

二、詩眼看米羅線條、色彩與造型的生命世界

(一)米羅線條的生命世界

米羅的線條，均是超理性思維、直接從超現實的潛意識中自動呈現出來的，流露著生命無限的自由性與原動力，全是「活線」，具有高敏度的感應力與「導電性」，能潛入生命精微的肌理，連結脈動的生機，使一切都在生生不息的活動中（見圖1）。

於是他的線條，絕不像那許多畫家，將線條拉成「麵條」，拉成「皮條」，或夢成「金條」；而根根都是生命的纖維；甚至是萬物生命存在與活動的線路——在它的流動、曲直、穿越、交錯、移轉、圈繞與飛躍等具有象徵性的活動形態符號中，大自然的千景萬象以及人類生命的活動形態，都動在其中。是曲線，便有天空、山脈、河流、海浪、游雲、飛鳥以及女體的腰部、臀部與乳房經過；是直線，便看見世界與歲月直走著過來，那些直來直去的經緯線、水平線、光線、樹桿、石柱、骨架、十字架等都直在那裡；是圈繞的線，便繞來世界與歲月以及萬物生命存在與活動最美麗的「範圍」，而繞得最好看的，常是盯著生命、以及無限時空與永恆著的那許多神妙的眼睛（見附圖2）。

看來他超越與自由無比的線條，是機動性高與近乎萬能的，能帶河流回到剛流動的位置；帶鳥飛回剛展翅的位置，帶花朵回到剛開放的位置，帶人與宇宙萬物回到原本與眞純的生命那裡去；而且牽著萬物的生命，牽著在超現實中做夢的世界與歲月在走；它甚至是一條條拉過「時空多弦琴」的琴線，鳴響著人類與大自然永恆存在的純美的音樂。

(二)米羅色彩的生命世界

米羅的色彩，也是超理性思維，從潛在生命中自然流出來的，沿著「生命」的空間流動。色感與彩度，都達到毫無外加裝飾與渲染的純感與原性，呈示出鮮活的「活色」與溢滿生命感的眞純的色境。它格外的華美絢爛與明麗，較馬蒂斯燦亮耀目的色感，更多出一層耐看的寧靜與沈著之美。

若是藍色，便藍透了天空海洋……；若是綠色，便綠透了所有的春天、原野與青山綠水……；若是紅色，便紅透了

圖2 米羅 港 1945

太陽、花朵以及所有的生命與愛情的火焰……；若是衆色交映，便溶合成彩色的風景、彩色的建築、彩色的交響樂、彩

色的詩境……。至於色面與色面的組合、排放與構成，色位與色位的佈設、調度與應對，均達到確切、靈活與自然的相互配合，可說是色色彩彩，進入生命的造型世界，都是渾然而成；並建立起有秩序與高次元以及高穩度與立體疊景的彩色空間；同時宣示所有的色彩，都是流動在宇宙萬物內在生命中的活色與本色；非「設計師」式畫家用來進行外在美容的虛飾的顏色。因此詩眼便也清楚地看出米羅是建造彩色生命世界的建築師（見圖3）。

㈢米羅造型的生命世界

任誰以詩眼來看米羅的作品，都不難發現米羅的「造型空間」，是無數造型生命的「產房」，米羅便是藝術造型生命世界的造物主。把沒有生命的形象，都一個個變成有生命的造型，展現在無限的視野上。

在他超現實的直觀與直覺中，任何內內外外看得見看不見的形，都是具有生命的「活形」；而非那許多所謂的藝術家，在創作中所「摸擬」與「做作」而成的那些生命垂危或已死在「框架」裡的形，他的「形」，是生動、鮮活直抓住生命不放的「形」，並不斷穿越時空，不受文明與智識力量的約束，直歸絕對自由、單純及更爲眞實、富足與原本的存在之境，而呈示出他在造型中的種種表現，確是超凡與可觀的：

1.他將世界上的靜物、動物、植物與人物等各種的形些，溶合成各種或「植物形」、或「動物形」、或「靜物形」最後都歸同於「人」的「人體」的造型（見圖4,5,6），確是一大絕招——這種始終以「人」爲主爲本的生命觀、自然觀與世界觀等所構成的創作審美觀，顯然是具有慧心與宏

圖3 米羅 荷蘭室內 1928

圖4
米羅　頭部與鳥　1967

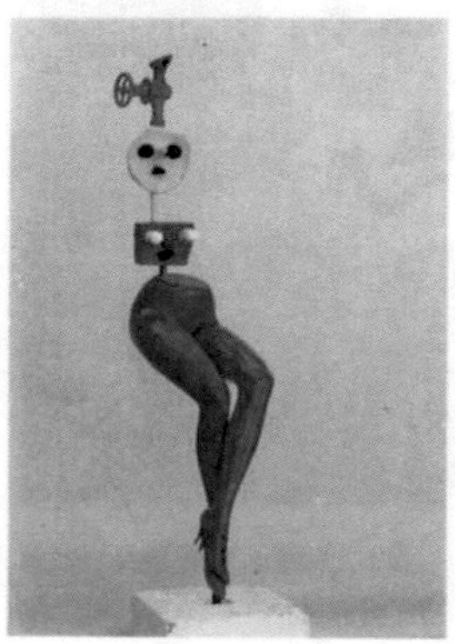

圖5
米羅　脫逃女子　1968

圖6　米羅　先生，女士　1969

觀思想的。同時由於他的造型符號，已成爲人同自然萬物往來與對話的至爲質樸、率眞與親切的言語，便也使米羅在從事生命的造型工作中，自然充當了人與萬物之間的原本與有效的溝通者。

2.他解放存在中無數的形象，自自由由在他高度的「整合力」與「統化力」中，同步進入新的生命造型程序，去重現出一個個新穎與更爲眞純、自由無限的生命形象，這事實上，已是從事另一個「造物主」的工作。這項工作，初看上去，都似乎也經過設計，但「直覺」最後對眼睛卻是這樣說的：「設計是有的，但它只在生命的造型完成之前出現，之後，便看不見了」，有如孕婦在產前已將生命設計好。像這樣用上設計又看不見有設計痕跡的設計能力，也的確只有像米羅那樣具有「造物主」創造力的大師，方能擁有，其他的所謂藝術家，只好嘆爲觀止了。

3.本來表現「拙」、「樸實」與「單純」的造型美，在藝術創作中，應是屬於高層次與高難度的表現，但在米羅的作品中，卻出奇的將之表現得更爲淋漓盡致，更爲具體。使「拙」流露出它超智的可見的「眞」與「美」的生命形象；使「樸實」呈示出它可見的高純度與原本性的生命形象；使「單純」展現出它可見的豐盈與圓滿的生命形象……。這都在在說明米羅的確持有造形生命世界中高層建築的卓越非凡的造型能力，因而也創造出他個人偉大奇特的藝術奇蹟，引起世人驚讚不已。

4.凡是經過米羅詩眼中的每一個點、每一根線、每一個面，以及色彩，都預先有具體感與實質性，且在他有機的運作下，都協和地進入相互動的造型空間，去從「具象到抽象到再度的具象」與從「現實到超現實」中，塑造出整體存在的至爲眞純、美妙、可愛與完善的造型世界，令人感動，引起震撼。因而也可看出米羅的藝術技巧與造型能力，確已達到純熟、精練、得心應手、自然而然、出神入化的境界，那眞有如射箭，已用不著看靶，均箭箭射中靶心。這種高超的功力，除了大師級的藝術家，都只能站在旁邊看了。但是越看越心服口服。這是我親眼看到不少觀眾（包括畫家）從米羅展覽室中出來，都是這樣感嘆不已的。

三、詩眼看米羅偉大不朽的視境與心境

(一)米羅的視境之所以偉大不朽

1.是他具有「造物主」的創造力，如上文所說，他能在視境內將原本的「第一自然」田園性的景物形象與人爲的「第二自然」日常生活的用具或機械形象以及人體的形象等不同的形象，在超現實的潛意識中，經過他卓越的通視力與穿發的直觀作用，便都「同」到以人體爲主的共同存在的生命造型世界裡來，展開更爲自由無限且富想像空間與象徵意涵的「第三自然」的視境，給「生命」與「永恆」看（見圖7,8）。

2.是他視境中的造型，幾乎全是以「女體」與「鳥」的形象爲主。那些從潛意識中沿著女體身段、乳房與臀部及其豐盈感與「孕」態而流動的線條，都已流成「生命」與「愛」的溫潤、幽美、生動的泉流，流入無限的視境，同時加上造型空間一再出現「鳥」的形象，所象徵的無限自由，是世界與萬物生命，使一起走進無限的自由與愛中；

圖7
米羅
女人與!

圖8
米羅
人物　1970

圖9
米羅　人物．鳥　1976

體」與「鳥」便也因而成爲人類與萬物生存兩個最理想與最富象徵性的原本與永恆的基型——鳥象徵存在的自由與廣闊；「女體」除了象徵「愛慾」與「孕育」的母體，尙可聯想到那孕育日、月、星辰、風、雨、雲、鳥的「天空」，與生產礦物、植物、動物的「大地」，也是充滿了「愛」的母體。如此，米羅這種具有想像力以及微觀與宏觀思想的視覺，怎能不偉大與不朽呢？（見圖9.　）

圖10　米羅　人物與鳥　1970

圖11　米羅　耕地　1923–1924

3.是在上文曾提到的，從他超現實潛意識中，直接呈現出來的至爲自由、率眞的線條、色彩與造型，所經營的高品質高層次的「拙」、「樸實」與「單純」的視境，都是很自然地來帶引人類與萬物（尤其是身爲藝術家）從被現實污染與複雜化的生存空間，確實的回到生命最眞純最自由與最原本的「家」，重新面對自己、面對生命、面對世界，重新認識自己、認識生命、認識世界……，像這樣對生命具有無限啓導性的視境，又怎能不偉大與不朽呢？（見圖11）

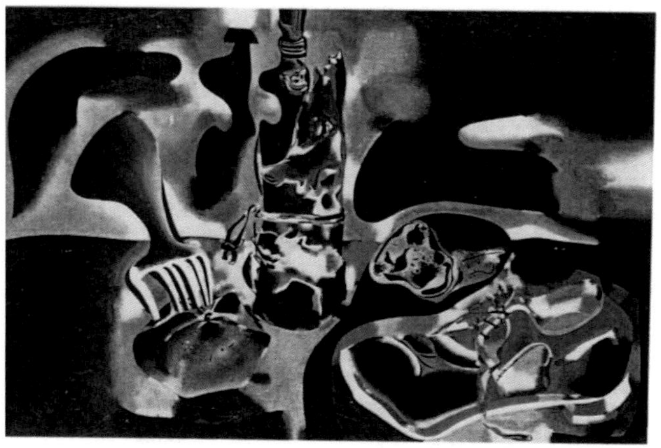

圖12 米羅 有靜物的古靴 1937

4.是他在視境中所塑造的許多造型，都是爲人類活得並不開心與有挫折感的內在世界，創造出一個個無論是大人小孩都喜愛的「開心果園」、「玩具國」與「說童話的夢境」以及那個在想像中，要它多可愛就有多可愛的美妙世界。任誰面對它，能不在他感人的幽默與詼諧中，會心一笑；世界那裡還會有什麼傷口、痛苦與不開心的事。這樣，米羅的視境，豈不又成了人類生命陷在悲劇難境中的救助力量（見圖12）。

5.是他從超現實潛意識深層世界，並經過「極簡

MINIMAL」性處理所呈現於畫面與造型的所有符號，都是以高實力、高質感、高強度與絕對優勢，將一切推上存在的極端與頂點，於不斷的超越中，進入無限，便也的確像是貝多芬的音樂、物理世界中的粒子，所展現的永遠不停止的生命活力與動能，引導生命與萬物進入思想家湯恩比所認爲的——尋到在宇宙之中、之後、之外的超越的眞實的存在——它便是永恆的存在，當然也是偉大不朽的存在。

從以上數點來看，米羅詩眼中的視境，便的確是建立在偉大不朽的生命架構上，給人看，給萬物與生存的時空看，也給永恆看。

(二)米羅偉大不朽的心境

米羅在他一九五九年發表的「我像一位園丁般創作」的自我表白文章中說：「年輕時，有過幾段很痛苦的時期……覺得生命好荒謬……我很悲觀，總認爲天下事，都會往壞的方向發展」，他的內心雖在陰暗與痛苦的襲擊下，但仍那麼純眞地接受與容忍這種感受。並說：「我的作品，也有詼諧的一面，那是因爲我體會到必要擺脫悲觀性情，才會有幽默的產生，這是一種反應，卻非本願」。

他的這種存在感，較尼采採取激烈性突破的悲劇態度，顯得更感人，因爲他在「悲劇性」尚未整個爆發前，便轉換到平和與能安頓下不平衡心況的幽默與詼諧的境界中來，使「痛苦」與「陰暗」化解或躲避起來。而尼采式的正面反抗阻力、使用硬性的搏鬥，都永遠是一波波的痛苦與悲劇。米羅雖也在一九三七年的「古靴」那件作品中，以濃重的陰暗的黑色，佔領畫面較大的空間以及用刀叉刺在水果面部等造型，來表現希酷陰鬱乃至同戰爭與死亡有潛在關聯的恐怖感

覺……等生命情景（見圖12），但他後來的大部份（幾乎全部）作品，都流露著可愛、率眞、純摯的童趣與高度的幽默感，讓生命進入他特別以「女人」與「鳥」做爲可愛、自由與歡樂造型符號的世界中，獲得好的紓解與轉化。

米羅的這種轉化精神，雖有點像老莊、王維與陶淵明「超以象外，得之環中」的超越心境，但也有點不同，因爲他不像他們那麼東方性的超脫與空靈；他不是「由無到有到無」的那種空靈的有；他是「由有到超越的更無限的實有」。他倒是顯示出近乎大師亨利摩爾(MOORE H)同樣偉大的創作心境——摩爾看到海浪把岩石擊穿的一個個洞口，便在潛意識中，想到子彈與砲彈在人體上，打開一個個可怕的洞口，可是在雕塑時，他將那些洞口，都當做傷口來治療，並溫潤它、光滑它，與使它看來，已不像難看的傷口；而像大自然與萬物生命的建築，打開來探視與瞭望無限時空的美麗的窗口，這種轉變與重建的卓越表現，同米羅上述的心境，是親近得如同芳鄰；是一樣充滿了偉大感人的人道精神與智慧，使我們面對他們藝術生命的創作世界時，便直覺到智識與學問都有點低能了。像米羅在作品中，將「自由」、「眞純」、「愛」與「生命」、「原本」與「永恆」等這些名稱的原意與眞意，說得那樣直接、徹底、切實與具體，那是書本與字典都不見得能說得出來的。

事實上，大師米羅，不但以他的作品，建立起大藝術家眞正偉大的形象；教導人類重認生命與自己；而且指認眞正的藝術家，的確已是另一個「生命的造物主」，也是拿到上帝通行證與信用卡，同永恆往來的人，米羅他就是，永活在世人的讚頌中，同永恆往來。

謹此，以寫給大師米羅的一首頌詩，做為本文的結尾。

藝術大師——米羅 **羅門**

米羅　是你帶著人類
　　　帶著萬物
　　回到純純樸樸
　　　自自由由
　　　原原本本

没有你的畫
空間從那裡去看起點
時間到那裡去聽回音
生命如何認出自己來

你的線條
將世界放得好高
　　　　好遠
一路看不見紅綠燈
槍彈炮彈也追不上來
再過去
是無限
再過去
是永遠

你的色彩
　紅透了太陽

　綠透了原野
　藍透了天空
　從自己的純美裡
　　　　美出來
　美入大自然的臉
　美入宇宙的眼睛
　最後　都美回原來
你的造型
　是一個個開心果園
　　一個個玩具國
　　一個個説童話的夢境
　只同生命定合同
　　與原始簽約
　最後　通通交給永恆

ISSN 1018-0222

現代 97 MODERN ART 美術

TAIPEI FINE ARTS MUSEUM

雙月刊 · 第97期 · 台北市立美術館館刊 · BIMONTHLY NO.97 2001 . 8

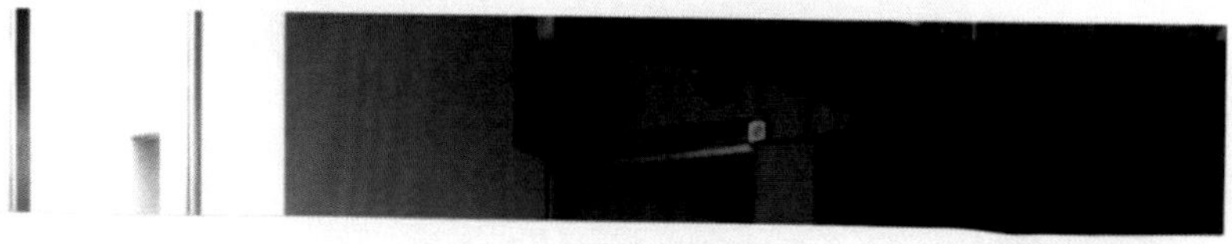

現代美術

MODERN ART BIMONTHLY

空間與雕塑教育專題

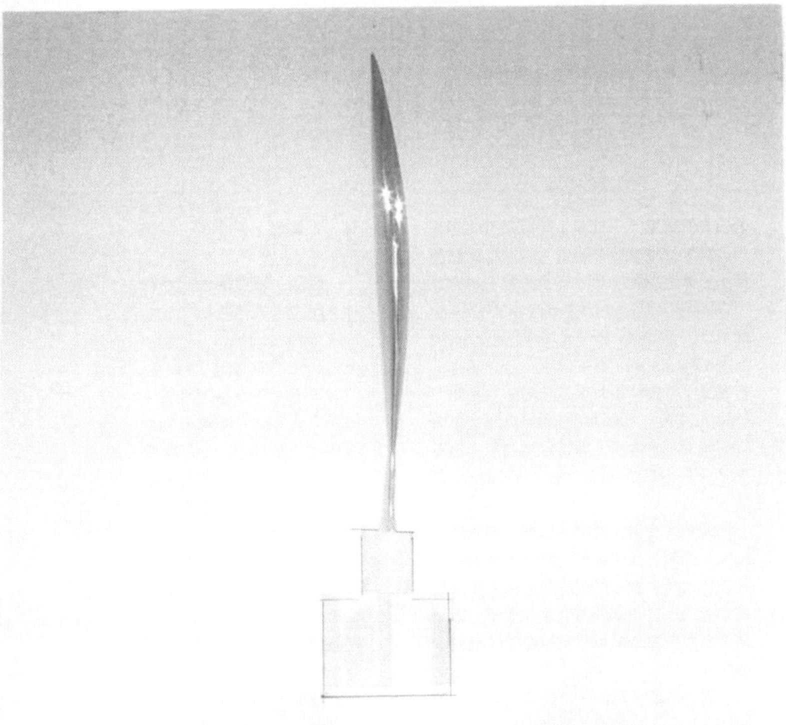

大師布朗庫西展出的觀感

—兼以詩眼閱讀他的名作「空間之鳥」

羅門

台北市立美術館此次舉辦布朗庫西（Constantin Brancusi）的作品展，應是高品質，深具價值意義的一次成功的展覽。規模雖不大，但確是達到「迷你」型的至爲精緻、精美的展出效果。在此首先對主辦工作人員於展出會場空間的規畫、設計，給予高度的肯定。

第一展場將布朗庫西震驚人類「眼球」甚至驚醒「永恆」的那件不可類比的作品—「空間之鳥」，放在純淨沒有「雜音」的純白空間與優先對準眼睛看過來的特別具吸引力的開放視野上，並讓展場的空間與作品，相互動在有機的併存結構形體中；於是「空間之鳥」便找到它開闊的飛行空間，展場的空間，也成爲活的藝術空間，屬於藝術的一部份，而非只掛放作品的死的空間。

同樣的，在第二展場，將布朗庫西以純樸與原性的材質以及童稚遊玩性的「存在與變化」的形態符號，所建構的生氣勃勃的帶有遊戲意趣的藝術創作園區，讓無論是小兒、大兒童或老兒童，都可回歸純稚生命的原點，「忘形」的以童稚的感覺與行爲來玩樂到作品裡去；因而也使整個靜態的展示空間，隨時變爲動態，並帶來「即興藝術」與「行動藝術」甚至「環境藝術」…等多面的視覺活動空間感，同時整個園區中，被玩賞的諸多不同作品的造型畫面又被建構入有層次秩序美的整體存在結構系統中，不但呈現出具有強度與張力的視覺美感效果，而且整體看來，也近乎是一件可觀的組合（assemblage）藝術。

此外，在第三展場，以布朗庫西創作的精要圖表、文字資料及電視影像的相關說明與報導，來協助解讀與傳真其創作較重要的內在世界與基本理念；看來，也是此次展出相當精彩有意義與値得注意的一部份。

由上述的三部份，正好是連鎖成一個堅強美妙的「三角形」展覽空間，看來完妥像一座「山」的結構形體。顯然的，北美館在佈置展場的過程中，是有構想且有意的將布氏那件享譽世界具代表性的名作「空間之鳥」放在觀衆仰視與嘆爲觀止的「山」頂上，當作視覺的引爆點並成爲具「指標性」的展出；同時由此也可見整個展出的佈置過程，已是藝術的過程，整個展出的空間結構形體，也是一件美在彼此相互動中的空間構成藝術，因而使展覽的本身也是高度的藝術行爲，甚至是行爲過程中的設計藝術，値得在此一提與重視。

寫到此，我必須特別將整個注意力轉移到北美館此次展出布氏那件具「指標性」的作品—「空間之鳥」；我發現它何止是在北美館展出，事實上，它是在視覺藝術世界與人類那較地球還要廣闊深遠的「眼球」上，舉行一次不但具「指標性」而且具「示範性」的「美」的展出。

的確，我們面對這件作品，便近乎是面對「完美」與「永恒」。所謂「完美」，如果字典無法說清楚，便只好來看此件作品怎麼說；所謂「永恒」，如果不知道它長成什麼樣子，也只好來看這件作品，在越看越美而美到停不下來時，便是美來「永恒」的樣子。

的確這件作品是在展出「單純中的單純」、「絕對中的絕對」之美的作品，是一件由精粹、精純、精緻、精確、精密、精深、精美…等所「精」製的絕精絕美的絕世之作。此刻如果我們認爲藝術是將一切存在，推上「美」的顛峰世界，而成爲那種進入宇宙之中、之後的無限且永遠的眞實存在，則這件作品是做到了；如果我們認爲藝術是爲人類在科學、哲學、政治、歷史乃至宗教等所有學問之外，創造了一門更爲迷人的「美」的生命的學問，則這件作品也做到了；如果我們發覺除了死亡，對人類威脅性最大的是「美」，則這件作品是在確認這個可靠的事實，因爲從他的作品中的那些媒體材質與造型符號背後所爆發的威力，已是來自精神與思想世界具爆炸性的原子能與核能；如果我們認爲只有藝術能將生命與一切在超越的「美」中，穿越錯綜複雜的文明、文化、現實社會層面，美回「絕對」「單純」與「原本」的世界，則此件作品，更是顯示出它可見與可信服的強大無比的主導力量，也讓我們的眼睛，確實看清最美的「單純」「絕對」與「原本」世界。

從以上我一連串在直觀、直感、直悟中，對布氏這件作品幾乎是採取一面倒的全面的讚美，絕非是憑空的想像；的確是因潛藏在那件作品深層世界中的那些美得只能由美自己去說的「美」，被詩眼驚視到、不能不引發的鳴聲與共震。

如果我們覺得不少知名藝術家，他們並沒有像布朗庫西的內心與生命那樣確實「到位」並徹底的從「繁複紛雜」中昇越與渾化到「絕對」「單純」與「原本」的生命之境，而只在形態上仿冒布氏的「單純」、「原本」與「絕對」，那顯然是沒有實質內涵，是浮面化與空乏無力的，是在製造美的藝術標本；相反的，布氏創造的是美的藝術生命，因而也成爲生命的另一個造物主，我們不說他超凡與偉大，也不成了！事實上，構成他在藝術生命超凡與偉大的另一股力量，是來自他做爲創作者，掌握與握昇媒體材質在運作中高強的「純度」與「質感」效果，是奇特驚人的；是一般藝術家乃至不少大藝術家也望塵莫及的，如他在「空間之鳥」這件作品中，採用金屬材質，表現出金屬本然的「金碧輝煌」面，斷然排除世俗的金色，那不但使色面、色感色向…均往「高潔度」與「超視性」的色境流動，而且流來已非物的金屬體而是「生命」的「金碧輝煌」的美的色感；同時不斷被「美」刷亮的「純度」與「質感」，因是從「金屬」中響亮出來。此刻如果我們用裝有聽覺的「詩眼」來看，就會聽見作品的「純度」與「質感」，都在發出生命響亮的音波，不像仿冒作品所表現的「純度」與「質感」，是麻痺與暗啞的。如果我們進一步的追索下去，那許多無論是仿冒布氏的「單純」「絕對」或亨利・摩爾的「渾厚」或傑克梅蒂的「空瘦」…等作品，都往往只是一堆有形態美的金屬或石頭木料，並沒有確實內化與轉化昇華成有質感美的動人生命體；而布氏在作品中從「金屬」擠壓與提昇出帶有生命氣息的精粹十足的「純度」與「質感」，便不但使作品看來有如質美且堅又純的玉中之璞一精光內斂圓渾潤麗，讓看的眼睛也變得明亮與高貴；而且若深一層忘時、忘地、忘我的看下去，這件超越現實、歷史、文化與一切而存在於「絕對」、「單純」與「原本」中的作品，顯然已進入「外歸造化、中得心源」的渾化之境，而在生命時空中，開放成一朵出神入化的「禪」、一朵純一的「完美」，一朵前進中的「永恒」，給全人類的眼睛直看到永遠；此刻我們來談古今、中外、談東西方文化、談現代、後現代、後後現代之後的新的現代、談具象、抽象、超現實…等這些，都的確是不那麼重要了；重要的是整個視覺世界的景象，在他內心的「美」的焚化爐中，已熔化與渾化成藝術永不熄滅的「美」的光能，並永遠亮開人類生命思想與智慧在「美」中活動的視聽世界；同時也在作品中，向世人宣告「美是一切、美是永恒」的藝術豐功偉業已確實完成。

當然使「空間之鳥」這件作品能有如此偉大與曠世的表現成果，尙是因布氏較許多造型藝術家具有更卓越非凡的「數位」性的造型、與轉型的創造能力；他非但能跨越具象、抽象、超現實與想像等所有的視覺活動區域，去追獵諸多無形與有形的景物形象，而且具有詩眼的「超視力」，能看到其中最精彩與奇特的，並進一步，轉型與重造（下文會詳加說明），不像許多造型藝術家，內心既沒有彩精的看見，能見度與視力又不太好，於是能抓到的視象，不是偏向平庸低俗化，便是淪爲浮面化、空洞化，甚至僵化，在那一大堆材料中，擠不出任何強有力與耐視的生命「質感」「形感」；而布氏的「空間之鳥」正相反，以最小的材料，便能內壓與凝聚出如此具有高密度、高強度與高純度的「質感」，於反向讓「質感」來施放出視覺巨大無比且無限的「量感」，可見大師創作思想的力道以及技巧功力的精深精湛與高超是超出想像與不可類比的。

緊接著下來，將焦點移到他「數位」性的造型表現威力與他轉型重建的優勢面來看與加以說明。

首先在「空間之鳥」中，布氏覺知並抓住鳥與天空（空間）是飛在一起成爲「一體性」的存在觀；同時，因鳥是靠翅膀飛的，而靠「羽毛」構成的翅膀，在飛時，它銳利的邊沿與尖端，切割與穿越那也帶有生命氣息與感覺的天空，便自然留下一條可見的流露著生命象徵性的想像光道，這對布氏創作這件作品的潛在意向與展開廣闊的視境，是重要且具引發力的；也因此導使他在視覺的美感經驗中，去策動同鳥的「羽毛」有「同形性」的形象，來爲完美的造型世界共襄盛舉。於是，在不可能變成可能中，導使那將天空飛起來的飛機「螺旋槳」，那將天空昇起來的綠野「葉片」，那將天空亮開來的「閃電」，甚至那將天空磨亮擊亮的「武士劍」等存在的不同實體實力，都形似的聚合過來，經解構、通連與重整以及透過極簡藝術神奇的統化與提昇力，便都「數位」體的同化與轉型到以鳥的那支「羽毛」爲主體的純一的生命存在造型中，並讓整個空間，只留下那支羽毛，在天空裡描寫著萬物生命在看不見終點起點的永不止境的飛行；除了在動中也飛，在靜下來也飛，天空與鳥還能做什麼呢？千萬的眼睛一面看、一面問，「空間的鳥」，就是什麼也不說，只管飛，帶著自由與廣闊在飛，飛往無限，能說的，都由「美」去說，能見到的，只是大師布朗庫西如何示範與奇蹟般將世界與一切準確的放入那獨一無二的「單純」、「絕對」與「原本」的位置，給「完美」與「永恒」看。於此，我們能不從這件作品中覺識到「藝術確是人類生命與一切存在的最珍貴且高貴的內容，甚至是時空的核心與視通萬里的神之目，並轉過頭來，對大師布朗庫西他具指標性與典範性的藝術生命形象，表以至高的崇敬？！

西子灣副刊　　台灣新聞報

投稿電子信箱：supple@mail.tsen.com.tw　網址：WWW.TSEN.COM.TW　中華民國九十年八月十七日

關於藝術家

向藝術大師布朗庫斯致敬

以詩眼閱讀他的巨作「空間的鳥」

◎羅門

他在「空間的鳥」這件作品中，採用金屬材質，表現出金屬本然的「金碧輝煌」面，斷然排除世俗的金色，那便不但使色面、色感、色向……均往「高潔度」與「超視性」的色境流動，而且流來已非物的金屬体而是「生命」的「金碧輝煌」的美的色感、色相；同時那不斷被「美」刷亮的「純度」與「質感」，是從「金屬」中響亮出來。

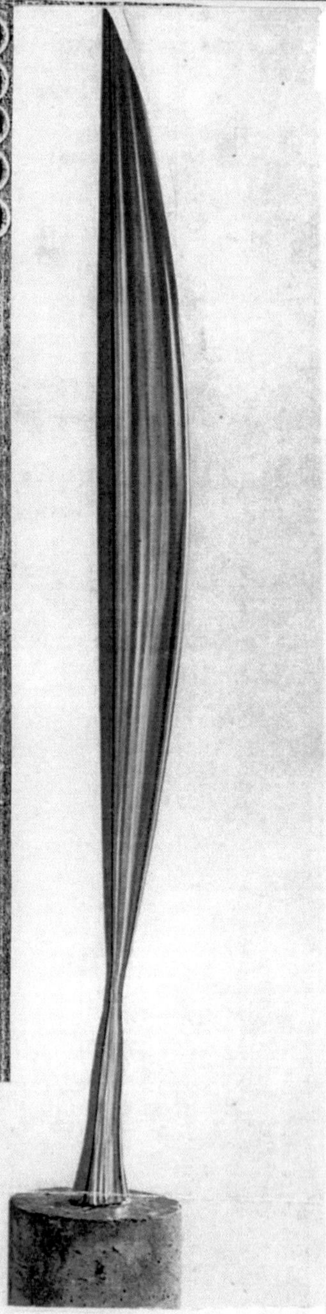

(BRUNCUSI.P.)

台北市美術館此次舉辦大師布朗庫斯(BRUNCUSI.P.)的作品展現，規模雖不大，但確是一次「迷你型」的高質感的至為精美的精品展。

此次特別以他的「空間的鳥」這件名揚全球的曠世之作，當做具「指標性」甚至「示範性」的展出，造成相當的震撼與轟動，令我站在那裡，久久不能離去，眼睛直被一種純粹來自美的力量吸引住……

的確，我們面對這件作品，便近乎是面對「完美」與「永恆」，所謂「完美」，如果字典無法說清楚，便只好來看此件作品怎麼說；所謂「永恆」，如果不知道它長成什麼樣子，也只好來看這件作品，在越看越美而美到停不下來時，便美來「永恆」的樣子。

的確，這件作品是在展出「單純中的單純」、「絕對中的絕對」之美的作品，是一件由精粹、精純、精緻、精確、精密、精深、精美……等所精製的絕精、絕美的絕世之作，此刻，如果我們認為藝術是將一切存在，推上「美」的顛峰世界，而成為那種進入宇宙之中，之後的無限且永遠的美的真實的存在，則這件作品是做到了；如果我們認為藝術是為人類在科學、哲學、政治、歷史乃至宗教等所有學問之外，創造了一門更為迷人的「美」的生命的學問，則這件作品也做到了；如果我們發覺除了死亡，對人類威脅性最大的是「美」，則這件作品，便是在確認這個再穿的事實，因為從它作品中的那些媒體、材質與造型符號背後，所爆發的威力，已是來自精神與思想，世界具爆炸性的原子能與核能；如果我們認為只有藝術能將生命與一切在超越的「美」中，穿越錯綜複雜的文明文化現實社會層面，回到「絕對」「單純」與「原本」的世界，則此件作品，也更是顯示出它可見與可信服的強大無比的主導力量，也讓我們的眼睛確實看清最美的「單純」「絕對」與「原本」的形象。

從以上我一連串在直觀、直感、直悟中，對布氏這件作品幾乎是採取一面倒的全面的讚美，那絕非是憑空的想像，的確是因潛藏在那件作品深層世界中的那些美得只能由自己去說的「美」，被詩眼驚視到不能不引發的鳴響與共振。

如果我們覺得不少知名藝術家，他們並沒有像布朗庫斯的內心與生命那樣確實「到位」並徹底的從「繁複紛雜」中昇越與渾化到「絕對」「單純」與「原本」的生命之境，而只在形態上仿冒布氏的「單純」、「原本」與「絕對」，那顯然是沒有實質內涵，是浮面化與空乏無力的，是在製造美的藝術標本；相反的，布氏創造的是美的藝術生命；因而，也成為生命的另一個造物主；我們不說他超凡與偉大，也不成了！事實上構成他在藝術生命超凡與偉大的另一股力量，是來自他作為創作者，掌握與提昇媒体材質在運作中高強的「純度」與「質感」，效果是奇特驚人的；是一般藝術家乃至不少大藝術家也望塵莫及的，如他在「空間的鳥」這件作品中，採用金屬材質，表現出金屬本然的「金碧輝煌」面，斷然排除世俗的金色，那便不但使色面、色感、色向……均往「高潔度」與「超視性」的色境流動，而且流來已非物的金屬体面是「生命」的「金碧輝煌」的美的色感、色相；同時那不斷被「美」刷亮的「純度」與「質感」，因是從「金屬」中響亮出來，此刻如果我們用裝有聽覺的「詩眼」來看，就會聽見作品的「純度」與「質感」，都在發出生命響亮的音波，而不像仿冒作品所表現的「純度」與「質感」，是麻痺與喑啞的，如果我們進一步的追索下去，那許多無論是仿冒布氏的「單純」「絕對」或是仿冒亨利摩爾的「渾厚」與加克美蒂的「空瘦」……等作品，那都往往只是一堆有形態美的金屬或石頭木料，並沒有確實內化與轉化昇華成有質感美的動人的生命体；而布氏在作品中從「金屬」擠壓與提昇出帶有生命氣息的精粹十足的「純度」與「質感」，便不但使作品看來有如質美且堅又純的玉中之璞—精光內斂圓渾潤圓，讓看的眼睛也變得明亮與高貴；而且若深一層忘時、忘地、忘我的看下去，這件超越現實、歷史、文化與一切而存在於「絕對」、「單純」與「原本」中的作品，顯然已進入「外歸造化，中得心源」的渾化之境，並在生命時空中，開放成一朵出神入化的「禪」、一朵純一的「完美」，一朵前進中的「永恆」，給全人類的眼睛直看到永遠；此刻，我們來談古、今、中、外，談東西方文化，談現代、後現代、後後現代之後的新的現代，談具象、抽象、超現實……等這些，都的確是不那麼重要了；重要的是整個視覺世界的景象，在他內心的「美」的焚化爐中，已熔化與渾化成藝術永不熄滅的「美」的光能，並且永遠亮開人類生命思想與智慧在「美」中活動的無限視聽世界；同時也在作品中，向世人宣告「美是一切，美是永恆」的藝術豐功偉業已確實完成，還要多說什麼呢？

當然，使「空間的鳥」這件作品，能有如此偉大與曠世的表現成果，尚是因布氏較許多造型藝術家具有更卓越非凡的「數位」性的造型與轉型的創造能力；他非但能跨越具象、抽象、超現實與想像等所有的視覺活動區域，去追獵諸多無形與有形的景物形象，而且具有詩眼的「超視力」，能看到其中最精采與奇特的，並進一步，轉型與重造（下文會詳加說明），不像許多造型藝術家，內心既沒有精彩的看見，能見度與視力又不太好，於是能抓到的視象，不是偏向平庸、低俗化，便是淪為浮面化、空洞化，甚至僵化，在那一大堆材料中，擠不出任何強有力與耐視的生命「質感」「形感」；而布氏的「空間的鳥」，正相反，以最小的材料，便能內壓與凝聚出如此具有高密度、高強度與高純度的「質感」，於反向讓「質感」來施放出視覺巨大無比且無限的「量感」，可見大師創作思想的力道以及技巧功力的精深精湛與高超，是超出想像與不可類比的。

緊接著下來，將焦點移到他「數位」性的造型表現威力與他轉型重建的優勢面來看與加以說明——

首先在「空間的鳥」中，布氏覺知並抓住鳥與天空（空間）是飛在一起，成為「一体性」的存在觀念，同時，因鳥是靠翅膀飛的，而靠「羽毛」構成的翅膀，在飛時，它銳利的邊沿與尖端，切割與穿越那也帶有生命氣息與感覺的天空，使自然留下一條可見且流露著生命象徵性的想像光道，這對布氏創作這件作品的潛在意向與展開廣闊的視境，是重要且具引發力的；也因此導使他在視覺的美感經驗中，策動同鳥的「羽毛」有「同形性」的其他形象，來為完美的造型世界共襄盛舉，於是，在不可能變成可能中，導使那將天空飛起來的飛機「螺旋槳」，那將天空向上昇起的綠野「葉片」，那將天空亮開來的「閃電」，甚至那將天空磨亮擊亮的「武士劍」等存在的不同實體、實力，都「形似」的聚合過來，經解構、通過與重整以及透過極簡（MINIMAL）神奇的純化與提昇力，使都「數位」體的同化與轉型到以鳥的那支「羽毛」為主體的純一的生命存在造型中，並讓整個空間只留下那支羽毛，在天空裡，描寫著萬物生命在看不見終點、起點的永不止境的飛行；除了在動中也飛，在靜下來也飛，天空與鳥還能做什麼呢？千萬的眼睛一面看、一面問，「空間的鳥」，就是什麼也不說，只管飛，帶著自由與廣闊在飛，飛往無限，能說的，都由「美」去說，能見到的，只是大師布朗庫斯如何示範與奇蹟般將世界與一切準確的放入那獨一無二的「單純」、「絕對」與「原本」的位置，給「完美」與「永恆」看，於此，我們能不從這件作品中，覺識到「藝術確是人類生命與一切存在的最珍貴且高貴的內容，甚至是時空的核心與視通萬里的神之目」；並轉過頭來，對大師布朗庫斯他具指標性與典範性的藝術生命形象，表以至高的崇敬呢？■

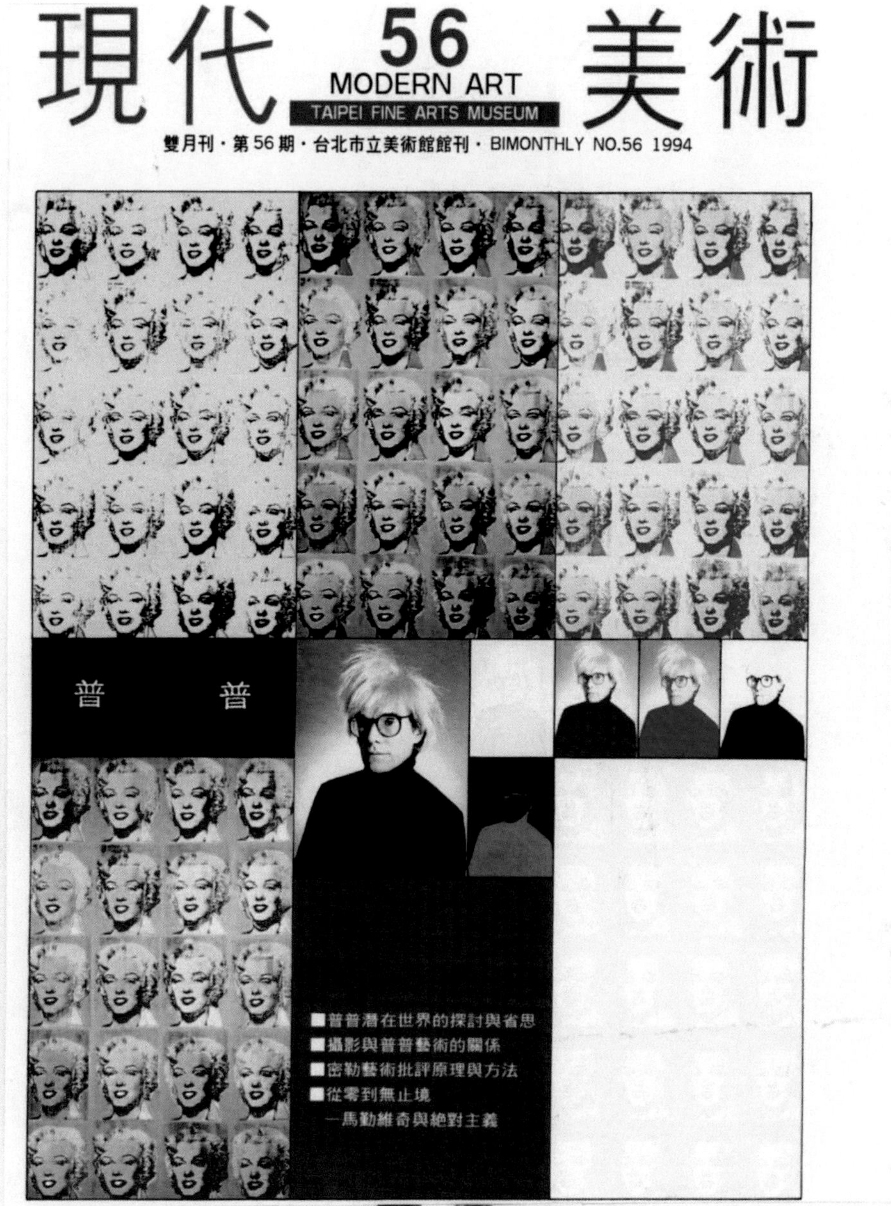

56

現代美術

MODERN ART

TAIPEI FINE ARTS MUSEUM

羅門在台北市美館館刊
評論「普普藝術」

普普藝術

普普潛在世界的探討與省思／羅門

目錄 雙月刊・第 56 期

56

現代美術

MODERN ART

普普藝術潛在思想的探索與反思

◉羅門

普普藝術（Pop Art）的潛在思想，絕不是憑空存在的；它與達達主義（Dadaism）有血源關係，達達主義與風靡廿世紀的存在思想脫不了關係，因此，普普藝術，便也與存在思想有斷絕不了的關係，是可見的。

當尼采高喊上帝已死，內在形而上世界的最高指標模糊了；海明威接著高喊這是迷失與落空的一代；此刻，當人類被第二次世界大戰殺傷的心靈，再度被現代機械文明冷酷的齒輪絞痛、空虛、寂寞、無奈的心情，使那些所謂偉大、崇高、神聖與偉大不朽等形而上的名詞，都只被看成西裝雙排扣旁邊的那一排，是用來點綴的，當存在價值備受質疑，人陷在懷疑中，很容易被推進空無之境。唯一能抓住與信賴的，便是被看好的存在思想大師沙特從他嘴中喊出的那句話：「人！除了生存，無他！」沙特的這句話，便也使理想主義、內在的抽象思想以及僵冷的理性主義與所有冷漠的邏輯思考……等都被排拒，遠離「人！除了生存」這一實在生存的思想現場。生存與生活的本身，才是大家都關心的；生活的眞實環境與事物，才是眞切、確實與美的；藝術應建立在這上面。這不就同普普藝術以強勢與高姿態切入實際生活層面的意向，接上了電源？！

其實，存在思想所凸現上面的這些看法，同達達主義對一切採取反動、否定與「重新來」的態度，所引發的反僵化的法則、道德規範、掙脫一切約束的框架、強調放任與全然的自由、追求潛在的眞實與情緒……等思想意識，是有顯著的交會點的。這也正是說明存在思想，確已進駐達達主義，同時也不能不影響到同達達主義有直接血源關係的普普藝術思想。

帶有「存在思想」某些色彩的「普普」藝術，其實是在達達主義對已存世界進行解構、顚覆與摧毀過後的荒地上，重建具有開拓性與呈現新形象、新秩序以及逼近生活環境的視覺藝術世界。

當杜象採取「達達」意念，將「夜壺」直接展覽在衆目中，這是較在夢娜麗莎嘴上畫上鬍子，更甚地在傳統美學殿堂裡，引爆的一次重大事件。這事件，雖令使穿禮服來參加畫展酒會的仕女們，感到震驚與難堪，但卻在人類的眼球上，爆開出新的視域，讓普普藝術進一步創造出可觀的奇蹟與引發視覺藝術創作世界產生相當大的影響與反應。

（一）、普普藝術以杜象「達達」牌的「夜壺」——這一冷僻的生活實物爲按紐，叫通田園與都市生活中所有千千萬萬的實物與實象，都成爲「畫面」與「造型」的豐富且直接的活用的材質與媒體，等候普普藝術，以拼湊（collage）與組合（assemblage）手法，將之在生活化的物架實視空間裡，建立起多元物體與材質間相互通的視覺交流網，並在畫布內與畫布外，創造出不同於傳統繪畫與雕塑的新作品，是有創見的。

譬如傳統繪畫在畫布上只用「筆」與「色」，普普藝術除用這些與以照相將物體放大，尚可將各種不同屬性的實物「拼湊」進去，使畫面產生多元性的「視能」反應與具體的觸覺感，增加畫面「超常」的特殊效果；並呈示繪畫創作的突破性與新創性。

又如傳統雕塑，一直是在某種材料上雕；普普藝術則將同或不同的更多的材料的多種實形「拼湊」成更富形態、形感、形趣、多變化與想像空間的造型藝術。在創作的技巧與表現理念上，對照傳統雕塑而言，顯然也是具有突破性、創新性與開拓性的；而且創作的自由度與任放性也較大並給雕塑的造型世界，帶來新的景象。

（二）、普普藝術的作品，或許在畫面與造型的精純度、精緻度、精深度與精美度等方面，著力點較不夠，因它較偏重於生活化的特寫、掃描、放大、甚至扭曲、變形、堆積與拼湊，難免有些粗略與浮面顯易等情形。但普普藝術創作的潛在精神思想與理念，對視覺藝術創作以及對人類眼球的視覺空間與資源之開發，卻是具有相當重大的貢獻與影響力的；像新寫實（New Realism）以及拼湊多元媒體創作的裝置藝術（Installation Art）與表現藝術（Performance Art）、乃至環境藝術（Environments Art）與匯合雕塑、建築、繪畫於一體的包浩斯（Bauhaus）藝術行爲，都無論是在創作精神與運用材質與表現技巧上，都或多或少受到「達達」的孿生兄弟——「普普」的「美」援：即使是從畫布上將大自然放生回去的地景藝術（Land Art）大師克利斯多（Christo, J.），在他創作意念的深層世界，採取具革命性的藝術手段，擴展生活的實視空間，納入畫布無法收容的大自然正在變化中的實景與時間的流程，這種具革新性的創作行爲與意識，仍是多少受到普普藝術思想觀念的波及的，可見普普藝術的影響力，是已遍佈入相當廣闊的視覺創作空間：在相對於所有緣自抽象思想與觀念表現的視覺藝術世界之外，它串動上述的那些藝術流派，在無形中，幾乎成爲一龐大的藝術集團，展開一迫近生活與生存眞實層面的至爲開闊與具拓展性的視覺藝術創作領域。

（三）、普普藝術也名「大衆藝術（Popular Art）」，顧名思義，藝術必須重認本身存在的功能性，開放給大衆，使其普遍化、大衆化，著重人與眞實的生活空間環境，所引發具人性與具生活親和力貼切性的視覺美感活動。同時使生活中所有的現成物，都可自由拼湊的進入各種美的形式，而存在於畫框內外的空間，形成爲視覺藝術品。這樣，誰都可以輕易的與藝術接觸；甚至也做普普藝術的創作者。因而也有助於推展視覺藝術的創作世界與大衆接受的範圍；尤其是在面對「視覺污染」一直不斷漫延著都市的生活環境與空間，讓我們來回顧漢彌頓（Richard Hamilton）一九五六年所展出的第一件眞正的普普藝術作品，取名爲「是什麼使今日的家庭，變成如此的不同，如此的有魅力」，我深信大家都會一致回答，那是普普藝術給予人類，美的視覺藝術的新觀念與推廣能力所致，不但使所有的家庭、乃至使所有的都市、所有的生存空間，都將因「普普」而「變得如此的不同，如此的有魅力」。的確，普普藝術潛伏著美化人類視覺生活空間的至爲神奇、強大與『普』遍的藝術力量，能轉變在視覺空間內出現的任何用品與物體，都是可看的藝術形象：整個生活空間都可能是美的藝術空間。如此，普普藝術，便將人與生活與環境與藝術混合在一起，出奇的達成藝術在人類生活中的一項重大任務，値得激賞。此外，普普藝術解放了所有表現的媒體、材質與形式，達到全然開放與自由運用的程度，這對於任何一個圖拿到上帝通行證與信用卡的藝術家，都是舉雙手贊成的；而藝術本身就世界上最自由與超越框限而存在的東西，可見普普藝術這方面的潛在意識，是主控與滿足著所有藝術家在創作上絡端的要求，顯得有深層意義與更値得重視。

（四）、普普藝術，因同具超現實主義精神的達達主義有血緣關係，在潛意識中掙脫一切的約束與制壓，對一切存在原本的實性、質樸感、直率性，要求較強；常出現有某種率眞的「反動」與「重新來」的行爲，這多少同眼鏡蛇畫派（Cobra）企圖從存在底層全裸與自由溢出的生命原創力，於底線顯然有某些接應。故也使普普藝術在排拒抽象藝術世界，面對任何實在的形象空間環境，都同時要推翻寫實主義（Realism）定形、約制、重覆與僵化的形象世界，而呈現那經潛意識作用、移變、溢出新意的直覺（非現實）的實形實象的視覺畫面，引人產生新異、奇趣與也帶有某些幻象的視覺美感。像在上面歸入普普藝術範圍的新寫實，就是表現這樣的「新」的寫實世界。而在這至扭曲、變形、堆積與拼湊，難免有些粗略與浮面顯易等情形。但普普藝術創作的潛在精神思想與理念，對視覺藝術創作以及對人類眼球的視覺空間與資源之開發，卻是具有相當重大的貢獻與影響力的：像新寫實（New Realism）以及拼湊多元媒體創作的裝置藝術（Installation Art）與表現藝術（Performance Art）、乃至環境藝術（Environments Art）與匯合雕塑、建築、繪畫於一體的包浩斯（Bauhaus）藝術行爲，都無論是在創作精神與運用材質與表現技巧上，都或多或少受到「達達」的孿生兄弟 ——「普普」的「美」援；即使是從畫布上將大自然放生回去的地景藝術（Land Art）大師克利斯多（Christo, J.），在他創作意念的深層世界，採取具革命性的藝術手段，擴展生活的實視空間，納入畫布無法收容的大自然正在變化中的實景與時間的流程，這種具革新性的創作行爲與意識，仍是多少受到普普藝術思想觀念的波及的，可見普普藝術的影響力，是已遍佈入相當廣闊的視覺創作空間：在相對於所有緣自抽象思想與觀念表現的視覺藝術世界之外，它串動上述的那些藝術流派，在無形中，幾乎成爲一龐大的藝術集團，展開一迫近生活與生存眞實層面的至爲開闊與具拓展性的視覺藝術創作領域。

（三）、普普藝術也名「大衆藝術（Popular Art）」，顧名思義，藝術必須重認本身存在的功能性，開放給大衆，使其普遍化、大衆化，著重人與眞實的生活空間環境，所引發具人性與具生活親和力貼切性的視覺美感活動。同時使生活中所有的現成物，都可自由拼湊的進入各種美的形式，而存在於畫框內外的空間，形成爲視覺藝術品。這樣，誰都可以輕易的與藝術接觸；甚至也做普普藝術的創作者。因而也有助於推展視覺藝術的創作世界與大衆接受的範圍；尤其是在面對「視覺污染」一直不斷漫延著都市的生活環境與空間，讓我們來回顧漢彌頓（Richard Hamilton）一九五六年所展出的第一件眞正的普普藝術作品，取名爲「是什麼使今日的家庭，變成如此的不同，如此的有魅力」，我深信大家都會一致回答，那是普普藝術給予人類，美的視覺藝術的新觀念與推廣能力所致，不但使所有的家庭、乃至使所有的都市、所有的生存空間，都將因「普普」而「變得如此的不同，如此的有魅力」。的確，普普藝術潛伏著美化人類視覺生活空間的至爲神奇、強大與「普」遍的藝術力量，能轉變在視覺空間內出現的任何用品與物體，都是可看的藝術形象：整個生活空間都可能是美的藝術空間。如此，普普藝術，便將人與生活與環境與藝術混合在一起，出奇的達成藝術在人類生活中的一項重大任務，值得激賞。此外，普普藝術解放了所有表現的媒體、材質與形式，達到全然開放與自由運用的程度，這對於任何一個圖拿到上帝通行證與信用卡的藝術家，都是舉雙手贊成的：而藝術本身就世界上最自由與超越框限而存在的東西，可見普普藝術這方面的潛在意識，是主控與滿足著所有藝術家在創作上絡端的要求，顯得有深層意義與更值得重視。

（四）、普普藝術，因同具超現實主義精神的達達主義有血緣關係，在潛意識中掙脫一切的約束與制壓，對一切存在原本的實性、質樸感、直率性，要求較強；常出現有某種率眞的「反動」與「重新來」的行爲，這多少同眼鏡蛇畫派（Cobra）企圖從存在底層全裸與自由溢出的生命原創力，於底線顯然有某些接應。故也使普普藝術在排拒抽象藝術世界，面對任何實在的形象空間環境，都同時要推翻寫實主義（Realism）定形、約制、重覆與僵化的形象世界，而呈現那經潛意識作用、移變、溢出新意的直覺（非現實）的實形實象的視覺畫面，引人產生新異、奇趣與也帶有某些幻象的視覺美感。像在上面歸入普普藝術範圍的新寫實，就是表現這樣的「新」的寫實世界。而在這兩極化的對視中，面對像蘇拉吉那樣高質感的藝術創作，有做必要的觀照與反思的。我們或許說普普藝術有點近乎達達的情形，它的思想觀念對現代藝術創作的影響大於本身作品的成果。

第三、是普普藝術與後現代都出現有「解構」與「多元化」的思考狀態。如果說被「解構」的是太陽，太陽解構後的衆多（多元化）碎片，都變成一個個大小不同的太陽，又能在「拼湊」中構成壯觀的新的太陽系，那確是傑出非凡的表現。但如果解構的，不是太陽，是玻璃瓶，那麼解構後是一大堆閃耀的玻璃碎片，「拼湊」在一起，便也不可能是太陽系放射出的強大的光。就因爲這樣，我們在認可普普藝術在逼近生活化、平易化與走向關懷人與大衆的同時，不能不反思。那就是當普普藝術，在引導藝術「普」遍化地傾向於「全民體育」般的藝術作爲時，不應忘了在視覺藝術創作的廣闊世界，尙有「奧林匹克運動場」，在高喊著不能沒有更傑出的表現者，來使視覺藝術，仍不斷向有深度思想與高質感的「美」頂端世界推進。

的確，面對普普藝術這一具強大挑戰與令人反思的臨界線，我們深信藝術家必須在創作生命的深層的世界，持有宏觀與微觀的確實思想與智慧，不然，無論採取任何包裝的形式、符號與手段，都不可能有精彩驚人的表現。這也就是說，藝術家如果內心沒有確實能感應「美」的強大的「創作生命磁場」 「創作的巨型工廠」，則不可能在畫布內與畫框外有什麼可觀與非凡的藝術作品。的確，有許多藝術家，當他們面對一個接一個流行過來的藝術新潮，因自己沒有「工廠」，便只能做代理商，甚至做冒牌假貨。於是，我們也經常會看到許多仿造與假的「亨利摩爾」、「布朗庫斯」與「米羅」以及格局很少力度不夠的「克利斯多」與「包浩斯」……像這樣，如何能使造型與畫面，引起震撼與確實的感動人，藝術絕不是喝完便丟的保麗龍瓶罐，藝術家永遠是要付出深入強大的思想與智慧的，並有夠大的魄力，能將全然開放的時空、材料、媒體以及智識、條文、理念與階段性凸現的藝術流派、表現形式與方法……等，都溶入自我獨特的創作心靈，渾化成爲具藝術創造性的美的生命思想：那不只是以「智識」去了解與指認創作的形式與運作的方法，而是確實從所理解的「形式」與「方法」中，施放出那具強大震撼力的創作生命力，使「形式」與「方法」被證實是「眞」的，有「內涵力」的；不是「虛像」，好比打拳擊，如果只依書本指示打出有板有眼的拳路，而拳無力、是空的，那絕不是眞正有實力能「進場」去打的「拳擊手」 「藝術家」。

於是在最後再三的反思中，我確實發現到普普藝術傾向於生活化、大衆化、平易化……，並非鼓動藝術家拋開「向內思想」乘機往外下滑的「滑梯」；而是面對生活實視空間、更加強思考、更積極地向上健步的踏實的「梯級」。如此一來，方可能確實看到「普普」與「後現代」如何聯手將人類視覺藝術世界中的太陽，「解構」後，眞的變成「多元化」的許多太陽所「組合」成的新的太陽系，讓人類確實看到那輝煌壯觀的視覺藝術世界，而不只是去品味從商業消費文化中所「流行出來的那些浮面、粗淺，甚至近乎平庸低俗的視覺藝術品。事實上，普普藝術也應該是這樣堅持的，而且態度認眞嚴肅。

（本文作者現爲現代藝文工作者）

現代 53 美術

MODERN ART

TAIPEI FINE ARTS MUSEUM

雙月刊・第53期・台北市立美術館館刊・BIMONTHLY NO.53 1994

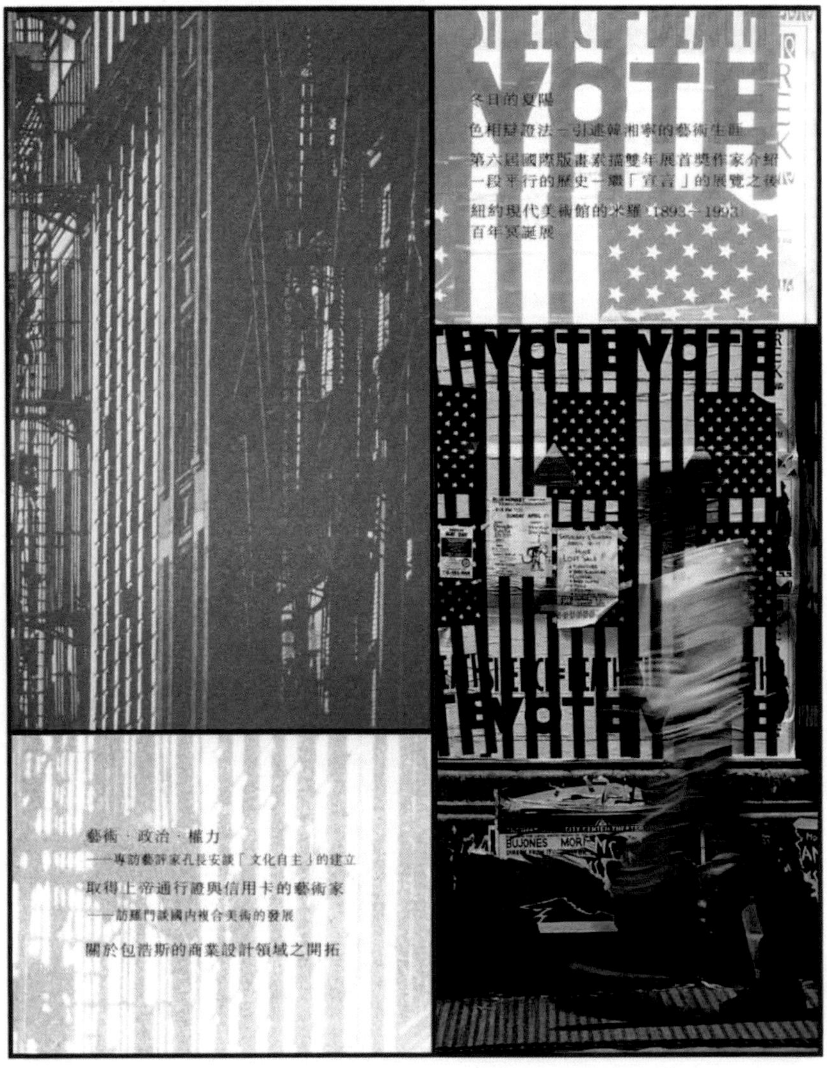

冬日的夏陽
色相辯證法—引述韓湘寧的藝術生涯
第六屆國際版畫素描雙年展首獎作家介紹
一段平行的歷史—繼「宣言」的展覽之後
紐約現代美術館的米羅 1893～1993
百年冥誕展
藝術・政治・權力
——專訪藝評家孔長安談「文化自主」的建立
取得上帝通行證與信用卡的藝術家
——訪羅門談國內複合美術的發展
關於包浩斯的商業設計領域之開拓

取得上帝通行證與信用卡的藝術家
—訪羅門談國內複合美術的發展

採訪：賴瑛瑛

記錄：黃義雄

圖片提供：羅門

羅門第一位接受台北市美館
訪談台灣現代「複合美術」

複合美術訪談錄

／賴瑛瑛

緣起

複合美術（Combined Art）意圖含括二十世紀現代美術中異質材料混用之美術作品，因其指涉的範疇極爲廣泛，故是一相當籠統大膽的界定嘗試。在純粹美術史的規範內，畢卡索（Pablo Picasso, 1881－1973）於一九一二年發展出之紙上拼貼（Papiers collés），有其劃時代的意義。其後構成主義、未來主義所倡導結合現代工業原料的創作觀念，達達運動中對廢棄物及現成物之拼組、選擇，超現實主義之物體藝術，乃至於羅森柏（Robert Rauschenberg, 1925－）之集合繪畫（Combined Painting）及普普、新寫實之集合藝術（Assemblage）等，甚或是義大利之貧窮藝術、日本之物派、具體畫會，乃至觀念、表演、地景藝術等，均是結合多樣媒材（媒體）之統籌運用，以期表現現代、當代美術之複向性及多元面貌。藝術創作自此不再拘限於純粹素材，如美術之油彩，雕塑之金、石、泥等等傳統規範及技法表現，而是結合原生材料或現成物品之融合混用，甚或是純粹觀念非物質性之呈現，是故在創作理論、審美觀點以及作品之留存物質性等，亦有別於傳統美術之期待。其拼組性及複合性呼應著二十世紀物件豐裕之量產文化及雜錯交織之資訊網路的時代特色，是爲現代美術之一獨特表現。

回首國內複合美術之發展，在時間範疇上是可上溯至五月、東方時期的嘗試，多件作品中顯見有紙拼貼等異質材料混用之繪畫性表現。六〇年代對於國內複合美術之開展是一重要時期。當時的美術環境，在精神上籠罩於虛無存在的哲思氛圍下，在表現上則受歐美普普、觀念、表演藝術之觀念啓發，顯著的例子有黃華成於1965年編導之「先知」、「等待果陀」劇場演出及次年之大台北畫派秋展，1967年之「不定形」藝展、「UP展」，同年開始連續五次年展之畫外畫會展覽，以及1970年之「七〇年代超級大展」及由郭榮助主導之「死亡之塔」綜合表演展覽等，爲當時承繼五月、東方畫會所標舉之中國繪畫現代化之藝術環境，開拓出另一片前衛性、實驗性的藝術天空。然而面對七〇年代國內政經氣候的激烈轉變，前鋒衛刺的澎湃熱血終在欠缺適當的藝術世界及精神鼓舞的羣眾支持下，而逐漸褪色轉型，相關作品亦多因創作型式之裝置性及非物性，而僅留存有限之圖片文字可供後人緬悼冥思。國內複合美術的再盛興起於八〇年代，公私立美術館的開辦、非謀利性之藝廊的出現，國際資訊的普及以及海外藝術家的頻繁返國等，再次鼓勵了國內前衛美術的實驗精神。整體的時代脈動是經濟成長後，立足台灣放眼天下的開放胸襟，在創作思考領域上，則除新表現、新幾何之歐美浪潮外，行爲、觀念、裝置、地景及表演等藝術物件民主化的表現形式亦見顯著的成長，此期之複合美術活動因在年代上距今較近，且視資料建檔爲作品之必要留存工具，因而在事蹟之回溯整理工作上，較得確切之依循參考。相形之下，六〇年代曾經激昂轟動之前衛美術之資料則愈顯貧乏。所幸參與當時活動之藝文人士迄今仍多活躍國內藝壇，逐一的訪談及資料收集統整遂變爲重要的工作線索。爲完整呈現訪談內容，以爲日後研究六〇年代現代美術推展之參考文字資料，並期以探索國內複合美術之風格特色的精神內涵，特此策劃了複合美術之訪談系列。

作品的檢視及資料的收集考察乃是研究工作的重要步驟，雖然訪談文稿僅可列屬爲次要資料（secondary material）。然而每一次的訪談紀錄均需得到受訪者之同意授權後方得以公開刊載，是故每一篇的訪談文字，均意謂著受訪者對訪談主題之一項意態聲明，此一聲明均將因鉛字排版印刷的實現，而流傳爲日後研討課題之檢索文獻。然在訪談的過程，或因時間的流轉以及集焦的各異而或見認知差距，是故訪談資料的交互參佐及對應查證對於更明晰公正之原相整建乃是必要的手段。歷史文化面目的再現，有賴於史料知識的不斷考掘。誠如當代儒學史家杜維明所道：「中國的歷史非常久遠，然而我們對歷史的記憶卻是短暫的。」深究原因，實是可供歷史追憶憑藉之古物文獻的散佚流失。台灣現代美術的發展，在浩瀚的歷史宏流中，是屬於晚近的時間範疇內特定區域及類項的考察。近年來，相關史料的整理工作亦在各界人士的積極參與下，開展有秩序的長期研究規劃。複合美術的含蓋範疇，或有待更確切的定義界說，亦或非爲純粹美術發展下之主導勢力，然肯定是爲二十世紀造型美術之一獨特面向。訪談整理僅爲一研究企圖的開端，但期各界惠賜相關資料，並予以指正。

取得上帝通行證與信用卡的藝術家
——訪羅門談國內複合美術的發展

羅門簡介：

被譽為台灣現代詩壇重量級與具世界觀的詩人羅門，曾獲中山文藝獎、中國時報推荐詩獎、教育部詩教獎、菲總統金牌詩獎與大授勳章、以及美國第三屆世界詩人大會特別獎與接受加冕。他名列中國名人錄、世界名詩人辭典與中文版大美百科全書，出版有詩集十二冊、論文集五冊，詩作被選入「中國當代十大詩人選集」，詩作選入英、法、日、韓文之外文詩集，海內外問世之專論羅門的書已有五冊。六〇年代開始，羅門即積極參與國內現代藝文活動，除詩創作之外，尚寫畫評，高倡現代美術之時代性、世界性、前衛性、創新性、精神性及多元性。羅門本人亦身體力行，將生活周遭之現成物選擇拼組為「燈」之系列作品，自宅命名為「燈屋」，是結合繪畫性、雕塑性及建築性之組合裝置性藝術，是為其文學與美術結合之精神堡壘。

採訪：賴瑛瑛
記錄：黃義雄
圖片提供：羅門

・賴瑛瑛（以下簡稱賴）：台灣現代美術運動在五月、東方時期有澎湃的開展，但是到六〇～七〇年代期間，似乎又沈寂了下來，據仔細考察下，七〇年代一般雖以鄉土運動爲潮流，事實上前衛藝術仍陸續的有人致力開拓，只是因文獻的缺乏而產生此錯覺。首先請問羅門你對五月、東方這期間的看法。

・羅門（以下簡稱羅）：的確，五月與東方畫會在中國現代繪畫發展的歷史過程中，所顯示的成果與所作的貢獻，大家都給予肯定也談了很多，我過去也曾爲他們其中的成員乃至非五月東方的畫家寫過評介文章，當然在給五月與東方予以肯定的同時，我覺得過去對中國現代繪畫推展至有功勞的重要人物，如李仲生、顧獻樑兩位先生，都是中國現代畫壇令人迄今仍敬仰與追念的，我也分別寫過文章與詩頌揚過他們。至於七〇年代雖有鄉土運動的出現，但五月與東方仍繼續他們創作的一貫表現，所謂似乎有些沈寂，是相對於鄉土運動的感覺。另一方面早於六〇年代中期開始亦見有非限於繪畫性的前衛藝術的興起。

· 賴：六〇～七〇年代非繪畫性前衛藝術的興起和時代的精神現象有顯著的關係，尤其是台灣當時流行的存在主義思潮對社會的影響與反映，而投射於藝術潮流中，請以一個見證人身份談談當時非繪畫性前衛藝術的特性及文化背景的特殊性。

· 羅：首先，我覺得你提出的「前衛藝術」（Avant-Garde Art）在六〇～七〇年代的台灣，的確重要。因爲前衛藝術中所強調的創造性、突破性，顯是現代藝術的重要動能，在藝術創作的意識上，它提供具開創性與實驗性的創作空間。顯然的當時中國的現代藝術（包括詩與其他藝術，都或多或少受西方現代主義存在思想的影響；尤其是藝術家發現到存在的自我意識受到現實相當的壓抑時，便難免在潛意識中多少產生一些抗拒與不滿的情緒，同「存在思想」扯上關係，而透過藝術與語言符號，借重當時藝術表現至爲盛行的「超現實」與「象徵」手法，予以暗示與帶有批判性的影射。視覺藝術方面，像黃華成的「大台北畫派66秋展」便是這方面相當典型的展出；詩方面，則有：詩人余光中的「敲打樂」、洛夫寫的「石室的死亡」、辛鬱的「同溫層」、商禽的「長頸鹿」、瘂弦的「深淵」，及我寫的「都市之死」、「麥堅利堡」、「死亡之塔」等詩作，還有我的「現代人的悲劇精神與現代詩人」論文，這些都可說是表現當時受西方現代主義存在思想或多或少的影響，去探求「人」與「自我」存在尊嚴與價值的作品。

· 賴：誠如你所言，前衛藝術的進展是和當時存在主義思潮有相當的關連，在這種背景下，是如何的促使複合媒體的運用於藝術表現上。

· 羅：六〇、七〇年代人們對生命意義與存在價值的質詢與疑惑，確引發「存在思想」的問題，並明顯發覺人對自我存在含有潛意識的抗拒性，這種多少帶有判逆性的潛在意識，當採取強烈的藝術手段表達時，便難免滲入達達、喬埃治（James Joyce）的醜美學觀點乃至波特萊爾反常態的生命迸射力，使其呈現出普普藝術的拼湊的多元性表現，那便

1. 詩人羅門、蓉子夫婦多年來熱心推動國內現代藝文活動，並集有各時期名家作品多件，堪稱為台灣現代美術發展之見證人。

2. 運用生活周遭現代物拼組而成之「燈屋」，將生活與藝術完全融合，是裝置藝術之精髓所在，亦是羅門及蓉子溫馨的平安港。

3. 燈屋的第一盞燈於1955年4月完成，全圖參見圖2左角。

3-1 燈屋造型計有三種，一為直展型，一為圓型，一為螺旋型，圖為象徵人類不斷向頂端突破與超越的直展型。

不得不對一切已固定的形態與唯美的傳統美學框架予以突破，也自然被大眾視爲異數。但是這種具有前衛性、實驗性的藝術，對存在進行質疑與批判時，卻使視覺藝術直接介入生活的實際空間去運作，提供了一種拓展性的視覺藝術活動空間與價值。這種創作，從自我內在存有世界出發，走出畫布走進開放的實際空間，以開放多元的材質與組合的藝術表達手法，以具象徵性的造型與圖象，揭示與訴求生命存在的尊嚴與價值，使視覺藝術與生存的意識結合在一起。這在我「以天空容納鳥，不是以鳥籠養鳥」的開放創作觀與心境中，是有所包容的，我一直認爲視覺藝術家，應把「眼睛」當作廣闊無限的「眼球」（像地球一樣）來看，方能發現更多尚待開發與創造的視覺資源與世界。但是這種探索與開拓的行爲，絕對是有認知力，而且是認真與嚴肅的，是爲了推展藝術自由創作的生命，以及呈現藝術創作更多的表現形態與價值。

· 賴：早期你所參與的複合性美術展覽中，計有「死亡之塔」及「詩畫聯展」等，就1973年的「詩畫聯展」爲例，其目標是爲使現代詩與現代繪畫創作的精神結合，共同推展創造新的藝術境界。當時參與的詩人、藝術家很多（註1），以你一個參與者來說，此次展覽有何感想？另外是否能說說你以詩人身份參與的藝術活動情形。

· 羅：詩畫展型式在過去早有過展出，但以1973年歷史博物館爲配合世界詩人大會在台北召開所舉辦的首次詩畫展，應是最有規模與水準的一次。此次詩畫展參與的詩人、畫家都大多是當時有成就的名

詩人與名畫家，參展的詩作與畫作，都是選出各人較好的作品，強調純度精緻化與品質，相當嚴緊，使其確實能達到詩中有畫，畫中有詩，相互動相映照的效果，呈現出現代詩與畫創作精神的新境界與高度的結合。

後來我也曾以詩多次配合何恆雄的雕塑，碑刻在公園、動物園與市區；又分別在世貿大樓與台北市立美術館以詩參與國內著名科學家與藝術家舉行的雷射多元媒體藝術表現。1974年首屆在國父紀念館舉行全省的戶外藝展，我爲展出寫了宣言，並策劃以長達數百尺的白布，鋪成一條藝術造的路，任由參加的藝術家與羣眾即興地在上面創作，並以此做爲這次展出的揭幕典禮，是一次引起羣眾參與的即興表演。

· 賴：前面你說過你參與的藝術活動頗多，你對這些複合媒體藝術與現代詩的結合點有何看法。並順便說說當時有關的一些實際情形。

· 羅：在六〇～七〇年代前衛藝術中的複合媒體藝術表現，有些的確是同詩人創作的心象世界非常相關，彼此之間便自然有結合點，而能在多元媒體中一起演出。

至少我覺得詩人與藝術家透過藝術「美」的符號來追蹤「人」與自我的生命，確有可見的交會點，我也曾嚴肅與經過選擇地以詩人身分參與當時所謂「前衛」表現，走出畫布採用多元媒體所從事的這種具突破的視覺藝術活動，表示對現代藝術的熱愛與關心。至於談到非繪畫性的前衛藝術時，我印象中便自然地浮現出黃華成、郭承豐，或當時被稱爲三劍客（鐵三角）的馬凱照、蘇新田與長於理論的李長俊等人，他們均是前衛意識很強的。尤其三劍客，在當年許多前衛展覽中，幾乎是少不了的人物，而且在許多繪畫的討論會上，他們的辯風都是十分鋒利與凸出的，我認識他們是由於現代詩與現代藝術（尤其是多元媒體表現的）本來就很相近，但是和他們實際接觸很少，因使用媒體不同，只有馬凱照是例外，因他也愛好詩，在天琴廳時我們成爲互相討論的對象。我們常談現代人與現代藝術的本質以及非繪畫性的多元媒體表演問題。

· 賴：當時藝術家的活動場所有那些？

· 羅：台北當時有兩個年青前衛藝術家常去的地方；一個是野人咖啡廳，一個是七星大飯店的天琴廳，可說是台北著名的藝術家沙龍（此外尚有作家咖啡屋，也值得一提），「野人」因爲設計上特別製

作成具有「壓迫感」的氣氛，在濃厚的煙霧與酒味圍繞中，使你只能在下意識中，一面談話、一面抽煙喝酒，好像帶有點頹廢與自我放逐的色彩，那裡有人常去，有人會吃不消；而天琴廳是我較喜歡去的，它較舒暢且兼設畫廊，我就在那裏結識了馬凱照，他除了畫畫，也喜歡詩，於是我們頗談得來，他贈我畫，我贈他詩集，於是詩與畫便也一同進「駐」了天琴廳，他論「畫」，我談「詩」，無形中成了天琴廳詩、畫的駐廳藝術家，由於天琴廳經常有畫展，也有詩畫、前衛藝術的小型表演以及座談與講演。這些活動大約維持有一年多（1968－1970），如今仍令我記憶尤深。

・賴：七〇年代的圖圖畫會，你本身亦爲他們多元媒體展出的一員，請你談談圖圖畫會以你「死亡之塔」做爲那次多元媒體演出，該長詩的創作動機與理念；另外也請你對這次展出在複合媒材的運用情形，作簡單的說明。

・羅：圖圖畫會在我印象中是當時最前衛的畫會之一，在1970年7月間圖圖畫會在精工社畫廊舉行多元媒體的演出，以我的「死亡之塔」長詩作爲演出主題，是該畫會的主要畫家，郭榮助向我說明的，希望我以詩人身份參加。此次展出的構想，是由郭榮助主導，動機是因其兄代他辦護照途中發生車禍，突然的死亡，觸發了他對死亡與機械文明的省思。當他因此放棄出國、在獅頭山守著其兄骨灰一年間，正陷於死亡感覺的苦思時，細讀我的「死亡之塔」詩作，後來便以此詩作爲主題，用多元媒體展出，邀請我、德國音樂家暨詩人哈姆斯、吉詞德、章楚楚、李蘇妮等人參加，在展出中將「死亡」的基調擴及現代機械文明的空虛與徬徨，在會場中有舞台、有象徵「死亡」的碑與雕刻木柱，並有銀幕放映著怪異的幻燈片與影帶，配有背景音樂，以及觸目所及的垂吊繩子，歐普風格的掛畫，此外尚有焚燒的香爐，以及地上與天花板上寫著「死亡」的詩句與網子中即興舞蹈的女子……等，在這些結合著繪畫、雕塑、電影、音樂、詩、現代舞等的綜合性表現的作品中，營造出魔幻神秘與膜拜的氣氛，突現著「死亡」的悽美與戰慄的具體形象（註2）。這次展出，使用所有的藝術形態與開放的媒體，它基本上是採取普普藝術（Pop Art）中的組合（Assemblage）與拼湊（Collage）手法，並帶有舞台空間的表演藝術（Performance Art）情況，尚動用了超現實、抽象、環境、立體、結構等創作理念與質素，此外更值得一提的是它將達達偏向迸發性的粗糙與散漫，提昇到普普較具有嚴謹組合力與結構性的有秩序感的多元藝術表現形態，對我而言，的確是一次值得回憶的有精神層面，有前衛性與實驗性的多元媒體藝術活動的經驗。

・賴：八〇年代是台灣複合美術的另一高峯期，此期間你曾積極參與異度及超度空間的展出，是否說明你大力支持的動機？

・羅：我覺得這時期大體上除了五月東方以及其他部份畫家仍致力於現代抽象，超現實乃至新寫實的繪畫創作外；另外也有一些表現自我意識強烈的藝術家，受西方新的藝術思潮與資訊影響，極力追求前衛與實驗性的多元媒體表現，乃至帶有表演藝術形態的演出，在當時也相當活躍，像美新處、私人畫廊與北市美術館及至廣場，都時有這種不安於畫框空間裡作業的創作行爲，雖不成大氣候，但相當蓬勃。

至於我特別對「異度」與「超度」的藝術創作展表以關注與精神上的支持，是因爲他們在作品的空間觀念中有新的突破性與拓展性的創作動向，我甚至認爲是台灣現代美術繼五月東方後在「空間觀念」上的第二波運動，企圖從畫布、裝置藝術（Installation Art）、地景藝術（Earth Art）、環境藝術（Environmental Art）及至包浩斯（Bauhaus）的觀念等「受約制」的視覺空間中，全然的超脫出去，重新探索更開放、更自由的「存在與變化」的造形空間，我認爲這樣的空間，更富變化及更有新意，而且更具吸引力。因爲我是詩人，我發現一般用眼睛來「看」的視覺空間，多是平面與有限的；就算是用眼睛來「讀」，雖然立體，但仍有範圍與框架；只有在將眼睛「跪」下來看的空間，才是無限的、神秘的、無所不到的全面開放的視覺空間。而像詩所展開的這樣無限廣闊的空間，使自然同異度與超度空間，能展開較充份與滿足的對談。也因此可見我支持異度、超度藝術空間展，並爲他們兩次展出寫畫册序言，確是緣自我詩境中的視覺空間觀點。我覺得他們似乎是在爲國內乃至是爲世界性的視覺造形空間，在人類「眼球」上探索新的空間觀念與新的創作領域。

・賴：在異度、超度空間藝術中，林壽宇的地位頗重要，談談你與林壽宇的結識，以及你對他的作品在異度、超度的定位。

・羅：我認識林壽宇的時間，是他還未帶動異度、

55

4.「生命最大的迴聲，是碰上死亡才響的」。「死亡之塔」乃是羅門於1969年為紀念詩人覃子豪而著手寫，共六章，前兩章偏重寫寫詩人子豪之死的追思；後四章已延展為人類對死亡的沈思默想。

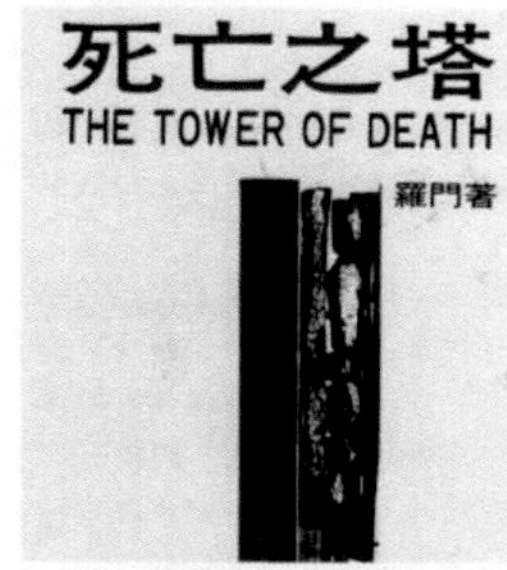

5. 1970年圖圖畫會成員郭榮助為紀念其兄之意外喪生，亦延用羅門之「死亡之塔」，於精工舍畫廊舉辦了一次結合美術、音樂、舞蹈之多元媒體的藝術展出。展覽現場燈光晦暗，場內懸掛擺設死亡座塔、象徵圖騰、飄浮的網檻及閃爍出神祕光彩的水晶球。

6. 羅門對於八〇年代崛起之「異度」及「超度」運動極表推崇，指其為繼「五月」、「東方」畫會後，國內現代美術運動之第二波。圖為1984年於春之藝廊舉辦之「異度空間」展中陳幸婉的裝置作品。攝影：程延華。

超度空間藝術以前。在林壽宇提供畫作給我當時主編的「藍星」詩刊作封面時，我就覺得他非常特殊，當他回國後在「龍門」開畫展以及第二次在春之藝廊的展覽，我都同他交談藝術的話題而且談得相當投入，也爲他兩次展出寫評論與爲他「春之」展寫畫册序言。我發現他第二展是已有意將畫與畫框的空間架構，以低限觀念將許多的二、三種色的大塊色面，分別的組合在牆上，使平面繪畫的空間，呈現出具體與立體的空間感。這種作爲—將繪畫性的畫布與畫框，解構成多面多向地延伸的存在與變化的造型空間，已經埋下了「異度」與「超度」空間創作意念的初步，當林壽宇進而使造型與牆上約定的空間，再解構進入全面開放的自由與無限存在與變化的空間，異度與超度空間的創作便開始出發了。事實上超度展的創作意念與精神，是異度展的擴展與延伸，以及進一步的確認與向前邁進，大方向仍是放在高次元與開放的「存在與變化」的空間觀念中，也就是如我在對他們創作的評論中所指認的：「異度」與「超度」是先把整個開放的空間當作一個「存在與變化」以及具「生命」的空間；嗣將造型符號提昇到具有高質感與生命實力及「存在與變化」的造型符號，然後使兩者於整體性的互動中，順著創作者的意念、構想與策劃，進入「存在與變化」的無限視野，使開放不受制約的造型符號，同開放的不受制約的空間，進行開放的不受制約的對話；並在視覺的鏡頭中，看到一個全新的奇蹟—那就是在無限地延伸與「存在與變化」的透明空間裡，所有的造型符號除了雕塑自己，也雕塑整個空間，也被整個空間雕塑在一起，並一同雕進了無限地「存在與變化」的視覺世界，讓整個視覺的造型與景面，便也浮現在源遠流長的「前進中的永恆」的時空流程中，呈現出那「無所不在」的「在」，並提供視覺無限的思考與想像的空間。

如果說「五月」與「東方」畫會是第一波對中國傳統繪畫的革新與曾推展中國現代繪畫的藝術創作，則「異度」與「超度」空間的藝術工作羣，便是企圖第二波對中國現代視覺藝術創作空間，予以突破、拓展與做進一步的更新，從另一個方向探求與開創一個全方位開放的活動空間。當然這並不否定其他派別，包括具象、抽象、超現實、裝置、地景、環境……等，仍可在其個別抱持不同的「空間」觀念中去作業的事實，只是異度與超度的確使視覺藝術活動空間給予重新的認識以及更多的變化與探索的視向，爲視覺藝術創造世界提供新視與新

56

境。

至於林壽宇影響下的「異度」與「超度」工作羣之間，像賴純純、張永村、莊普、胡坤榮……等人，雖都有共同的意向，但他們同林壽宇乃至他們彼此之間，仍保持有個人不同的地方，譬如林壽宇本人是除採取低限、新造型、具體等主義的精粹，更特別強調「絕對主義」與排除任何「外意」、「感性」加進純粹的幾何造型符號，以達到嚴冷與絕對理性的極限程度，因而他經常那存在與變化的空間與造型，常出現高強度與高質感的不可擋的直達力，非常Shut，所以我曾以詩指喻過林壽宇的造型符號，它無論是三角形、方形或只拎出一根直線（像他異度展的那件作品），都在「邊緣」，形成一強大的動力場，有銳利的切割力，使整個空間都感到被它割痛，這就是林壽宇最特別與有異於他們幾位之處，除胡坤榮在造型以「方」與「直」比較接近林壽宇（但彼此的感覺與動勢，仍有異）外，像莊普與賴純純除了有時也使用曲線，過去繪畫性的意念，與人文思想尚不能完全排除，難免同林壽宇之間存在有一些距離與同中有異之處，而其中的張永村是更自信地以自己的狂熱與執著、大膽且大幅度地在異度與超度空間裡，進行著「曲線」與「直線」造型世界的相當激情的交叉會談，呈現出他受林壽宇影響也有異於林壽宇的創作風貌，也像賴純純與莊普有甚至有較多的熱動與感性，同林壽宇的「冷」距離更大，，縱使他們之間，都有不完全相同之處，但他們在「異度」與「超度」空間展的大方向上，所做的具前衛與突破性的表現，已凸現在台灣八○年代的藝壇。他們幾位的作品，也都分別獲得台北市立美術館的大獎，可見他們的創作已受到肯定與具有其存在的空間與意義（註3）。

．賴：「超度」、「異度」藝術在往後的發展如何？你認爲其影響何在？

．羅：談到「異度」與「超度」的未來發展，我想到林壽宇的一件作品命名「前面是什麼？」頗有玄機，也就是暗示「異度」與「超度」是一種向未來存在與變化的無限時空探索與創作的藝術行爲，目前他們都似暫停在思考與反省乃至作自我調整的狀態中，如果能繼續出發與創作，那便是實踐「前面是什麼？」所不斷展開的那無限存在與變化的創造空間觀念，而繼續有「異度」「超度」的新的作品

7.繼1984年之「異度空間」展後，春之藝廊於1985年舉辦「超度空間」展，延續異度之多元空間觀，企圖對實體及空間作無限的超越及變化。圖為1985年展出中胡坤榮之「非虛非實」裝置作品。攝影：林益成。

8.超度空間」展出之藝術家莊普不鏽鋼管之組合裝置作品「來去自如，遨遊四方」。攝影：林益成。

9.林壽宇，「我們的前面是什麼？」，1985年，鐵，123×122×122cm×(4)，台北市立美術館藏。

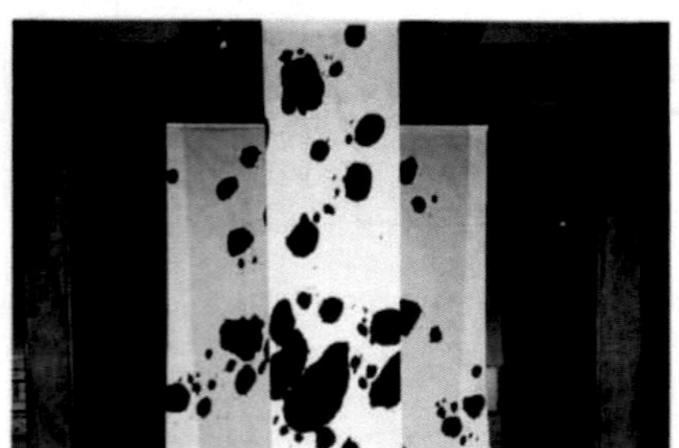

10.張永村，「源源不絕」，1986年，紙墨，10565×137cm，台北市立美術館藏

11.賴純純，「無去無來」，1986年，壓克力片，圓周直徑380cm裁為4片，台北市立美術館藏。

出現。據我所知，張永村似一直未死心。即使以後異度超度不再有更驚異的作爲與完成，至少也在國內藝壇，製造過一次運動，它具前衛與突破性的空間觀念，使空間與造型獲得純粹與富於變化的新的生命活動機能，我想對於國內有些已顯有重覆、惰性、老舊、局限、蕪雜乃至商業低俗化等的視覺藝術空間與造型符號，確有某些刺激、調整、更新、與提昇的作用，再就是我們處在到處是「視覺強暴」的劣質化的都市生活空間內，如果能推展「異度」「超度」的新空間觀念，落實到生活理念中來，則實際的視覺生活空間之品質，必也會大大的提昇與改善。

．賴：有人說你自家的燈屋是台灣最早的裝置藝術，請告訴我們你的創作理念及觀念形式呈現？

．羅：「燈屋」是1955年我與女詩人蓉子結婚住在泰順街二巷六號時，我將我們的生活空間名爲「燈屋」，是因爲當時我造了一座直達天花板的像是「燈塔」的燈，它象徵著是照耀我們生活與生命航路上的燈塔。由於屋內其他的燈具，也由自己製作，除了照明，燈的造型與光影也有藝術美，加上屋內的用品擺設我都要求美感，所以台灣目前風行的裝置藝術（Installation Art）似乎我卅多年前，就開始在做，只是當時沒有這個名稱，與我做得不夠充份與完妥。當我1966年搬到安東街，燈與屋內的藝術氣氛都略爲增加，看來也較接近目前所謂的裝置藝術。當時到「燈屋」來的文藝界朋友直到現在，仍對「燈屋」留有這樣的印象。而在我的感覺中是1976年搬回到泰順街八號四樓定居下來，「燈屋」不但製作的燈已有廿多盞之多，同時屋內的使用品都幾乎全經過所謂裝置藝術的處理，配上壁上不少幅現代畫，整個「燈屋」帶有藝術美的生活造型空間，便出現了很明顯的裝置藝術的形態，後來報章雜誌與電視都不少次做過專訪。

在此更值得一提的，是搬回泰順街後，我更著手將整座頂樓從樓梯開始，以繪畫、雕塑與建築形態（或稱包浩斯觀念）製作成一件更完備的裝置藝術作品，呈現出具有立體感與整體互動性且富藝術氣氛的生活造型空間，甚至也被看成是一首視覺詩。至於在創作「燈屋」尤其是頂樓裝置作品時，我是特別強調藝術家開放的心靈，能有融化及轉化一切的能力；能將所有的藝術流派，包括具象、抽象、超現實、立體、低限、普普、達達與環境等乃至「古、今、中、外」的時空狀況，均視爲材料，並溶化成爲具有自我特色與風格的創作。此外在「燈屋」的造形符號中，我以長方形、三角形、方形、圓形等各種形自由組合交疊運作，以達到造型的存在與變化，加強且繁富了視覺空間。同時在「燈屋」的具生命與精神象徵性的符號中，我企圖掌握三個重要的基型：「圓型」—象徵圓渾穩定與和諧的生命狀態；「直展型」—象徵人類不斷向頂端突破與超越的精神狀態；「螺旋型」—既有衍生的圓型，以及層層向上的直展型，尚兼具穩定渾厚的圓底，而且有向上突破的尖端；也有旋進去看不見底的生之奧祕，以及向上望的無窮的仰視。於是「螺旋型」被我視爲人類創作生命與文化向前推進的完美基型—精神的螺旋塔，因此「燈屋」也成爲一個詩與藝術的「螺旋型」世界，我也曾爲它寫了一首近百行的長詩「螺旋型之戀」。（註4）

註釋：

註1：＜現代詩畫聯展揭幕＞載於台灣新生報民國62年11月10日報導，據文中列出參與的現代詩人有羅門、余光中、辛鬱、洛夫、紀弦、周夢蝶、蓉子、羊令野、商禽、張默、白萩、瘂弦、碧果、管管、大荒，以及現代畫家王藍、吳昊、吳炫三、李錫奇、李朝進、何懷碩、林惺嶽、莊喜吉、陳正雄、陳庭詩、張杰、馮鍾睿、楊英風、楊興生、楊熾宏、趙二呆、廖修平、顧重光等人參與此次聯展。

註2：據羅門提供的資料，圖圖畫會成員有詩人、音樂家、畫家、電導及設計家等。「死亡之塔」是展出於台北市武昌街精工舍四樓畫廊內，爲期三天，是畫會會員出國前的告別展，此展出後成員即分別出國，計有廖紘二赴加、侯端瑾赴美、郭榮助赴歐、李永貴、何和明赴日、蒲浩明、徐進雄亦出國。國內會員則有吳正富、林峯吉等。

註3：異度空間展出，除文章中提到的幾位藝術家，尚有陳幸婉、程延平與裴在美三位，到1985年超度空間展出時，他們三位並未參加。

註4：摘錄自＜羅門燈屋的造型藝術＞，資料由羅門提供。

取得上帝通行證與信用卡的藝術家

——訪羅門談國內複合美術的發展

採訪：賴瑛瑛
記錄：黃義雄

羅門簡介：

被譽為臺灣現代詩壇重量級與具世界觀的詩人羅門，曾獲中山文藝獎、中國時報推荐詩獎、教育部詩教獎、菲總統金牌詩獎與大授勳章、以及美國第三屆世界詩人大會特別獎與接受加冕。他名列中國名人錄、世界名詩人辭典與中文版大美百科全書，出版有詩集十二冊、論文集五冊，詩作被選入「中國當代十大詩人選集」，譯入英、法、日、韓文之外文詩選。海內外問世之專論羅門的書已有五種。六〇年代開始，羅門即積極參與國內現代藝文活動，除詩創作之外，尚寫畫評，提倡現代美術之時代性、世界性、前衛性、創新性、精神性及多元性。羅門本人亦身體力行，將生活周遭之現成物選擇拚組為「燈」之系列作品，自宅命名為「燈屋」，是結合繪畫性、雕塑性及建築性之組合裝置性藝術，是為其文學與美術結合之精神堡壘。

●**賴**：七〇年代的圖圖畫會，你本身亦為他們多元媒體展出的一員，請你談談圖圖畫會以你「死亡之塔」做為那次多元媒體演出，該長詩的創作動機與理念；另外也請你對這次展出在複合媒材的運用情形，作簡單的說明。

●**羅**：圖圖畫會在我印象中是當時最前衛的畫會之一，在一九七〇年七月間圖圖畫會在精工社畫廊舉行多元媒體的演出，以我的「死亡之塔」長詩作為演出主題，是該畫會的主要畫家，郭榮助向我說明的，希望我以詩人身份參加。此次展出的構想，是由郭榮助主導，動機是因其兄代他辦護照途中發生車禍，突然的死亡，觸發了他對死亡與機械文明的省思。當他因此放棄出國，在獅頭山守著其兄骨灰一年間，正陷於死亡感覺的苦思時，細讀我的「死亡之塔」詩作，後來便以此詩作為主題，用多元媒體展出，邀請我、德國音樂家暨詩人哈姆斯、吉訶德、章楚楚、李蘇妮等人參加，在展出中將「死亡」的基調擴展及現代機械文明的空虛與徬徨，在會場中有舞臺、有象徵「死亡」的碑與雕刻木柱，並有銀幕放映著怪異的幻燈片與影帶，配有背景音樂，以及觸目所及的垂吊繩子，歐普風格的掛畫，此外尚有焚燒的香爐，以及地上與天花板上寫著「死亡之塔」詩的詩句與網子中即興舞蹈的女子……等，在這些結合著繪畫、雕塑、電影、音樂、詩、現代舞等的綜合性表現的作品中，營造出魔幻神秘與膜拜的氣氛，突現著「死亡」的悽美與戰慄的具體形象②。這次展出，使用所有的藝術形態與開放的媒體，它基本上是採取普普藝術（Pop Art）中的組合（Assemblage）與拼湊（Collage）手法，並帶有舞臺空間的表演藝術（Performance Art）情況，尚動用了超現實、抽象、環境、立體、結構等創作理念與質素，此外更值得一提的是它將達達偏向迸發性的粗糙與散漫，提昇到普普較具有嚴謹組合力與結構性的有秩序感的多元藝術表現形態，對我而言，的確是一次值得回憶的有精神層面，有前衛性與實驗性的多元媒體藝術活動的經驗。

現代 70 美術
MODERN ART
TAIPEI FINE ARTS MUSEUM
雙月刊．第70期．台北市立美術館館刊．BIMONTHLY NO. 70 1997

台北市立美術館
Taipei Fine Arts Museum

目錄 雙月刊．第 70 期

70
現代美術
MODERN ART
TAIPEI FINE ARTS MUSEUM

深入展覽
走進胡宏述的造型世界

羅門

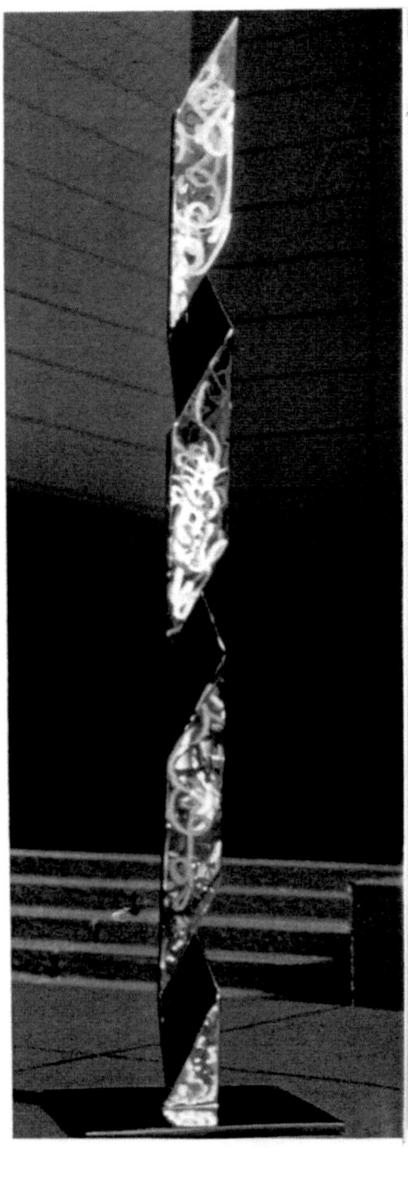

走進胡宏述的造型世界

一看他在北市美館展出有感

/羅門

（一）

在文章開始之前，我想特別強調的說明一下：「在人類生存的『大自然』與『都市』兩大空間，不能沒有雕塑－沒有雕塑，『都市』空間所有的建築物，便不會開花；有雕塑，則在『大自然』千樹萬花的風景中，可再開出新異、奇異、與驚異的花」。

於是當我們進入市美館胡宏述雕塑展覽會場，看到那許多多具原創力、富意趣、多變化、靈巧生動、精緻、精純、精美的造型，如果將它們妥當地放進「都市」與「大自然」的視覺空間，則這兩個空間，必會「開花」、美化與高貴起來，並提昇生活環境的品質。

（二）

胡宏述所展示的作品，使我們第一眼便可看出他是以極簡極緻的視點，建造「單純」中的美的奇蹟。只要我們進入他的造型世界，幾乎每件作品都大聲在叫：回到原本的「單純」；叫得整個視覺空間不純、不透明、不潔淨與不美在單純中，也不成。可是要想知道這些作品究竟單純與美在那裡，好像又不那麼容易指說出來。我覺得有一個辦法，那就是回到花朵剛開的位置，鳥剛展翅的位置、河流剛開始流動的位置或許可看出這許多「單純」中的奇蹟，是如何一個個從自己的原本的美中展現出來，呈露出它新異、奇異與驚異的美的形態。

胡宏述之所以能創造出他如此具有個人獨特性、原創力與高質感的單純的美的造型世界，引起國內外藝壇的重視，我想是基於下面的那些特殊因素。

(1)因他是真正具有創造力的藝術家，有自己獨立的思考、觀念與理念；也就是在創作時，能把所有已存在的一切－包括生命、事物、智識、學問以及各種藝術主義流派乃至古今中外等時空範疇，均視爲材料，都必須送入他絕對的「我」的內在世界，去溶合與渾化成具有絕對自我獨特性的「全新」的藝術作品，也就是說他有自己創作的「工廠」與廠牌，使所有展示的作品－一個個單純中的「奇蹟」，都蓋上胡宏述獨創的專利商標，不像有些造型藝術家，困在布朗庫斯、傑克美蒂與亨利摩爾的陰影裡，成爲大師們造型世界的全仿造或半仿造者，在根本上失去創作者的身份。而相反的，胡宏述在這次展出中，不但將真正藝術創造者的身份確定；而且更進一步證實真正的藝術家，是另一個造物主，能在人類世界無限廣闊的視野上，將無數奇妙奧妙、美妙的生命形象，一個個誕生與活現出來。

(2)因胡宏述做爲一個心胸開放與具世界觀的藝術家，在下面談到接受傳統的五種態度中，他顯然是選擇了較有利，且具優勢與視野更爲自由開闊的第五種。現將五種態度都列舉於下：

第一種－死抱住傳統，把「故宮」的門關上，只看「櫥窗」內的「山水」，不看明天的太陽是如何將大自然不同的風景，送進人們的眼睛；就是說不同「現代」對話，採取封閉式的保守觀念，失去創造力與創新力，也失去創作者的身份，是可見的。

第二種－抱住「傳統」的大包袱，走上「現代」的高速公路，顯有壓力與阻力以及顧前顧後、缺乏突破性與前衛性，而勢必形成不新不舊的創作情況，也是可見的。

第三種－從「傳統」走進「現代」，「傳統」與「現代」有相交通相脈動的可見的連線，不能完全切斷「傳統」，構成仍含有「傳統形質而呈現推陳出新的創作形態。雖然仍難免受「傳統」的牽制力，腳步不夠快速，但能保持中和穩健的前進步調，是好的一面。

第四種－只抓住「現代」存在與變化的過程及眼前流行的「新奇」，使過去的「傳統」與「現代」之間沒有必要的接合點，甚至斷層。至於未來的一切，只要它來，便跟著就變，就新；可謂是不停的標新立異，見到「傳統」就反，缺乏歷史感，缺乏深度，也留下可見的疑點與問號。

第五種－站在「現代」

眞實的存在時空位置，以全然開放的自由心靈，吸取與提昇「傳統」（乃至世界所有的一切）的有機質素、機能與精華，建立能觀視「現在」、「過去」與「未來」的全面開放的新的視野，而盡量排除對藝術自由創作有任何有形與無形的制約力，這樣以更有利藝術家在創作時的自由度與有更好的時機更多的可能去創造具突破性的新穎獨特甚至「從未見過」的藝術奇蹟。

胡宏述之所以面對「傳統」，採取第五種態度，是因爲他是具有原創力與創新性的藝術家，所以不會採取第一與第二種態度；再就是因爲他是具有全面開放心胸與抱持「世界觀」的藝術家——一方面他潛在的創作生命思想，極力消除甚至排除所有無形與有形的制約力，一方面澈底體認藝術家是拿到「上帝」通行証與信用卡的創作者；所以他雖也同意第三種態度的可爲性，但第五種則更能滿足他做爲藝術家自由廣闊的創作意願與突破所有的框限，抓住藝術生命絕對自由的本源。當然他也不會採取第四種態度，因爲他深具人文人本精神，對歷史與傳統有反思，而且是重視「深度」思考力與內視力的藝術家，他覺識到沒有「深度」，人類與一切的存在，便沒有地基，人會流失；沒有「歷史感」，人類的生命將成爲鐘錶與機械齒輪下的碎片。由此，可見胡宏述確找到自己面對過去與一切存在的特殊與理想的視點，而能創作出與眾不同具有自我獨創性與新穎度的造型世界。

(3)做爲具「世界觀」與爲人類「美」的世界工作的藝術家，胡宏述在造型世界中，將西方較偏向科技精密的理性思維與東方較偏向圓融的悟性心境，溶合成作品具有實質意涵與潤化力的理性美感世界，便又是站在一個相當理想的創作位置上，展示他個人獨特且高超的創作理念。的確，當人類進入高科技的機械文明世界，面對都市水泥鋼鐵冷硬性的物架生活空間，看來堅冷的「三角形」與「方形」大佔優勢，並將那帶有流動性、韻律感與溫潤力的「曲線」與「圓形」排擠，是可見的，而胡宏述的作品，便正是相當機智的在「三角形」與「方形」強勢佔領的視覺空間中，將看得見與「看不見」的曲線與圓形放進來，使造型的美感世界，在「知」與「感」、「冷」與「暖」相交流的感溫中，獲得理想的調適與中和，並從作品中溢流出蘊藏有文明與文化內涵力的至爲精緻協和的人文精神與存在觀，是深具意義與值得重視的創作思想。

(4)在談過以上三點之後，這第四點，應是建構胡宏述造型創作生命的「金字塔」的至爲緊要的主力線與主軸—那就是他都學過與教過「建築」與「設計」，不但有這方面的專業智識，而且更有從事這方面實際作業的寶貴經驗，這是一般造型藝術家不見得有這樣優異的條件與實力基礎；當然更重要的是他尙有藝術家確實的才能與才識，能一方面有效的使「設計」的思考銳點，穿越「實用性」；向純粹與絕對的藝術美的終極點提昇，一方面切實的使「建築」的結構力度，潛進造型藝術的內層世界，獲得造型內在堅強的質感與密度，因而他這次展出的作品，在品管上，都遠離一般雕塑家常或多少犯上的粗糙、粗鬆、粗俗、乃至虛飾與繁瑣…等現象而向精簡、精純、精緻、精密、精美方面昇越。的確由於他在造型藝術創造中，能確實掌握「設計」與「建築」這兩種特殊與至爲重要的機能，便正好是抓住造型藝術「前進列車」的堅固的雙軌；加上他又是變化多端與點子多以及曾被我在另一篇文章中說是造型魔術師的藝術家，便也自然使他這次展出的多

1-1.椅非椅
木 1980

1-2.梯椅系列
木、藤籐、海棉、織布 1981

彩多姿、玲瓏奪目的那許多作品中，除了充份表現他個人創作的原創力、獨特性以及優良的藝術品質與水準，同時也的確爲國內的造型藝術空間帶來令人喜悅的新氣象與好的觀照力。

（三）

看過以上論述的四方面像四面牆圍成胡宏述造型藝術的創作園區過後，接著我們用快鏡頭對他的作品進行抽樣與精要的掃瞄，以便呈示他創作在實際上所表現的精彩度與傑出性。

首先來看他靠近實際生活層面，所創作的「椅子系列」（圖一）在那麼多張不同造型具立體美感的椅子中，每一張都美得驚奇與有自己的樣子。尤其是其中不適合坐甚至不能坐的那許多椅子。結果是只能給「藝術」與「美」來坐的椅子。由此可看出他是高明的藝術家，將「實用」與「藝術」放在最驚險的懸崖地帶，然後將「藝術」從「實用」往下的拉力中，往上提昇與超越，保住「藝術」的生命；使停留在實際生活空間中的「實用」椅子們，便只好去仰望胡宏述所創作的那許多只能看不能坐的椅子的美的樣子，若也有意改變自己，使人有一天也能坐進這樣美的椅子中，那便不但使坐的人也使放椅子的空間，便都一起坐在「美」中，而也自然跟著提高生活美的品質。其實這也正是胡宏述這次展出的「椅子系列」意圖向我們生活的用具世界，抽樣性的投來具有美的引導力的一個漂亮的「藝術」球。

接下來看他展現在公共空間的那許多立體造型作品，便更可發現他對造型、色面、色境與空間…等所使用「設計」與「建築」方面的思考力，是精明且顯有高效力與確能使造型藝術創作獲得紮實且出非凡的表現－如他以壓克力製作的「陽光的萬花」筒以及採用不鏽鋼製作的「浮動的三角形」、「明鏡高懸」、「九重天」、「新葉」與「落光瀑」……等展現在美國公共場所的作品。這些作品，很明顯是從「單純」中展現出純粹的「繽紛燦爛」與「華麗」。

首先看「新葉」（圖二），作者將一系列的「方形」，懸吊成一系列變化的菱形，每一塊菱形中，由大小不同的幾何形色面構成－一方面將諸多色彩，「設計」與「建築」在變化的陽光與景象中，使之揮灑出都市文明所交映交射的閃亮炫麗活躍的色景、所交疊交錯的繁華繁美的色面色境、所交唱交響的彩色音樂；一方面意象化的將「葉」飄動、飄揚、飄越的柔性形態，「設計」與「建築」成一系列剛性的「生命之翅」的造型，列隊且展翅在重新出發的天空裡；同時使裝載著多種不同幾何圖形，本來不動的系列「菱形」，轉換成空中都能動的生命「葉」片，並不停的動出內外有規律與秩序美的無限存在與變化的動態動感與動景，確是美得非常耀目。像這樣多意涵、高見度與聲色富麗燦亮的造型符號，使胡宏述的作品進入高位階與特異性的創作之境，是可見的。

再下來看他以八十片經過鏡面處理的不鏽鋼板組合而成的那件「落光瀑」（圖三）更可看出作者在創作中的奇思妙想，並充份與成功的運用詩的視覺意象，讓由所有不同色面所閃射的不同色彩與光彩，簇擁地往下奔瀉與衝擊，形成色與光的瀑布的具體可觀的動勢與動景，是美得令人炫目的。這種效果能理想的達成，又不能不說是因胡宏述對造型、色面、色境與空間相互動的存在景觀，有全面深入的透視力，能將之做整體精密的「設計」與「建築」－看來他近乎是

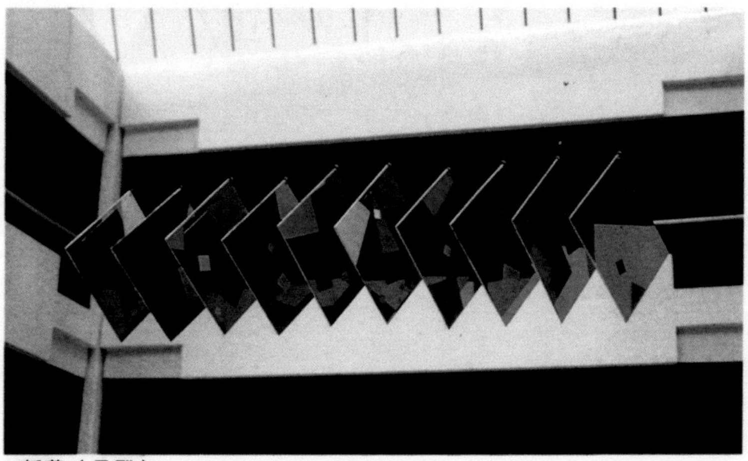

2.新葉（吊雕）
不鏽鋼、漆
奧登市少年法庭中庭 1987

不鏽鋼 1995

仿鐵板 1988

一方面將藝術大師蒙特里安（MONDRIAN P）在畫中拼置的「方形」不同色塊抽離出來，一方面將之解構分割成許多不同「三角形」的不同色塊嗣又再將之歸入許多不同的方形中，構成許多含有不同「三角形」色塊的「方形」，然後系列般重組入立體的視覺空間，產生交錯、複疊、富變化的繁美的視感世界，並由眾多的彩色金屬板交響成聲色繽紛亮麗的音樂。的確是目看耳聽都美得奇異與不同凡響的一座懸空的「落光瀑」浮雕。

看過這些從「單純揮灑進入繁複」之美的抽樣作品過後，再倒轉來看他從「繁複」提昇回到「單純」之美的作品，我想，眼睛都同樣會對它說「傑出」與「精彩」的話。

像他將人字的形體，直接塑造在大自然天空裡的那件作品「人」（圖四），除了單純的造型之美，更象徵地表現「天人合一」的人文精神空間的意念之美，又如他以鐵板以黑、暗紅、深紅、淡紅等不同色面的多個三角形，架造成能包容多個三角形的一個單純立體的三角形，命名為「芽」（圖五），也是除了表現單純的造型之美；更是將「芽」本質的原本基型，也「設計」與「建築」得出人意外之美，尤其是那許多三角形的尖端，集結成一個強有力的三角形的尖端，代表「芽」生命突破而出的銳點與力度之大，是不可思議的。也確使這件作品美得有意涵，美得像鋼鐵開放的生命之「芽」，美得至為單純而且絕對與奇異。此外他新近，繼「人」的那件作品之後，所推出的「象形文字系列」，也一樣是在探索與創造「單純」中的美的奇蹟。

如系列作品中的「立」（圖六），他以立體方形的一角的頂端，頂在圓形的地盤上，尖端成為運動的轉軸點，世界與時空必須不停的旋轉，像陀螺不能靜止；靜止便會崩倒。於是在那能動的方形體不能倒的轉旋中，便產生一個無限玄昇的隱形與奧秘的「螺旋塔」；整個造型空間與世界，也靠著施轉引來四週奇妙的平衡張力，來維持其存在與運動。這樣看來，這件作品便是除了創作單純中的美的奇蹟，更透露出存在是一種「前進中的永恆」的奧義與信息。因而也顯示他造型創作的符號與思維世界，是有深見與高度的才智的。

如系列作品中的「卒」（圖七）他將一個屬於卒的內化的生命存在形態，直接體現在「卒」字單純的造型裡，看來真是神仙活現－任誰都知道做為卒，永遠是那種立正聽從命令的姿態，兩肩笨重的背負，宿命性令人同情的可憐與傻的樣子；又由於兩個不是平放的「方形」，便不動也不成，動也只動在簡單的動作裡…而這些都被胡宏述的作品栩栩如生的塑造與凸現出來，真是可說他做為造型魔術師的又一招。

7.卒 不鏽鋼 1995

8.器 不鏽鋼 1995

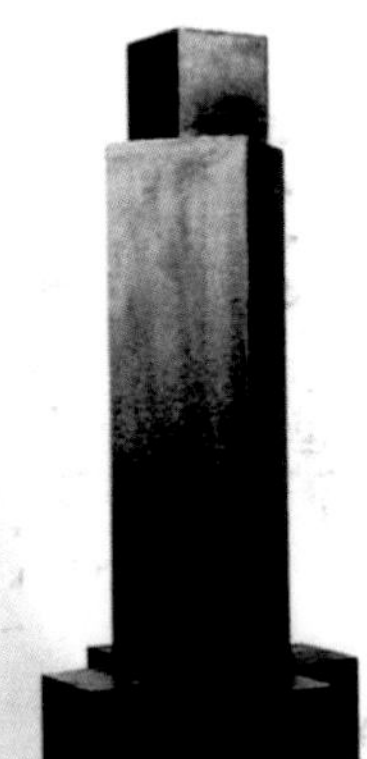

9.直 鐵板 1996

5. 芽 鐵板 1990

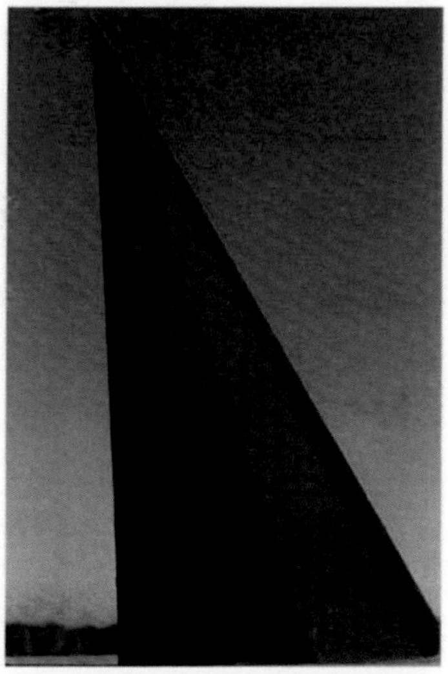

6. 立 鐵板 1995

又如系列作品中的「器」（圖八），因器必須與「材」與「用」構成一起的存在聯想。所以「器」字的原本形象，受到自身潛在「用」性功能的運作與移化，便引起上下四個立方形變位與變動，而自然形成四周產生過動的態勢，也使「器」字在巧妙的造型中異化爲一個有活動力的藝術生命體，是有構思與創意的。

再看系列作品中的「直」（圖九）與「力」（圖十）兩件作品，同樣是創造單純中的奇蹟。像「直」就直成直字的樣子，立著不動。但胡宏述在「直」字造型的頂端與底部，都巧妙地將「方形」變位的擺得不方不正，使原來的方向與空間感發生扭動甚至在看不見中不停地旋轉的現象；這便也是胡宏述在造型中能使所有直立在靜中不動的一切存在，給它動起來的妙計。又像「力」（圖十），他不但將力字的造型，意似的造得如此的靈巧、靈活、靈秀甚至放出生命的靈氣…；同時將「力」本質的存在與它「力」中所擁有的扭力、抗力、張力、推力與拉力…等的樣子，都一一唯妙唯肖的展現出來。真的不說他是造型藝術的魔術師，好像找不到較適當的稱呼。因爲在他滿是「設計」、「建築」、「點子多」的腦袋裡，隨便抓就會抓出一大把奇奇特特巧巧妙妙的造型來。

從上面抽樣地看過胡宏述由「單純進入繁複」之美又由「繁復回到單純」之美的那些作品中，我們可以發現到他的造型創作世界之所以能表現出如此精緻、精純、精粹與多彩多姿的美以及確實的建立起一己獨特美妙的造型語言，與在這次展出中有好的成果引起重視，我想同本文一開始對胡宏術創作內在生命結構的四個特殊基本面，所透顯的思想與看法，是有絕對關係的。

最後，如果我們說米羅與布朗庫斯，在造型藝術中創造單純中的奇蹟，已步入永恆的歷史與發出永恆的回聲，則胡宏述在單純中創造的奇蹟，便是仍繼續不斷的在「美」與永恆的探索中，有傑出的表現與可觀的遠景，讓我們寄以厚望。

10. 力 仿鐵板 1984

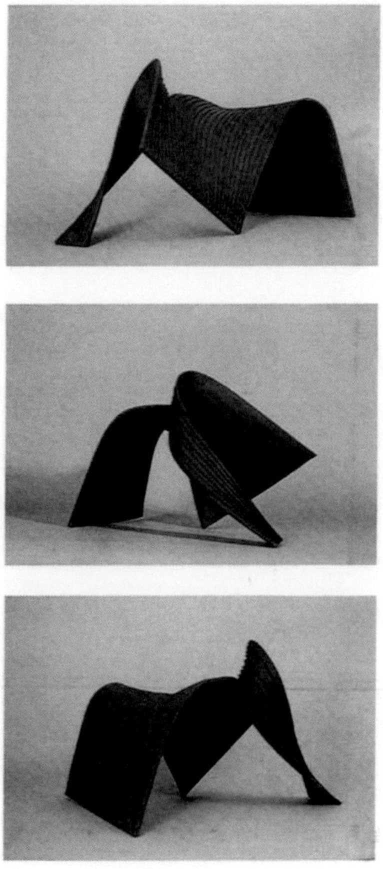

10.七在空中消失
木板，不鏽鋼
華盛頓州Marcus Whitman中學
168 × 120 × 192
1985

6.梯椅系列
1981

15.浮動的三角形
仿不鏽鋼
1992

11.落光瀑
不鏽鋼
佛羅里達州大西洋大學文學院

◁◁「綠」，胡宏述作品，1990年
◁「光浮雕」(外觀)，1969年。
▽「人」，1988年。

9.帆、行
玻璃纖維
北愛荷華大學教育學院廣場
兩件環境雕塑
1974

4.藍椅
木
16 × 16 × 31
1982

5.塊狀組合椅
夾板
16 × 32 × 24
1983

7.金字桌
木，玻璃
46 × 46 × 16
1992

藝術貴族．105．ArtMonthly

◁「匕在空中消失」吊雕，1985年
▽「所有的季節」，1986年。
▽▽「膝」椅，1988年。

層

~羅門

一層一層望上去
是繼往開來
鵬程萬里
一層一層造上去
是摩天樓
金字塔
一層一層登上去
是登峰
造極
一層一層走到頂
世界美如一座禪
空　容萬有
靜　納萬動
一把天梯　伸入永恆

2009 年 12 月 26 日台北市美館舉行 26 週年慶，羅門以詩人藝術家與貴賓身份參加此次紀念會(上圖，館長致開幕詞，下圖貴賓席贊助人士、藝文人士，坐在羅門左側謝小韞館長

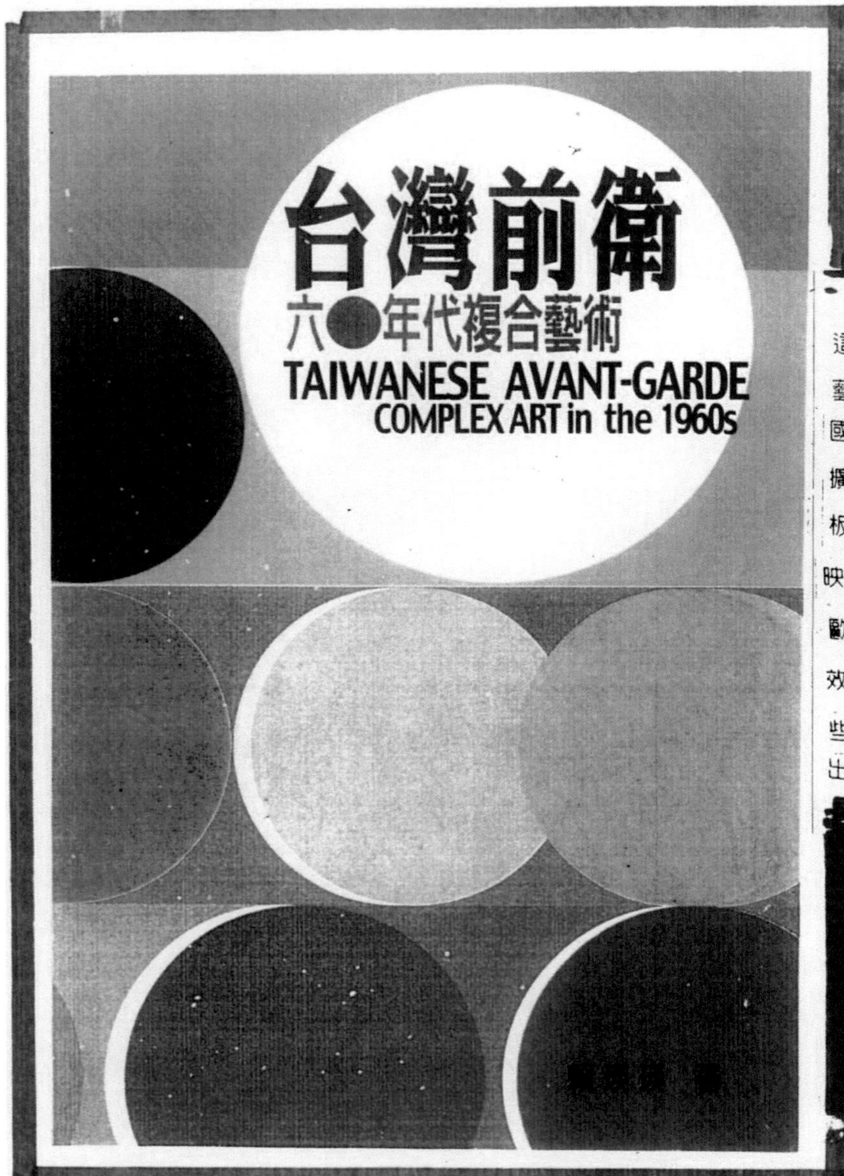

於1970年7月10日以「死亡之塔」為題在精工畫廊做多媒體的展演。這一屆的展出是以羅門的〈死亡之塔〉長詩作為演出主題，可說是台灣綜合表演藝術的又一次具體展現。此次展出的構想是由郭榮助主導，當時由於畫會成員出國與工作的因素，所以由郭榮助與吳正富代表展出。在展出中將「死亡」的基調擴及現代機械文明的空虛與徬徨，將樓梯的入口處鋪上地毯並將之延伸到天花板，形成一種空間的錯置，會場中有舞台、有象徵的碑與雕刻木柱，並有銀幕放映著怪異的幻燈片與影帶，配有誦經的背景音樂，現場觸目所及的是垂吊繩子，歐普風格的掛畫，焚燒的香爐，紫外光線燈罩著裊裊升起的煙霧，造成幻境般的效果，地上與天花板上寫著「死亡」的詩句與在捕魚網子中即興舞蹈的女子。這些結合著繪畫、雕塑、電影、音樂、詩、現代舞等的綜合性表現的作品中，營造出魔幻膜拜與神祕的氣氛。

一九七〇圖圖畫會向世界擴張，在精工舍開圖圖展

圖圖畫會即日起在本市武昌街精工舍四樓畫廊舉行爲期三天的超視覺現代畫展，展出主題是「死亡之塔」，爲表現二十世紀機械文明的空虛和徬徨，藝術家、詩人、音樂家把⑴繪畫、⑵雕塑、⑶電影（幻燈）、⑷詩、⑸音樂、⑹現代舞、⑺劇等結合爲一件綜合性的大作品，注重會場氣氛和效果，而任何會員都不在作品上簽名以集體智慧創造一種全面性的美感活動的新經驗，這革命性的超視覺圖圖展在國內尚爲首次，歡迎藝術同好蒞場指教。

該會並邀請詩人羅門，德國青年音樂家暨詩人哈姆斯・吉訶德，以及大學生章楚楚、李蘇妮等人參加。

圖圖畫會自四年前成立後，已成爲國內最前衛的畫會之一，會員們爲追求嶄新的現代藝術以及擴張圖圖的理想，已分別出國，計有廖紘二赴加、瑞瑾赴美、郭榮助赴歐、李永貴、何和明赴日……。

死亡之塔
THE TOWER OF DEATH

藝術家 Artist

一九七〇年秋天國內相當前衛的圖圖畫會於武昌街精工畫廊舉行一場多媒體的作品發表，以作爲該畫會同仁出國的告別展。

會場中央放置雕刻木柱，以爲「死亡之塔」的象徵，天花板上、地板上、空中懸掛著許多近似歐普風格的繪畫，幻燈片不斷映出一排排沒有頭的人羣隊伍，播放出新奇怪異的音樂，羅門的詩句就寫在紙上，到處張貼，室內拉出幾張大網，一位少女在網中即興舞蹈，空氣中還飄浮著檀香的氣味。他們利用了多種媒體，製造出一種鬼魅的氣氛，達到驚悚、荒誕的效果。

據當時報載，這件作品是中國綜合表演藝術之首創。此外還有一段不爲人知的故事，大約是：郭榮助於文化學院美術系畢業後，申請留校歐洲，其兄長騎著機車爲他奔波辦理簽證時，發生車禍身亡。郭榮助受此打擊，獨上獅頭山，守著其兄骨灰達一年之久，其間閱讀羅門詩作：「死亡之塔」有感，下山後即設計出該件作品，在出國前夕發表。在十四年前並未產生多大震撼，但是在時間的歷史意義上，自有其重要性。

300行長詩

作者 徐文琴

國立台灣大學中文系學士、美國加州大學柏克萊分校（UC. Berkeley）藝術史研究所碩士、英國倫敦大學亞非學院（School of Oriental and African Studies, London University）藝術與考古學博士。現任高雄市立空中大學文化藝術學系副教授兼系主任、高雄市教師會高雄市立空中大學分會會長、高雄市古物審議委員。工作經驗包括擔任香港大學藝術系講師、國立故宮博物院書畫處副研究員、台北市立美術館研究員。曾任教育部主辦赴加拿大「中華文化巡迴演講」主講人，並為中美亞洲文化協會「台灣獎助計畫」獲獎人。

大約在1950、1960年代，前衛畫家拋棄了畫布、畫框，將藝術創作發展到生活的空間及環境之中，這種與傳統在舞台上表演的藝術有別的美術上的表演藝術（又稱行動藝術）因而產生(25)。1970年代表演藝術在台灣開始出現。最早是郭榮助等人將視覺藝術、舞蹈及詩加以結合，舉行「死亡之塔」的表演，開啓國內綜合藝術表演的先河。1980年代，藝術家李銘盛（1952– ）等人以藝術配合各種身體動作，表演「生活精神的純化」、「包袱119」、「畫家與狗」等多齣行動劇，挑戰既有體制，引起情治人員注意。雖然往往吃力不討好，但這些表演發揮及傳承了前衛藝術的精神(26)。

羅門以詩人身份參與當時至為前衛的圖圖畫會，一九七○年十月七日在台北精工社畫廊舉行台灣最早的多媒体綜合藝術表演，茲為徐文琴博士撰寫的《台灣美術史》指稱為：「開啟國內綜合藝術表現藝術的先河……」。

〔註〕此次藝術活動，由前衛藝術家郭承豐所策劃，他本人事後曾贈送畫作給我的燈屋」。

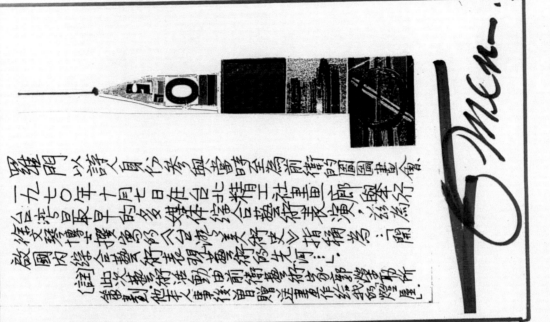

NEWIDEA

存在的回聲

建構人類美的視覺聖地

2000年進入21世紀，蒙台灣《新觀念》具創新力與前衛感的巨型藝文雜誌發行人郭承豐——華人文化的推動者之特邀，撰寫每月藝文專欄，至2004年，有三年多之久，撰寫近40期，其中有1/3是特別以詩一首與重點評論500字來推介國內外十多位著名畫家與造型藝術家

NEWIDE

存在的回聲｜看世界級大畫家趙無極這幅畫

羅門

宇宙　在回家的路上
一路想家
時空　在沒有家可回的路上
不停的走
至於終點　走到天涯海角
更看不見

即使整個大自然已完全化解
也只留下浩瀚雄渾與奧祕幾個字
在說話
深遠漠遠與遙遠
已遠出路外
一直回不來
難怪白色　白得那麼迷茫迷幻
幻得連夢也不在
黑色　黑得那麼凝重
重得使山底海底天底
都受不了
藍色　藍得那麼深沈
如果不是人類有藍色的憂鬱
地球有藍色的鄉愁
世界再藍　也不會藍成那樣

2003 元月號
178

附記：

趙無極是20世紀以抽象畫進入西方畫壇最早享譽國際的第一位世界級華人現代大畫家，除有高超精堪的技巧以及操作媒體高強的力道與質感，更重要的是，他東方的自然觀、文化心境、歷史時空的感受，以及當時突破傳統的現代前衛理念思想與創新力所形成不同於西方畫家的、另有其形而上超越性與特色的繪畫思想世界，而且視境開闊深廣、雄渾蒼勁、氣勢縱橫、氣象磅礡、豪放瀟脫，以及視通萬里、思接千載……等，所突現的驚目與震撼性的不可類比的耐視耐思畫面，我們的確不能不說他是有思想、有世界觀與生命觀的世界級畫家。

存在的回聲｜看世界級大畫家趙無極這幅畫

■詩．圖片提供／羅門

NEW IDEA 新觀念
2002 9月號
174
http://www.1988newidea.com.tw

台灣現代繪畫的導航者

前輩大藝術家李仲生

■詩・圖片提供／羅門

他曾指引「五月」與「東方」
　把故宮的兩扇門推開
　將古老的山水從櫥窗裡
　　　　　放生出來

他曾提醒他們
來回copy自然的外形
畫布會暗成牢房
　　僵死成停屍間

他曾帶領他們
　走出眼睛
流動在河之外　看河
波動在海之外　看海
飛動在鳥之外　看鳥
飄動在雲之外　看雲
遼闊到天空之外　看遼闊

他曾啟導他們
用一滴藍
　占領天空海洋
用一滴綠
　帶走山林原野
用一滴白
　把世界全空出來
用一滴黑
　叫萬物與夜一起入睡

抽象是走不完的永遠
超現實比現實更真實
該說的　他都說了
該做的　他都做了
離去時　他是那顆
　輝亮在晚霞中的落日
　　　　平平靜靜的
　　　　把光移交給
　　明天爬升的太陽

附記：

提到台灣現代繪畫的蓬勃發展，任誰都會想到李仲生前輩他的功勞與貢獻。「五月」「東方」畫會等不少當今已成名的現代畫家，都可說或多或少受到他的啟導與影響；他不但是台灣現代繪畫可敬可親的導師與護航者，同時他本人也是從事抽象與超現實創作的著名畫家；更可貴的是，他終生做為藝術家敬業執著的修行與風範，受到藝壇至高的尊崇與歷史性的感念。記得多年前他在龍門畫廊舉行他二十年來的首次畫展，在會場，他非常客氣希望我能為他的畫展寫幾百字感言；但當我聽到他對記者說：「畫家不是在畫圖，而是在畫生命與內心深層世界的聲音。」這句動我心弦的話，再看他滿屋充滿超現實詩意的畫作，便感動而回去寫了近五千字的感評；此文也已收進我「羅門創作大系」第九卷《論視覺藝術》一書中，以表對他進入歷史的高貴藝術生命的敬意。

NEW IDEA 2002 7月號
《新觀念》雜誌

NEWIDE新

建構MANIMAL的藝術王國

「白色空間」的藝術大師──林壽宇

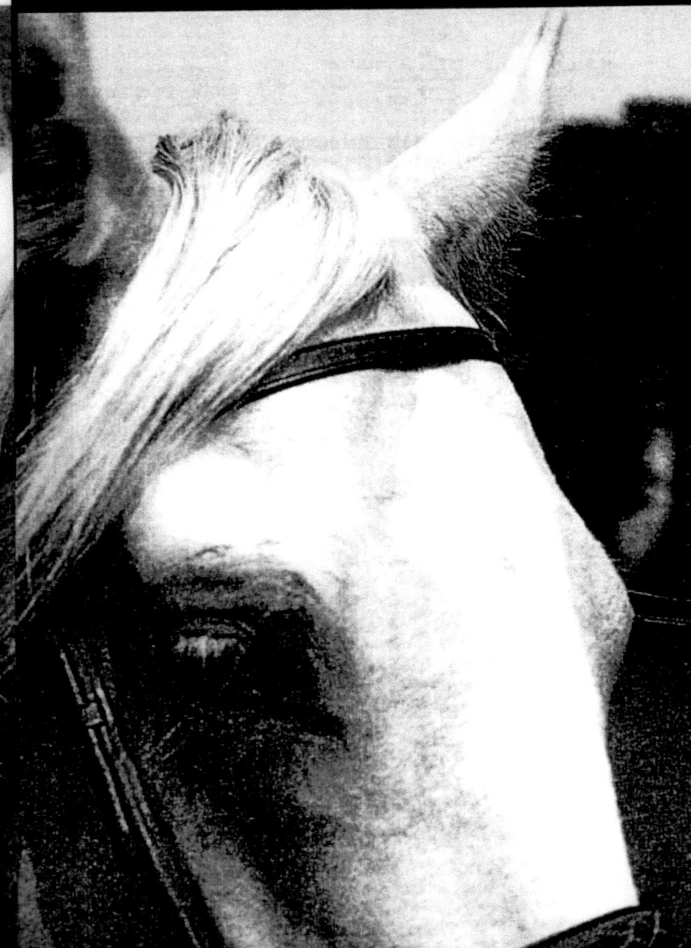

在東方老莊與西方尼采
相對望的兩峰之間
他抓住兩邊抗衡的張力
攀登另一座視覺高峰
以終極與絕對的視點
在人類的「眼球」上
建構MANIMAL的藝術王國
正視完美
直視永恆

在畫布上
他以一層層白色
畫在白色上
等於是把一層層玻璃
關在透明裡
讓世界0障礙的看出去
直到無邊無際
千景萬象都隱退
只留下純粹的白色空間
給音樂住下來
只留下純淨的白色空間
製造宇宙最空曠的一張床
給世界做夢
只留下純白的白色空間
白來另一種驚世的「白色」恐怖
將地球眼球與米羅
都通通關到「美」裡去

附記：

林壽宇是道地土生土長的台灣藝術家，也是霧峰林家望族，赴英多年。同時他是具世界水準與有國際觀，並以極簡（MANIMAL）藝術稱著國內的大畫家，而且是富思想性以及藝術實力與理念的台灣大師級現代藝術家。他的畫作，1984年被故宮博物院收藏（是現代藝術家作品可能唯一被收藏的）；他十多年前回國，繼「五月」、「東方」畫會帶動台灣現代繪畫進行第一波的革新，林壽宇他帶動年輕的前衛藝術家群所舉行「異度」與「超度」的兩次「空間」展，可說是第二波對台灣現代視覺藝術創作空間帶來突破性的開拓與新的展望。近幾年台灣風行的後現代裝置藝術，事實上都同這兩次的展出，有某些接軌甚至或多或少受到其潛在的影響。當然更值得在此一提的，是本詩中特別讚揚他畫中所展現具有個人獨倡性而別人無法經營的音樂性「白色空間」，竟使大師米羅有一次當面看到，也為之著迷與有所驚讚。那的確也使我們終於了解，凡是屬於人類創作智慧中非凡的傑出性與卓越性，都會受到全人類的敬重與珍視。如今進入晚年的林壽宇，我曾為他畫展畫冊寫序，目前他又患上鼻癌，除祝福他早日康復，並誠以此詩對他做為世界級藝術家的成就表示敬意。

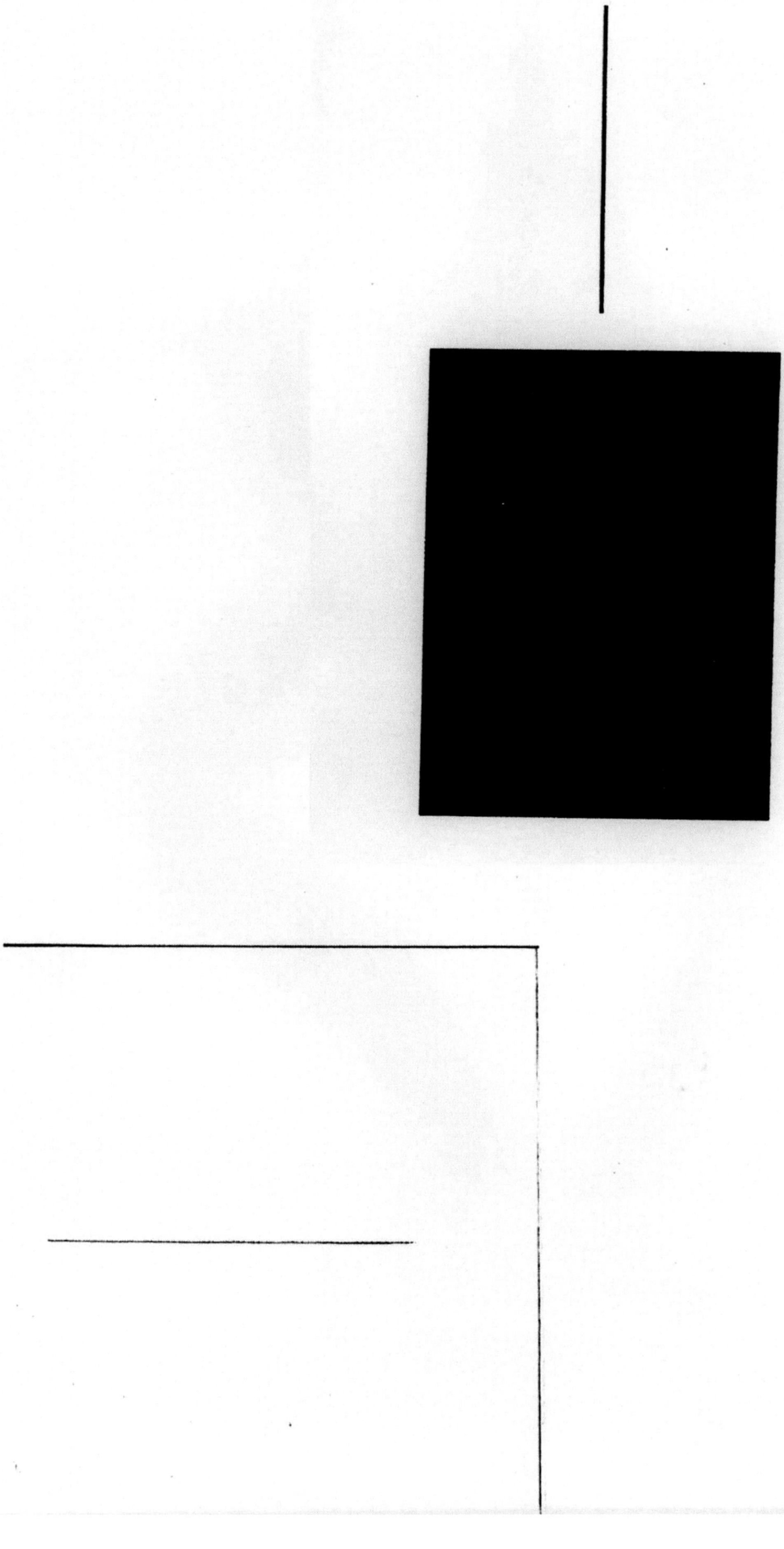

大自然的建築師

給抽象大畫家莊喆

一

每一滴墨　　都是鳥聲泉音
　　　　　　可驚動整座山
每一塊墨　　均被空間坐成久遠的土地
每一根線條　均被時間踩成千蹤萬徑
每一個形象　均是映顯在陽光風雨中
　　　　　　　　不朽的自然造型

二

山在雲裡走　愈走愈深
水與天同來　愈來愈遠
高處茫　低處幽
鳥飛不見翅
林茂不見樹
石變不見形
河在不流中也流
雲在不飄中也飄
眼睛要是再看下去
山與水一體
水與天一色
大地只留下一片絢麗的蒼然
天空只留下那朵幽美的渾然
眼睛要是再看下去
見不到永恆　便不回來
見到了永恆　便想留下來

■詩・圖片提供／羅門

NEWIDEA 新觀念

2002 8月號

173

大自然的建築師

給抽象大畫家莊喆

蓉門

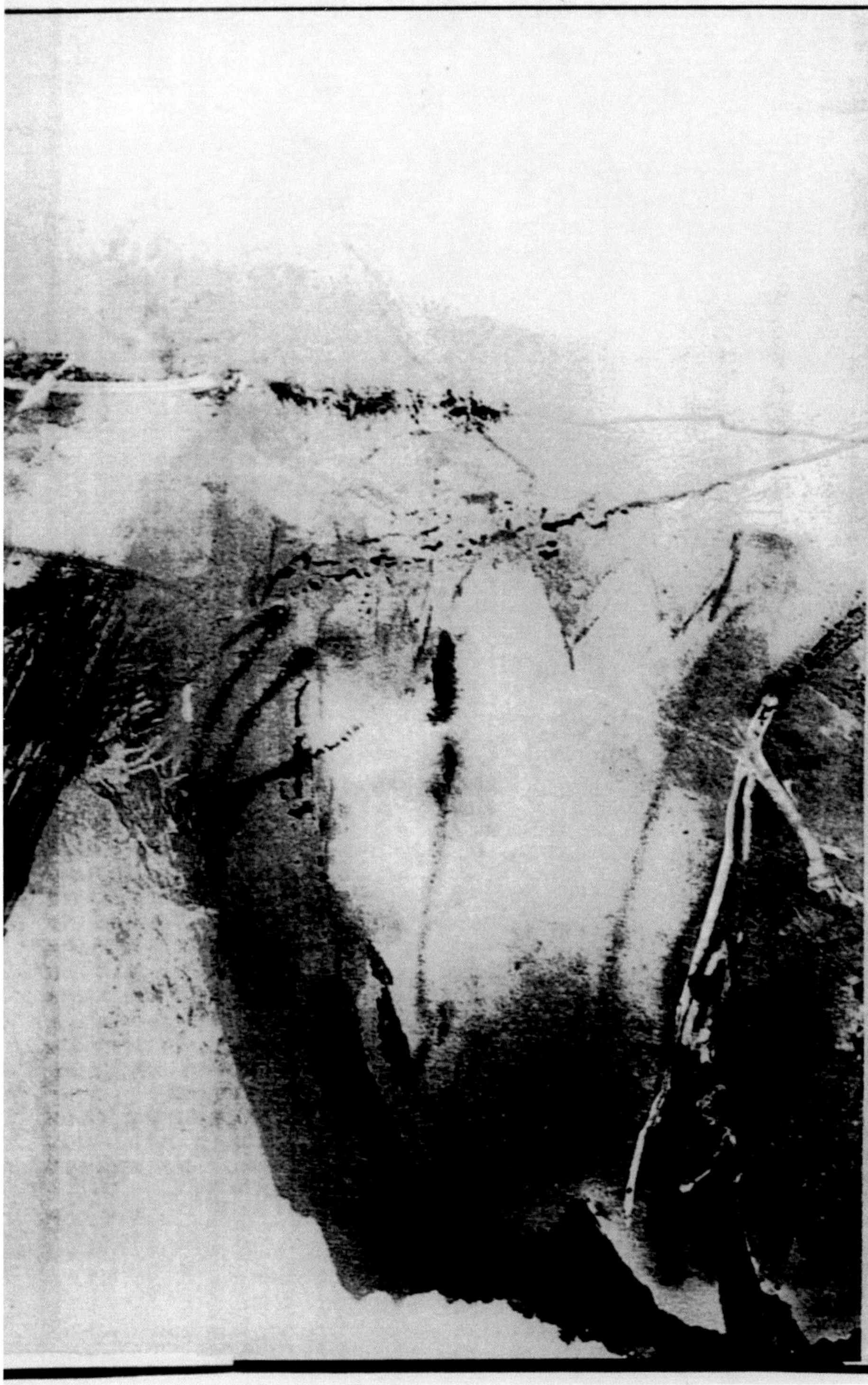

附記：

、莊喆是「五月畫會」的主將，也是第一波對台灣現代繪畫藝術進行革新開展，具有高度創造力以及傑出表現與成就貢獻非凡的重要角色。他同著名大畫家趙無極都屬於「實力派」，向大自然與生命內層世界探視的思想型藝術家；雖接受西方思潮的影響，但仍抓住東方文化深遠的根源，表現出仍帶有東方精神屬性與特質的藝術風貌。從另一個視窗，展現美的存在視境。

當我們發現大自然與世界最美的景象與動態，只有畫家鮮活亮麗的色彩與線條能好好的保留下來；因此，在大自然嚴重的受到污染與破壞之際，在人類生存的物理與心理空間也出現醜態與亂象的時候，畫家便已不但是其「環保」站在權高點的最佳監視者，而且也近乎是大自然與人類內在生命高明的建築師，更進一步將大自然與人類的生命，建構在被「美與永恆」永遠注視的內心世界中，受到世人的敬重與詩的讚美。

NEWIDE 新觀念

2002年6月號 NEWIDE

活的畫・活的雕塑
追思大藝術家劉其偉
羅門

2002 6月號
171

活的畫・活的雕塑

追思大藝術家劉其偉

■詩・圖片提供／羅門

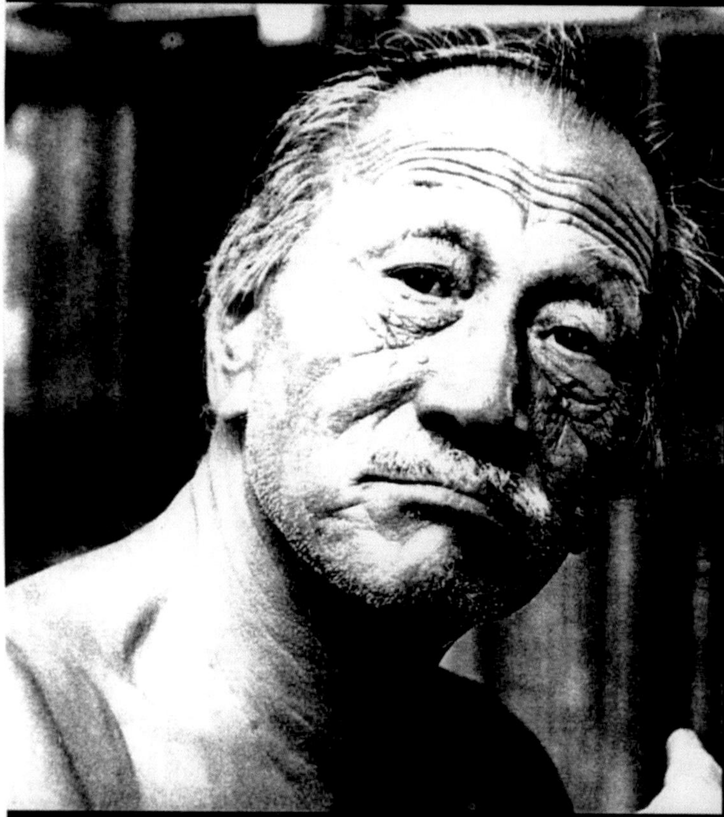

你是一幅活的畫
　　一座活的雕塑
同米羅（MIRO）永遠聯展在
　　　「東・西方畫廊」裡
給一直笑在童稚中的世界看

你筆下的線條
　帶著額上的線條
　穿越大自然的河流根脈與石紋
　　　　　　　連住原來原本
　　　　　　　　成為另一座原野
　　　　　　　　　富麗給生命看
　　　　　　　　　　給始終看

頭白來滿天飄逸的遊雲
群山挺拔在鼻峰上說看
雙目望著海明威眼中的海
在貝多芬「英雄」與「命運」
　　千波萬浪的交響樂中
你頑強中帶祥和的笑
　是穿越雲層風雨的陽光
　　　直射到天地線之外
　　　　　亮來海外的海

此刻　即使你的心臟與手錶都停了
時空仍拉著你一起走
　走進停不下來的遠方
　　去看前進中的永恆
　　去聽「生命最大的回聲
　　　是碰上死亡才響的」

寫後記：

一、大畫家劉其偉的去世，是整個藝術世界的損失，他一生的藝術家生命形象，是具典範與啟導性的。生前他同畫家李德、朱沈冬，由於彼此對藝術的全面投入、專誠、狂熱，與執著得近乎宗教的精神，便結盟成藝術世界的「三人行」，並在高雄舉行「三人行」令人懷憶的畫展。我曾為他們展出的畫冊寫序，並專程南下為該次展出專題演講，如今他與朱沈冬都去世，只留下李德，在電話中我們對大畫家劉其偉兄的去世深表感懷。

二、面對死亡，人畢竟不是神，尤其是在大地震那一刻，財富地位完全失去連絡，這是存在的事實　但人還是應該在「死亡」的空無中，盡可能像畫家劉其偉那樣，積極創造生命存在的「實有」，以臻至人存在於世由「有到無」再由「無到有」的整體觀存在層面與程序；較那些因絕望跳樓自殺，或柯達大亨因過於富有也絕望跳機自殺，便顯得有人生的確實意義，而且可貴與更值得人類的珍視。

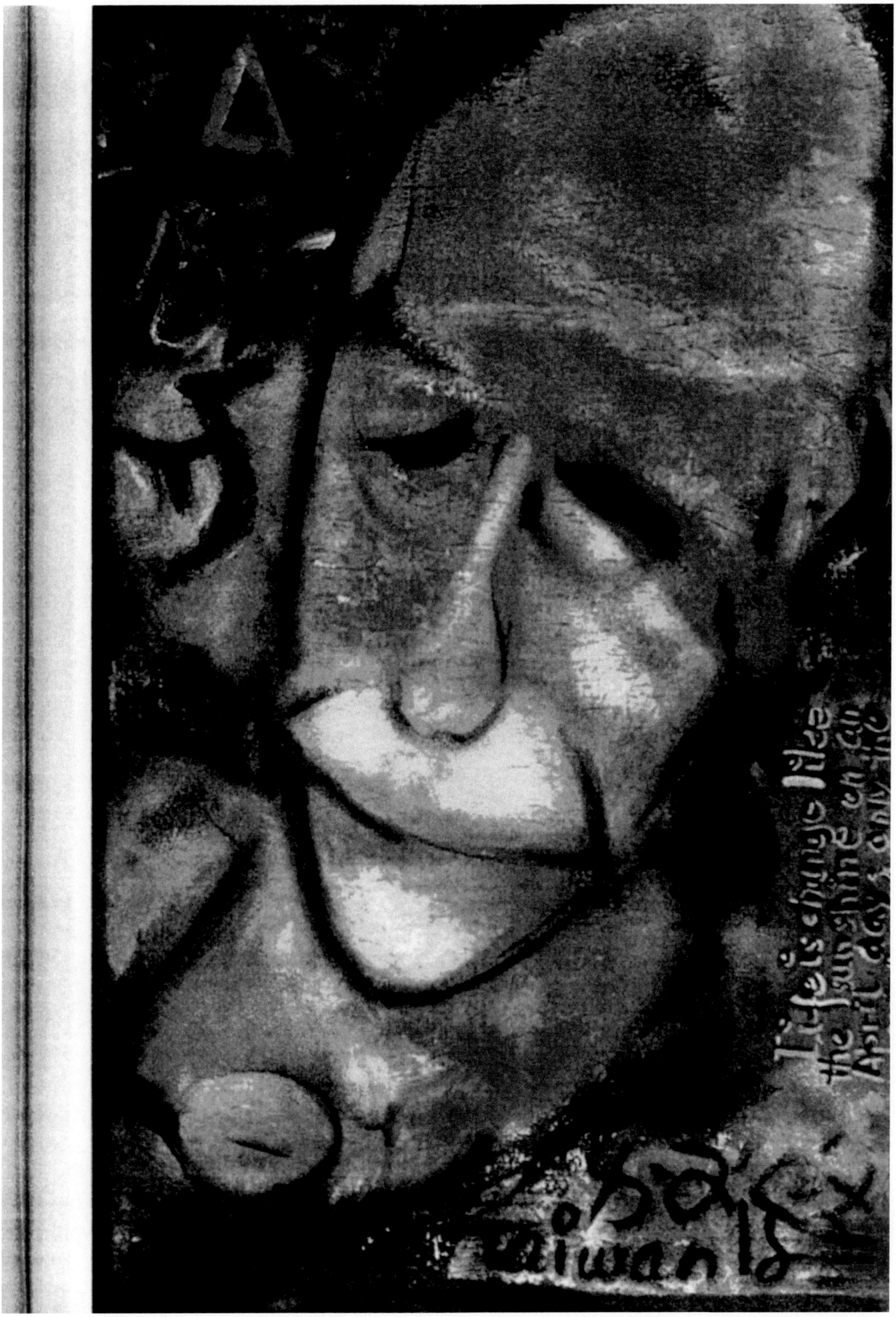

NEWIDEA 新觀念
2003 3月號
180
http://www.1988newidea.com.tw

牽著世界在絕對與美裡走的線條

給抽象大畫家李德教授

■文・圖片提供／羅門

半世紀來
在麵條金條皮條之外
他用繪畫線條牽著世界
　　在絕對與美裡走

走過深厚的土地
　抓住的是樹根與石紋
走進漠遠的天空
　便飄著鳥道雲路而去
回到人裡來
　一條條精粹的路　給感覺走
　一條條精美的路　讓情緒走
　一條條精純的路　由禪思走

走出天地人
線條與視線便一同回到有無的原來
　　　　連住亦真亦幻的天地線
　　　　　　　　遙望永恆

附記：

大畫家李德教授在台灣現代畫壇上，確已樹立兩項令大家敬佩的典範——

一是他長年來無論創作與教學都特別的認真、嚴肅與專注；尤其是做為藝術家的形象、獨來獨往、不向功利妥協、耐得住寂寞的高潔心志，及其執著為藝術奉獻一生的精神。

二是他抽象繪畫的線條表現，達到的高質感與強韌性，及其精純精確精美度，是出奇與驚人的；且具世界級大畫家的水準。

的確，他鍛煉線條的功力，近乎煉丹；剛可截釘斷鐵，柔則像春蠶吐絲。難怪不少美術系畢業的學生都願意再度接受李德教授的指導，難怪畫「草字馬」的抽象名畫家陳勤，曾在文章中稱譽李德教授是台灣素描與抽象繪畫線條表現的大師，我也頗有同感。同時也有幸曾為他同劉其偉、朱沈冬「三人展」畫冊寫序。

《新觀念》雜誌

世界在玩0與一的遊戲
給絕對主義幾何抽象大畫家——秦松
羅 門

167
2002年3月1日

世界在玩0與一的遊戲

給絕對主義幾何抽象大畫家——秦松

■詩／羅門

所有的直線
都直入終極
若傾斜　便架起世界上下走動的
　　　　　　　　絕對坡度
要是彎曲　便彎向圓
　　　　　同日月地球圓在一起
　　　　　　圓到圓融圓通裡去

此刻　蒙特里安的方形空間
　　　也只是一扇窗裡的窗
在看他用直線衝出內外的交叉阻力
　　　用圓滾著燃燒的色彩
　　　　通過馬蒂斯響亮的色境
即使藍天碧海青山綠水都不見了
　　　　　　　自然的本色仍在
風雲鳥都不見了
世界仍在飛
萬籟俱寂
四處是無聲的交響
繁複已MINIMAL為純一
　　　　　　　　回到0

空間全空出來
時間回到原點
一　直成陽具
0　圓成陰部
世界從始到終
　在玩0與一的遊戲

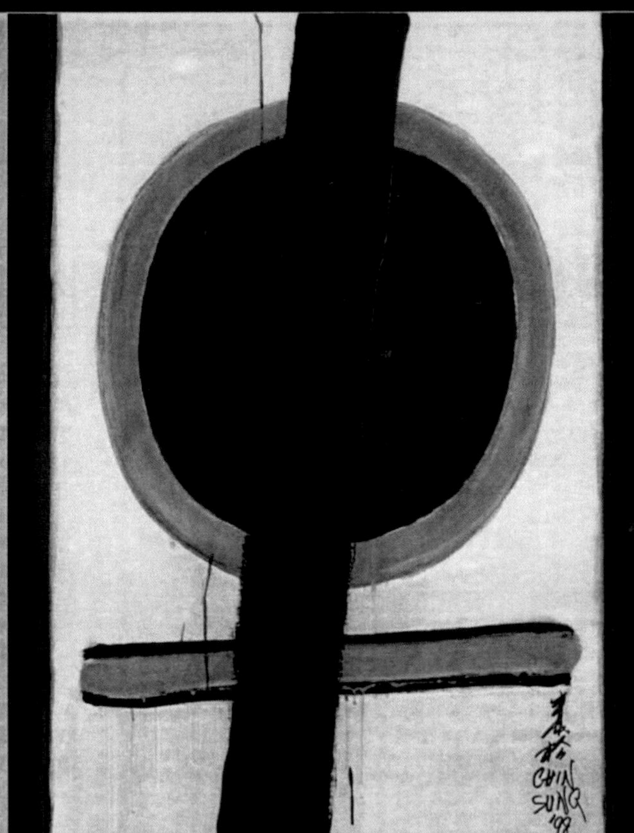

附註：

一、秦松是台灣東方畫會的主將，對台灣現代繪畫有歷史性的貢獻　他較一般畫家具有藝術家的氣質，以及前衛思想與創造性　尤其是他終生為藝術堅持「梵谷型」的狂熱、執著與純摯的精神，更具典範作用，令人感佩　他的近期作品，很明顯同大畫家霍剛都是偏向抽象中的抽象——就「幾何抽象」——就進一步將「流動性」的抽象表現，經過東西方「理知性」與「悟知性」的雙面思維予以內聚與凝定，而形成精神與思想更具耐視耐思性的美的建築性型構世界　他們同中亦有異，霍剛是屬於沈靜中的「冷動」型幾何抽象，秦松則屬於仍在燃燒衝擊中的「熱動」型幾何抽象，但他們顯然在台灣現代繪畫發展史中，都是屬於具有「生命」思想與智慧型的大畫家

二、詩中的蒙特里安（MONDRIAN P.）是國際幾何造型藝術大師，馬蒂斯（MATISSE H.）是野獸派亮麗色彩的領航人；詩中的0與一同陰陽乾坤有直接往來

167 NEW IDEA MONTHLY　17

NEWIDEA

以色面造型建構人類美的視覺聖地
給「東方的結構主義」大畫家——霍剛
羅 門

2001年12月1日出刊
161

以色面造型建構人類美的視覺聖地

給「東方的結構主義」大畫家——霍剛

■詩／羅門　畫／霍剛

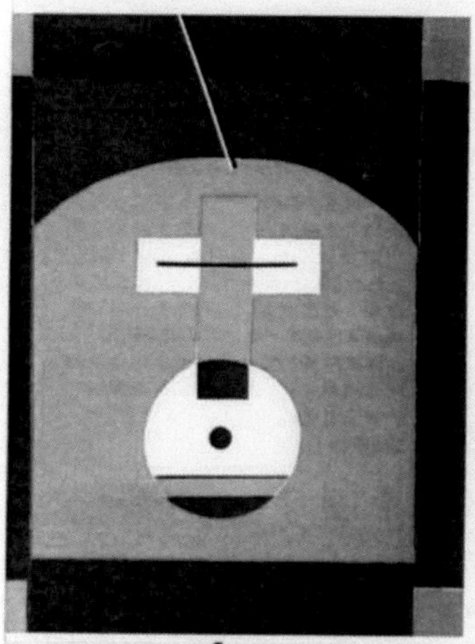

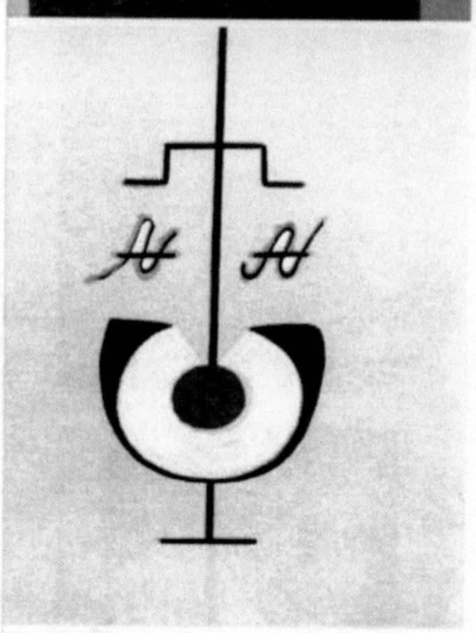

你的點
　點進人的心
　　自然的心
　　宇宙的心
　　時空的心

你的直線
　是地球的經緯線
　是同永恆拔河的天地線
　是道可道非常道之道
　是直通始終之路

你的斜線
　斜成歲月的滑梯
　　給天空上下
　　日月升降
　　生命起落

你的曲線
　沿著天空山峰河流海浪流動
　順著美女的乳房腰部臀部滑動
　跟著風雲鳥飄動
　帶著旋律節奏與音韻響動

你的面
　是彩色世界的臉
　色彩王國的聖地
　除了亮麗明麗華麗與富麗
　　　更美的是輝煌
　　炫耀在眾目之外

你的三角形
　聳立成千山中之山
　　金字塔中的金字塔
　看來是天地人分不開的三角戀愛
　　最高的一次登峰造極
　　　高在眾目之外

你的方形
　方來時間的廣場
　空間的四合院
　生命的四方城
　世界的進出口
　建構在眾目之外

你的長方形
　是床　讓萬物在睡
　是跑道　叫世界起飛
　是名片　亮出有
　是棺材　暗入無
　有無在眾目之外

你的圓形
　同星球月球地球眼球
　　圍在一起時
　使圓成一個個轉動乾坤的渾圓
　　一朵朵開放出永恆的禪
　　　靜觀在眾目之外

你層出無窮的造型
　一個個被新的神話與童話
　　說出詩的想像之外
　　說進原本的單純
　　使交給美一直說下去
　　　說給古今中外聽
　　　說給永恆聽

霍剛此次以「東方的結構主義」為題，在帝門畫廊展出系列作品。他是將內在情緒感覺自由任放，與流動的抽象世界進一步推入以高度冷靜的「理性」與「悟知」所凝聚與建構成的具有建築造型的幾何抽象世界；在靜觀中，溢流著靈思慧質、悟生與妙覺的視感；更值得特別重視與讚揚的，是他在高見度的視覺藝術造型世界中，非常機智與高明的將東方悟知的「非絕對性」思維，與大師蒙特里安（Mondrain P.）偏向西方理知的「絕對性」思維，融合成他「東方結構主義」構想中更為奇觀的新的「絕對性」的思想造型世界。在這世界中，他透過一己的原創力與獨創性所創造的那許許多多至為原本單純與絕對的造型，已展現出「造型」千變萬化奇特非凡的新的視野、新的花果園、新的秀場、新的博覽會，給觀眾，尤其給從事雕塑與造型藝術者以具影響力與啟發性的觀賞。

NEWIDE 新觀念

2001 8月號

154

《新觀念》

他畫筆下永遠在飛的鳥

給「採花大盜」丁雄泉

詩／羅門 繪畫／丁雄泉

飛出鳥籠鳥店
帶著藍天碧海
　青山綠野
將天空飛成無限自由的
　　　天鳥園

春夏秋冬全是浪漫的季節
所有的色彩線條都浪漫
　　都在畫鳥的行程
　　　歲月的流向

至於飛過的山峰與乳峰
　　　河流與身腰
　　　翡翠谷與水晶宮

是不是美在相同的造型裡
　　　那是屬於聯想的事
鳥　只管飛
　自由的飛
不飛便不是鳥
飛回原本的自然
飛進造物精心設計的一個個
　　較皇宮還輝煌的鳥巢
　　較天堂還富麗的鳥窩
　　　而且完美又永恆

註：鳥的名字是「自由」；藝術家幫助人類回到大自然的生命結構，重溫鳥的自由。大師米羅將生命與世界塑造成「鳥」的造型；獲諾貝爾獎的高行健將「鳥」畫在他畫中的十字架上；大畫家丁雄泉將自己一生畫成自由浪漫，永遠在飛的「鳥」。的確，沒有「鳥」，生命的空間便沒有意義。

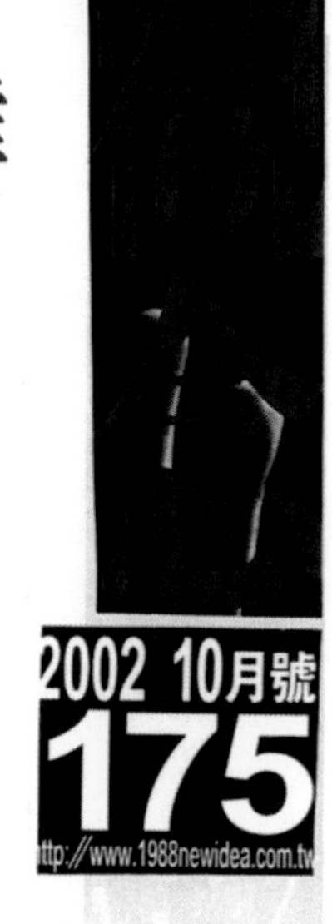

2002 10月號
175
http://www.1988newidea.com.tw

輕快與明麗的春之舞

給抽象大畫家陳正雄

■詩・圖片提供／羅門

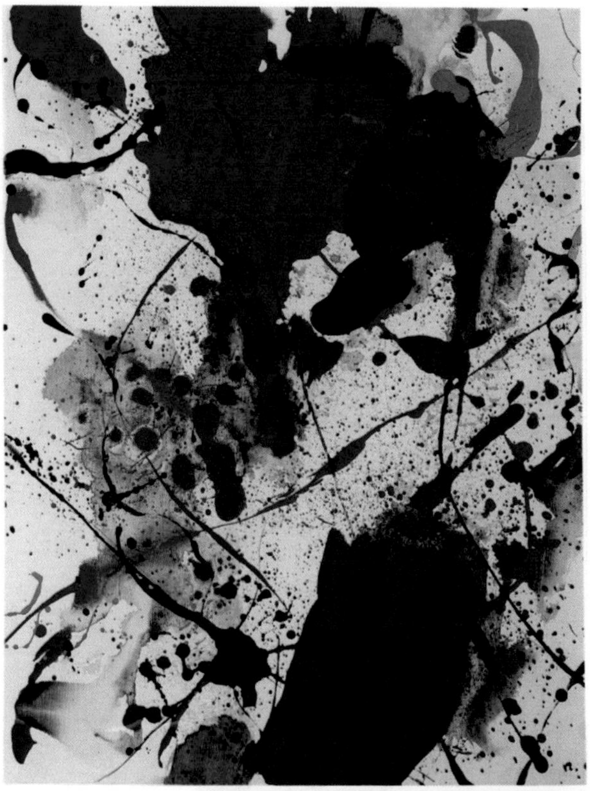

春天一直採用他的線條
牽著鳥
牽著流泉
牽著波光漣漪
牽著藍天碧野

他的色彩一直被春天
拿來染山
染水
染樹
染花
染生命
染歲月

春天用明麗換他的色彩
他用線條換春天的輕快

NEWIDE

宇宙時空兩扇不朽的大門

看大雕塑家楊英風作品《東西門》

■詩・圖片提供／羅門

2002 11月號
176
http://www.1988newidea.com.tw

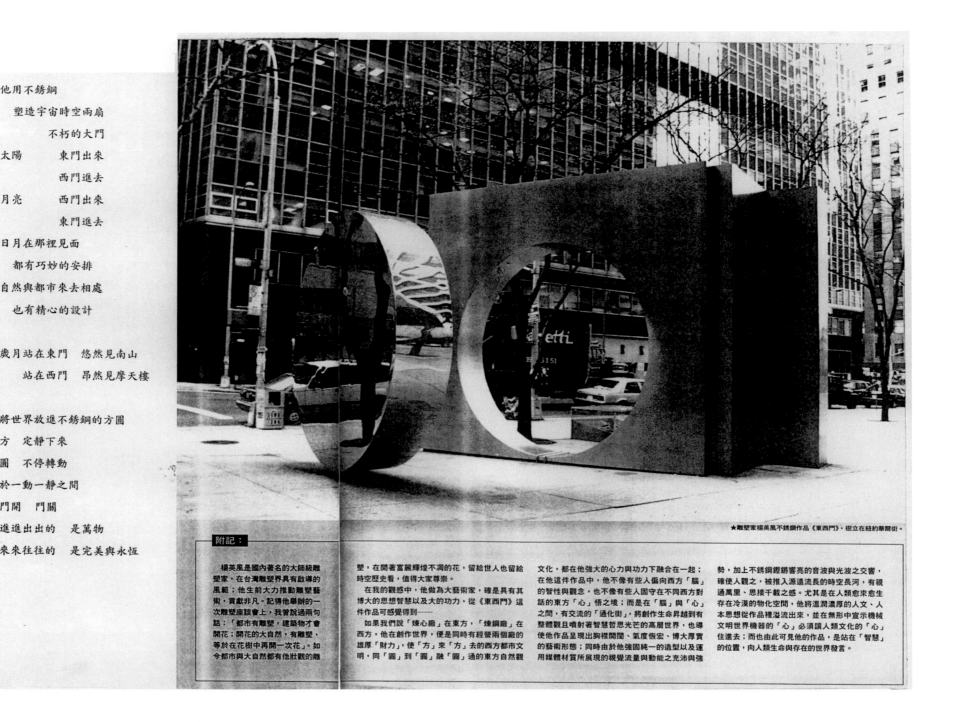

他用不銹鋼
　塑造宇宙時空兩扇
　　　不朽的大門
太陽　　　東門出來
　　　　　西門進去
月亮　　　西門出來
　　　　　東門進去
日月在那裡見面
　都有巧妙的安排
自然與都市來去相處
　也有精心的設計

歲月站在東門　悠然見南山
　　站在西門　昂然見摩天樓

將世界放進不銹鋼的方圓
方　定靜下來
圓　不停轉動
於一動一靜之間
門開　門關
進進出出的　是萬物
來來往往的　是完美與永恆

★雕塑家楊英風不銹鋼作品《東西門》，樹立在紐約華爾街。

附記：

楊英風是國內著名的大師級雕塑家，在台灣雕塑界具有啟導的風範；他生前大力推動雕塑藝術，貢獻非凡。記得他舉辦的一次雕塑座談會上，我曾說過兩句話：「都市有雕塑，建築物才會開花；開花的大自然，有雕塑，等於在花樹中再開一次花」。如今都市與大自然都有他壯觀的雕塑，在開著富麗輝煌不凋的花，留給世人也留給時空歷史看，值得大家尊崇。

在我的觀感中，他做為大藝術家，確是具有其博大的思想智慧以及大的功力，從《東西門》這件作品可感覺得到——

如果我們說「煉心廠」在東方，「煉鋼廠」在西方，他在創作世界，便是同時有經營兩個廠的雄厚「財力」，使「方」來「方」去的西方都市文明，同「圓」到「圓」融「圓」通的東方自然觀文化，都在他強大的心力與功力下融合在一起；在他這件作品中，他不像有些人偏向西方「腦」的智性與觀念，也不像有些人固守在不同西方對話的東方「心」悟之境；而是在「腦」與「心」之間，有交流的「通化街」，將創作生命昇越到有整體觀且噴射著智慧哲思光芒的高層世界，也導使他作品呈現出胸襟開闊、氣度恢宏、博大厚實的藝術形態；同時由於他強固純一的造型以及運用媒體材質所展現的視覺流量與動能之充沛與強勢，加上不銹鋼鏗鏘響亮的音波與光波之交響，確使人觀之，被推入源遠流長的時空長河，有視通萬里、思接千載之感。尤其是在人類愈來愈生存在冷漠的物化空間，他將溫潤濃厚的人文、人本思想從作品裡溢流出來，並在無形中宣示機械文明世界機器的「心」必須讓人類文化的「心」住進去；而也由此可見他的作品，是站在「智慧」的位置，向人類生命與存在的世界發言。

NEW IDEA 新觀念

《新觀念》雜誌（半月刊）

去看原來
有感於大雕塑家陳庭詩的作品「人生」
羅 門

《半月刊》
2002年4月1日出刊
169

去看原來

有感於大雕塑家陳庭詩的作品「人生」

■詩／羅門

將林木的田園與鋼鐵的都市
　　　　　　緊緊抱在一起
你提升植物生命中的木質
　　　礦物生命中的鐵質
　溶入動物生命中的人質
　塑造這座「人」的建築

在無邊無際中
一個絕美的存在
望入空茫
聽來寂靜
方圓　在設計美的範圍
線　在製作美的網路
看世界美著來
　　美著去

要想看的究竟
最好問站在雕塑裡的陳庭詩
於答與不答之間
世界已回到花剛開的位置
　　　　　　鳥剛飛的位置
　　　　　　河剛流動的位置
　　　　　　　　　去看原來

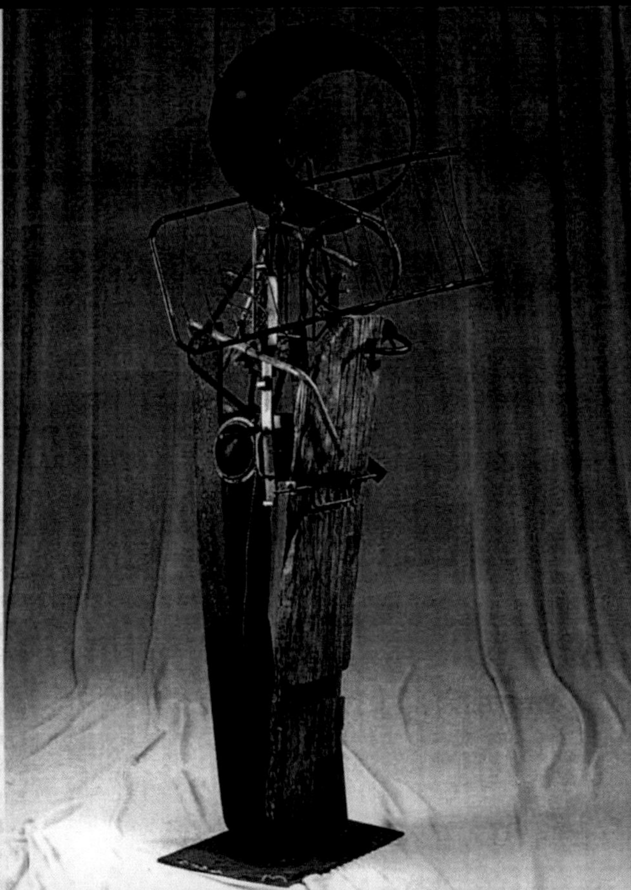

附註：

當人類困禁在物欲空間裡，升越不起來，有往形而下世界沈淪的趨勢，的確有賴藝術的升力；陳庭詩在台灣現代藝術發展中是一位有成就、有貢獻、備受大家尊敬的雕塑家，他這件作品，以人本人文精神，將人與第一自然（田園）、第二自然（都市），融合成一座整體「美」的生命建築，是深具生命觀與宇宙觀的；同時這件作品，再度使我想起心中對雕塑藝術深表敬重的話：「沒有雕塑，都市的建築，便不會開花；有雕塑，大自然的花樹中，再又會開出花來。」

169 NEW IDEA MONTHLY

「天人合一」眞的合了

看國際級造型藝術家胡宏術教授的作品「人」

■詩・圖片提供／羅門

人　盤據整個世界
　　屹立在大自然的藍空綠野上
　　　向宇宙萬物高呼人能勝天
天　高高在上　臉不改色
　　　　　　也不做回應
　　靜靜坐在無邊的
　　　寧靜沈靜與空靜中
　　悠悠哉吐出一口煙雲
　　　便浮著飄逸的時空而去
　　　　　　　　去到始
　　　　　　　　去到終

千萬年下來
火藥　再火也火不過火山
核爆　再爆也爆不過地震
難怪話要改口說回來
　　　　人不能勝天
先是老莊順乎自然
胡宏術也心裡有數
東看西看
便將人與天重建在
　　「天人合一」的造型中
　　　　　完美給永恆看

（註）詩中的「東」與「西」，是喻指東、西方世界。

附記：

胡宏術教授，是具國際水準的造型藝術家，早年在台南成大建築系畢業後，出國深造。曾任愛荷華大學設計系主任，1991年應北美館邀請擔任「中華民國國際現代雕塑展」比賽的國際評審團主席；並於1997年在北美館舉行造型藝術大展，展出作品數十件頗得好評；（我曾以《走進胡宏術的造型世界》為題，寫近七千字的評介文章，發表在該館70期館刊。）在美國多處公共機關場所，有他的雕塑。

大體上，他是一位有美學修養與學術基礎的實力派造型藝術家；除了具有高能見度，強勢的知性思考力以及前衛意識與創新精神，而且有世界觀的寬宏思想，能在作品中，確實將「東方」的自然觀與人文人本精神溶入西方理性思維的實知視覺空間，特別突現造型符號形態所噴射的超乎象外的大開大放、氣勢雄偉且深廣的思想能量；當然更值得推崇的是他緣自「建築」內凝性的思考力源，使他作品的造型結構與形體都格外呈示出高強度的妥穩性、完妥性以及精密、精純、精美的質感；尤其是他此件作品「人」，除已達到視覺由「極簡見繁複」由「單一到無限」的宏觀思想效果，更說明他做為大藝術家充分發揮上述操控造型藝術符號的超凡功力，已臻至爐火純青與圓融之境。

▽「人」，1988年。

NEWIDE

2002 12月號 177

花之手

大雕塑家何恆雄教授作品

■詩．圖片提供／羅門

花之手
大雕塑家何恆雄教授作品
羅 門

以花之手
推開天空與大地
先放雲與鳥進來
讓世界無限自由的
　　　　閑闊出去
再以花之手
雕塑晨曦晚霞與星夜
描繪綠樹碧野與青山
撥弄陽光風雨與流水
旋動日月季節與宇宙
然後以花之手
把圓寂與空茫
　緊緊握成一朵渾成的永恆
把渾成的永恆
　緊緊握成一朵完美
　　　　不凋的芬芳

附記：

雕塑家何恆雄教授，現任國立藝術大學美術學院院長，他同大塑雕家楊英風，都是數十年為台灣雕塑藝術不斷努力，而有顯著成就與貢獻的雕塑家；他也愛好現代繪畫與現代詩，深具現代藝術思想以及個人特殊的創作意念與風格。他的自然系列作品，如〈花之手〉，雖有西方大師亨利摩爾相類似的圓融渾厚感，但他畢竟流露出有異於亨利摩爾的屬於東方人的人文人本精神意涵與自然觀，而突現潛藏在自我生命深層世界獨特的創作形勢與動向。

花之手

何恆雄雕塑
羅門詩

以花之手
推開天空與大地
先放雲與鳥進來
讓世界無限的遼濶出去
再以花之手
雕塑晨曦晚霞與星夜
描繪綠樹碧野與青山
撥弄陽光風雨與流水
旋動日月季節與宇宙
然後以花之手
把閬寂與空茫
緊緊握成一朵渾成的永恆
把渾成的永恆
緊緊握成一朵不凋的芬芳

註：本詩配合名雕塑家何恆雄「花之手」作品碑刻入臺北市新生公園。

Free China Review

August 1984

The Hand of the Flower

LOMEN

With the hand of the flower,
To push open the sky and the land:
First, to let the clouds and birds in,
and then the world to
stretch out and out.
Then, again, with the hand
of the flower,
To sculpt morning light, dusky clouds,
and evening stars;
To delineate the green trees,
the fields, and mountains;
To toy with the sunlight, the wind,
the rain, and the streams;
And to swirl the sun, the cool moon,
the seasons, and the universe.
Finally, with the hand of the flower,
To hold Eternity in a palm,
And with Eternity,
To detain a never-fading fragrance.

These lines by poet Lo Men praise a huge environmental sculpture, "The Hand of the Flower" by Ho Heng-hsiung, now part of Hsin Sheng Park on Pin Chiang Road. Lo successfully interprets the inner aspect of all environmental sculpture. Truthfully, to push open the sky and the land and fuse the ambience of man's life patterns with nature, is the explicit wish of all environmental sculptors.

人生因藝術而尊貴 ArtMonthly 事業因藝術而生輝

7
NO.43

藝術貴族雜誌社
中華民國八十二年七月一日出刊
中華民國七十八年八月一日創刊
行政院新聞局登記證局版台誌字第7497號
中華郵政北市第3261號執照登記爲(雜誌)交寄

胡宏述的造型世界
文／羅門

化想像爲具體的魔術

◎羅門

胡宏述的造型世界

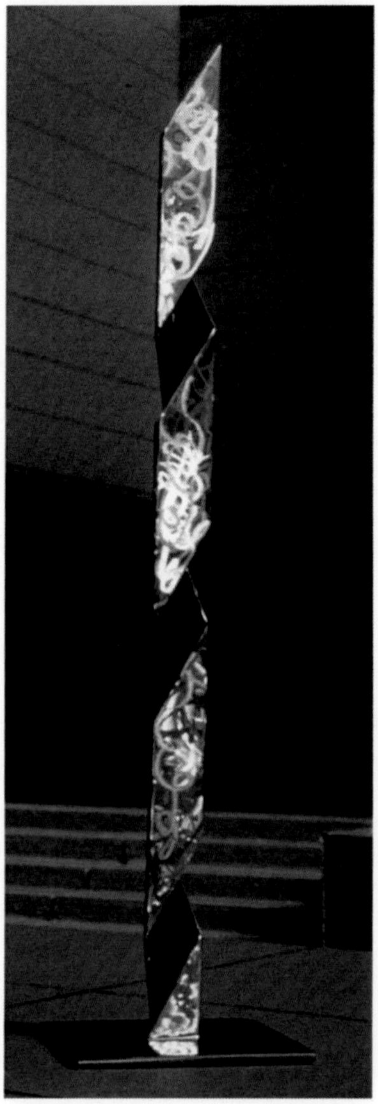

在愛荷華大學擔任藝術系設計科主任的胡宏述先生，曾應聘爲台北市立美術館舉辦的一九九一年國際現代雕塑比賽大展評審團主席。他從事設計與造型藝術創作，享譽國際藝壇，國內外媒體都曾對他創作上的卓越表現，有過專訪與報導，本文是從詩眼的掃描鏡來觀視他的創作世界。

實用與超實用 節奏的互動

我此次與女詩人蓉子應邀參加在愛荷華舉辦的國際作家研討會，有機會認識胡先生，並看到他在愛荷華大學美術館展出的作品，樹立在學校園區裏的雕塑以及部份設計用品與歷年來展覽作品印的畫册，便發現他的確是我心目中認爲具有前衛思想、原創性以及探求藝術純質與深度的現代造型藝術家。

他掙脫一般慣常性與表層化所限制的所謂設計觀念；以高度的心智，嚴格與精密的從設計的「核心」與「原質」上，吸取能直接輸送到藝術世界的高質感與純粹的設計機能，並使之提昇進入藝術絕對的創作動向與程序。這樣若偏於較「實用性」的創作面發展，便可銜接生活器物朝向高度藝術化的美感需求面，使人類具實用性的生存空間所出現的，都是藝術品；若超越「實用性」，朝純粹的藝術造型美之方向發展，便就躍昇到雕塑（造型藝術）的位置。

胡先生正是透過這一高層次的設計理念，同時擁有「實用性」與「超越實用性」雙向美感造型思考力的藝術家，也雙向地分別爲人類創造出偏於「實用性（形下）」與「超實用性（形上）」兩個具體化的生存美感空間，並證實「設計」的潛力，是任何藝術家（尤其是造型藝術家）在創作中，導使藝術世界向無限探進以達到精確、精密、精深、精純、精緻、精美的完善境地，所不能缺乏的潛在思考力，它往往在無形中協調創作的思想行爲。

縱容創作心靈 探索造型世界

超越理性 馳騁想像

至於他提昇「設計」的精粹機能到完全超離「實用性」的純粹造型世界，所創造的許多作品，我雖不能一一在此介紹，但談其中的幾件，就可看出他創作上強大卓越的精神內涵與思考能力以及特殊的藝術理念。

從胡先生具「實用性」的造型世界來看，他的設計性能與形質都是極力求精、求變、凸出與抓住藝術性不放的，而且至爲靈巧、生動，以及同人類具新穎性、前衛性的生活形態與形勢相配合。同時由於胡先生是學建築的，當他的藝術美感，進入物理空間，同建築具有科學性的精密理性思維有機的交溶在一起，形成那具高層次的美的設計思考型構，便使胡先生「實用性」的造型世界，獲得足夠的實力、強勢與美感，在「設計」力的導引下，所展示的傑出表現。我們除了驚佩他「設計」的造型功力，更不能不讚言他是藝術世界幾何圖形遊戲的高手、變化多端的造型魔術師。他打開「古、今、中、外」時空與所有藝術流派的框架，回到自我的本位，重新使一切以新的形態與符號，向開放的視野展現。

今年4月，台北亞洲藝術中心舉辦了高行健在台灣的第二次個展，畫廊負責人李敦朗也是透過高信疆才接觸到高行健的作品，初見即驚為天人。「高行健的繪畫最突出之處即在於獨創性很強，同時必然會在未來發揮深遠的影響力。」畫作結合了西方的繪畫語言與東方的內在思想，「以中國水墨所表現的三度空間是經由他的內在整理過的空間，完整地表達了他的內心世界。」

通過詩人的眼睛，羅門看到的是：「高行健的生命已全然地溶入了畫面中的線條、造型，並不只是單純地呈現現象世界，而是很深入地進到生命底層的本質世界，找到對生命存在發出的疑問，並且將生命帶到一個高質感的精神活動的指標上。」杜十三則說：「他以一種絕對的獨創性去架構一種同時融合了詩的神祕、哲學的深沈以及戲劇的張力的繪畫藝術……。」

台灣新聞報　A15.
西子灣副刊
投稿電子信箱：Supple@ksts.seed.net.tw
網址：WWW.TSEN.COM.TW
傳真電話：07-2166619
中華民國89年12月17日星期日

刊頭◎秦關摹繪／山海經怪物圖錄
鱧魚／北山經
生活在樸水中的鱧魚，樣子跟鯉魚很相似，卻長著雞的腳，吃了牠的肉可以療肉瘤一類的病。

關於藝術家◎羅門

詩眼看高行健抽象水墨畫

——諾貝爾文學獎得主高行健他的繪畫符號同他的文字符號，一樣具有世界級藝術家的精神思想威力。

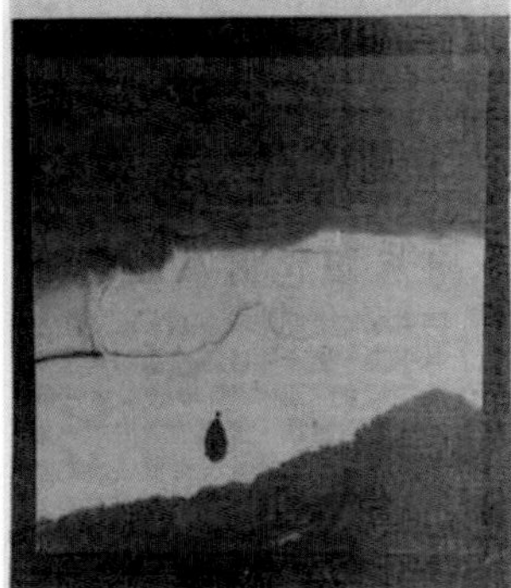
▼高行健水墨「了然」1999

詩眼對高行健水墨抽象畫進行360度掃描，留給我特別的觀感與深刻的印象是——

從第一張畫到最後一張畫，可說是單一「黑色」的一次驚目的全程旅行；也是視覺世界一次具深度、高貴具豪華的色彩旅行，由於黑色是衆色之后，其他的顏色便因它而失色全都退下去。

「黑色」在一般畫家的筆下，往往都只是缺乏生機的墨色；只是「封閉」的「黑色」世界；只是黑色的巫婆，成不了光耀的衆色之后；但在高行健筆下的「黑色」，却是高思維、高質感的哲思、詩思與深厚的生命力所滲透與流動成一個具永恒性的「透明」世界，能確實的將衆色之后——「黑色」看進高貴且光耀的視境與畫境。

從超越目視的靈視——「詩眼」來看，高行健輕描淡寫的「黑色」至爲厚重，但却又像雲般帶著天空與大地悠游散步………；甚至將大自然、宇宙時空與整個世界都輕飄到渾然與無限的「迷茫」之境；而且又「深遠」得可將「迷茫」碰響出那是所有哲學家與科學家都一直在打聽的生命存在的回聲。

他濃重的「黑色」，不是沉睡的黑夜，而是亮開來的無限視野，透明如鏡，直視入一切存在與活動的深層與底層世界，而隨時都會驚動到大自然的「山底」、「海底」以及人的「心底」所潛藏在幽暗中的那些緊抓住玄想神思不放的生之奧秘。於此，我們甚至可意會到他是能到「太陽背後去把世界點亮」的藝術家。

的確，在他濃淡水墨流動的畫面上，即使「第一自然」生存空間的藍天、碧海、青山、綠水與「第二自然」都市的高樓大廈文明景觀………等這些肉目可見的景象都不見了，但它們却都被高行健內化與深化到內心「第三自然」的靈視世界，而化解與轉化成爲「超以象外」並溢流著哲思詩思與生命象徵意涵的無限存在。

即使第一自然的風、雲鳥及第二自然的人造飛機與太空船都不見了，但在高行健畫境所展開內心「第三自然」的靈視世界中，天空、太空與宇宙茫茫的時空仍在飛，飛到萬籟俱寂，到處都是無聲的交響；當整個視境，進入忘視、忘聽、忘形、忘我之際，一個無所不在的存在世界，便在畫中無限的展開出去，在這樣空濶無邊的視野上，此刻如果我們還想看到花，

那已非開在第一自然樹林中可見的花，也非開在第二自然都市廠房裡的塑膠花與網路上的虛擬花，而是高行健的生命、精神、思想與心靈「種」進無限深遠的茫茫時空，在靈視中開放與昇華的一朵朵絕美的「圓渾」、「禪」以及人存在於浩瀚宇宙中無窮無盡的「鄉愁」，耐視耐思且不凋。因而可見高行健畫中的視境，顯然在無形中超越了「目視」的「常識」視境，也超越「腦視」偏向科學思維的「知識」視境，進入更高的思想層次，去建構一個較「常識」與「知識」更高明更自由廣濶的「心視」所「悟知」的視境；同時也可見他是打開肉眼、腦眼心眼乃至潛意識的眼睛、觀念的眼睛、想像的眼睛、回憶的眼睛、夢幻的眼睛……

…等所有眼睛的視力，來看生命與世界，來營建他特別具深度與廣度的視境與畫境；因而他來去自如富質感的水墨與線條在透過抽象與超現實、象徵等藝術表現，所創造的畫面與造型世界，都不但是要我們的眼睛去看，而且要我們的眼睛不停去想，想到山窮水盡，雲深不知處的那種存不存在之境。

▲高行健水墨「白夜」1995

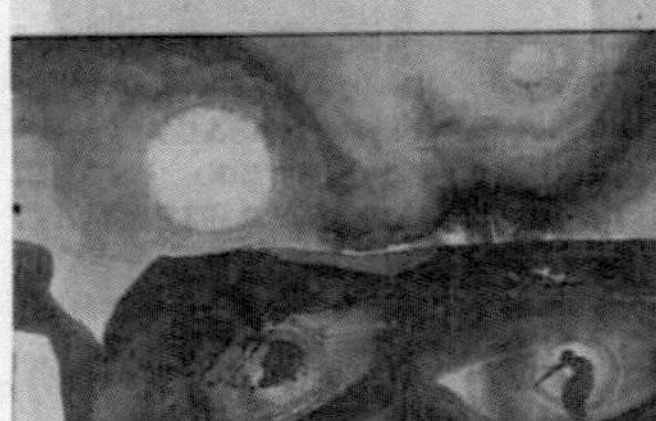
◄高行健水墨「內觀」1994

寫到此我不能不說，高行健不但是一個純粹、眞實與執著的藝術家，而且是具有原創力、獨創性與生命潛力的「思想型」藝術家；他的畫筆，沿著高度的心智以及敏悟的直覺、直觀與直感，觸動到大自然的心、宇宙的心、茫茫時空的心，也導使我們在他的畫中，瞥視到人與萬物不斷向存在的終極點與前進中的永恒世界探索、所映顯的奇幻的生命景象與情境，而感動不已，並覺得他繪畫世界施放出的思想力與視感能量是強大與具震撼性的；更値得一提與特別重視的，是在他「黑色」水墨中所展開的視覺空間與畫境，深具西方藝術大師杜庫寧（W.DE KOONING）、羅斯科（M.ROTHKO）與索拉斯（SOULAGES）等人緣自「西方知性思維與機械文明動力」，在「黑色」油彩中，所展現的高強的精神實力、重力與張力；但三位大師却缺乏高行健緣自「東方感悟與靈思靈動」在「黑色」水墨中所流動出來的那種具有轉化、昇華與無限超越的形而上精神力量。同樣的，他具有中國傳統水墨畫大師的神思妙悟，能於「天人合一與虛實之間」，營造「心物觀照」的無限精神境界，也有大師們「筆墨所未到靈氣空中行」的功力技巧；但他們却沒有像高行健勇於引進西方藝術大師創作中理知性的思考力，來在畫中更變與凸現視覺空間新的存在架構與活動形勢，而對傳統水墨畫有所突破與新的創建，譬如他畫中的「空白」，除「空」來東方畫的空靈之意，也「白」來西方畫知性的「光」景；又如他不可思議的在中國水墨畫中，大膽放進西方的十字架造型符號來象徵他「個人聖經」的精神指標……都明顯是在破除東西方繪畫思考的界線與模式，拿到「上帝」的通行證，在無限的視境中，將東西方繪畫精神思想的兩座高山，溶合與渾和成另一座新的高峯，聳立在人類的「眼球」上，出現奇蹟，令人嘆爲觀止。

【附註】高行健之所以能獲諾貝爾文學獎，是因為他確實具有三大重要條件：大的才華、大的智慧思想與大的藝術功力；而這三大條件，除使他成為世界級的大作家，同時也使他成為世界級的大畫家。■

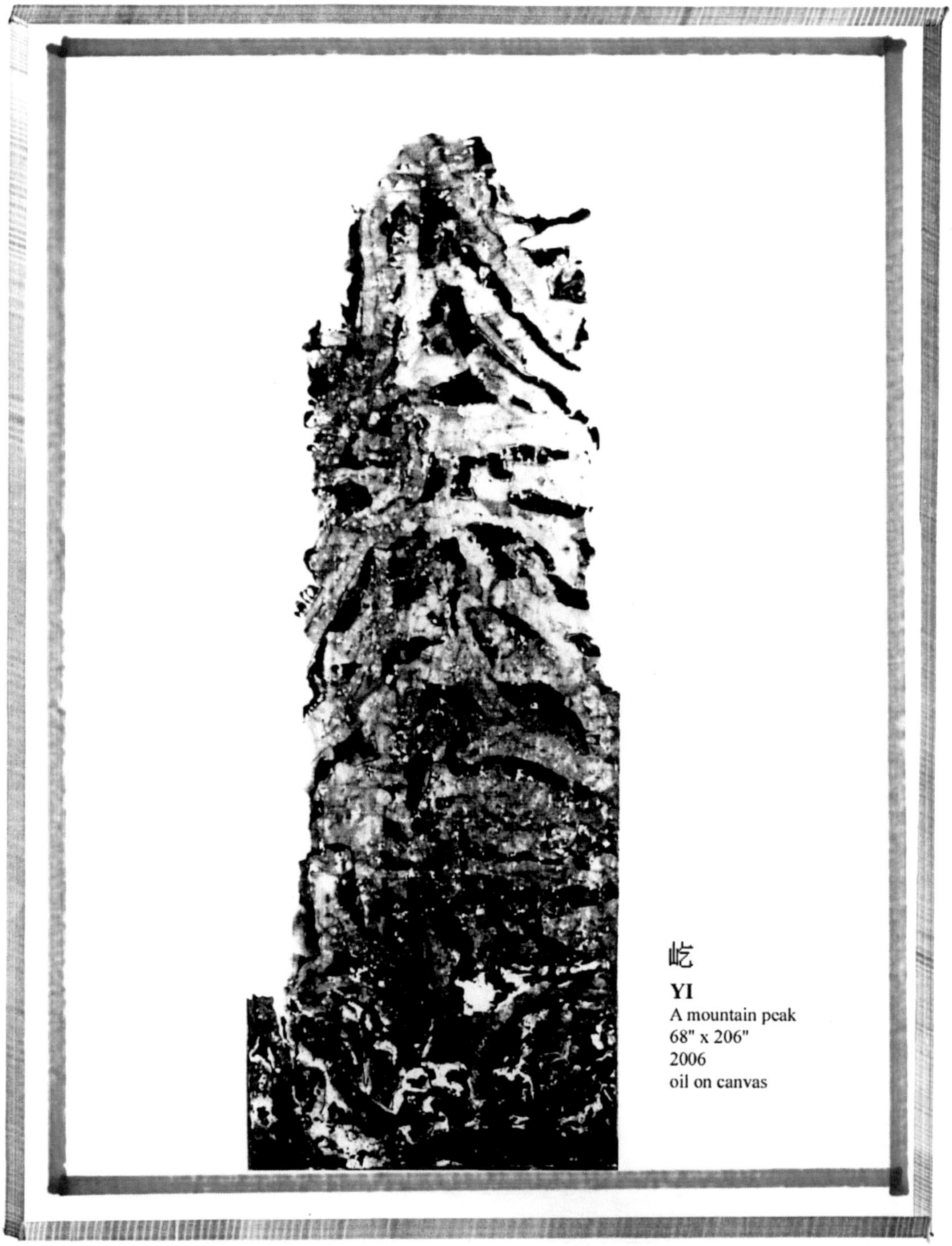

屹
YI
A mountain peak
68" x 206"
2006
oil on canvas

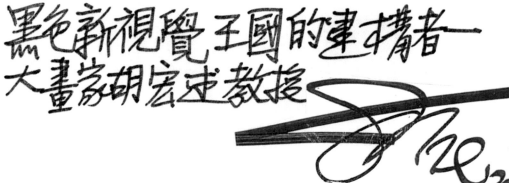

黑色新視覺王國的建構者——
大畫家胡宏述教授

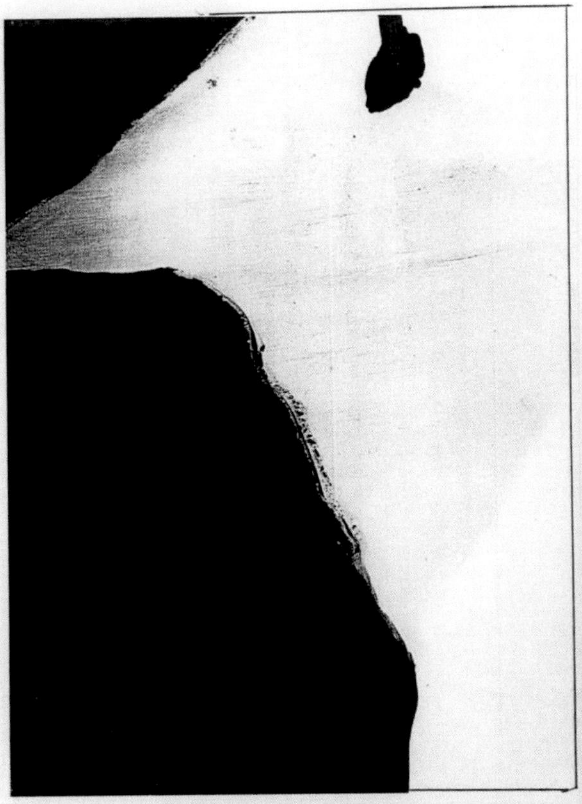

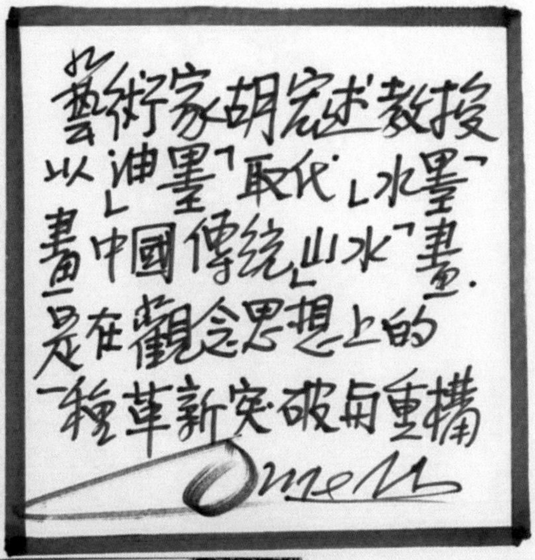

Frost
83×83 cm
1990
oil on canvas

YIN
隱
Seclusion
38" x 38"
1976
oil on canvas

看閻振瀛教授 —2007.9月4日
在國父紀念館大展的一些觀感

羅門

閻振瀛教授與大師米羅都是在藝術世界同「美」捉迷藏的「頑童」，可喜的是他在捉迷藏的畫面場景中，較米羅更多出東方自然觀於有無中自由自在神超世越的悟性玄想靈思意涵，而加大加深加遠眼睛向前看的無限N度視境；同時溢流着來自天然與本然的存在聲響音韻與律動節奏感；此外令人驚視的是他近乎是藝術的魔術師與變色龍般，在展出近100幅的作品中、在象內象外所展開的超現實世界舞台場域、將他專業的戲劇學術思想與變化多端的劇場佈景神奇效應，於潛移默化中，導入他出神入化與千變萬變的無數新異奇異特異以及意趣盎然栩栩如生的畫面景象，看來似乎是同大師畢加索一起進入「畫面最多變」的金氏紀錄世界，而又較畢加索更出奇的多變。

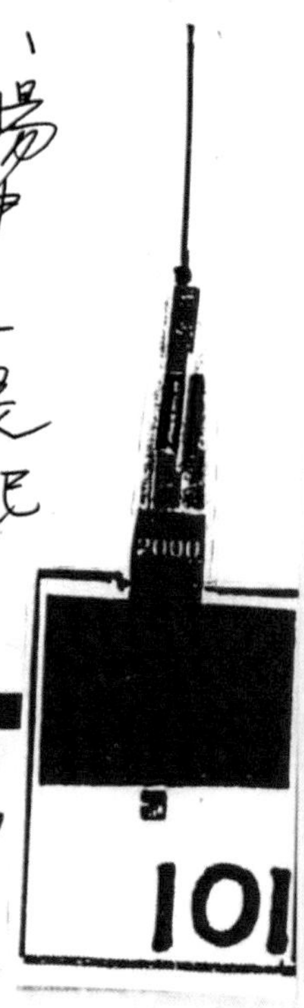

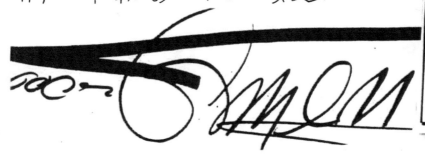

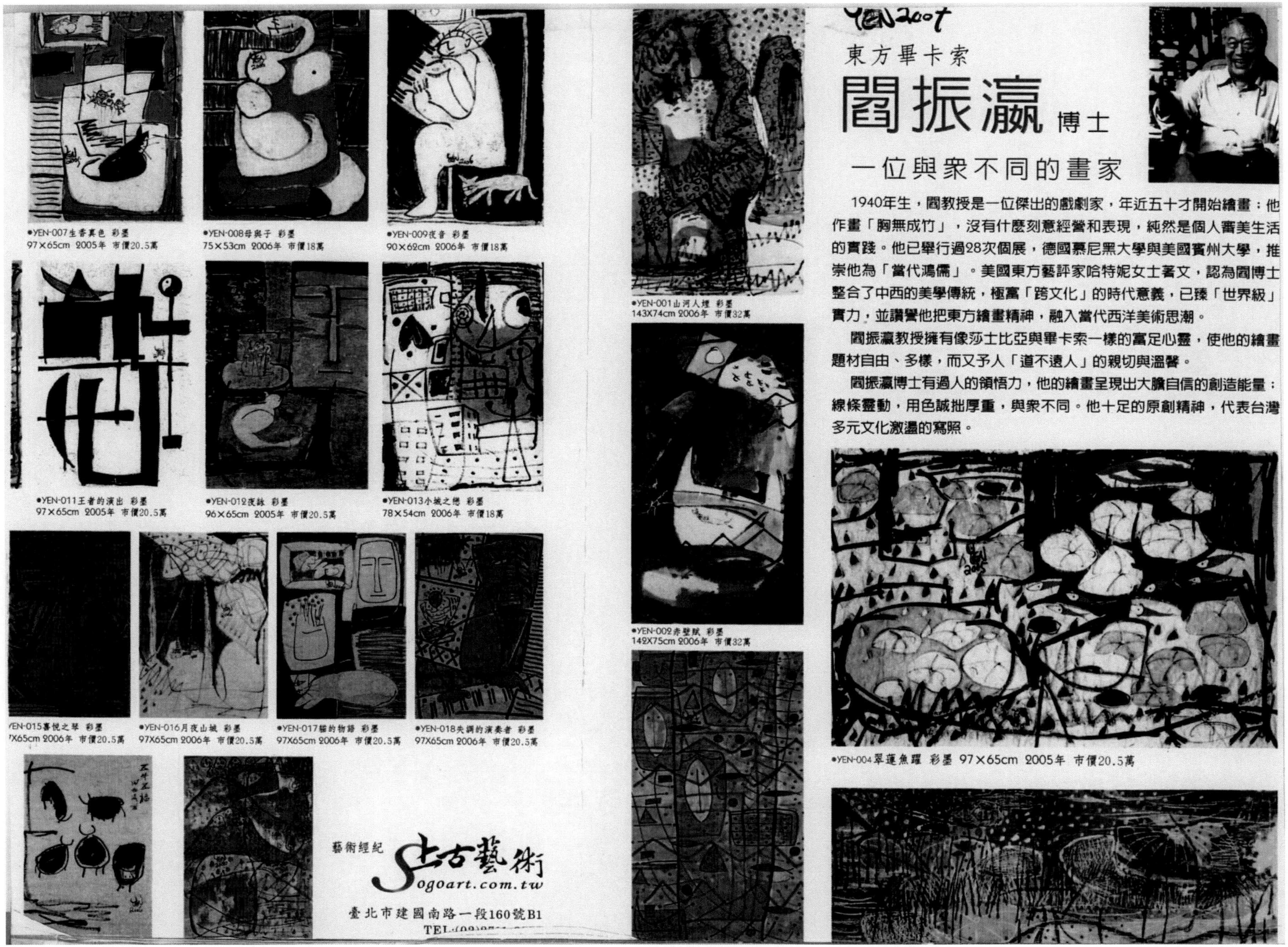
YEN 2007
東方畢卡索
閻振瀛 博士
一位與衆不同的畫家
1940年生，閻教授是一位傑出的戲劇家，年近五十才開始繪畫：他作畫「胸無成竹」，沒有什麼刻意經營和表現，純然是個人審美生活的實踐。他已舉行過28次個展，德國慕尼黑大學與美國賓州大學，推崇他為「當代鴻儒」。美國東方藝評家哈特妮女士著文，認為閻博士整合了中西的美學傳統，極富「跨文化」的時代意義，已臻「世界級」實力，並讚譽他把東方繪畫精神，融入當代西洋美術思潮。
閻振瀛教授擁有像莎士比亞與畢卡索一樣的富足心靈，使他的繪畫題材自由、多樣，而又予人「道不遠人」的親切與溫馨。
閻振瀛博士有過人的領悟力，他的繪畫呈現出大膽自信的創造能量；線條靈動，用色誠拙厚重，與衆不同。他十足的原創精神，代表台灣多元文化激盪的寫照。
●YEN-007生香真色 彩墨 97×65cm 2005年 市價20.5萬
●YEN-008母與子 彩墨 75×53cm 2006年 市價18萬
●YEN-009夜音 彩墨 90×62cm 2006年 市價18萬
●YEN-011王者的演出 彩墨 97×65cm 2005年 市價20.5萬
●YEN-012夜詠 彩墨 96×65cm 2005年 市價20.5萬
●YEN-013小城之戀 彩墨 78×54cm 2006年 市價18萬
●YEN-015喜悅之琴 彩墨 97X65cm 2006年 市價20.5萬
●YEN-016月夜山城 彩墨 97X65cm 2006年 市價20.5萬
●YEN-017貓的物語 彩墨 97X65cm 2006年 市價20.5萬
●YEN-018失調的演奏者 彩墨 97X65cm 2006年 市價20.5萬
●YEN-001山河人煙 彩墨 143X74cm 2006年 市價32萬
●YEN-002赤壁賦 彩墨 142X75cm 2006年 市價32萬
●YEN-004翠蓮魚躍 彩墨 97×65cm 2005年 市價20.5萬
藝術經紀
古藝術
sogoart.com.tw
臺北市建國南路一段160號B1

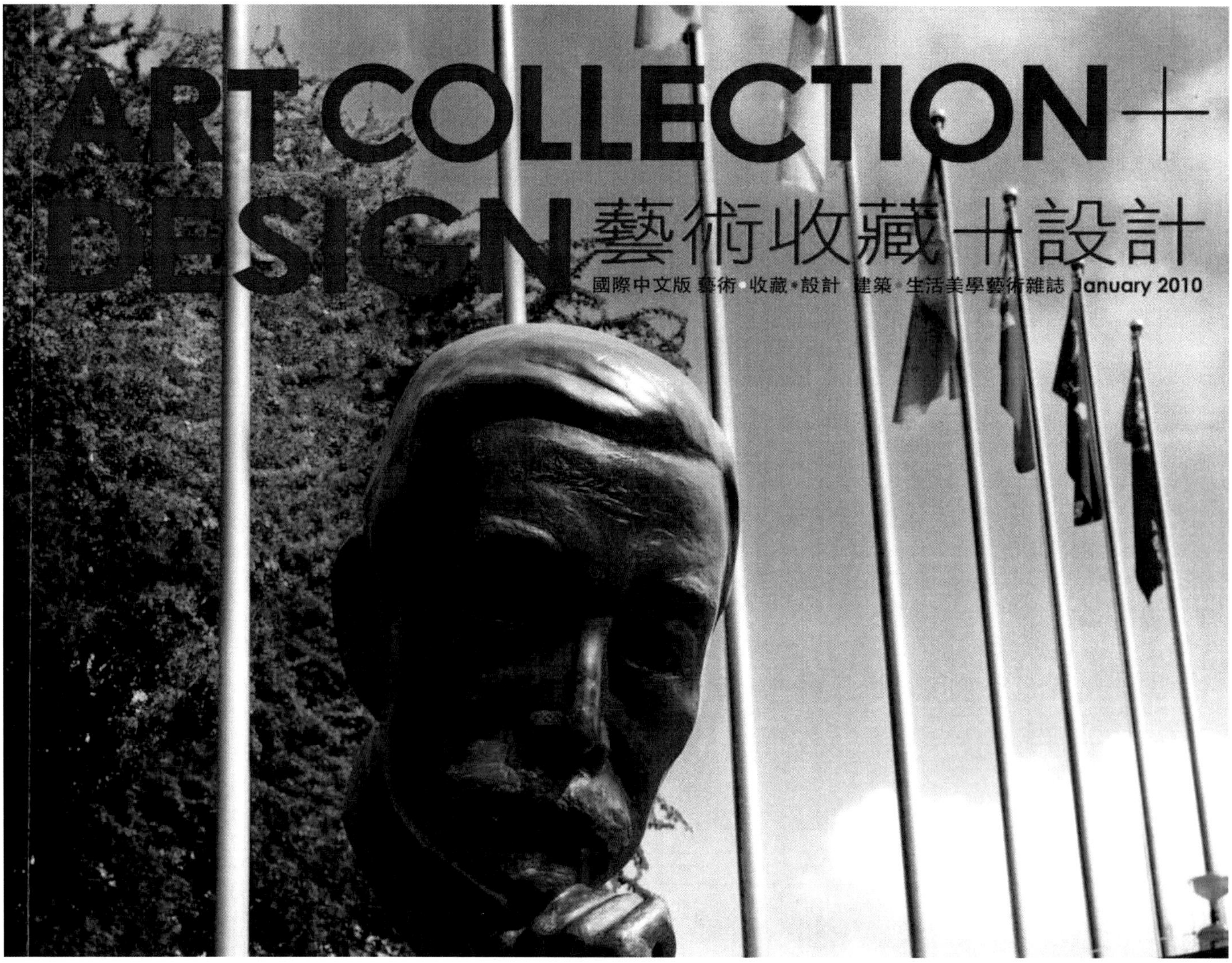
ART COLLECTION+
DESIGN 藝術收藏+設計
國際中文版 藝術‧收藏‧設計‧建築‧生活美學藝術雜誌 January 2010

綜覽當代名家新作 A Glance of New Works

抽象中的抽象，進程與遠景的視路

霍剛

1-3）霍剛的最新繪畫創作
4）作畫中的霍剛
5）霍剛及其新作

旅義近四十五年的藝術家霍剛，於2010年1月份在台灣推出個展，展出三十餘件新作。曾經是「東方畫會」創辦人之一的霍剛，2009年三度回台創作，作品強調帶有象徵性的「超現實精神的幾何抽象」，試圖引發觀者產生莫名奇妙的質疑，然後進一步發現其中的妙不可言，他說想像不等於思維，在經過仔細琢磨構思的畫面中，體現他一生對創作的堅持（編按）。

霍剛此次展出仍是沿著「抽象中的抽象」，更進一步有「進程」與「遠景」的視路——那就是將抽象視境向外揮灑噴射出去的繽紛燦爛色線色面，轉回來向內再度加壓凝聚內斂與內化「結晶」，成為更具豐厚深微意涵與無限想像空間的「立體幾何造形」抽象藝術世界；而增建「抽象」再次「進境」的另類視覺活動層面。

看來，霍剛顯然較西方藝術大師馬列維奇與蒙德利安的「幾何造形世界」是更在其中進一步開啟東方自然觀悟生妙覺、視通萬里、想接千載的無限哲思玄想空間，使我們面對他造妙入微意趣空靈的畫作，都不能領悟到萬物已與天地同流，並潛進外歸造化中得心源的「不可說，不可說」之境，要說，也只能由畫自己去說，或由無所不在與萬物都逃不過躲不掉的「詩眼」（poetry eye）來代說。

的確，此次展出使霍剛也無形中成為「幾何造形藝術世界」的魔術師；將方形、長方形、三角形、圓形在他旋轉乾坤的畫筆下，竟能出神入化再超出想像地耍出那麼多千變萬化、相互感通精采耀目的「造形」來。

由於他造形世界那些高潔度、高透明度與高質感的靈敏色線色面，都一一站進精確、精粹、精緻、精巧、經微、精深、精純、精美的位置在發聲，便也迫使眼睛不但要看、要想，還要在「萬徑人蹤滅」與「無聲勝有聲」之境去「聽」，聽他「造形世界」聲光色澤、幽美華麗、溫潤圓渾的交響……。

依我看霍剛此次展出之所以能達到高度的「純粹」與「絕對」的藝術效應，其基因，同他長期來確實建立他「純粹」與「絕對」的純正藝術家生命形象風範息息相關，因而他同官場與現實社會都利型的鄉愿庸俗存在環境拉開距離，一直獨來獨往於純粹的藝術世界，守得住寂寞，並能與「寂寞」提升轉化更具有靈視遠見與力度的「孤寂」情境。（撰文｜羅門　攝影｜徐揚聰）

60 ART COLLECTION+DESIGN

抽象畫初展

附展東方長嘯新草書馬

爲中國抽象畫，

再編一夢，

再造一景。

春之藝廊
SPRING GALLERY

時　　間：70年8月12日至20日
地　　點：台北市光復南路286號B春之藝廊
☎：(02)781-6596・781-6597
預展酒會：12日下午3時至5時
開放時間：星期一：休假日・
星期日、節日：10時至20時
星期二～六：13時～20時

陳勤的繪畫作品，實已綜合了對於美的夢想，渴望，作纖雅的，制約的，明白的，含蘊地色與面，詩與質感的充分的表達，是現代藝術在台灣發展，形成的一個象徵。而這，確是使用了「象徵語言」的夢幻的色彩與訴說，也是中國人久遠夢想，唯美，眞摯的一個透露。他且是一位憧憬於象徵派表現主義兩者的統合的詩人，鷹揚，昴奮者。是他於中國詩畫關係的綜括性上，有其不可動搖的反省，清楚地分辨着中國藝術性格在現代世界中，愈能見其明顯的方向。

于還素：「美與夢的渴望」，藝術家雜誌 第63號

陳勤抽象畫的旨趣在打破實體的外形，畫面上只有色與線的組合，而其中隱存着濃厚的故土情懷，具有「殘夢」一樣的景象。其色調溫潤而低沉，微明處如東方既白，灰暗處如暮靄四圍，有如宋詞中的情景：「山抹雲影，天黏衰草，畫角聲斷譙門」。此種情緻，使人魂夢縈繞。他的畫面上，且常有許多美麗而飄忽不定的色彩，使人始終有一種「水去雲回」的感覺，而其畫上的線條，則充滿動感與勁勢，乃由其草書馬的筆勢轉變而來，也就成爲其抽象畫的特點之一。

吳翰書：「綜觀陳勤的繪畫」，明日世界 第71期

這些三十號大小的抽象畫作，陳勤投注下相當穩定而又自由的感性。由於色彩變化多樣，層次轉折豐富，內容也廣展很多，是山是水，是大地林木，是煙雨晨光。色彩酣暢，比草書馬多一分深邃，幽邈的意境。我深深覺得，陳勤從他草書馬的創作到抽象畫，再次證實了中國繪畫和西方繪畫實有異曲同工，殊途同歸之處。草書馬藉草書的氣勢和律動表達馬的速度和衝擊，抽象畫則由迂緩，從容，忘我到綿密，傳達出一種懷鄉的詩思。

廖雪芳：「記逐漸邁向豐收的陳勤」，婦女雜誌 二月號

陳勤的抽象畫中，追求的是一種屬於個人內在感知情緒與實覺中的「美」的直觀世界，一種企圖掙脫形體，而向內把握實質存在的強大的慾望與衝力，使他在畫中所表現的，絕非一般抽象畫家所抓住的那片「空幻」，而且較具像更富實感性的世界——其中只有對生命動力的感覺的本身，才有存在的意義，才是陳勤在畫中忘我地追求的。

羅門：「看陳勤的抽象畫」，新象藝訊 第24期

本人部份畫作曾於去年房展一次，先後得方家評論數篇。茲恭錄其中美言佳句如上，因讀來令人身心愉快，血脈暢通也。反之，自都已刪除，特此申明一下。

花籃敬謝　友誼長存

只有陳勤狂野奔放的草書馬，長有翅膀會飛，帶着原野與天地一起飛，飛出目之外，翅之外，飛到無始無終，飛來乾旋坤轉，飛入不停地飛的遠方，去看前進中的永恆，此刻也把藝術家自由灑脫超越突破不可擋與絕對純粹的生命形象具体的凸現出來，成為典範。

其實同原野與天地一起高飛遠走的草書馬，就是陳勤。特以「馬中馬」一詩贈送（羅門）

馬中馬

——贈給藝友陳勤兄

奔著山水來
衝著山水去
除了天地線
牠從未見過韁繩
除了雲與鳥坐過的山
牠從未見過馬鞍
除了天空銜住的虹　大地啣住的河
牠從未見過馬勒口
除了荒漠中的煙
牠從未見過馬鞭
一想到馬廄
連曠野牠都要撕破
一想到遼闊
牠四條腿都是翅膀
山與水一起飛
蹄落處　花滿地
蹄揚起　星滿天

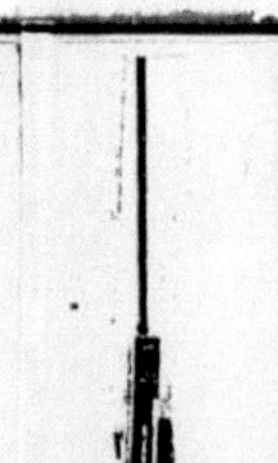

101

山林之美，河川之愛

國立臺灣師範大學美術系教授與
臺灣詩人
關懷本土生態創作發表

指導單位：行政院農業委員會
主辦單位：行政院農業委員會林務局
國立國父紀念館
國立臺灣師範大學美術系

展出時間：八十九年三月一日至三月十二日
開幕茶會：八十九年三月四日（星期六）下午三時
展出地點：國立國父紀念館中山國家畫廊

活動宗旨：
藉由國內知名文學家與國立台灣師範大學美術系、所教授們的作品及辦理相關活動，來呈現台灣山林、河川之美，以喚起民眾環境保護意識，與關懷生態促進人與自然和諧，豐富人文素養，達成高品質的生活環境與祥和的社會。

執行人	執行人職稱
袁金塔	系主任

展出作者：國立臺灣師範大學美術系及美術研究所全體教師四十餘名
全國知名文學家／詩人羅青、羅門、蘇紹連、馮青、夏宇、洛夫、瘂弦、管管、向明、碧果、楊平、商禽、鄭愁予、楊牧、葉維廉、張默、羅智成、白靈、渡也、陳義芝、楊澤、陳黎、焦桐、侯吉諒、零雨、陳克華、鴻鴻、許悔之、瓦歷斯、劉克襄、須文蔚、林煥彰、杜十三（三十三名）

一九九〇年台灣三十多位現代著名詩人同教授與學者畫家在國父紀念館舉行一次盛大的詩畫聯展；羅門應邀在開幕典禮上代表剪彩與致詞。

左起羅門，師大副校長賴明德
文建會主委陳郁秀
師大美術系主任袁金塔

本系與林務局合辦「山林之美，河川之愛」活動，於三月四日（星期六）下午三時於國立國父紀念館中山國家畫廊舉行開幕典禮、下午五時假誼園餐廳舉行感謝晚宴

2007．4月20日
秦松逝世追思会，我
發表追念與感恩的感言

Omer

追思與感念

接到秦松死訊，地球與鐘錶忽然停下，只在聽一句話：「太陽的工廠怎會停止燃燒？」秦松是少見的用整個生命燃燒來為藝術發光的藝術家，他出奇的狂熱、執著、真誠、純粹與絕對性，已成為典範，他是具有獨創、原創與前衛思想以及哲思慧悟，能將「文化」昇越美入「詩化」的詩人藝術家。有一次我在公開場所對他說：「他是拿到上帝通行證的藝術家」，他回答：「我就是上帝」，這種直率來自藝術家心靈，較達利還自負的高傲與狂傲，令人驚動，那已像是法國詩人，維尼將大藝術家說是一「一隻站在高處傲視曠野的雄獅！」秦松如今安息了，他的逝世，顯示台灣也是中國與全世界藝壇的損失。還好有藝術與大家的記憶一路陪同他進入「前進中的永恆」。今後他的特展與大展由「長流美術館」交給永遠在展的「時空歷史大畫廊」，同時在世界大藝術家博覽會，有秦松他的商標品牌，在大藝術家居住的地球著名豪華藝術村，也有他秦松的豪宅，他的確已完成生命的意志。

羅門

又此次秦松在長流美術館特展、的海報人像是我特請攝影名攝影家黃華安在「燈屋」拍3將近100張中選出，歷時自晚上8時到十時半．

秦松追思會

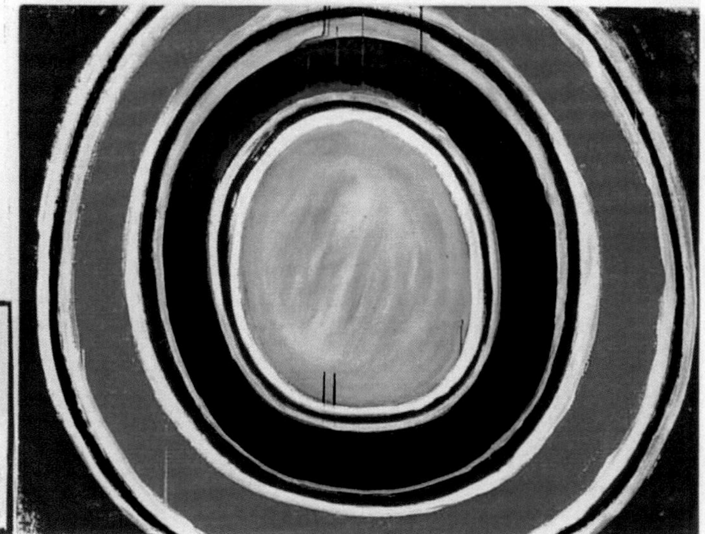

Omer 2011.

1994 年 6 月 24 日北京中國美術館舉行名畫家陳正雄畫展
羅門應邀在開幕典禮上致詞，又於 6 月 26 日晚應邀在北京
美術學院演講談現代詩與抽象藝術，由該院系主任范迪安主持

1994年6月24日
陳正雄在北京中國美術館展覽，羅門在開幕礼上致詞

後現代美學與生活
後現代美學與生活
後現代美學與生活
後現代美學與生活
後現代美學與生活
後現代美學與生活
後現代美學與生活
後現代美學與生活
後現代美學與生活
後現代美學與生活
後現代美學與生活
後現代美學與生活

講演系列

83年10月29日~84年1月14日共12場

後現代美學與生活 講演系列

主辦單位：田家炳文教基金會
台北市立美術館
協辦單位：自由時報
日　期：83年10月29日－84年1月14日
時　間：每星期六下午2：30
地　點：台北市立美術館視聽室
地　址：台北市中山北路三段181號
電　話：(02)5957656-302

臺北市立美術館 TAIPEI FINE ARTS MUSEUM

台北市立美術館側影

中華民國八十三年十二月三日

自由的・開放的・健康的

發行人：吳阿明　社長：顏文閂

自由時報

自由時報　藝術文化・影視資訊　28

北美館邀您聽講演

【記者鄭乃銘／台北報導】詩人羅門說「所有的智識與學問，不只是思想櫥窗裡可觀的模型，都終歸要同人其實存在的生命對話，成爲感動到生命本身的活的思想」。因此，在今天的演講裡，他將以生活化內容爲大家剖析後現代潮流襲擊都市人，而身爲都市人的你又該怎麼辦呢？

整個演講將以六個段落來銜接，它們分別是「後現代是開放給全人類的生存空間」、「爲何後現代不襲擊窮鄉僻野的鄉下人」、「後現代是怎麼來的」、「後現代如何襲擊都市人」、「後現代的解構與多元觀念」、「被後現代擊傷的都市人該怎麼辦」，藉著這些不同段落爲大家一一陳述後現代思潮對都市人的影響。

〈後現代美學與生活〉講演系列六
主辦單位：田家炳文教基金會
台北市立美術館
協辦單位：自由時報
時地：十二月三日十四時三十分北美館視聽室
主講：羅門／詩人
講題：後現代風暴襲擊都市人該怎麼辦呢？

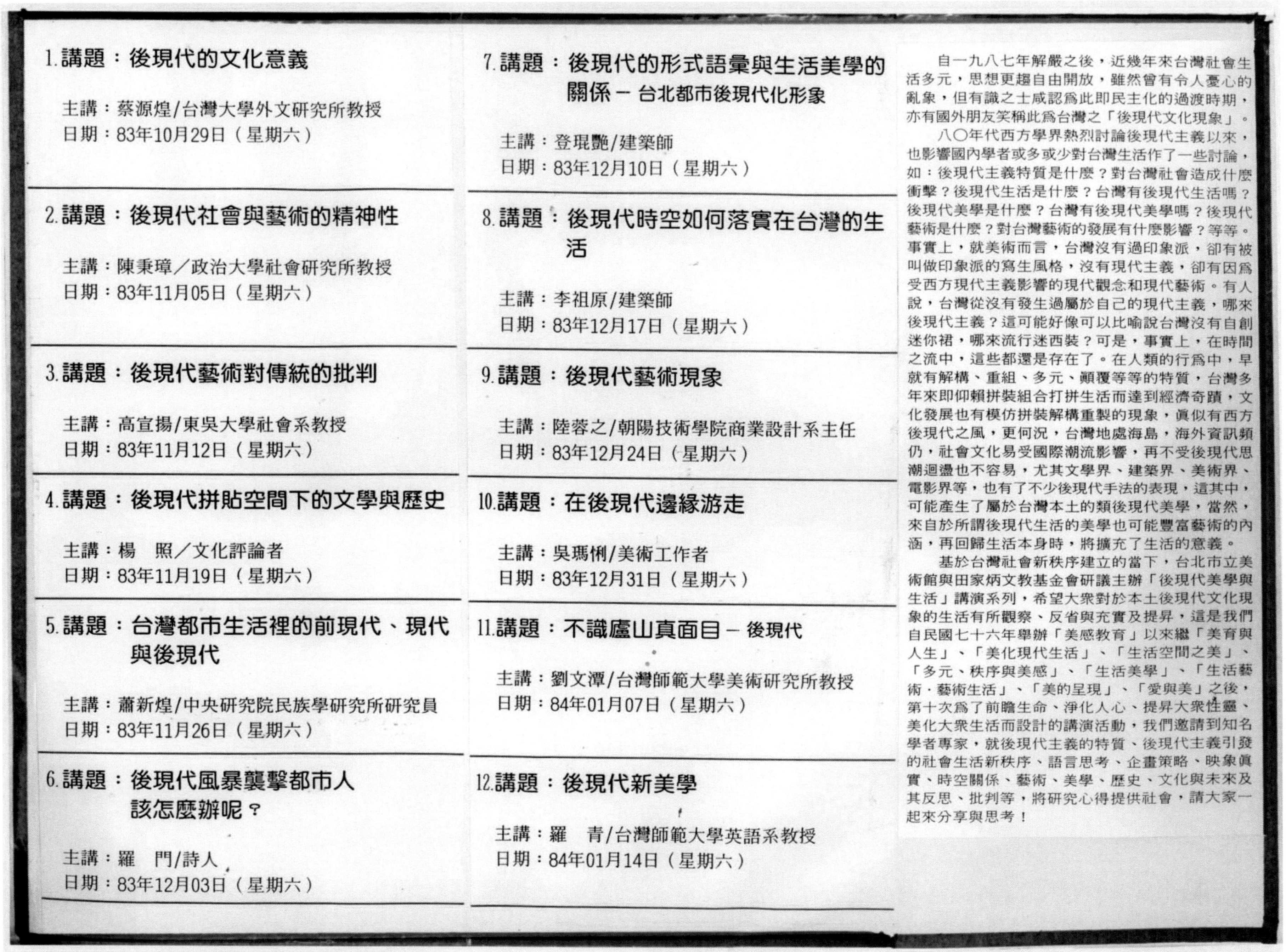

1.講題：後現代的文化意義

主講：蔡源煌/台灣大學外文研究所教授
日期：83年10月29日（星期六）

2.講題：後現代社會與藝術的精神性

主講：陳秉璋／政治大學社會研究所教授
日期：83年11月05日（星期六）

3.講題：後現代藝術對傳統的批判

主講：高宣揚/東吳大學社會系教授
日期：83年11月12日（星期六）

4.講題：後現代拼貼空間下的文學與歷史

主講：楊　照／文化評論者
日期：83年11月19日（星期六）

5.講題：台灣都市生活裡的前現代、現代與後現代

主講：蕭新煌/中央研究院民族學研究所研究員
日期：83年11月26日（星期六）

6.講題：後現代風暴襲擊都市人該怎麼辦呢？

主講：羅　門/詩人
日期：83年12月03日（星期六）

7.講題：後現代的形式語彙與生活美學的關係－台北都市後現代化形象

主講：登琨艷/建築師
日期：83年12月10日（星期六）

8.講題：後現代時空如何落實在台灣的生活

主講：李祖原/建築師
日期：83年12月17日（星期六）

9.講題：後現代藝術現象

主講：陸蓉之/朝陽技術學院商業設計系主任
日期：83年12月24日（星期六）

10.講題：在後現代邊緣游走

主講：吳瑪悧/美術工作者
日期：83年12月31日（星期六）

11.講題：不識廬山真面目－後現代

主講：劉文潭/台灣師範大學美術研究所教授
日期：84年01月07日（星期六）

12.講題：後現代新美學

主講：羅　青/台灣師範大學英語系教授
日期：84年01月14日（星期六）

自一九八七年解嚴之後，近幾年來台灣社會生活多元，思想更趨自由開放，雖然曾有令人憂心的亂象，但有識之士咸認爲此即民主化的過渡時期，亦有國外朋友笑稱此爲台灣之「後現代文化現象」。

八〇年代西方學界熱烈討論後現代主義以來，也影響國內學者或多或少對台灣生活作了一些討論，如：後現代主義特質是什麼？對台灣社會造成什麼衝擊？後現代生活是什麼？台灣有後現代生活嗎？後現代美學是什麼？台灣有後現代美學嗎？後現代藝術是什麼？對台灣藝術的發展有什麼影響？等等。事實上，就美術而言，台灣沒有過印象派，卻有被叫做印象派的寫生風格，沒有現代主義，卻有因爲受西方現代主義影響的現代觀念和現代藝術。有人說，台灣從沒有發生過屬於自己的現代主義，哪來後現代主義？這可能好像可以比喻說台灣沒有自創迷你裙，哪來流行迷西裝？可是，事實上，在時間之流中，這些都還是存在了。在人類的行爲中，早就有解構、重組、多元、顚覆等等的特質，台灣多年來即仰賴拼裝組合打拼生活而達到經濟奇蹟，文化發展也有模仿拼裝解構重製的現象，眞似有西方後現代之風，更何況，台灣地處海島，海外資訊頻仍，社會文化易受國際潮流影響，再不受後現代思潮迴盪也不容易，尤其文學界、建築界、美術界、電影界等，也有了不少後現代手法的表現，這其中，可能產生了屬於台灣本土的類後現代美學，當然，來自於所謂後現代生活的美學也可能豐富藝術的內涵，再回歸生活本身時，將擴充了生活的意義。

基於台灣社會新秩序建立的當下，台北市立美術館與田家炳文教基金會研議主辦「後現代美學與生活」講演系列，希望大衆對於本土後現代文化現象的生活有所觀察、反省與充實及提昇，這是我們自民國七十六年舉辦「美感教育」以來繼「美育與人生」、「美化現代生活」、「生活空間之美」、「多元、秩序與美感」、「生活美學」、「生活藝術·藝術生活」、「美的呈現」、「愛與美」之後，第十次爲了前瞻生命、淨化人心、提昇大衆性靈、美化大衆生活而設計的講演活動，我們邀請到知名學者專家，就後現代主義的特質、後現代主義引發的社會生活新秩序、語言思考、企畫策略、映象眞實、時空關係、藝術、美學、歷史、文化與未來及其反思、批判等，將研究心得提供社會，請大家一起來分享與思考！

林壽宇回國
1984年同多位年青前衛藝術家
在「春之藝廊」舉行的「異度空間展」
是繼「五月」「東方」兩大畫會對中國
傳統繪畫進行第一波的革新後
的第二波的突破與拓展．

Omen

EXHIBITORS 展出者

TSONG PU 林壽宇

葉竹盛

JUN LAI 莊　普

HU KUN JUNG 程延平

陳幸婉

CHANG YUNG CHUN 胡坤榮

裴在美

張永村

魏有蓮

Richard Lin
What's Ahead?
Steel
122×122×8cm(1/4)

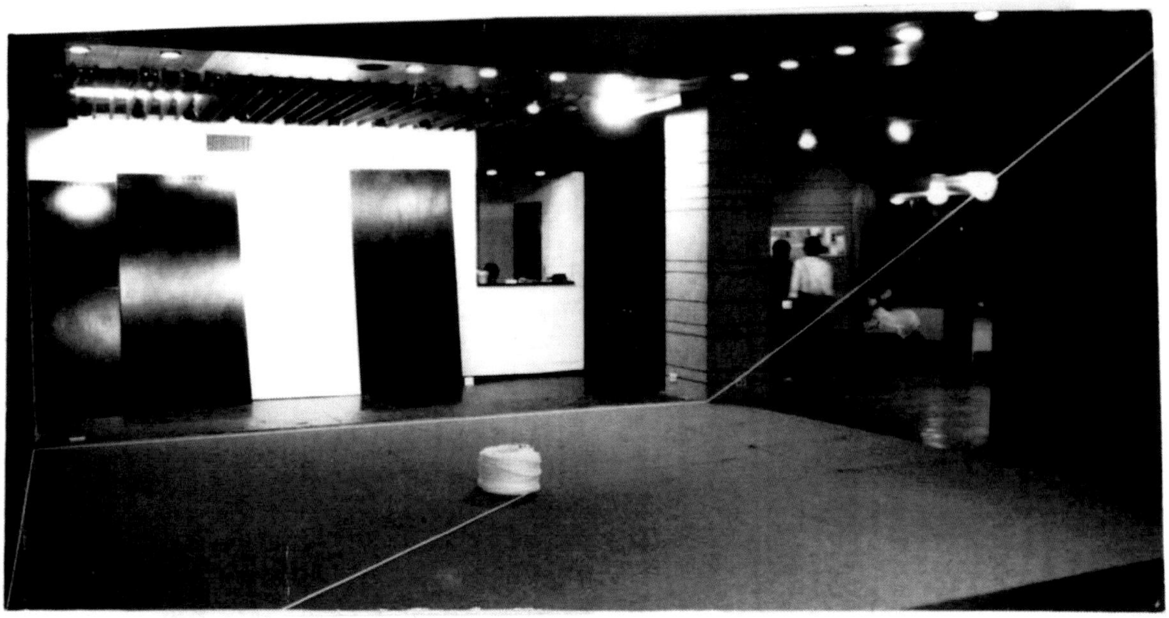

PLAY OF SPACE (1984—)

The *Play-Of-Space Exhibition* 1984

春之藝廊異度空 間展

中華民國七十三年八月十七日

至九月八日

主辦單位

台北春之藝廊

● 異度空間

空間的主題·色彩的變奏展

PLAY OF SPACE

「異度空間」展的探討

羅　門

春之藝廊此次站在純藝術性的立場，展出具創意與前衛意識的藝術家群所推出的「異度空間」展，相信對拓展中國現代藝術是有帶動作用與影響力的。

首先我認爲既是以「異度空間」爲主題，便無形中是對「習慣性」與「舊有」的視覺空間，予以審視考察與重認，並企圖採取開放性與更具變化性的自由，廣闊的空間觀念，來引導人類的視覺活動，獲得更多可能，向前邁進，步入新境；也就是從過去已存在的『自然空間』、『心理空間』、『二度』、『三度』、『四度』乃至詩人王維心目中『山色有無中』的『N度超越性空間』等空間中走出來，去看整個自由存在的空間，這種喚起對「空間」產生新的覺知與「多識性」的意念、站在「藝術家是爲不斷開發人類視覺活動空間而存在」的觀點上，顯已有了絕對與肯定性的意義，可見「異度空間」觀念，並非標新立異，而是經過對藝術體認所產生的一種至爲嚴肅且具價值判斷的創作觀念。我做如此觀，是基於：

(一)「異度空間」在創作中，能給創作者獲得多向性地探入新視覺空間的「勢能」與「位能」，去把握不斷變異與演化中的廣闊空間，予以自由的發揮與創作，這已達到視覺藝術，給創作者在空間處理上，獲得最大的運作權與滿足感，顯然是值得重視的。

(二)「異度空間」觀念，一方面使畫布裡用筆畫的空間與畫布外的生活實際空間，全面開放成新的空間，一方面使畫布裡除了筆與顏料而不能容納的其他媒體，都設法用上，同時使「具象」「抽象」，「超現實」乃至「行動」、「即興」「環境」、「觀念」……等各種藝術的機能，也都做機動性的運用……企圖使「材料媒體」與「方法技巧」，形成近乎「總動員」性的狀態與威勢，去進入甚至佔領更自由廣闊的視覺空間，突破受限在傳統畫框裡的視覺活動，而創造異於畫布所給出的視覺美感。這種創作意念，顯然已迫現出多向對比性的空間價值觀，譬如：

(1)齊白石過去在畫布畫的小雞因叔看蟲動，看著白色的「翅毛」在動時，天空裡白色的「雲羽」也跟著動，眞是整個大自然的生命都顫動在一起，這種全部互動的「空間」，已將框裡的空間以超越的形態推入無限的境界，確已有其存在過的位置（至於繪畫的發展與演變，畫家覺得有更新的藝術表現與畫法那是屬於另一討論的問題）。

(2)「異度空間」藝術家群站在人類創作智慧不斷向未來推進的階程上，運用框內框外雙向性的視覺空間，不着重單向的自然外形，而是設法溶化一切成爲質感性的形，然後使之活動入有「目視性」，「靈視性」與「觀念性」的視覺美感世界，爲人類開拓另一個繁富與新異的視境，這不只是具有現代藝術的實驗性而且更具有創造性的意念與展望。確是可爲的。

(三)「異度空間」觀念，在創作中，着重對視覺空間的「有機視向」與「運作機能」，進行極銳利的追索，確對目前國內畫家在框裡所經營的「空間」，有考察與校驗的功能，並產生警惕與建設性的作用：

(1)凡是抄襲與重覆製作的風景畫、山水畫，都將因缺乏生機呈現僵化，而導使畫框裡的「空間」，趨向枯萎，甚至留成殯儀館。

(2)凡是止於表象性的繪畫行爲，無論畫面有多漂亮（不等於「美」），都將因缺乏「美」的實質與生命內涵力，而弱小與單薄，使畫布上的「空間」，也隨即縮小與狹窄，失去廣闊度與實力。

(3)凡是『看不出整個空間，是一生命體』的畫家，他便沒有空間，他的空間只等於原來的畫布與畫框。反之便有可能在那廣闊的空間裡，爲宇宙開設「門窗」建造「高速公路」，使一切生命在活動中，有更多的「美」的動向與出口。這的確是畫家應有的體認，「異度空間」藝術家群便正是以在這次實驗性的展出過程中，證明他們用創作的行爲來盡力爲這項「體認」服役，並迷於多層次的視覺空間之探索與開發以及相對地使眼睛辨別出那些「景物」仍活在或已打盹與死在畫布裡。那些「景物」反而在畫布以外獲得生機勃勃的成長力量，而保持藝術家是不斷探索生命與創造生命的另一個造物主，非殯儀館的化粧師。

(四)「異度空間」觀念，激發創作者對視覺空間的探索與開拓，所產生機智、高能度、與多動向的「想像力」，這對拓展中國現代藝術家廣闊的創作視野，是有重大幫助的。的確當我們一直覺得中國現代藝術家，達到某種水準，便大多全被困住，無法突破，始終很難到國際藝壇去較量，究竟問題在那裡？其實我們的現代畫家從基本上，不是不知道國際間各種潮流與畫派在做些什麼，但往往只是在知道「別人所做的什麼」裡跟隨與打轉，出不來。而這究竟是因爲什麼呢？我們可斷定的說這就是缺乏眞實、機敏、高能、繁富與具探險性的「想像力」——也就是缺乏「腦視力」與「心視力」所連結成內在無限廣闊龐大的眞實的（非樣相的）視境，沒有這樣的視境，如何能有不凡超越的看見，來作突破性的創作呢？這種情形正像以小資本來經營大企業，除了向人貸款，要嗎冒牌賣劣貨，要嗎？老老實實做些小買賣。的確『想像力』是思想中的「思想」，是內在卓越的視力，是人類創作智慧中的主力，科學家以它達到最高的物境，藝術家以它達到最高的心境，人類尖端的科學、文化與藝術，都確實是存在於偉大的「想像力」中，「想像力」能溶解智識，經驗材料與方法進入超越性與創造性的新境域，一個藝術家若活在缺乏活潑「想像力」的環境中，自己又感染社會上的庸俗，使想像力（內在能見度）減弱，像電池缺乏電，如何能使創作世界發出強光？

榮獲諾貝爾獎的丁肇中博士，最近口試幾位擬往國外深造的學生，認爲他們在書本內的接收力與認知力還可以，但離開書本，要他們進一步發揮自己的思辨力，提出質疑與問題，却不夠。這些看法，重點就是落在這一代中國人在創造智慧中的「想像力」問題，値得從事創作尤其是從事藝術創作者，去多加深思與覺醒。的確只有「超級」的巨型「想像力（內視力）」，才有可能探視入更廣深遠的視境，去切實看見一切在活動中的繁美與多彩多姿的形態，而可能因勢找到表現它們的種種獨特的方法，這裡邊已潛伏有無數的『創造性』，也助證我一再說的話：「大藝術家是創造方法的，不是被別人的方法創造的」，基於這種認知，「異度空間展」，在這次具實驗性的表現中，特別着重與強化個人特殊新異的想像力，確已顯得相當的有構想與意念。

(五)「異度空間」展，走出畫框，以個人自由以及強化與特異的「想像力」去運用筆與顏料以外的媒體，開拓與創造畫布以外更自由廣闊且實際的視覺空間，這對推展環境藝術以及未來大幅度地建造國內生活化的藝術空間，也顯然有其潛在的作用力。

(六)「異度空間」展，以具膽識的實驗性創作行爲，給在人類「眼球」上從事視覺開發工作的中國現代藝術家們，提出了一個嚴肅的告示 —— 那就是當第一自然（田園景觀），第二自然（都市景觀），所有的景物，都擺在那裡，所有古今中外的藝術流派，也都擺在那裡，創作者應該有充份的信心與意念，去以自己獨特的「想像力（內視力）」設法穿越它，站在自己的色彩與線條裡說話，這樣才會探索到一些能滿足視覺的新內容，也不致於永遠做古代梁楷董源范寬的「副官」，或者永遠當現代西方大師的「跟班」。創作者應盡力將自己的創作『才能』，經過對「生命、時空、宇宙」不斷的探索與體認，而有所深見，提昇爲「才華」，以便擁有高度的智慧與卓越的想像力，而有眞正的「眼力」與足夠的氣魄去駕馭甚至整合「古今中外」的視覺活動並進入自己的導向，創造新的視境。

最後，我覺得這次展出，除具有前衛意識與相當傑出的青年藝術家參展外，尚有享譽國際的名畫家林壽宇，也以關注與激勵年青人的心情參展，據說此次展出，事先是林壽宇策動的。可見他們是懷着熱情與嚴肅的構想以及基於對中國現代藝術環境的關心，來舉行這一具實驗性的展出，他們都一致認爲，在實驗中，可能有成功的作品，也可能不夠理想，但其創作意念，對拓展中國現代藝術的視覺創作領域却是如本文一開始所說的，確實有帶動作用與影響力的，須要大家來關心與共同努力。

七十三年八月

尼龍・鋼鐵

林壽宇（1933－）

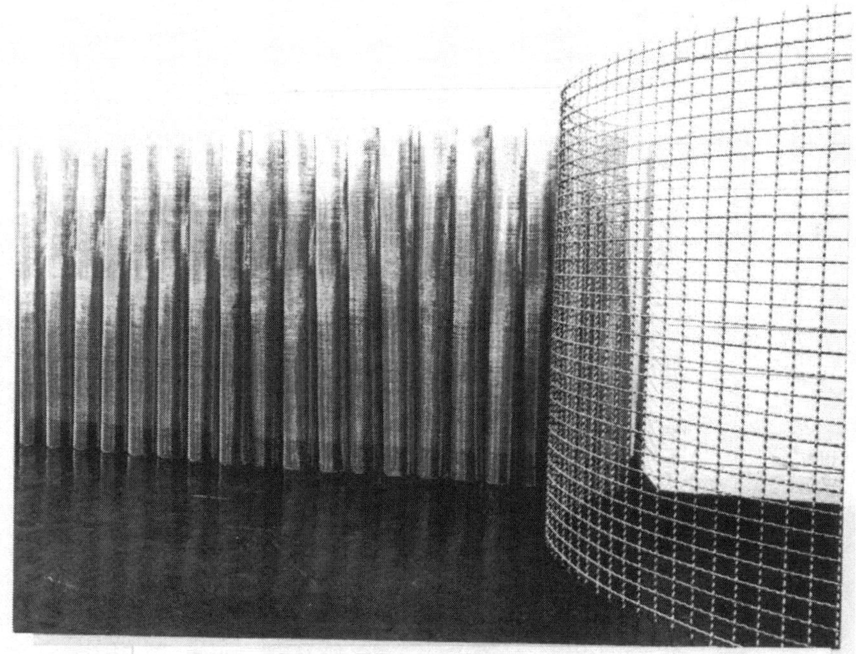

鐵絲網

葉竹盛（1946－）

西班牙馬德里大學藝術學院畢業

我不喜歡用自然界的形象來描寫，詮釋空間，因爲它對我是無意義的；抽象的符號及內在的造形，能激發我的情感衝動及表現的慾望，隨意縱橫於抽象的藝術空間。

莊普 TSONG PÚ（1947－）

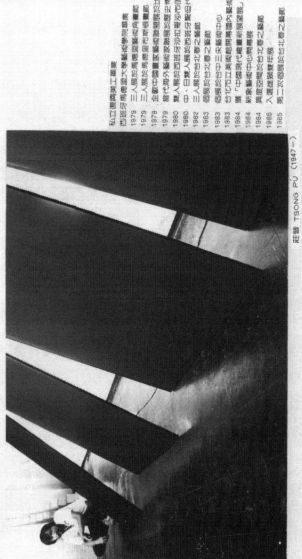

私立復興美工畢業
西班牙馬德里大學藝術學院畢業
1979　三人展於馬德里藝術角畫廊
1979　三人展於馬德里市斯根畫廊
1979　全歐中國畫家藝術聯盟展於比利時
1979　當代海外藝術家聯展於歷史博物館
1980　雙人展於西班牙沙拉哥沙市伊沙被畫廊
1980　中、日雙人展於西班牙聖但代市文化中心
1982　三人展於台北春之藝廊
1983　個展於台北春之藝廊
1983　個展於台中三采藝術中心
1983　台北市立美術館開幕國內藝術家聯展
1984　獲「中國現代繪畫新展望展」台北市長獎
1984　新象藝術中心開幕展
1984　異度空間於台北春之藝廊
1985　入選雄獅雙年展
1985　第二次個展於台北春之藝廊

陳幸婉（1951－）

國立藝專美術科畢業
1974～75　台北、台中愛畫會聯展
1981　入李仲生畫室研究
1982～83　現代眼畫會聯展
1984　台北一畫廊個展
1984　獲「中國現代繪畫新展望展」美術館館長獎

心理空間的探討——現實與非現實之間
去發現、去享受「驚奇」的回報是工作的喜悅
透過現實世界的原形物質做媒介，在原形物質轉換為再創物質時
　　現實的成為不現實
　　物質性的成為生物性的
　　有限的成為無限的

胡坤榮（1955－）

國立藝專美術系畢業

1981　美國文化中心個展

1984　龍門畫廊個展

1984　台北市立美術館中國現代繪畫新展望展

木板・壓克力顏料

裴在美

美國南康州州立大學畢業

實體。

堆積的個個實體是佔有空間的實物，也是空間視野的分割，是視覺上體現，也有物質集合的存有。

這一實體的堆積與其所存在的空間互爲完整，形成一個沒有間斷，沒有邊際的集合。

而所謂的空間，是指時域空間與地域空間無限更迭，互綿延伸互爲關係的存在。

任何一件實體開始出現在這個空間的存在中時，它便已不可避免的進入一個由有形而漸至無形的消長的定律之中。這種視覺上漸漸的消蝕，直至無形的變化，勿寧說是實體在地域空間與時域空間中易變的一個過程。實體在地域空間中的消逝，同時也正是它在時域空間裡某個方位的佔有。

我利用時域、地域相互易度中視覺消蝕的過程的這個觀念。選擇我們生活環境——都市，水泥叢林——中的一件普遍功用的平凡單元——空心磚爲對象的一個堆砌雕塑——「會走路的磚頭」。

在空心磚的面與面，體與體的接觸，造成互爲交錯、消長剩餘的形綫，具體呈現以美學爲基石的身份和形體，提供出一個永久持續至無盡止的可能性與企盼。

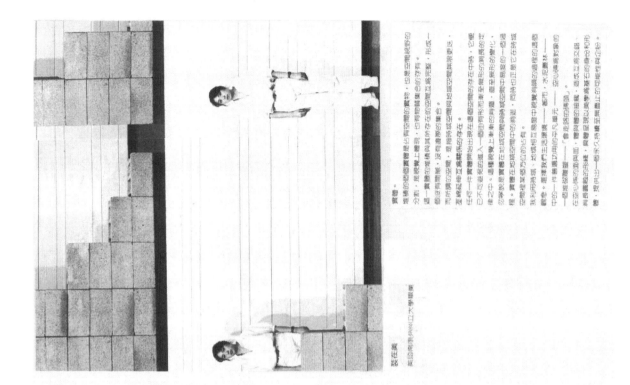

透明塑膠布・噴

程延平（1951－）

1970　入李仲生畫室
1971　台中美新處個展
1973　台北凌雲畫廊個展
1979　台北阿波羅畫廊個展
1982　台北春之藝廊三人展
1982～83　台北、台中現代眼聯展
1984　台北市立美術館國內畫家邀請展
1984　台北市立美術館中國繪畫新展望展

平面繪畫史上的「空間」主題恆久在苦心經營「虛假」的「眞實」。

「眞」、「假」間的辯證是在一種模糊、矛盾、疑慮……間拔河。

自然——人文，心理——肉體，自我——環境……眞實的人生裡不斷面對似截然不同又糾纏不清的掙扎。

我說——空間，有若無。

張永村（1957－）

國立台灣師範大學美術系畢業
1981　春之藝廊「文明的躍昇」個展
1983　龍門畫廊個展

地球上同一時間裏，不同的角落，常並存不同的時空觀念（從非洲至紐約），此「時空」觀念對於個人而言乃主觀之選擇。而於今天，要如何從「生活」「環境」「藝術」配合一體乃當今文化提昇、文明進程裏一個重要的課題。

藝術的演化跟「生活」「環境」一樣是同時進行的，都是在時空之認同下做出來的。因此，隨著時代之不同，藝術也一直像有機物一樣，一直在演變，因此祂是有機存在的，是隨「時空」「生活」「環境」配合一體而來的。

文明的進化，人口之遽增，很自然的，「生活」及「環境」也一直在改善，而為了解決更多複雜的問題及更高生活品質之改善，為人類提供了一個更精密、更大的空間乃是廿世紀後半必要的事情。

因此，在今天如何從觀念上，實體上，使「生活」「環境」「藝術」配合一體，而解決不停在演化的更大（空間），更精（物質），更多（人）的問題，乃是人類本身不得不做的一件事，因祂已無所不在……。

紙・壓克力顏料・木框

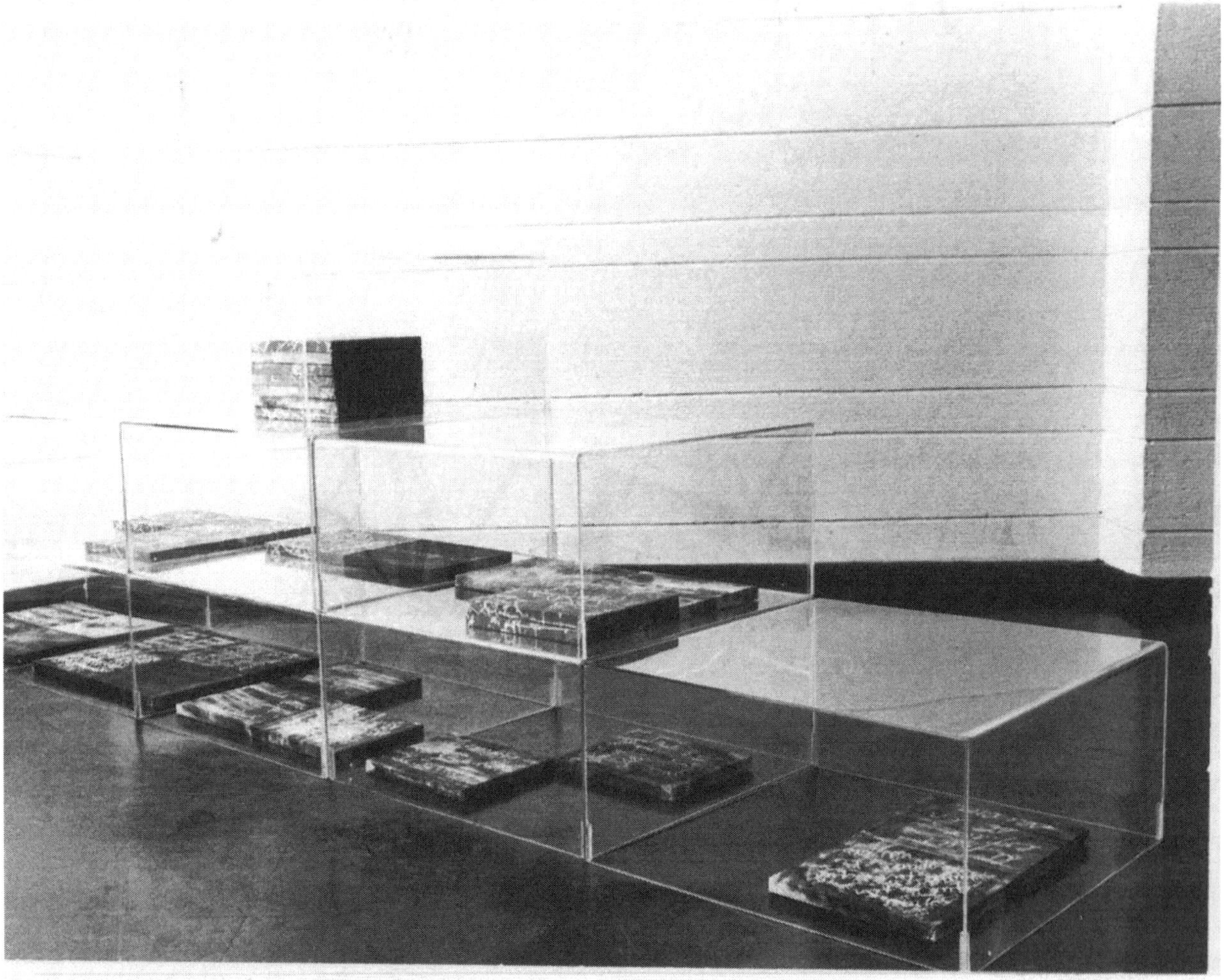

魏有蓮（1958－）
VIOLAINE DELAGE

1982法國ECOLE NATIONALE SUPERIEURE DES ARTS APPLIQUES ET DES METIERS D AIT畢業

空間是以不同的表情來向我們展現，每個空間都有它的故事；是由所有的物體、色彩、記號以及獨具的「空」和「滿」的物質所構成。

超度空間(1985—)
TRANSCENDIMENSIONAL SPACE
TRANSCENDIMENTIONAL SPACE (1985—)

●●超度空間 展出前言 羅門

「超度」空間創作●●●羅門

■ TRANSCENDIMENSIONAL SPACE

超度空間 TRANSCENDIMENSIONAL SPACE

超度空間展雖已是過去式了，但回顧過去的生命，有助於展望未來，雖然，它曾被某些人提及且討論，但無論如何，不能否定那是一段他們曾奮鬥過的歷史，他們是林壽宇、莊普、賴純純、胡坤榮和我，以及詩人羅門在言論與精神上的支持

超度空間的守護神羅門更是持續不斷，孜孜不倦，樂此不疲．．．．（張永村）

Trancendimensional-Space's guardian angel, Lwoh Mun, was the oldest one there. He, more than any one else, expounded diligently and untiringly on. By the end, all differing points of view gradually became alike (Jahng Yohng-Tswuun)

「超度空間」展出前言

羅門

「異度空間」藝術工作群，繼去年在春之藝廊展出的「異度空間」之後，經過反省、思索與做進一步的探求，終於推出他們的第二次展。定名為「超度空間」。

顧名思義，「超度空間」藝術是對無限超越與變化的空間，予以開拓的一種具實驗性的創作行為。

在這次展出的作品中，可看出他們是較上次更進入多元次變化的「實際空間」，去探索與表現萬物生命在活動中的原本形態，並開創出一個能掌握住生命活動所有動向與產生無限變化的「實際空間」。

在這一特異而具超越性的「實際空間」裡，物象與心象既已溶化入純粹的美感形式，便也自然創造出超見識超智識能力且無法說明的具實質性純粹性的抽象形，而接近「尖端」「精緻」的高次元的視覺藝術創作環境，並帶給視覺活動空間以新的機能、秩序美與規律感。

「超度空間」既然持有這種高次元的空間創作意念，則其所經營的空間，必有其特異性。我認為：

(1)它絕非自然畫派，製作自然物形各自佔用下的部份固定與局限的活動空間；而是製造萬物生命與其存在的時空，於無形中相互活動，所呈現的無限變化的空間。

(2)它也非抽象畫派與超現實畫派緣自「純感覺」與「潛意識」等多少帶有暗示性的符號，所展現的感性經驗空間；它是超越這些，而在經過冷靜的思考之後，建立起知性明晰可見的富於變化與秩序美的空間。

(3)它也非絕對主義，將繁雜的現象界，用幾何形使之簡化，嗣在畫布上所架構成多面性的立體空間狀態；而是將新造形主義畫在畫布上的幾何形與造形空間，具體化到實際的空間裡來，建立起生命不斷介入後所呈現的無限動變的實際空間。

(4)它也非極限藝術在畫布上，將存在空間與其活動中的一切，極力推到純一的「極點」，所呈現的空間狀態；它雖也採取極限藝術的某些因素，去提昇與簡化存在的複雜性進入單純，製造以「單純」包容「無限繁富」的型構世界；然而它並不同意無限的空間，就永遠凝固在極限藝術所注目的那個絕對的「極點」上；它是要把那個「極點」，像鎖一樣打開，使空間成為「無始無終」且有無數方向任由萬物生命無限的自由來去的運動空間。

(5)同時它也非環境藝術，受環境地形與景物影響下所形成的難免帶有某些特定性與約定性的空間狀態；它雖也有同於環境藝術之處，讓人與生命介入，使空間為人與生命的活動而展開；但它畢竟超越了環境藝術「局限於外在性」對無限空間運作時所加以的任何阻力，而維持整個空間全面性開放的自由活動狀態。

(6)當然它也非一般雕塑藝術，以令人注目的形體，所佔據住的空間，結果眼睛關心的是雕塑本身，空間只是一部份襯托的背景，不被重視甚至被忽視。相反的「超度空間」是要眼睛從它製作的那些造型中，去看那容納萬物生命在活動中的整個神秘美妙且無限地在變化的空間，於是「整個空間」在無限遼濶且實在的內在視野上，是一座流動性且充滿著音律的可見的形構世界。

如此看來，「超度空間」，不但超越了上述視覺藝術所經營的空間狀態；而且把整個空間實體，導演入種種純粹的視覺活動狀態，使人們的眼睛看到的，不只是那些浮現在視野上純粹且具有實質性的「抽象形」，而是埋伏在「抽象形」背後的移動變化的空間，帶著宇宙萬物生命在一起運轉時那無數奇妙的方向，與純美可見的景面。因此一個呈現新意的新型視覺活動空間，便也被具有前衛感與創新性的「超度空間」藝術工作群創造出來了，多少提供了創作上的可為性與某些嚴肅的意義，甚至於有助於國內視覺藝術創作，步入了「空間」的新環境。

羅　門　七十四年五月

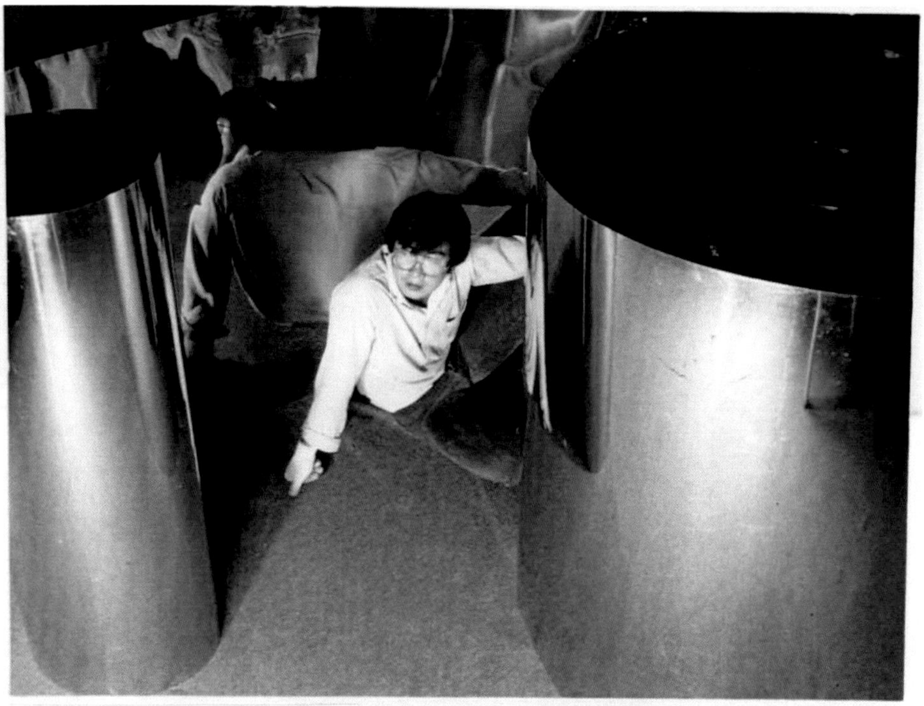

張永村 CHANG YUNG CHUN (1957－)

國立台灣師範大學美術系畢業
1981　獲雄獅新人獎
1981　台北春之藝廊「文明的躍昇」個展
1983　台北龍門畫廊個展
1983　台北市立美術館開幕國內藝術家聯展
1984　異度空間於台北春之藝廊
1984　獲台北市立美術館抽象畫大展首獎收藏

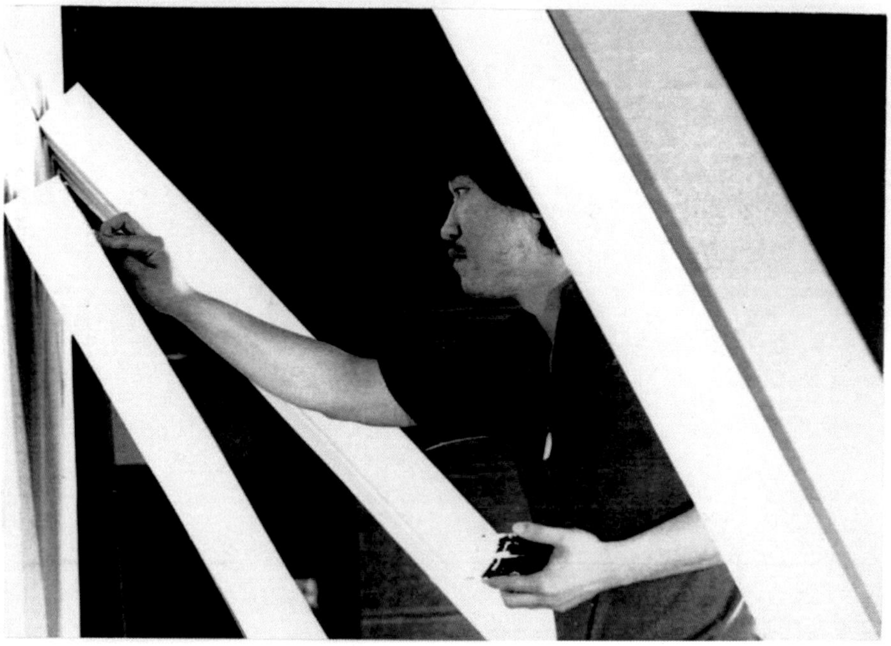

胡坤榮 HU KUN JUNG (1955－)

國立藝專美術系畢業
1981　台北美國文化中心個展
1984　台北龍門畫廊個展
1984　台北市立美術館中國現代繪畫新展望展
1984　台北新象藝術中心開幕展
1984　異度空間於台北春之藝廊
1984　台北市立美術館抽象畫大展
1985　台北市立美術館中國現代雕塑特展收藏獎

莊普 TSONG PU (1947－)

私立復興美工畢業
西班牙馬德里大學藝術學院畢業
1979　三人展於馬德里藝術角畫廊
1979　三人展於馬德里布斯根畫廊
1979　全歐中國畫家藝術聯盟展於比利時
1979　當代海外藝術家聯展於歷史博物館
1980　雙人展於西班牙沙拉哥沙市伊沙根畫廊
1980　中、日雙人展於西班牙聖伯代市文化中心
1982　三人展於台北春之藝廊
1983　個展於台北春之藝廊
1983　個展於台中三采藝術中心
1983　台北市立美術館開幕國內藝術家聯展
1984　獲「中國現代繪畫新展望展」台北市長獎
1984　新象藝術中心開幕展
1984　異度空間於台北春之藝廊
1985　入選雄獅雙年展
1985　第二次個展於台北春之藝廊

賴純純 JUN LAI (1953－)

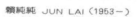

中國文化大學美術系畢業
日本多摩美術大學院碩士學位
1977　日本東京銀座樂畫廊個展
1978　台北華岡博物館個展
1980　紐約中華文化中心個展
1981　台北美國文化中心個展
1982　台北華岡博物館個展
1983　台北龍門畫廊個展
1983　台北市立美術館開幕國內藝術家聯展
1985　台北市立美術館中國現代雕塑特展

一隻企圖將視覺天空飛得更高濶的藝術鳥

「超度」空間創作

羅門

一群具前衛思想的視覺藝術工作者，在林壽宇的影響與指導下，於1984年與1985年，分別在春之藝廊舉行的「異度」與「超度」展，在台灣畫壇展開具有開創性與挑戰性的藝術創作空間。這些年來，雖未引起特別的重視，但卻持續著一個值得視覺藝術創作者去面對與進一步去探究的創作問題。

「異度」與「超度」展過後，雖曾被畫壇部分人士認為是曇花一現的創作行為，有面臨危機之勢。但林壽宇仍執持自己的看法，不以為然。曾參展的張永村，則更不死心的抱持著狂熱的信念，同時在以與林壽宇同中有異的形態下，繼續向前探索。

究竟「異度」向「超度」繼續向前推進的空間創作觀念，有沒有其確實存在的意義及其發展的理想空間？我從他們的展出中，認為是有的。但實踐與完成，會出現高難點，相當不易，需要高度的心智與思考，不然會流失為「空間」的遊戲。

其實他們試圖以純粹、高質感、更富實力的「存在與變化」的造型符號，去同「存在與變化」的無限地開放的「活」的空間對話，並突破其他視覺藝術流派固有創作活動空間的藩籬，開創一個全方位與全新的「存在與變化」的「活」的創作空間。

這個創作空間，同其他藝術流派的創作空間相對照之下，顯然是更為自由開闊與無限地「存在與變化」的，能為人類「眼球」進行更無限的探視與拓展工作。因此「超度」空間的藝術工作群，已近乎是在人類「眼球」上向前航行與探險的另一個哥倫布。

如果視覺藝術家的終極工作，是不斷開發與建立視覺活動更廣闊與新的空間形態，則「超度」空間的藝術工作群，便是站在這一具優勢的創作基點上，進行視覺空間新的開拓工作。

對於「具象」畫將世界限定在一個可見的有限空間裡；對於「具象」雕塑往往不顧空間，只將空間當作放置作品的背景；對於在畫布經營的「抽象」與「超現實」空間，以及「裝置」與「環境」藝術乃至包浩斯觀念下所規劃的空間……等這許多仍隱約帶有範圍性與固有的創作空間，「超度」空間的藝術工作群，在全方位探索人類視覺空間的欲求中，顯然仍得不到完全的滿足，尚有向前突破與發展的動力，這也就是要了解「超度」空間藝術工作群之所以提出「超度」空間觀念的潛在原因與主要的關鍵。

誠然，「超度」空間的藝術工作群創作的主要焦點，是在先把整個開放的空間當作一個「存在與變化」以及具「生命」的空間，將造型符號提昇到上文所說的具有高質感與生命實力，以及「存在與變化」的造型符號，然後使兩者於整體性的互動中，順著創作者的意念、構想與策劃，進入「存在與變化」的無限視野，使開放不受制約的造型符號，同開放的不受制約的空間，進行開放的不受制約的對話；並在視覺的鏡頭中，看到一個全新的奇蹟——那就是在無限地延伸與「存在與變化」的透明空間裡，所有的造型符號除了雕塑自己，也雕塑整個空間，也被整個空間雕塑在一起，並一同雕進了無限地「存在與變化」的視覺世界，讓整個視覺的造型與景面，便也浮現在源遠流長的「前進中的永恆」的時空流程中，呈現出那「無所不在」的「在」。

就因為「超度」空間強調的是「存在與變化」的「無所不在」，且不受制約的內視空間，便也自然對畫框、畫廊、美術館乃至地景與環境藝術規劃區等外在「限定性」的展示空間，感到不夠用。即使作品有時也被陳列在美術館或建築物的室內與廣場，但作品中「存在與變化」的造型符號，仍是在無形中超越那可見的局限空間，同它全方位開放、向內延伸的「存在與變化」的無限空間會合在一起，呈現出視覺無限的思考與想像的空間。

從上面所探討的，可發現「超度」空間的創作觀念絕非標新立異，而確實有其具突破與開展性的創作空間。如果說「五月」與「東方」畫會是第一波對中國傳統繪畫的革新與會推展中國現代繪畫的藝術創作，則「超度」空間的藝術工作群，便是企圖第二波對中國現代視覺藝術創作空間，予以突破、拓展與做進一步的更新，從另一個方向探求與開創一個更能滿足視覺的欲求的全方位開放的活動空間。當然這並不否定其他派別（包括具象、抽象、超現實、裝置、地景、環境……等。）仍可在其個別抱持不同的「空間」感中去作業的事實；只是在我以「天空來容納鳥」的較具開放性的論見中，認定「超度」是能把視覺天空飛得更高更廣闊更自由無限的一隻純粹的「藝術鳥」，而且在不斷的「存在與變化」中，飛入「前進中的永恆」的視境。

當然具開創性且不斷「存在與變化」的「超度」空間創作觀念，它畢竟仍是視覺藝術，不只是動聽的觀念，仍必須有其可觀的視覺造型符號與「畫」面（不一定要畫的）以及活動的視覺空間。那麼能做印証的確實作品在那兒呢？只好從印在張永村畫冊裡的有關「超度」空間觀念的作品中，去找答案了。

「註」「前進中的永恆」是我對人類的創作思想，尤其是對後現代創作思想可能偏向於「存在與變化」的低層次「消費思想」性格而提出防範。因為「前進中的永恆」，既可包容「存在與變化」，又能將之提昇入思想高層次的、具有持續性（即永恆性）的存在與活動境域，同思想家湯恩比心目中「進入宇宙之中、之後、之外的無限的真實存在」的視境是相觀照的。「超度」空間，就是企求以視覺造型符號，超越到這個視境裡來。

EPILOGUE

An Art Bird That Tries To Fly Higher and Farther Than Visible Sky Itself

The *Creation* of *Transcend*imensional-Space

by

Lwoh Mun (Lwoh Mun is Lomen)

(Translation of the original Chinese text by T.J. Berndt)

In 1984 and then in 1985, a group of avant-garde visual artists, inspired by and under the leadership of Richard Lin, held the "Play-Of-Space" and "Transcendimensional-Space" exhibitions in the Spring Art Gallery in Taipei, Taiwan. With these exhibitions they unfurled within Taiwan's art world a new *creative space* filled with beginnings and challenges. Although Play-Of-Space and Transcendimensional-Space have not received a great amount of attention in the last few years, they have continued to be art forms well worth being encountered and explored further by creators of visual art.

After the exhibitions, Play-Of-Space and Transcendimensional-Space were considered by some in art circles to be merely flash in the pan art forms. Richard Lin retained his own point of view on the matter, though, and simply wouldn't agree. Another exhibition participant, Jahng Yohng-Tswuun, was even less willing to give up hope. Filled with conviction of a fanatical nature, he, along with Richard Lin (but in a different form), continued to press onward and explore.

In the final analysis, will there be any significance to fact that Play-Of-Space has forged ahead and pushed on to become Transcendimensional-Space? Will it be said that there is indeed an *ideal* space to which Transcendimensional-Space may develop? Having seen the exhibitions, I believe the answer to both of these questions is *yes*. However, accomplishing this or even trying to put the idea of it into practice will not be in the least bit easy. Great difficulties will arise. What will be needed is a great deal of wisdom and thought. Without that, Transcendimensional-Space will be nothing more than a space *game*.

The members of Play-Of-Space and Transcendimensional-Space did, in fact, attempt to open a dialogue with the endlessly open and "living" space of *being and transforming* by using *being and transforming* models and symbols of purity, quality, and improved strength. In doing so, they also attempted to break through the barriers to "participatory" created-space that are inherent in other visual art schools of thought and thus launched an omnidirectional and completely new *being and transforming*-"join in-able" space creation concept.

This space creation concept, when compared to those of the other visual art schools of thought, is obviously a freer, more open, and less restrained *being and transforming* that has given the "eyes" of humanity the chance to move on to even greater, unbounded exploration and realization. Because of this, those who work in Transcendimensional-Space are nearly already another Columbus, navigating, exploring, and moving onward with humanity's "eyes".

If the ultimate goal of a visual artist is to constantly develop and establish vaster and newer "enter in-able" visual space forms, then those working in Transcendimensional-Space are standing in an advantageous position to proceed with this undertaking.

Figure paintings take the world and restrict it to a seeable limited space; Figure sculptures usually don't consider space except as background once installed; Abstract and Surrealistic spaces produced on canvas, as well as the Installation and Environmental art forms, include even the planned space of the Bauhaus concept[51]; Etc., etc., etc...; All of these forms still indistinctly carry limited and inherent created space. Those who work in Transcendimensional-Space are filled with the desire to go out in *all* directions to explore humanity's visual space and obviously won't ever be completely satisfied. Still, they have the impetus to forge ahead, break through barriers, and grow. This driving force is the reason why those who want to understand Transcendimensional-Space raise the question of the concept's potential. This drive is also the crux of Transcendimensional-Space.

In Transcendimensional-Space, creating does not mean *trying* to be original or unconventional. Rather, its creations truly possess created spaces of breakthroughs and new beginnings. If we can say that The Fifth Moon and The East painting societies were the first wave in Traditional Chinese painting reformation, and that they once promoted and developed modern Chinese paintings, then we can say that Transcendimensional-Space artists are attempting to be a second wave that will give modern Chinese visual art space creation art breakthroughs and growth. It will be a wave that is a step forward in the making of new omnidirectional, open, viewer-participate-able-spaces that, from a different direction, can explore, open up, and satisfy even more of the needs of visual art. This, of course, does not negate the fact that other schools of thought (Figure, Abstract, Surreal, Installation, The Earth, Environmental, Conceptual, etc.) can continue to create works which embrace their own individual feeling of "space". It is only that with my relatively liberal view of "containing the bird with the sky,"[52] I have concluded that Transcendimensional-Space is able to soar into "the eternity of forging ahead" along with the pure "bird of art" which flies higher, farther, freer, and unrestrained through visible sky while constantly "being and transforming."

Of course, the Transcendimensional-Space space creation concept, regardless of its constant "being and transforming" and new beginnings, is in the end, still visual art. It is not just an a concept that might be interesting to think about. It still needs to have its own perceivable visual symbols and characteristics and its "painted" surface (it does not necessarily have to be painted), as well as a viewer-existable visual space. Where, then, can the "*Certified Authentic*" works of Transcendimensional-Space art be found? You will have to look at the concepts embodied within the Transcendimensional-Space artwork printed on the pages of this album to find the answer.

走進ITPARK藝術家集體創作的世界
一兼祝賀伊通公園成立十週年
Lomun 羅門
伊通十年與烏托邦的熱量

羅門大師：

別離將有半載，你可好？蓉子也好？
有沒有到海南島採藝？比賽？
今日是新的一年的開端 我寫信
問候並恭賀新年 祝你倆有
更美好的 1989.
如見到親友們 請代問好.

Richard — 之旦

P.S. 同張江是"內畫"的問題 形式上
他們都大有進步了. 唯有你北京能
夠照料他們！這是多麼地重要！

R.

1986 年異度超度藝術家張永村以「海」意象創作的墨海水墨展獲北市美術館首獎，同羅門、林壽宇、莊普拍照於獲獎作品前留念。

極限世界的拓展與再現
探索林壽宇的創作世界

羅門 Lomen.（林壽宇1984年在春之藝廊展畫册序言）

前年秋天，在林壽宇偏向極限與絕對藝術表現的「白色空間」系列作品中，我看見深藏在他方法與符號背後，具威脅性與永恒感的視境，從心底直呼出來：那白色的空間，絕不是白色的天花板，而是爲宇宙造了一張最廣濶的床，讓萬物都脫掉形象，睡或醒的躺在那裏。林壽宇把他無數的白色，一層一層的往白色裡塗，像把一層層的玻璃，關進了出不來的透明裏，表現出生命一次又一次的突破與超越，終歸那純淨與透明的時空；他層層推入時空的「白色」，也同我們人類一排排的眼波與大自然一排排的浪花推入天地線所浮現出茫茫的「空白」看在一起了。於是，他那具有強勢的方法與符號，便在視覺世界中成爲精神的符號，進入高層次的重要位置去工作。

最近，我被邀到他的寓所，看見他在關閉式與孤寂的生活狀態中，進行自我突破所完成的新作，實在感到驚喜。禁不住要說：那些存在於宇宙間，轉化與昇華到極態而變爲「無」地躺在林壽宇以往純白空間中的色彩，都繽紛燦爛地再度醒了過來。以具體的，近似建築的形態，呈現新的美感空間，而成爲現象界所有景物的「色感」與「形感」最幽美與精純的提昇力與基本的導向。於是，他的畫，第一眼就告訴我，他企圖突破極限中的「無」，使眼睛從「無」到「有」的再建工作得以開展。

首先，一種無限地擴張延展的內視空間，迫使他把上次展出的「畫框」拆除，讓空間獲得其本來的不受限制的廣濶感；也許，任何人都可以那樣做，但畫框拿掉，空間不但不增大，反而造成景物流離失所。其實畫框不是林壽宇拿掉的，是他色與形不斷擴張的視境推開的，使空間要有多遼濶，就有多遼濶，眼睛一直看過去，不回來也可以。由此，可見林壽宇已完全解放視覺畫面的範圍感，較過去更徹底且切實地掌握住空間的無限性。另一方面，他將普普藝術直接呈現於畫面上部份的實物美，變爲全部。使畫面沒有一筆是畫的，等於是把畫筆拋掉，直接導演與製作實物的形感與色感，順應他美的心感活動，並溶化「繪畫」與「造形」於新的視覺狀態，產生美的畫面。使我們不能不說它也是「畫」。既然是「畫」，可是，與上次的畫法有所不同；他過去較偏向於水平拓展與衍生的疊景及層次感，現在進一步以具立體的方形面，架構成更具體壯觀的建築形態，造成畫面上顯著的形變，且有更可觀的表現。

由於他了解空間的實力基礎，又能提昇「色」與「形」的質感，達到了高的純度與堅度，這便從根本上抓住視覺美感空間在建築過程中的強勢與優勢，當畫面上一塊塊立體的方形面向高，廣，濶的無限空間展開，面與面連結的縫隙，看似線，其實不是線，都是無數潛移默化中的面，相互疊合成龐大的時空與宇宙之屋。因此，那些面，若看成線，也只能看成接合天地無法觸及的天地線，眞有天衣無縫之感！他較蒙特里安用筆所畫的那許多方形邊線，的確更爲玄妙。這就是林壽宇較蒙特里安高明之處，因爲蒙氏用筆來畫，線便暴露了身份，畫面上的方形隨即產生「範圍感」，反而把空間分割且自困了。林則不然，他那本質上非線的「邊沿感」，只是使許多方形世界，滙合於無限的時空之中。因此，那許多方形的邊沿，看來像是人類在廣大「眼球」上活動的至爲玄妙的「通化街」，萬物到此，都自然地「通」過且「化」入了……。這種視感，不就偏向於東方性嗎？較蒙氏精確與嚴然地規劃的，是否更富意涵與迷人呢？至少林不但在形式與符號中，吸納了西方所偏重的「意識」與「觀念」，而且更始終堅持東方所偏持的「玄念」與「意境」。這在人類創作精神全面統合的表現上，應是更接近理想與值得重視的（這並非在評定兩者的畫誰畫得好壞問題）。

由此，也可見林壽宇是有夠大的魄力，信心與勇氣去面對西方的挑戰，並吸取西方藝術的卓越性，像西方大師布朗庫西與亨利摩爾吸取東方藝術精神中單純，和諧與渾厚之美一樣；林也大胆地把西方藝術較偏向精確，分解與疊現等立體組合機能，透過他個人從事建築的精密意念，輸入東方渾化感與緣發性的自然觀之中，溶合與提昇到最後的原本性，純粹性與絕對性，呈現他個人獨特、超越且具全球性永恒的視境。其重心仍偏在「東方」，就因爲較偏向「東方」意境中的「悟」，便比西方意識中的「知」，更不可限制且更接近藝術無限的自由性與神秘感。所以，連大師米羅也曾被他畫中的白色世界所迷惑與驚讚！

僅僅只是他畫面上的一些「白色」，就能使藝術大師心動，那究竟是什麼力量呢？像貝多芬僅用一些音符，就可在音樂會上，把皇公與哲學家心靈的門推開，使他們順服於美。這不就證明我說過的「藝術家是創造人類心靈與精神世界原子能的科學家」同時，也證實抽象畫家一直企圖在最後使繪畫的語言成爲像音樂一樣的精純，直接，自由，遼濶與威力。林壽宇不是已做到了嗎？

他爲什麼能做到呢？單憑外在性的方法，形式與材料是絕不可能的，還是因爲他確實具有像「老莊」與「貝多芬」那樣能夠同時擁抱東西方的那顆更接近藝術之「心」的卓越之「心」，能確實全面性地掌握人類靈視在高層面與絕對境域中活動的強大勢能。否則，他延續下來的白色空間及其空間中所呈現各種立體感的方形色面，豈不變成了洗澡間與廚房裡的彩色瓷磚嗎？畫評家如果只注意外在性近似的形態，而忽視畫家在那近似的形態裡極爲不同的內涵，如何能看出大家都在舞台上跳舞，有人一條小水溝都跳不過去，有人一跳，脚下便是千山萬水；如何能洞察長年住在都市中看冰箱裡冰山、冰水的山水畫家，同長年住在大自然中看大山大水的梁楷、董源與范寬，爲什麼大大的不同。

可見所有已出現過的方法與材料（包括古今中外的時空感），都只被看做創作的元素與媒體。因爲藝術家是能更新與創造材料及方法，而不是被方法與材料創造的。即使接受別人的影響，有別人某些近似性在，也不損及其自我創作的獨立性。所以，林壽宇可主動地提昇各畫派的機能（包括「抽象」，「超現實」，「立體」，「絕對」，「觀念」與做爲他創作主調的「極限藝術」表現等），都轉型爲傳達他個人特殊內視世界的再生方法。如果，我們仍停留在「形似」的方法中，只去做外在性的判斷，則不但看不出林壽宇在吸取其他畫派的方法，變成自己的方法之後，究竟將自己何樣超越且獨特的看見，向全人類的眼睛宣示；同時也使現代野獸派，抽象主義，表現主義，乃至超現實主義的大師與畫家們，面對一千多年前梁楷畫的那幅「潑墨仙人」。豈不都成了梁楷的徒弟嗎？那是不公平的。因此，林壽宇企圖在極限藝術表現中，不斷的做自我的突破與超越，是具有一己獨立的創作意念與動向的，並能帶來視覺活動新的狀況與震撼。的確，在他那一塊塊立體方形面裡，康定斯基的「線條」，馬蒂斯的「色點」，和畢加索的種種變「形」，於經過視覺活動漫長的旅途過後，都平平靜靜的回來了。

在他那純美且絕對的色彩世界中，一看到紅色，晨曦，晚霞，花季，燃燒的生命之火，便都回家來；看到綠色，青山，綠水，草原以及青春的氣息與滋長中的生命景象，便都滙流與輝映在一起；看到黃色，那金碧輝煌的世界，便全面的展開來；看到灰色，人類與時空便一同望在茫茫的水平線上，露出沮喪與暗然的樣子，加上自然界散發的雲霧，人世間的煙囪，彈藥，與口腔吐出的黑煙，整個視覺空間能不灰嗎？看到黑色，那是死亡與恐怖，或者是「夜」的眼睛，靜靜的守住「光」來把純白明亮的空間推出來，讓萬有的生命，又在太陽光中，重現它繽紛燦爛的色彩。

更神妙的是他把一塊塊立體的方形色面錯開來，架構入無限高濶的空間，形成許許多多看不見的斜面，那不就是爲整個宇宙造一座座奪目的彩色梯嗎？是給山頂、流星、飛鳥、瀑布、或者松山機場的噴射機、或者天國的夢……滑下來，都不管了。眼睛上上下下，想往哪裡去都可以，只是不要忘了，踩下去的，是無數響亮的音階與生命的回聲。這樣，不又爲宇宙造了一座無比龐大的鋼琴嗎？眞是除了看無窮，也聽不盡啊！

如此看來，視覺符號，絕非是孤立的表象符號，而是爲展示人類更廣潤更完美，更新穎的視聽世界而存在的，也因此使我們覺得林壽宇在藝術創作的表演世界中，不是只要技巧與玩方法的魔術師，而是屬於「高空飛人」型的角色，在高空裡，不但是他精湛的「技巧」與「方法」在飛，他的生命與萬物也高高的在那裡飛。所以他與宇宙有時都很孤寂，連「獨釣寒江雪」的景象，在畫面上都不存在了。眞是使整個空間與所有觀看的眼睛都爲之震撼與驚讚。

的確由於他畫面上的「色」與「形」都有強大的容涵與張力，能達到高、潤、遠的位置，便也能進入一切存在與活動於永恒中的根本性與原點，而顯示出他是視覺世界中經營「形」與「色」企業公司財力雄厚的巨富與大亨。

此外，值得我們重視的，是他這次以建築與造型的機能，將金屬材料製作成許多立方形，然後沿對角線切開成45°與90°能移轉的角度，並給予變化與連續反應的運作方向與秩序，而使之形成在時空中運動的動體，且具象徵性地表現出一切的「存在與變化」。他這樣做，一方面使畫面上的「形」轉變爲更接近物質感的實體形態，從「牆壁」上走入「地景」，與實際環境接合，更逼近實視與實覺中的世界，是具有一已新的構想的。看來似雕塑，但又不是。它只是透過建築與造型卓越的策劃性，變成爲心象中的單純與絕對的「型構」，非常協和地與大自然的景觀溶合在一起，產生新的視覺畫面這種畫面，從他拍攝放大的照相作品中，更可看出他是如何在超視覺的狀態中，企圖以突破的意識與觀念，進入創造性與前衛性的位置，把個人的「心象」與自然界的「物象」重新混合與架構成他心目中新的自然景觀，使「心境」與「物境」之間，搭起一道超越現實的看不見的視覺高架橋，輸送新的視覺內容。

只看他那些單純而靈巧的造型，就已被美吸引住了。那無數連串的金屬體，在45°與90°度交互變化的角度裡移動，穿越過存在的質點與原點，像純淨而裸露的生命之流，在透明的時空裡移動，那一個個不同動向的出口，一張開，若不是地球的門，就是宇宙的窗。當你看那一連串的金屬正方形體不斷在變化中移動時，其實移動的是生存的時空，不是金屬的正方形體因此，當你把那些具體凸出的方形形體，也當作美的雕塑物來看時，則眞正被塑造的，是再被無數正方形變化中塑造出來的奧秘美且永恒的時空狀態，眞是令人有站在橋上產生橋流水不流之感。好奧妙！像這樣的視覺符號與活動的位置，能不高？能不使一個藝術家創作的生命趨向偉大的方向嗎？

我一直在強調，畫家所使用的方法與媒體最後都是用來對著人類的眼睛，向「生命」與「永恒」說話的，沒有話好說的顏色與方法，便只好從畫布上回到油彩店裏去，或用來「塗胭脂口紅與美容化妝」。

林壽宇在他前後兩次畫展中，我認爲他是具有國際性的大畫家，那是因爲他已具有我爲大藝術家所製作的那個「三角形」。這個三角形的三邊，一邊是「大的才華」，一邊是「大的功力」，底邊是「大的心境」。任何一邊不大，都難成爲確實大的藝術家。

「大的才華」，就是有能力轉化與昇華一切進入存在具有卓越性、偉大性、永恒性與完美性的方向。從這點來看，林壽宇的創作世界中，顯然是有表現的。

「大的功力」就是有能力將所有的媒體，方法與技巧，都溶化與馴服，成爲順乎自己創作的內涵世界，而形成表現一己獨特的再生方法與技巧。這種方法與技巧，不但能抓住運用的精確性，絕對性與內外一致性，而且能呈現高品質的藝術性與功能。從這點來看，林壽宇的創作世界，也是有相當表現的。

「大的心境」，是對宇宙萬物進行探索與探險所獲得的「眞知」，「深見」與「靈悟」。心能進入永恒的化境，則大。再而在「大」化境的心境中，透過創作者大的才華與大的功力，則所有的方法與媒體，所完成的畫面與畫境，便不大也不成；畫境所放射出美的質量感，不成爲視覺的「原子能」也不成。從這點來看，林壽宇在作品中所呈現的，也是頗爲可觀的。他是相當能夠一方面從「煉鋼廠的西方」中，提昇出一切存在的精密的結構與冷靜絕對的知性（偏用腦的眼睛來看）；一方面從「煉心廠的東方」中，尋求一切存在於大自然原本性與無限性的感悟世界（偏用心的眼睛來看），然後跨越東西方兩大文化的精神所展示於無限時空中的兩個視覺半球，使之化爲一，而創造出他個人獨特，不凡與卓越的視境與畫境；同時也成爲我所說的——已拿到上帝通行證與信用卡的藝術家；也達到我一再強調的「作爲一個現代中國畫家」事實上他已是中國人；同時必須是現代的中國人；進而必須是關心到全人類與宇宙萬物存在的現代中國人；最後更必須是不斷超越中的自己。唯有如此，他才能夠切實了解藝術是人類心靈世界的永恒事業，是種更迷人的宗教。藝術家是另一個造物主，絕不是只要色彩線條與技巧的。如果是那樣，藝術家與耍把戲的，有什麼不同？

因此，林壽宇這次展出，不但展出他的畫，同時也展出一個藝術家卓越的生命形象，並啓示出：做爲一個藝術創作者，能在孤寂中保持誠懇與執著的態度是必要的；熱愛藝術應有專一的精神，這種專一的精神，正像一個物體向空中拋出去，被地心吸回去，是沒有別的方向的。所以林壽宇曾認眞的說過：「藝術近乎是瘋子的工作」。而我不能不說：藝術是在衣，食，住，行，打好的肉體基礎上，爲人類造起心靈與精神世界的豪華巨廈與摩天大樓。

最後摘錄我「曠野」詩中的一些詩句送給他（這首詩本就是寫給所有能把人類生命、智慧與思想確實透過藝術力量，通往完美與永恒世界的創作者），也是對他這次展出的藝術生命形象，我內心所產生的一些迴響——摘自「曠野」詩中：

你隨天空潤過去
帶遙遠入寧靜

你遼潤的胸部
放在太陽的石磨下
磨出光的回聲
花的香味
果的甜味

鳥帶著天空　飛出水平線
你帶著煙雲　回到原本
再回來

羅門　1984年正月

台灣新生報　　星期二　　中華民國七十三年二月十四日

成就從孤寂奮鬪中來

林壽宇由純白空間裏醒了過來

在超視覺狀態中進入前衛位置

有人認為林壽宇是天之驕子,被寵過頭的畫家;也有人說林壽宇自命不凡,唯我獨尊,因為他的個性不喜歡與人有關聯。

大多數的人肯定林壽宇在藝術上的才華,卻不願恭維他那股孤傲不馴的外表。但是,大家還是要公開的說:林壽宇的確是不平凡的藝術家;這種不平凡是從專心一致、嚴格內省、孤寂奮鬪和苦思研究中不斷累積出來的智慧和卓越的成就。

兩年前,當林壽宇還旅居在英國時,他在國內可說是藉藉無名之輩;前年回國,第一次在龍門舉行畫展,由於他提出一大片乾乾淨淨的白色畫面,一層又一層重叠、突出,白中加白的油彩,像把一層層的玻璃,關進了出不來的透明裡,表現出生命一次又一次的突破與超越,那層層推入時空的「白色」,真是把國內愛好現代藝術的人大大地嚇了一跳。林壽宇的「白」,遂一夜間突然在臺灣變成了「彩虹」,令人稱羨,藝術界紛紛傳述「林壽宇」這個名字。

▶林壽宇「存在與變化」系列作品之一

▲林壽宇說:選取一個方向並堅持它,這就是

去年春天,故宮博物院在事先沒有任何跡象顯示下,竟然破天荒收藏了林壽宇一幅聯屏巨畫,造成百年來第一件現代藝術品進入國寶行列的特例,國內外藝壇曾因此掀起十分的驚動。

故宮正在籌闢「現代文物展覽室」,林壽宇的畫是院方入藏的第一張展品,在南張北溥都還沒有入院珍藏之前,林壽宇搶了個先,自不免引發議論;雖然故宮不願對通過審查入藏林壽宇作品做說明,不過院長秦孝儀表示,該展覽室所要展出的作品,一定是選擇當代具有卓越成就的藝術家,而凡是能夠被選入院的作品,就代表國家肯定了這個人的藝術地位。

今天,林壽宇能有資格進入國家最高藝術殿堂,他的作品必有其永恆、完美的價值。

觀近林壽宇第二次在國內開畫展,今年的新作強調空間、顏色和結構,這其中牽涉到許多創作的理念,對他作品有過深入研究的詩人羅門,評介他的作品說:驗在林壽宇以往純白空間中的色彩,在這次展覽中都紛紛燦爛地再度醒了過來,他用具體的、近似建築的形態與造型的機能,將金屬材料製作成許多立方形,然後沿對角線切開成四十五度或九十度能移轉的角度,並給予變化和連續反應的運作方向與秩序,而使之形成在時空中運動的動體,且具象徵性地表現出一切的「存在與變化」。

羅門認為他這樣做,一方面使畫面上的「形」轉變為更接近物質感的實體形態,使作品看起來似雕塑,但又不是,他只是透過建築和造型的策劃,變成心象中的單純與絕對的「型構」,然後非常協和地與大自然的景觀溶合在一起,產生新的視覺畫面;這種畫面,從他拍攝放大的照相作品中,更可看出他是如何在超視覺的狀態中,企圖以突破的意識和觀念,進入創造性與前衛性的位置,把個人的「心象」與自然界的「物象」重新混合、架構成他心目中的自然景觀。

羅門說,如果把一塊塊立體的方形色面錯開來,架構入無限高闊的空間,形成許許多多看不見的斜面,那不就是為整個宇宙造一座奪目的彩梯嗎?

觀看林壽宇前後兩次畫展,羅門的看法是:他是具有國際性的畫家,那是因為他已具有羅門為藝術家所製作的那個「三角形」。這個三角形的三邊,一邊是「大才華」,一邊是「大功力」,底邊是「大心境」;任何一邊不大,都難成為確實大的藝術家。

羅門的話,也許是他個人對林壽宇的特別偏愛,大家不見得有「三角」認同。不過,有一些事實的記錄──林壽宇旅英卅年,曾在英國皇家美術學院擔任教授職務,作品被世界卅三個國家美術館收藏,是少數在歐洲能與強大藝術潮流相抗衡的中國人之一,也是站在前衛尖端的少數藝術家之一,這至少證明了中國能在國際藝壇上一樣能享有榮耀!(曾清嫣)

林壽宇是作品被故宮第一位收藏的台灣現代畫家
他接受記者訪談時總是把話讓我去說……
有人把他的白色空間說是白色的天花板與磁磚
而我認為即使是天花板與磁磚,也是用來建造宇宙時空的永恒之屋
Lomen · 1984

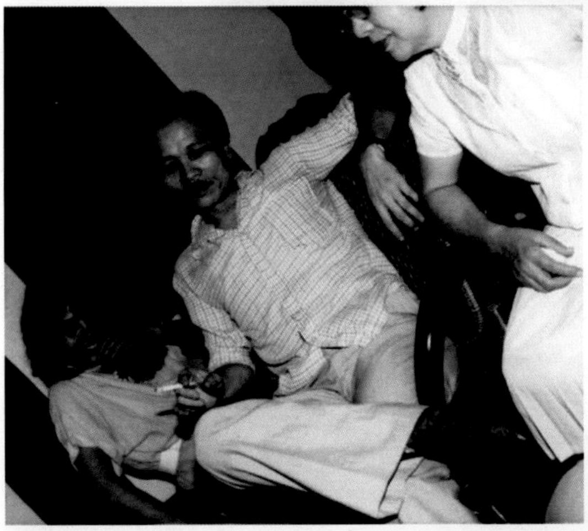

80 代年異度超度藝術家工作群林壽宇、莊普、張永村服裝設計師洪麗芬、藝文工作者張淑芬，在名雕塑家何恆雄教授家談造型藝術，羅門特別以「詩眼」，看與談布朗庫斯、康尼摩爾、加克美蒂……等大師的作品。

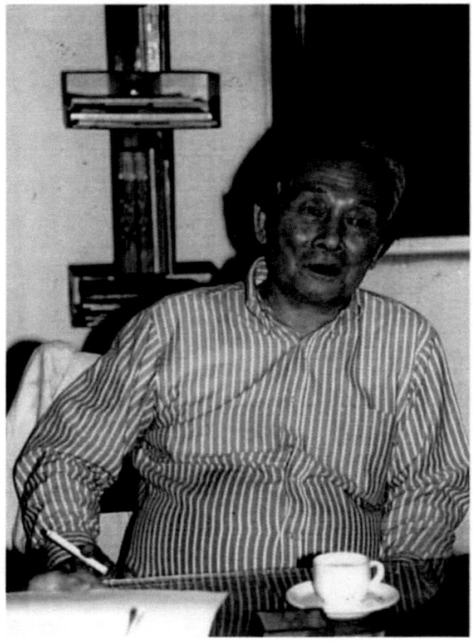

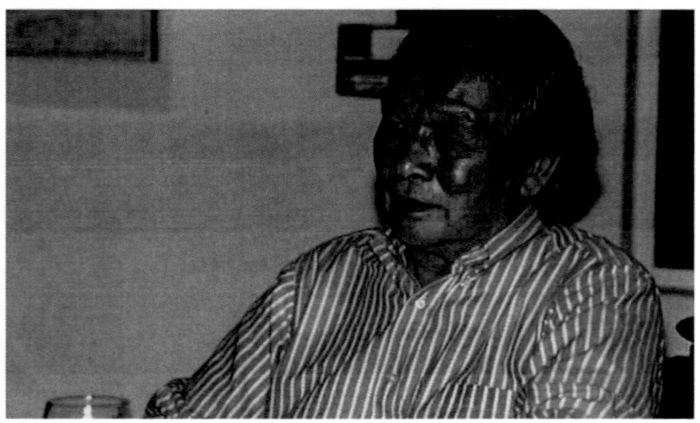

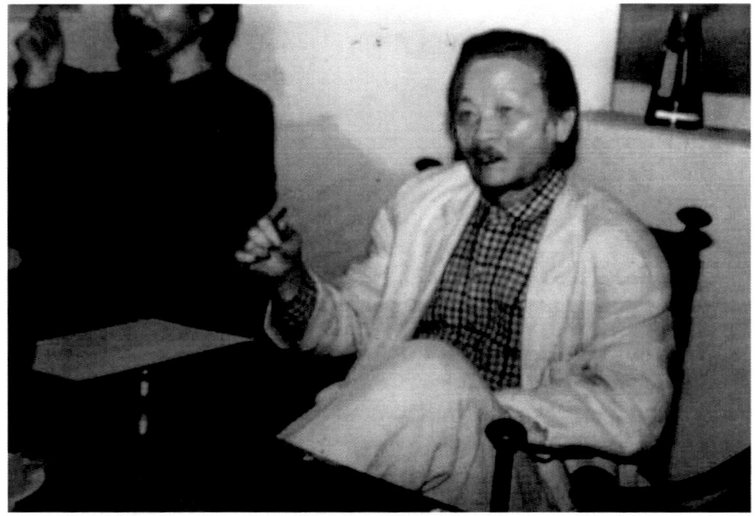

帶動「異度」「超度」空間前衛藝術展的林壽宇，別後多年2003年在伊通IPARK重聚言談。全程拍了近30張照片。

我們都老了，
但對藝術執著的心，
更年青與健旺；充滿活力。
今晚是我一生喝酒最多
的一次，不知不覺喝完放在
我眼前的那瓶紅葡萄酒；
也是在夜間談通術最久的
一次，自PM20：30到次日
清晨AM03：00

2003年3月初

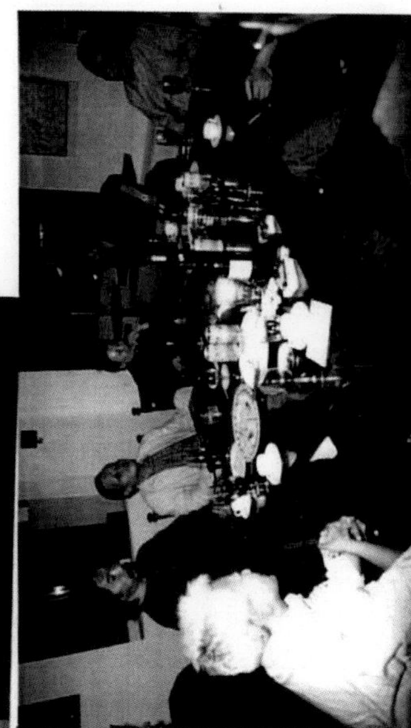

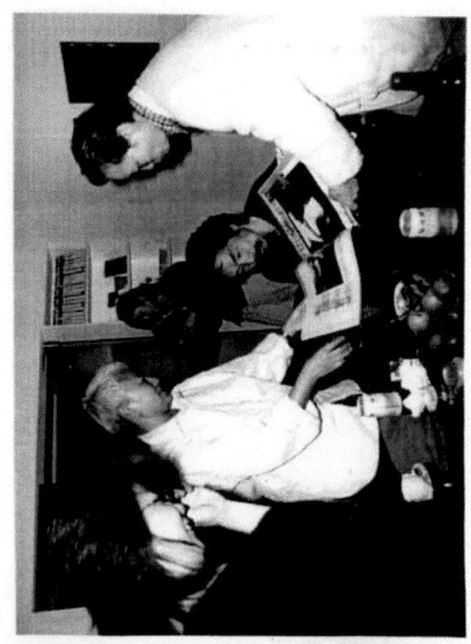

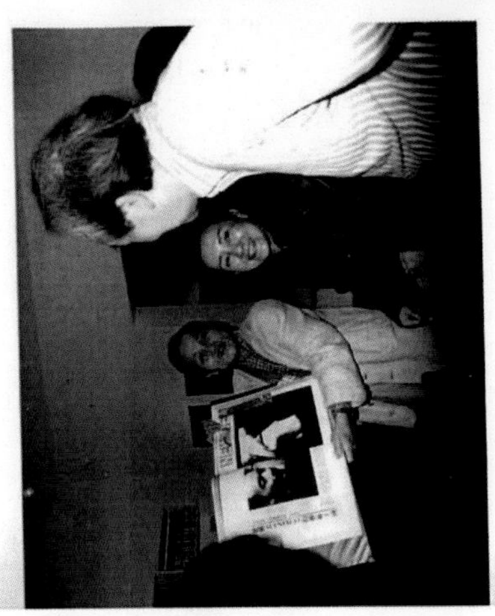

談到深夜，林壽宇一直沒有說什麼，幾乎大部份時間都是我在說，他也客氣說：「讓羅門說…」，莊普一直希望林壽宇說出心中的話；他超出想像的終於激動的說話了，並帶有熱烈抑壓不住的肢體語言，他已是七十來歲的人了；接著他太太補充說出一段但對藝術絕對、執著、純粹的感人故事，更是令人動心與印象深刻……這是一次生命到位的少有的藝術聚談。

生命的過程
是詩與藝術
的過程

慶祝中華民國七十三年元旦

戶外藝術大展參展辦法

籌備會組織：

主任委員：羅副監督世昌

執行長：郭副監督石吉

顧問團主席：張　杰

副執行長：連憲義

顧問團副主席：羅　門

副主任委員：張分區主席明清、簡分區主席新財
李分區主席宗燦、陳分區主席雄冠

總幹事：侯裕陽

顧問團：王明顯、王正良、王太田、何恒雄、邱煥堂、李亮一、胡寶林、胡茵夢、郭少宗、曾崇永、黃銘哲、楊興生、賴炳昇、韓舞麟、龍君兒、羅振賢。

委員：呂政信、李敦朗、李如權、李文天、李正勝、施怡翼、侯西泉、郭清茂、郭國璋、莊輝和、黃文宗、陳清開、陳根茂、陳他仁、陳貴樹、陳政忠、張朝光、潘富雄、蔡惠州、蔡日肚、蔡月娥、蕭呈祥。

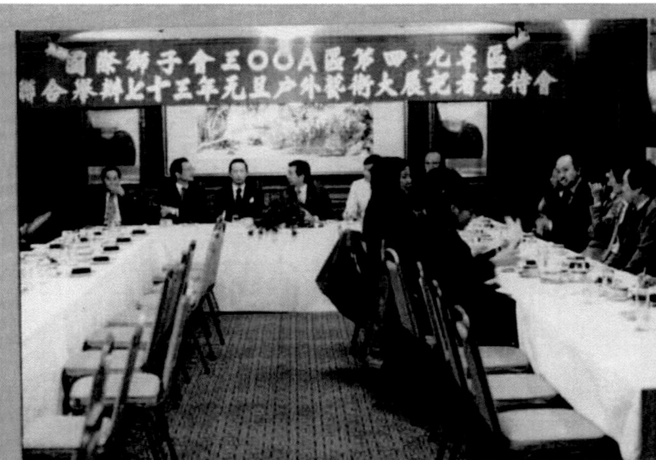

推廣全民美育的戶外藝術展

今年元旦舉辦的「戶外藝術大展」，已圓滿結束，為國內戶外藝展寫下了大規模的記錄。

這次戶外展覽有三百六十二位藝術家提供八百餘件作品，包括油畫、水彩、陶藝、雕塑等。雖然展出的三天內天雨陰寒，但是民眾扶老攜幼，踴躍參觀，並與在場的藝術家溝通，對藝術的普及化有極大的貢獻。尤其是現場實際操作的陶藝拉坯與石雕，吸引了大批的觀眾，對製作過程詳問有加。

大會在開幕典禮時，在地面鋪上一長幅白畫布，由藝術家、觀眾一起即興作畫，據大會顧問羅門說：這是一條通往藝術的高速公路。開幕典禮時舉行畫家即席揮毫，並抽獎贈畫活動，掀起了藝術與生活結合的高潮。

開幕典禮時眾人參與的「藝術之路」。

73年元旦戶外藝術博覽會

地點：國父紀念館　時間：73年1月1日至3日 每日上午10時至下午5時

用藝術造一條路——
它較高速公路更廣遠更壯麗

脚步從大街小巷
走進藝術大道
路分出兩條
一條走在腿上
一條走在心裡
眼睛從超級市場
看入藝術廣場
我們看見了兩個世界
兩個我
一個在胃裡
一個在心中
要心裡的我豐實且美好
　　　　請吃用藝術
要心中的路廣遠且壯麗
　　　　只能用藝術造

詩：羅門　攝影設計：賴炳林

展出的話

由獅子會資助藝術工作者舉辦這次具實驗性的戶外藝展，是一項具有認知與構想的藝術活動。

我們的認知是：

(1)藝術能賦給人類最優美的生命內容；藝術是人類文化最卓越的機能。

(2)在物慾泛濫的現代都市生活中，藝術已被視為提昇人類性靈與精神活動的最佳力量。

(3)世界上最美的人群、社會與國家，是藝術造的。

我們的構想是：

(1)這次戶外藝展，是以一具實驗性的小型藝術博覽會形態展出。

(2)將戶內的展示空間，推往戶外，與更廣濶的生活空間連接，使藝術主動地接近大衆，自然地誘導大衆產生新的生存意念：

A. 把藝術品逐漸看成生活的必需品

B. 把生活空間美化成藝術空間

(3)這次展出是採取多層次的容納性，除邀請成名藝術家來參展與帶動，我們更着重正在茁長中有傑出表現的青年藝術工作群，因為他們在使國內藝術環境普遍性地拓廣與使之趨於蓬勃繁榮，是一股龐大的潛在力量，值得大家去重視與鼓勵。

最後誠請大家批評指教。這次展出，只是戶外藝展的一個開端，它的實驗性，難免顯示有某些缺點。而改正其缺點，使戶外藝展在今後延續下去，助長國內藝術環境的拓展與建立，是更有賴熱心從事藝術的工作者去關切與出力的。

請大家來看藝術博覽會
有繪畫／有雕塑／有陶藝
有攝影／有手工藝品
讓藝術品變成生活必需品
使生活空間美成藝術空間
我們這樣做，是認為世界
上最美的國家是藝術造的

主辦單位

國際獅子會300A區第九專區、第四專區

副監督：羅世昌　郭石吉

分區主席：顧新財　張明清　李宗燦
　　　　　陳雄冠

各獅子會會長：

友聯	賴呈祥	成功	張朝光
古亭	黃文宗	士林女獅	蔡月娥
松山慈祐	陳清欄	明德	李文夫
經緯	陳根茂	內湖	陳寶樹
南港	鄭清芳	光明	呂政信
長安	李如權	世紀	潘富雄
光華	蔡明土	百齡	郭國璋
敦化	侯裕陽	首府	陳政忠
士林	陳他仁		

指導單位

中央黨部社工會、中央黨部文工會、行政院文建會、台北市政府社會局、教育局、國父紀念館管理處

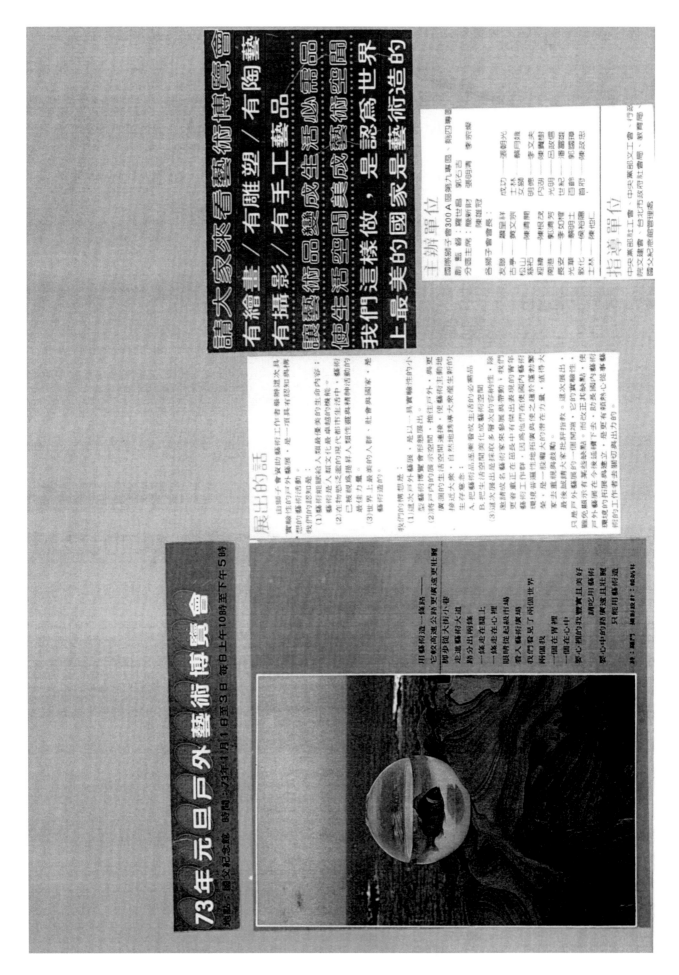

73 元旦戶外藝術博覽會

地點：國父紀念館／時間：73年1月1日至3日，每日上午10時至下午5時

主辦單位：國際獅子會300A區

第九專區／友聯、古亭、松山慈祐、經緯、南港長安、光華、敦化國際獅子會。

第四專區／士林、成功、明德、內湖、士林女獅、光明、世紀、百齡、首府國際獅子會。

指導單位：

中央黨部社會工作會／中央黨部文化工作會

行政院文化建設委員會／台北市政府社會局

台北市政府教育局　國父紀念館管理處

參予者：藝術工作群

文案／羅門　設計攝影／賴炳昇

JOIN HANDS IN SERVICE

謹訂於民國七十三年六月十一日（星期一）下午六時正假台北市來來大飯店地下二樓金龍廳舉行本專區聯合例會暨新舊任會長交接典禮

敬　請

典禮程序

主席：羅世昌
司儀：莊卿和

一、到聯誼（17：00～18：00）18：00準時開會
二、典禮開始（主席就位）
三、主席鳴鐘宣布開會
四、唱國歌
五、向國旗暨國父遺像行三鞠躬
六、向已故即監督鳴九獅兄默哀一分鐘
七、介紹貴賓、友會代表
八、主席致詞
九、三OOA區代表致詞
十、貴賓致詞
十一、社會服務：1.表揚樂生療養院優秀醫療工作人員
2.表揚"戶外藝術大展"顧問團藝術家

推廣全民美育的戶外藝術展

今年元旦舉辦的「戶外藝術大展」，已圓滿結束，爲國內戶外藝展寫下了大規模的記錄。

這次戶外展覽有三百六十二位藝術家提供八百餘件作品，包括油畫、水彩、陶藝、雕塑等。雖然展出的三天內天雨陰寒，但是民衆扶老携幼，踴躍參觀，並與在場的藝術家溝通，對藝術的普及化有極大的貢獻。尤其是現場實際操作的陶藝拉坯與石雕，吸引了大批的觀衆，對製作過程詳問有加。

大會在開幕典禮時，在地面鋪上一長幅白畫布，由藝術家、觀衆一起即興作畫，據大會顧問羅門說：這是一條通往藝術的高速公路。開幕典禮時舉行書家即席揮毫，並抽獎贈書活動，掀起了藝術與生活結合的高潮。

民生報
集繪畫、雕塑、陶藝於一堂
戶外藝術展觀眾踴躍

大華晚報
慶祝七十三年元旦戶外藝術大展
時間：七十三年元月一日至三日　地點：國父紀念館廣場
提昇人類性靈與精神 讓藝術走進生活空間
國際獅會推動戶外藝術大展
以優美馬蹄造型 設計出展示空間
第九專區各分會 為藝術大道鋪路 展開一連串籌備會
用藝術造一條路 由戶內推往戶外
國內首創實驗性藝術博覽會

此次座談會是為台湾「三美圖」裸体畫
引發色情与藝術的重大問題而召開

「裸體藝術問題」座談

時　間：一九七八年二月十八日下午

地　點：台北耕莘文教院

主持人：藝術理論家 顧獻樑

出席者：《出版與研究》發行人 黃成助／現代詩人 羅門／畫家・師大副教授 謝孝德／畫家・中原理工學院教授 劉其偉／美學理論家・台大教授 劉文潭／明日世界雜誌總編輯 賴金男／畫家 張杰／畫家 陳正雄／藝術理論家 袁德星（楚戈）／新聞局出版處專員 范佐雙／兒童美術家 吳隆榮／藝術家雜誌發行人 何政廣／法律專家 王和雄／藝術理論家 于還素

記　錄：朱梅生、林美順

本附錄〈「裸體藝術問題」座談實錄〉原刊《出版與研究》第十七期（一九七八年二月號）。該雜誌係專刊學術論述與現代思潮，爲台灣六十年代當年學術評論權威雜誌之一。《出版與研究》（*Publishing and Research Semimonthly*），發行人黃成助，該刊物亦行銷美國與歐洲。

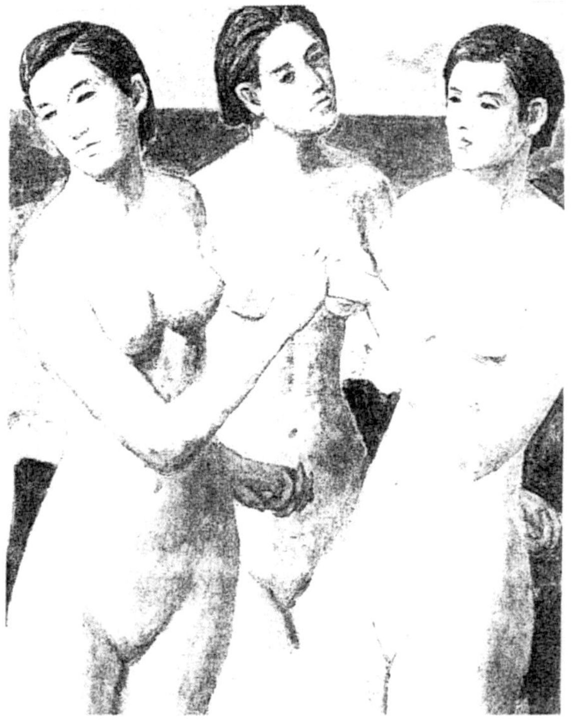

李石樵，三美圖，油畫，100×80公分，1975。

羅門

今天討論的問題，原爲「藝術與色情」，後改爲「裸體藝術」，其實兩者仍相關聯，因爲在從事裸體藝術創作的過程中，由於創作者的藝術修養、態度以及精神與心態的活動情況等因素，仍可使作品牽涉到藝術與色情的問題。

今天若只針對目前因有畫家畫裸體畫，引起新聞事件，而來討論這項問題，則很容易找到問題的有關答案。

首先我們可肯定的說，眞正的「裸體藝術」，是只引起美的心感活動，絕不含有色情成份的，而且絕對的排拒色情（含有色情成份的裸體畫，應是與裸體相片甚至與春宮照片一樣屬於下流的玩意兒），這是透過「人」的靈視而非「獸」的肉目所作的判別，事實上，穿上衣服，賣弄風姿扭腰扭屁股的歌女及風騷女郎，卻含有濃厚的色情，而不穿衣服的維納斯裸體塑像，反而不帶絲毫的色情，所以在街角賣春宮裸體照片的傢伙，被警察逮捕歸案，而放在紐約博物館內的裸體畫與塑像，卻由官方派警察來加以保護。

由於一個眞正的藝術家，在面對創作對象——包括「裸體」，是超越「獸」目，而採取內在的靈視的，有如進入「神」與「上帝」的眼睛中，去爲那具征服性的「美」而工作，它是純正的、神聖的，此刻，我們若把「裸體藝術」視爲春宮與裸體照片，加以責難，那除了說明我們無知，也指出我們的內在世界是盲瞎的。

看來我是同意畫家可畫裸體畫的，但我是持著嚴肅的態度，並對畫家有所期求：

第一，作爲一個現代畫家，必須切實認明自己存在的意義與價值，是在開發人類的「眼球」，使人類度過更豐富美好與優越的視覺生活。自從抽象畫家不斷的向內探視與追索，使一切活動，不受物體外形的約束與止限，爲人類視覺活動，開發了那無形且無限的道路，因而使創作的可能性，也多樣且多向的發展了，所以畫裸體畫，也只是許多可能性中的一種，不必去強調與宣揚。

第二，在創作「裸體藝術」的過程中，必須對「美」工作，具有專一甚至帶有宗教性的情懷，也就是必須當作一種神聖與嚴肅的行爲，像婦產科醫生，面對產婦裸體時的正常心態，絕不容有不忠實、輕佻、乃至迎合商業性的俗氣等情形發生，使創作的藝術性降低，而淪落入「色情」的可疑地帶，的確，畫裸體畫像走索一樣危險，全靠藝術性來堅持，即使是自命爲「畫家」，也不見得繪出的裸體畫不含俗氣甚至色情的成份，它同樣會被高度的靈視所識破的。

因此我想往深一層來探究「藝術與色情」的問題，由於藝術是提昇人類的精神以及美的心感活動的；色情是縱慾的，所以「藝術與色情」的問題已是人類存在於物質文明的二十世紀，所面對的一個強大的挑戰，所以一個藝術家，更應該進一步的認明自己存在的更崇高的使命感，那就是在人類衣食住行打好的肉體基礎上，在腰帶以下的「獸」性活動世界之外，在都市文明大大煽動物慾與色情的生活氣氛之外，應特別加強維護人類精神文明的尊嚴，顯然一個眞正有抱負的藝術家，絕不僅去創造快感性的美感，更應去創造思考性的美感，那就是對一切的存在，必須予以沉思默想，把握其精神存在的深度，那也就是說一個卓越不凡的畫家，不但教會人類的「眼睛」去看，而且教會去思想。唯有如此，藝術家方可能成爲史學家湯恩比心目中挽救人類精神文明危機的重要角色，的確當人類腰部以下的獸性世界，因獲得都市文明帶來充分的「助燃性」——如女性暴露的體態、櫥窗、酒吧、觀光餐廳、理髮店、綜藝節目、黃色歌、搖滾樂、言情小說、封面女郎……等，漫延入人類生存的環境，將人類視覺、聽覺、觸覺與嗅覺等感官活動，都直接或間接地以壓倒性的威力，推入物慾與色情的泥沼之中，這種傾向，已成爲一種難於抵抗的趨勢，並表示了人類腰部以上的世界，被腰部以下的世界所擊敗，於是肉慾與物慾的世界，大大地輝煌了起來，而人類的內心世界，卻空寂得像陰暗的地下室，此刻，作爲一個具有精神境界而存在的藝術家，包括文學家在內，如果他們所使用的文字、色彩、線條與聲音，不能造成人類精神文明的昇力，那他們的存在與作爲，已失去可靠的價値與意義，一個藝術家的眞正獲勝，是他確實透過藝術，能使人類（在其他方面獲得滿足的物慾生活之外）獲得更充分與美好的內心生活，誠然「藝術」是絕不容含有色情作用的，「藝術」一滲透進色情，「藝術」便淪落成爲肉慾世界的幫兇，這是任何一個爲維護人類精神文明尊嚴的藝術家所必須了解的。

羅門以詩人身份參加名雕塑家楊英風主持的雕塑藝術座談會

民生報
中華郵政台字第四一一九號登記執照爲第一類新聞紙
中華民國六十九年九月二十六日

藝術界昨集會座談：樹立中國現代雕塑風格

【本報訊】現代雕塑和現代建築是否應結合在一起？雕塑在環境景觀中的地位如何？現階段雕塑的標準尺度是什麼？爲什麼我們至今沒有一件能夠立足在國際雕塑的作品？

一項現代雕塑座談會昨日下午二時至五時半，在台北阿波羅畫廊舉行，與會者揚英風、郭叔雄、賴金男、劉文潭、蕭勤、顧重光、張紹載、羅門、吳翰書、何恆雄、郭清治等人熱烈發言。

揚英風首先介紹現代的景觀雕塑藝術，他個人認爲國內雕刻家都不夠努力，社會對雕塑觀念大部係止於人像塑造，社會的推廣不夠。

張紹載認爲過去雕刻以精緻、細巧爲主，現代雕塑應以簡明爲主，雕塑界要多介紹國內外民族特色的作品。

郭叔雄以室內設計眼光，認爲國內雕刻界缺乏創新，他也強調現代雕刻要具有現代感，即是簡化單一。

楚戈指出：許多人以不面來看雕刻，許多在公共場所的人像雕刻，都採用錯誤的製作方法。他強調雕刻家責任比其他藝術家還要重，許多外籍人士來到國內，觸目所及的就是景觀雕塑，我們不應再增強視覺的污染。

羅門以詩人眼光來看現代雕刻，他建議採取大量的雕刻來整頓我們的生活環境，有美的內涵的雕刻，才能使（我們）的都市建築物與鄉村開花。

劉文潭以藝術史眼光來評估國內雕刻界並無現代雕刻，他以台大校園裏孔子像、陽明山公園的孔子像和天祥的文天祥像爲例，在立體結構上的尺度都不合格。不堪一睹。他認爲現階段的部份雕塑作品，只是模型的程度，或依照片放大景觀，談不上創新。

吳翰書建議現代雕塑要追求實在感，不同材料可產生新穎的感受。

賴金男強調雕刻作品要具有個性，才能逐漸產生立足世界雕塑藝壇的作品。他以巴黎龐畢度文化中心周圍景觀的重視爲例，政府有關單位應加速設定景觀保護法，目前急待解決的就是中正紀念堂四周的景觀環境，才能維持紀念堂的肅穆、莊嚴。

顧重光認爲一切根本問題在於社會觀念更新和立法程序，首先得確立任何建築物的百分之二至百分之七，爲購買藝術品的費用，尤其是建築景觀；第二是確立遺產稅不納稅，鼓勵有資產者購買藝術品；第三是立法規定購買藝術品可以抵繳個人綜合所得稅。這三點順利立法後，藝術界不虞生計，自然能有創新作品出現。

蕭勤也強調建築物百分之二購買藝術品的規定，以義大利爲例，在墨索尼里時代即已通過立法，不論私人或政府，都關心整體生活環境的美化，這是藝術社會教育的普及功效。

何恆雄指出國內現代雕塑大多強調景觀，今後如何加強鄉村都市化，都市鄉村化目標，至於現代感的作品，不能只以造型取勝，還是應以人性出發，才能孕育出具有內涵的作品。

郭清治以自己的作品爲例，覺得只是一個標本而非創作，他認爲這是國內雕塑教育的失敗。而且，他由美學中再出發，再重新開啓自己的創作方向。

『雕塑使都市的建築物開花；使大自然開花的原野，再一次開花』羅門

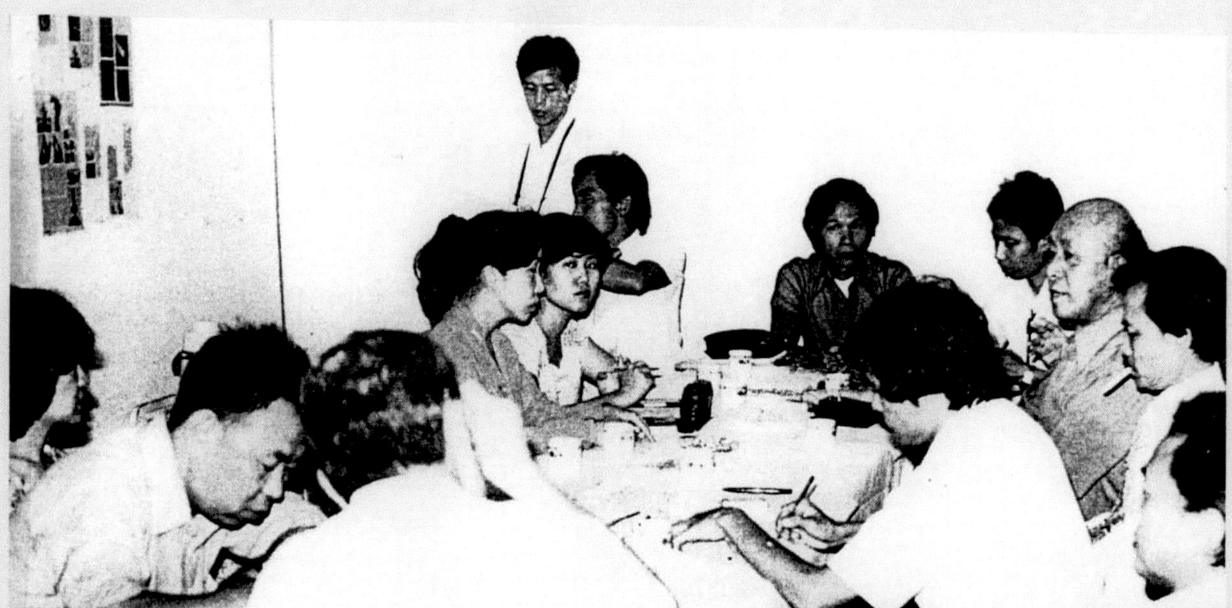

第9版　台灣新生報　星期一　六十七年四月三日

本報「傳統與展望」座談會

時間：中華民國六十七年三月廿九日下午二時
地點：本社四樓會議室
主席：石永貴
召集人：李泰祥　王清華　張助馨
出席者：（依發言序）
石永貴、李泰祥、康諾、顧獻樑、許常惠、羅門、李中和、黃瑩、李安和、葉武駟、戴洪軒、楊祖珺、胡德夫、吳楚楚、郭美貞、曾又方、羅青、朱介英、陶曉清、吳均龐。
座談記錄整理：廖月美
刊頭設計：楊已迪

……另外的一點是說，現在的社會和從前不太一樣，我過去一直都是很嚴肅的一個音樂工作者，從來沒有注意到廣大民衆之間對音樂的看法，到了最近我才知道所謂大衆音樂，也漸漸了解大衆對音樂的看法。我始終認爲在過去和現在的民歌，應該有多面性的存在方式。

從前茶館林立，在茶館裡有彈詞說相聲的，這種環境之下，對民歌的看法自然和現在完全不一樣，現在到處是咖啡館和電視機。既然民歌是屬於大衆的東西，就應該有多種方面的存在方式，它可以有像從前那種面貌，可是現在我們生活既然已經改變了，總不能夠老是保持原來的樣子，除非一直沒有接受到新的文化的洗禮。曾有許多比較嚴肅的音樂家，爲了保持民歌固有的面貌，譬如就發掘出了一個像陳達這樣的人，我個人很肯定陳達的，可是聽說有一次陳達在高雄或其他地方演唱，歌沒唱完，臺下的人都走了。這證實一個問題，民歌如果恒保持原來面貌的話，對很多人說不太能接受，因爲太嚴肅了。另有一部份相當嚴肅的音樂家們，他們把民歌的素材以最嚴謹的方式來處理，如此在音樂會上反應的結果，不見得民衆會很容易接受。

民歌既然是屬於大衆，那麼便應該採取大衆的形式讓大家來接受它；民歌既然是……

顧獻樑
迎接很新很廣大的時代

我常在公車上見到一則廣告：「誰說我們是無歌的一代？」每次看都要想一遍。今天我們討論的問題就在此。

我覺得一切都是很好的現象：多方面的試驗，多種的組合，很多論爭都顯得十分無謂，而無謂的產生是由於大家彼此的隔膜，你說鴻溝也可以，代溝也可以，仔細分析起來，裡面有很多的原因。

我個人以爲，「民歌」兩個字在大家咬文嚼字時就發生一個很大的誤會，因爲民歌在美國人的腦筋裡面，它有它的定義，也有音樂史上的定義，也有音樂概論上的定義，定義不同，有小異的地方，但歷來都有大同的東西，所以一提出「新民歌」的時候，就引起很大的波浪波折，「新民歌」這個名稱是否妥當？我想，這應該經過很多的討論才能確定，有很多人，你既已違反了他的民歌的定義，現在要給他一個新的民歌的定義，在基本上他能不能接受？這問題值得注意，也是引起糾紛的地方。

今天，我們「新民歌」三個字號從那裡來的？很簡單嘛，就是美國的音樂帝國主義，如果沒有美國多少年來所謂的 New Folk Song 的話，就沒有「新民歌」這個……

黃瑩
大家來唱「我們的歌」

羅青
枕頭是頭的椅子

戴洪軒
根本沒有自己的學問

羅門
先找到自己聲音的「根」

李安和
不要菜好而盤破！

郭美貞
文學文字壓倒音樂

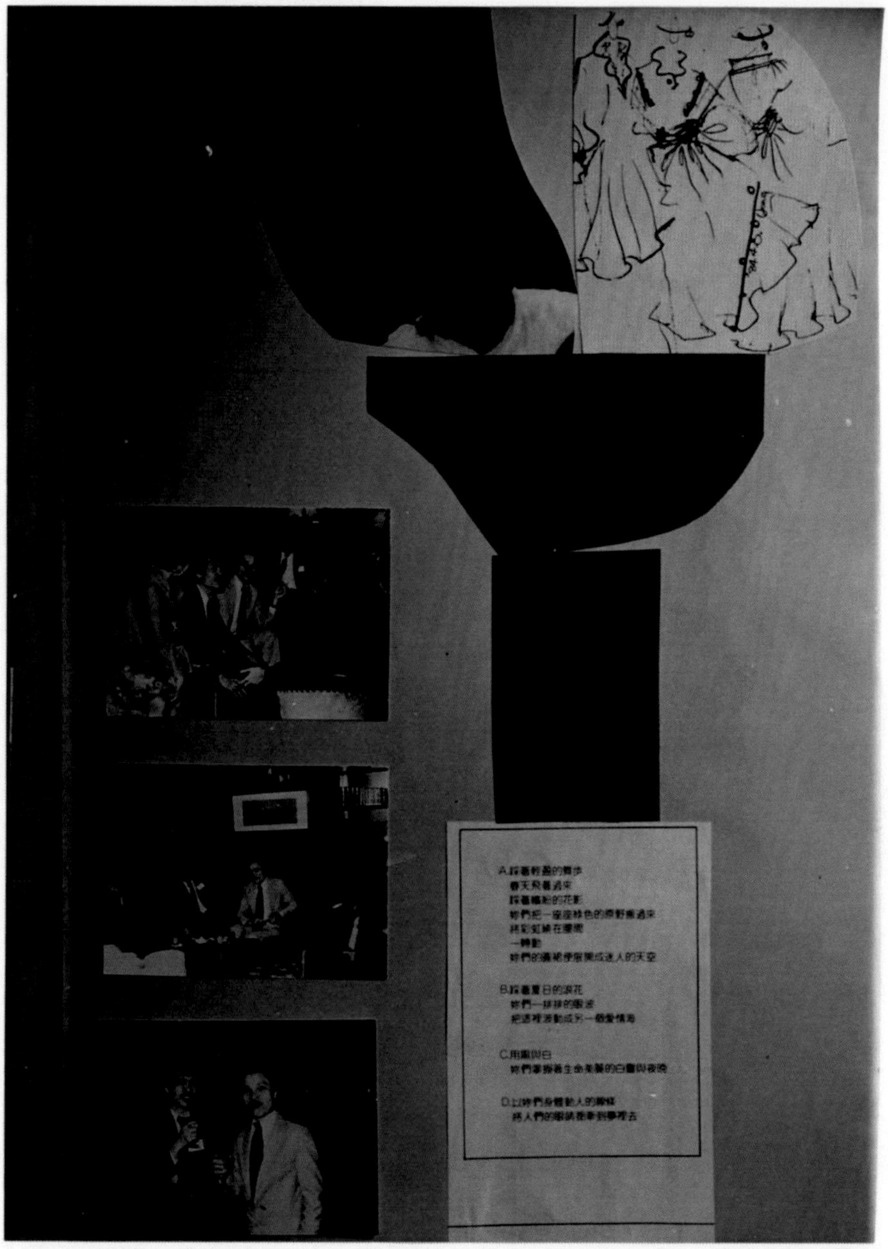

揚名海內外服裝設計家洪麗芬展覽，特邀詩人羅門、名畫家林壽宇、音樂家李泰祥爲貴賓出席，羅門更爲展出之服裝作品配詩。

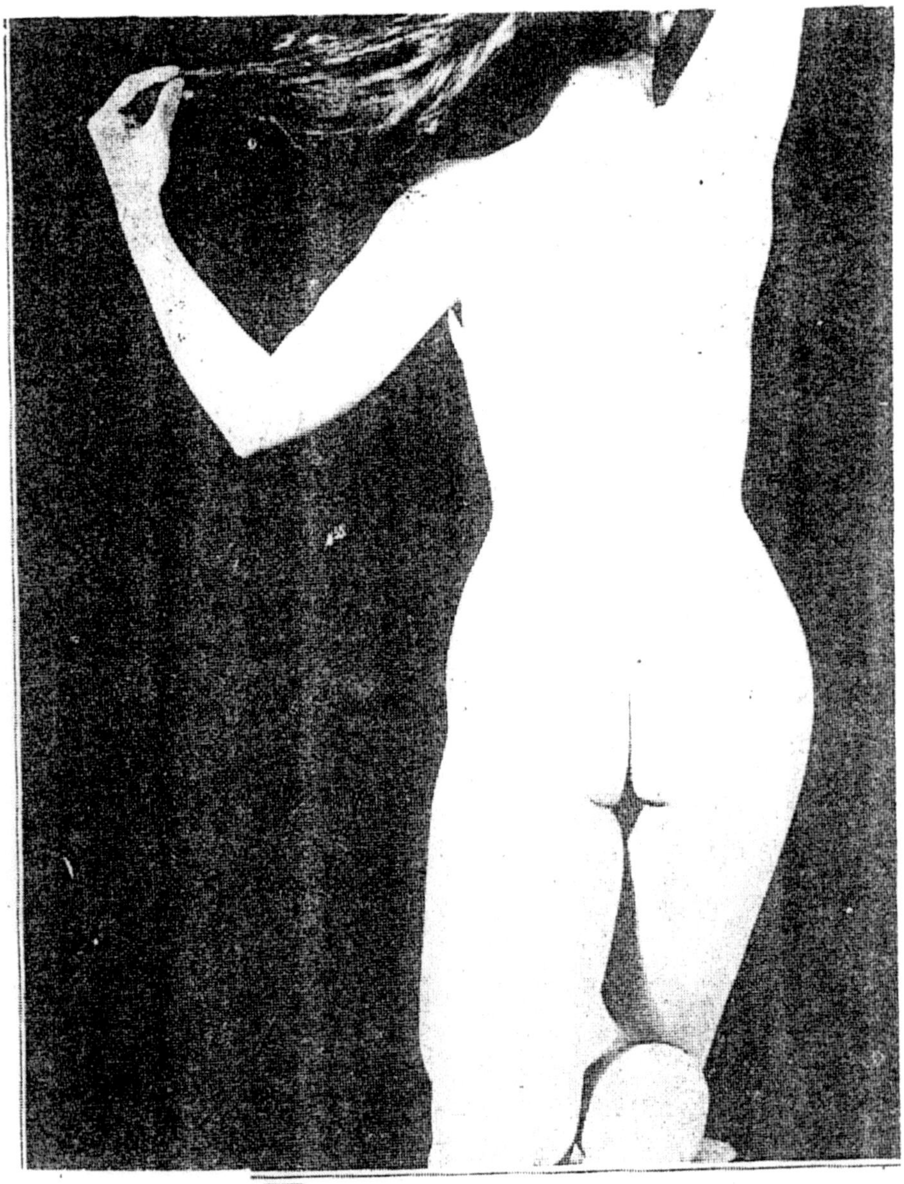

羅門

大自然的裸像

柯錫杰作品

躍NO·3

「柯錫杰看」攝影集

大自然從未穿過衣服
妳同去　也不必穿了
把衣服脫給雲
妳淋着瀑布同去
游着河同去
流水滑不過妳
月光柔不過妳
花朵說不出妳的馨香
果露滴不盡妳的豐盈
妳把髮交給風
編織成翅膀
衆鳥不飛
天空與原野已先飛
整個世界只留下妳
讓妳裸成大自然
最美的樣子
妳背光而立
誰說妳在害羞
雙目暗渡過聖母峯
眼睛已絢爛成星夜
要夢有多明麗
就有多明麗

版畫．抽象繪畫．心意境

陳庭詩座談會

主辦單位：台北市立美術館

一、時間：十月十三日（日），下午 **2 - 5** 時

二、地點：台北市立美術館第一會議室

三、出席者：

主 持 人　黃館長 才郎（臺北市立美術館館長）

與談人員　王秀雄（東海大學美術系教授/藝術評論學者）（依姓氏筆劃排列）

朱為白（版畫家）

李錫奇（版畫家）

余燈銓（中華民國雕塑學會理事/藝術家）

梅丁衍（彰化師大美術系教授/藝術家）

羅　門（詩人/藝評家）

蕭瓊瑞（成功大學歷史學系副教授/藝術評論學者）

鐘有輝（國立臺灣藝術大學教授/版畫中心主任/版畫家）

鐘俊雄（陳庭詩現代藝術基金會理事/中華民國雕塑學會理事）

四、討論子題：

一、陳庭詩在台灣現代版畫運動者之角色與貢獻

二、陳庭詩的創作發展與對現代藝術表現之思維

三、陳庭詩在現代繪畫運動中的精神表現

臺北市立美術館 TAIPEI FINE ARTS MUSEUM

此次會議由我的詩友（小型企業家，前排右起第一人）同新象許博允商議召開，我應邀參與啓動發言。

七十五年五月二十七日

新象
藝術中心
NEW ASPECT
ARTS CENTER

羅門 先生：您好！

為了使現代詩在純文字的面貌之外，也能夠以其他更活潑的方式和繁忙的現代人親近，同時，也為了使詩人們能夠擁有一個定期聯絡情感，交換創作心得的場所，以促進全面詩運的蓬勃，我們決定在新象藝術中心的「藝友雅室」成立一個全國性的「愛詩人俱樂部」。

初步的構想是：㈠由新象提供一個固定的地點（藝友雅室）做為詩人集會交誼的場所。㈡在藝友雅室裡以朗誦、表演、口白、吟唱或幻燈的多元化方式，定期發表詩人們的新作（觀衆來源係對外開放，節目由專人企劃）。㈢由「新象藝術中心」和「我們文化事業股份有限公司」聯合提供初步基金做為詩人們活動的經費來源。㈣招收長期「愛詩人俱樂部」會員，廣植詩的種籽。㈤如果觀衆反應熱烈將再行推廣至全省其他地區。㈥還有其他研議中的想法……等等。

素仰

閣下詩藝精湛，熱心詩運，深受詩壇敬重，因此，我們竭誠希望您能撥冗參加我們首次的聚會，共商發起「愛詩人俱樂部」成立細節為荷。

時間：六月一日（星期日）下午二時。

地點：新象藝術中心地下二樓「藝友雅室」

我們熱誠期待您的大駕光臨。敬祝 好!!

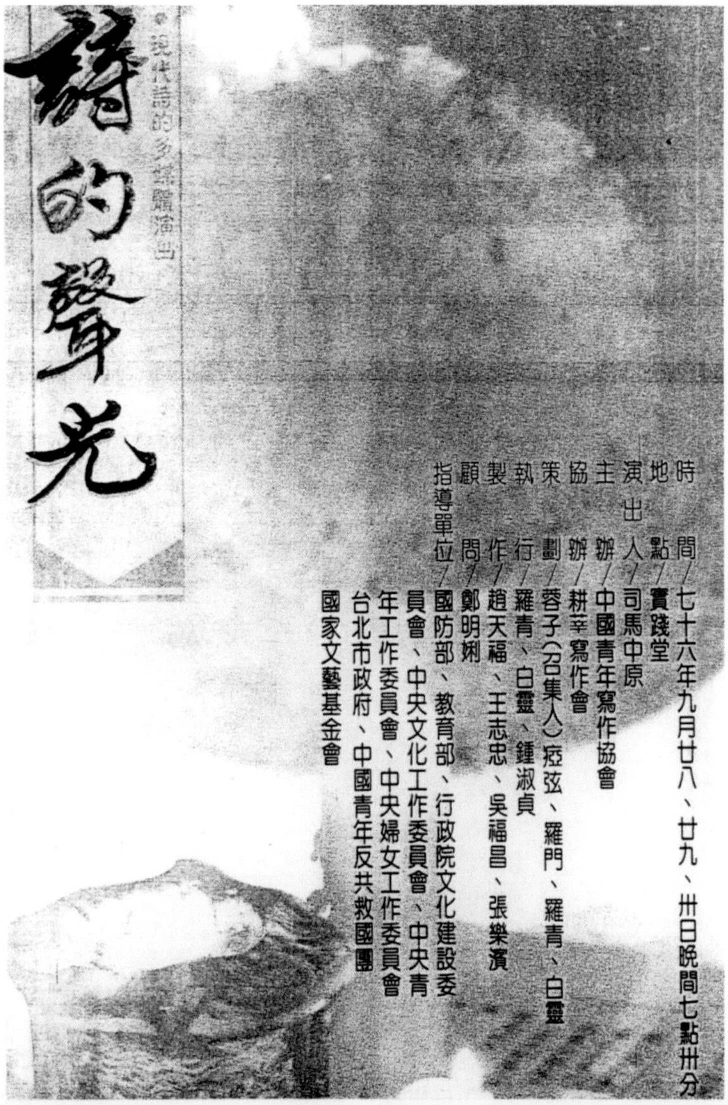

詩的聲光
現代詩的多媒體演出
時間／七十六年九月廿八、廿九、卅日晚間七點卅分
地點／實踐堂
演出人／司馬中原
主辦／中國青年寫作協會
協辦／耕莘寫作會
策劃／蓉子(召集人)瘂弦、羅門、羅青、白靈
執行／羅青、白靈、鍾淑貞
製作／趙天福、王志忠、吳福昌、張樂濱
顧問／鄭明娳
指導單位／國防部、教育部、行政院文化建設委員會、中央文化工作委員會、中央青年工作委員會、中央婦女工作委員會、台北市政府、中國青年反共救國團、國家文藝基金會

1987 年詩人白靈、杜十三、蓉子、羅門、詩朗誦家趙天福在燈屋討論「詩的聲光」演出。

NEW IDEA《新觀念》1999 12月號 134

台灣大地震，帶來沈痛無比的災難，使台灣乃至全世界住在地球村的人類，都感到無比的震驚與哀痛，當我們從人道的關懷，從流血的傷口，堅強的站起來，同時也接受到存在於浩瀚宇宙中一次最強烈與嚴酷的衝擊，而難免有所反思，靜下來對自己的生命觀、世界觀與宇宙觀有新的體認，並覺識人本身潛藏有可見的宿命性與局限性。（羅門）

921號悲愴奏鳴曲

造物
祢安頓我們在這美麗的島上
祢的仁慈 我們的感恩
平行成歲月的雙軌
在田園 被太陽汗水刻在
　　額上的艱苦紋路
已被都市文明美成通往地球村
　　多彩多姿的順暢網路
　　　給進步與繁榮在走

造物
究竟為什麼
在祢來不及預防的震怒裡
山崩地裂
死亡來不及追悼死亡
血水淚水雨水
直往陰暗的墳地灌溉
田園躺在廢墟上喘息
都市斷電睹著眼睛在看
除了呼救聲 是哭聲
除了祈求 是跪拜
呼天不應 神明不明
我們含淚逃出流血的傷口
　堅強的站給生命看
世界各地帶著同情趕來
在死亡最陰冷的黑地上
點亮一線溫暖的火光
照著人類的關懷與希望

造物
究竟為什麼
祢180度反轉
將仁慈震破成殘骸
在上帝都不知道祢要震怒的那一剎
世界嚴慄的蜷在桌下

時間與空間都縮回去
我們在什麼都摸不著的空茫裡
順從祢的凌辱 顫抖在搖擺的生死線上

從劫後餘生回到痛苦裡
我們深悟人不能勝天的軟弱
也無法過問祢的對錯
我們是祢造的
　是祢的作品
如同貝止雕塑家
　從不弄壞自己的雕塑
沿著舊金山唐山飄過土耳其到阿里山
祢一路震怒過來
銅像博物館銀行金庫
　墜如山頂的落石
世界空釋成和尚的光頭
原子能變得無能
警犬挖土機與救護車
　只求找到最後的一些聲息
聯合國紅十字會也只能替祢
　　在事後布施一些仁慈

造物
在祢用我們的血淚與骨肉
　來燃燒祢的怒火過後
在我們痛苦過後的痛苦過後
我們仍活在祢賜給我們身體與土地的地球上
　仍活在冬去春來 日落日出的時序中
忘不了祢將我們設計在
　　大自然的生命結構中
我們走 地相跟
我們飛 天相隨
我們情悠悠 江水說不盡
我們心遙遙 天地望無窮
我們高興來花開鳥鳴
　愁苦來愁雲苦雨
　相思來黃葉落
　孤獨來天邊的孤雲
　渺茫來遙望的天地線

　希望來明天的日出
我們的確是活在祢仁慈的右手
　　　與殘暴的左手中
任由祢擺佈與指使
我們的聽與看都來自祢的耳目
　行與動都離不開祢的手腳
　生與死都在祢的身體裡
祢一秒鐘震破的世界
我們要連年連月來勞役苦修

造物
若祢是仁慈的父
怎能打翻孩童正玩得開心的拼圖
怎能連頭上一根髮地上一根草
　都要被祢的斷層切斷
在承受祢毀滅性的震怒過後
土地與我們都痛苦得夠累了
死亡仍籠罩著去不掉的陰冷
餘震與餘驚仍在鐘錶裡
　　　一滴一答
歲月在夜裡還是睡的不好

造物
求祢施放出祢的大愛
使斷層埋住的一條條引爆線
都在睡夢中安靜成
　地下溫暖的電流
好讓療傷的土地與我們
在死亡走過的冷冽的夜裡
逐漸恢復體溫
去追趕明天的太陽
重新耕種我們青山綠水的田園
　　我們五顏六色的都市
　　我們安定舒適的生活
　　我們用詩用歌來看來聽
　　　來讚美的未來

「重生」九二一災後重建百位畫家義賣展

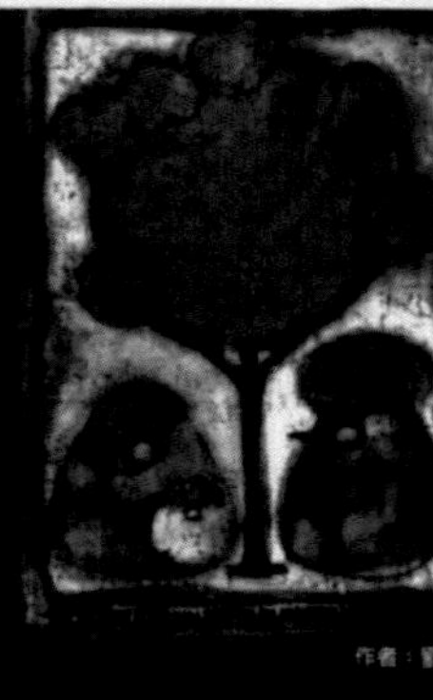
作者：劉其偉

造物
求你放出你的大愛
使斷層埋住的一條條引爆線
都在睡夢中安靜成
床下溫暖的電流
　好讓療傷的土地與我們
　在死亡走過的冷冽的夜裡
　逐漸恢復體溫
去追趕明天的太陽
重新耕種我們青山綠水的田園
　我們五顏六色的都市
　我們安定舒適的生活
　我們用詩用歌來看來聽
　來讚美的未來
～羅門～

「重生」
921災後重建百位畫家義賣展

主辦單位：中國時報、工商時報、新朝藝術雜誌、中華開發工業銀行
協辦單位：中華民國工商建設研究會、台灣災後重建企業協進會、商業周刊、環球電視台、警察廣播電台、精禪藝術中心、東門美術館、美商花旗銀行、台北市醫師公會、台北市電腦商業同業公會
承辦單位：財團法人依托邦文教基金會、大道藝術館、首都藝術事業有限公司
贊助單位：采風沖印影像中心、新航快遞、名門畫框企業有限公司

重生
921災後重建
百位畫家義賣展

台灣921大地震，是地球發生的大災難，台灣百位藝術家贈畫賑災，以我印在邀請卡上的詩作，做為拉開展覽序幕的朗誦詩。

義賣酒會：1月9日　14:00～18:00
● "921號悲愴奏鳴曲"詩歌朗誦　● "等待黎明"（張永村、紀乃滿、巧克力）演出
● 大提琴演奏(張正傑)　● 卡美拉達合唱團　● 921災後重建報告　● 簽名會(劉老/貓畫)

于 彭、方 海、王爾道、王秀杞、王素峰、王友俊、王獻亭、王 愷、朱 銘、佐藤公聰、宋緒藻、余登銓、江明賢、林鴻文、林鴻銘、林文強
林仁傑、林昭雄、林威業、林善璞、林萱倫、金哲夫、袁潔蓮、周 甫、周 揚、周 澄、吳炫三、吳 昊、吳 笛、吳和珍、吳 平、李俊賢
李振明、李國奇、李妮培、李可梅、沈國仁、沈以正、邵幼軒、馬芳渝、施並錫、紀 向、胡登峰、胡念祖、郎靜山、洪根深、徐茂雄、徐 壘
徐畢華、倪汝霖、倪古鑫、袁金塔、畢丹目、高奇偉、孫英倫、孫家勤、孫 超、夏 陽、許 坤、許分草、許郭瑞、許馨睦、張 杰、張炳堂
張佳峯、張國瑞、張光賓、張志偉、張溯維、陳庭詩、陳明善、陳國展、陳輝東、陳甲上、陳舜芝、陳世明、陳正勳、陳朝寶、陳忠藏、陳陽春
陳學元、陳德輝、陳秀川、陳幸婉、陳麗絲、郭少宗、郭 軔、郭燕橋、戚維義、黃海雲、黃昕文、黃宏德、黃歌川、黃朝湖、黃明哲、黃鐵龍
傅 申、彭自強、楊興生、楊柏林、楊月明、莊 普、莊 喆、楚 戈、游昭晴、董夢梅、葉竹盛、闕振瀛、蔡正一、黎志賢、廖繼英、趙占鰲
趙明強、熊宜中、蔣 勳、蔣 安、劉國松、劉良佑、劉墉、劉平衡、劉達運、鄭善禧、鄭治桂、鄭崇隆、鄧志浩、鄧國清、鄧國強、潘存
儲 雲、賴純純、賴汝南、鍾俊雄、龍君兒、謝棟樑、謝里法、謝東山、謝孝德、蕭 勤、蕭仁徵、羅 芳、羅振賢、蘇玉珍、薛清茂、龐 均

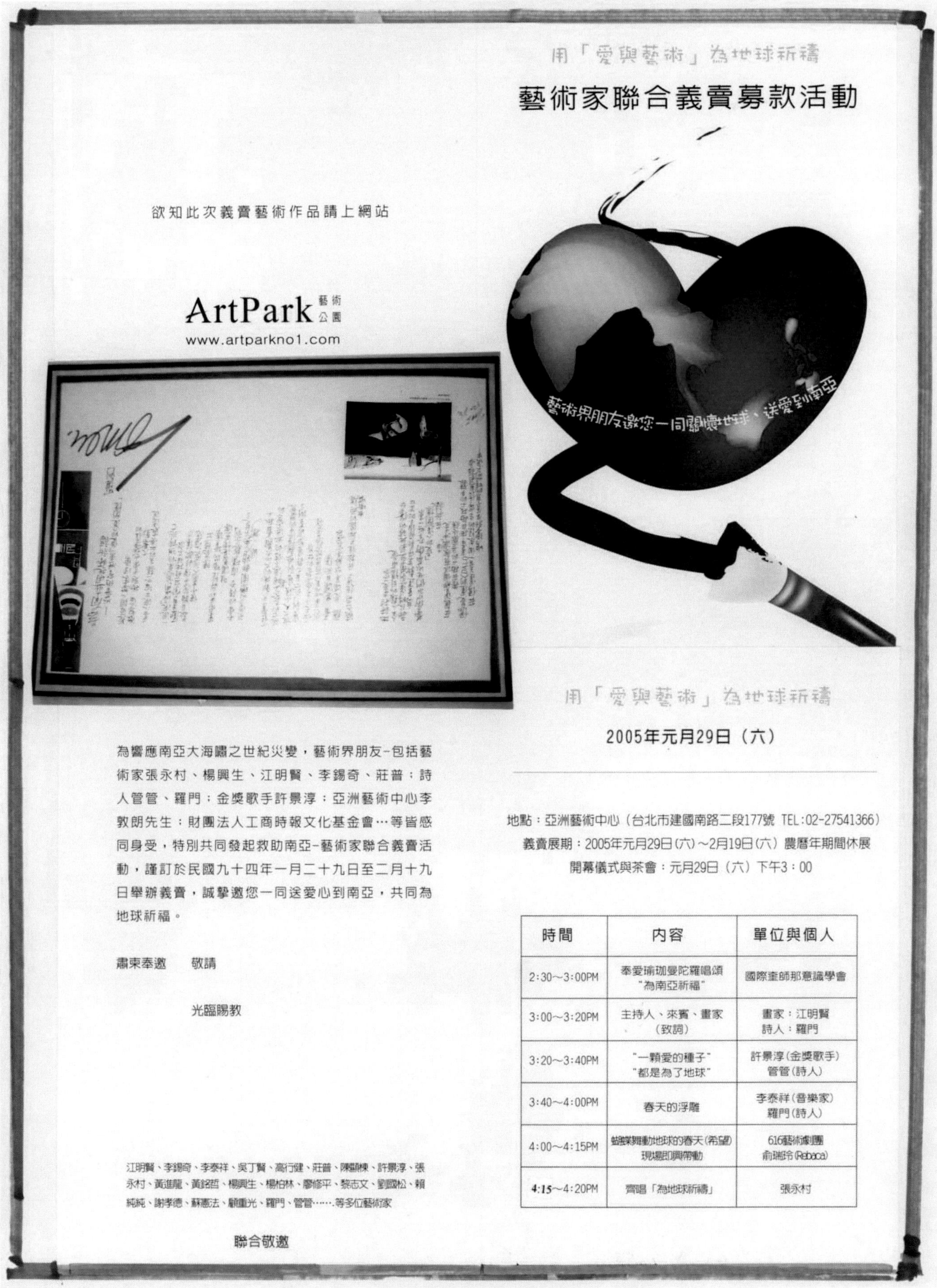

用「愛與藝術」為地球祈禱

藝術家聯合義賣募款活動

藝術界朋友邀您一同關懷地球、送愛到南亞

欲知此次義賣藝術作品請上網站

ArtPark 藝術公園
www.artparkno1.com

用「愛與藝術」為地球祈禱

2005年元月29日（六）

為響應南亞大海嘯之世紀災變，藝術界朋友－包括藝術家張永村、楊興生、江明賢、李錫奇、莊普；詩人管管、羅門；金獎歌手許景淳；亞洲藝術中心李敦朗先生；財團法人工商時報文化基金會…等皆感同身受，特別共同發起救助南亞－藝術家聯合義賣活動，謹訂於民國九十四年一月二十九日至二月十九日舉辦義賣，誠摯邀您一同送愛心到南亞，共同為地球祈福。

地點：亞洲藝術中心（台北市建國南路二段177號 TEL:02-27541366）
義賣展期：2005年元月29日（六）～2月19日（六）農曆年期間休展
開幕儀式與茶會：元月29日（六）下午3：00

時間	內容	單位與個人
2:30～3:00PM	奉愛瑜珈曼陀羅唱頌 "為南亞祈福"	國際奎師那意識學會
3:00～3:20PM	主持人、來賓、畫家（致詞）	畫家：江明賢 詩人：羅門
3:20～3:40PM	"一顆愛的種子" "都是為了地球"	許景淳（金獎歌手） 管管（詩人）
3:40～4:00PM	春天的浮雕	李泰祥（音樂家） 羅門（詩人）
4:00～4:15PM	蝴蝶舞動地球的春天（希望） 現場即興帶動	616藝術劇團 俞瑞玲(Rebaca)
4:15～4:20PM	齊唱「為地球祈禱」	張永村

肅柬奉邀　敬請

光臨賜教

江明賢、李錫奇、李泰祥、吳丁賢、高行健、莊普、陳顯棟、許景淳、張永村、黃進龍、黃銘哲、楊興生、楊柏林、廖修平、黎志文、劉國松、賴純純、謝孝德、蘇憲法、顧重光、羅門、管管……等多位藝術家

聯合敬邀

救救地球與人類世界── 羅門

亞洲藝術中心舉辦「藝術家南亞救災義賣」的深層意義

在造物的眼裡手中，在宇宙巨大的藝術館展場，「地球」原是一完美的雕塑、繪畫與交響樂，但不知是誰在地球上打下第一根樁，後來便長出大大小小的「地圖」來，沿著「地圖」邊線的兩旁，一直是不同符號與廠牌的坦克車與飛機在巡邏護衛；於難免有大小的衝撞時，便彼此在地球上丟砲彈、炸彈甚至把「天堂」也炸毀的原子彈；此外，再加上大家隨時隨地不停在地球上丟下烏煙瘴氣的「垃圾彈」…；真是把美侖美奐的地球炸的面目全非，炸的使地球的「心」碎裂與劇痛到忍受不了，便壓不住在南亞發出「海嘯」驚天動地的怒吼與反抗嗎？那近似是在報復要把人類狠狠的推入恐怖的死亡與萬劫不復的大災難中；叫千萬人陳屍地上，沉屍海底，整個世界陰暗成墓地墳園；能看的，只是像「南亞」海水一樣多的血淚與用血淚不停地寫下人類死亡的數字；能聽的也只是悽慘的哭聲哀嚎與跪拜祈禱。

此刻「天堂」也暗回字典裡不見了，神父也只能翻開聖經不停的禱告在找；而此幕歷史的死亡大悲劇，究竟是誰在編導與必須來看呢，顯然是人類自己。因人類除了引發無數戰爭，不斷造成生命重大的傷亡與地球的損害，同時在信賴科技與工業文明所進行後果堪慮的開發過程中，更是給地球生態帶來嚴重的污染與破壞，那便勢必潛伏下生存危機、災難與悲劇的可怕引爆線，一直牽動著人與地球共同存在於大自然整體生命結構中的好壞禍福與存亡。

的確一次又一次的大災難，尤其是此次在南亞發生的，更是慘絕人寰，觸目驚心，人類除了照樣不分行業從四面八方將愛與關懷即時送到南亞與地球的傷口，去修補與重建新希望與未來的出口；是否更應該痛定思痛來冷靜思考－如何對人的生命與地球的生機生態，給予更明智更切實與更多的珍惜與保護，以便盡可能找出有效防止「炸彈」與「垃圾彈」爆炸的機制與力道來。

當我們都確認人與地球發生一連串的災難，其中不少是因人的作爲有缺失與過於粗略甚至粗暴所使然，看來似可考慮借助詩與藝術超越的精神思想力量來重新思考，若如此，便會首先發覺「人」與「地球」未來的存在航向，終歸該由「詩」與「藝術」而非「導彈」來導航，主要理由是：

(1) 真正的詩與藝術所創造超越與永恆的「美」，是道德中的道德，可把人的生命與心靈帶進良知、良能與充滿人道、人性、人文、人本的佳境，而在根本上不贊同「戰爭」與人類相互殺的暴行；的確很難叫在「美」中寫詩的手、拉提琴與彈鋼琴的手、雕塑與繪畫的手，忍心去向「人」與「地球」丟砲彈、炸彈；同時，更不可能忍心去看戰爭來時，在炸彈爆炸的半徑裡，倒在血泊中，除了穿軍服的，尚有穿便服、學生裝、嬰兒裝、吐乳裝與紅衣黑衣聖袍的；此刻誰還會不盼望「炸彈」在地球與人類世界，全都變成美麗早餐的「雞蛋」？

(2) 真正的詩與藝術，已被視爲是美的「地球」與「人類世界」最佳的環保與美化力量，它不但賦給「人」以「美」的生命內容，使「人」的生命變成一座瞭望「美」的透明建築，而非封閉的存在體積；而且它的「造型」與「雕塑」，能使地球上所有城市的建築物與廣場開花，使開花的大自然再開花；它繪畫的顏色，也能把地球春夏秋冬美麗的自然景象與顏色保存下來，它繪畫中的線條，除可伴同鄧肯的舞姿，把海與山的起伏以及江河的流動與風雲鳥的悠遊飄逸…等優美的型態保留下來，尚可穿越大理石的紋路與樹根去追蹤生命的美與原本的根源；它的音樂一像貝多芬的「田園交響樂」，更是把人與地球以及自然萬物帶進和諧共處、沒有「槍聲」至爲平靜寧馨華美富麗充滿歡悅與讚美的美麗世界．

(3) 由於真正的詩與藝術，能把沒有生命的一切存在，變成有生命甚至「美」的生命的存在．．．因而詩人與藝術家便也自然被視爲內在生命世界的另一位造物主，透過詩與藝術爲人類與地球創造出無數完美且永恆的生命形象與奇觀。

尤其是當人類不斷將垃圾物污染醜化與破壞地球的容貌景觀時，達達（DADA）主義的藝術家竟能以藝術高度創造力，將垃圾物轉化成爲「美」的藝術世界。如此更可見藝術確是有助於地球與人類世界的美化與環保；使一切存在進入理想的美好境域。

(4) 事實上，真正的詩與藝術已成爲「地球」與「人類世界」以及各個國家社會乃至愛美的婦女們最好最耐久耐用而且高貴的美容精品；這也就是說，於存在高度的智慧判視中，詩與藝術已是「美」的人群、社會、乃至地球最可信賴的力量。如此凡是不珍視詩與藝術便是不珍視自己與自己生存的地球。

從上面的幾點看來，足可見此次發起的藝術家南亞救災義賣活動，募來的款項，雖比不上其他行業，但引發大家對此次地球發生的大災難，作更進一步與深入的審思、省覺與悟知，顯然在觀感上，是更具啓發性與特殊的價值意義。

「附註」：本文中一直把「詩」與「藝術」說在一起，是因爲詩也是語言的藝術；更重要是基於詩(POETRY 非 POEM)已被視爲是人類世界以及所有不同形態類別的文學藝術邁向「美」的巔峰世界與「前進中的永恆」之境的主導力量。

亞洲藝術中心舉辦地球大災難「南亞大海嘯」藝術家義賣賑災活動會議，羅門應邀致詞（上爲致詞內容）並擔任主持人。

文學與電影

立體鑑賞營

指導單位／行政院文化建設委員會
　　　　　世華聯合商業銀行文化慈善基金會
主辦單位／中國青年寫作協會
協辦單位／國立中興大學外文系

宗　旨：類發學員電影與文學雙向性的興趣。
時間：民國七十九年三月廿三、廿四、廿五日
參加對象：全國青年、大專學生及凡對文學、
　　電影之關係有興趣者，
講習方式：三天觀賞八部由文學改編而成之
　　電影經典作品並由學者專家評析
　　文學與電影間的關係及價值。

講評者簡介及通訊（按姓氏筆劃序）

王俊三　國立中興大學外文系教授
　　　　台中市中興大學外文系
王溢嘉　精神分析師、文學評論家
　　　　北縣中和市中正路二四四號五樓
李啓範　國立中興大學外文系教授
　　　　台中市中興大學外文系
林燿德　文學評論家
　　　　北市溫州街一六巷八之一號一樓
蔡奉杉　國立中興大學外文系教授
　　　　台中市中興大學外文系
鄭國興　電視製作人，〈周末〉副總編輯
　　　　北市中山北路二段六一號十樓
簡政珍　國立中興大學外文系教授
　　　　台中縣霧峯鄉四德路一三六巷五五弄六號
羅　門　詩人，藝術評論家
　　　　北市泰順街八號四樓

電影片名	導演	文學原著	原著作者	講者
天使之卵	(日)押井　守	天使之卵	(日)押井　守	林燿德
一九八四	(英)邁可瑞福	一九八四	(英)喬治・歐威爾	王溢嘉
森林復活記	(英)波蘭斯基	馬克白	(英)莎士比亞	李啓範
雷恩的女兒	(英)大衛・連			羅門
現代啓示錄	(美)柯波拉	黑暗之心	(英)康拉德	王俊三
玫瑰的名字	(法)尚傑克・安諾	玫瑰的名字	(義)艾柯	蔡奉杉
爵士春秋	(美)鮑伯・福塞			簡政珍
風之谷	(日)宮崎　駿	風之谷	(日)宮崎　駿	鄭國興

作協資訊

電影鑑賞營

〔本刊訊〕中國青年寫作協會於七十九年三月廿三日至廿五日假台中市中興大學舉辦第一屆〈文學與電影：立體鑑賞營〉，反應熱烈。

該營由文建會及世華銀行文化慈善基金會聯合指導，國立中興大學協辦。全部課程均爲將文學改編之電影傑作，透過深入淺出的專業性評析貫穿，所選八部電影均是經典之作；講評者亦各有專精，計有學者、文學評論家、藝術評論家及電視製作人。該營三天兩夜的課程中，最受學員歡迎的講師是詩人羅門及李啓範教授。學員們均反應希望多辦此類活動，將文學研討的層面擴大，是以作協計劃於北部、南部也能各舉辦一次，以饗這次向隅的朋友。

文學有聲書

爵士攝影藝廊 JAZZ PHOTO GALLERY jazz

台北市八德路二段433號2樓
(台灣療養院斜對面)
TEL：7219011

視覺藝術群「V－10逍遙遊」，爲配合第一檔展出，特於晚間7:00～9:00 在爵士攝影藝廊舉辦五場演講暨幻燈片欣賞，演講場次表如下：

日　期	主講人	主　題
6月3日（星期二）	莊靈・V－10攝影家	新聞攝影與創作攝影
6月4日（星期三）	董敏・攝影家	國寶攝影與美化生活
6月5日（星期四）	羅門・國際桂冠詩人	詩人看攝影
6月6日（星期五）	謝震基・V－10攝影家	造像
6月7日（星期六）	莊靈・謝震基 葉政良・張潭禮	V－10第一檔展出者座談會

〔註〕 (1) 演講時間：每晚 7:00～9:00

(2) 參加辦法：每人每場收費60元，（每場以110人爲限，額滿爲止）

藝術與生活 課程大綱

策劃：胡寶林

上課時間：星期三 6:55－8:35 pm　　108 室設

三月一日	<造形與生活>視覺的旋律	魏主榮（中原大學室設系）
三月八日	<詩與生活>斗室的星空	羅　門（都市詩人）
三月十四日(周二)	<攝影與生活>映像之窗	阮偉明（東海大學建築系）
三月二十二日	<鄉土與生活>鄉土追憶	陳其澎（中原大學室設系）
四月十二日	<想像與生活>幽遊仙夢	謝宗昌（中原大學室設系）
四月二十六日	<音樂美學>休止符的美學	劉千美（東吳大學音樂系）
五月三日	<文學與生活>天使的眼淚	楊蔚齡（聯合報副刊報導文學）
五月十日	<雕塑與生活>擁抱石頭	黎志文（國立藝術學院雕塑家）
五月十七日	<都市與生活>都市遊俠	喻肇青（中原大學建築系）
五月二十四日	<品味與生活>遊走境界	張謙允（中原大學室設系）
五月二十四日	<心理與生活>空間的舞台	莊修田（中原大學室設系）
五月三十一日	<哲學與生活>文化把脈	沈清松（政治大學哲學系）
六月七日	<環境與生活>綠色的原味	胡寶林（中原大學室設系）
六月七日	<民藝與生活>小品情趣	陳榮美（中原大學室設系）

■上課方式：

1. 每周演講七十分鐘、小組報告及討論三十分鐘。
2. 學生分組預先訪問演講者之住宅，以攝影、訪談等方式提出報告。
3. 期末提出心得報告。

羅門先生：
很榮幸請到您！

「文學與社會」專題講座

時間：每週一下午3:00－5:00　　聯絡老師：張靄珠
地點：國立交通大學光復校區
工程三館~~015~~ 122 教室
課程：1011

台灣的社會在一連串解嚴、解禁措施後，正面臨著無數的變數，也呈現出嶄新的風貌，往多元化發展。在這新舊交替的轉捩點，誠如英國文豪狄更斯所言：「這是最好的時代，也是最壞的時代。」爲了從多種不同的角度，捕捉社會、政治、與文化的變遷，藉以增廣同學們對自身的內在心靈，以及外在客觀環境的認識，更進而掌握新的契機，我們特地邀請十位在各項領域內有實際成就的人士，分別作專題演講。他們都參與了社會、政治，與文化風雲的締造，並產生了具體而深遠的影響。他們經由系統的專業知識，配合實際經驗，將爲同學們回顧過去、剖析現在、預測未來。

演講日期及講題排定如下：

2月27日	朱高正	國會運作與大眾傳播媒體的互動性
3月 6 日	陳映眞	鄉土文學論戰的回顧
3月13日	羅　門	心靈的饗宴－現代詩與現代藝術的關連性
3月20日	阮義忠	如何經由攝影，反映對台灣土地和人民的愛
4月24日	詹宏志	台灣社會未來的新趨勢
5月 1 日	楊憲宏	創作者面臨的困境－文學創作的哲學意涵
5月 8 日	高信疆	思潮與文風－台灣廿年現象側記
5月22日	李　濤	哈哈鏡中的眞實－「李濤寓言」如何反映變遷中的社會

王文興、馬以工：講題及日期未定

坐車在新竹交大或清大站下，坐計程車（約60元至70元）到交大新校區（光復校區），我2:45在大門恭候。如果早到，歡迎來新生館 Rm 334 歇歇腳，喝杯茶

行政院新聞局出版事業登記證局版臺誌字第一七一八號　中華民國六十六年七月一日創刊

出版與研究
半月刊
Publishing
& Research
Semimonthly
第二一期

中華郵政臺字第三九九四號登記為第一類新聞紙　本期出刊三大張每份五元全年壹佰元

發行人社長：黃成助

中國現代詩的未來發展 座談實錄

時間：六十七年四月十五日下午二時
地點：耕莘文教院
出席者：（依發言先後為序）
■羅門■陳秀喜■周鼎■吳望堯■彭邦楨■羊令野■管管■張默■方莘■向明■羅青■商禽■辛鬱■蓉子■高準■陳鼓應■曾祥鐸■丁雯■涂靜怡（書面意見）
記錄：何素芳、葉蘭芬、李慧棋

這是一次詩人的盛會，在耕莘文教院的大禮堂裡，集聚了十來位寫詩以及評詩的作家學者，也吸引了近兩百位愛詩的朋友。令人意外的，並且帶著驚喜，在會場中，我們看到甫自美國回來的彭邦楨先生，和幾個月前回國來作現代中國女作家研究的榮之穎女士。

座談會的開始，本刊發行人黃成助先生首先以主人的身分發言，他說：

「中國詩有數千年的悠久傳統，隨著時代的進展，生活內容的擴大，曾經發展出許多詩體。值得一提的是，過去詩體的變化，形式重於實質，畢竟農業社會裡的生活型態變化是緩慢的。

自從中西文化接觸後，新學說理論的啓示，思想境界的領悟與飛躍，人類生活內容與層面有著劇烈的改變與擴展，過去的詩體已不足以充分表達現代詩人敏銳的感受與理念，就是一般社會大衆也不再能滿足於吟誦舊體詩作為遣情散悶、怡情養性的工具。隱蔽在他們內心的種種，現代感受、壓迫、思緒、理念正需要才華卓越的現代詩人將之引發、共鳴、印證。

五四以來，新體詩應運而生，迄今六十個年頭，現代詩無論在思想內容上，或形式技巧上，都有有目共睹的興進。中國人是個詩性極強的民族，自古以來的知識份子沒有不會作詩吟詩的。

今天，我們就「現代詩的未來發展」這個主題，請各位詩人各抒高見，相信作者與讀者都能有莫大的俾益。」

主席的開場白

羅門

成文出版社與耕莘文教院主辦這次現代詩座談會，可說是近年來規模最大的一次座談會。首先我想在開場白中，特別加以聲明與強調的，是在討論之前，必須澈底認明詩（現代詩也是詩）的絕對價值與意義。

我覺得詩的「聯想力」，將埋在事物與生命深處的「美」，全部喚醒，使我們內心獲得生命美好的內容；詩的「超越的美感力量」，使我們的心性與心態活動，自然偏入道德的方向，善化了我們現實中的行為。尤其是當鐵幕國家，強迫人的思想精神與靈魂穿上制服；當物質文明的都市，將人推入狹窄的市井中，擱淺在物慾的外動世界裡，人的內心失去自由的聯想力，內心空間縮小了，詩便更是人類自由心靈與精神文明的卓越且強大的昇力（現代哲學思想也已大大借用文學（詩）的力量）。

接著，我們請各位詩人談談他們的看法。

(一)關於現代詩的社會功能，若有人反過來問：「詩既解決不了麵包問題，也解決不了現實中的苦難等等，尤其是在生存至上的現代世界中，詩有何用？」，我覺得他問的很有意思

。的確，詩人窮寫詩連自己都活不了，但這仍不能否定詩的價值，因為我們若有智慧，我們會了解人類的智慧越來越趨於分工。解決飢餓窮苦最好去找「麵包店」「慈善家」，當然最澈底的辦法是由直接管事的「政治家與社會思想家」來解決，來謀求改善。當一個人面臨飢餓，一千首同情的詩，絕比不上一袋麵粉。雖然如此，詩人基於人道在詩中表現出對貧窮與苦難的關心，事實上已是有助於去推動一個具有愛心的社會，而詩的工作應是放在更為壯濶的價值世界上，那就是在解決人類精神與內心的貧窮，也就是在衣食住行打好（或尚待打好）的肉體基礎上，繼續開發人類內心與精神的文明世界。這個世界，自古至今，並不因為「貧富」等理由而停止活動，仍有不少人尤其是詩人，雖很窮，窮如撿字紙為生的詩人曹陽，卻有能力去擁有這個富足的世界。

(二)談到現代詩的創作與欣賞，便會想到現代詩的大衆化與擴大現代詩的影響力等問題。我認為詩應該是大衆化的，但能否做到大衆化確是有問題。因為詩的語言雖來自生活，但用了大衆能悌的生活語言，並不一定是詩的語言，詩的語言有其特別的機能——如暗示性、象徵性，乃至白描與直接投射，都有其深一層的意涵，方能表現出詩的隱藏中的「內境」，如果只在文字意義的層次上獲得交通，則其他形態的文學，已能做到，就不必有詩了，所以詩難於大衆化的理由有二：

(1)詩不是生活第一層面的現實之複寫；詩是使生活第一層面的現實，投入內心的經驗世界，去引發所有共同性的潛力，滙合成更大內涵的第二層面的「現實」，這也就是施友忠教授所謂的第二度超越，這種因轉化而獲得境界的詩，便的確難於大衆化了，這是自古至今的現象。

(2)因為詩經常用的意象語，是由思想與情感透過生活經驗所提昇的一種富於感知性（超越意義性）的語言，就是以詩的平易語言（因有「弦外之音」），也往往非一般讀者所能把握的。

我這樣說，只是站在詩本身的立場來看，至於現代詩是好是壞，是看得懂看不懂，那是每一篇作品與作者本人同讀者去個別面對的問題，因為客觀事實也已說明，現代詩一直存在看有好也有壞有看得懂也有看不懂的兩種看法，至於這裡邊的比例數，那是連詩人也明白的，無論如何，讀者有自由去賞評，作者在被批評中，可對創作去做更有利的調整工作，基於這種誠意才有助於現代詩繼續五四以來新詩發展所做的努力與表現，這樣，才是理想的。

無論如何，我認為現代詩仍是可懂的，而且在人類的內心中，也可工作得相當的深入，我相信一個具有認知力的詩人，絕不會將幾十年的時間浪費故意去寫別人不懂的詩。

(三)談到對現代詩未來的展望，我想它勢必加強民族性，但並非排拒世界性乃至凡是美好的一切；一方面向民族詩源做有機的吸取，一方面也不斷向現代生存的新處境做探索與開發；此外音樂性的加強，以及使詩從繁複轉向精純的風貌，是必要的。無論如何變，詩的語言與技巧，永是為內心的美感與精神的境界而工作的，仍有賴詩人的才華以及內心強大的生命力與創作力來努力。現代詩應該是有前途的，在接受各方面的批評與自省的過程中，只要現代詩人不停下筆來，鐘錶的下一秒鐘在走，現代詩也會往下一秒鐘走下去，至於走到那裡，走得有多遠，走得如何，那最後仍是留給批評家與史評家去做論斷。

70 與 80 年代之間，國內現代著名藝術家與畫家的一次算是空前的大聚會。

●為上面這張相片必要說的話：

台灣現代藝術發展自 50→60→70 年代期間，完全在現代主義（或著重「存在思想」風潮）的思維動向所展開的現代前衛意識的藝術創作形態；是故，在 360 度搜瞄的倒鏡中，不能不去看台北市西門町湧現「現代藝術」風氣景象的「野人咖啡廳」、「作家咖啡屋」、「明星咖啡廳」、「田園古典音樂廳」……以及「七星大飯店（特闢的現代詩與藝術活動區）；而在這幾個我下班也經常進出的藝文空間，同當時有現代思想的藝文作家，深入的談詩論藝，有些文友後來曾戲言我是「羅蓋」甚至「心靈大學校長」與「教父」……當然這些戲言是有連音的，那是自 50 年代→70 年代這段日子我爲現代詩與藝術，已相連在台灣 20 多所大專院校演講……

述說上面這些話，同我特別珍視上面那張照片是非常有關與有歷史意義的；那張照片是 60 年代當時最具現代前衛感的著名「鐵三角」藝術家馬凱照（後排左站者）、李長俊（前排左二）與蘇申田（前排右一）造訪「燈屋」拍攝的。其中蘇申田對現代藝術前衛思想，較當時對超現實詩一竅不通的名畫家李 XX 是高明太多；李長俊是創作與理論均表現傑出非凡的藝術家，他當時翻譯現代繪畫與雕塑的專書對台灣藝壇的影響與貢獻是夠多的，當然送我市美館要收藏的畫作之作者馬凱照，更是我印象至爲深刻的有思想與智慧的藝術家，又是在 60 年代同我在「七星大飯店藝術活動區」分別主持現代詩與現代畫的講解人，留下難忘的記憶。

詩　　國

POETREPUBLIC

國內外 20 多位知名現代畫家
贈給「詩國」四十多幅畫

旅美畫家許汝榮畫作（作品是我與蓉子 44 年（1955）4 月 14 日結婚的教堂）
地址：台北市長安東路七條通

名畫家謝德進畫作

旅美畫家許汝榮畫作

東方畫會名畫家的胡奇中畫作

名詩人畫家席慕蓉畫作

傑出女畫家朱恬恬畫作

旅美畫家許汝榮畫作

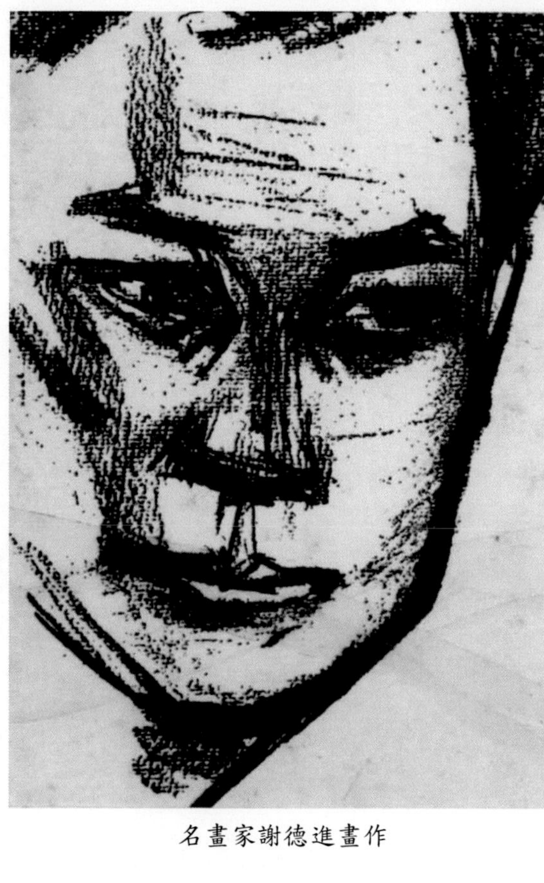

名畫家謝德進畫作

五月畫會名畫家莊喆作品

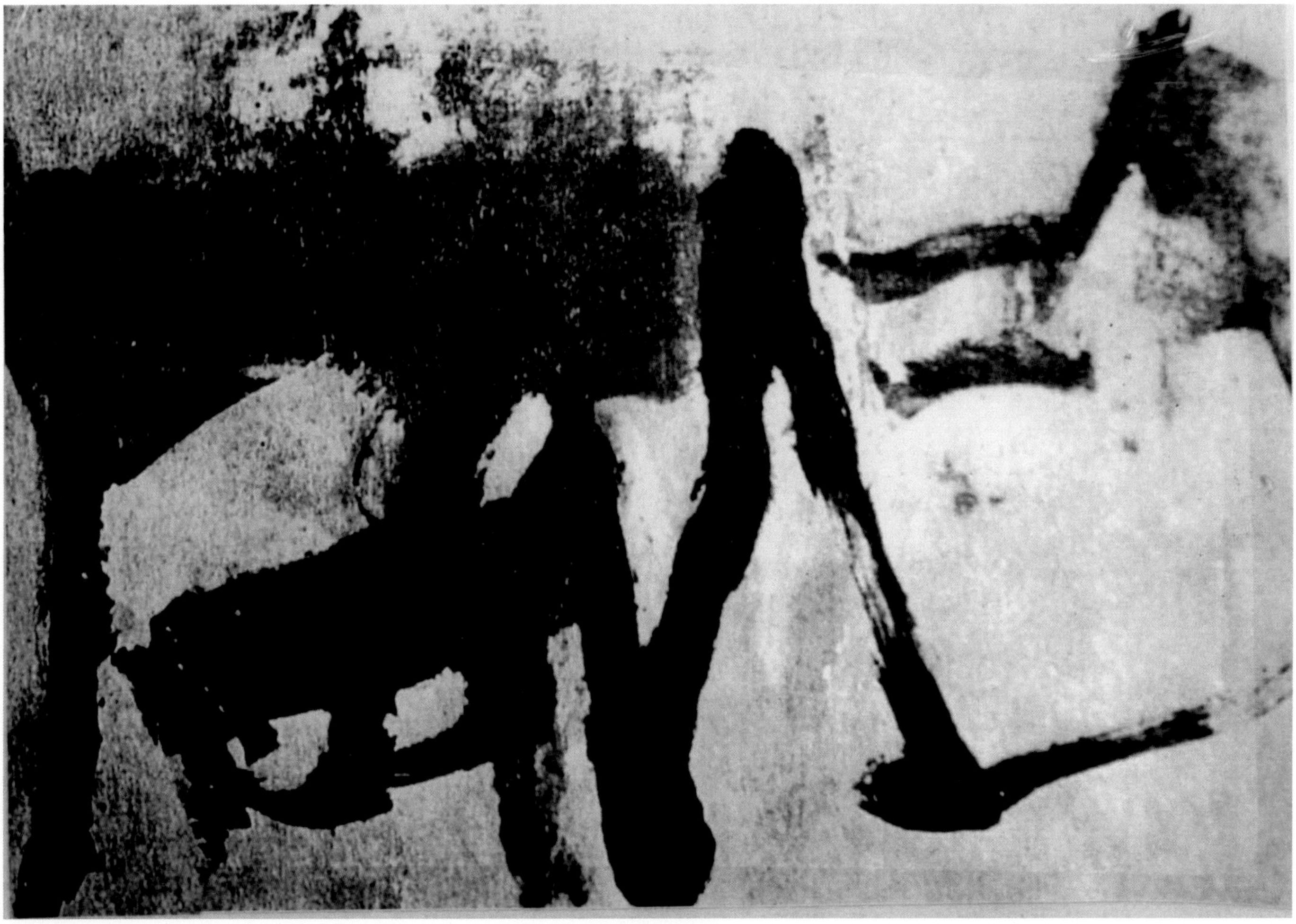

名畫家莊喆畫作

作品被故宮博物院收藏的名畫家林壽宇作品

東方畫會名畫家秦松畫作

東方畫會名畫家霍剛畫作

名畫家閻振瀛教授畫作

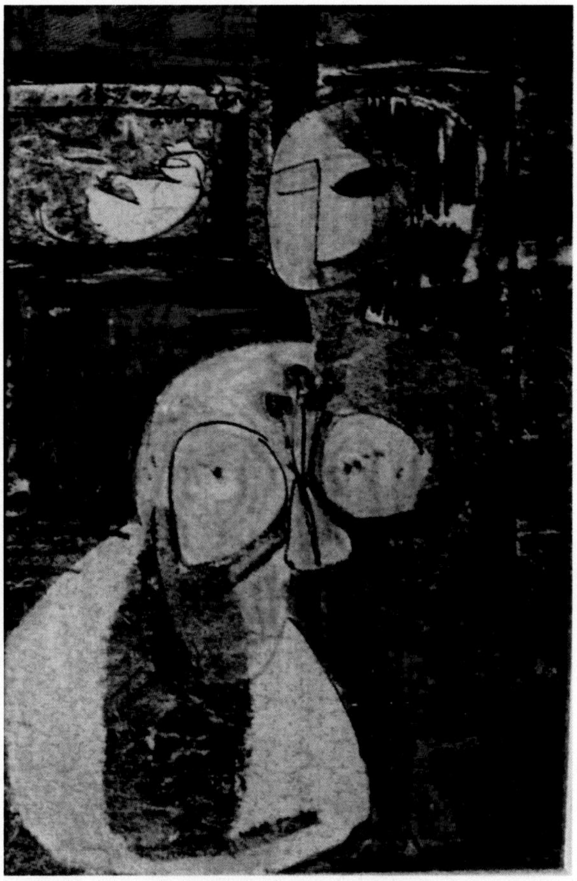

名畫家閻振瀛教授畫作

名畫家姚慶章畫作

東方畫會名畫家莊喆畫作

抽象名畫家陳正雄畫作

東方畫會名畫家莊喆畫作

抽象名畫家陳正雄畫作

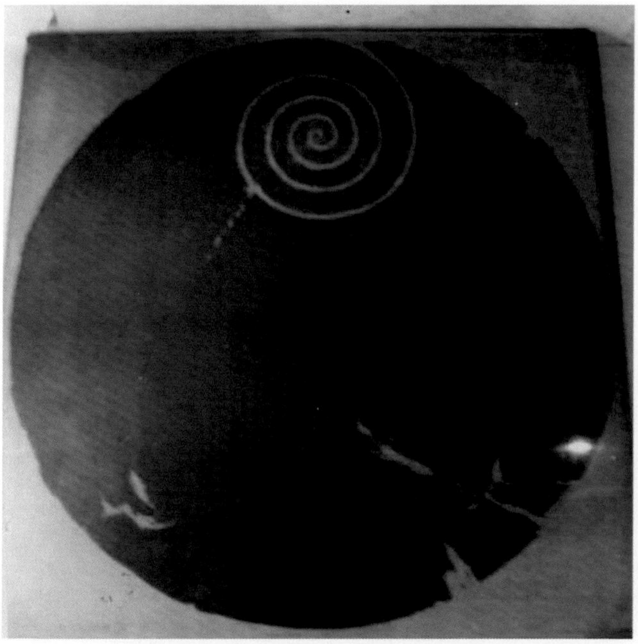

東方畫會名畫家陳庭詩畫作

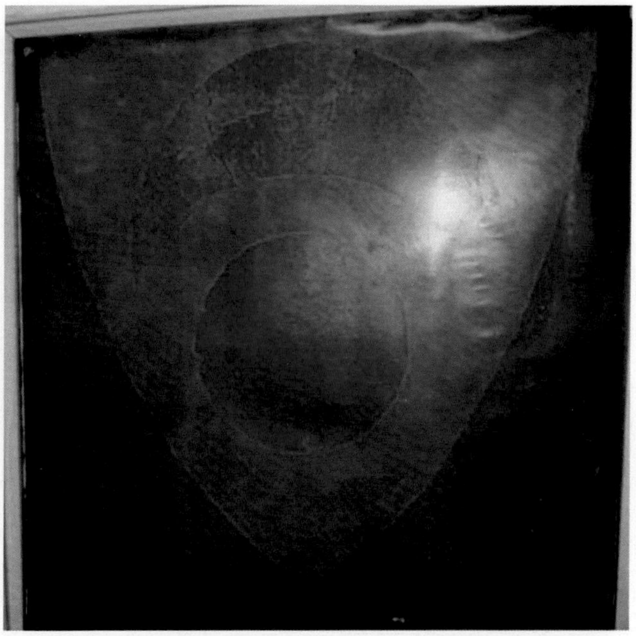

東方畫會名畫家陳庭詩畫作
（此畫曾用作羅門蓉子英譯詩選封面）

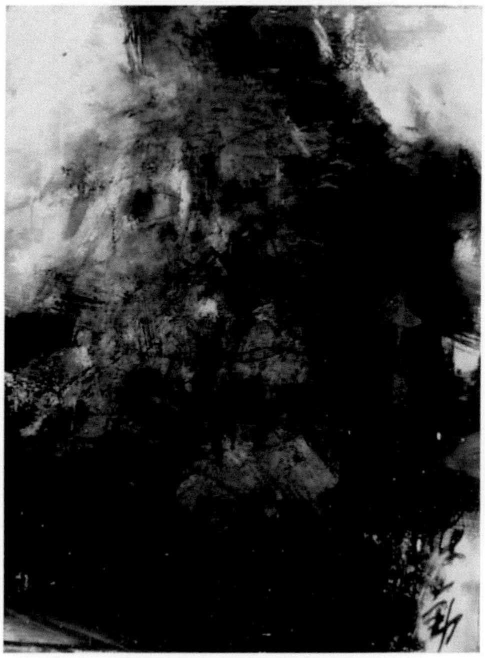

草書駱名畫家陳勤畫作

名畫家楊慶生畫作

油墨山水名畫家胡宏述教授畫作

圖圖畫會前衛藝術家郭榮助畫作

詩人畫家朱沉冬畫作

名畫家曾培堯畫作
（曾接受美國務院邀請訪美）

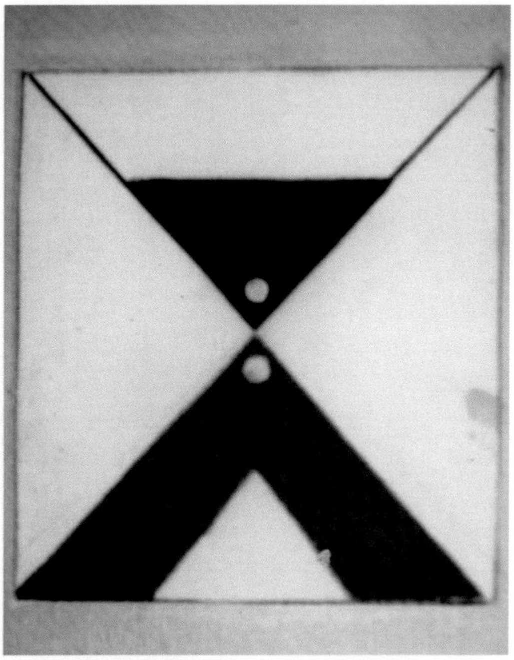

旅意大利名畫家霍剛作品

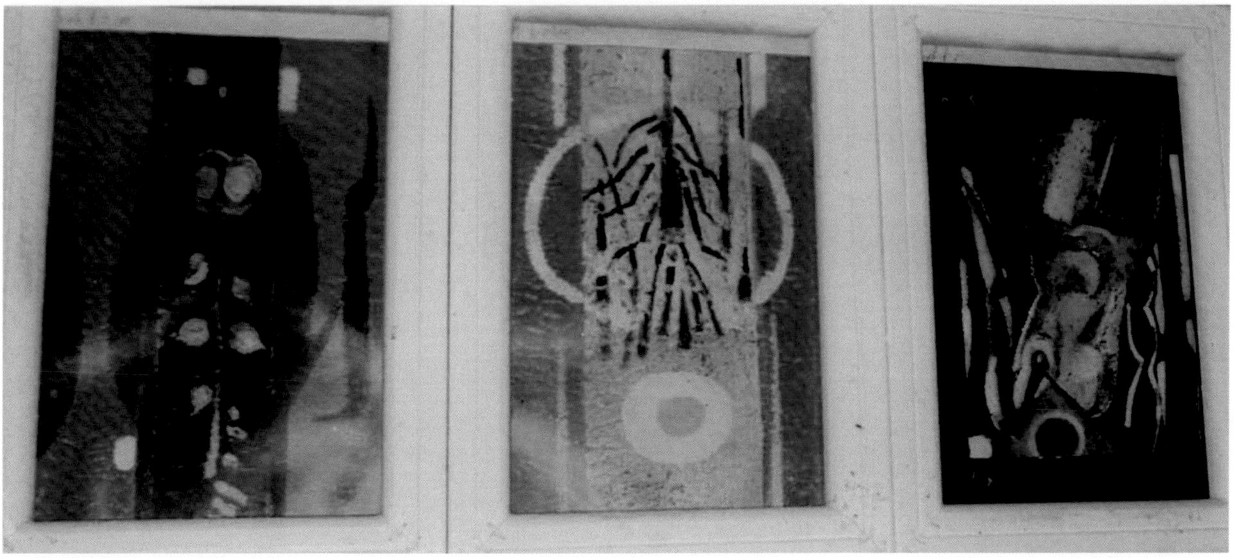

名畫家姚慶章系列畫作

東方畫會名畫家秦松畫作

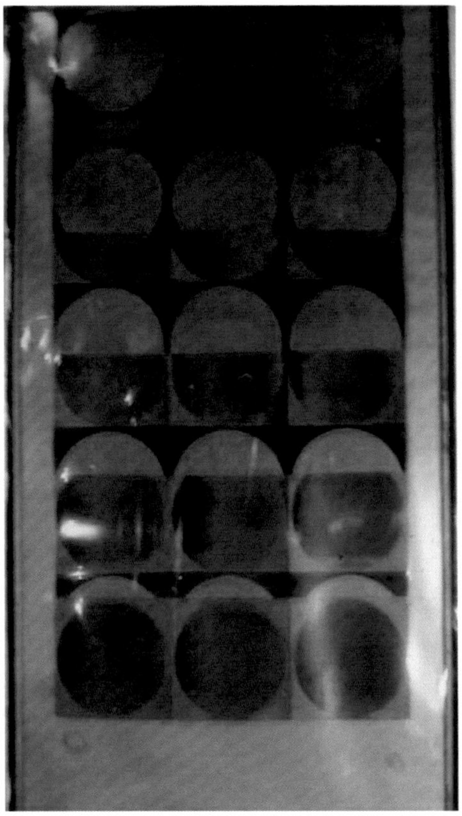

東方畫會名畫家李錫奇畫作

東方畫會名畫家秦松畫作

「超度空間」名畫家胡昆榮

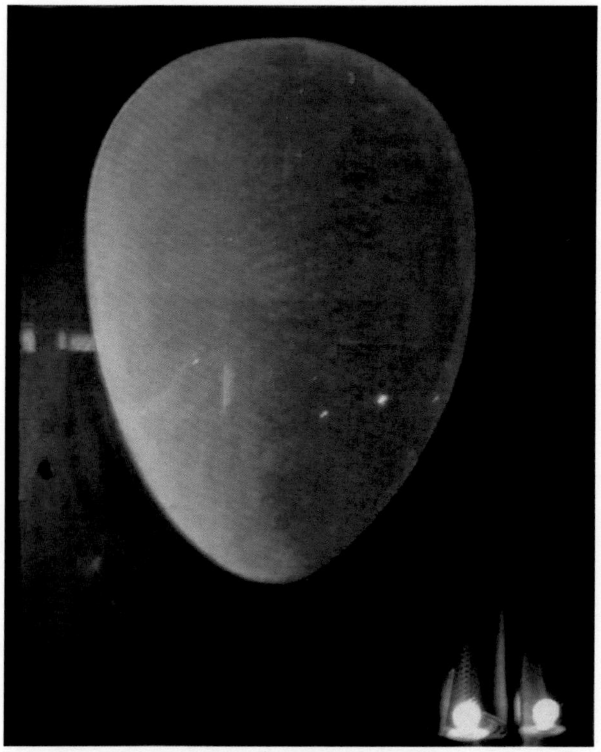

名畫家馬凱照畫作

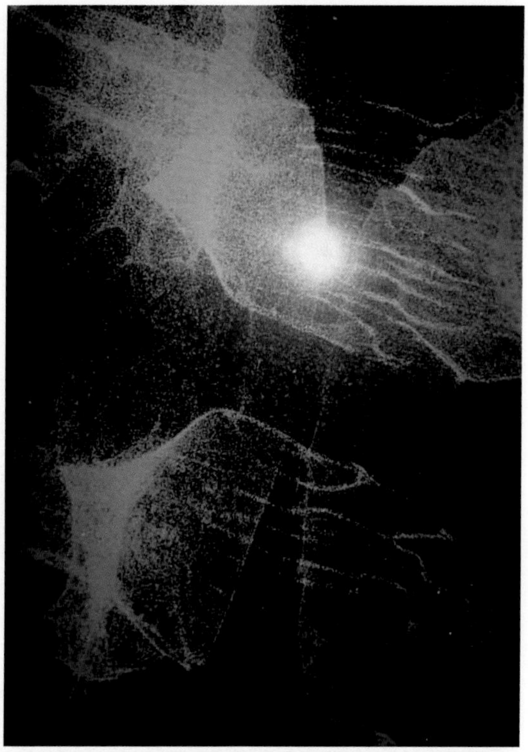

名畫家楊英風畫作

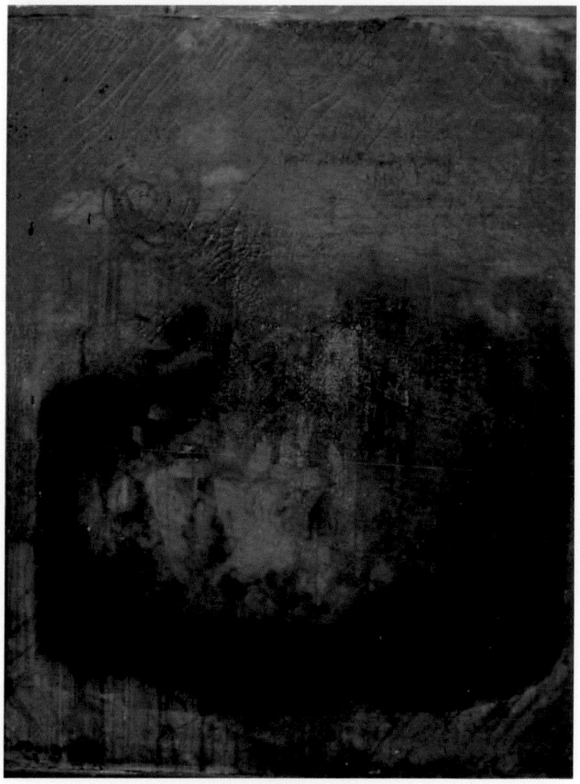

名畫家楊慶生畫作

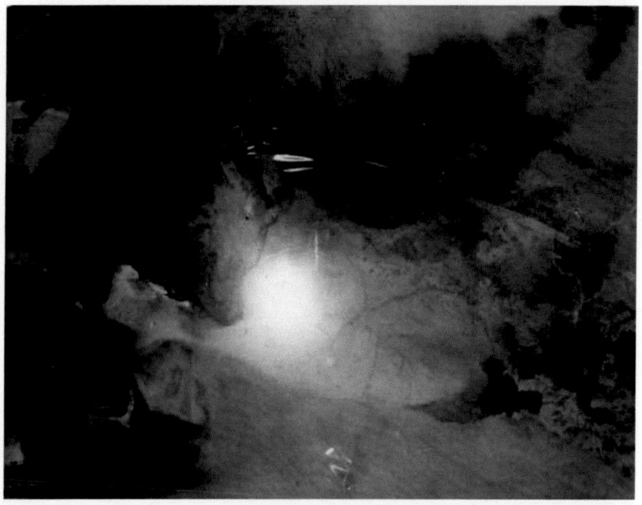

名畫家洪根深畫作

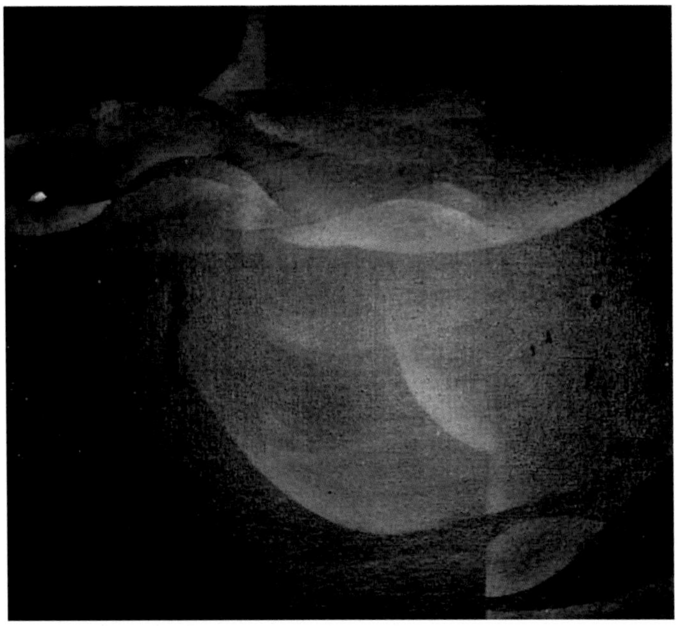

青年傑出詩人畫家林興華畫作

名畫家徐術修畫作

名詩人畫家許水富畫作

名畫家徐術修畫作

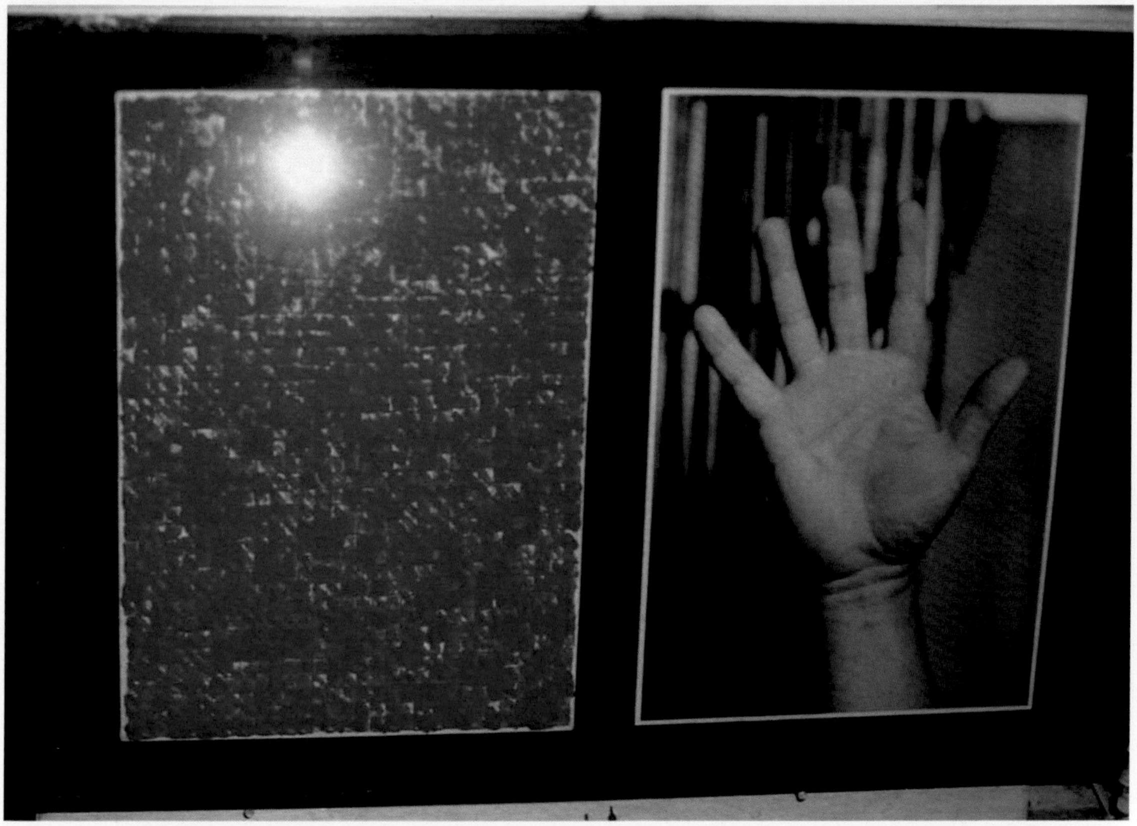

名畫家莊普 2008 年初送給燈屋的此件作品，是第一件具有後現代風格的畫作

前衛名畫家張永村畫作

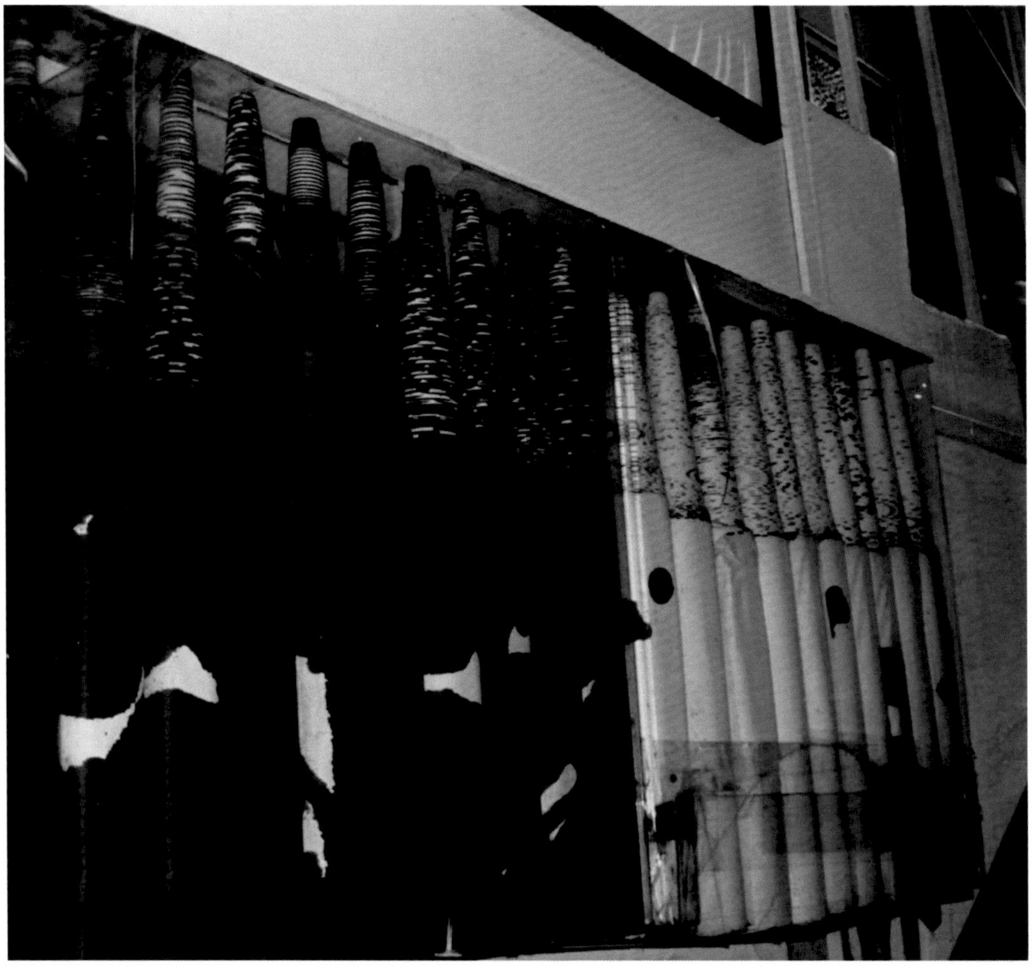

前衛名畫家張永村畫作

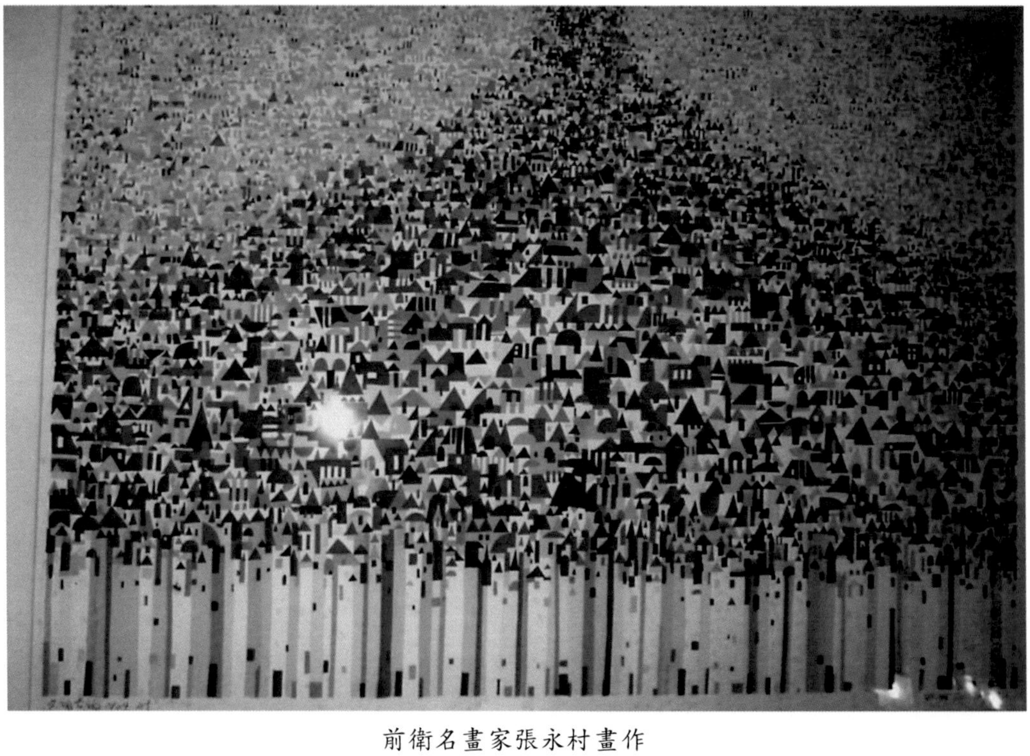

前衛名畫家張永村畫作

長期受着審判的人
羅門著

第九日的底流
羅門著

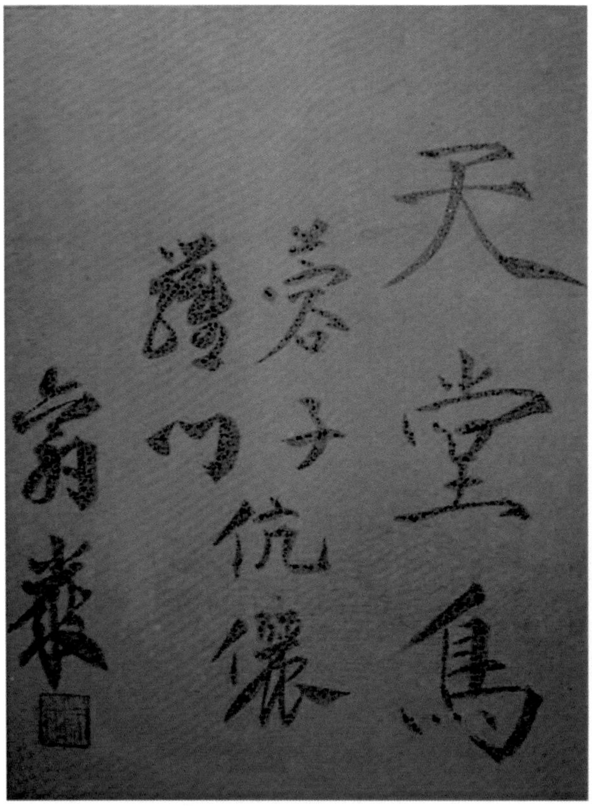

故宮博物院院長莊嚴書法

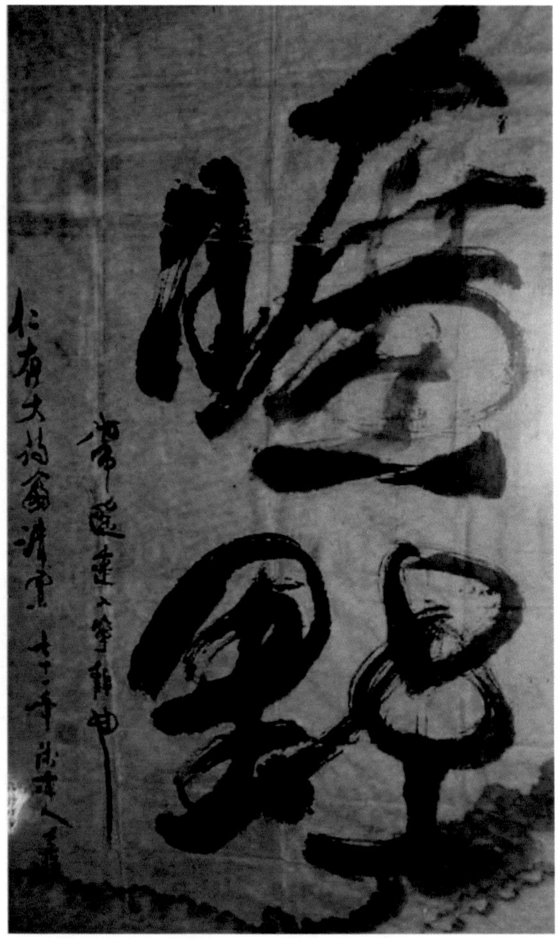

名詩人羅青教授書法

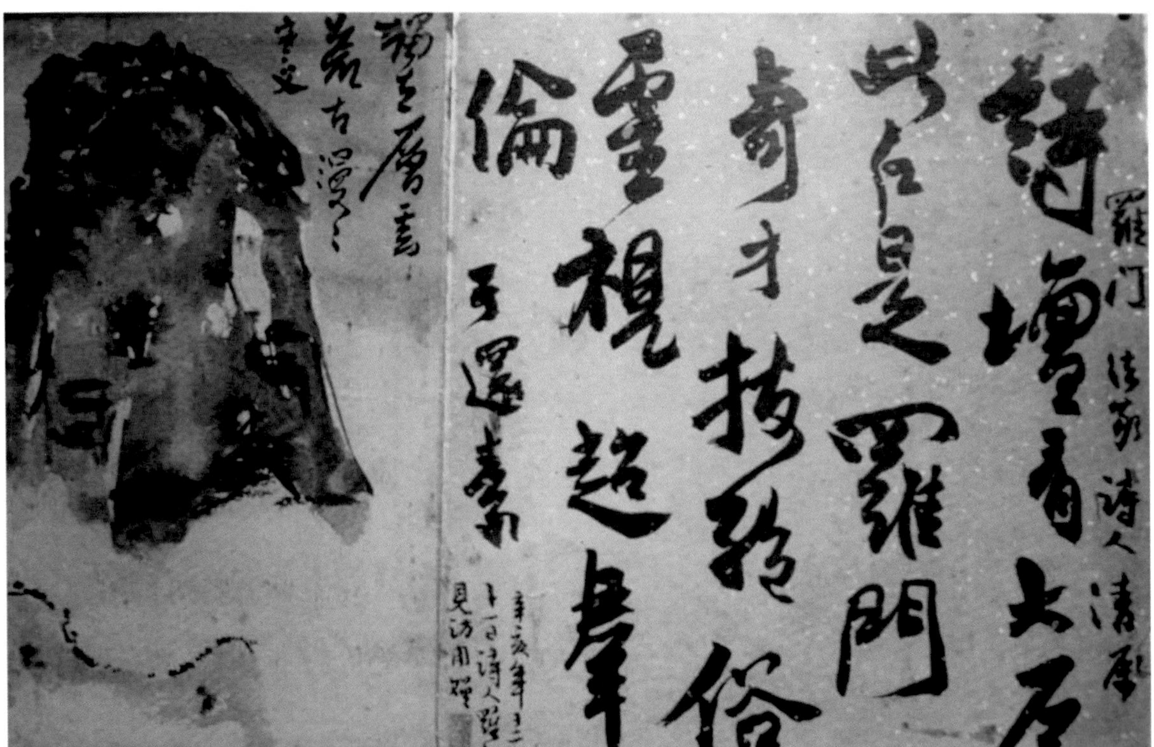

名藝評家書法家于還贈送詩書畫

羅門剪貼藝術(COLLAGE ART)

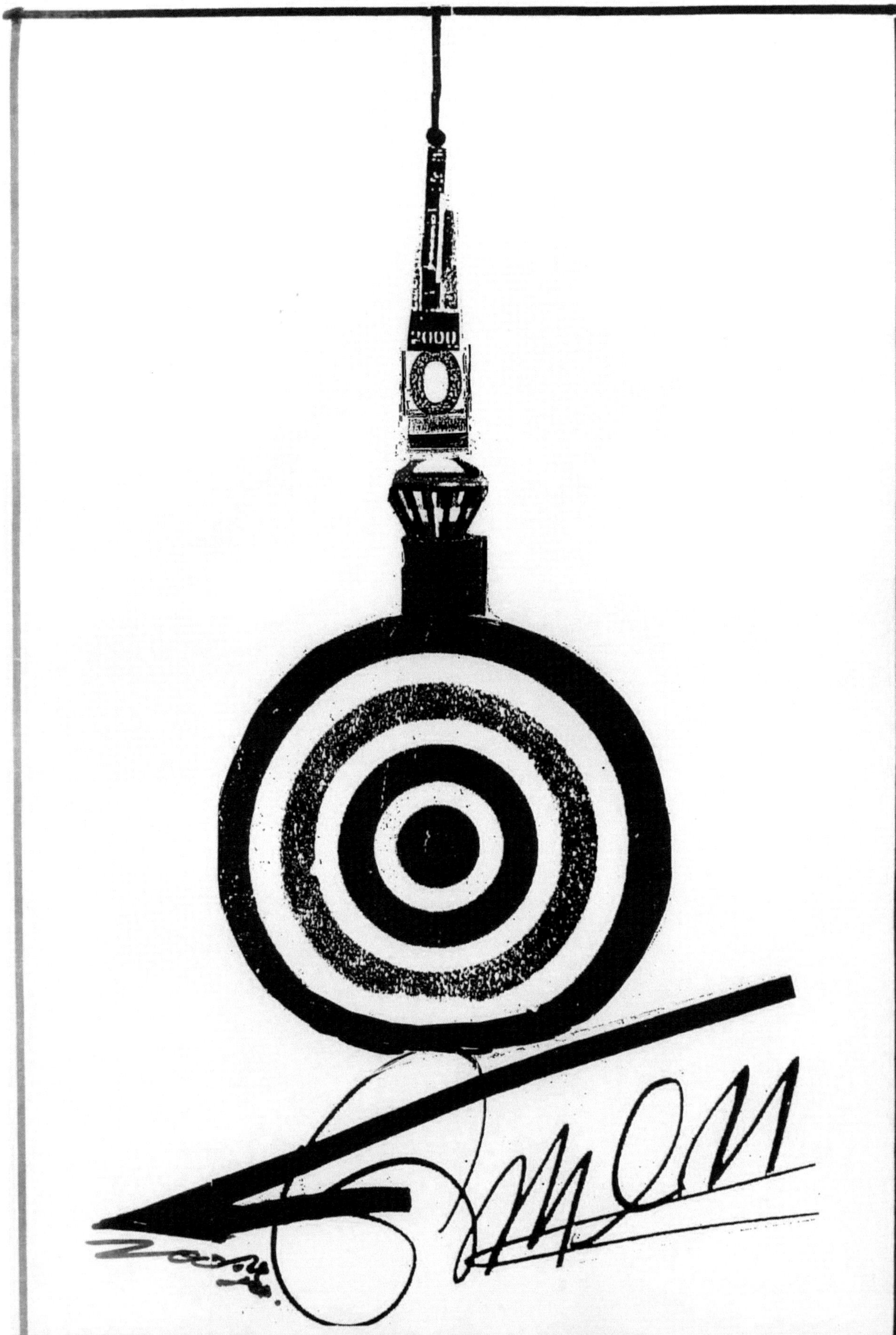
2000

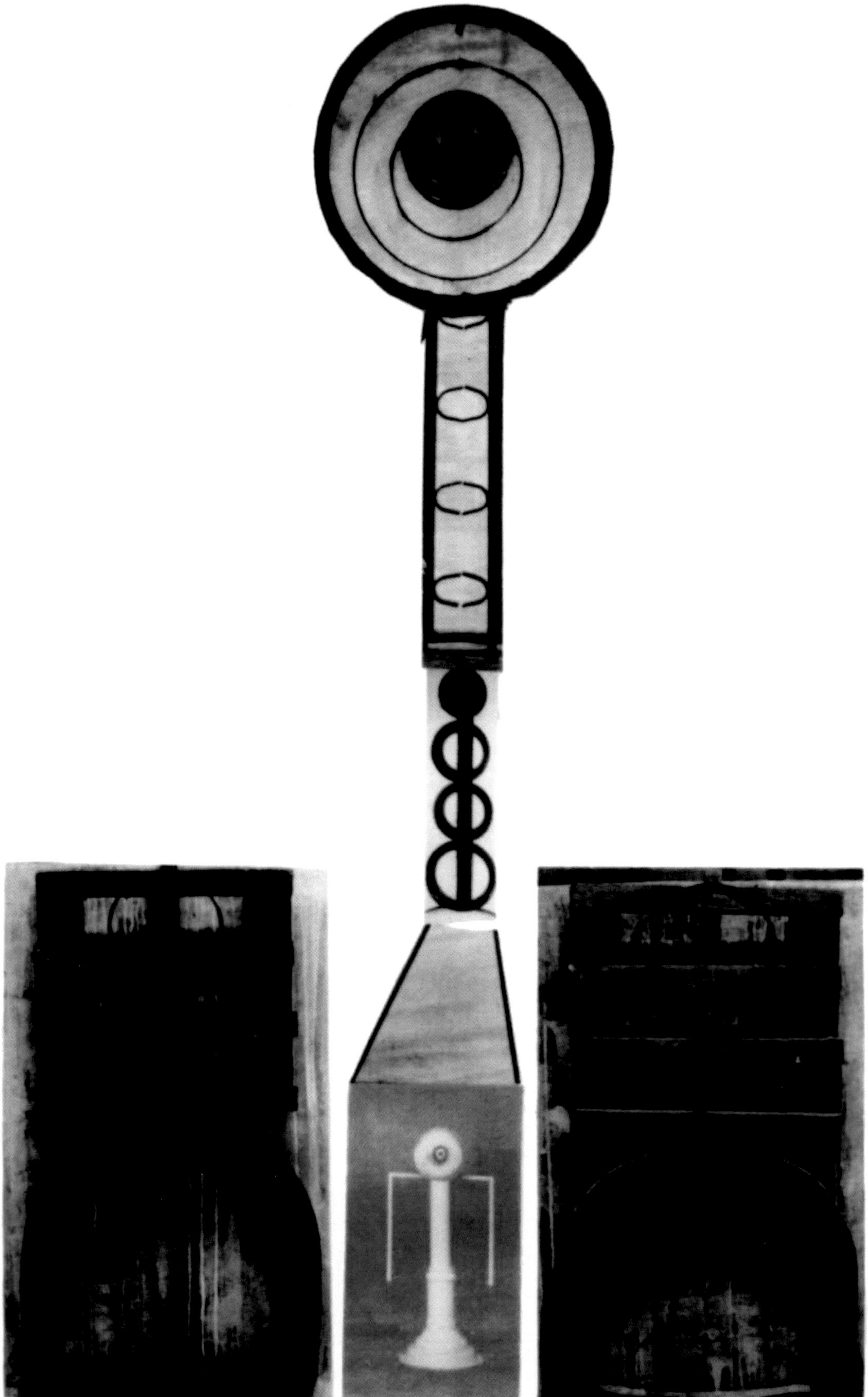

2000

2000.

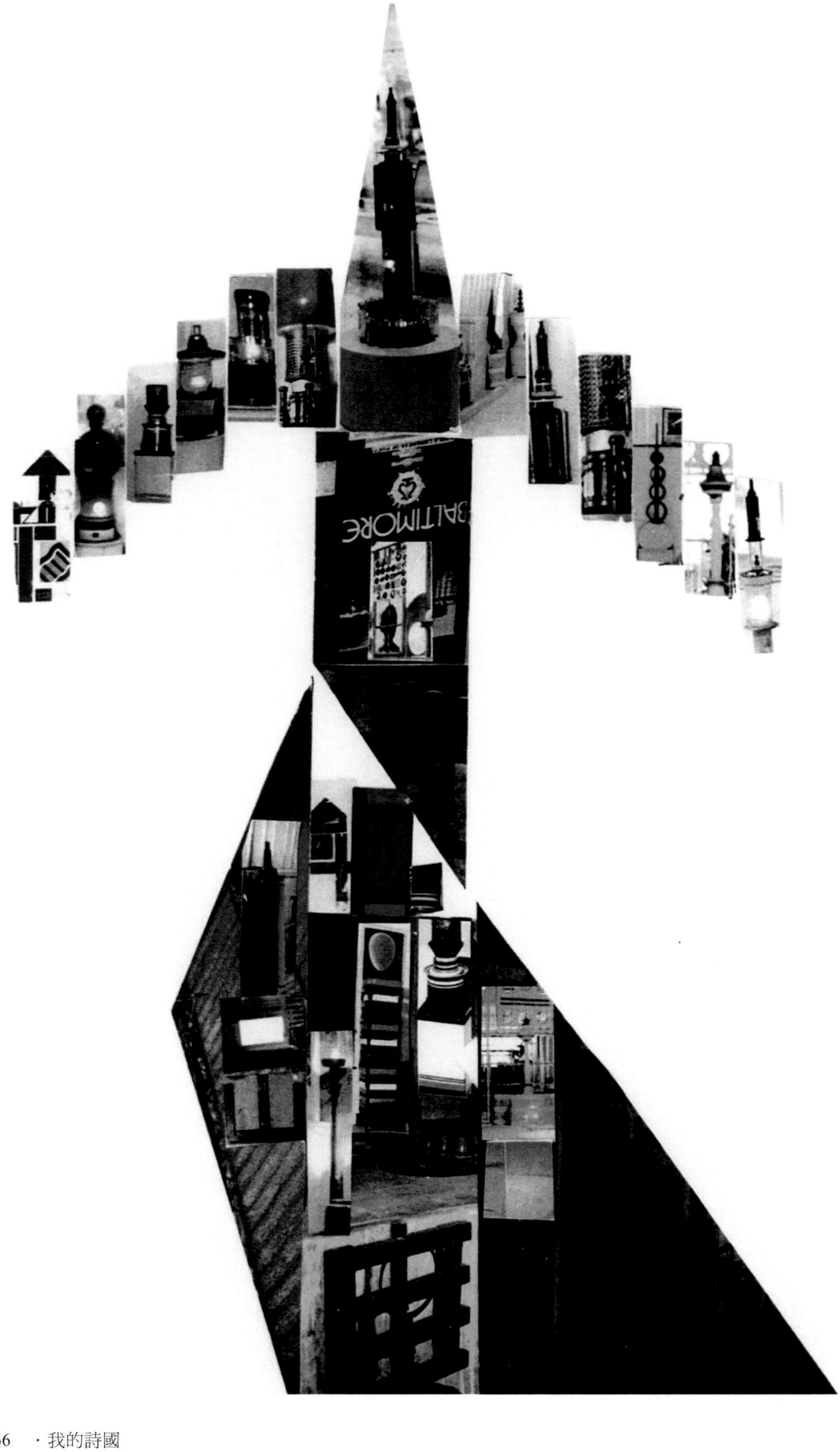
BALTIMORE

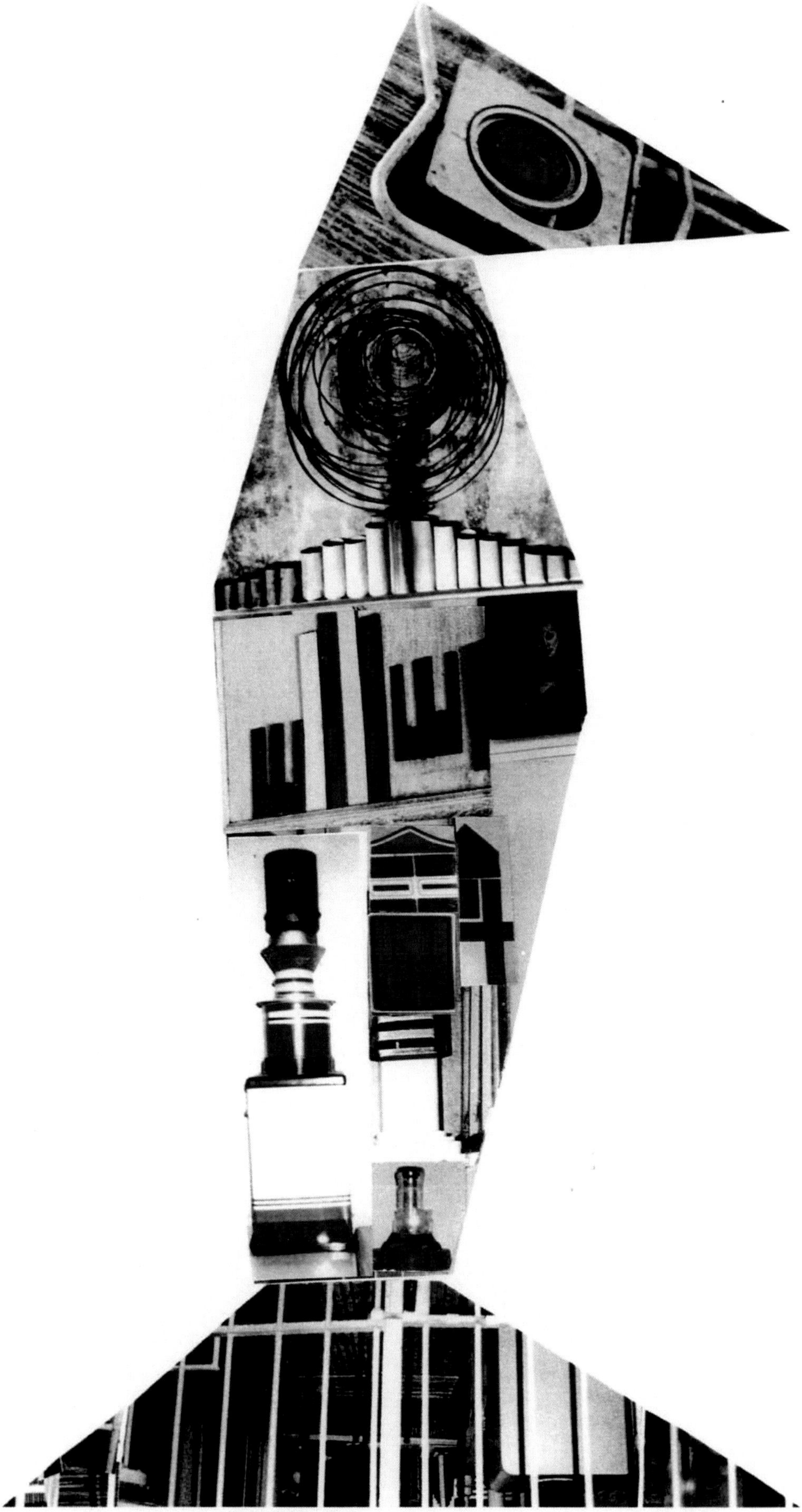

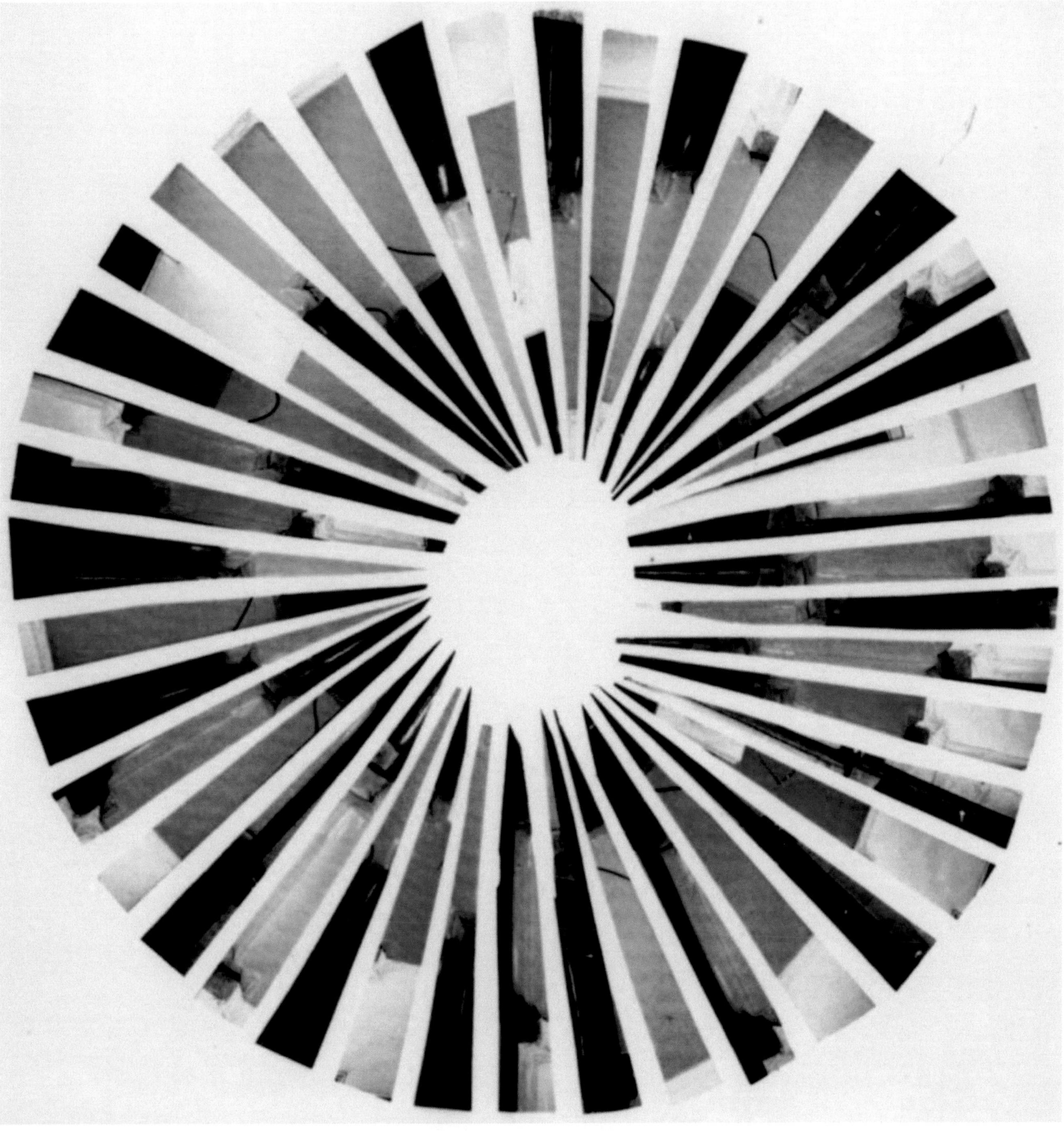

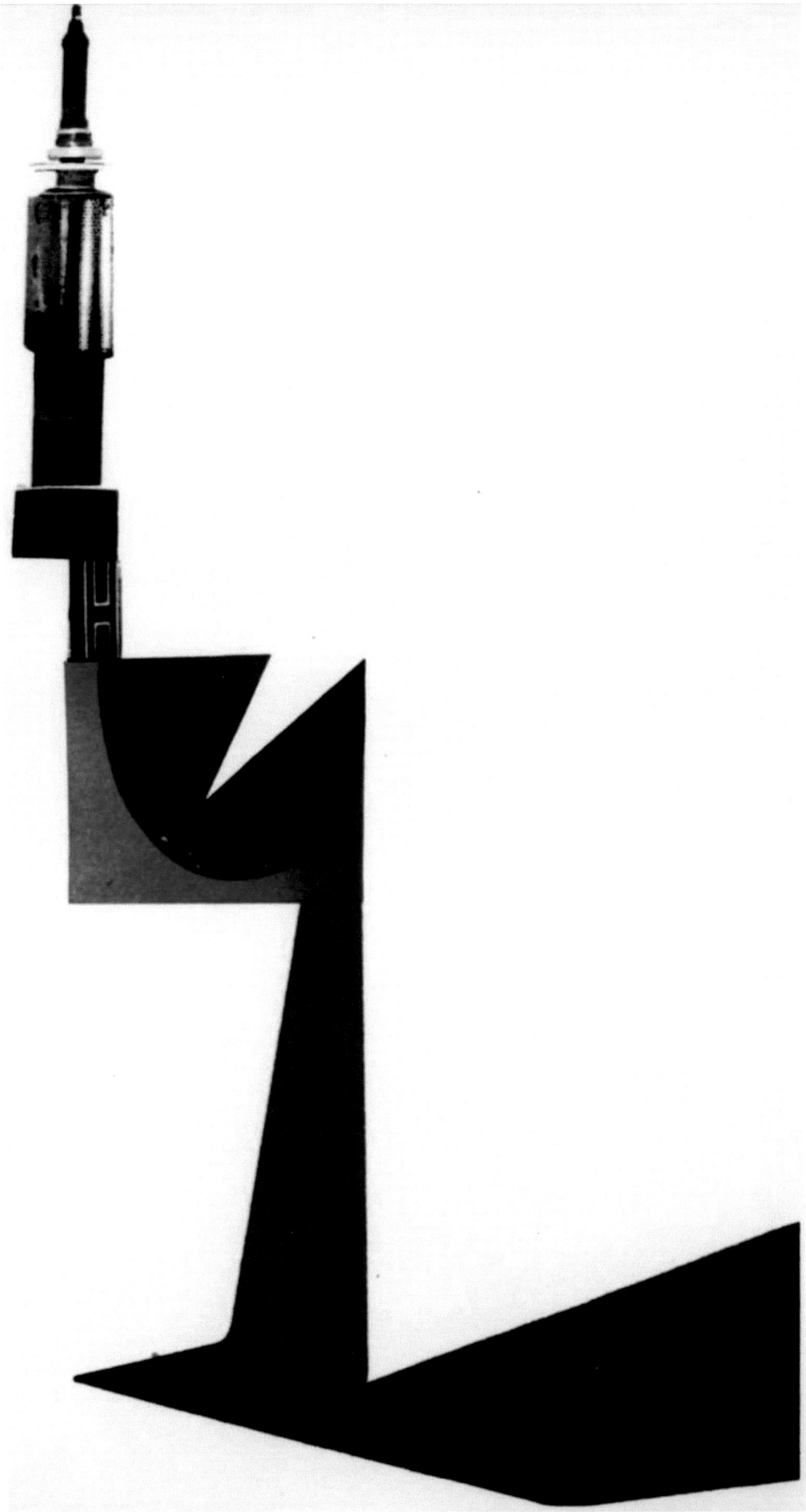

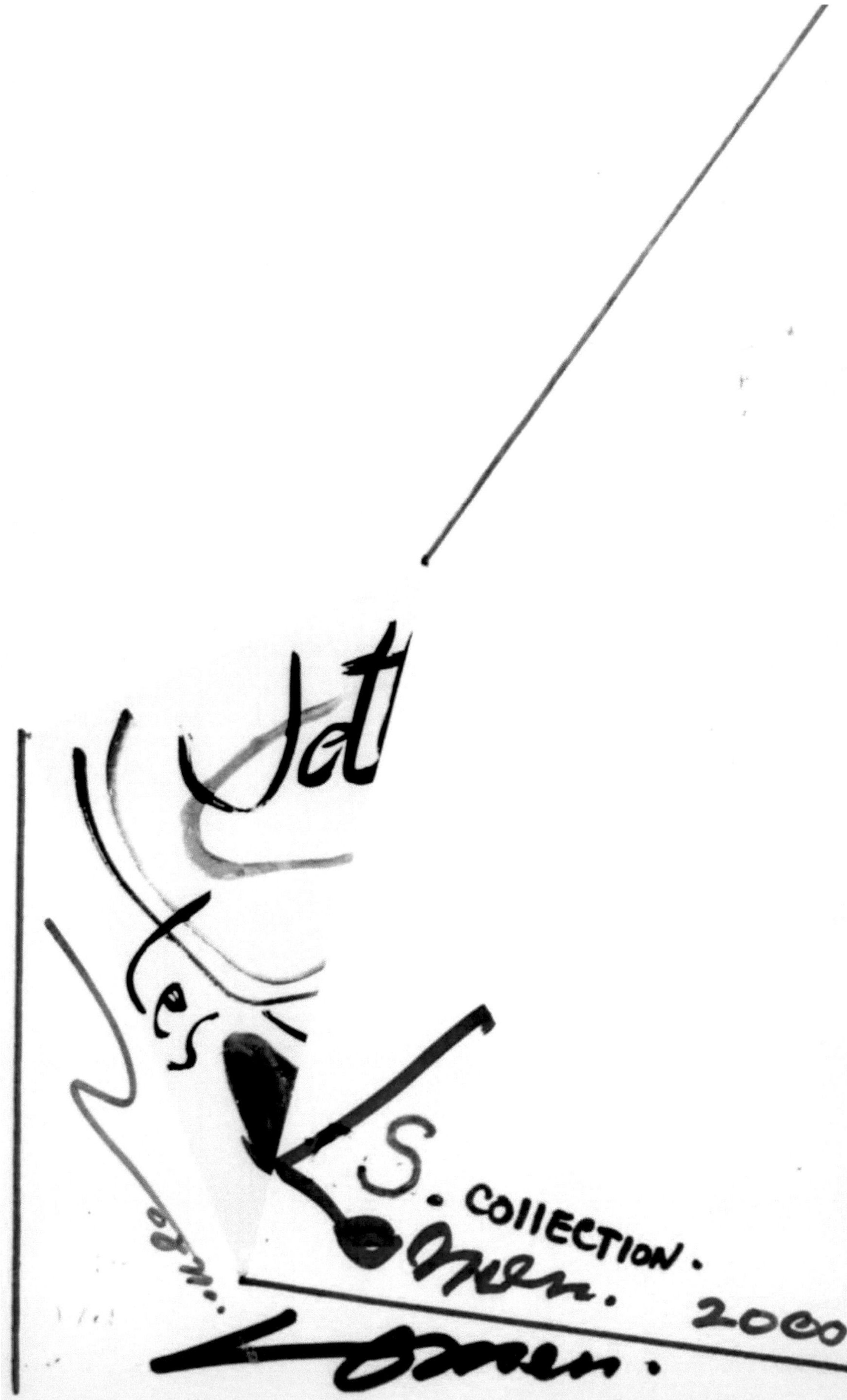
S. COLLECTION.

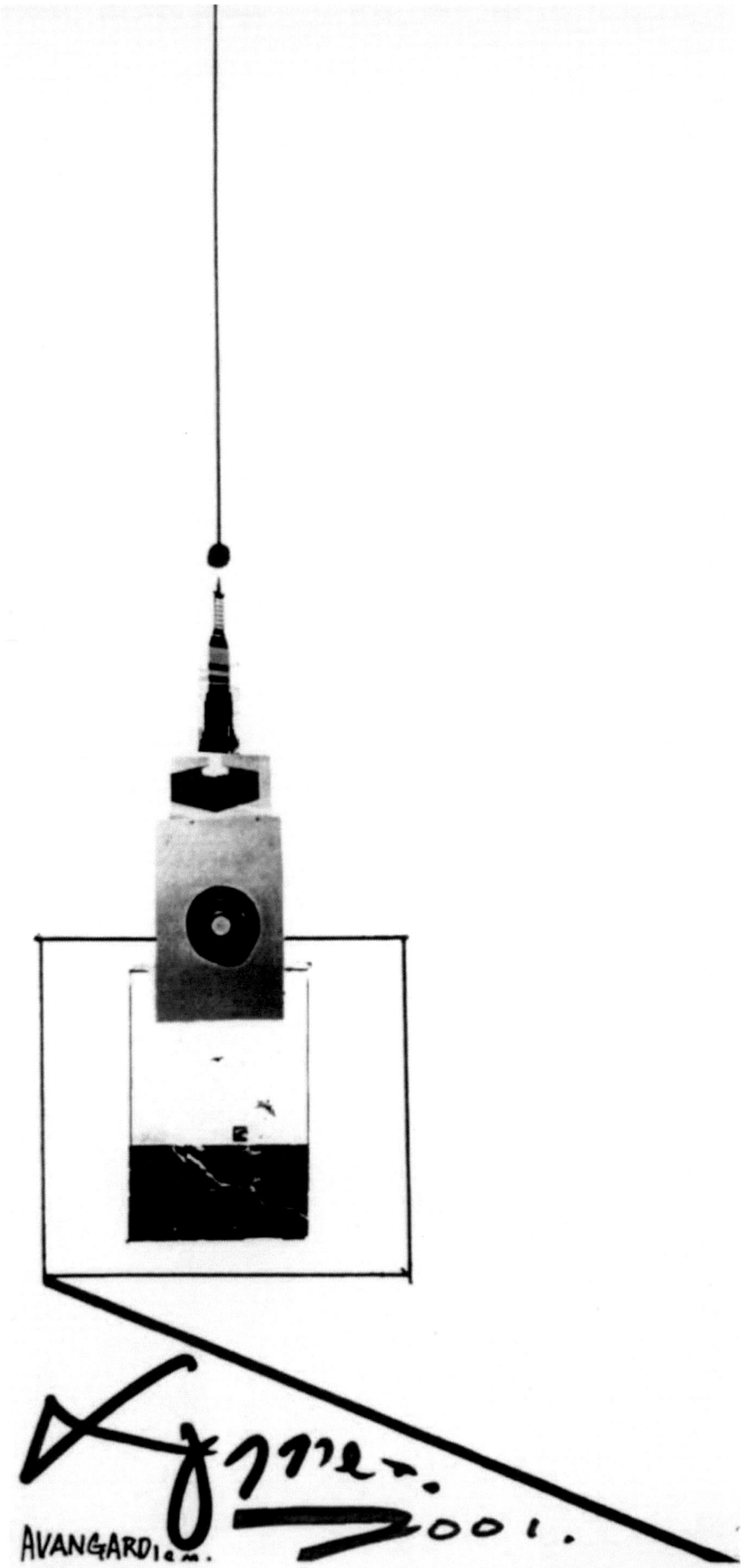
AVANGARDism.
2001.

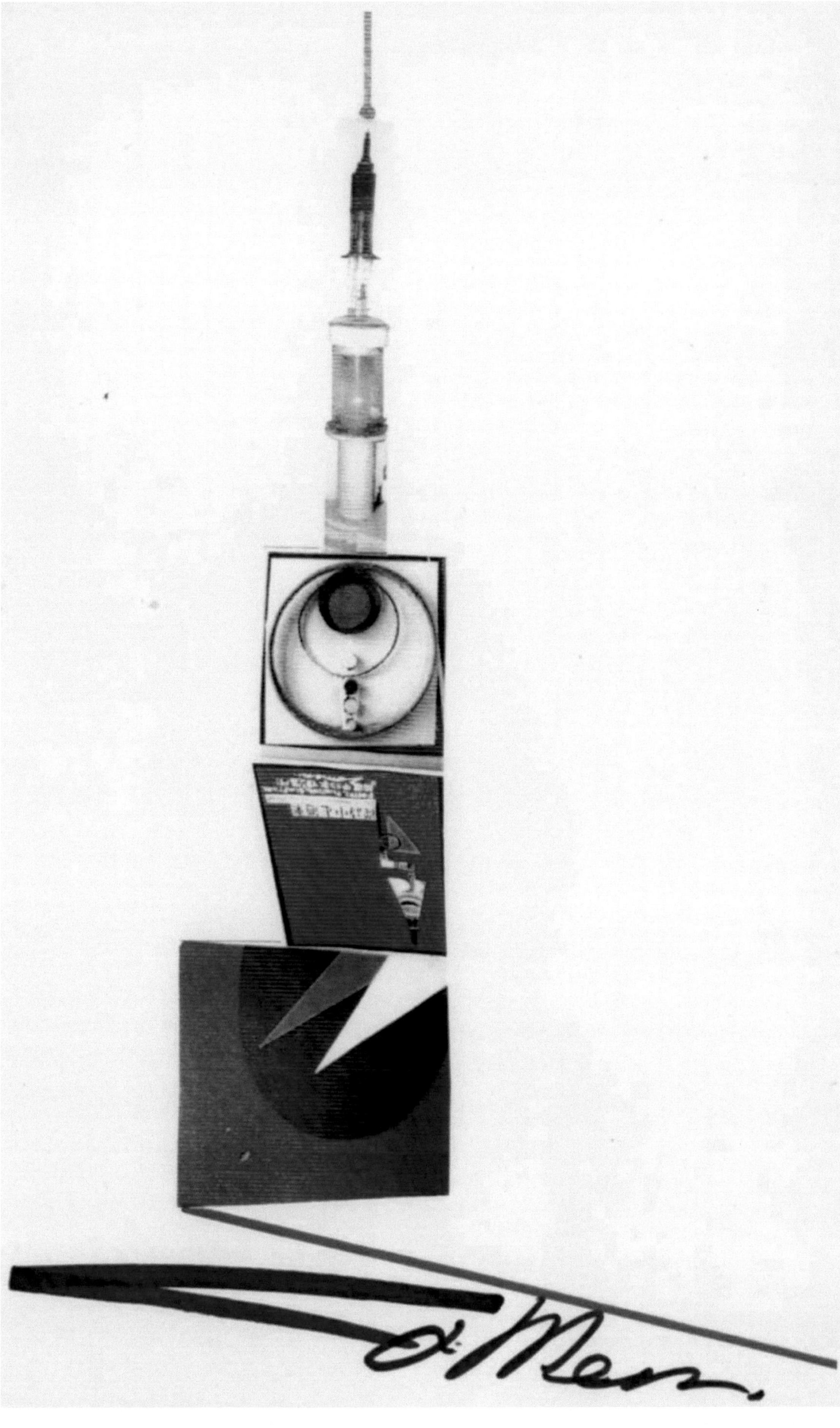

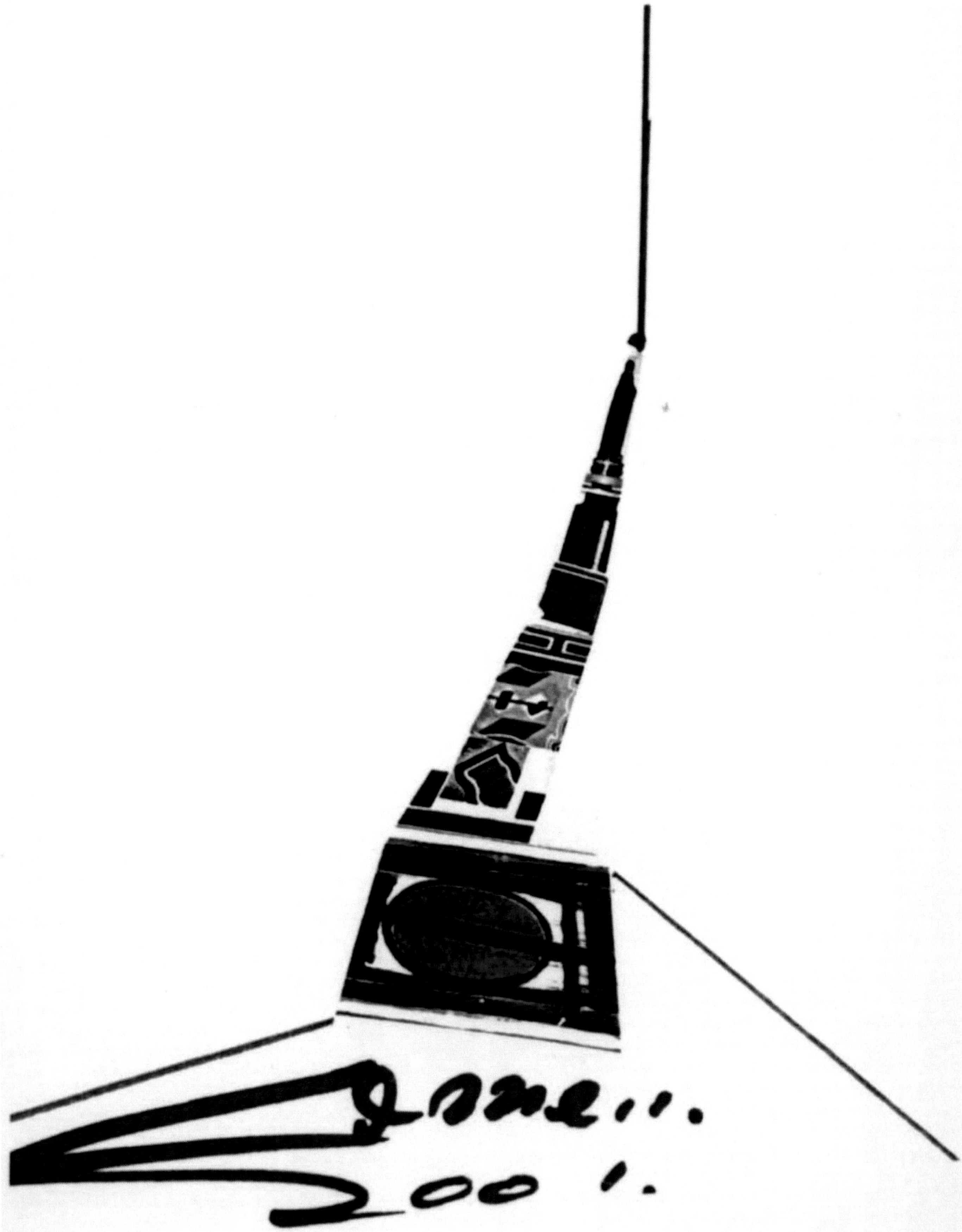

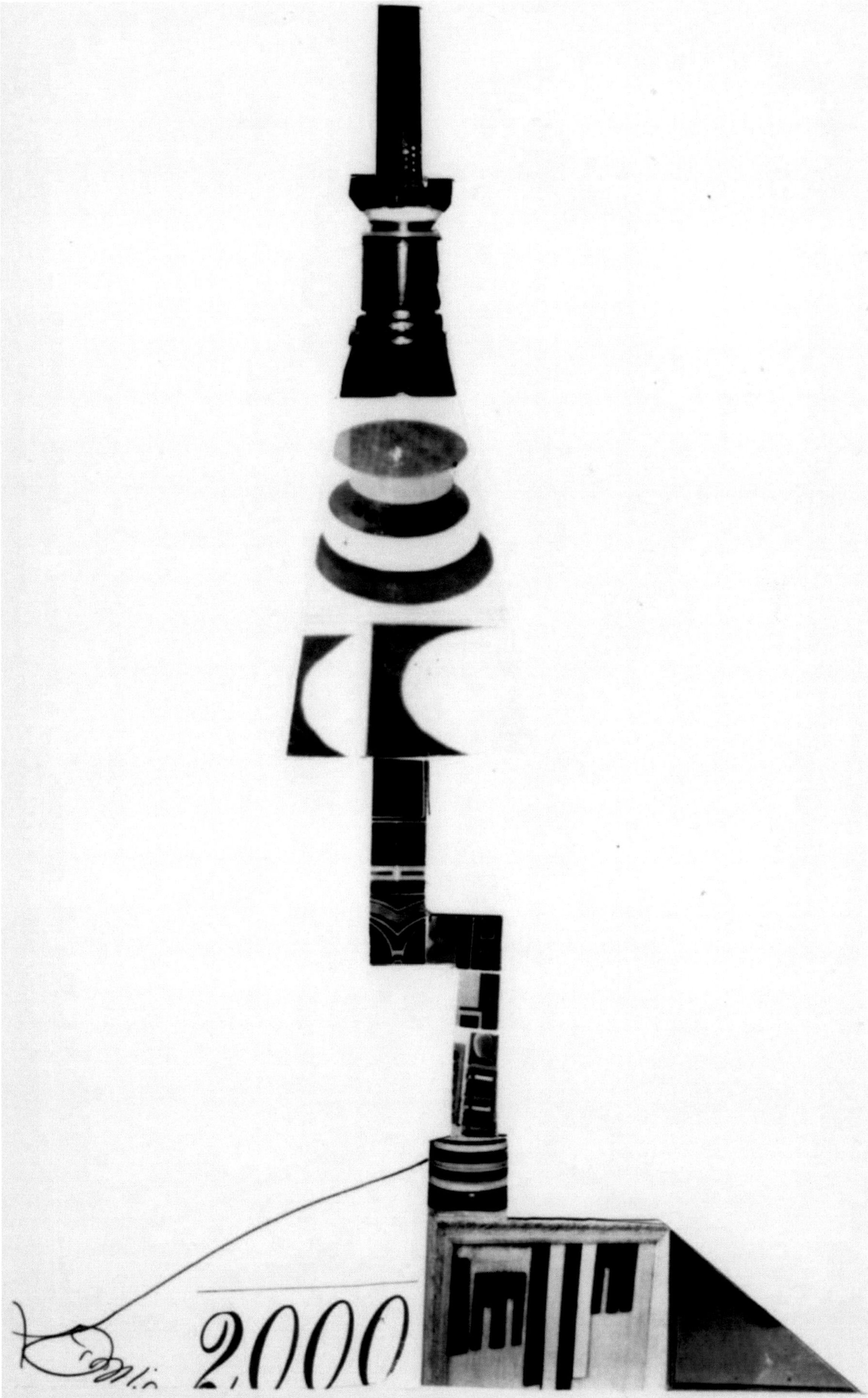
2000

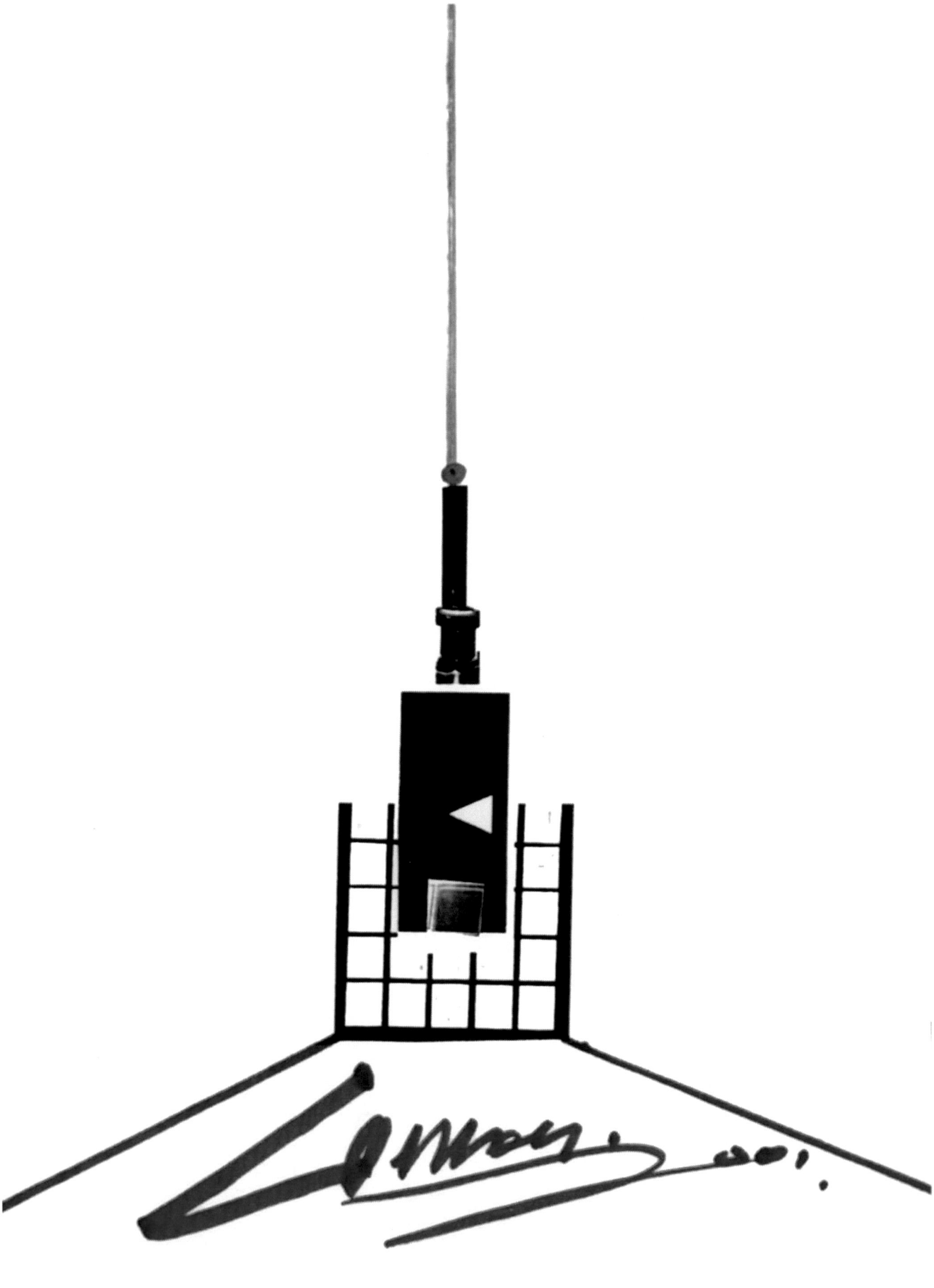

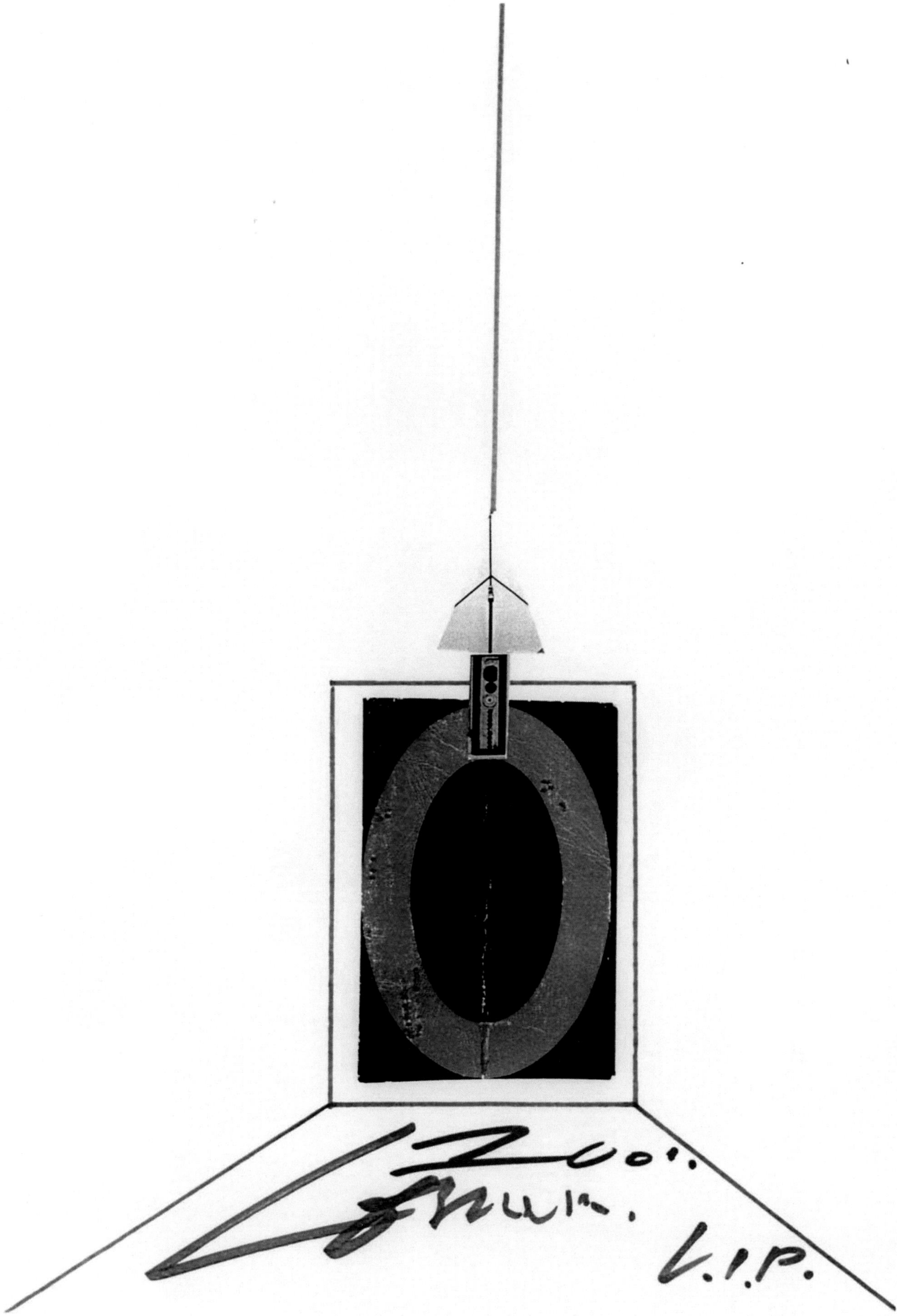

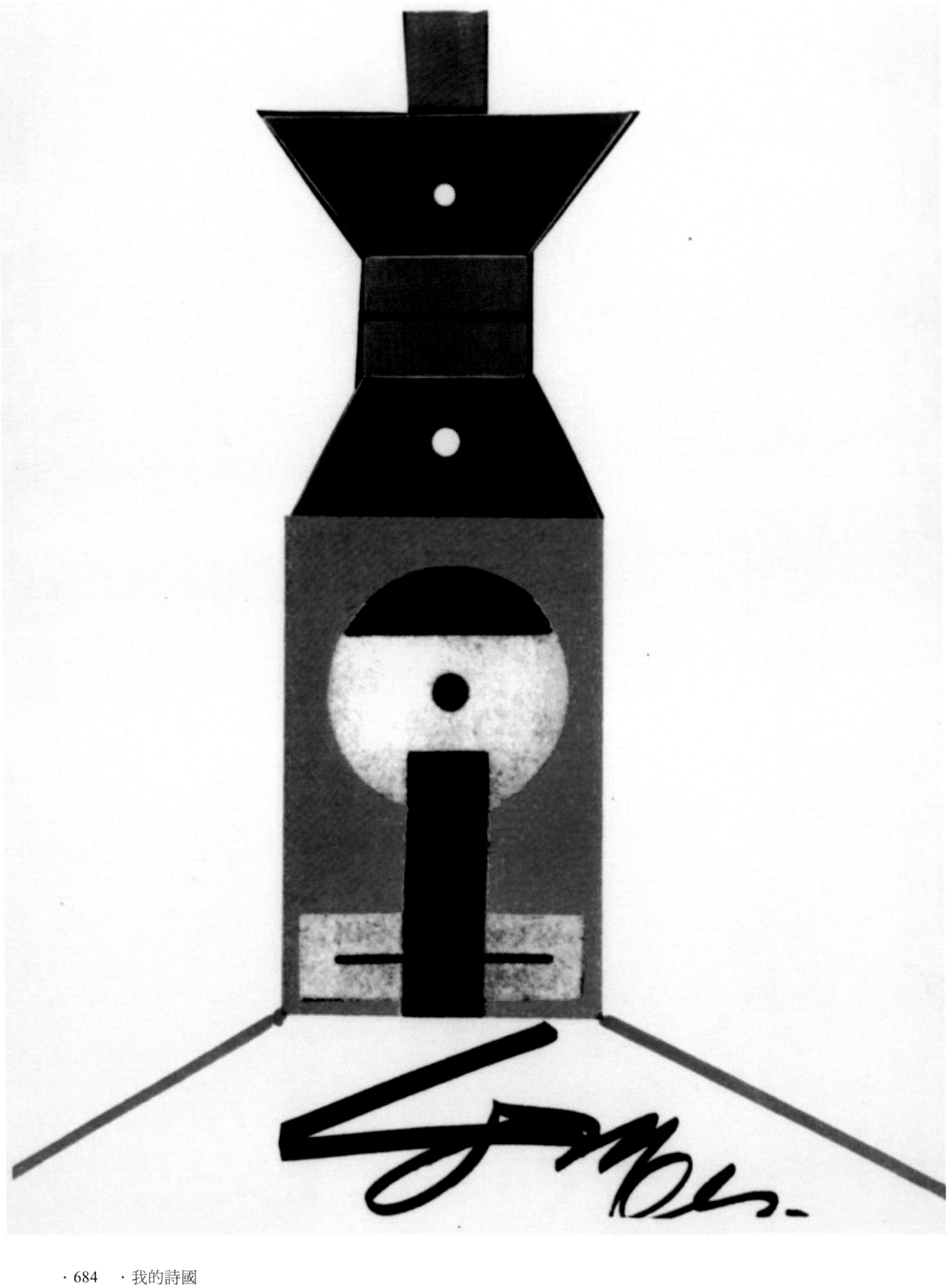

Great
land
of

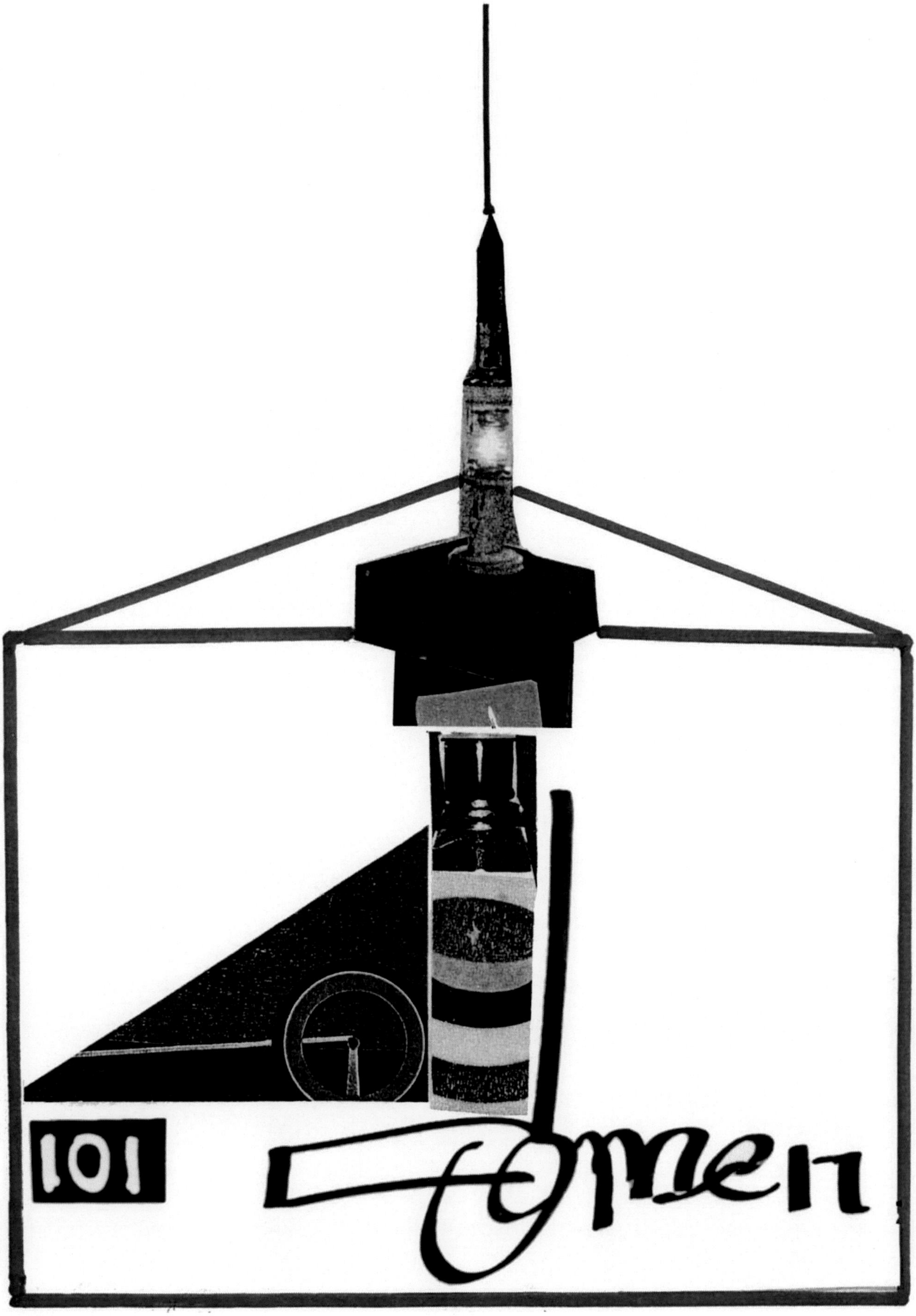
101
omen

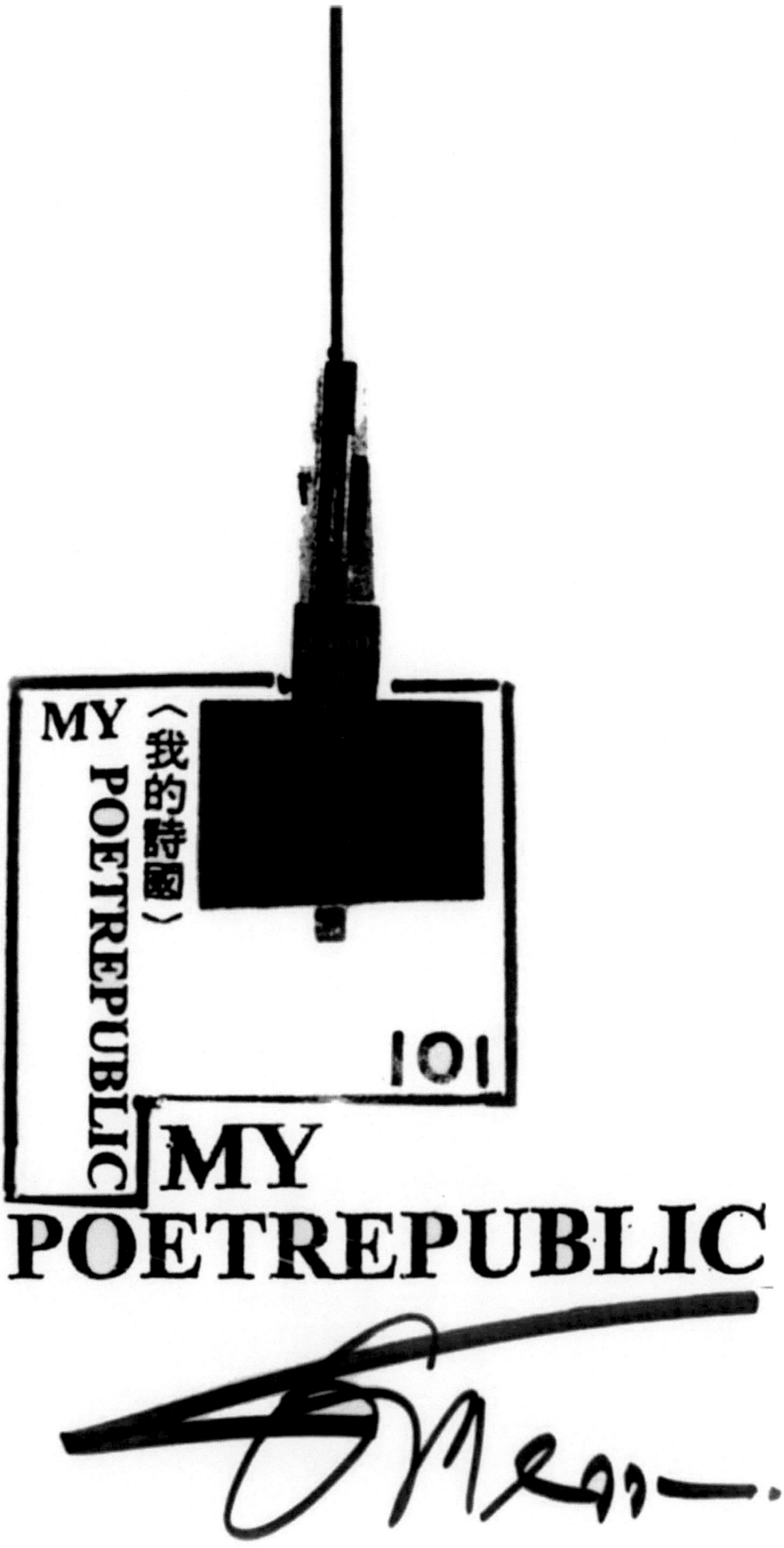
MY
〈我的詩國〉
POETREPUBLIC
101
MY
POETREPUBLIC

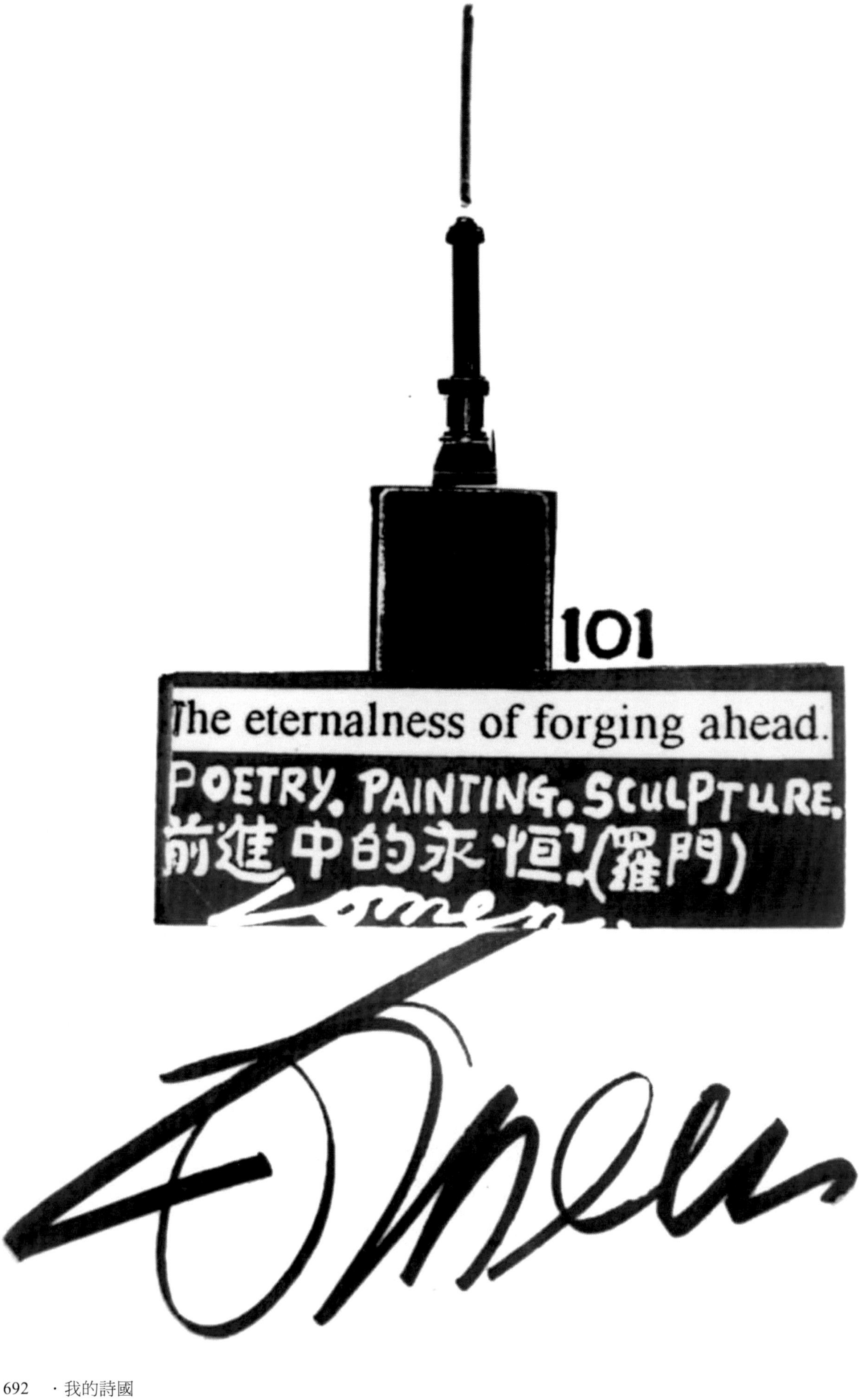
101
The eternalness of forging ahead.
POETRY. PAINTING. SCULPTURE.
前進中的永恒!(羅門)

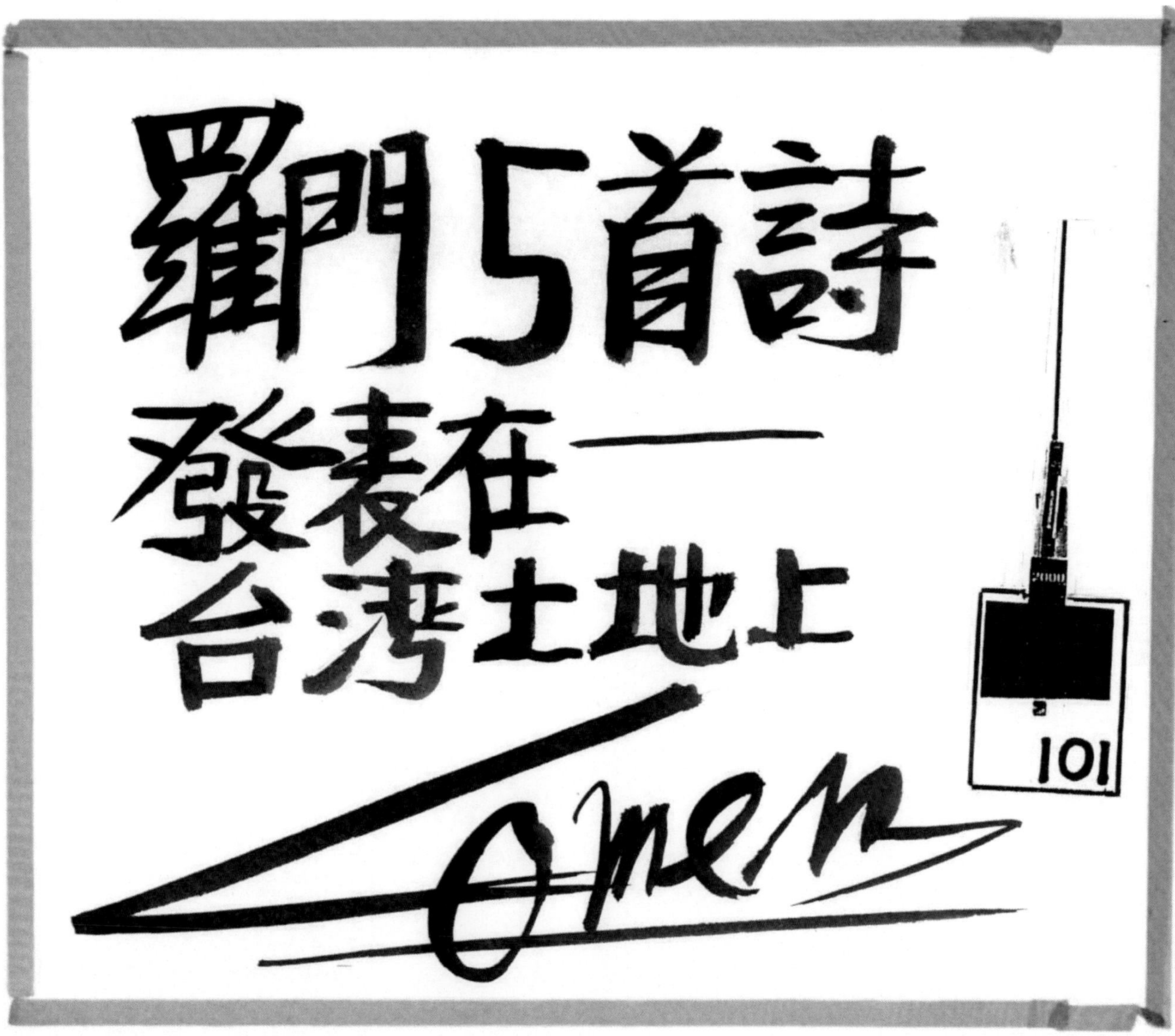
羅門5首詩
發表在——
台灣土地上
Lomen
101

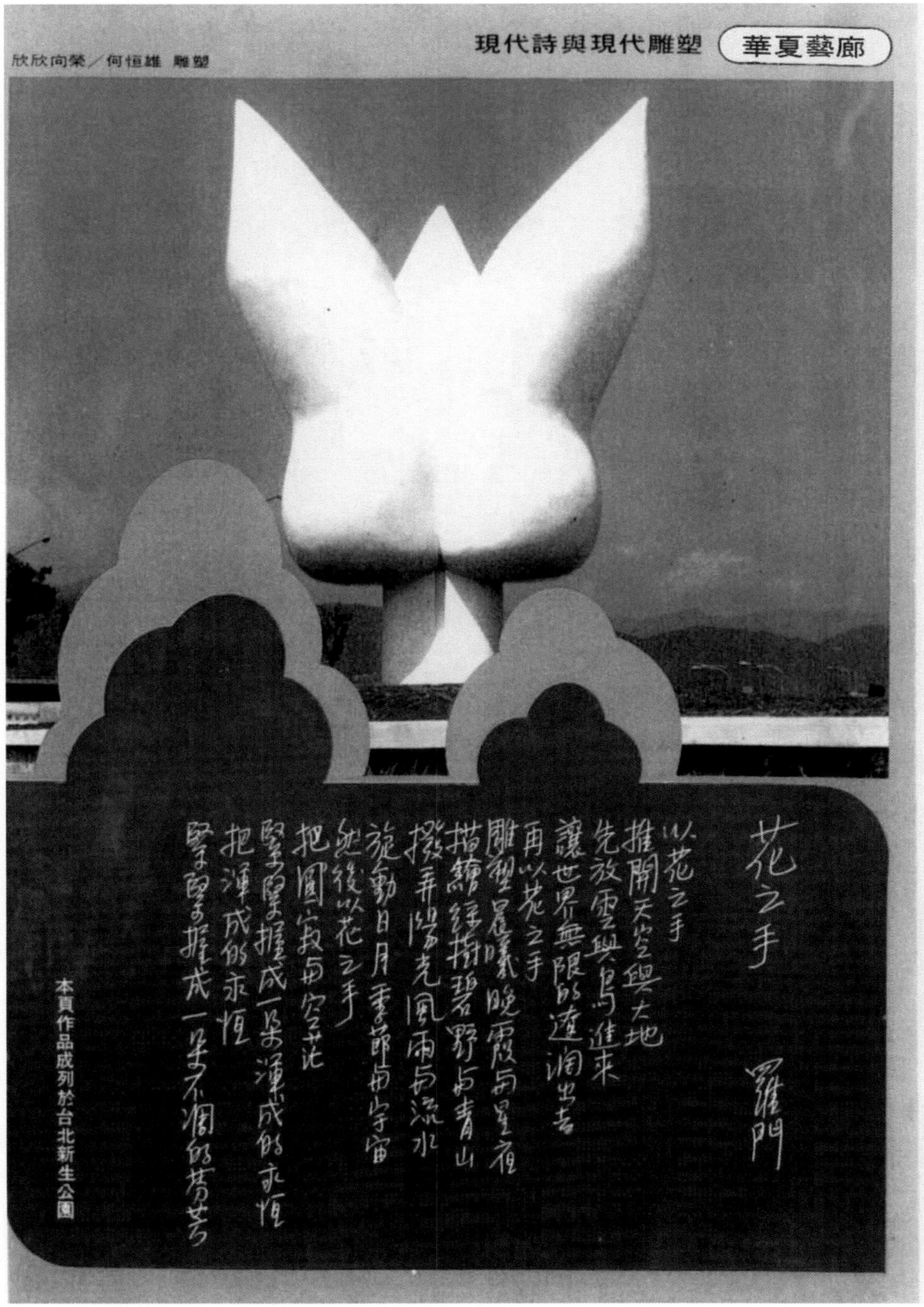

●羅門作品碑刻在臺北新生公園（1982 年）

配合名雕塑家何恒雄教授作品
這是現代詩發表在台灣土地上第一首詩

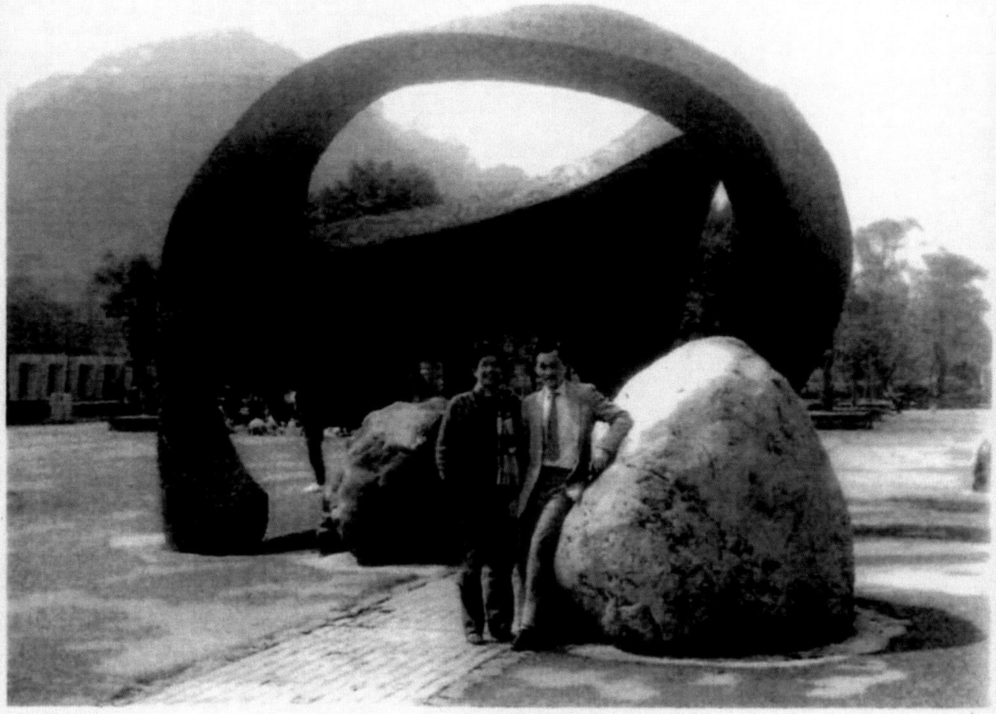

宇宙的大門

台北市立木柵動物園廣場雕塑

10 m x 4.5 m

1988

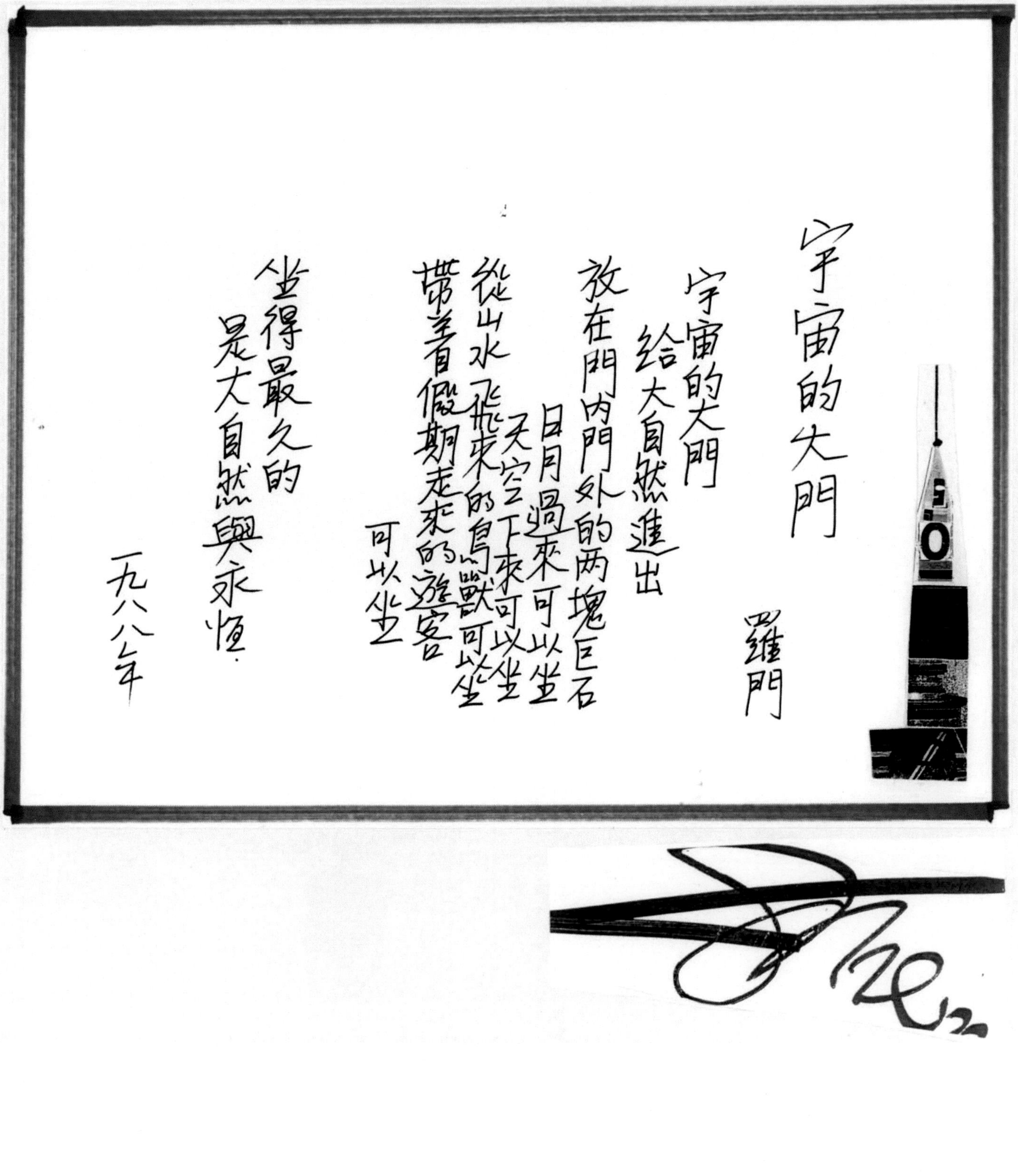
宇宙的大門
羅門
宇宙的大門
給大自然進出
放在門內門外的兩塊巨石
日月過來可以坐
天空下來可以坐
從山水飛來的鳥獸可以坐
帶着假期走來的遊客
可以坐
坐得最久的
是大自然與永恆
一九八八年

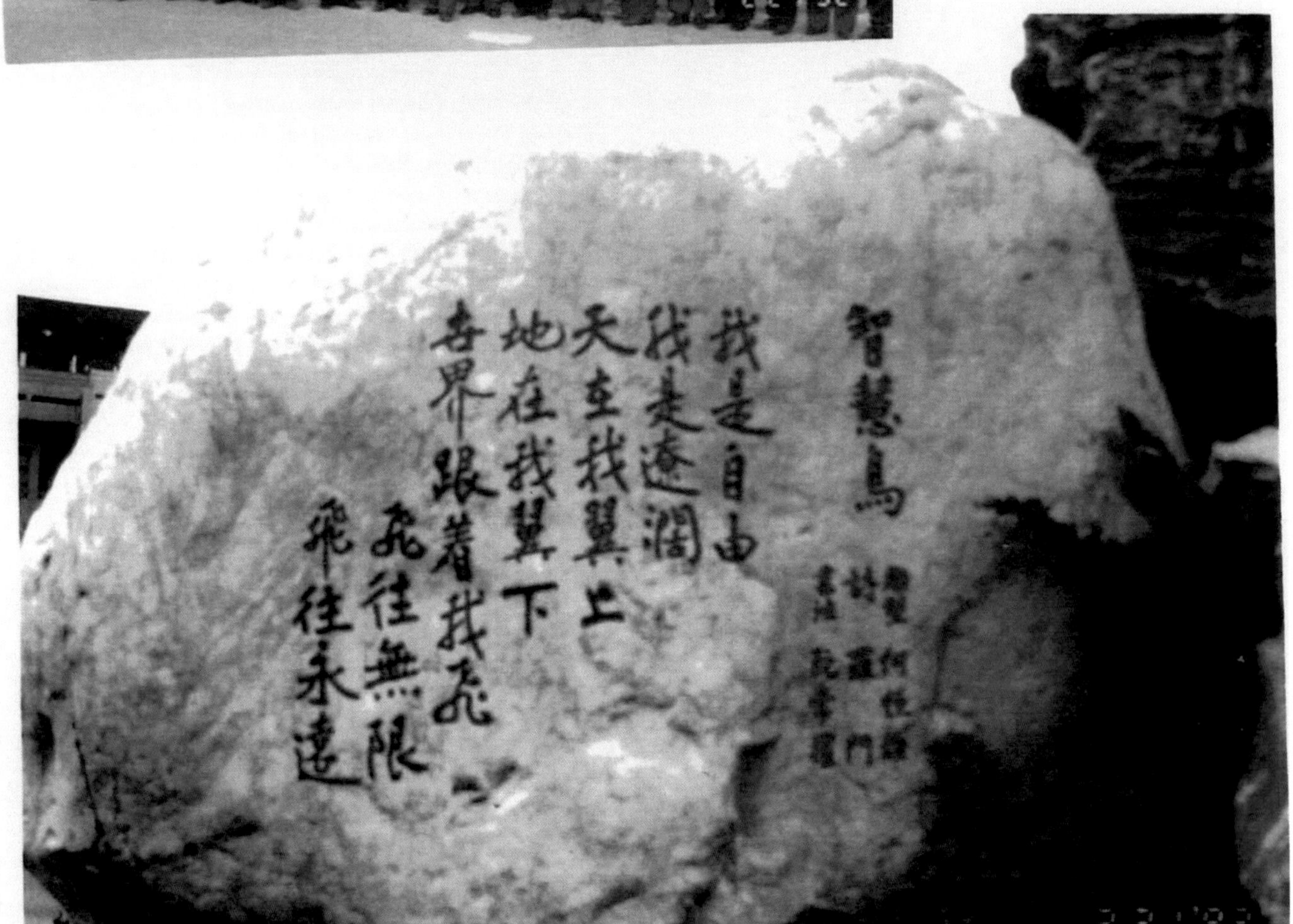

羅門作品碑刻在彰化市區廣場（1992 年）

（配合名雕塑家何恆雄教授作品.）

●羅門作品碑刻在 彰化火車站廣場（1996 年）

(配合名雕塑何恒雄教授作品)

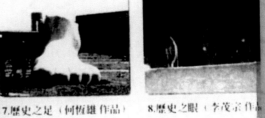

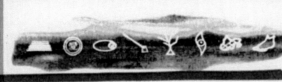

歷史的綠洲

·清水八元素·

AOSIS OF HISTORY / Eight elements of Ching-Hsui

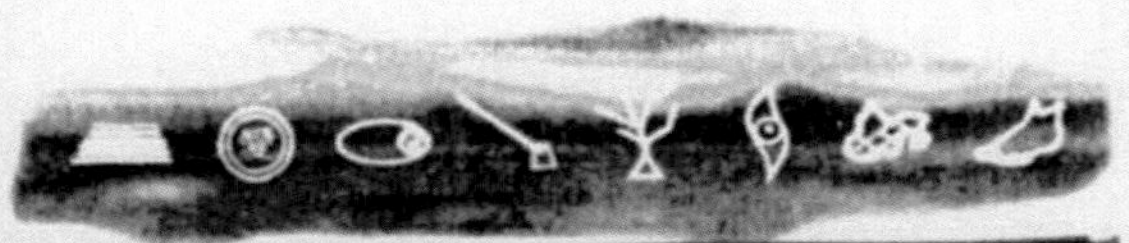

清水12行詩

羅　門作

造物將雨水　河水　海水　汗水
　　　都清與流到清水裡來

清清的清水
　清來清靜的鄉土
　　　清廉的鄉民
　　　清明的歲月

水清風也清
一直清洗著富麗的藍天碧野
　　　　　質樸的歷史文化
也美入藝術不朽的造型
　給奔馳過高速道的文明看
　　讓世世代代與永恆看

1.歷史之梯（莊普 作品）

2.歷史詩路（杜十三作

3.歷史之石（張永村 作品）

4.歷史之花（張永村 作

5.歷史之樹（莊普 作品）

6.歷史之動（鐘俊雄 作

7.歷史之足（何恆雄 作品）

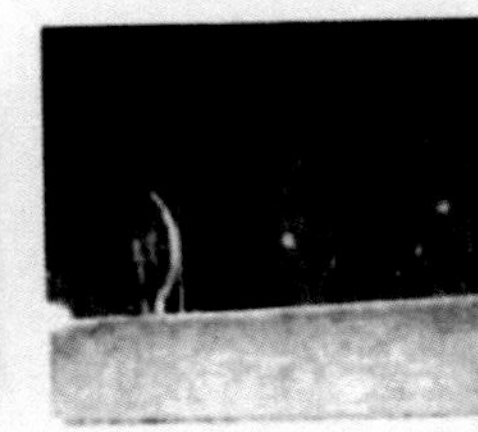
8.歷史之眼（李茂宗 作

●羅門作品·書寫在臺中清水公共藝術園區（2004年）、

Lomen 羅門 2008.4.18.

73年元旦戶外藝術博覽會

地點：國父紀念館　時間：73年1月1日至3日 每日上午10時至下午5時

用藝術造一條路——
它較高速公路更廣遠更壯麗
脚步從大街小巷
走進藝術大道
路分出兩條
一條走在腿上
一條走在心裡
眼睛從超級市場
看入藝術廣場
我們看見了兩個世界
兩個我
一個在胃裡
一個在心中
要心裡的我豐實且美好
請吃用藝術
要心中的路廣遠且壯麗
只能用藝術造

詩：羅門　攝影設計：賴炳昇

1984. 1.1.

展出的話　羅門

由獅子會資助藝術工作者舉辦這次具實驗性的戶外藝展，是一項具有認知與構想的藝術活動。

我們的認知是：

(1)藝術能賦給人類最優美的生命內容；藝術是人類文化最卓越的機能。

(2)在物慾泛濫的現代都市生活中，藝術已被視爲提昇人類性靈與精神活動的最佳力量。

(3)世界上最美的人群、社會與國家，是藝術造的。

我們的構想是：

(1)這次戶外藝展，是以一具實驗性的小型藝術博覽會形態展出。

(2)將戶內的展示空間，推往戶外，與更廣濶的生活空間連接，使藝術主動地接近大衆，自然地誘導大衆產生新的生存意念：

A. 把藝術品逐漸看成生活的必需品

B. 把生活空間美化成藝術空間

(3)這次展出是採取多層次的容納性，除邀請成名藝術家來參展與帶動，我們更着重正在茁長中有傑出表現的青年藝術工作群，因爲他們在使國內藝術環境普遍性地拓廣與使之趨於蓬勃繁榮，是一股龐大的潛在力量，值得大家去重視與鼓勵。

最後誠請大家批評指教。這次展出，只是戶外藝展的一個開端，它的實驗性，難免顯示有某些缺點。而改正其缺點，使戶外藝展在今後延續下去，助長國內藝術環境的拓展與建立，是更有賴熱心從事藝術的工作者去關切與出力的。

Forever Tropical Paradise--Sanya 美丽三亚 浪漫天涯

海南日報

三亚新闻 星期三

总编室主编

值班主任/吴 斌 主编/郑 彤 美编/许 丽

第九版 2008年4月16日 9

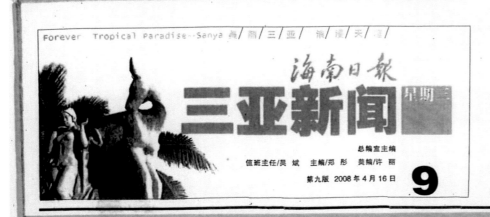

给大海的诗留在最美的三亚

罗门《观海》刻上大小洞天景区巨石

“饮尽一条条江河 你醉成满天风浪 浪是花瓣……”正午时分，一位耄耋老者面对沧海，真情吟诵出他那大海般的博大情怀，也传达出他对三亚的真挚情感。今天，第二次造访三亚洞天奇观的台湾著名诗人罗门如愿以偿——他最喜爱的《观海》诗镌刻在了南中国海边的巨石上。

在大小洞天景区小月湾，一块巨石面向东方的大海，罗门长达100行的《观海》诗就镌刻在这块天然之石上。

海天一色，清风迎面吹来。老人激动地说，现代和后现代文明已经将人们与自然隔离得太久。远离了原来生活的第一自然，人们很难体会到“花朵盛开推开天空与大地”的安详，而现代人正在高楼和红绿灯的围剿中喘息。

《观海》凝聚了罗门多年创作精华与艺术情感，诗中蕴含的恢宏气势与惊天才气生动展现了海的博大。上个月，罗门第一次来到大小洞天景区时，美丽的景色令老人赞不绝口。面对山海相融的奇观，老人兴致高涨，欣然将《观海》赠与景区。

“这是我最得意的自然诗。这首诗要给三亚的海看，要给永恒看，给时空看。这是我献给三亚的最美好的礼物。”

站在礁石上，面对一望无际的南中国海，罗门牵着妻子蓉子的手感慨万千。罗门说，台湾是他的“养母”，而海南是他最亲的“生母”，他要把最美的东西留在海南。

本报记者 张谯星 通讯员 宋美琴

（本报三亚4月15日电）

给大海的诗留在最美的三亚

罗门《观海》刻上大小洞天景区巨石

“饮尽一条条江河 你醉成满天风浪 浪是花瓣……”正午时分，一位耄耋老者面对沧海，真情吟诵出他那大海般的博大情怀，也传达出他对三亚的真挚情感。今天，第二次造访三亚洞天奇观的台湾著名诗人罗门如愿以偿——他最喜爱的《观海》诗镌刻在了南中国海边的巨石上。

在大小洞天景区小月湾，一块巨石面向东方的大海，罗门长达100行的《观海》诗就镌刻在这块天然之石上。

海天一色，清风迎面吹来。老人激动地说，现代和后现代文明已经将人们与自然隔离得太久。远离了原来生活的第一自然，人们很难体会到“花朵盛开推开天空与大地”的安详，而现代人正在高楼和红绿灯的围剿中喘息。

《观海》凝聚了罗门多年创作精华与艺术情感，诗中蕴含的恢宏气势与惊天才气生动展现了海的博大。上个月，罗门第一次来到大小洞天景区时，美丽的景色令老人赞不绝口。面对山海相融的奇观，老人兴致高涨，欣然将《观海》赠与景区。

“这是我最得意的自然诗。这首诗要给三亚的海看，要给永恒看，给时空看。这是我献给三亚的最美好的礼物。”

站在礁石上，面对一望无际的南中国海，罗门牵着妻子蓉子的手感慨万千。罗门说，台湾是他的“养母”，而海南是他最亲的“生母”，他要把最美的东西留在海南。

本报记者 张谯星 通讯员 宋美琴

（本报三亚4月15日电）

湾著名诗人罗门先生《观海》诗刻在大小洞天落成揭幕

國立交通大學

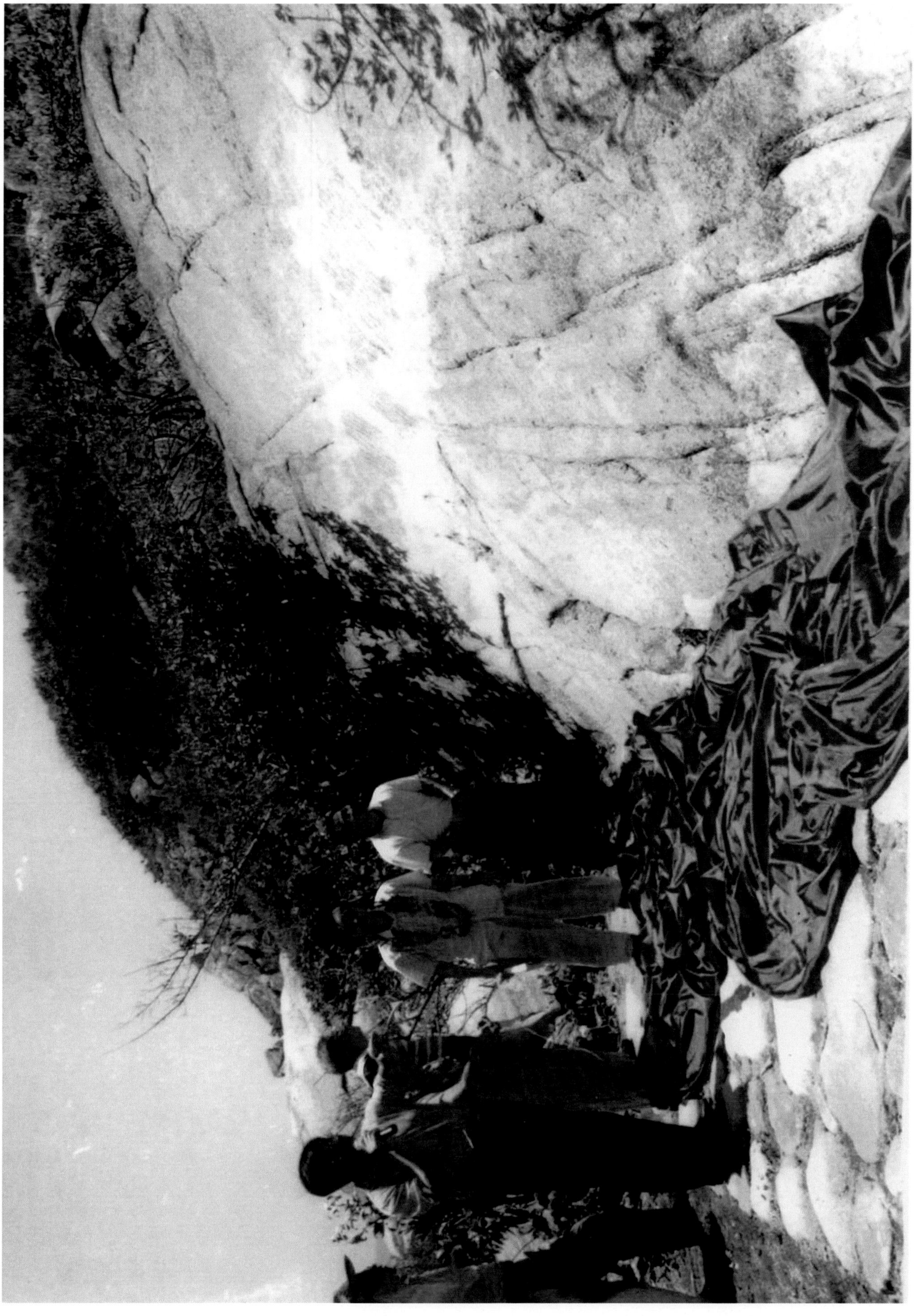

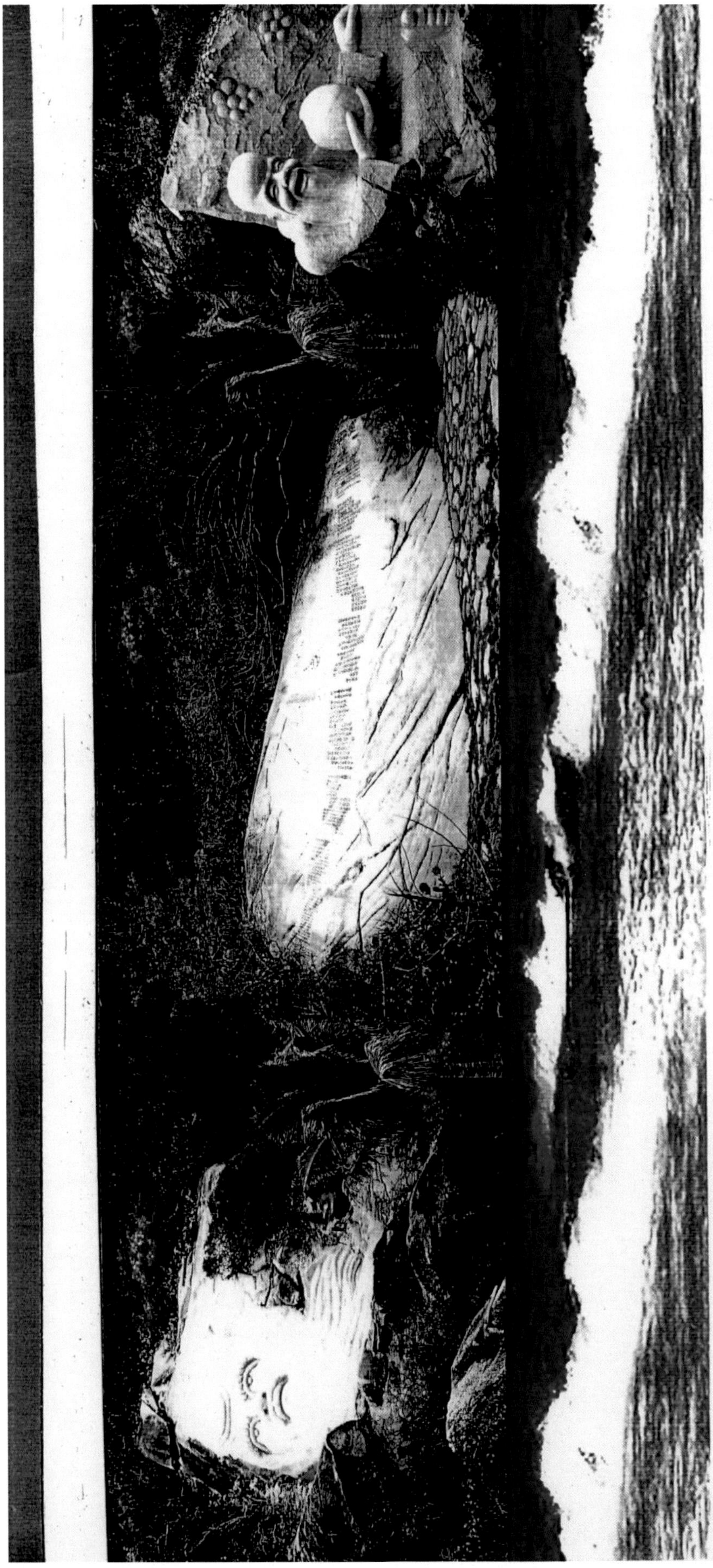

羅門一百多行長詩《觀海》刻在海南甲級觀光區

〔此詩可能是古今中外詩人刻在地球巨石上最長的一首詩 也可稱是詩世界的「金氏紀錄」〕

二〇〇八年4月14日

羅門《創作大系》——「自然詩」中的重要作品《觀海》一百多行長詩，刻在海南的甲級觀光區，也是刻在地球一個美麗的天涯海角。（揭幕禮）

陳志忠董事長決定將我《創作大系》——「自然詩」中的重要作品《觀海》一百多行長詩，碑刻在海南甲級觀光區大小洞天的海角巨石上，在主持揭幕禮上說：「羅門這首詩將永遠留傳在這塊石碑上」。我也在致賀詞中說「這首詩碑刻在此，它不只是刻在海南的甲級觀光區，也是刻在地球一個美麗的天涯海角，並將「自然」美麗的風景昇化入「文化．詩化」的人文風景；這首詩除寫給人（遊客）看，也寫給海看……，當「人看詩看海」、「海看人看詩」、「詩看海看人」，彼此都看成一體時便交給大自然與宇宙時空看……」

〔註〕經查詢多位教中西文學的學者教授，都認為此詩很可能是古今中外詩人刻寫在地球巨石上最長的一首詩。如此，或許也可稱是詩世界的一項「金氏紀錄」。

又：此詩曾翻譯入外文詩選；曾在愛荷華大學國際作家工作室（IWP）作品發表會上以及海內外不少大專院校與藝文活動場所多次朗誦。再就是台灣著名、前衛與具世界水準的現代畫家張永村讀了「觀海」，引發靈感，曾畫下具震撼性的巨幅大畫「墨海」，獲得台北市立美術館現代繪畫大獎。

我一百多行長詩〈觀海〉石刻的感想

〈觀海〉石刻在海南三亞大小洞天甲級觀光區，也是刻在地球上；這中間，有一個自然的過程；本來我已有四首詩配合名雕塑家何恆雄教授的雕塑，碑刻在台灣的土地上；而〈觀海〉這首長詩，我與何教授也曾構想第五度的合作；但由於找那麼大的巨石有困難，加上經費也有問題，便暫時停下來；眞是想不到，三亞大小洞天觀光區楊志忠董事長，竟一口答應要刻，終於在我與蓉子結婚 53 週年刻出來，並舉行揭幕禮，登上「海南日報」三亞頭版新聞。此詩石刻，我除了敬佩楊董事長在環保、美化環境與觀光的專業智識，也特別感謝他刻此詩，竟是古今中外石刻在世界上最長的一首詩，便自然成爲詩世界的一項金氏記錄，使我創作半世紀，的確多少感到一些慶慰與榮幸。

再就是楊董事長石刻此詩後，竟又用心設想在詩的左邊石刻一座探望始終的「老子」，右邊石刻一座快樂自在的「南極仙翁」，看來是何等的具有慧思與深知遠見;展現生命存在的內外景觀及其立體與N度的造型畫面 —— 整個視覺空間，上是藍藍的天，下是藍藍的海，中間與對面是發聲與響亮在翠綠山林中的詩；眞的令人不能不欽佩楊董事長的構想與美的思維形態，已無形中是一位「觀念藝術（CONCEPTION ART）世界的「行動藝文家」；同時可喜的，是楊董事長已親手將這首詩完妥的交給大自然與歷史時空。

扼要的感言　羅門

●如果說台灣是我的養母（養我近半世紀），

海南島便是在地球上將我生出來的生母（留下童年美麗的記憶）。

●海南島在地球上，已是較被讚稱爲「人間天堂」的夏威夷島、能保持「大自然」原始的美麗與親近我們全人類的祖母——地球。

●目前——

●世界小姐選美多次在海南美麗的三亞舉行。

●世界政治、則經、文化的高端論壇在美麗的三亞進行。

●世界著名的NBA具代表性高排行榜的明星球員接授海南日報專訪記者訪問最後回答說:「真想在海南多留幾天……」。

●可見海南島之「美」，已受到大家的矚目與青睞。

●同時隨著全球的發展，海南島宏觀的提出「海南詩歌島」與「海南國際旅遊島」的大構想，雙向抓住「自然美景」與「文化美景」……等內外存在世界的雙連佳境。

在此我也確感到榮幸，於2008年海南大學舉辦我舉蓉子創作半世紀的成果展與藝術活動週期間，我創作大系《自然系列》詩中的100多行長詩〈觀海〉受重視刻在海南三亞「大小洞天」甲級觀光區的巨石上，並登上三亞的頭條新聞，它或許是古今中外詩人刻在地球上最長的一首詩，也無形中是在對海南提倡「詩歌島」與「國際旅遊島」有所呼應以及呈現具雙重指標性的象徵意涵與歷史意義。此外尚讓我感到慶慰的是成立20多年歷史悠久的「海南詩社」，於今年（2009年）值海南省圖書館爲響應海南「詩歌島」與「國際旅遊島」特地舉辦我與蓉子另一次創作半世紀成果展、以該社所發行的《海南詩文學》報全版報導有關我〈觀海〉詩的石刻同「海南詩歌島」與「海南國際旅遊島」深層通連的象徵意涵與歷史意義。

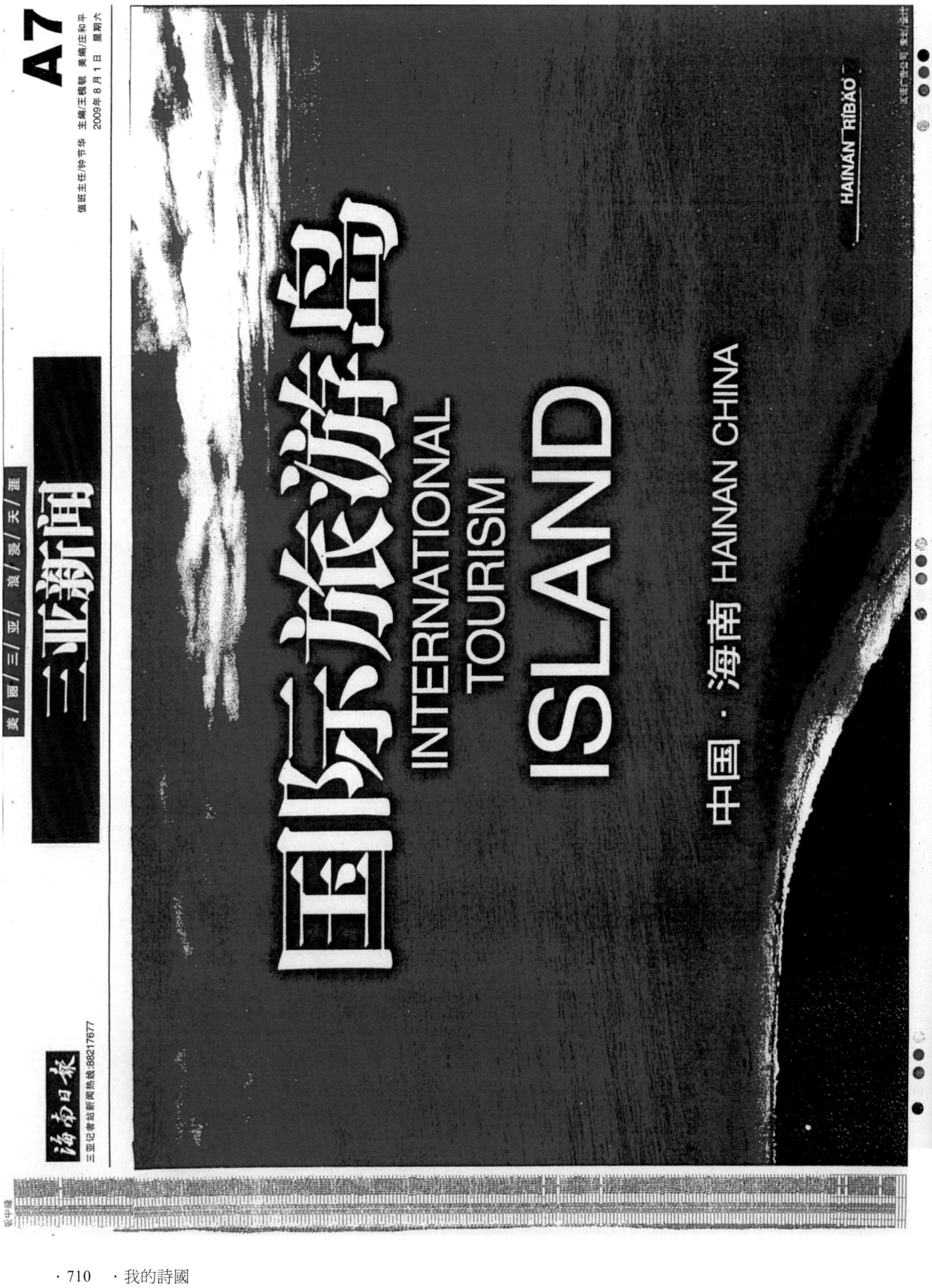

海南日報
三亚记者站新闻热线:88217677

美/丽/三/亚/浪/漫/天/涯
三亚新闻

A7
值班主任/钟节华 主编/王桃敏 美编/庄和平
2009年8月1日 星期六

国际旅游岛
INTERNATIONAL TOURISM
ISLAND
中国·海南 HAINAN CHINA

HAINAN RIBAO

先进文化是『国际旅游岛』的核心、翅膀！

海南詩文學

主　办：海南诗社　　协办：海南海汽运输集团有限公司

理事长：王明英　总编辑：邝海星　副总编辑：吴云汉　伍鼎锐　陆圣存

琼内准印字 B014 号　　第 61 期(总第 96 期)　　2009.4.13

喜讯

本刊讯 由于海南诗社为海南诗歌的发展作出一定贡献，海南省委宣传部近日给海南诗社奖励贰万元。消息传来，海南诗社成员无不深为激动。海南诗社一九八四年成立至今二十五年，为发现、培养诗文作者，并同国内外文学界交流，创办了《海南诗文学》(原《诗文学报》)，已出版总九十六期，获得各界好评。

二十多年来，出版《海南诗文学》的经费都是诗社领导层奔波自筹，加上工作人员的无偿劳作，能坚持到今天非常艰苦。如今获得宣传文化部门领导的认可给予奖励，是个很大的鼓舞。海南诗社的同仁们，决心继续创作出高质量的诗文作品，把海南诗社办得更好，把《海南诗文学》的质量提得更高，为建设文明和谐的社会作出新的贡献。

(雁飞)

前言

最近，海南省委、省政府决定在海南岛建设"国际旅游岛"，各类媒体也进行大量的报导。这于海南、全国乃至全世界都是件好事。"国际旅游岛"一时成为街头巷尾谈论的话题。前不久，三亚市五星级旅游区"大小洞天"将海南籍台湾著名诗人罗门的长诗《观海》刻在该景区的巨石上，使该景区增添了文化元素。这于建设"国际旅游岛"也是一份不轻的献礼。为此，本刊特发表罗门的长诗《观海》以及相关诗人、评论家的诗文，让读者对罗门其人其诗有进一步的了解。

观海

——给所有具自由与超越心境的智慧创造者

○罗　门

饮尽一条条江河
你醉成满天风浪
浪是花瓣　大地能不缤纷
浪是翅膀　天空能不飞翔
浪波动起伏　群山能不心跳
浪来浪去　浪去浪来
你吞进一颗颗落日
　吐出朵朵旭阳

总是发光的明天
总是弦音琴声回响的远方
千里江河是你的手
握山顶的雪林野的花而来
带来一路的风景
其中最美最耐看的
到后来都不是风景
而是开在你额上
　那朵永不凋的空寂
听不见的　都已听见
看不见的　都已看见
到不了的　都已进来
你就这样成为那种
　无限的壮阔与圆满
　　　满满的阳光
　　　满满的月色
　　　满满的浪声
　　　满满的帆影
究竟那条水平线
　能拦你在何处
压抑不了那激动时
你总是狂风暴雨

　千波万浪
把山崖上的巨石　一块块击开
　放出那些被禁锢的阳光与河流
其实你遇上什么
　都放开手顺它
任以那一种样子　静静躺下不管
你仍是那悠悠而流的忘川
浮风平浪静花开鸟鸣的三月而去
　　　　　　去无踪
　　　　　　来也无踪

既然来处也是去处
　去处也是来处
那么去与不去
你都在不停的走
从水平线里走出去
从水平线外走回来
你美丽的侧身
　已分不出是闪现的晨曦
　　还是斜过去的夕阳
任日月问过来问过去
你那张浮在波光与烟雨中的脸
一直是刻不上字的钟面
　　能记起什么来

如果真的有什么来过
风浪都把它留在岩壁上
　留成岁月最初的样子
　　时间最初的样子
苍茫若能探视出一切的初貌
那纯粹的摆动
那永不休止的澎湃
它便是钟表的心
　　时空的心
也是你的心
　你收藏日月风雨江河的心
　你填满千万座深渊的心
　你被冰与火焚烧蓝透了的心
任雾色夜色一层层涂过来
任太阳将所有的油彩倒下来
任满天烽火猛然的扫过来
任炮管把血浆不停的灌下来
　都更变不了你那蓝色的顽强
　　　　　　蓝色的深沉
　　　　　　蓝色的凝望
即使望到那缕烟被远方
　　　　　拉断了
所有流落的眼睛

　都望回那条水平线上
仍望不出你那只独目
　在望着那一种乡愁
仍看不出你那只独轮
　　究竟已到了那里
从漫长的白昼
　到茫茫的昏暮
若能凯旋回来
　便伴着月归
星夜是你的冠冕
众星绕冠转
那高无比的壮丽与辉煌
使灯火烟火炮火亮到半空
　　都转了回来
而你一直攀登到光的峰顶
将自己高举成次日的黎明
让所有的门窗都开向你
　　　天空都自由向你
　　　大地都辽阔向你
　　　河都流向你
　　　鸟都飞向你
　　　花都芬芳向你
　　　果都甜美向你
　　　风景都看向你
　　　无论你坐成山
　　　　或躺成原野
　　　　　走动成江河
　　　无论你是醒是睡
只要那朵云浮过来
你便飘得比永恒还远

文学评论

海之无极

——读罗门的《观海》

○黄辛力(青年诗评家)

海之美丽、之壮阔、之丰富、之力量，无穷无尽。海，令人神往，令人倾情，令人扬思，令人生发高邈的想象。她是一种极致的境界，一种丰厚的情愫，一种至高的精神。亘古至今，谁人能阅尽海，穷尽海？一句话，海是无极的。近闻，海南欲创建"国际旅游岛"，这乃恩泽岛民及后代的善举。然，我们不能忽视"海"这个大字，这是一篇让人可以发挥得淋漓尽致的大文章。因关注海岛政治，关注生存现状，故近来对有关海的诗文尤为兴趣。又因前不久琼籍台湾诗人罗门的《观海》被刻在三亚市五星级旅游景点"大小洞天"的石头上，故罗门的《观海》，自然而然的走进了我的视野。

我在拙作《敞开灵肉之门》中，曾把"海"作为罗门诗歌中的关键词，并有这样的评说："台湾和海南周遭都有苍苍茫茫，浩浩荡荡的大海，两地的地缘和政治的特殊化，又赋予'海'更为深刻的内涵。而海南是罗门的'生母'，台湾是他的'养母'，因此他对海更有特殊的感情。'海'也便成为他诗中重要的意象……当然，罗门笔下的'海'，不仅是自然形态的'海'，它更多时候是生命的、社会的、世界的，是纵深的、辽阔的。它既有诗人人生的情感，也有诗人思想的标高。既有深沉的地域情结，也有宽阔的世界胸怀及开放性的视野，这就使罗门的诗显现出大气、大度，深度、力度及高度。罗门是辽阔、纵深的艺术海洋中凸起的诗岛。"我想，罗门的《观海》同样体现出这样一种气度和极致。在罗门看来，海是美丽而又包容一切的："饮尽一条条江河/你醉成满天的风浪/浪是花瓣　大地能不缤纷/浪是翅膀　天空能不飞翔/浪波动起伏　群山能不心跳/浪来浪去　浪去浪来/你吞进一颗颗落日/吐出朵朵旭阳""其中最美最耐看的/到后来都不是风景/而是开在你额头上/那朵永不凋的空寂"。好一个"永不凋的空寂"，它不仅道出了海永恒的美丽，美丽的不平凡，也隐喻了美丽的生命永远的鲜活，如同作者在后记里所说的："海的额头最好看，看久了，会看到罗素与爱因斯坦的额头"。诗人充分调动多种手段，把海的无限与壮阔置之于茫茫宇宙中，让读者感知到宇宙的无穷奥妙，世界的多姿多彩，及人生的多变、生命规律，充满着深厚的哲学思考："其实你遇上什么/都放开顺它/任以那一种样子　静静躺下不管/你仍是那悠悠而流的忘川/浮风平浪静花开鸟鸣的三月而去/去无踪/来也无踪"。而诗人笔下的海的"壮阔"与"无限"更多的是灌输一种自由的生命意识，一种于激荡中心处宁静的自由意识："让所有的门窗都开向你/天空都自由向你/大地都辽阔向你/河都流向你/鸟都飞向你/花都芬芳向你/果都甜美向你/无论你坐成山/或躺成原野/走动成江河/无论你是睡是醒/只要那朵云浮过来/你便飘得比永恒还远"。这是诗人精神上一种崇高的渴求，也是其苦苦追寻的境界。

人的生命是有限的，而艺术生命乃至人的精神、思想是无限的。罗门以无极的海，告知人们，艺术之海，精神之海也是无极的。人们只有在生命之海中，让精神与思想自由飞翔，才能飞往无极的境界里。

罗门先生在三亚大小洞天《观海》长诗镌刻落成揭幕仪式上讲话

著名诗人罗门、蓉子伉俪邀约的海南诗人、文友在镌刻《观海》长诗巨石旁留影。右起：罗门、蓉子、王燕飞、邝海星、文永飞

大海·青鸟

——献给诗人罗门、蓉子

○韩秀仪

你的呼吸煽动了大海
我感觉到了
我感觉到了大海深层的涌动
它冲开情感的闸门
掀起了缤纷的浪花
义无反顾
追逐翱翔在云海间
那圣洁的青鸟

大海，孕育了诗的生命
——生命的诗
那座将日月星辰汇聚的"灯屋"
是海上诗的灯塔
诗人心血的凝聚
真爱的烈焰
为宏扬文化的精粹
捍卫艺术的尊严
你带着原始的冲动
将诗升华到极致

那高飞、低旋的青鸟
见证了大海的深邃
在贝多芬的乐声中
急拍着天使的双翅
毅然投入诗的怀抱
驾驭性灵穿越时空
与大海化作永恒

庆贺罗门、蓉子八十华诞及半世纪金婚纪念，2008 年 4 月 14 日于海南嬴泰酒家欢宴，即兴赠诗。

听罗门给蓉子唱情歌

○蔡旭

这支用英文唱的歌，用不着翻译。

这支贝多芬原唱的情歌，超越了国界与语种，突破了时空。

诗的交杯酒喝了整整 53 年了，这对"东方勃朗宁夫妇"，这对"世界诗人大会杰出文学伉俪"，又难得地用音符传递他们的心声。

暂别了"养母"台湾，重见到"生母"海南，男主人公出人意外的放歌，让所有酒杯都伸长了耳朵。

同他那坦率奔放的诗一样，那深沉的歌唱中，有大海的壮阔、豪迈与硬朗。

有当年用箭在台风夜射入青鸟心房的兴奋与激动。

有从没送过戒指与梳妆台的不安与不悔。

有每年今日都令整个天空停业一天的深情。

啊，歌声中也有九百九十九朵玫瑰吗？为何全场的耳朵，都翩飞如蝴蝶！

窗外的海风与椰林，也以天长地久为题在轻声地讨论。

只见女主人公，那只青鸟，也许亦有心潮逐浪吧，却不动声色，坐在凝眸中。

也如她的诗，温柔，典雅，闲静，永恒地微笑……

(2008 年 4 月 14 日，庆祝罗门蓉子 80 寿辰与金婚晚宴一幕)

台灣著名、前衛與具世界水準的現代畫家張永村讀了「觀海」，引發靈感，會畫下具震撼性的巨幅大畫「墨海」獲得台北市立美術館現代繪畫大獎。

台灣新聞報　中華民國七十年十二月五日

◎西子灣◎

羅門如何「觀海」

□陳寧貴□

日日與海對晤

羅門，是自由中國頗具影響力的詩人，他寫詩伸縮自如、長短有緻，對於詩的題材並無偏嗜，然而他寫出的詩，莫不抓住該題材的要害，對該題材的核心部份，更是一篇中的。在讀者的驚嘆聲中，他如一葉輕舟，已過了萬重山。所以他從三十年前開始創作現代詩，迄今衝過時間一重重疏而不漏的封殺，他的認知力，越來越强大，他心靈中的感應之鏡，也越來越清晰、浩瀚——如一片大海。

無疑的，「觀海」一詩，是詩人羅門自我的解析，他日日與海對晤，這「海」不但不具有我們肉眼所見的浩大與雄渾，更有我們的肉眼無可見的——空寂——這兩個字很重要，我們從這兩個字，看見人類精神世界（尤其是大藝術家）裏的大海，如何從空寂的內涵中，提煉出人類不朽意志力。

「觀海」也可以作為羅門的藝術觀，那片海在他的內心深處，澎湃、吶喊、呼喚，它具有父性的莊嚴，也具有母性的慈愛。也許那片「海」——就是羅門的代名詞——或是羅門對藝術界擲出的宣言。

海的起源

羅門與海對晤幾十年，對海的性格、特質都有了解很透徹。然而他要我們了解「海」之前，必先告訴我們「海」的起源：

飲盡一條條江河
你醉成滿天風浪
浪是花瓣　大地能不繽紛
浪是翅膀　天空能不飛翔
浪波動起伏　羣山能不心跳
浪來浪去　浪去浪來
你吞進一顆顆落日
吐出朵朵旭陽

原來「大海」是「飲盡一條條江河」而成的。這世上任何偉大的東西，那一個不是吸收了許多的小東西而形成。從這裏反應出：任何人想要走入偉大之境（即詩中所謂「無限的壯闊與圓滿」）其本身必須寬宏大量，古今中外的大詩人、大藝術家那一個不是先吸收了萬方之長，而後塑造自己之大？研究中國詩聖杜甫和詩仙李白的學者，在研究的過程中，不得不驚異於他們呼吸着全中國詩的精華。

「海」既已形成，便能使大地繽紛起來，使天空飛翔起來，使羣山也心跳。更重要的，它能吞吐陽光，——這是時間的象徵。時間在推移着，時間跟隨着大海，大海包容時間。所以從此段文字中，我們感悟到雖然時空無垠，但却以大海為其歸宿。不錯，大凡偉大的藝術家，是超越時空而存在的，也就是偉大者無時不在，無處不在，他的聲音在這個時代、過去的時代，以及未來的時代中澎湃洶湧。讓我們再看看詩人羅門為我們描繪的大海的形象：

究竟那條水平線
能攔你在何處
壓抑不了那激動時
你總是狂風暴雨
　千波萬浪
把山崖上的巨石　一塊塊擊開
放出那些被禁錮的陽光與河流
其實你遇上什麼
　都放開手順它
任以那一種樣子　靜靜躺下不管
你仍是那悠悠而流的忘川
浮風平念靜花開鳥鳴的三月而去
　去無蹤
　來也無蹤

遼闊的海，水平線是擱不住它的，它的激情能夠將山崖上的巨石一塊塊擊開，把禁錮在裏面的陽光和河流奔放出來。當陽光出現的時候，正是黑暗遁跡之際，光明和希望便於是携手前來。不能流動的河是死的，就像一具死屍一樣，失去了靈魂和生命的動感；而奔放出來的河流，它具有活潑的生機，具有新鮮的氣息。河流就如微血管，遍佈人的全身，營養着人的生命，又彷彿擁抱着人的神經系統，給人一種銳利的智慧。大海在花開鳥鳴，來去無蹤的三月裏，它的心情變得平靜起來，——「不管遇上什麼都放開手順它」。

詩人羅門在這段文字裏，清晰地描繪出「海的遼闊、激情、寬容、神秘」。

海的本色

詩人羅門在「觀海」一詩的附註中說：「我認為一個現代作家除了追逐外在的動變，更應感知那穿越到『動變』之中去的莫名的恒定力，是來自宇宙與大自然整體生命的穩定的結構與本然的基型之中。」

從上句話，很顯然羅門在創作本詩時，有兩大企圖：①描繪出海的壯闊與深沉的生命形態。②表現出海含有「信仰性」的較深遠的嚮往與感動。

因此，羅門在本詩中極强調「海的本色」：

任霧色夜色一層層塗過來
任太陽將所有的油彩倒下來
任滿天烽火猛然的掃過來
任炮管把血漿不停的灌下來
都更變不了你那藍色的頑强
　藍色的深沉
　藍色的嚮望

藍，海的本色，在遙遠的過去裏它就一直這樣藍着，以後它仍然會繼續藍下去，由於它的頑强和堅持，使得我們人類認知藍色是最穩定的顏色，人們更發現火的溫度中「藍焰」是最熱烈的。因此，藍色中不但具有深沉、遼闊、頑强的內涵世界，更具有擁抱似的熱情和關愛。

一個藝術家和詩人，往往會感嘆當今現實社會環境的種種障礙，有些人忍不住從事這種工作的孤寂感，而臨陣逃脫、功敗垂成。但是海的藍色，幾萬年來一直就不曾變過。「任日月問過來問過去／你那張浮在波光與煙雨中的臉／一直是刻不上字的鐘面」海的頑强生命力，已籍詩人羅門透露出來，而且暗示着「海」是藝術家學習的對象，一個藝術家要有所成就，必須多去「觀海」能夠領悟到海的特質，那將是藝術家創作時源源不斷的滋養。凡是未找到海，或背棄海的藝術家，最後不過成為海浪而已，成是荷花池的小蓮蓬罷了。由於藝術的創作，必具備兩大條件乃能成其偉大，一曰深度，二曰廣度，海的確是深廣兼備，最值得藝術家去觀看，甚至躍入泅泳。

從漫長的白晝
　到茫茫的昏暮
若能飄旋回來
　便伴着月歸
星夜是你的冠冕
衆星繞冠轉
那高無比的壯麗與輝煌
使燈火煙火炮火亮到半空
　都轉了回來
而你一直攀登到光的峯頂
將自己高昇成次日的黎明

由於大藝術家具有超越時空的特質，所以他們用無比的恒定力來擁抱宇宙。他們能夠深入人類的內心工作，將人的精神昇華到光的峯頂——使之成為次日的黎明——或不朽的希望。

海的空寂

能「空」才能「容」，能「容」乃「大」」。
能「寂」才能「定」，能「定」乃「靈」」。

總是發光的明天
總是發弦音琴聲迴響的遠方
千里江河是你的手
握山頂的雪林野的花而來
帶來一路的風景
其中最美最耐看的
到後來都不是風景
而是開在你額上
那朵永不凋的空寂

任何藝術家（包括音樂家、詩人）必須經過空寂感的洗鍊，才會成為藝術大家——米開蘭基羅、梵谷、貝多芬、李白、杜甫、杜斯托也夫斯基……都是如此。藝術家的額上投射出來的空寂之光，往往照亮了人類光明的精神世界，他們背負着人類十字架似的悲劇命運，行走在黑森林裏，為人們尋找光，甚至燃燒自己成為光，引導人的苦難，到達希望的彼岸。

所以詩人羅門在「觀海」第五段指出：「所有流落的眼睛，都望回那條水平線上，仍望不出你那隻獨目，在望着那一種鄉愁，仍看不出你那隻獨輪，究竟已到了那裏。」想要遠行的人，勢必要有孤獨的打算，獨目獨輪，沒有人能看盡海的盡頭，水平線是一條分界線，任何成功的競跑選手必須衝過這條線，否則不過是投降者，要接受如鞭似的水平線，一頓苦刑。也許，詩人最懂得空寂感，空寂感來自禪境的頓悟，在國內的詩人，剛創作之初莫不痛苦摸索，有時摸索出一條路，過了一些日子卻發現是不通的死巷子，祇好繼續重來。那種孤獨[illegible]寂實，彷徨與無奈，絕非旁人所能了解其萬一。然而這正是使自己的藝術生命像海一樣的唯一通道，——唯有進入此通道，而且通過此通道，你的藝術生命才會像海般的澎湃起來，也才會像海般的頑强起來。從感受空寂，到通過空寂，是一條漫長而黑暗的藝術之旅，大藝術家觀察的銳利，心靈的敏捷，皆從此旅獲得，整個宇宙時空的寶藏，此刻似乎是特為他們準備的豐盛佳餚。

海的呼喚

「觀海」一詩，是羅門近年來的力作之一，可以歸屬於他「自然詩」的創作部份。當然這首詩氣魄雄渾，意境高遠，是很有企圖的作品。我相信羅門對當今國內的藝術環境頗多感慨，居於一個詩人的良知使他不得不寫下這首詩，這首詩具有諷刺性和教育性，任何一個敢於面對現實，不虛偽作假的藝術家，看完這首詩，一定會感動不已。任何一個從事藝術工作的人，把自己投入「觀海」一詩中，自己到底能夠通過那一項檢查？我們捫心自問，我們在與藝術之神交往中，到底付出幾許虔誠？「任砲管把血漿不停的灌下來，都更變不了你那藍色的頑强，藍色的深沉，藍色的嚮望」在殘酷的現實生活中，有許多人往往無法堅持而變節，一個崇拜繆斯幾近於迷信瘋狂的年輕人，曾幾何時在繆斯的殿堂失去了他的蹤影。而海永不變它的本色——藍色。它的頑强和恒定力值得人們學習，尤其是藝術家缺少了本色，剩下來的是什麼？沒有掙扎和對抗（或說不敢掙扎和對抗）怎能敲擊出生命燦爛的火花，生命的價值和意義全在這電光石火間被肯定下來。

讀完「觀海」我們好像聽見海在呼喚：請你不要在海邊徘徊，讓你的生命也變成海吧！——這不也是詩人羅門的呼喚嗎？

「註」：陳寧貴—台灣客家具代表性的名作家，他寫詩、散文、小說與評論，也寫專欄，並編詩刊詩選兩冊，擔任出版社總編輯，在文史哲出版社出版的《門羅天下》論文集中，曾寫七篇論羅門的論文。

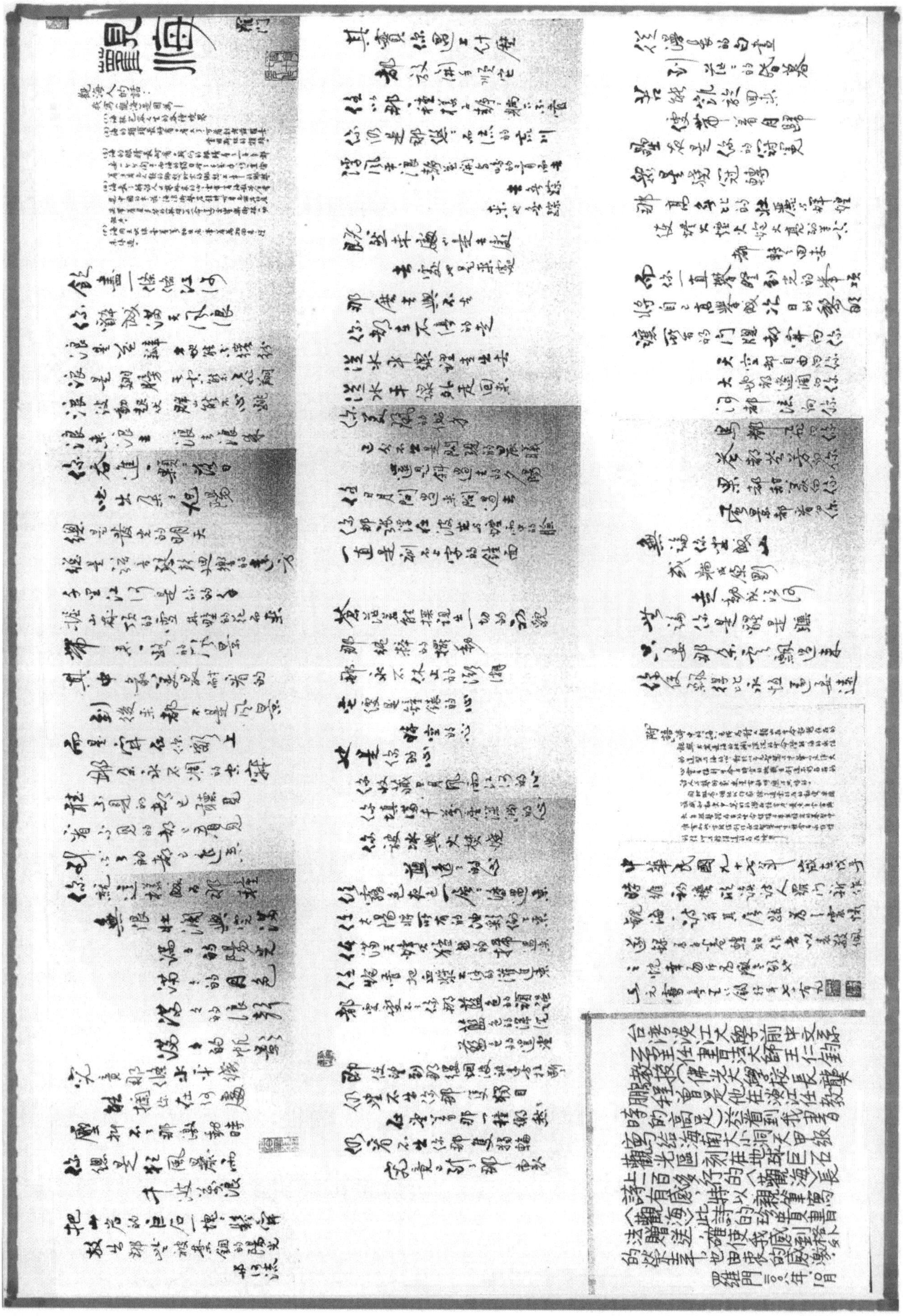

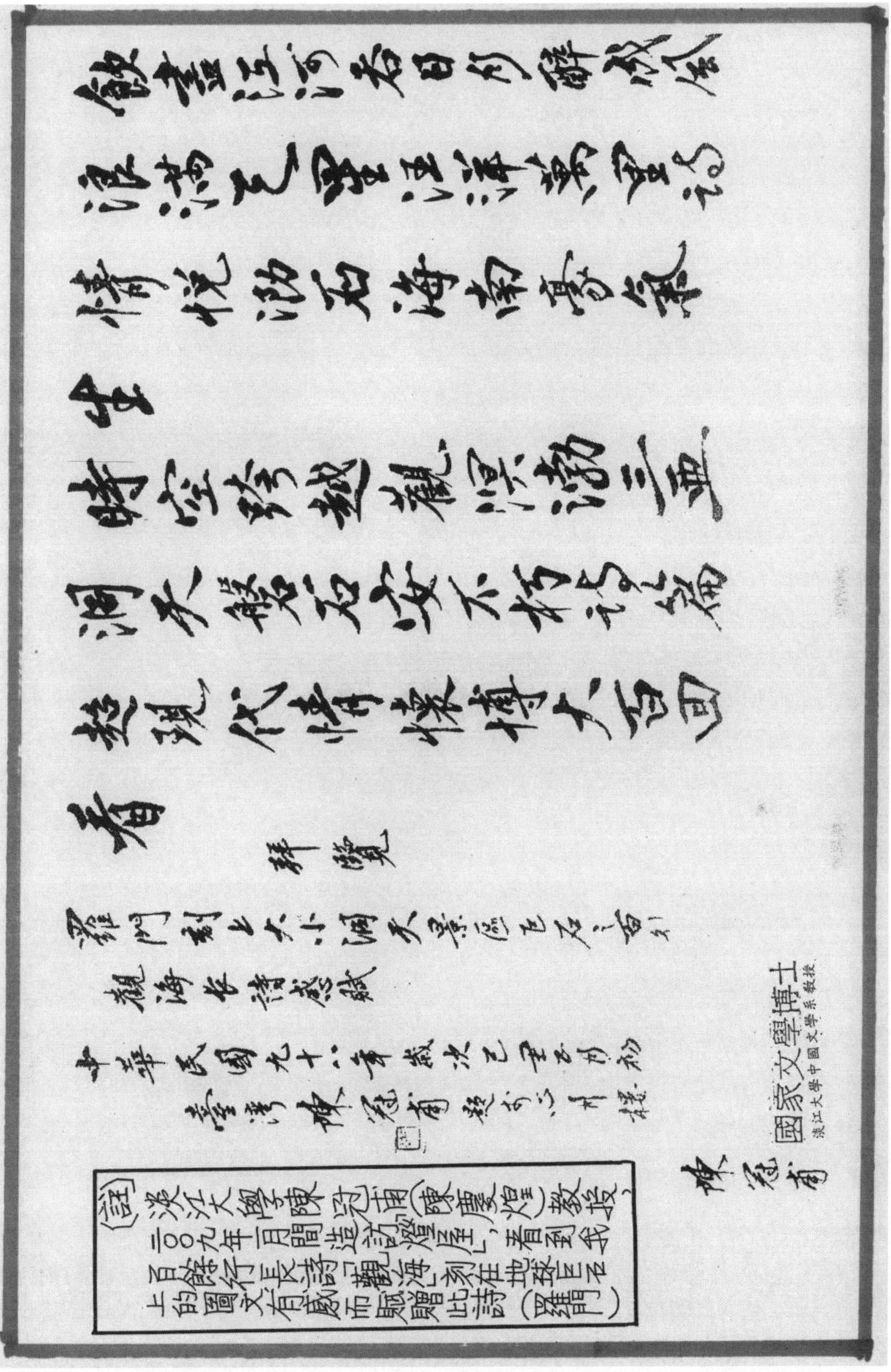
飲盡江河吞日月醉成風
浪滿天星汪洋萬里詩
情悅渤石海南豪氣
生
時空跨越觀溟渤三亞
洞天磐石安不朽詩篇
超現代情懷博大百回
看
拜覽
羅門刻上大小洞天景區巨石之百行
觀海長詩感賦
中華民國九十八年歲次己丑正月初
臺灣陳冠甫題於心月樓
(註)淡江大學陳冠甫(陳慶煌)教授，二〇〇九年一月間造訪燈屋，看到我百餘行長詩「觀海」刻在地球巨石上的圖文有感而賦贈此詩(羅門)
陳冠甫
國家文學博士
淡江大學中國文學系教授

附　錄

藝術活動較重要的資料文件

臺灣省立美術館開會通知單

速別	最速件
受文者	羅門先生
副本收受者	本館有關人員
開會事由	研討開館展覽活動「尖端科技藝術展覽」事宜
開會時間	七十六年五月卅一日（星期日）上午十時　分
開會地點	省立美術館（請由英才路文化中心停車場至本館臨時辦公處報到）
主持人	劉館長欓河
聯絡人（或單位）	翁華美
電話	（〇四）二二七七三二
出（列）席單位及人員	規劃委員：楊委員英風、何委員恆雄、張委員榮森、劉委員漢中、盧委員明德、李委員賢文。 應邀參展人員：楊奉琛先生、胡錦標先生、劉海北先生、席慕容女士、郭挹芬女士、洪素珍女士、羅門先生、周祖隆先生、王永修先生、林品章先生、劉聰輝先生、鄧成連先生、劉長富先生、台中商專商設科、輔大應用美術系、大度山錄影藝術工作群。 本館工作人員：徐秘書士文、許組長汝霖、蕭主任銘祥、翁華美、黃素雲、陳慧玲、林淑真、謝珮敏、崔詠雪。
備註	參展計畫書填妥後，請於開會時交聯絡人彙整。
發文單位	臺灣省立美術館
發文日期	中華民國七十六年五月廿五日
發文字號	七六省美展字第六一三號
附件	參展計畫書 座談會程序及時間分配表

臺北市立美術館

羅門 先生道鑒：

感謝您於百忙中惠允撥冗出席本館舉辦之詩．夢．自然——米羅的藝術演講系列之三，我們確信您的協助將使本館益增光彩。謹此恭候光臨。並請參考有關事項如后：

一、時間：80年10月19日（星期六）下午二時卅分

二、地點：台北市立美術館地下樓視聽室

三、主題：詩眼看米羅畫中的詩眼（另參考如附件）

館長 黃光男 敬邀

80年9月18日

79. 9. 100本

臺北市立美術館

羅門先生道鑒：

本館爲配合「雷射、藝術、生活特展」特舉辦「美」的追踪。詩眼中的視覺藝術世界專題演講，素仰先生對詩與藝術之研究，有深入精闢之見解，今特邀請於四月二十日下午二時卅分蒞臨本館演講，敬祈惠允撥冗，無任感荷。專此　敬頌

時釐

蘇瑞屏　敬上

四月十八日

臺北市立美術館

羅門 女士/先生 道鑒：

夙仰 先生學識淵博，致力於尖端科技之研究，不遺餘力，本館為促使藝術與科技結合，提高國人對雷射藝術之認識與欣賞，特舉辦「雷射藝術與生活」座談會，謹此奉函敬邀，懇請撥冗光臨並傾賜高見為禱。專肅敬頌

藝安

蘇瑞屏 敬邀

四月一日

時間：七十四年四月七日（星期日）下午二時卅分。

地點：本館地下二樓視聽室。

電話：五九五七六五六轉卅。

臺北市立美術館

羅門　女士先生道鑒：

夙仰　先生學淵識博，推動現代繪畫，不遺餘力，本館計劃將中國現代繪畫作一歷史性、系統性的介紹，探討中國現代繪畫的方向，並以行動理論來發展現代繪畫，特舉辦「籌備中國現代繪畫回顧展」座談會，謹此奉函敬邀，懇請撥冗光臨，並頒賜高見為禱。肅請　敬頌

藝懋

蘇瑞屏　敬邀　五月廿八日

時間：七十四年六月十三日（星期四）下午二時卅分－四時卅分。
地點：本館會議室
電話：五九五七六五六轉七六

臺北市立美術館

羅門 先生 道鑒：

本館於七十六年一月十日起舉辦「眼鏡蛇藝術群展」，屬北歐藝術體系之一的眼鏡蛇藝術群，創立的時代背景，及藝術創作理論與表現方式，深具研討價值，特舉辦「眼鏡蛇藝術群座談聯誼會」，並邀請此藝術群創始人之一——歌賀內依，及藝評家隆具荷參加，夙仰 先生學識淵博，致力於藝術創作及研究不遺餘力，懇請惠臨共襄盛舉，傾賜高見。耑此 敬頌

藝安

館長 黃光男 敬邀

十二月廿六日

時間：七十六年一月十三日下午二～四時
地點：本館餐飲部
電話：五九五七六五六轉三〇

74. 10. 200本

國立台灣藝術教育館

(78)藝研字第一一二號

羅門　先生道席：

本館舉辦各項藝術教育活動均承支持與協助，至深感謝。現為慶祝美術節加強美術界之聯繫，增進美術家之情誼，共同推展全民美育，謹訂於本年三月二十五日（星期六）上午九時三〇分，在本館演藝廳舉辦「中華民國七十八年美術節慶祝大會」，敬請屆時撥冗蒞會指導。隨函附奉出席證乙份，敬請　詧收。專此

敬頌

道安

國立台灣藝術教育館館長　張俊傑　敬啓

七十八年三月十五日

77. 3. 10,000

國立歷史博物館

(69)台博研字第992號

羅門先生道席：

敬啓者：欣逢國際詩人大會在我國召開，本館爲響應此項盛舉，特舉辦「中國現代詩畫聯展」，訂於十一月九日至十八日展出十天。茲以時間迫促，謹訂於十一月五日及六日兩天上午九時至下午五時在台北市南海路四十九號本館研究組（四樓）辦理收件。現代詩每人參展作品以一至三首爲限，現代畫參展作品以一至四幅爲限，詩或畫均請自行裝裱整齊便於懸掛爲準，夙仰先生對現代詩（畫）修養有素，專函奉邀，至祈準時惠件參展，連同應塡表件擲下，同襄盛舉，無任企感！敬頌

道安。

國立歷史博物館 敬啓 十月卅一日

臺北市立美術館

羅門 先生／女士 大鑒：

本館「現代美術」雙月刊旨在推廣美育知識，普及現代藝術，故邀請國內外專家學者，爲本刊撰寫近代藝術史、現代藝術資訊及個人創作或理論研究等專文，以便豐碩本刊，並嘉惠讀者。素仰您的學識及文采，懇請爲本期訂定之範圍（並音 並音）藝術）撰稿，並於八十三年八月三十日以前惠寄大作，字數約（五千）字左右，我們將以精心設計的版面呈現您的智慧。耑此 敬頌

藝安

台北市立美術館館刊編輯室 林吉峰 敬啓 七月九日

83.1.10,000張

臺北市立美術館

羅門 先生道鑒：

感謝您於百忙中惠允撥冗蒞臨本館主講「後現代美學與生活」講演系列十二之六，我們確信您的指導將使田家炳文教基金會暨本館等合辦單位皆益增光采。謹此恭候

光臨，並請參考有關事項如后：

一、時間：八十三年十二月三日（星期六）下午二時卅分－四時卅分

二、地點：台北市立美術館地下樓視聽室

三、講題：後現代風暴襲擊都市人該怎麼辦呢？

四、本系列活動完畢後由本館出版論叢專輯，請主講人就講題範圍以稿紙撰文乙篇（五千字至一萬五千字之間），儘量於講演當日交稿，八十四年一月卅日為最後截稿日期。

五、有關內容如附件「後現代美學與生活講演系列活動計畫」。

館長 黃光男 敬邀

83.年9.月 日

3.1.10,000張

臺北市立美術館

羅門 先生道鑒：爲配合四月四日本館揭幕之「美國南加州現代美術展」，特邀請十位南加州藝術家於四月三日下午三時假本館視聽室舉行「作品發表會」，並即進行討論及聯誼，以充份溝通藝術理念。

素仰 先生學養專精，對現代藝術理論及創作有深入精闢之見解，特奉函敬邀，懇請撥冗蒞臨，共襄盛舉，並隨函奉寄「南加州現代美術展」介紹。耑此 敬祝

藝安

館長 黃光男 敬邀

三月廿八日

74. 10. 200本

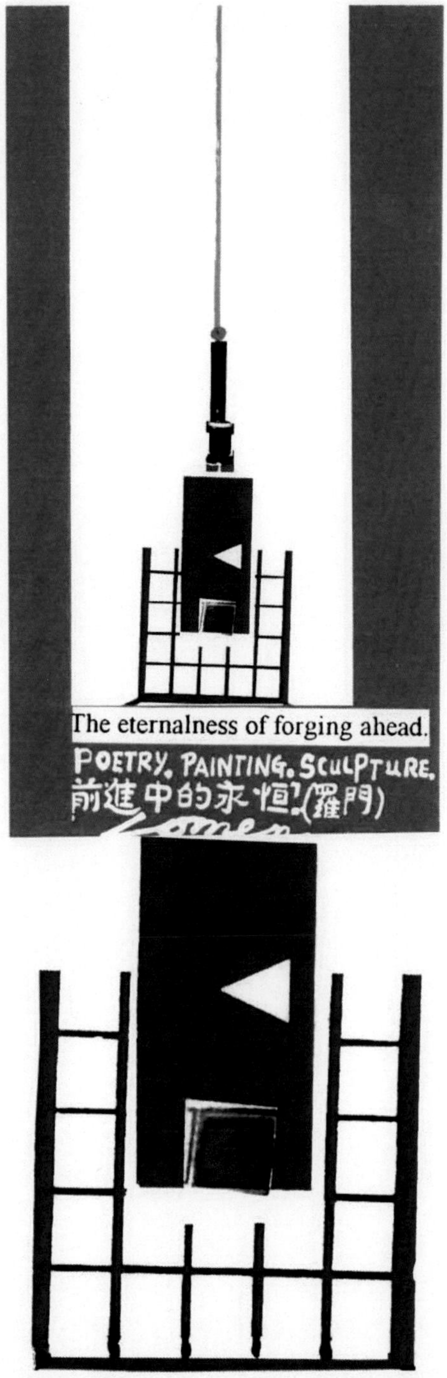

The eternalness of forging ahead.
POETRY. PAINTING. SCULPTURE.
前進中的永恒!(羅門)

詩國 POETREPUBLIC
羅門蓉子藝文資料館

羅門蓉子藝文資料館

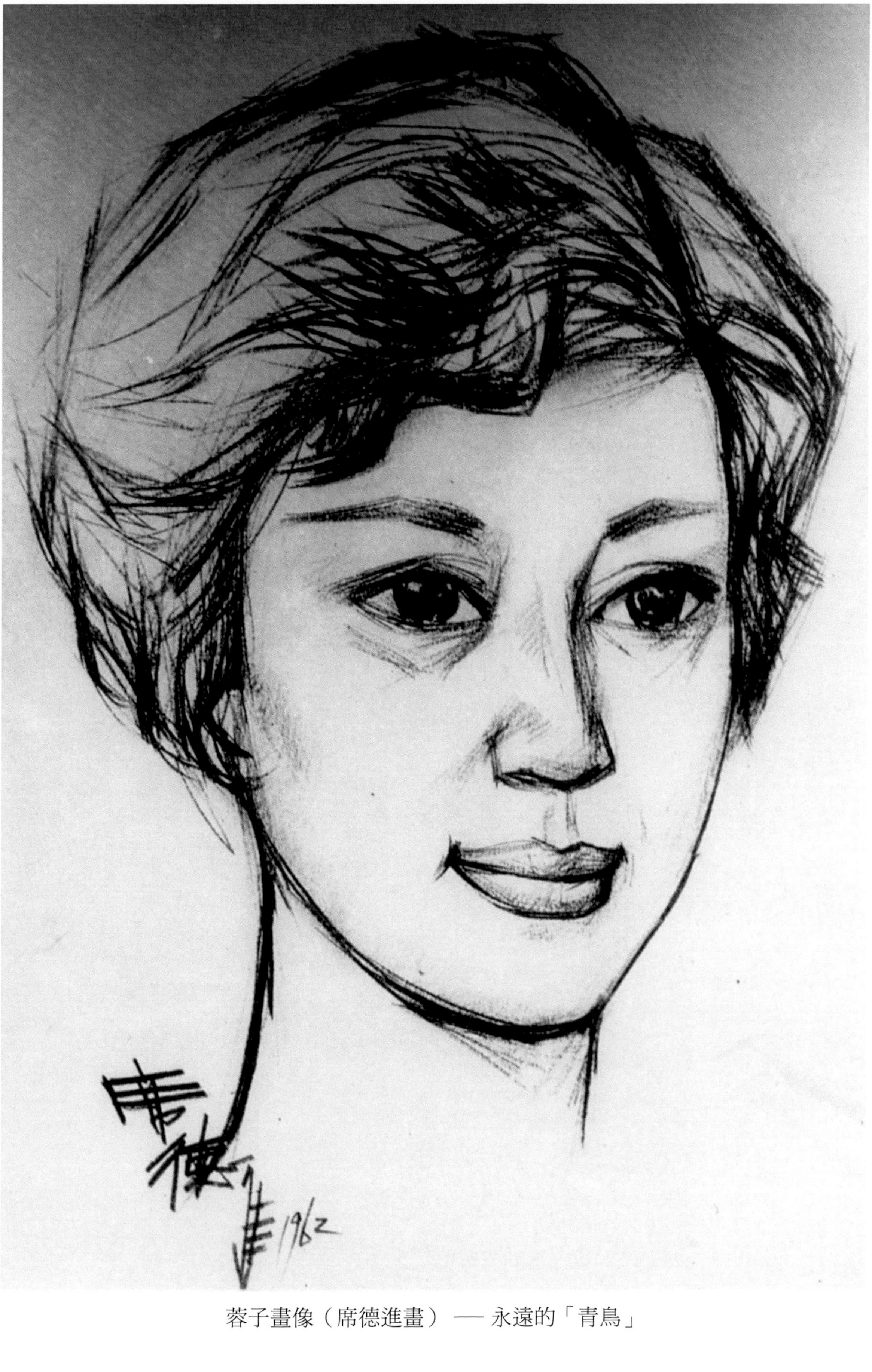

蓉子畫像（席德進畫）── 永遠的「青鳥」

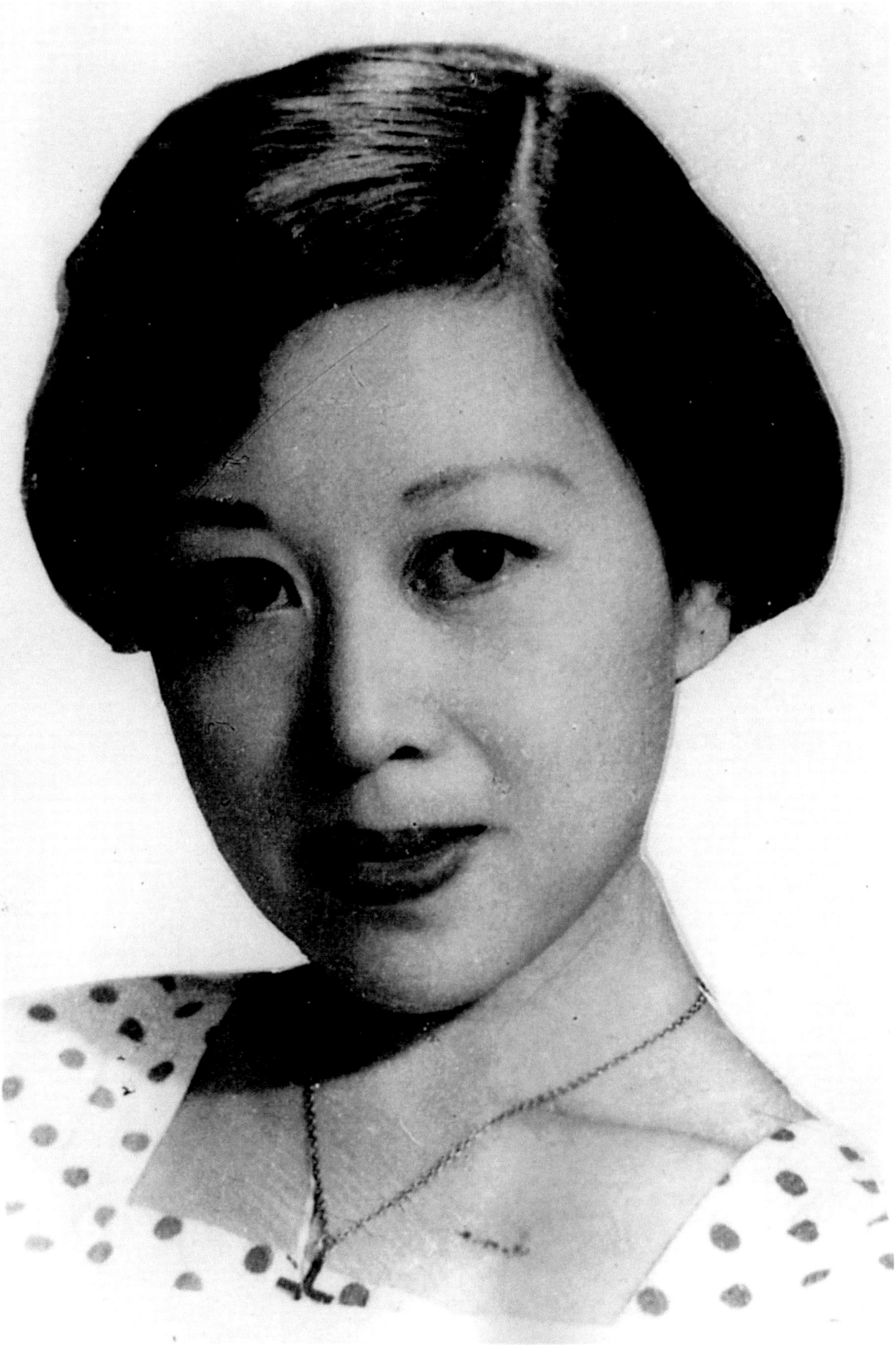

蓉子攝於 43 年 — 飛入愛情世界的青鳥

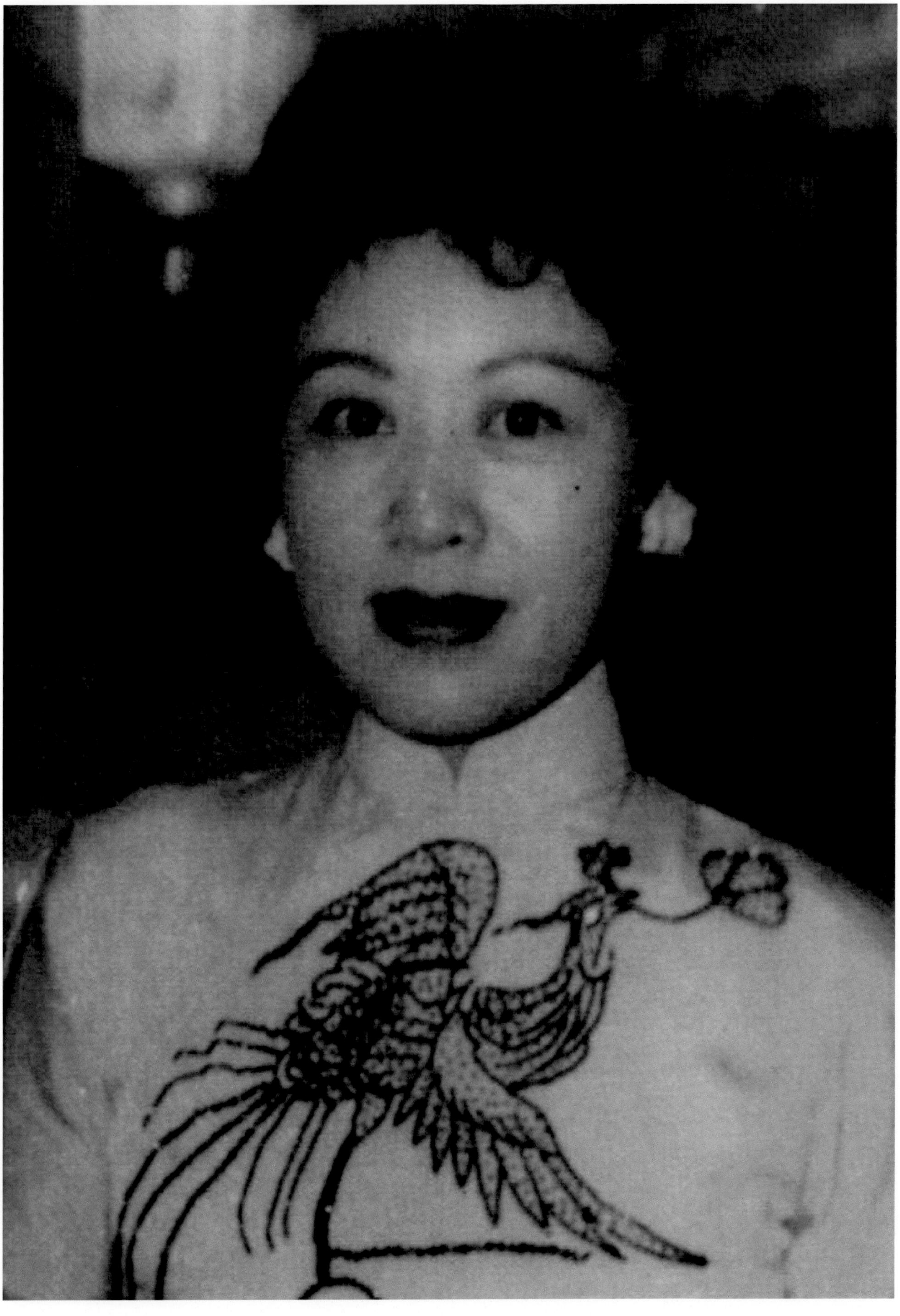

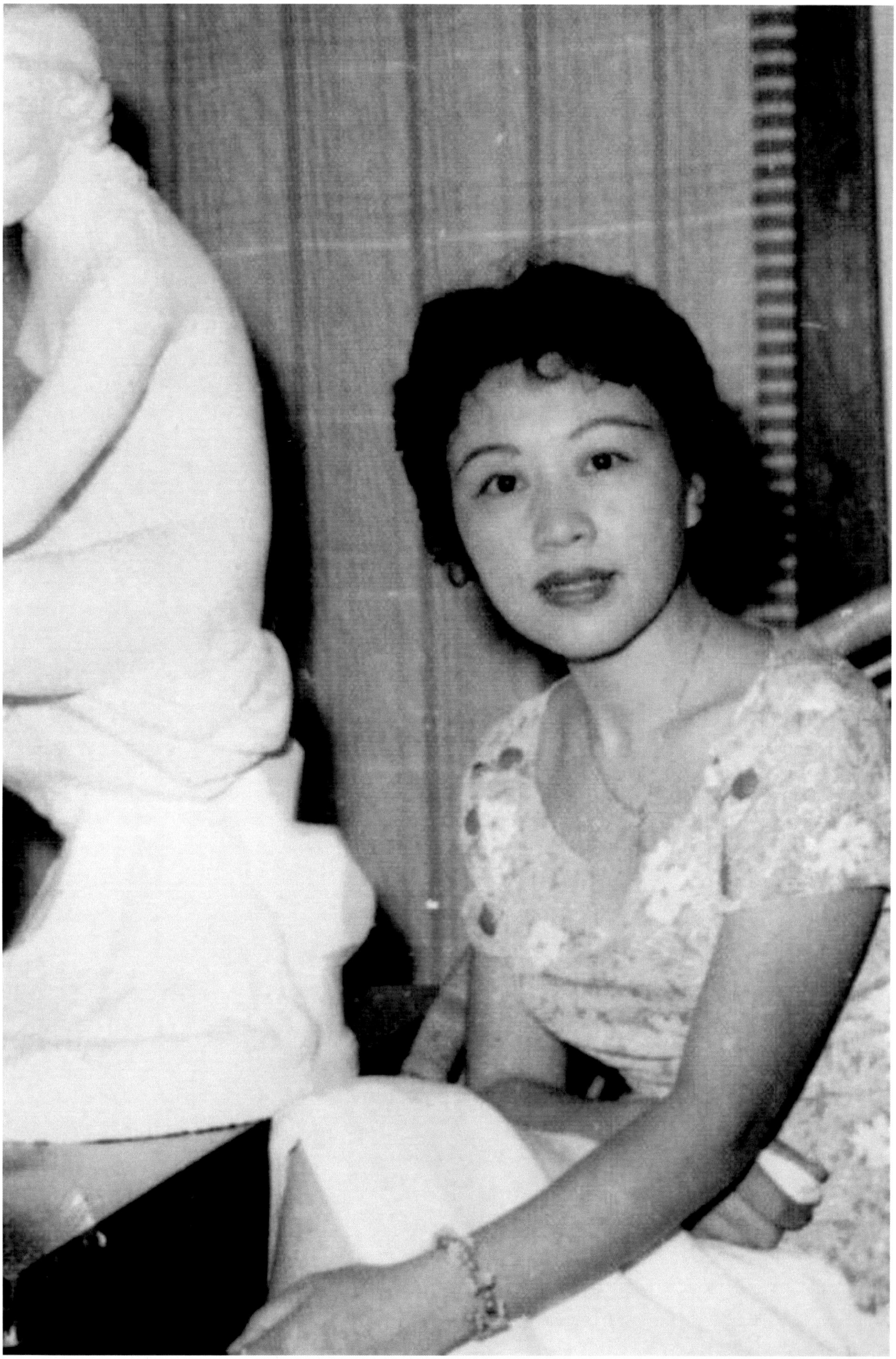

羅門 1950 年代表空軍足球隊參加上海召開全國運動會集訓的照片（由留美畫家許汝榮繪畫）

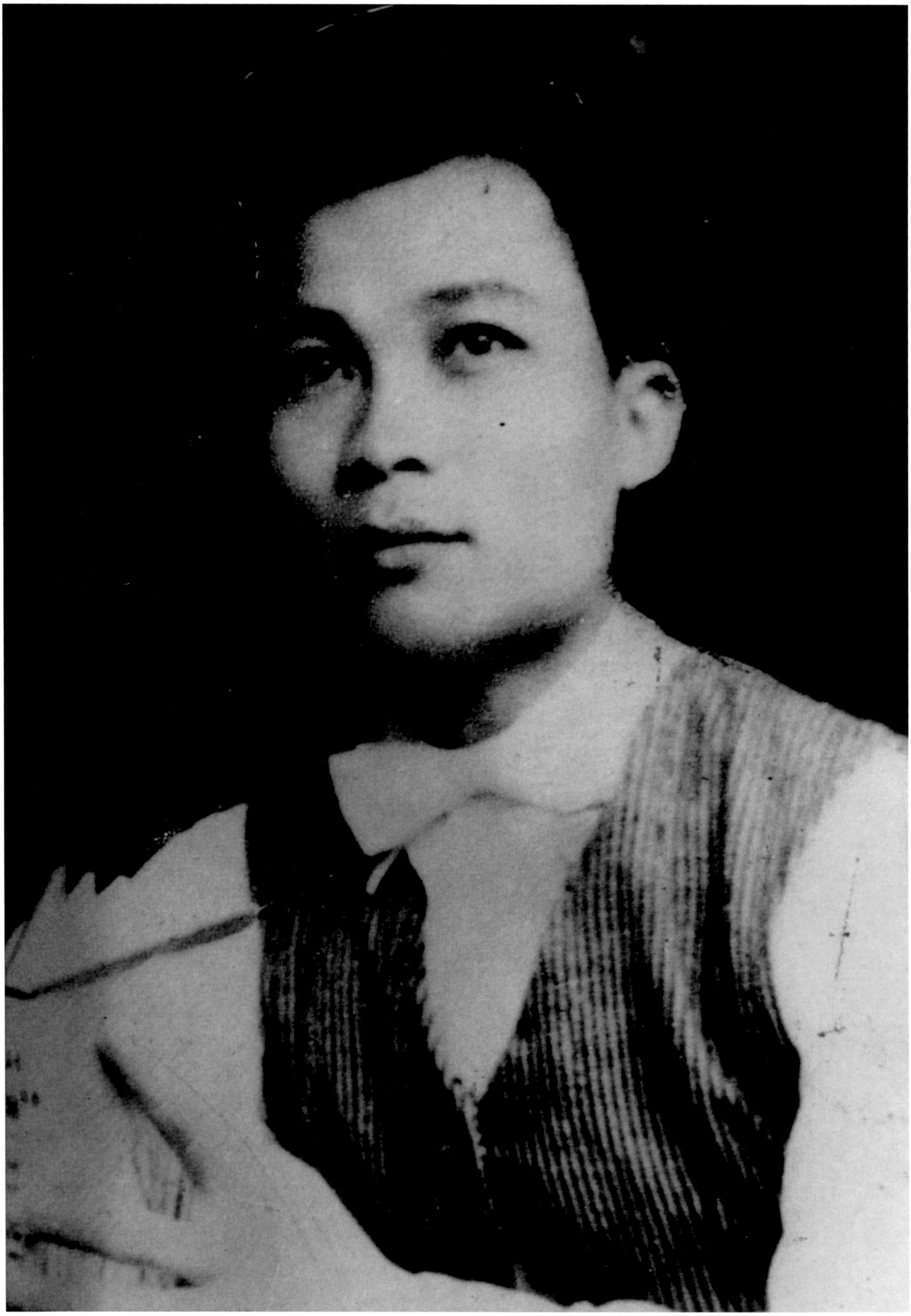

向現代人內心世界探險的詩人羅門

□林興華

本文是作者透過羅門的詩觀以及三本論文集（「現代人的悲劇精神與現代詩人」、「心靈訪問記」、與「長期受審判的人」），對羅門詩與藝術的創作世界所作的審視。

——林興華——

A

二十年來的中國現代文學，可謂頗不寂寞，比起早期的新文學、五四時期的嘗試以及三十年代的文學，畢竟有着很大的差異。這個差異，一方面來自社會情況，另一方面來自西方現代文學的影響，以及鄉土意識的自覺。創作的技巧及其時空，題材的選擇，結構上、表現上由於受到西方藝術的影響，大量的運用暗示及象徵，作品更是含蓄有力，層次分明。更由於美學觀的反動，詩人及藝術家們已能對變形、交疊、幅射、易位、轉換去重組所思所見。

詩人羅門鑽探心靈空間的富庶，也有多年。多年來仍不減其爲人苦口婆心強說，心靈空間的架構，且樂此不疲，不！簡直該說有點走火入魔了。「美」，自然不是[illegible]的知識，只是在我們主觀意志強烈的時刻更能去[illegible]島由紀夫，在假面的告白開始便說：「[illegible]直堅持[illegible]過自己出生時的光景，再當我說出它的[illegible]大人們[illegible]」還是唯「美」的主張。羅門的美[illegible]富形

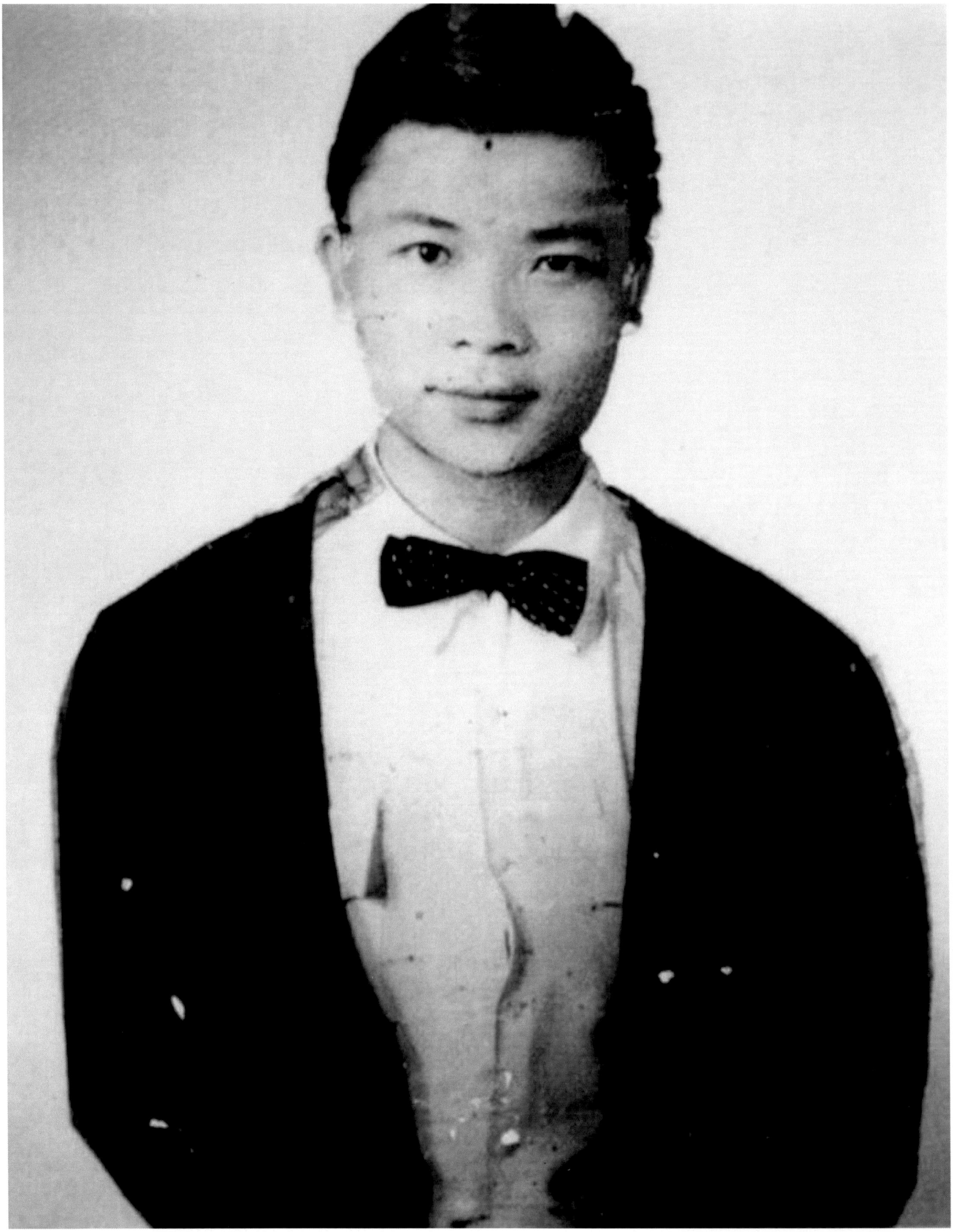

此照片拍於台北安東街「燈屋」舊住，是 1965 年在寫〈麥堅利堡〉沉思時照的

1991年
由文史哲出版社出版《門羅天下—名家論羅門》
名詩人評論家林燿德設計封面，請攝影家拍此照。

此相片是 COPY 名作家封德屏在 1975 年《女性世界》四月號寫〈中國詩壇的勃朗寧夫婦〉的專訪影像

此照片是婚後在日月潭旅遊

羅門蓉子於民國四十四（一九五五）年四月十四日星期四下午四時（這日子是奇想的）在台北中山北路一座古雅的老教堂結婚，並在婚宴上舉行前所沒有的詩歌朗誦，由紀弦前輩讀我在他主編的《現代詩刊》以紅字刊登的那首歌頌愛情理想的處女作（加力布露斯）接著由名詩人彭邦楨、上官予、謝青及電台主持人，此外更可喜的是另一位詩壇前輩覃子豪先生，於結婚當天，在他主編的公論報《藍星週刊》以全版刊登所有的賀詩與他誠摯的賀詞，並以「勃朗寧（R. BROWNING）」夫婦詩人美言我們的結合，給予溫馨的激勵與祝望，那也是以後長年來我們被傳說爲中國詩壇「勃朗寧」夫婦的開端者.

羅門、蓉子於民國四十四年四月十四日星期四下午四時在臺北市長安東路一座古老的教堂裡舉行婚禮

公論報《藍星週刊》目錄

羅門蓉子婚禮

左：日月潭

今年四月十四日在[illegible]舉行婚禮，除一般[illegible]各界外，則有文藝界人士數十人，濟濟一堂，[illegible]，極一時之盛。[illegible]由趙蘭芬女士、宋膺先生及紀弦先生朗誦一對新人之得意作品。婚後偕往中南部之蜜月旅行，並曾小住日月潭，[illegible]

紀弦前輩讀羅門在他主編的《現代詩刊》以紅字刊登的那首歌頌愛情理想的處女作〈加力布露斯〉

[illegible]詩節目卡

羅門

（一）

青鳥……………趙蘭芬小姐誦讀
作者　蓉子

加力布露斯
高高後的藍天……詩人紀弦誦讀
作者　羅門

夢在樹……………趙蘭芬小姐誦讀
作者　蓉子

乘上音樂的銀船金車
那安祥的國度……詩人紀弦誦讀
本是我的祖國呀　作者　羅門

（二）

獻給妳——
我愛的玫瑰花環．詩人宋膺誦讀
作者　羅門

愛與夢……………趙蘭芬小姐誦讀
作者　蓉子

1955
4月14日星期4
下午4時

Amen

公論報

慶賀詩人羅門蓉子婚禮專欄

今天是詩人羅門和女詩人蓉子結婚之日，詩人和詩人結婚，在我國詩壇，夠有很大的意義。在中國詩人和詩人結婚，尚屬創舉，蓉子是「青鳥集」的作者，是中國傑出的女詩人，爲讀者所熟知。其詩風以情感細膩，筆法清新見稱。羅門爲新進詩人，其作品在本刊發表甚多，其詩風熱情奔放，如長江大河。其創作前途，未可限量，兩位詩人的結合，對中國詩壇將有重大貢獻。本刊爲此，特闢專欄，藉表慶祝之意。　編者

玫瑰色的日子來！　羅門

玫瑰色的日子來了，
耳，目，心房都接收到快樂的信件，
從那遙遠遙遠的夢中國度，
我們力露披信就去的，
在鄉水瀲灩，天空蔚藍時動身，
去訪那常時在懷中鼎盛的春國，
聽說那邊綠色的果林長年在心上茂生，
藍色的別墅在夏日裡格外明麗，
紅磚屋在「標傑」的樹叢中半露，
別緻的臥室與小書房在夢中久嵌，
「幸福」的鄰居爲我們準備賀餐，
我們力露披信就去的，
縱使旅途艱辛悠長，
鵲那邊去往萬萬年，不再回來，

Merry Day　蓉子

翠茂的園子
[illegible]溫暖的陽光的教堂
[illegible]
如鳥水族探首迎往。
我靜靜地來到禮拜堂
表潔乳白色的燈
如我的夢在閃光，
還有那彩色的玻璃窗，
直窺天國的奧秘。
啊！每當我來到這裡：
童年的回憶一再升起
多麼親切而又和諧
愉快記憶啊！
那是我父親的教堂，
我們在其中長大。
如今是四月花開的日子：
漫遊中有陽光漏浸，
樹叢中有鳥聲婉囀，
於是我作了一行抉擇——
在復活節過後，
我將在主的見證上我的盟誓，
和愛者去趟一個嶄新的旅程！
四四年四月於台北

和諧的歌——爲詩人羅門蓉子的婚禮而作　李莎

他倆的愛苗迅速地成長成，
像愛湧之海傳播著喜訊；
啊，明麗的四月，欣然蒞臨，
青鳥呀，帶來了幸福的佳期。
溫柔的心曲，詩之琴韻，
啊，已經感到了知音，
請接受我們熱烈的祝賀：
當你倆合唱出完成和諧的歌。

青鳥的讚[illegible]——朗誦詩、爲羅門、蓉子婚禮而作

一隻銜着小鳥
來自江南水鄉
穿過暴風和海洋
穿過暴風雨海洋
爲的追求自由理想
常綠島風光明媚
[illegible]
白天，她歌讚亞熱帶景色
夜裡，她渴念着綠底故鄉
——她以生命和愛
寫成了晶瑩的詩篇
柔麗、婉雅、詩的青鳥啊
是詩苗壯了你的生命
詩又燃亮了你的愛情
羅門，羅門，這幸運王子
你們的結合有著詩的色彩
與詩底情調和恆久的光芒
詩人的心靈像鳥兒般聰慧
他唱來了四月，唱來了[illegible]的陽光
原野的花朵，像天上的星辰閃耀
多情河的流水，不再煩惱
看哪，「收集彩虹」的女郎翩躍在原野
唱出他的意志，熱情和希望
靜寂的園林，有青春迅飛
動聽的歌，驚醒了「找頭的百合」
在晨光中露出神秘而閃爍的微笑
[illegible]
鐘聲響了，合唱開始了
圍繞着詩和音樂的聯壇
是一個生命旅程的起點
在今天，我以[illegible]至誠的小詩
送你們走進綠郁的花園
在詩的王國裡，創造永恆的春天

創造的起點——爲羅門、蓉子兩詩人結婚之慶而作　覃子豪

我呀！爲你們寫下這首頌詩
陽光已將歡笑滲入你們血液
你金色的生命將有愛的葉實
亦如你們優美豐富的詩
而我呢？我貢獻一名鼓手
在一旁爲你們的幸福振鼓
爲你們的邁步詩底王國助威
四四、四、十四、夜

[illegible]

謝詞　羅門．蓉子

先把快樂寫在心上然後來感謝
感謝上帝的使者邦島西牧師作我們的證婚人
感謝文壇前輩葛賢寧先生同林[illegible]我們的介紹人
感謝我們兩個單位的長官與同仁以及親友們光臨的熱忱
最後更來感謝我們心靈中的朋友
自由中國名詩人覃子豪紀弦先生
以及已有所成就的詩人羅同寫作家們
你們都是傳播愛心人類靈魂的技師
今晚我們樂會在這裡不再是擁在吵鬧的便堂
而是歌歌笑舞在和諧與逸樂[illegible]
[illegible]
詩與音樂
織成步操的旋律
把我們[illegible]

蜜餞的四月　鍾鼎文
——祝詩人蓉子，羅門結婚之慶

四月，蜜餞的四月，
玫瑰開花，雲雀唱歌的時節；
初開的玫瑰開出含羞的眞誠，
初唱的雲雀唱出含羞的歡悅。

結婚進行曲——賀詩人蓉子，羅門結婚誌慶　彭邦楨

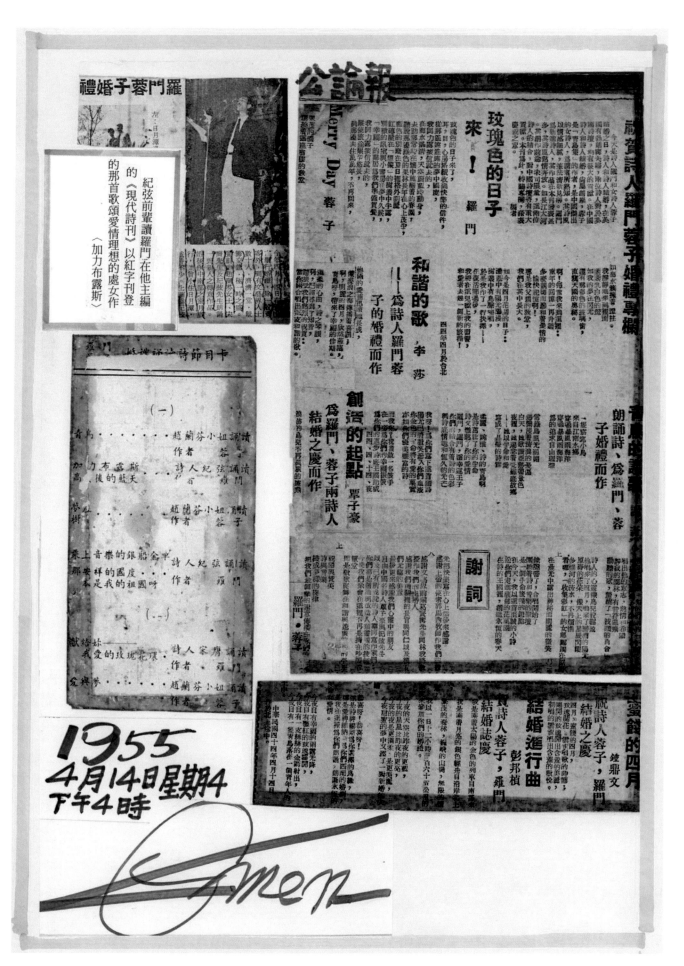

我是乘着太陽的金色的列車自南方來
我是乘着月亮的銀色輕舟自沿岸北上
[illegible]茂的森林，綿延的山岡，無限的[illegible]
我以一日十二小時三百六十五公里的[illegible]來參加你們的婚禮。
今夜的天空比昨夜的更藍，
今夜的星星比昨夜的更亮，
今夜的夜是更溫柔，是更美麗，
今夜甜蜜的夢中又添了一對新婚[illegible]
恭喜呀！恭喜呀！
那是詩神繆斯爲你們撮合的良緣，
那是愛神維納斯爲你們四飛的婚禮，
我在這裡爲你們朗誦，朗誦永恆的[illegible]愛情。
今夜自有幸福的甜露光降，
今夜自有艷紅的玫瑰綻開，
今夜自有一支絲絲的金箭射出，
今夜自有一隻青鳥落在一個青年人的[illegible]中。
中華民國四十四年四月十四日於台北

Laurel Leaves

LO-MEN OF CHINA

Aeronautical Center Director Lloyd Lane and NAAIS Dean, Rudolph Doering discuss some of his poetry with Free China's Han Jen-shun or "Lo-Men".

The talent of the artist, whether dealing in words or music or pictures, knows no barrier. For example, Han Jen-shun is a senior technician at Taipei Civil International Airport on Taiwan, but, more than that, he is also "Lo-Men," Free China's leading modern poet and a prominent critic on poetry in his own country.

Han Jen-shun, or "Lo-Men," was a recent student in the National Aircraft Accident Investigation School at the FAA Aeronautical Center in Oklahoma City. Part of his duties as an airman involve investigation of aircraft accidents.

Lo-Men began writing poetry in 1954; married Poetess Yungtze in 1955, and since that date the two have become known as the "Brownings of China." His wife, Yungtze, has published three books of poems. Some of her works have been translated into English, French, Japanese, Korean and Turkish.

Lo-Men won two awards in 1958...the Blue Star Prize, one of the Far East's most coveted prizes and the award from the Association of Chinese Poets. This year, Lo-Men and Yungtze were nominated as the "Distinguished Literary Couple of China" and received the Karta Award from the United Poets Laureate International and the Marcos medal of the Philippines.

Lo-Men's masterpiece is "MacKinley Fort" and has been translated into English, French, German, Hungarian, Japanese, and Korean. His "Four Strings of a Violin" was introduced with other famous international authors by the Literary Review of America in 1962.

"MacKinley Fort" was inspired by a visit to this famed Philippine Cemetery in 1962. More than 70-thousand soldiers are buried there. As Lo-Men says, "Its where War sits and weeps for the dead."

Here is Lo-Men's famed poem:

MACKINLEY FORT

What is beyond greatness
Is Man's sense of loss in the presence of greatness

—Lomen

(Translated by Yu Kwang-chung)

Here War sits and weeps for the dead.
Seventy thousand souls sink to a realm deeper than sleep.

Cold is the sun, cold the stars and the moon,
Cold lies the Pacific, once seething and sizzling with plunging shells.

Smith, Williams, even glory stretches no arms to welcome you home.

Your names, telegraphed home, were cold than the wintry sea.

Betrayed by death, God is helpless about your helplessness.

The negative of greatness was developed in blood.
Here even War himself cries and greatness smiles not.

Thousands of crosses bloom into an orchard, a lily lane, unshaken against the wind, against the rain,

Silent to the gaze of Manila Bay and pale,
To the tourists' lenses. Smith, Williams,
On the confused lense of death, Where is the landscape often visited by youthful eyes?

Where was kept the records and slides of spring?
MacKinley Fort, where birds have no heart to sing

And leaves, no heart to dance around,
Any sound will stab the silence and make it bleed.

Here is a space beyond space, time beyond clock.
Here even the speechless grey horizon speaks more than the dead.

Sound-proof garden of the dead, scenery of the living,

Here, where God comes and also come the motorcars and the town,

Smith and Williams will neither come for leave.
Motionless as a dial without a clock, sightless as the face of years,

In the darkness of high noon, in the starlessness of the night,

Their eyes are shut upon the seasons and the years,

Upon a world that never dies a complete death,
And a green lawn, green beyond my grief.
Here death reaps a rich harvest in the marble fields,

Where gaze the stars and stripes, timelessness and clouds.

MacKinley Fort, where white crosses dash on white crosses

As dash the white surfs against the Pacific coast,
Where a great bas-relief of compassion is silhouetted

Against the blackest background of black doom,
Thirty thousand stories are burning in white restlessness,

Smith, Williams, when sunset sets the mango groves on wildfire,

(Even God is ready to depart, and stars fall in a downpour)

You cannot go anywhere, anywhere.
There is no door to the grim bottom of the Pacific.

Yesmin Hormuzd KaiKobad
Pakistan

LIFE'S BITTER WINE

Of life's bitter wine he drunk his fill,
To find more draughts to be drunk up still.
Being master of neither choice nor will
He could not make life steady or still.
So drank he, draught on bitter draught
While some echo mocked and laughed.
That echo of the past had laughed before
Laughs now, with each draught laughs more.

Note — Miss Yesmin Hormuzd KaiKobad is a granddaughter of Dr. Peshoton S. Dubash.

Poets Laureate of China

In a communication furnished the UPLI by the Government Information Office, Republic of China, Taipei, Taiwan, the following is "a list of six Chinese poets laureate elected by the national convention of Chinese poets. The list complete with their personal data was passed on to us by the Chinese Literary Association", namely:

1. Mr. Yu Yiu-jen: 85; native place — Sangyuan, Shensi; Honorary President of Chinese Literary Association: Works — "Yiu-jen's Collection of Poems" — the First Literature Award by Ministry of Education (1955).
2. Mr. Wei Chin-teh: Age 78; native place, Hsinchu, Taiwan; President of Poets Ying Club; work — "A Narrow Garden".
3. Mr. Lin Shung-shong: Age 68; native place, Taipei, Taiwan; graduate of Waseda University, Japan; President of Heart Club of Poets: work — "Collection of Study Mount-Dartuen".
4. Mr. Liang Han-tsau: Age 65; native place, Laoyaw Kwangtung; graduate of Sun Yat-sen University, China; President of Chinese Literary Association; China Poets' Club, and Sino-American Cultural Association; Board Chairman of Broadcasting Corp. of China; work — "Rhymes of Northwest."
5. Tseng Chin-ko: Age 61; native place, Taiho, Kwangsi; graduate of Waseda University, Japan; Vice President and chief Secretary of Chinese Literary Association; President of Poets' Club Kuen-nan; Commissioner of Taiwan Provincial Historical Research Committee; work — "About a Tumbling World", Chin-ko's Collection".
6. General Ho Chih-hao: Age 66; native place, Shiangshan, Chekiang; President of Friends of Poetry Club; work — "Collection of the Righteous Spirit".

Yu Yiu-jen, the outstanding poet and statesman, passed away in Taipei in November of 1964. The UPLI honored him posthumously last year on Poetry Day as "National Poet Laureate of China." It also cited Lt. Gen. Ho Chih-hao as "distinguished Chinese poet."

Chinese Poetry Day falls on the fifth day of the fifth month of the lunar calendar. According to Director James Shen of the Government Information Office ,Republic of China, Taipei, Taiwan, "it commemorates the death anniversary of the great Chinese poet Chu Yuan (fourth century B.C.) who sacrificed his life for the sake of the country."

聯合報　中華民國六十二年一月二十五日

鶼鰈情深廿年結伴吟詩 默默創作一朝名揚全球

羅門與蓉子夫婦榮獲第一詩人伉儷

當人們還不願用開闊的眼光看現代詩時，詩人們的努力，卻已為我國在世界文壇爭得榮譽。詩人羅門與蓉子夫婦也為中國現代詩添增了瑰彩。

「人類的詩人」的榮銜

世界文學學會會長約納斯．尼格罕博士，由巴西頒寄給羅門與蓉子的兩份榮譽狀上這樣寫着：

——讚譽羅門蓉子為「人類的詩人」（POBT OF HUMANKIND）。

——分別頒給兩人榮譽博士學位。

國際著名詩人尼格罕博士，是由倫敦出版的「世界名詩人辭典」中，知悉羅門與蓉子，進而寫信邀請這對詩人夫婦寄贈作品和著作。

羅門把曾獲菲國總統馬可仕金牌的那首「麥堅利堡」、他和蓉子合著的「日月集」，以及一些探索人類內在精神的論文等，在半年前寄出，昨天，他和蓉子接到這份國際榮譽。

他們說，這必須歸功於余光中、榮之穎和蘇凌等三位的精彩英譯，尤其是美國肯迪大學教授羅拔．伯沙夫博士，他在「日月集」中，對兩人創作的精神世界，深入剖析，寫出極具分量的評介，並把羅門的「都市之死」和美國詩人艾略特的名詩「荒原」，相提並論。

名列世界詩人辭典

以詩歌朗誦為婚禮「樂章」的羅門與蓉子，相伴寫詩已有二十年，他們出過許多詩集，有的作品被譯為多國文字，他們的詩不僅被收集在我國出版的「中國現代文學大系」，並選入韓國出版的「世界文學選集」中，和李白、杜甫、胡適、余光中、葉維廉等古今中國詩人並列，三年前，更被編入「世界名詩人辭典」。

擁有「中國傑出文學伉儷」和「世界第一詩人伉儷」等國際榮銜的這對詩人夫婦，對這些來自國際榮譽的看法是：「有更好的中國詩人，[illegible]擁有這些，我們迫切需要的，是與全國詩人為現代詩盡獻心力。」

對於現代詩被一般人所忽視，羅門的講法頗富詩意。他說：「我們不能使每個人的心靈之船，都航駛出同樣水平的海洋上。」

他認為：被忽視的主因，在於「美學的慣性」。如「採菊東籬下，悠然見南山」，是古詩的意境，許多人卻執着地認定那是「絕美」，以致慣見古詩，很自然的排拒現代詩。不是不喜歡，是根本不願、不嘗試去接觸。

現代詩未普遍接受

他把現代詩比作「穿迷你裙的少女」，有人認為那就是表現美，也有人認為那是超越「傳統常軌」，不習慣遵循「美的表達方式」。因而，對「與古不同」的現代詩就一口否定，還要硬貶這種已具有國際地位的中國現代藝術。

他相信：如果揚棄成見，試着欣賞現代詩，現代詩是有它強大的感人力量。但他堅持：詩人有責任去提高大家欣賞文學的水準，絕不能祇為「通俗」，就輕易破壞它獨具的創造性。

羅門指出：像肯迪大學、伊利諾大學、華盛頓大學等美國著名學府，在研究古漢學之餘，已開班研究鍾鼎文、瘂弦、葉珊、洛夫、余光中、蓉子等當代詩人的新詩；在國內，台大外文系教授顏元叔，前不久開始，在中外文學刊物中，每期以一萬多字評介現代詩，先後已評介過葉維廉、洛夫和羅門的作品，這項工作還在持續中。

國際矚目我國新詩

現代詩，在國內還沒被學術界廣泛研究，但中國現代詩達到國際水準，已是不容忽視的事實。像國際矚目的世界詩人大會，今年決定八月間在我國召開，這是多少國家所一再爭取舉辦的盛會！目前，正由我國在積極籌備中。

羅門和蓉子，現在都參與這項籌備工作，他們在公餘之暇，也仍然不忘捕捉靈感，創作他們「現代的語言」。

對於現代詩，羅門的註解是：「透過文學，幫助人們對生命價值有所體認，來表達內心所完成的一種理論。」

在初期，羅門的詩，是在追尋美的生命，但他的思想達到更高的層次時，他一直在以悲劇手法，探索人類內在意義。他最習慣的，是把他那以「燈屋」著稱的居所，弄得昏暗，在音樂的迴響和沖激下，譜出他的詩篇。

夫妻雙雙操舟詩海

一般來說，羅門的詩有很強的多動性，而蓉子卻不同，從小在教堂中為做牧師的父親彈風琴，蓉子的詩，一直對大自然有偏愛，更多的是以宗教情懷，面對宇宙和生命。

蓉子不習慣於「昏暗」中作詩，但是，她卻和羅門在「同樣的大海中，划着現代詩舟。」

二十年，這對「詩侶」，就在他們所熱愛的詩國中渡過。不論他們的詩，是悲劇抑是柔美，又將通過多少評論，他們仍在不斷地和許多的詩人，[illegible]中國文學史中為現代詩爭得應有的一席地位。（中央社記者[illegible]大維）

臺灣時報
民國六十二年一月二十五日

人類的詩人

國際著名詩人尼格罕 分贈二人榮譽博士學位

現代詩人羅門蓉子伉儷 作品別具一格名揚全球

當人們還不願用開濶的眼光看現代詩時，詩人們的努力，卻已爲我國在世界文壇爭得榮譽。詩人羅門與蓉子夫婦也爲中國現代詩派增了光彩。

「人類的詩人」的榮銜

世界文學學會會長約納斯・尼格罕博士，由巴西頒寄給羅門與蓉子的兩份榮譽狀上這樣寫着：

——讚譽羅門蓉子爲「人類的詩人」（POET OF HUMANKIND）。

——分別頒給兩人榮譽博士學位。

國際著名詩人尼格罕博士，是由倫敦出版的「世界名詩人辭典」中，知悉羅門與蓉子，進而寫信邀請這對詩人夫婦寄附作品和著作。

羅門把曾獲菲國總統馬可仕金牌的那首「麥堅利堡」，他和蓉子合著的「日月集」，以及一些探索人類內在精神的論文等，在半年前寄出，昨天，他和蓉子接到這份國際榮譽。

他們說，這必須歸功於余光中、榮之穎和蘇凌等三位的精彩英譯，尤其是美國肯迪大學教授羅拔・伯沙夫博士，他在「日月集」中，對兩人創作的精神世界，深入剖析，寫出極具分量的評介，並把羅門的「都市之死」和美國詩人艾略特的名詩「荒原」，相提並論。

名列世界詩人辭典

以詩歌朗誦爲婚禮「樂章」的羅門與蓉子，相伴寫詩已有二十年，他們出過許多詩集，有的作品被譯爲多國文字，他們的詩不僅被收在我國出版的「中國現代文學大系」，並選入韓國出版的「世界文學選集」中，和李白、杜甫、胡適、余光中、葉維廉等古今中國詩人並列，三年前，更被編入「世界名詩人辭典」。

擁有「中國傑出文學伉儷」和「世界第一詩人伉儷」等國際榮銜的這對詩人夫婦，對這些來自國際的榮譽的看法是：「有更好的中國詩人，誰眞正應有這些。我們最迫切需要的，是與全國詩人爲現代詩盡獻心力。」

對於現代詩被一般人所忽視，羅門的講法頗富詩意。他說：「我們不能使每個人的心靈之船，都航駛在同樣水平的海洋上。」

現代詩未普遍接受

他認爲：被忽視的主因，在於「美學的慣性」。如「採菊東籬下，悠然見南山」，是古詩的意境，許多人卻執着地認定那是「絕美」，以致慣見古詩，很自然的排拒現代詩。不是不喜歡，是根本不願，不曾試去接觸。

他把現代詩比作「穿迷你裙的少女」，有人認爲那就是表現美，也有人認爲那是超越「傳統常軌」，不習慣這種「美的表達方式」。因而，對「與古不同」的現代詩就一口否定。還要硬貶這種已具有國際地位的中國現代藝術。

他相信：如果揚棄成見，試着欣賞現代詩，現代詩是有它強大的感人力量。但他堅持：詩人有責任去提高大家欣賞文學的水準，絕不能祇爲「通俗」，就輕易破壞它獨具的創造性。

羅門指出：像肯迪大學、伊利諾大學、華盛頓大學等美國著名學府，在研究古漢學之餘，已開班研究鄭愁予、瘂弦、葉珊、洛夫、余光中、蓉子等當代詩人的新詩；在國內，台大外文系教授顏元叔，前不久開始，在中外文學刊物中，每期以一萬多字評介現代詩，先後已評介過葉維廉、洛夫和羅門的作品，這項工作還在持續中。

國際矚目我國新詩

現代詩，在國內還沒被學術界廣泛研究，但中國現代詩達到國際水準，已是不容忽視的事實。像國際矚目的世界詩人大會，今年決定八月間在我國召開，這是多少國家所一再爭辦的盛會！目前，正由我國在積極籌備中。

羅門和蓉子，現在都參與這項籌備工作，他們在公餘之暇，也仍然不忘捕捉靈感，創作他們「現代的語言」。

對於現代詩，羅門的註解是：「透過文學，幫助人們對生命價值有所體認，來表達內心所完成的一種理論。」

在初期，羅門的詩，是在追尋美的生命，但他的思想達到更高的層次時，他一直在以悲劇手法，探索人類內在意義，他最習慣的，是把他那以「多燈」著稱的居所，弄得昏暗，在音樂的迴響和冲激下，譜出他的詩篇。

夫妻雙雙操舟詩海

一般來說，羅門的詩有很強的多動性，而蓉子卻不同，從小在教堂中爲做牧師的父親彈風琴，蓉子的詩，一直對大自然有偏愛，更多的是以宗教情懷，面對宇宙和生命。

蓉子不習慣於「昏暗」中作詩，但是，她卻和羅門在「同樣的大海中，划着現代詩舟」。二十年，這對「詩侶」，就在他們所熱愛的詩語中渡過。不論他們的詩是悲劇、是宗教，又得過多少讚譽，他們仍在不斷地和許許多多的詩人一齊奮鬥，要在中國文學史中爲現代詩爭得該有的地位。

（中央社特稿）

中華日報
中華民國六十二年一月二十六日

國際重視的我國詩侶 羅門和蓉子

當人們還不願用開濶的眼光看現代詩時，詩人們的努力，卻已爲我國在世界文壇爭得榮譽。詩人羅門與蓉子夫婦也爲中國現代詩添增了光彩。

「人類的詩人」頭銜

世界文學學會會長約納斯・尼格罕博士，由巴西頒寄給羅門與蓉子的兩份榮譽狀上這樣寫着：

——讚譽羅門蓉子爲「人類的詩人」（POET OF HUMANKIND）。

——分別頒給兩人榮譽博士學位。

國際著名詩人尼格罕博士，是由倫敦出版的「世界名詩人辭典」中，知悉羅門與蓉子，進而寫信邀請這對詩人夫婦寄附作品和著作。

羅門把曾獲菲國總統馬可仕金牌的那首「麥堅利堡」、他和蓉子合著的「日月集」以及一些探索人類內在精神的論文等，在半年前寄出，昨天，他和蓉子接到這份國際榮譽。

他們說，這必須歸功於余光中、榮之穎和蘇凌等三位的精彩英譯，尤其是美國肯迪大學教授羅拔・伯沙夫博士，他在「日月集」中，對兩人創作的精神世界，深入剖析，寫出極具分量的評介，並把羅門的「都市之死」和美國詩人艾略特的名詩「荒原」，相提並論。

名列世界詩人辭典

以詩歌朗誦爲婚禮「樂章」的羅門與蓉子，相伴寫詩已有二十年，他們出過許多詩集，有的作品被譯爲多國文字，他們的詩不僅被收集在我國出版的「中國現代文學大系」，並選入韓國出版的「世界文學選集」中，和李白、杜甫、胡適、余光中、葉維廉等古今中國詩人並列，三年前，更被編入「世界名詩人辭典」。

擁有「中國傑出文學伉儷」和「世界第一詩人伉儷」等國際榮銜的這對詩人夫婦，對這些來自國際的榮譽的看法是：「有更好的中國詩人，誰眞正有這些。我們最迫切需要的，是與全國詩人爲現代詩盡獻心力。」

對於現代詩被一般人所忽視，羅門的講法頗富詩意。他說：「我們不能使每個人的心靈之船，都航駛在同樣水平的海洋上。」

現代詩未普遍接受

他認爲，被忽視的主因，在於「美學的慣性」。如「採菊東籬下，悠然見南山」，是古詩的意境，許多人卻執着地認定那是「絕美」，以致慣見古詩，很自然的排拒現代詩。不是不喜歡，是根本不願、不曾試去接觸。

他把現代詩比作「穿迷你裙的少女」，有人認爲那就是表現美，也有人認爲那是超越「傳統常軌」，不習慣這種「美的表達方式」。因而，對「與古不同」的現代詩就一口否定。還要硬貶這種已具有國際地位的中國現代藝術。

他相信：如果揚棄成見，試着欣賞現代詩，現代詩是有它強大的感人力量。但他堅持：詩人有責任去提高大家欣賞文學的水準，絕不能祇爲「通俗」，就輕易破壞它獨具的創造性。

羅門指出：像肯迪大學、伊利諾大學、華盛頓大學等美國著名學府，在研究古漢學之餘，已開班研究鄭愁予、瘂弦、葉珊、洛夫、余光中、蓉子等當代詩人的新詩；在國內，台大外文系教授顏元叔，前不久開始，在中外文學刊物中，每期以一萬多字評介現代詩，先後已評介過葉維廉、洛夫和羅門的作品，這項工作還在持續中。

國際矚目我國新詩

現代詩，在國內還沒被學術界廣泛研究，但中國現代詩達到國際水準，已是不容忽視的事實。像國際矚目的世界詩人大會，今年決定八月間在我國召開，這是多少國家所一再爭辦的盛會！目前，正由我國在積極籌備中。

羅門和蓉子，現在都參與這項籌備工作，他們在公餘之暇，也仍然不忘捕捉靈感，創作他們「現代的語言」。

對於現代詩，羅門的註解是：「透過文學，幫助人們對生命價值有所體認，來表達內心所完成的一種理論。」

在初期，羅門的詩，是在追尋美的生命，但他的思想達到更高的層次時，他一直在以悲劇手法，探索人類內在意義。他最習慣的，是把他那以「多燈」著稱的居所，弄得昏暗，在音樂的迴響和冲激下，譜出他的詩篇。

夫妻雙雙操舟詩海

一般來說，羅門的詩有很強的多動性，而蓉子卻不同，從小在教堂中爲做牧師的父親彈風琴，蓉子的詩，一直對大自然有偏愛，更多的是以宗教情懷，面對宇宙和生命。

蓉子不習慣於「昏暗」中作詩，但是，她卻和羅門在「同樣的大海中，划着現代詩舟」。二十年，這對「詩侶」，就在他們所熱愛的詩語中渡過。不論他們的詩是悲劇、是宗教，又得過多少讚譽，他們仍在不斷地和許許多多的詩人一齊奮鬥，要在中國文學史中爲現代詩爭得該有的地位。（中央社記者范大龍）

台灣新生報　星期五　中華民國五十六年三月十日

國際桂冠詩人協會決定
頒獎我現代詩人
羅門與蓉子夫婦
馬可仕總統亦將頒金牌獎

【本報訊】我國現代詩人羅門、蓉子夫婦，日前接獲國際桂冠詩人協會通知，將頒給他們一項「中國傑出文學伉儷」獎，以及菲律賓總統馬可仕的一項「金牌獎」。

榮膺這項榮譽的蓉子和羅門夫婦，是於去年九月間，由我國旅菲文學家施穎洲的推薦，經過桂冠詩人協會的嚴格審查後通過的。

女詩人蓉子，是以「青鳥集」、「蓉子詩抄」等作品，羅門是以「現代人的悲劇精神與現代詩人」、「麥堅利堡」等作品，以及他們共同對現代詩的貢獻，參加詩歌活動的資料，獲得這項殊榮。

在他們以前，曾獲「國際桂冠詩人協會」獎譽的中國人，有何志浩將軍和已故的中國大詩人于右任先生。何將軍得到的是金牌獎，于右任先生曾由該會追贈了一項榮銜。

美國現代大詩人桑德堡和英國著名詩人梅士菲爾也曾接受了該會的榮譽獎。

「國際桂冠詩人協會」由菲律賓人尤遜博士所創，會員有自由世界六十五個國家及地區的詩人。此次獲獎的蓉子，羅門夫婦，亦於最近加入該會，並被選為榮譽會員。

【本報記者盛幹金寄訪】生活在工業社會的人，終日忙忙碌碌，為現實生活的緊張節拍所驅策，難聞「詩」這個代表悠閒和理想的字眼，已愈來愈遠了。

但是，在臺北市安東街一間小樓的樓上，卻有一對詩人結成的夫婦，各自獻出自己的詩，將他們的共同生活譜成一首更豐富更綺麗的詩，他們陶醉在這首詩裡。

他們是羅門和蓉子夫婦，不止是中國青年愛慕他們的詩，「國際桂冠詩人協會」已宣佈給他倆一項「中國傑出文學伉儷獎」，菲律賓總統馬可仕也決定頒發他們一項「金牌獎」，榮揚他倆追求理想的努力和成就。

在安東街一棟小樓的樓上，蓉子和羅門以及他們的詩友，和一些喜歡詩的青年人，經常陶醉在那兩間不寬敞也不豪華的小天地裡。

沒有人能分得出，是他們生活在詩裡，還是他們本身就是詩，他們和那些愛好詩的青年人，從來不說厭棄「人間煙火」，從來也不想「遺世獨立」，他們只想在現實生活中，尋求一點更高、更理想的、更有深度的生活情趣。

他們的房子裡，實在是很擠的，可是，房裡的每一個小傢具、小擺設，都像些詩詞似地出現在最適當的位置，使整個屋子像一片詩意。

有時候，羅門在那裡為他們講一些詩的理論，選幾首優美的詩，由蓉子為他們朗誦，於是所有的人都迷醉在那些詩裡了。

也有些晚上，他們要到各大學參加詩歌社團的晚會，和青年朋友們一起朗誦詩，研究詩，答覆關於詩的問題。

前年蓉子和另兩位女作家謝冰瑩、潘琦君聯袂應邀訪問韓國的時候，一家華僑報紙形容蓉子是「水的影子」。

幾年前羅門訪問菲律賓，寫了一首「麥堅利堡」，現在已被翻譯成六國文字，「麥堅利堡」寫的是菲律賓美軍在二次大戰陣亡將士的墓地，那片墓地非常遼闊，有七萬個十字架分插在每座墓上，全是一色的大理石刻成的，極為壯觀。

從羅門和蓉子共同詩化了的家庭生活中，已可以看出他們對人生的共同理想。在他們客廳牆壁上，有一方語錄牌，是羅門寫的；他說，那幾句話，包含了他和蓉子對人生、藝術、詩的整個理想。

那段話是這樣寫的：

「美的心靈如果死亡，太陽與皇冠也只好拿來紮花圈了。「詩與藝術，在我看來，它已成為一切完美事物的鏡子，並成為那絕對與高超的力量，幫助我們越過上帝與尼采爭論的地界，而從一切複雜性與集體生的層阻中，透回純粹自我的領地」。」

羅門與蓉子夫婦

中國時報
The China Times
中華民國五十六年五月五日　星期五
Published daily except Sundays and certain Holidays by
THE MEI KUO PUBLISHING CO., INC.
SECOND CLASS POSTAGE PAID AT NEW YORK, N. Y.
NEW YORK - CHICAGO

榮獲桂冠詩獎
詩傑羅門訪美

【本報專訊】我國名詩人兼詩論家羅門，甫自台來美訪問。他與夫人女詩人蓉子榮獲國際桂冠詩人協會本年度詩獎及菲律賓總統頒給的金牌獎，並譽爲中國傑出的文學伉儷，此爲中國詩人在國際上獲得詩獎的第一人。

羅門夫婦現爲國際桂冠詩人協會榮譽會員，該會爲唯一世界性的詩人組織，由六十五國一四〇位傑出詩人組成，會長爲尤遜博士，顧問爲前曾任聯合國大會主席的樂穆洛博士。該會曾在前兩年頒獎給美國名詩人桑德堡與英國大詩人梅士菲爾。

羅門與蓉子並被國內外詩壇譽爲中國的勃朗甯夫婦。蓉子於兩年前曾訪問韓國，及赴菲講學。

中國文學伉儷　飲譽國際詩壇

羅門與蓉子在家庭生活中是詩人夫婦，在詩的王國裏是夫婦詩人。在臺北居處被稱爲「燈屋」，室內擠滿了詩與畫，常有文藝界朋友到「燈屋」談論藝術與詩，或者朗誦詩作。他倆在在一次接受電視訪問時，蓉子強調說：「詩與藝術使「人」產生深度與耐度」；羅門認爲：「詩與藝術是一切完美事物的鏡子，並成爲那絕對與高超的力量，幫助人類從一切複雜性與集體性的層阻中，奔回純粹自我的領域。」

華美日報
中華民國五十六年五月四日

詩人羅門訪美

本市訊：我國名詩人兼詩論家羅門，甫自台來美訪問．他與其夫人女詩人蓉子，同獲國際桂冠詩人協會本年度詩獎，及菲律賓總統頒給的金牌獎，被譽爲「中國傑出的文學伉儷」。

World Poetry Society

INTERCONTINENTAL

Africa - Anglo America - Asia - Europe - Latin America - Oceania

Whose Voice for Peace is 'POET'

PROCLAIMS THAT THE ELECT

LOMEN & YUNGTZE

Republic of China

Having Graciously Served World Poetry with Special Merit

As Outstanding Browning Chinese Couple of East Asia

Was Granted The

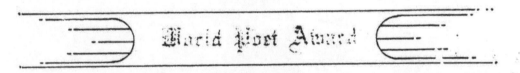

World Poet Award

Conferred in the Manner of an

ANCIENT ARTHURIAN COURT OF HONOUR

Convened By Our

CONTEMPORARY WORLD ROUND TABLE OF PARNASSIAN KNIGHTS

Where Knights of East & West mass Orphic Arms of Peace in Poetry

Sealed and Effective this 24th day of June , 1974

for the Council of Award Judges and Board of Regents

Orville Crowder Miller
Chancellor
Urbana, Illinois, U.S.A.

Krishna Srinivas
Founder - President
Madras, INDIA

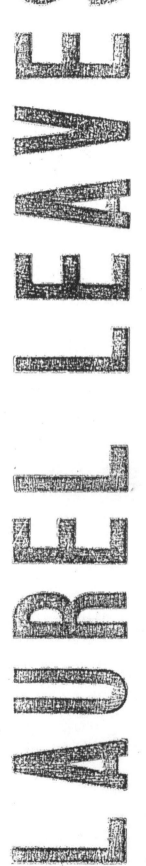

LAUREL LEAVES

SPRING, 1967 AMERICAN NUMBER

CHINA'S OUTSTANDING LITERARY COUPLE

LOMEN

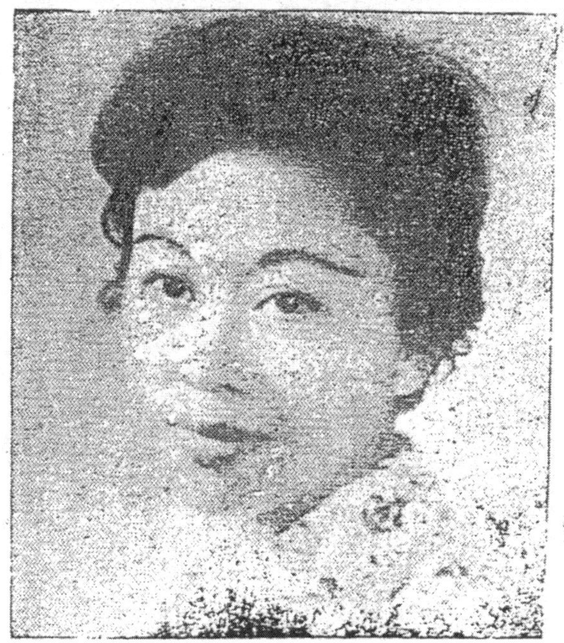

YUNG TZU

CHINA POST
THURSDAY, MARCH 2, 1967

UPLI Cites Poet Couple

Lomen and Yungtze, known as the Robert Brownings of China, have been cited by the United Poets Laureate International as the "Distinguished Literary Couple of China."

The couple, who live at 6 Lane 388 Antung Street in Taipei, will also receive a gold medal from President Ferdinand E. Marcos of the Philippines.

The UPLI, with its central offices in Quezon City, PI, has a limited membership of 145 from 65 countries throughout the world.

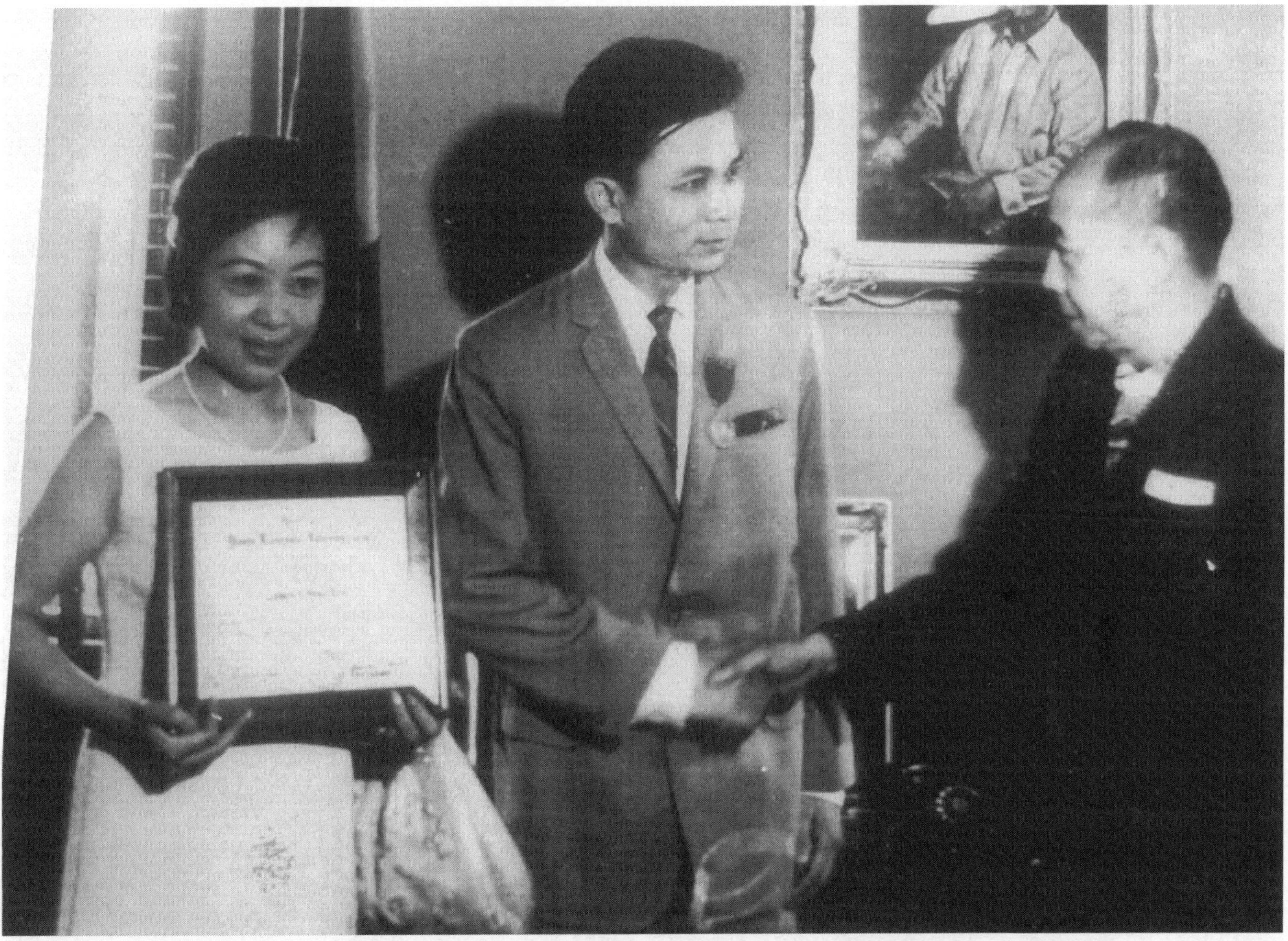

獲得國際桂冠詩人協會榮譽獎及菲總統金牌獎，菲駐華大使劉德樂在大使館祝賀
Philippines Ambassador Raul Leuterio congratulated Lomen for being honored a Gold Medal gift from the President of the Philippines（1966）

CHINA POST THURSDAY, MARCH 2, 1966

UPLI Cites Poet Couple

Lomen and Yungtze, known as the Robert Brownings of China, have been cited by the United Poets Laureate International as the "Distinguished Literary Couple of China."

The couple, who live at 6, Lane 388 Antung Street in Taipei, will also receive a gold medal from President Ferdinand E. Marcos of the Philippines.

The UPLI, with its central offices in Quezon City, PI, has a limited membership of 145 from 65 countries throughout the world.

民國五十五年（1966）年 — 同蓉子被 UPLI 譽爲「中國傑出的文學伉儷」，
由菲駐華大使劉德樂在大使館舉行頒發菲總統馬可仕金牌獎

CHINA POST FRIDAY, NOVEMBER 17,1967

dependent.

Lomen's Poem Wins PLI Award

The Poet Laureate International (PLI) had cited "Fort Mickinley," a long poem by Lomen, as one of the great pcems of the world.

Lomen, a well-known Chinese poet, was given this honor for the second time by PLI, an organization with a membership of 65 countries. He and his poetess wife Yungtze, were awarded the "Most Distinguished Literary Couple of China" title by the same organization last year.

Incribed in the award, a gold medal from President F. E. Marcos of the Philippines are the words "Lomen, cited for his great poem 'Fort Mickinley.'" The medal was received by Chinese Ambassador to Manila Hang Lih-wu on behalf of Lomen.

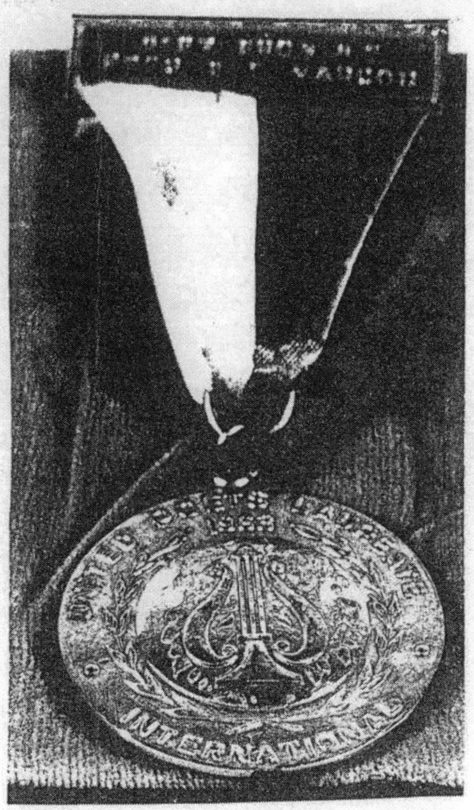

Lomen

Cited for his great poem"Fort Mckinley"
Gift from H.E.
Philippine President F.E. Marcos (1967)

「麥堅利堡」詩，被國際桂冠詩人協會譽爲 近代的偉大之作，1967 年獲得該會榮譽獎 及菲總統金牌獎。

民國 58 年羅門，蓉子參加在菲召開的第一屆世界詩人大會，會晤菲前總統賈西亞

民國 58 年羅門，蓉子參加在菲召開的第一屆世界詩人大會，會晤菲前總統賈西亞

民國 58 年（1969）同蓉子被選派爲中國文人代表團，出席在馬尼拉召開的第一屆詩人大會，
並被大會譽爲「世界詩人大會傑出文學伉儷」，獲菲總統大綬勳章

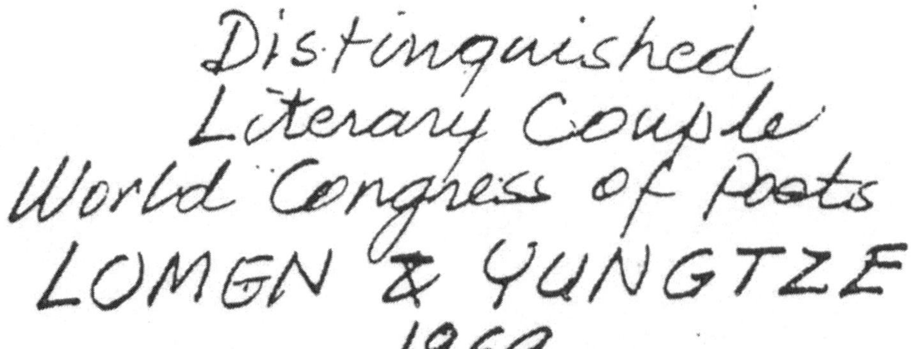

民國六十五（1976 年）六月間同蓉子出席在美召開的第三屆世界詩人大會，
獲大會特別獎與接受大會加冕（接受美國之音記者專訪）

YUNGTZE
INTERNATIONAL MAN & WOM
WITH LAUREATE DISTINCTION

LOMEN
INTERNATIONAL MAN & WOMA
WITH LAUREATE DISTINCTION

YUNGTZE
INTERNATIONAL MAN & WO
WITH LAUREATE DISTINCT
ANG LOMAN
WOMAN OF 1975
LOMEN
INTERNATIONAL MAN & WOMAN
WITH LAUREATE DISTINCTION

民國 65 年參加由美國舉辦的世界詩人大會，與大會榮譽主席美國著名詩人艾伯哈特（RIEHART EBERHART）在會場合影，由左至右爲蓉子、艾伯哈特、柯青教授及羅門。

◎獲獎部份

羅門 1976年同蓉子應邀以貴賓參加美第三屆世界詩人大會，同獲大會特別獎與接受加冕

羅門 1991年獲中山文藝獎。

民國五十八年（1969）同蓉子被選派為中國五人代表團，出席在馬尼拉召開的第一屆詩人大會，並被大會譽為「世界詩人大會傑出文學伉儷」，獲菲總統大綬勳章

「麥堅利堡」詩，被國際桂冠詩人協會譽為近代的偉大之作，56年獲得該會榮譽獎及菲總統金牌獎

Lomen
Cited for his great poem 'Fort Mckinley
Gift from
Philippine President
(1967)

七十七年「整個世界停止呼吸在起跑線上」獲得時報文學獎新詩推薦獎

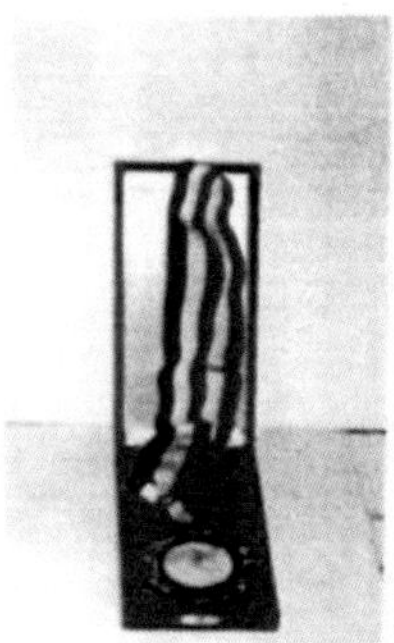

蓉子 獲 國家文藝獎 1988

47年獲藍星詩獎
Won the Blue Star Prize in 1958

55年與蓉子被國際桂冠詩人協會譽為傑出的文學伉儷，獲得該會榮譽獎及菲總統金牌獎

Lomen and Yungtze
(Distinguished Literary Couple of China)
Gift From H.E. Philippine President
(1966)

NATIONAL WOMAN OF 1975

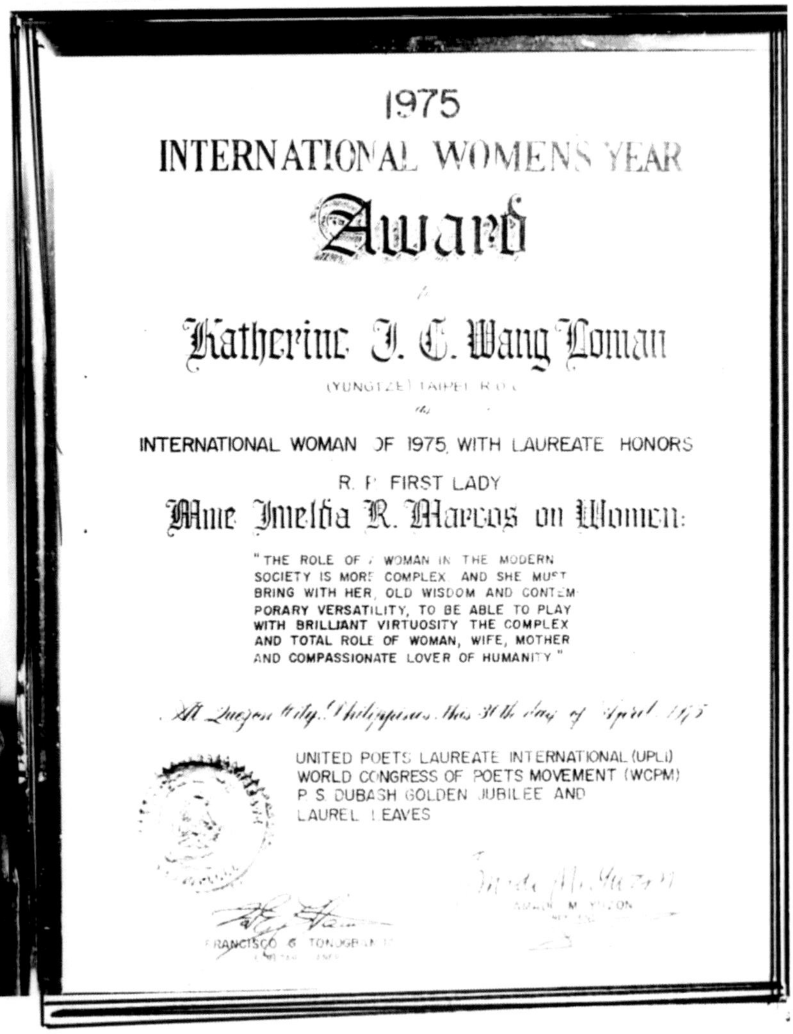

1975
INTERNATIONAL WOMENS YEAR
Award
Katherine J. C. Wang Loman
INTERNATIONAL WOMAN OF 1975 WITH LAUREATE HONORS
R. P. FIRST LADY
Mme Imelda R. Marcos on Women:
"THE ROLE OF A WOMAN IN THE MODERN SOCIETY IS MORE COMPLEX AND SHE MUST BRING WITH HER, OLD WISDOM AND CONTEMPORARY VERSATILITY, TO BE ABLE TO PLAY WITH BRILLIANT VIRTUOSITY THE COMPLEX AND TOTAL ROLE OF WOMAN, WIFE, MOTHER AND COMPASSIONATE LOVER OF HUMANITY"
At Quezon City, Philippines this 30th day of April 1975
UNITED POETS LAUREATE INTERNATIONAL (UPLI)
WORLD CONGRESS OF POETS MOVEMENT (WCPM)
P. S. DUBASH GOLDEN JUBILEE AND
LAUREL LEAVES

55 年與蓉子被國際桂冠詩人協會譽爲傑出的文學伉儷，
獲得該會榮譽獎及菲總統金牌獎
Lomen and Yungtze
（Dist inguished Literary Couple of China）
Gift from H.E. Philippine President

（1966）

「麥堅利堡」詩，被
國際桂冠詩人協會譽
為近代的偉大之作，
56年獲得該會榮譽獎
及菲總統金牌獎

Lomen
Cited for his great poem 'Fort Mckinley
Gift from
Philippine President
(1967)

「麥堅利堡」詩，被國際桂冠詩人協會譽爲近代的
偉大之作，1967年獲得該會榮譽獎及菲總統金牌獎

47年獲藍星詩獎
Won the Blue Star Prize in 1958

七十七年「整個世界停止呼吸在起跑線上」獲得時報文學獎新詩推薦獎

中國時報　中華民國七十七年十月十一日

關於推薦獎

角逐今年新詩推荐獎的作品共有十篇，有五篇進入決選；這五篇作品各有千秋，經過決審委員的投票，最後決定由羅門得獎。羅門得獎的作品是「整個世界停止呼吸在起跑線上」。評審委員給他的評語如下：

羅門可以說是台灣都市詩的「開山祖」，八〇年代都市詩派的崛起與他不無關係。他的詩具有具象與抽象的雙重性（擅寫共相、善用暗喻），以語言的運作使意象呈現出來，累積了現代派以來的技巧，頗富象徵性與超現實性。

在現代主義詩風（尤其在超寫實）日趨沒落之際，他的表現卻突出了後現代的契機，所有的誇張與冗長語法，以及藝術的堅持，卻成爲他多年來爲自己今天鋪路的努力與成就。

在他漫長的創作生涯裡，長期生存在現代主義的領域內，一旦現代主義告終，「羅門現象」便成爲這現代過程的縮影，是承認及確認他成就的時候了。

中央日報　《長河》第十七版

中華民國七十七年十月十二日　星期三

春暉賀喜

整個世界停止呼吸在起跑線上

羅門著　定價一四〇元

榮獲本屆時報新詩推薦獎

一代大師石破天驚的新作，是現代詩的經典之作。

春暉叢書好詩好書全省各大書店有售

〈光復書局出版〉

郵政劃撥帳號 00003296-5

中國時報

登記證局版臺報字第〇〇二〇號　中華郵政第二六五七號執照登記爲第一類新聞紙類

董事長 余紀忠　發行人 余建新

電話：總機三〇八七一一一　採訪組三〇六四五五三　訂報三〇六二三九七　廣告三八一八七二〇

今日六大張　每份定價十一元

CHINA TIMES

Copyright © 1988

中國時報

今天，擦亮文學！

第11屆時報文學獎揭曉

榮獲

時報新詩推薦獎

整個世界停止呼吸在起跑線上

羅門著

這位孤傲高貴的現代精神掌旗人，持續他心靈的透視和省思、形式壯濶，其中傑作如〈時空奏鳴曲〉大膽揭露中國人的命運，感人至深，是現代史詩經典之作。

榮獲時報新詩推薦獎

整個世界停止呼吸在起跑線上

羅門著

蓉子於民國七十七年四月十四日星期四下午四時（就 33 年前結婚的時刻）
接受國家文藝獎 — 由前副總統謝東閔特頒

文訊雜誌(月刊) **藝文月報** 每期刊出、本期 P49～P84

中華民國81年1月(總號第75期)

文訊

詩人羅門榮獲中山文藝創作詩歌獎。

寶象文化公司製作公共電視「詩人專輯」，羅門陪同該機構 TV 拍攝小組於民國 79 年 8 月間專程飛往馬尼拉拍攝「麥堅利堡」詩創作的背景畫面，並在場朗誦該詩。

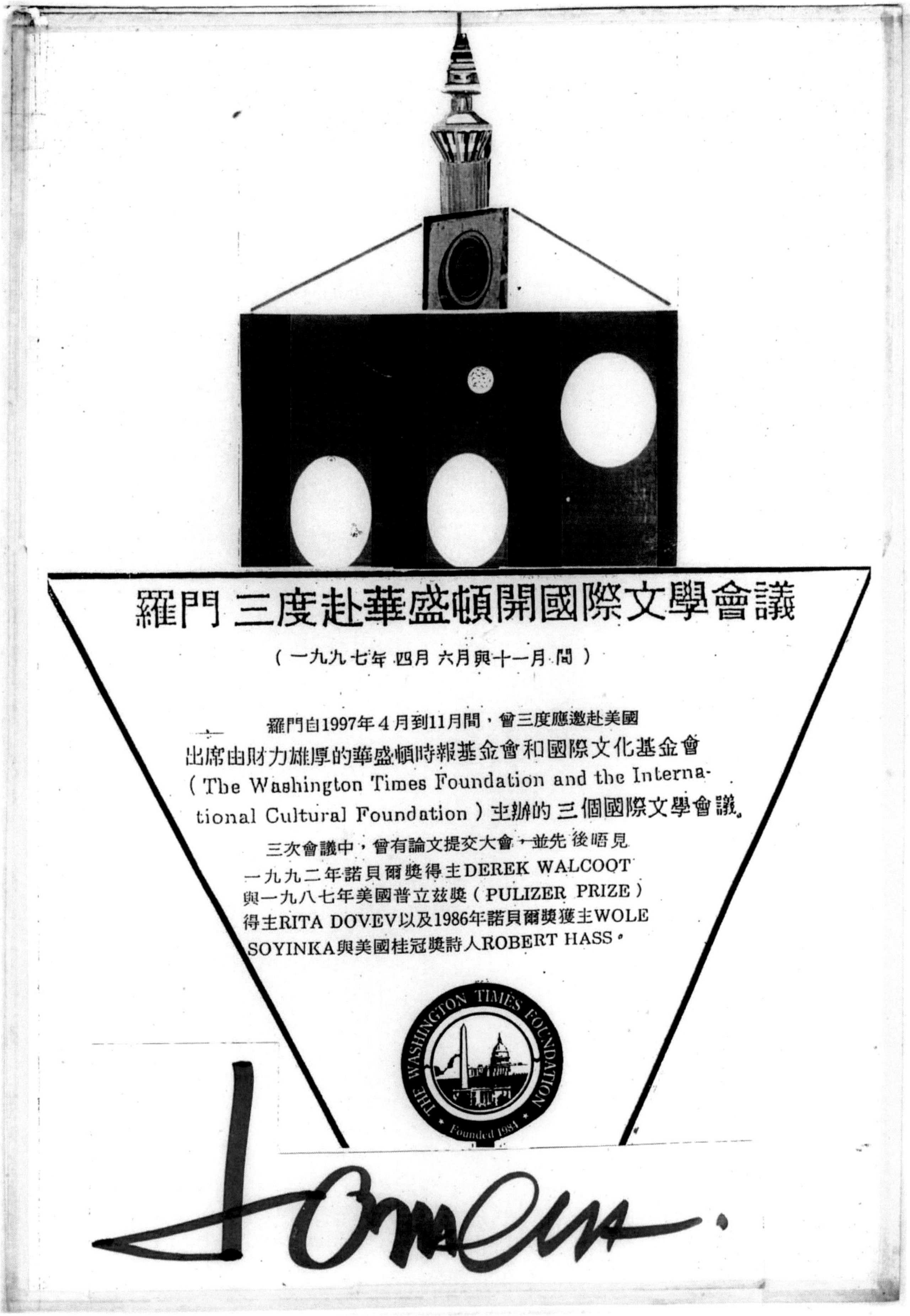
羅門 三度赴華盛頓開國際文學會議
（一九九七年 四月 六月與十一月 間）
羅門自1997年４月到11月間，曾三度應邀赴美國
出席由財力雄厚的華盛頓時報基金會和國際文化基金會
（The Washington Times Foundation and the International Cultural Foundation）主辦的三個國際文學會議。
三次會議中，曾有論文提交大會，並先後晤見
一九九二年諾貝爾獎得主DEREK WALCOOT
與一九八七年美國普立茲獎（PULIZER PRIZE）
得主RITA DOVEV以及1986年諾貝爾獎獲主WOLE
SOYINKA與美國桂冠獎詩人ROBERT HASS。
THE WASHINGTON TIMES FOUNDATION
Founded 1984

1997年三次赴華盛頓DC出席國際文學會議

我一九九七年四月、六月、十一月間，應邀出席由財力雄厚的「華盛頓郵報基金會與國際文化基金會（The Washington Times Foundation and the International Cultural Foundation）」在華盛頓DC相連舉辦的三屆盛大世界文學會議，應是我半世紀參加國內外所有文學會議受到全程接待最優異與感到稱心愉快有收益留下美好記憶的一次，主辦單位耗資近九百萬美金，於三次會議中——

(1)四月開的「亞洲國際文學會議」，有三十個國家，239位代表參加，台灣去的代表有：我與台大前文學院院長朱炎，黃碧端，李歐梵，沈謙，張雙英等教授以及詩人羅青，鄭愁予，與作家羅蘭，平路……等多位；大會主講人是1992年獲諾貝爾獎的詩人—DEREK WALCOOT，我曾同他有短暫交談，並贈送我《羅門創作大系》中的第七卷《麥堅利堡》（又於2001年9月在台北舉辦的國際詩歌節，我重見他在台北市中山堂，他朗誦發表作品，我第一個發表感想，由奚密教授翻譯，他相當滿意。）此次會議我發表的文章是會後所寫〈對此次會議的觀感〉（MY OPINION ABOUT THE CONFERANCE），由美籍教授馬瑞德（M MCLELEN）翻譯，提交給大會，這同我以後應邀出席六月開的會議相當有關。

(2)六月開的「西方國際文學會議」，有一〇一個國家，348位代表參加，台灣應邀出席的，有上次帶隊的前台大文學院院長朱炎，他臨時有事，只有我一人出席。大會主講人是1992年獲美國普立茲獎的女詩人RITA DOVE，我與蓉子在IOWA國際作家工作室集會期間曾經聽過她講演，重見感到格外親切，並交換詩集。至於此次會議我提交的論文是由美籍教授馬瑞德與周欣平教授翻譯的「21世紀詩在人類世界中的永恆價值」（THE 21ST CENTURY AND THE ETERNAL VALUE OF POETRY FOR MANKIND）與「從我第三自然螺旋型架構世界對後現代的省思」（REFLETIONS ON POSTMODERN.ISM FROM THE PERSPECTIVE OF MY「THIRD-NATURE SPIRAL WORLD」MODEL），都收入此次大會論文集中。

(3)十一月開的包括有文學，科學，宗教，政治，學術界，傳播界等六大領域的國際大型會議，共有160個國家的代表參加。這次會議分別請1986年諾貝爾獎獲主WOLE SOYINKA以及美國桂冠獎詩人ROBERT HASS擔任主講人。至於只有我一人來自台灣出席此次「世界和平國際文學會議」。在當時提出的論文，仍是由美籍教授JOHN MCLELLAN翻譯，一篇是「21世紀重認文藝的主體性思想」（A REAFFIRAMATION OF THOUGHT AS THE CONTENT OF LITERATURE FOR THE 21ST CENTURY）；一篇是「在21世紀，文學家如何面對人類存在的一些關鍵性的問題」（SOME KEY RPOBLEMS OF HUMAN EXISTENCE IN THE 21ST CENTURY AND HOW LITERARY WRITERS SHOULD DEAL WITH THEM）。會議主持人安排由ELIEABETH E. COLFORD博士代爲宣讀我第一篇論文；接著我先以中文朗誦大會已印發給代表們的有中英文的「麥堅利堡」詩作，後由會議主持人以英文朗讀，頗獲好評；由於這次整個大會（包括其他五個會議）的主旨，是圖透過人類各方面創造的智慧，邁進21世紀人類和平理想與更爲美好的生存世界，所以我朗讀這首透過戰爭對人道與和平進行深入審視與思考的詩，確是對與會代表有好的回應；後來代表中有一位在大學教英詩與法詩的教授（就安排代我讀論文的Dr. ELIEABETH E COLFORD），要我同意她在大學教這首詩與我1992年在IOWA大學作家工作室時別人爲他譯的一些較好的詩。又此次「世界和平國際文學會議」，我被提名爲「世界和平文學聯盟組織」（LITERY FEDERATION FOR WORLD PEACE）的國際顧問團（INTERNATIONAL ADVISORY BOARD）顧問。

會後華盛頓DC華人藝文界政商界人士晚宴從台灣來參加這次不同領域會議的多位代表，我應邀餐前做十五分鐘的談話，發表參加此次會議的觀感。次日華盛頓DC代表處陳錫蕃代表，又以晚宴接待與會的代表們，此外並親自到機場送行。

NO.1

亞洲國際文學會議

WASHINGTON D.C

4月23-27.1997

三十個國家二百三十九位代表出席。台灣代表，除羅門尚有朱炎、黃碧端、沈謙、李歐梵、張雙英等教授以及詩人羅青、鄭愁予與作家羅蘭、平路等

Derek Walcott

The winner of the 1992 Nobel Prize in Literature, Mr. Walcott was born in St. Lucia, Windward Island, the West Indies. Mr. Walcott's poems have appeared in the "The New Yorker," "the Kenyon Review," "the New York Review of Books," "the Nation," "London Magazine," "Antaeus," and other periodicals. He has published eight books of poetry. Mr. Walcott is an honorary Member of the American Academy and Institute of Arts and Letters. In 1988, he was awarded the Queen's Medal for Poetry.

DEREK WALCOOT
1992 曾獲諾貝爾獎爲此次大會主講人，在會場短暫晤談，贈送本人創作大系第七卷〈麥堅利堡〉專集

Keynote Speaker: Derek Walcott, Nobel Literature Laureate, 1992

（本次會議主講人）

2001 年 9 月台北舉辦國際詩歌節 WALCOTT 朗誦詩作，我第一個發表感言，由溪密擔任翻譯，他至感滿意。

「21 世紀亞洲國際文學會議」大會
主講人一九九二年諾貝爾獎得主
DEREK WALCOOT（1997 年 4 月） April 23 - 27, 1997
Washington, D.C.

The Washington Times Foundation and the
International Cultural Foundation
Presents
「21世紀亞洲文學展望」(the 21st Century:
Asian Literary Perspectives)」

Asian Writers & Literary Leaders
Attendees by Country
Total Participants: 239
Total Countries: 30

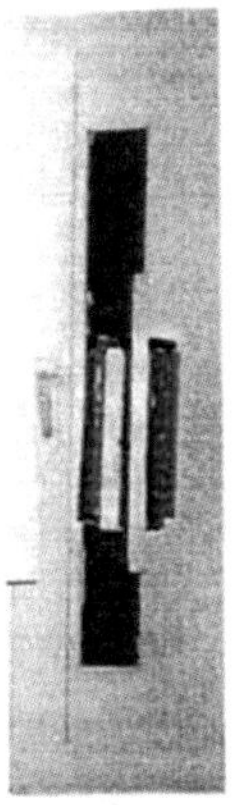

NO.2
西方國際文學會議
WASHINGTON D.C.
6月13-17. 1997

會議有一百零一個國家三百四十八位代表出席。台灣代表除羅門尚有台灣大學前文學院院長朱炎教授（他因有急事未克前往）。

羅門的兩篇論文「21世紀詩在人類世界中的永恆價值」（THE 21ST CENTURY AND THE ETERNAL VALUE OF POETRY FOR MANKIND）與「從我第三自然螺旋型架構世界對後現代的省思」（REFLETIONS ON POSTMODERNISM FROM THE PERSPECTIVE OF MY「THIRD－NATURE SPIRAL WORLD」MODEL）被收入第二次大會論文集中。

「21 世紀西方國際文學會議」大會主講人一九八七年美國普立茲獎得主 RITA DOVE（1997 年 6 月）

Rita Dove

Rita Dove was born in Akron, Ohio and educated at Miami University of Ohio, Universitat Tubingen in Germany, and the University of Iowa. She has received numerous literary and academic honors, among them the 1987 Pulitzer Prize in Poetry, the 1996 Heinz Award in the Arts and Humanities, and the 1996 Charles Frankel Prize; from 1993 to 1995 she served as Poet Laureate of the United States and Consultant in Poetry to the Library of Congress. Currently, Ms. Dove is Commonwealth Professor of English at the University of Virginia in Charlottesville.

KITA DOVE 1987年曾獲美國普立茲詩獎；1992年曾到IOWA對IOWA大學作家工作室作家談詩與朗誦詩。我曾見過她。（為此次會議主講人）

「21 世紀西方國際文學會議」大會主講人一九八七年美國普立茲獎得主 RITA DOVE（1997 年 6 月）

Western Writers & Literary Leaders

Attendees by Country

Total Countries: 101

Total Participants: 348

World Culture AND Sports Festival III

WASHINGTON D.C. NOVEMBER 23-30·1997

Afghanistan
Albania
Algeria
Andorra
Angola
Antigua & Barbuda
Argentina
Armenia
Australia
Austria
Azerbaijan
Bahamas
Bahrain
Bangladesh
Barbados
Belarus
Belgium
Belize
Benin
Bhutan
Bolivia
Bosnia
Botswana
Brazil
Brunei
Bulgaria
Burkina Faso
Burundi
Cameroon
Cambodia
Canada
Cape Verde
Central African Republic
Chad
Chile
Colombia
Comoros
Congo
Costa Rica
Croatia
Cuba
Cyprus
Czech Republic
Denmark
Djibouti
Dominica
Dominican Republic
Ecuador
Egypt
El Salvador
Equatorial Guinea
Eritrea
Estonia
Ethiopia
Fiji
Finland
France
Gabon
Gambia
Georgia
Germany
Ghana
Greece
Grenada
Guam
Guatemala
Guinea
Guinea-Bissau
Guyana
Haiti
Honduras
Hong Kong
Hungary
Iceland
India
Indonesia
Iran
Iraq
Ireland
Israel
Italy
Ivory Coast
Jamaica
Japan
Jordan
Kazakhstan
Kenya
Kuwait
Kyrgyzstan
Laos
Latvia
Lebanon
Lesotho
Liberia
Libya
Liechtenstein
Lithuania

Luxembourg
Macedonia
Madagascar
Malawi
Malaysia
Maldives
Mali
Malta
Marshall Islands
Mauritania
Mauritius
Mexico
Micronesia
Moldova
Monaco
Mongolia
Morocco
Mozambique
Myanmar
Namibia
Nepal
Netherlands
New Zealand
Nicaragua
Niger
Nigeria
North Korea
Norway
Oman
Pakistan
Palau
Panama
Papua New Guinea
Paraguay
People's Republic of China
Peru
Philippines
Poland
Portugal
Qatar
Republic of China
Romania
Russian Federation
Rwanda
San Marino
Sao Tome & Principe
Saudi Arabia
Senegal
Seychelles Islands
Sierra Leone
Singapore
Slovakia
Slovenia
Solomon Islands
Somalia
South Africa
South Korea
Spain
Sri Lanka
St. Kitts & Nevis
St. Lucia
St. Vincent & the Grenadines
Sudan
Suriname
Swaziland
Sweden
Switzerland
Syria
Tajikistan
Tanzania
Thailand
Togo
Tonga
Trinidad & Tobago
Tunisia
Turkey
Turkmenistan
Uganda
Ukraine
United Arab Emirates
United Kingdom
United States of America
Uruguay
Uzbekistan
Vanuatu
Vatican
Venezuela
Vietnam
Western Samoa
Yemen
Yugoslavia
Zaire
Zambia
Zimbabwe

NO.3
21世紀
國際和平文學會議
WASHINGTON D.C.
11月26－12月2日

羅門 1997年11月

應邀出席由財力雄厚的華盛頓時報基金會與國際文化基金會（The Washington Times Foundation and the International Cultural Foundation）舉行包括有文學、科學、宗教、政治、學術界、傳播界等的國際大型會議，共有160個國家的代表參加（文學會議台灣代表只有羅門）

Wole Soyinka
Nobel Laureate in Literature, 1986;

Wole Soyinka

Wole Soyinka was born in Abeokuta, Nigeria in 1934. He attended university at Ibadan and Leeds, in Great Britain, where he received his Ph.D. in 1973. After two years as a dramaturge at the Royal Court Theatre, he returned to Nigeria, where he began to teach literature and theatre. In 1964 he founded the Orisun Theatre Company, with which he has also produced his own plays. In 1965 he published his first novel, *The Interpreters*. ... recorded in *The Man Died: Prison Notes*.

In addition to his novels and essays, Soyinka is best known in Africa and the West for his plays and poetry. His collections of poems include *Idanre and Other Poems*, *A Shuttle in the Crypt*, *Ogun Abibiman* and *Mandela's Earth and Other Poems*.

Soyinka has taught at many universities, including Yale, Cornell Harvard, Sheffield, and Cambridge. He has received honors from around the world and was awarded the Nobe

「21世紀世界和平文學會議」大會主講人1986年諾貝爾獎獲主 WOLE SOYINKA（1997年11月）

羅門提出的兩篇相關論文，均由任教台灣師大的美籍教授JOHN MCLELLAN翻譯，一篇是「21世紀重認文藝的「主體 性」思想」(A REAFFIRAMATION OF THOUGHT AS THE CONTENT OF LITERATURE FOR THE 21ST CENTURY)；一篇是「在21世紀，文學家如何面對人類存在的一些關鍵性的問題」(SOME KEY PROBLEMS OF HUMAN EXISTENCE IN THE 21ST CENTURY AND HOW LITERARY WRITERS SHOULD DEAL WITH THEM)。會議主持人安排由ELIEABE TH E. COLFORD博士代爲宣讀羅門第一篇論文；接著羅門先以中文朗誦大會已印發給代表們的有中英文的「麥堅利堡」詩作，後由會議主持人以英文朗讀，

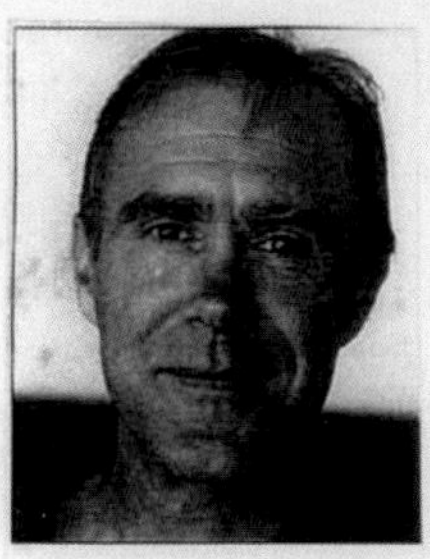

Robert Hass

Robert Hass
Former U.S. Poet Laureate; professor of English at University of California at Berkeley; author, *Sun Under Wood*

「21 世紀世界和平文學會議」大會主講人（1997 年 11 月）美國桂冠獎詩人 ROBERT HASS（右第三人）

我同ROBERT HASS美國桂冠詩人見談，說了一句我常同詩人與藝術家說的那句能引起共鳴與驚異的詩話『詩人與藝術家是拿上帝「通行証」與信用卡的人』（羅門）

羅門先生在華府講演，右下為朱婉清。
曾振攝影 97 年

會後羅門在華府華人藝文界與政商界的歡迎晚宴上，排定 15 分鐘發表參與這次世界和平文學的觀感與簡報（攝贈相片者，曾振教授是此次大會華人代表的主要英文翻譯，也是將我與蓉子數十冊著作贈送給華府蒙郡圖書館的介紹人）。

會後，華府代表處陳錫蕃代表宴請與會的多位代表

華府代表陳錫蕃在機場送行（左起羅門、陳代表、黃石城、陳拓環）

LITERARY FEDERATION FOR WORLD PEACE

Rev. and Mrs. Sun Myung Moon, Founders

BOARD OF DIRECTORS

Elizabeth Colford
Former professor of French literature, Williams College; Professor of English and Director of Graduate Program, Sun Moon University

Marie-Lise Gazarian-Gautier
Professor of Spanish and Latin American Literature; Coordinator of the Graduate Program in Spanish at St. John's University, New York

Charles R. Larson
Professor of Literature in the Department of Comparative Literature at American University; and author, *The Emergence of African Fiction* and *The Novel in the Third World*; editor, *Under African Skies.*

Michael J. Marshall,
Secretary-General, Literary Federation for World Peace; Executive Editor, *The World & I*

Robert Ross
Director of the Edward A. Clark Center for Australian Studies; editor of *Antipodes*, the literary journal of the Center for Australian Studies at the University of Texas

Neil Albert Salonen
President of the International Cultural Foundation; and Chairman of the Board of Trustees at the University of Bridgeport

Mingxu Xu
Senior Research Scholar, Center for Modern China, Princeton University; author, *The Tibetan Problem: The History, Present and Future*

INTERNATIONAL ADVISORY BOARD

Zoran Ancevski (Macedonia)
Member, Macedonian Writers Association

Jan Benes (Czechoslovakia)
Former Research Fellow at Harvard University House of International Studies; author, *Second Breath* and *Blind Mirror*

Rahmah Binti Bujang (Malaysia)
Professor, University of Malaysia

Hanna Chubach (Ukraine)
Author, three-time poetry prize-winner; Chairwoman of Ukrainian Women's Union; prolific song-writer

Elizabeth Colford (USA)
Former professor of French literature, Williams College; Professor of English and Director of Graduate Program, Sun Moon University

Gaoussou Diawara (Mali)
President, Malian National Writer's Association; poet, playwright, and author, *La terre et le pain* (Earth and bread)

Madan Mani Dikshit (Nepal)
Vice Chancellor, Royal Nepal Academy

Vladilen Dozorcev (Latvia)
Poet, playwright, author of Autostrada; Former director of the Youth Literary Studio under the Writer's Association of Latvia

Chinda Duangchinda (Thailand)
Member, Thailand Writers Association. (Thailand)

Nevzat H. Erkmnen (Turkey)
Publisher, "SOZ Yayin" publishing house; translator of James Joyce's *Ulysses* from English to Turkish; member, PEN Club.

Marie-Lise Gazarian-Gautier (France)
Professor of Spanish and Latin American Literature; Coordinator of the Graduate Program in Spanish at St. John's University, New York

Sigitas Geda (Lithuania)
Member, Lithuanian Writers Association

Shusha Guppy (United Kingdom)
London Editor, *The Paris Review*

Jen Tsun Han [Lomen] (Taiwan)
Director, Blue Star Poetry Association

Shakuntala Hawoldar (Mauritius)
Vice President, Association of Mauritian Writers

Fumiko Inoue (Japan)
Professor of International Studies, Kyoritsu Women's University

Alexandre Jitinski (Russia)
Member, Writers Union of St. Petersburg

Pyotr Geronovich Kim (Uzbekistan)
Vice President, Uzbekistan Friendship Society

Charles R. Larson (USA)
Professor of Literature at American University; author, *The Emergence of African Fiction* and *The Novel in the Third World*; editor, *Under African Skies*

Michael J. Marshall (United Kingdom)
Secretary-General, Literary Federation for World Peace; Executive Editor, *The World & I*

Laurie Powers Morrow (USA)
Professor of English, Louisiana State University-Shreveport; co-editor, "Contemporary Literary Theory" (USA)

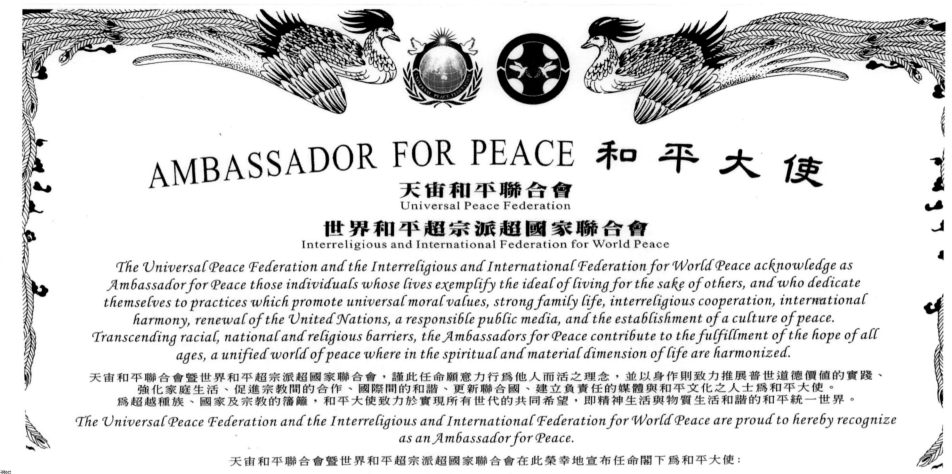

AMBASSADOR FOR PEACE 和平大使

天宙和平聯合會
Universal Peace Federation

世界和平超宗派超國家聯合會
Interreligious and International Federation for World Peace

The Universal Peace Federation and the Interreligious and International Federation for World Peace acknowledge as Ambassador for Peace those individuals whose lives exemplify the ideal of living for the sake of others, and who dedicate themselves to practices which promote universal moral values, strong family life, interreligious cooperation, international harmony, renewal of the United Nations, a responsible public media, and the establishment of a culture of peace. Transcending racial, national and religious barriers, the Ambassadors for Peace contribute to the fulfillment of the hope of all ages, a unified world of peace where in the spiritual and material dimension of life are harmonized.

天宙和平聯合會暨世界和平超宗派超國家聯合會，謹此任命願意力行爲他人而活之理念，並以身作則致力推展普世道德價值的實踐、強化家庭生活、促進宗教間的合作、國際間的和諧、更新聯合國、建立負責任的媒體與和平文化之人士爲和平大使。
爲超越種族、國家及宗教的藩籬，和平大使致力於實現所有世代的共同希望，即精神生活與物質生活和諧的和平統一世界。

The Universal Peace Federation and the Interreligious and International Federation for World Peace are proud to hereby recognize as an Ambassador for Peace.

天宙和平聯合會暨世界和平超宗派超國家聯合會在此榮幸地宣布任命閣下爲和平大使：

羅門（韓仁存）

2006 年 9 月 24 日

創始人　文鮮明　博士

共同創始人　韓鶴子　博士

羅門同愛荷華（IOWA）大學國際作家交流會主席布雷斯克拉克（DR CRARK BLAISE）「中」與 ISRAEL 名詩人 SOMECK（左）在舉行三位（尚有 CARBONELL 女詩人 JEFFE）發表有關後現代論文研討會過後攝影留念

THE UNIVERSITY OF IOWA

I.W.P.

INTERNATIONAL WRITING PROGRAM

國際作家寫作計劃交流會

1992. SEP 1 — NOV 31.

IOWA 大學召開世界作家交流會，羅門、蓉子在 IWP 25 週年紀念宴會上同主任克拉克布雷斯（右二）與日本名小說家 SOH AONO（右一）合影（八十一年十月十四日）

愛荷華大學國際作家工作室主任克拉克布（中）主持「後現代論述研討會」同發表論文的羅門（右）與 RONNY SOMECK（左）合影

The International Writing Program
proudly sponsors
a panel discussion on
POST-MODERN-ISM ABROAD
with IWP distinguished authors
Verónica Jaffé Carbonell
Venezuela
Ronny Someck
Israel
Lo Men
Taiwan, China
Wednesday afternoon, 3:00 pm
September 23, 1992
Gerber Lounge, 304 EPB

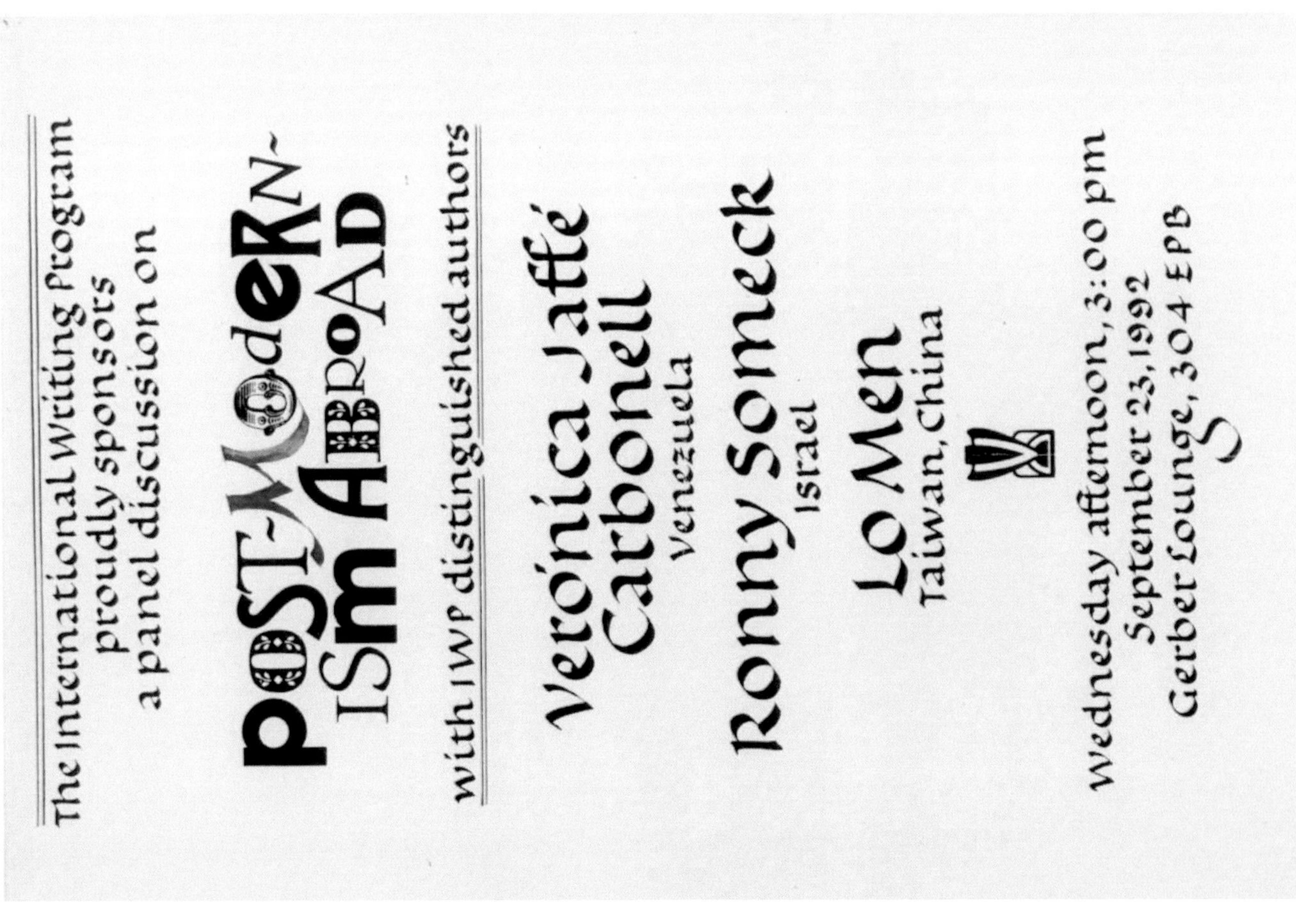
The International Writing Program
proudly sponsors
a panel discussion on
POST-MODERN-ISM ABROAD
with IWP distinguished authors
Verónica Jaffé Carbonell
Venezuela
Ronny Someck
Israel
Lo Men
Taiwan, China
Wednesday afternoon, 3:00 pm
September 23, 1992
Gerber Lounge, 304 EPB

上在IOWA大學舉辦的國際作家交流會，羅門蓉子攝於作家遊覽密西西比河的遊艇上（八十一年十月廿一日）

下國際作家經常在週末舉行的聯誼交談酒會，此次在該組織女秘書辛迪（CENDY）家中（八十一年九月十三日）

Poetry Reading

Wang Jung-tze and Lo Men

In Chinese and in English

The Poetry Collection, 420 Capen Hall

November 19, 1992 7:30 pm

This reading is made possible through a grant from the Lila Wallace-Reader's Digest Fund, in cooperation with the International Writing Program of the University of Iowa. The reading is also being sponsored by The Poetry/Rare Books Collection, the Chinese Graduate Student Association, the Multidisciplinary Discussion Group, the Chinese Literature Club, and the Chinese Students and Scholars Club.

上蓉子應邀自IOWA飛往亞特蘭大大學講詩與讀詩
（八十一年十一月五日）
下蓉子應邀自IOWA飛往俄亥俄大學講詩讀詩後接受該校教授接待
（八十一年十一月十一日）

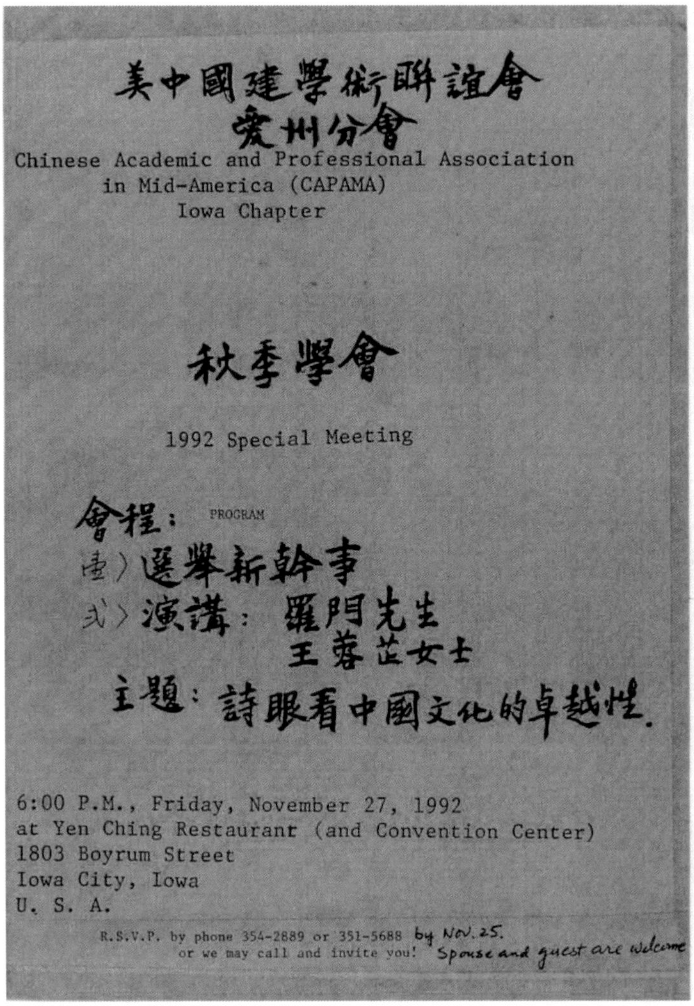

美中國建學術聯誼會
愛州分會
Chinese Academic and Professional Association
in Mid-America (CAPAMA)
Iowa Chapter

秋季學會

1992 Special Meeting

會程： PROGRAM
壹〉選舉新幹事
貳〉演講：羅門先生
王蓉芷女士
主題：詩眼看中國文化的卓越性.

6:00 P.M., Friday, November 27, 1992
at Yen Ching Restaurant (and Convention Center)
1803 Boyrum Street
Iowa City, Iowa
U. S. A.

R.S.V.P. by phone 354-2889 or 351-5688 by Nov. 25.
or we may call and invite you! Spouse and guest are welcome

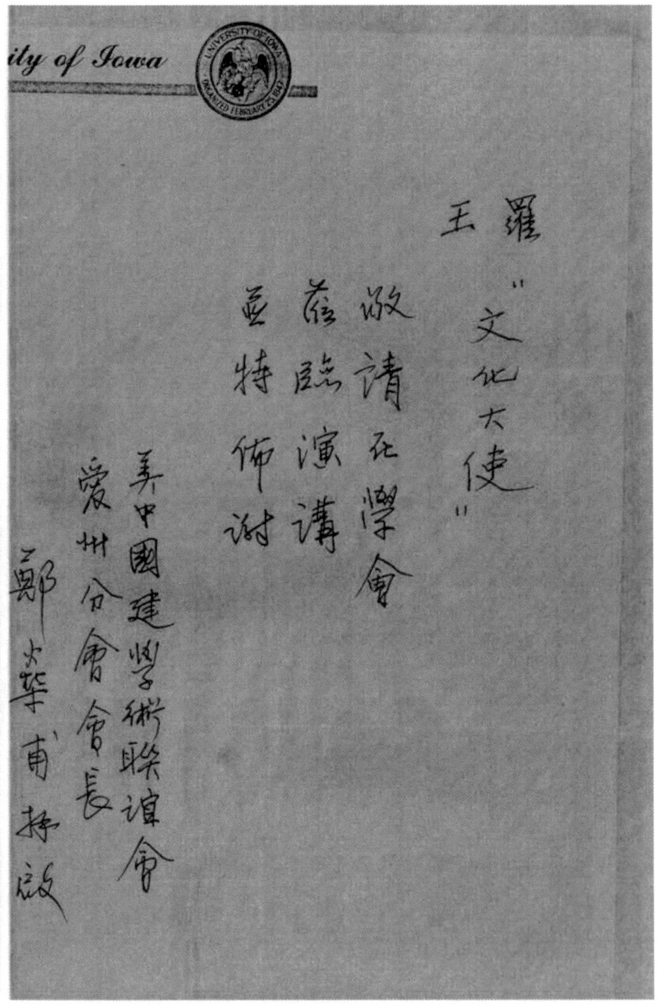

...ity of Iowa

羅 王
"文化大使"
敬請在學會
蒞臨演講
並特佈謝
美中國建學術聯誼會
愛州分會會長
鄭燊甫拜啟

在愛荷華(IOWA)大學國際作家交流會期間,
國建会分會主席鄭燊甫会長邀請在晚宴上專題演講.

餐會後，往國建會IOWA分會新任會長林伯祿博士家中暢談，並朗讀「觀海」詩作，前分會副會長林啟祥博士讀他以英文為我翻的「觀海」。
1992.11月27晚

罗门、蓉子：

請原諒這遲到的賀年卡，由於等待膠捲拍完冲洗，来不及早些寄去。

很高興你們兩位安抵台北，成功地完成三个月的美國文學遠征旅行。你們在此地的表現及成績，給我們华人帶来無限光彩。我們也向兩位学習不少詩的学問，今後享用不完。

希望不久能再聚首。

施穎洲先生寄来的文艺版同時轉去。

林歆祥
施龍瑜 敬上

1993年元月

"in Church Tomorrow"
lesign by Bobbie Henba

2

Holiday Greetings

Happy Chinese New Year!

春節快樂

〔註〕林歆祥博士是IOWA愛荷華大學教授，也是詩人翻譯家，美中國際學術聯誼会委員，也是我與蓉子在IOWA愛荷華大學國際作家交流会上接受电視訪問的翻譯者與詩作的英譯者，給華人作家協助很多。

大陸巡回講演及座談

（近30場）

77年（1988年）
10月17—11月14日

海南島（10月17—10月25日）
　　三場講演●(1)海南大學
　　　　　　●(2)海南師範學院
　　　　　　　(3)海南文聯
廣　州（10月25—10月27日）
　　二場演講●(1)中山大學
　　　　　　●(2)暨南大學
　　一場座談：(1)中文系教授座談
上　海（10月27—11月3日）
　　三場演講●(1)復旦大學
　　　　　　●(2)華東師範大學
　　　　　　●(3)上海戲劇學院
　　　　　　　（音樂學院邀請，排不出時間）
　　五場座談會：(1)上海社會科學院
　　　　　　　(2)上海作協
　　　　　　　(3)復旦大學中文系教授及作家
　　　　　　　(4)復旦台灣文學研究所
　　　　　　　(5)上海文論
北　京（11月3日—11月11日）
　　三場演講●(1)北京大學
　　　　　　　(2)中國社會科學院
　　　　　　　(3)北平師範大學（評點）
　　四場座談：(1)中國文聯
　　　　　　　(2)中國現代文學館
　　　　　　　(3)北京作協
　　　　　　　(4)詩刊編輯部
廈　門（11月11日—11月13日）
　　一場演講●(1)廈門大學
　　六場座談會：(1)廈大中文系
　　　　　　　(2)廈大中文研究所
　　　　　　　(3)台灣文學研究所
　　　　　　　(4)廈門作協
　　　　　　　(5)采貝詩社全人座談
　　　　　　　(6)采貝詩社燭夜詩聚談

中華民國七十七年十月十三日

中國時報

登記證局版臺報字第〇〇二〇號　中華郵政第二六五七號執照登記爲第二類新聞紙類
董事長　余紀忠　發行人　余建新
電話：總機三〇八七一一一採訪組三〇六四五五三訂報三〇六二三九七廣告三八一八七二〇
中華民國卅九年十月二日創刊　社址台北市大理街一三二號　今日六大張　每份定價十一元

文化版

第一次　台灣作家應邀巡廻大陸演講

詩人羅門與林燿德十月下旬啓程

【台北訊】詩人羅門和林燿德應大陸大學及學術機構之邀，將於十月下旬赴大陸巡迴演講。

這是台灣作家第一次應大陸方面邀請前往巡迴演講，他們將到廣州、上海、北京、遼寧和廈門，預定在中山大學、復旦大學、華東師範、上海作家協會、上海社會科學院、人民大學、北京師範大學、北京大學、清華大學、北京社會科學院、遼寧大學、廈門大學等作十餘場演講，預計在大陸停留一個多月，十一月中旬返台。

甫以《整個世界停止呼吸在起跑線》上獲得時報文學獎新詩推薦獎的羅門，主要將談論他的現代詩、現代藝術及美學理念。

林燿德則將論及一九四九年後台灣的詩及小說的主流發展、台灣文化生態、四九年後在台出生的新一代詩人及小說家、台灣新流行的文學概念等。

羅門將於十六日先赴海南島探親，然後與林燿德在廣州會合，展開演講之旅。

中華民國七十七年十一月二十二日／農曆戊辰年十月十四日

民生報

MIN SHENG PAO

行政院新聞局出版事業登記局版台報字第〇〇三三號
中華郵政台字第4119號登記執照爲第2類新聞紙
發行人　王效蘭
第　3918　號
出版6大張／每份訂價11元／承印者：聯合報印刷廠
郵政劃撥帳號0590811…

羅門　林燿德大陸演講歸來

蒐集資料　準備舉辦研討會

【本報訊】應邀赴大陸巡迴演講的作家羅門、林燿德回來了，他們認為，此行最大的意義是雙方已決定從資料的蒐集，舉辦各項研討會、出版研究著作，進行海峽兩岸文學界交流。

羅門、林燿德十月底應邀赴廣州、上海、北平、廈門等地，舉辦近卅場的演講與座談會。

羅門說，現在大陸各大學都已設置台灣文學研究所，廣泛地對台灣四十年來文學發展進行研究，這是值得我們注意的。

林燿德說，隔閡四十年，海峽兩岸對彼此的資訊都太缺乏，當務之急是選兩岸的大學進行一對一的接觸，交換資訊，進行研究。回來後，林燿德積極要做的是整理四十年台灣文學的資料，寄去給大陸學者，彼此各邀十位研究者撰寫論文，評論對方的文學發展與現況，然後結集出書。

他說，中國社會科學院和廈門大學也有意在明年，舉辦一項研討會。

自由時報
發行人：吳阿明　社長：顏文門
自由時報
自由副刊　中華民國七十七年十二月二十六日　星期一
自由時報　第11頁

《文學之旅》

——台灣詩人大陸行

⊙羅門

今年，在一次返鄉探親的途中，詩人羅門、林燿德，和大陸數十位作家，展開了跨海性的「都市詩」與「田園詩」的熱烈交流——

此次返鄉探親，原因是回去看四十年未見的家鄉。

在海南島九天當中，我曾應邀到海南大學、海南師範學院與文聯做了三場詩與藝術的講演，反應意外的熱烈，講堂坐滿人，窗外尚站有無數人，院長與系主任也坐在下面聽；我心裡想，這只是純文學、純文化、純學術性的講演，談我三十多年來從事詩與藝術創作的經驗理念與觀念，不涉政治性，應是屬於純粹藝術與文學的行為，故也甚之相當自然與坦然。

順著這次大陸探親與純文學之旅的心態，我與詩人林燿德，在港大比較文學博士黃德偉教授的構想與安排下，便應邀往廣州、上海、北京、廈門（這家因時間關係取消）等各著名大學、社會科學院、作協、文聯、台港文學研究所、大學中文系研究所以及中國現代文學館、詩刊編輯部、上海文論等場所，相連進行三十場的演講與座談會。

在近乎三十場的演講與座談中，演講方面，幾乎每場都擠滿了聽衆，尤其是在中山大學、復旦大學、華東師大、北京大學、廈門大學，較為熱烈。至於座談會，則人數十多位到數十位不等，參與者多是大學中文系與中文研究所的教授、社會科學院研究員、台港文學研究員以及知名作家、評論家、主編、出版界人士等。

由於一路上戲劇的表現，我們雖不能自己說相當的轟動，但從許多現象來看，確是有好的反應。譬如在廣州，我們只計畫在中山大學有一場演講，但暨南大學得悉我們在中大演講的情形，也安排了一場；在上海我們只有兩場演講與兩場座談，結果演講多排一場在戲劇學院；後來音樂學院也要排一場，但因時間排不進來；座談會也多排出兩場。在北京，也多排出兩次座談會。在廈門，原只有廈大一場演講、一場座談會，結果多排出好幾場座談會。就是在廈門大學結束我們大陸文學之旅的最後一場講演過後，我們尚接到學校方面轉來西安詩人寄來要我們赴西安演講的函件。

這次經由黃德偉教授安排，邀請赴大陸講演與座談的文學之旅，的確也留下一些相當深刻的印象與感想。

首先是大家對文學與文化，人類共同生活中的永久價值，仍在表以重視，雖然在現實社會上，一般人並不太注意與關心；然而大陸眞正的智識份子以及眞正從事文學的工作者與對文學的愛好者，均仍肯定文學與藝術，對人類精神與生命存在的啓導與尊嚴，有其深遠的價值與意義，若沒有文化與文學，社會人羣與國家絕不會健全，在這個方向上，大陸智識份子與文化人是有共識的。

其次是大陸不少地區已包括大學，都設有許多研究台灣文學的專門機構以及備有研究的專門人才與學者，並且出版有各種文類選集及評論集與資料，實在是值得我們注意的，但也由於傳播媒體的繁雜與不夠準確，我們不難發現大陸早期出版台灣的詩選集，卻有點像「一炒大鍋菜」的模式，良莠不齊；稍後情況較改善些，便有點像是「炒中鍋菜」的模式，最近，他們似乎已逐漸更能把握到作品較佳的精良與品質，而朝向求好的「炒小鍋菜」的模式，至少在我們這次的文學交流中，從他們不少專家學者的說詞，已表明那些曾被炒熱的流行作家，作家與缺乏深度與原創力的作家，顯有往下冷卻與降低的現象。

接著是大陸的「都市詩」，它無論是創作的形態與質感上，都同台灣有差距。由於我們台灣的生活空間，已完成全然成熟的「都市化」生活環境，官能與心態的美感經驗活動，都比較全面化的接近「都市化」的生活現場，田園的生活空間，已幾乎被都市科技的資訊與交通網全部籠罩；而大陸除了上海、廣州、北京等幾個都市「重點」，整個生存空間幾乎仍是掌握在田園與大自然的廣闊範圍內，「都市化」的感覺之質感、張力與密度，難免被沖淡，所以大陸的「都市詩」，似乎仍處在我們五、六十年代由「都市」與「田園」相中和的接合過境地帶，意象語仍納入田園與自然的景象及其心理與情緒的反應，而難免疏散「都市詩」向都市特殊處境中的追近的擠壓力，因此大陸的「都市詩」較缺乏台灣「都市詩」的實質與強勢，或許台灣因已逐漸進入高科技與更「都市化」的極限，「現代」已因此趨向「後現代」的情況，「都市」與「田園」兩者因交通資訊之密接，已全面的「都市化」，詩創作已把「田園」與「都市」整化為共同的存在體。像這樣豈不也使大陸的「都市詩」似乎也納進「後現代」的創作範圍，但事實上，是有歷史差距的。因為大陸根本沒有確實經過台灣至為成熟的「現代化」階段，怎能產生確實的「後現代」特殊情況？因此即使大陸也有所謂「後現代」的創作理念，那只是因為他們從長期單一性與帶有專制的政治形態壓抑下，所自然展現個體自由化與多元性的奇異表現。甚至意料不到的，在大陸現代詩的創作流派中，竟有七八十種、甚至近一百種以上，較台灣詩派不知多出多少倍，新得幾乎不須可靠的觀念來作為其實質存在的基礎，於是使無數浮面化的詩的流派，幾乎成為無數新奇的詩的「攤販」形態；而非具有思想因觀念大氣派的巨型建築。

至於他們也引起議論與存疑的朦朧詩，確有點像我們五六十年代早期的晦澀詩；他們目前強調的「先鋒派」也頗似我們現代詩人與藝術家不斷強調的「前衛性」，但無論如何，我們現代化與進入工業文明的生存環境，確較大陸仍在受舊社會牽制、開發緩慢以及處在較封閉的生存空間中，是更有利去接受新的文明資訊與新的智識與觀念的衝激與挑戰，而事實上有助於調整創作上的美學態度與思考角度，因此在現代詩與現代藝術的技巧表現上，我們台灣所呈現的新穎性、變化與突破能力，是較具強勢。

當然從另一個角度來看，大陸廣闊的生存空間，龐大的自然山水景觀，以及廣大民衆樸實強韌的生命實力，所構成不斷向未來推展的「時空」與「文明」「文化」的大動面，仍是有助文學與藝術的生命向博大深厚途徑發展與創造的強大潛力，這一點是值得台灣作家去注意與省思的。

最後是能在這次大陸探親的文學之旅，於一連串的演講、座談會與聚會上，看到大陸不少著名的學者、文壇前輩作家、批評家以及年輕一代傑出的作家與批評家，實在是件高興的事。像將近八十歲高齡的初期現代派詩人施蟄存教授與詩人馮至，都仍然是一身文人的風骨，精神溫厚、曠達，令人敬佩。至於「京派」較具代表性的批評家——謝冕、古繼堂教授、「海派」較具代表性的批評家——夏植芳與王晉民教授；「閩派」較具代表性的批評家——林興宅教授，我們都多次見談，領教他們的學養與風采。其他中青一代傑出的批評家像杜榮根、宋耀良、朱大可、陳思和和王宁宇、毛思安、吳亮、楊小濱、唐曉渡、徐靜波、徐學、朱二、俞兆平，以及暨南大學校長饒芃子……都是大陸批評界的高手。尤其是朱大可、陳思和和宋耀良、徐靜波、徐學、俞兆平。我們都曾同他們談到詩與藝術的一些深入的問題；像名批評家朱大可在詩集序言中所批評的四位傑出「都市詩」詩人、宋琳、張小波、孫曉剛與李彤勇，我們也曾在一起交談一些具前衛性的創作問題。此外，留在我的印象中，較有人情味的是我們每到大學去演講，最後都是由校長親自出面來設宴款待。而身為中國比較文學會副會長的賈植芳教授，應是我們在大陸見到最瀟灑且健談的一位學者，郭慶親切的在家中準備了二十多樣菜，宴請我與林燿德，眞是家庭的大盛宴，尚請有多位教授作陪，而能與這次晚宴一樣使我們留下深刻印象的是經中國社會科學研究院研究員古繼堂教授的安排，由一位從事文化的私人企業家，在我與林燿德住的東方大飯店，訂了盛大的宴席，除請我們，尚請有老一輩的作家艾青、卞之琳、謝冕、袁可嘉、晏明、高瑛、劉湛秋、古繼堂、雷霆以及擔任我們導遊的何女士與北大研究所女生方碧霞小姐，至於馮至教授因感冒不能來，我們都在電話中向他問好，並餐後到他府上去看他。

在席間，令大家感動的，是詩人艾青說他今晚是辭掉另一個事先已答應的宴會，到我們這邊來，而且是坐著輪椅來的。他與卞之琳教授，都是進入風燭之年的人。想起他年輕時代在詩中舉起的「火把」，時間眞不知該如何回首，空間將不知向何處張望。

總算在這短短的一個月中，見了四十多年不見的家人，以及四十多年一直都想看的上海、北京古城以及壯觀的萬里長城，然在另一條文學之旅的旅途中，也看到了另一些美好與令人難忘懷的景象，使都一一將它們存放在雙向的記憶裡，而人生就是在連續的記憶中不斷將好的生命歷程剪接的一部長期的紀錄片。■

△羅門與林燿德同詩人艾青以及謝冕、袁克嘉、晏明、高瑛、古繼堂等合攝。

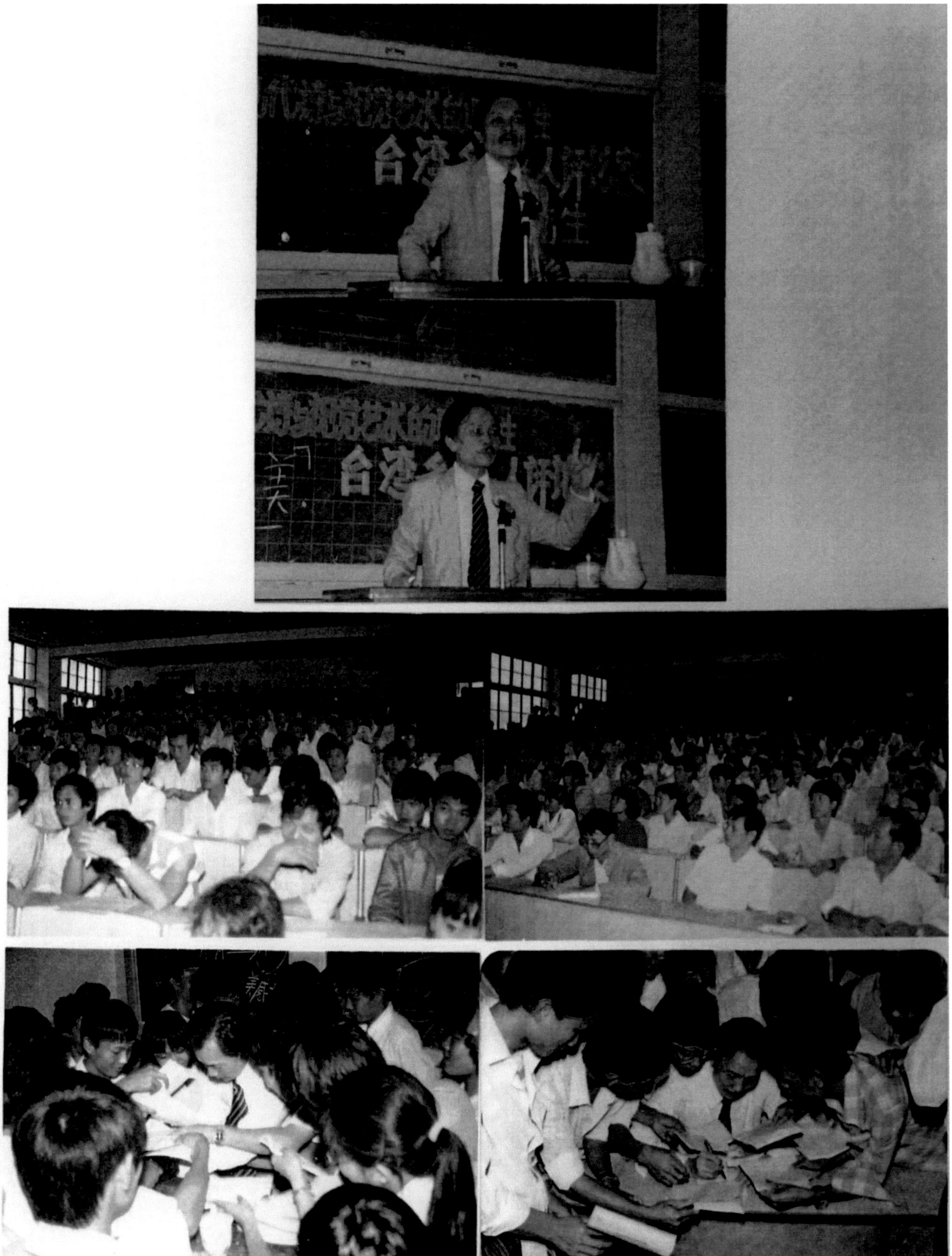

1988年開始解嚴，一個月的巡迴演講，其中演講的鏡頭.

羅門民國七十八年十月應邀赴大陸海南廣州、上海、北京、廈門等地的著名大學、文聯、作協、社會科學院等舉行近三十場包括演講與座談會。於十一月下午七時在北京東方大飯店舉行盛大宴會，席中到有大陸著名作家艾青、卞之琳、謝冕、袁可嘉、高瑛、古繼堂、晏明、劉湛秋、雷霆等（這次大陸文學之旅，同去的有傑出詩人林燿德）

民國七十七年十月羅門應邀往大陸演講與座談接受北京作協宴會由會長北大教授謝冕主持

羅門民國七十七年十月後邀往巡迴大陸演講與座談，
曾在上海看到施蟄存教授。（七十七年十月三十日）

羅門民國七十八年十月應邀赴大陸海南廣州、上海、北京、廈門等地的著名大學、文聯、作協、社會科學院等舉行近三十場包括演講與座談會。於十一月下午七時在北京東方大飯店舉行盛大宴會，席中到有大陸著名作家卞之琳（中）晏明（右）

民國七十三年應港大黃德偉博士邀請赴港大進行三場現代詩演講：
余光中夫婦與黃博士在香港啓德機場送行

蓉子民國七十四年代表在文建會爲來我國訪問的烏拉圭女詩人范愛瑪加冕

羅門與林燿德民國七十七年十月往大陸演講與座談，
在北京十一月七日晚曾到府上看到詩人馮至教授。

漢學研究中心
CENTER FOR CHINESE STUDIES

為促進漢學研究風氣，加強學術交流，本中心謹訂於民國99年3月30日（星期二）下午3時，假臺北市中山南路20號國家圖書館188會議室舉行學術討論會，邀請本中心訪問學人斯洛伐克科學院東亞研究中心教授高利克(Marián Gálik)先生主講「臺灣當代女詩人『蓉子』與聖經」，並邀請張漢良教授（臺灣大學外文系）擔任主持人。

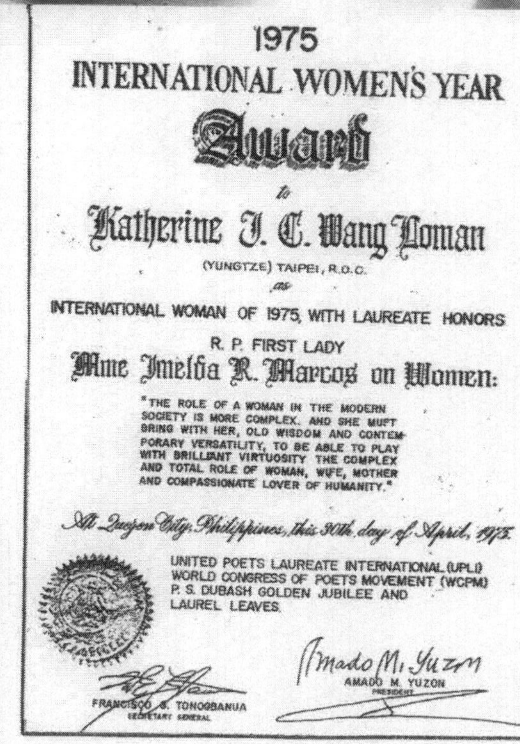

新 | 台 | 沙
中華民國六十四年十二月一日 星期一

榮獲國際優秀婦女桂冠獎

蓉・子

舊禮教傳統下成長的新詩人——宋毓英

人物專訪

中國文藝協會

會址：臺北市水源路二十七號

謹訂于民國五十六年三月十七日（星五）下午六時假本市懷寧街中國友社二樓舉行新春聯歡聚餐慶祝

賢伉儷榮獲菲律賓總統金獎牌

敬請屆時撥冗

光臨為荷。

中國文藝協會敬啟 三月十四日

中國文藝協會主辦

第四次文藝雅敘

時　間：民國六十四年十一月二十日（星期四）晚七時卅分。

地　點：本會文藝廳。

主持人：吳　若先生

貴　賓：中央文化工作會陳副主任叔同、許鄭璞總幹事

中央社會工作會鄭副主任森棨、汪崇仁總幹事

特別來賓：張維翰先生、郎靜山先生、水祥雲先生、章思統先生

邀請文友：丁秉鐩、于還素、王集叢、王鼎鈞、王文漪、王蓉芷、王志健

王曼瀾、王祿松、王賢忠、尹雪曼、左海萍、田　源、朱羅亞

李中和、朱嘯秋、朱介凡、何名忠、江應龍、汪珩生、林大椿

林煥彰、李曉丹、呂天行、吳東權、何志浩、宋　膺、沈旭步

林冠存、林錫嘉、周志剛、周伯乃、苗豐盛、唐紹華、郭雲韻

胡　秀、姜龍昭、姜　穆、宣建人、郭　儀、鄭琴舫、孫德彪

郭守圻、袁睽九、張進德、張紹載、陳紀瀅、張德中、張騰蛟

曹浩賢、屠義方、黃仲琮、傅崇文、張肇祺、黃公偉、程其恒

趙　滋、趙天儀、馮放民、童心銘、羅君石、劉　枋、劉偉勳

戴蘭村、趙友培、鍾鼎文、鍾麗珠、韓　虹、韓仁存、蕭長盛

耿殿棟、陳學文、陳　宏、溫葉均、錢學敏、蔡蔚天、穆中南

梁秀蓉、劉　墉、龍曉明、龔聲濤、閔振蘇、錢小佛、孫如陵

謝倉吉、嚴　駿、朱星鶴、鄧文來、王在軍、李忠道、黃雍廉

節目：一、請張維翰先生代表國際桂冠詩人協會頒獎給王蓉芷女士。

二、請陳副主任、鄭副主任致詞。

三、請郎靜山先生報告參加國際影藝會議情形。

四、請水祥雲先生報告出席國際勞工會議粉碎誰共統戰陰謀經過。

五、請章思統先生報告訪日畫展活動。

B
聯合報
更多竹苗新聞在部落格 http 中華民國九十八年五月十九日 星期二
客戶服務、訂報：0800060080 9036@udngroup.com

蓉子孤本「童話城」交大賦新生

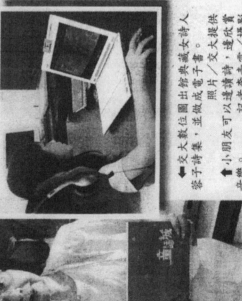

⬅交大數位圖出館典藏女詩人蓉子詩集，並做成電子書。
照片／交大提供

⬆小朋友可以邊讀詩，邊欣賞音樂。 記者李青霖／攝影

【記者李青霖／新竹報導】女詩人蓉子民國56年初版的「童話城」詩集，僅存孤本，交通大學圖書館經過1年多整編，透過吟唱、譜曲及插畫方式，融入詩、樂、畫再現，令蓉子相當欣悅。

這套「童話城」一套包括文本和一張互動式光碟，由交大出版社出版，免費提供500套給國小老師；一般大眾可向交大出版社洽購，每本訂價180元，電話（03）5712121轉31542。

交大1年多前從蓉子手中找到這本僅存的童話城孤本，經蓉子同意，邀插畫家與音樂老師，重新畫圖和編曲，從原書18首童詩，選出適合譜曲與吟唱的13首數位化出版，「希望這一代孩子，重新認識台灣本土作家作品」。

交大浩然圖書館副館長柯浩仁說，正在執行浩然藝文數位典藏學習與推廣計畫，前年底和蓉子接觸，徵得同意，選出童話城及童話湖2首敘事詩加上11首詩歌，請芝山國小音樂老師謝順慧及新湖國小音樂老師林于君編曲，另請童話城初版插畫家趙國宗的學生王文欣與羅子媛畫插畫。

執行者蔡珊珊說，童話城再版，也取得音樂家李泰祥授權，將他曾譜寫的「青夢湖」及「一朵青蓮」簡譜，共同出版。

新編歌曲去年已交給芝山國小及新湖國小學生試唱，她說，有高年級學生家長在學習單上說，原本小孩不太和家長講話，試唱詩歌後，親子有共同話題，「關係變好了」。

交大數位內容製作中心同時做出電子書，內容有芝山國小「天空4.5度」樂團演唱影片、學生與老師謝順慧及她四歲女兒錄製的朗誦，還有動畫，另一部分是鋼琴樂譜及音樂伴奏MP3。

浩然圖書館已蒐集台灣本土藝術家楊英風、李泰祥、羅門、蓉子與雲門舞團作品，利用數位方式，保存珍貴文化資產。

民國五十四年蓉子應邀為三位女作家代表訪韓（左散文家潘琦君、中小說家謝冰瑩。）

The Korean Republic
OVERSEAS WEEKLY EDITION
THE KOREAN REPUBLIC WEEKLY, WEDNESDAY, MAY 19, 1965

Chinese Women Writers Eye To Up Culture Trade

By JUNG-HYO AHN
KR Staff Reporter

Mrs. Hsieh Mrs. Chi Mrs. Jung

Visiting Chinese novelist Mrs. Hsieh Ping-yang, 60, said Tuesday Chinese people know almost nothing about Korean literature. Mrs. Hsieh arrived here Monday with two other Taiwan writers — poetess Mrs. Chi Chun, 49, and poetess Mrs. Jung Tze, 37 — for a 30-day lecture tour at the invitation of the Yowon, women's magazine published in Seoul.

"We want," she said, "to introduce our literature to Korea and also learn something from Korean literature."

Author of 51 books, Mrs. Hsieh said that there are some 390 writers in Taiwan and half of them are women.

They usually begin their literary career by contributing their stories to publishers or through literary contests as in Korea, she said.

She said that the market for writers is sufficient in Taiwan. There are, she said, over 100 magazines, 20 of them purely literary, and eight major dailies.

"Our newspapers have one complete section devoted to literary works, essays, novel, short stories, and poems," she said.

Mrs. Hsieh described the present literary trends in Taiwan as reciprocal combinations of realistic pursuits of social or political questions and the search for the innate human nature.

Women writers often search for the feminine virtues through the heroines in their works.

Poetess Mrs. Chi said that the women produce less in quantity than their male counterparts, but they are better in quality.

They have an independent literary association for women writers in Taipei where they study comparative foreign literature.

Poetess Mrs. Jung said that many Chinese novels have been introduced to foreign countries including the United States and Italy.

Nieh Hwa-ryung, a Chinese professor at Ohio University, is said to have introduced many Chinese works to the United States.

At the annual literary contest held by the Naff Publishing Co., Vienna, Austria, two or three Chinese short stories win prizes each year. Shadow of P?um by Shup Hien-ryong is famous even in India, the three writers said.

During their stay here the three women will visit such points of interest as Panmunjom, Kyongju, and Walker Hill.

Novelist Mrs. Hsieh fought as an officer in the Sino-Japanese War and is well known for her autobiographical novel. A Chinese Amazon, which was published in New York and London simultaneously.

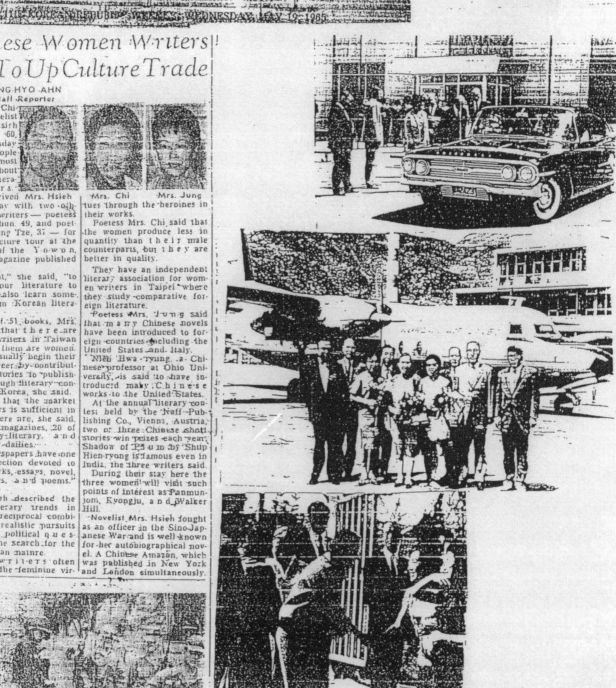

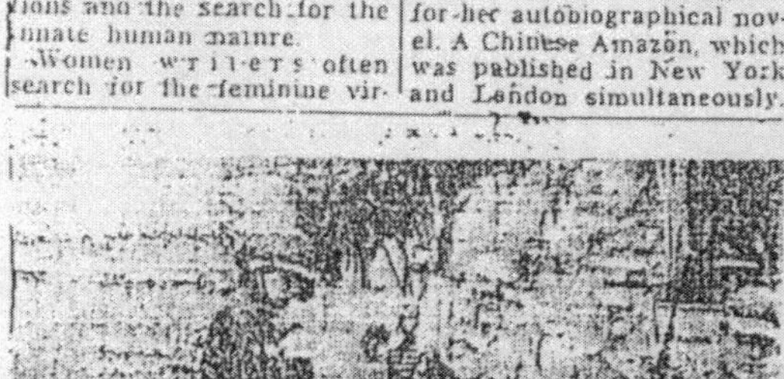

與會僑太侯夫人握別

向釜山當地僑領與婦聯會同人以及僑校師生演說之時盛

學生們同要求簽名

影合生師體全學中僑華城漢與

1965.5.13

開化바지되었것도 아끼는

中國의 女作家 謝冰瑩 女史가 말하는 中國女性과 生活

良俗살린 生活改善

禮儀凡節은 깍듯이

틈보아 社會奉仕도

南洋商報　1983年1月17日　星期一

国际文化营的昨日活动，另六名国际知名作家蓉子、方北方、彦火、刘大任、施颖洲和萧乾畅谈自己的写作经历和经验。座谈会由教育部政务次长何家良担任主席。兹将上述六人的讲话内容，简述如下：

把写诗喻为钓鱼的蓉子预言
未来的十年是诗的时代
方北方彦火施颖洲刘大任和萧乾分别畅谈自己的写作经验及经历

吴俊刚、吴启基联合报导

蓉子

她说，她是在1950年开始写诗。1951年投稿给「新诗周刊」，正式进入诗坛，1958年，她出版了处女诗集「青鸟集」，被目为当时唯一女诗人的诗集。「青鸟集」将于近期再版。

而当时文坛的活跃份子都是男性，1955年，她与另一诗人罗门结婚，婚后要工作，要料理家务事，不得不停笔，因为写诗要有心灵空间，因此女性从事写作比男性作家更需要定力和毅力。

结婚以后，台湾兴起了一场有关现代文学的争论，一反过去传统的美学和表现手法。

她说，在牺牲工余享乐时间的情况下，她于1961年出版了另一诗集「七月的南方」。使到周围的朋友都非常惊奇。直到今天，她已出版了为数10本诗集，另外还有一诗一散文集在准备出版中。

蓉子在讲到一半时，传闻病倒、久未露面的名诗人艾青在工作人员的扶持下进入会场，马上引起了一场轰动，蓉子立起和他握手为礼，并表达了自己的爱慕之情。

其后，蓉子也提到自己的诗观，认为诗人必须忠于生活，并要有爱心和同情心。她认为写诗苦乐参半，但不要做勉强而为的事。

她也说，写诗的人，每时每刻都需要收集资料。灵感指的是内心与外境的互相结合，感情和内涵都一样重要。

她也把写诗比成是在钓鱼。并预言「未来十年是诗的时代」。

萧乾

萧乾，来生还想当记者的作家，自称是个老记者，是个业余作家，从来没靠写作吃饭。

他以报告文学成名，不过，他说，这些是职业文字。

他补充说，自己是个很喜欢文艺的老记者。在踏出大学之门后，他便下定决心，要通过当记者体验人生，累积经验，作为从事文艺创作的准备。换言之，以新闻工作为手段，以文艺创作为目的。

他觉得，选择这条路是有逻辑的，因为，即使当不了作家，至少也做过一个大时代的记者，至少也尽了一份力量。

其实，除了当过记者之外，他也做过7年报章文艺副刊的编辑。

他觉得，文艺副刊是世界各地华文报章共有的一个特色。文艺副刊在鼓励创作，发掘写作人才方面扮演了重要的角色，许多人的第一篇创作都是发表在报章文艺副刊上的。

许多知名作家如已故的鲁迅，都编过文艺副刊。

文艺副刊，就象文艺界的触须。

施颖洲

施颖洲，8岁从中国到菲律宾，迄今60载，这位自认早熟的报馆总编辑说，在小学的时候，他便偷看了金瓶梅词话，这部中国的《查泰莱夫人》。

最难忘的是17、8岁时，写了一首新诗寄到巴金主编的文学季刊，诗竟被刊用了。他看到自己的名字与郭沫若、茅盾、巴金等名家并列，高兴得不得了，于是把书摊摆卖的那一期季刊都买回家去。

他的心愿是翻译外国名家的诗歌，标准是：一定要是名家，而且一定要力作。80年来，他翻过几千首诗。出版过《世界名诗选择百首》、《现代名诗选择百首》和《古典名诗选择百首》，他打算把三书合起来，出成《外诗800首》，以别于《唐诗300首》。

严复谈翻译，讲究信、达、雅，施颖洲认为这种理论比他孙子还年轻。他说，单单信（faithful）就够了。

因为，有些诗原本就不雅，为什么要把它译雅呢？

达也不必要，因为有些诗如象征主义的作品，好处即在於朦胧，犹如抽象画，或如身披薄纱的模特儿，若隐若现，为什么硬要脱掉她的衣服呢？

不过，信也有诸多条件，比如原文有押韵，译文就得有押韵，有节奏，即得有节奏，同时也得忠於原诗风格，总之，要完全的忠实。

他写文章批评别人译的莎士比亚十四行诗的毛病，最后，觉得还不如自己来动手，於是有了莎翁十四行诗中英对照本面市。

方北方

他别出心裁，以充满感情的声音朗读一篇自传的长篇，其中的「迟亮的早晨」印了8版之多。

他目前正在写一部以80年代马来西亚为背景的小说，分别为，「树大根深」、「头家门下」、「芸芸众生」，其中的「芸」一书，将在今年年底完稿。

他也提到自己对于本身作品的严格要求。

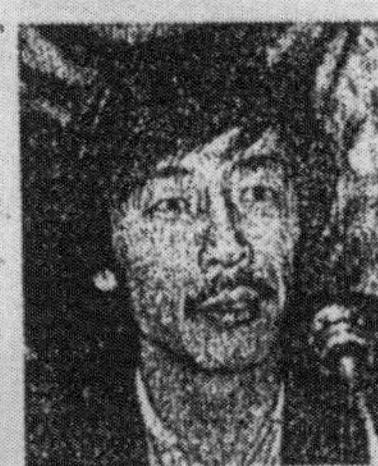

刘大任

刘大任，来自北美的"流亡作家"，他生在大陆，长在台湾，但他发觉自己很难和中国大陆今天的社会、文化与政治情况认同，对台湾呢，却有一种被放逐感。

那么，白先勇称他为流亡作家，用他自己的话说，便是"客观的事实了

……，疲惫不堪的喘息。这一幕给作……灵很大的冲击。因……时，他对自己的存……活存着强烈的怀疑……一个怎样的人？这……上的压力和所见的……台起来。

当时，他在读……爱德华·薛尔思著……印度大城市知识份……行为的书。书中论……一般发展中国家，……市中的知识份子，……在家乡，而向往外……们有精神上的矛盾……传统与现代社会价……冲突。

於是，作家的……动了。灵魂的追……完成了《蛹》。书……主人翁，一个少……历史学者，有一……岳父（一个来自……是风云人物的"……到那个有"大王……园，他替岳父拍……大王蝶停在这老……，老人低着头，……他们身上，放出……彩，是两个疲倦……在一起。主人翁……了启示，应该从……身去着手，从事……。他终於写成了……论文，而一个孩子……时诞生了，祖父……，意思是陶渊明……瞻衡宇，载欣载……

……是大王蝶飞……的地方的时候了。……故事中的主人翁……在海边的公园。……，大王蝶怎么知……飞回去的时候呢？……；也许是它们要……方已经是春天了……

刘大任认为，……

蓉子参加新加坡1993年
舉辦的第一屆華文作家文藝營

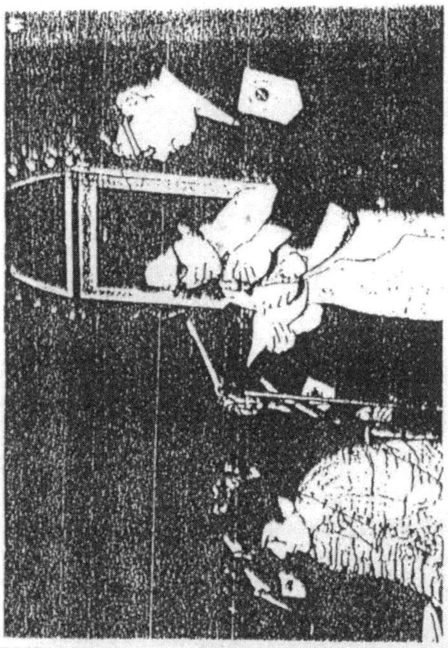

中華日報

亞洲作家會議 開文學講話會

亞洲作家會議 昨告圓滿閉幕

中華民國五十九年三月十日

三月號
幼獅文藝

幼獅文藝
三月號
第三十卷·第三期
第一八三號
中華民國五十八年三月一日出版

文藝座談：

青年與文藝

時間：五八年二月一日
地點：作家咖啡屋燈樓
主持人：蓉子
記錄：白步
攝影：劉偉勳
出席人（簽名序）：
蓉子　余光中
楚戈　辛鬱
于還素　鳳兮
黃光學　南郭
覃彭年　趙滋蕃
程抱南　金開鑫
商禽　吳東權
劉錫銘　張菱舲
康芸薇　陳麗純
梅新　朱青海

當腕錶的指針指出開會時間已到，作爲這次座談會發起的三個刊物編輯負責人，「新文藝」朱青海，「作品雜誌」南郭，「幼獅文藝」梅新，都有些不安之感，「怎麼他們還不來呢」？有人心裏都在發問，眉宇間也有焦慮之色了。這時，蓉子第一個到，余光中、張菱舲上樓來，于還素也上樓來了，南郭看看已到的先生們，首先說：「開始開會」。

於是，經余光中的提議，蓉子被推舉爲主席，而當蓉子開始說話，程抱南來了，吳東權也來了，接着是商禽、康芸薇。客人們都到齊了，距離正式開會的時間過二十多分鐘，作爲主席的蓉子人站起身來。

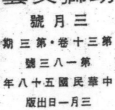

蓉子：我是第一次在這樣的集會當主席，處理不當的地方，請各位多多包涵。今天的座談會，是由「幼獅文藝」、「新文藝」、「作品」三個刊物發起的，現在三個刊物的負責人都在場，他們一定會把發起這次座談會的動機與目的，向各位提出報告。今天要討論的題目是「青年與文藝」，這個題目很廣泛，在座的各位都是非常關切青年問題的名作家，一定會有寶貴的意見。我個人也想借這個機會，多多聽取各位的寶貴意見，」

覃彭年說：我國劇是爲青年和文藝不服務的

金開鑫在考慮寫成門窺下一個專欄

楚戈在紐合詩與畫的問題

余光中的華曾重合多詩

南郭談「作品」，張菱舲對整株成散文

辛鬱的煙斗中有詩也有小說

學者風範十足的程抱南先生

蓉子：我不善於做結論，各位的意見都很寶貴，我現在分開來談一談。青年與文藝的關係，爲什麼密切？這在各位說來，是因爲青年在心理上有一種不平衡的現象，而文藝恰恰能夠使這種心理上的不平衡現象，得到一種慰藉，使心理的不平衡能穩定下來。至於青年需要什麼樣的文藝，各位對這個問題談得很多，歸納來說，就是用眞誠的態度寫出來的文藝作品，這樣的作品，可以使青年人的情緒獲得安頓，同時也可以使青年人的新奇感得到滿足，而更重要的，是使青年人的心理獲得穩定。青年人需要創作什麼樣的文藝？就是能讓他們發揮自我，剖白自己生活的作品，因爲在他們這些作品中，我們可以從中瞭解他們的心理，得知他們需要什麼。總之，我們要瞭解青年，也要讓青年來瞭解我們，這中間，文藝作品是最好的媒介。今天的座談會，承蒙各位捧場，使我這個主席當得很輕鬆，我特別謝謝各位，最後，並且代表各位謝謝主人們的招待。

臺灣新聞報記者陳昆純在補報新聞

趙滋蕃談到青年便精神百倍

本社社長劉錫銘款待作家們

禽自南美歸來的

鳳兮在想明天「文壇」

吳東權臉上帶著一個愉快的故事

行政院新聞局出版事業登記證局版臺誌字第一七一八號　中華民國六十六年七月一日創刊

出版與研究

半月刊
Publishing & Research Semimonthly

中華郵政臺字第三九九四號登記為第一類新聞紙　本期出刊三大張每份五元全年壹佰元

第二一期

發行人：黃成助

中國現代詩的未來發展

座談實錄

時間：六十七年四月十五日下午二時
地點：耕莘文教院
出席者：（依發言先後為序）
■羅門■陳秀喜■周鼎■吳望堯■彭邦楨■羊令野■管管■張默
■方莘■向明■羅青■商禽■辛鬱■蓉子■高準■陳鼓應■曾祥鐸
■丁雯■涂靜怡（書面意見）

記錄：何素芬、葉莉芬、李見祝

這是一次詩人的盛會，在耕莘文教院的大禮堂裡，集聚了十來位寫詩以及評詩的作家學者，也吸引了近兩百位愛詩的朋友。令人意外的，並且帶著驚喜，在會場中，我們看到甫自美國回來的彭邦楨先生，和幾個月前回國來作現代中國女作家研究的榮之穎女士

座談會的開始，本刊發行人黃成助先生首先以主人的身分發言，他說：「中國詩有數千年的悠久傳統，隨著時代的進展，生活內容的擴大，曾經發展出許多詩體。值得一提的是，過去詩體的變化，形式重於實質，畢竟農業社會裡的生活型態變化是緩慢的。

自從中西文化接觸後，新學說理論的啓示，思想境界的領悟與飛躍，人類生活內容與層面有著劇烈的改變與擴展，過去的詩體已不足以充分表達現代詩人敏銳的感受與理念，就是一般社會大衆也不再能滿足於吟誦舊體詩作為遣情散悶，怡情養性的工具。隱藏在他們內心的種種，現代感受、壓迫、思緒、理念正需要才華卓越的現代詩人將之引發、共鳴、印證。五四以來，新體詩應運而生，迄今六十個年頭，現代詩無論在思想內容上，或形式技巧上，都有有目共睹的興進。中國人是個詩性極強的民族，自古以來的知識份子沒有不會作詩吟詩的。

今天，我們就「現代詩的未來發展」這個主題，請各位詩人各抒高見，相信作者與讀者都能有莫大的俾益。」

主席的開場白

羅門

成文出版社與耕莘文教院主辦這次現代詩座談會，可說是近年來規模最大的一次座談會。首先我想在開場白中，特別加以聲明與強調的，是在討論之前，必須澈底認明詩（現代詩也是詩）的絕對價值與意義。

我覺得詩的「聯想力」，將埋在事物與生命深處的「美」，全部喚醒，使我們內心獲得生命美好的內容；詩的「超越的美感力量」，使我們的心性與心態活動，自然偏入道德的方向，善化了我們現實中的行為。尤其是當鐵幕國家，強迫人的思想精神與靈魂穿上制服；當物質文明的都市，將人推入狹窄的市井中，關在物慾的外動世界裡，人的內心失去自由的聯想力，內心空間縮小了，詩便更是人類自由心靈與精神文明的卓越且強大的昇力（現代哲學思想也已大大借用文學（詩）的力量）。

接著，我們請各位詩人談談他們的看法。

㈠關於現代詩的社會功能，若有人反過來問：「詩既解決不了麵包問題，也解決不了現實中的苦難等等，尤其是在生存至上的現代世界中，詩有何用？」，我覺得他問的很有意思。的確，詩人靠寫詩連自己都活不了，但這仍不能否定詩的價值，因為我們若有智慧，我們會了解人類的智慧越來越趨於分工。解決飢餓窮苦最好去找「麵包店」「慈善家」，當然最澈底的辦法是由直接管事的「政治家與社會思想家」來解決，來謀求改善。當一個人面臨飢餓，一千首同情的詩，絕比不上一袋麵粉。雖然如此，詩人基於人道在詩中表現出對貧窮與苦難的關心，事實上已是有助於去推動一個具有愛心的社會，而詩的工作應是放在更為壯闊的價值世界上，那就是在解決人類精神與內心的貧窮，也就是在衣食住行打好（或尚待打好）的肉體基礎上，繼續開發人類內心與精神的文明世界。這個世界，自古至今，並不因為「貧富」等理由而停止活動，仍有不少人尤其是詩人，雖很窮，窮如撿字紙為生的詩人曹陽，卻有能力去擁有這個富足的世界。

㈡談到現代詩的創作與欣賞，便會想到現代詩的大衆化與擴大現代詩的影響力等問題。我認為詩應該是大衆化的，但能否做到大衆化確是有問題。因為詩的語言雖來自生活，但用了大衆能懂的生活語言，並不一定是詩的語言，詩的語言有其特別的機能——如暗示性、象徵性，乃至白描與直接投射，都有其深一層的意涵，方能表現出詩的隱藏中的「內境」，如果只在文字意義的層次上獲得交通，則其他形態的文學，已能做到，就不必有詩了，所以詩難於大衆化的理由有二：

(1)詩不是生活第一層面的現實之複寫；詩是使生活第一層面的現實，投入內心的經驗世界，去引發所有共同性的潛力，融合成更大內涵的第二層面的「現實」，這也就是施友忠教授所謂的第二度超越，這種因轉化而獲得境界的詩，便的確難於大衆化了，這是自古至今的現象。

(2)因為詩經常用的意象語，是由思想與情感透過生活經驗所提昇的一種富於感知性（超越意義性）的語言，就是以詩的平易語言（因有「弦外之音」），也往往非一般讀者所能把握的。

我這樣說，只是站在詩本身的立場來看，至於現代詩是好，是壞，是看得懂看不懂，那是每一篇作品與作者本人同讀者去個別面對的問題，因為客觀事實也已說明，現代詩一直存在著有好也有壞有看得懂也有看不懂的兩種看法，至於這裡邊的比例數，那是連詩人也明白的，無論如何，讀者有自由去賞評，作者在被批評中，可對創作去做更有利的調整工作，基於這種誠意才有助於現代詩繼五四以來新詩發展所做的努力與表現，這樣，才是理想的。

無論如何，我認為現代詩仍是可懂的，而且在人類的內心中，也可工作得相當的深入，我相信一個具有認知力的詩人，絕不會將幾十年的時間浪費故意去寫別人不懂的詩。

㈢談到對現代詩未來的展望，我想它勢必加強民族性，但並非排拒世界性乃至凡是美好的一切；一方面向民族詩做有機的吸取，一方面也不斷向現代生存的新處境做探索與開發；此外音樂性的加強，以及使詩從繁複轉向精純的風貌，是必要的。無論如何變，詩的語言與技巧，永是為內心的美感與精神的境界而工作的，仍有賴詩人的才華以及內心強大的生命力與創作力來努力。現代詩應該是有前途的，在接受各方面的批評與自省的過程中，只要現代詩人不停下筆來，鐘錶的下一秒鐘在走，現代詩也會往下一秒鐘走下去，至於走到那裡，走得有多遠，走得如何，那最後仍是留給批評家與史評家去做論斷。

上 羅門、蓉子、冰心前輩作家、名散文家陳祖芬
（八十三年六月廿日在冰心家中合照）
中 散文家陳祖芬、蓉子、羅門、小說家王蒙、北京市美館館長楊力舟(八十三年六月廿四日攝於北京美術館)
下 在北京市美館陳正雄畫展開幕禮上講話，與會貴賓有王蒙與現副文化部長劉德存及美術界知名人士（八十三年六月廿四日）

上圖：韓國小說家（左一）、韓國現代詩會長、筆會副會長文德守、
韓著名女詩人申東春、蓉子、羅門
下圖：自左詩人北島、趙毅恆教授、羅門、蓉子、唐翼明教授

1994 年 7 月在上海拜訪前輩詩人辛笛夫婦（中、左爲辛笛先生女兒）

韓國國家級大詩人徐廷柱訪華，
由訪韓的台灣現代詩人們
設宴接待聚歡
1996年秋天
前排右起羅門蓉子夫婦、徐廷柱先生
夫人、許世旭教授、詩人辛鬱 後排右起詩人
梅新、洛夫、羊令野、商禽、張默、方心豫.

死亡之塔
THE TOWER OF DEATH
羅門詩選
羅門
詩眼
世界
羅門著
千象之聲

「羅門蓉子文學創作系列」發表會

在北京大學隆重舉行

由北京大學中國語言文學研究所、清華大學中文系、海南大學、海南日報社、中國社會科學出版社、中國藝術研究院中國文化研究所、《詩探索》編輯部聯合舉辦的羅門蓉子文學創作世界學 術研討會暨《羅門、蓉子文學創作系列》推介禮」，於1995年 12月6日在北京大學賽克勒博物館舉行。

開幕辭　　謝冕

尊敬的蓉子女士，尊敬的羅門先生：

女士們、先生們：

由北京大學中國語言文學研究所、清華大學中文系、海南大學、海南日報社、中國社會科學出版社、中國藝術研究院中國文化研究所、《詩探索》編輯部聯合舉辦的羅門蓉子文學創作座談會暨羅門蓉子創作系列叢書推介禮現在開始。

經這麼多有影響的部門和單位隆重舉行來自海峽對岸作家的創作研討會，以及由大陸出版社出版臺灣詩人總數共八卷的個人系列叢書，可能都是新時期文學的第一次。我們今天的會議因此很可能成爲一個標誌，標誌著阻隔四十餘年之後的兩岸學術文化交流正在走向全面、深入的正常發展的階段。

蓉子女士和羅門先生的創作成就享譽海內外，他們爲中國詩歌和文學付出的貢獻和獲得的榮譽使我們深爲欽佩並感到驕傲。今天能在北京大學舉辦這樣的會議，也使我們深感榮幸。

華夏詩報

1996年1月25日出版 总98期

HUAXIA POETRY 国内外发行

社长：張德昌　　主编：野　曼、向　明、陈绍伟

内统一刊号：CN440104号　暨南大学主办·《华夏诗报》编辑出版

罗门蓉子系列著作研讨会在海峡两岸举行

本报讯 去年正值罗门、蓉子结婚40周年纪念之际，为配合这一喜日，台湾文史哲出版社耗资百万台币出版罗门、蓉子的十二本书，嗣后又由北京社会科学出版社出版罗门、蓉子八本系列书，共出了二十本书。在台北曾于五月十四日举办十二本书的发表研讨会，由林水福、余光中、朱炎、张建、王润华、林绿、黄德伟、林耀德、李瑞腾、罗青、曾永义、尹玲、向明、管管、应平书、张启疆等海内外知名学者与作家分别担任主持人、论文发表人、讲评人与引言人，与会的著名诗人张错、洛夫、痖弦、张默、辛郁、杜十三、罗英和名现代书家张永村、洛贞以及名音乐家李泰祥等艺文人士近百人。

北京也于去年十二月六日为出版的八本系列书，在北京大学举行罗门、蓉子新书发表研讨会。由北京大学中国语言研究所、清华大学中文系、海南大学、中国艺术研究院中国文化研究所、中国社会科学出版社、《诗探索》编辑部与海南日报社共同筹办。会议由北京大学中国语言研究所所长谢冕教授主持，到会有著名诗人学者与批评家邵燕祥、刘湛秋、张同吾、丁国成、朱先树、郑敏、任洪渊、杨匡汉、古继堂、谢冕等六十多人，并宣读与罗门、蓉子作品有关的论文。会后两人并应邀在北大中文系演讲、座谈，又和《诗探索》同仁相互对谈诗与艺术。

罗门、蓉子此次北京之行，确使他俩感到安慰。罗门在致本报信中说：「台湾也常举办诗的活动，我想以后两岸文化交流，仍会不断进行。你们来台的机会是很多的，望能在台湾聚首。」

一九九五年北京中國社會科學出版社首次破例出版「羅門蓉子文學系列書」八冊，並在十二月間由北京大學文學研究所、清華大學中文系、海南大學、中國藝術研究院文化研究所、中國社會科學出版社、《詩探索》編輯部與海南日報等七個單位共同協辦，在北京大學首次召開「羅門蓉子系列書」出版研討會，由北大謝冕教授與海大**周偉民**教授主持，有名學者詩人作家……等數十人出席，會後**我們**接著在該校公開演講與接受專訪。並由大陸長江文藝出版社出討論會論文集《燕園詩旅》。

羅門蓉子文學創作座談會，在北京大學舉行，由北大文學研究所所長謝冕主持開幕禮（左起：北大中文系主任費振剛教授、海南大學前文學院院長周偉民教授、謝冕教授、名詩人鄭敏教授、蓉子、羅門。社會科學出版社社長王俊義教授。）

羅門蓉子会後在北大演講，
接受《詩探索》詩刊社專訪。

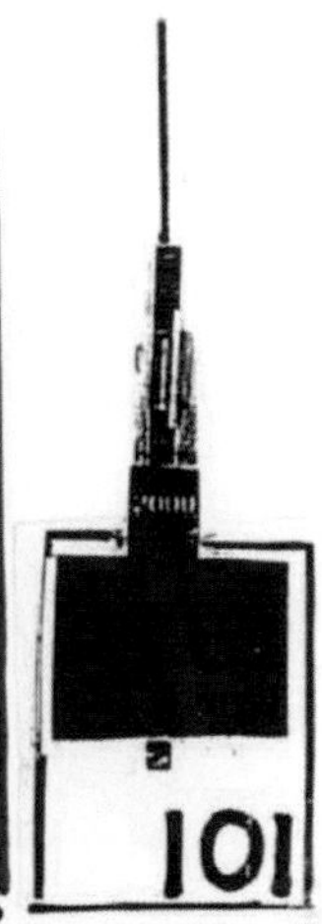

「詩探索」雜誌訪談（[illegible]排右起：北大博士班研究生陳旭、女詩人蓉子、北大博士研究生[illegible]芹、北大博士研究生林祁；後排[illegible]起：社會科學出版社文學室副主任萬小器、詩人羅門、詩人臧棣、首都師大吳思敬教授、評論家劉福春、華中師大周金聲教授）

羅門作品研討會，由青年寫作協會理事長林水福教授主持（左第一位）

□ 羅門蓉子12本系列書出版發表會，由詩人余光中教授主持（右起第三位）、香港大學黃德偉教授（右起第二位）與詩人向明（右起第一位）擔任引言人。

羅門作品研討會，由青年寫作協會理事長林水福教授主持（左第一位）

左起：新加坡大學前文學院院長王潤華教授、台灣大學張健教授、中央大學李瑞騰教授。

□ 羅門蓉子12本系列書出版發表會，由詩人余光中教授主持（右起第三位）、香港大學黃德偉教授（右起第二位）與詩人向明（右起第一位）擔任引言人。

會場開會情形

□ 羅門蓉子和與會的「燈屋」多年老友合照（前排左起：師大林綠教授，後排左起：美加州大學張錯教授、新加坡大學王潤華教授、香港大學黃德偉教授）

左起：詩人林燿德、台大前文學院院長朱炎教授、文化大學尹玲教授。

文史哲出版社耗資百萬出版「羅門・蓉子創作系列書 12 冊在台北國際青年活動中心舉行出書發表研討會（1995 年）

羅門
蓉子

羅門·蓉子文學世界學術研討會
羅門·蓉子文學世界學術研討會
羅門·蓉子文學世界學術研討會
羅門·蓉子文學世界學術研討會
羅門·蓉子文學世界學術研討會
羅門·蓉子文學世界學術研討會
羅門·蓉子文學世界學術研討會
羅門·蓉子文學世界學術研討會
羅門·蓉子文學世界學術研討會
羅門·蓉子文學世界學術研討會

海南大學主辦 8月6日至8月11日

14 文化新聞

民生報　　中華民國八十二年七月三十一日／星期六

海南大學探索羅門、蓉子文學世界

廣邀各國五十餘位學者 進行學術討論

羅門、蓉子夫婦（左二、左三）去年合送個人著作27種愛荷華大學圖書館。　羅門／提供

記者 邱婷／報導

●詩人羅門、蓉子夫婦的文學世界，近幾年引起世界文壇的矚目與重視。繼去年愛荷華國際作家寫作計劃（IWP）邀請兩位詩人赴美國，與世界各國作家進行文學思想的交流後，大陸海南大學8月6日至11日更以「羅門、蓉子的文學世界」為題，邀請各國五十餘位學者舉行學術研討會。

創作質與量均豐的羅門、蓉子，前年一年不僅國內出現三本探討兩人作品的詩論，去年在愛荷華國際作家寫作計劃「作品誦讀發表會」中，亦獲得國際人士一致的好評，其中，羅門的「都市之死」被評為近似艾略特的「荒原」，長詩「觀海」，引起廣大討論，被譽為是一首思想境界廣闊與深遠的好詩。

羅門、蓉子的詩作，各有意趣，且深入宇宙、生命的世界，使他們的詩無論在內涵、節奏方面，都呈現出無限的哲思與光芒。作為一位有獨特「詩眼」的詩人，羅門平時亦投入雕塑、繪畫等藝術領域中，對「後現代主義與超越」主題的論見，在愛荷華發表時更被視為有特殊理念與原創性。在文壇，羅門可說是個異數。

此次，海南大學主動召開「羅門、蓉子的文學世界」研討會，獲邀的學者來自大陸、美國、東南亞、港澳、台灣等，羅門、蓉子除應邀於會議期間在海口市影劇院舉行詩歌朗誦會外，並有23篇學者探討兩人詩作的論文將發表。

·163·

参加“罗门、蓉子的文学世界”学术研讨会学者专家留影

一九九三年八月六日于海南大学

與會代表們造訪羅門童年舊居（文昌縣地泰村）

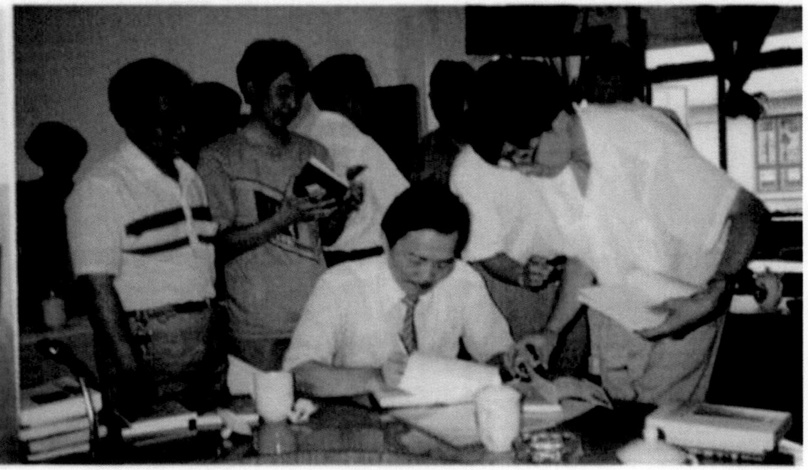

民國八十三年七月六日在成都同步出版「羅門100 首詩賞析」（朱徽教授著）的首發式，羅門蓉子應邀參加，由四川作家協會、四川文藝出版社、四川聯大中文系、四川企業文化促進會合辦，四川作協副主席孫靜軒主持，到老、中、青著名詩人以及學者教授等數十人，羅門蓉子並做專題講演。

羅門蓉子應邀在西安西北大學講演（八十三年七月一日）

羅門蓉子應邀參加由劉夢溪所長所主持的中印
文學研討會（攝於八十三年六月廿五日）

研討會的一些感言　　羅門

由海南師範大學、文聯、作協三個具代表性的藝文學術機構舉辦我與蓉子結婚 55 週年紀念與「60 年詩歌創作研討會」；由兩岸多位著名學者評論家發表論文，給於我們的激勵、評價與肯定，的確使我們感到慶慰，留下難忘的懷憶與感念。

在整個研討過程中，蓉子在評論家的筆下，一直仍呈現她在台灣詩壇60年受重視的「女詩人」風範與「開得最久的菊花」的優雅形象；至於我本人放棄一切專注於詩與藝術，經過長年的漫長努力在這次研討會，也同樣獲得多位學者寶貴的評價，其中特別感到欣慰與榮幸的有兩點：

（1）　以研究我們與余光中、洛夫、鄭愁予獲得博士學位的澳門大學教授區仲桃博士他在論文中認為我們作為「東亞伯朗寧夫婦」已超越聞名世界文學史的「西方伯朗寧夫婦」，創作世界較之更闊廣。

（2）　名評論家黃維梁教授曾說「一千年前海南有個蘇東坡，現代有羅門與蓉子…」此刻台灣師範大學現代文研所中心主任潘麗珠博士在論文中特別將我與蘇東坡的「詩藝世界」對照入古今共感共震相脉動的思維空間，推展我創作同蘇東坡相互應的行蹤視野，此種激賞，同時帶有無限的鼓勵，也的確是特別令我感到高興的事。

此外值得一提的是這次海南的文學之旅，尙有一個喜訊，那就是造「羅門蓉子藝文館」，已決定建造在海南文昌靠近羅門出生的鋪前市新開發區。看來可謂是送給研討會一件可貴的禮品，我們除了內心抱持感謝也深懷感恩。

最後我特別要加以說明的是我創作半紀紀來，曾在愛荷華大學舉辦的世界作家工作室會議上，對一位東歐詩人問我從那裡來，我當時回答他：「我是從台灣、從大陸、從亞洲、非洲、歐洲、從地球、從詩與藝術、從我獨有的「自己」那裡來；由此便也可見我的創作是全然自由開放給台灣，大陸所有華人以及全人類來看。再就是我曾說過 ──

詩人與藝術家絕非在鳥籠鳥店裡看鳥，而是把天空當鳥籠。將遠方飛成一隻不停地飛的鳥。詩人與藝術家也不只是在地圖裡遊走，而更是飛行在永恆無限的時空。

羅門蓉子六十年詩歌創作

研 討 會

主辦單位：海　南　師　範　大　學
　　　　　海南省文學藝術界聯合會
　　　　　海　南　省　作　家　協　會

地　　點：海　南　師　範　大　學

時　　間：2010 年 6 月 18-21 日

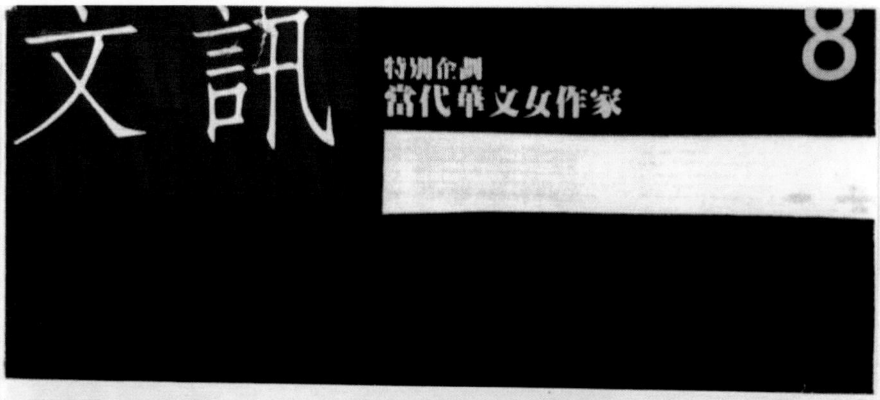

特別企劃
當代
華文女作家
文訊
WEN-HSUN MAGAZINE
革新第7期(總號46期)
中華民國七十二年七月一日創刊
中華民國七十八年八月一日出版
8
文化素養・藝術趣味・生活品質
婦女寫作協

今年六月十八日，由中國婦女寫作協會主辦的「亞洲華文女作
文藝交流會」在台北來來大飯店舉行，會議由婦協值年常務理
蓉子主持，行政院文化建設委員會主任委員郭為藩、執政黨婦
工作會主任委員李鍾桂均蒞臨致詞。作家鍾玲在會中做專題
講題是「台灣女作家在文學史上的地位」。來自港、菲、泰
馬的華文作家何錦玲、施鳴燕、思維、李松分別報告各地華文
作家現況。本刊特別將這些報告集中列出，再加上截小華小姐
有關「海外華文女作家聯誼會」的報導，製作了「當代華文女
家」專輯，期待由此增進各界對亞洲各地華文女作家現況的了
（編者）

（李中桂）

中山大學文學院
院長鍾玲教授

特別企劃
當代華文女作家

超越性別限制，傳達時代聲音
——「亞洲華文女作家文藝交流會」主席致詞
台灣女作家在中國文學史上的地位
香港地區女作家
八十年代的菲華女作家
泰華女作家
馬華女作家

民國七十八年六月蓉子擔任亞洲華文女作家文藝交流會暨婦女寫作協會會員大會主席

超越性別限制，傳達時代聲音

「亞洲華文女作家文藝交流會」主席致詞

蓉子

今天是「中國婦女寫作協會」第廿二屆擴大年會。在日新月異不停變動的社會中，我們也嘗試著突破以往年會的模式，籌劃了這次的「亞洲華文女作家文藝交流會」。希望藉此機會，我們能與海外華文作家姊妹，在友誼上有更密切的聯繫，以促進不同國家地區在文藝上的交流，來分享彼此寶貴的創作經驗並提升婦女作者的形象。

由於籌備時間短促，加上人力物力種種的考慮，我們首先邀請東南亞地區著名的華文女作家前來參加，承她們不遠千里而來，使我們感到光榮和愉快。同時我們也要感謝今天每一位蒞臨的長官貴賓和文友們，由於您的光臨，使我們獲得了最大的鼓舞。

廿多年來（如果加上本會的前身——「台灣省婦女寫作協會」前後已有卅多年的歷史）「婦協」全體姊妹，在工作崗位上所做的努力，雖不敢說對文藝有舉足輕重的貢獻；但卻也是推動文藝工作的一股不可忽視的力量，尤其在即將迎向廿一世紀的今天，大家都已首肯，在推動國家與社會進步方面，婦女與男性，具有同樣的責任與才能，創造的智慧和時代所賦予她們的使命。正如不久前一位婦女領袖所說：「推動搖籃的手，也應該是一雙推動時代的手」。時代急速變動，經濟發展有成，很多人遂一味追求官能的滿足而卻心靈空虛，精神生活低落，需要我們從事文藝工作的人，來做精神上的「環保」工作——用我們的筆來大力提升和淨化已遭物慾汙染了的社會和人心。也許這不祇是某個地區的問題，而是科技物質文明極受發達後整個時代的病症。為此，我們在此舉辦「亞洲地區華文女作家文藝交流會」——雖是小小規模，卻有著重大意義和期許的，希望不論遠近，從此我輩緊密地攜起手來，抓住時代的脈動，在生活的原野上，開創更加遼闊的天空，開拓出深刻寬廣而繁複的新的境界，超越自己的性別限制，傳達出時代的巨大聲音。▲▲

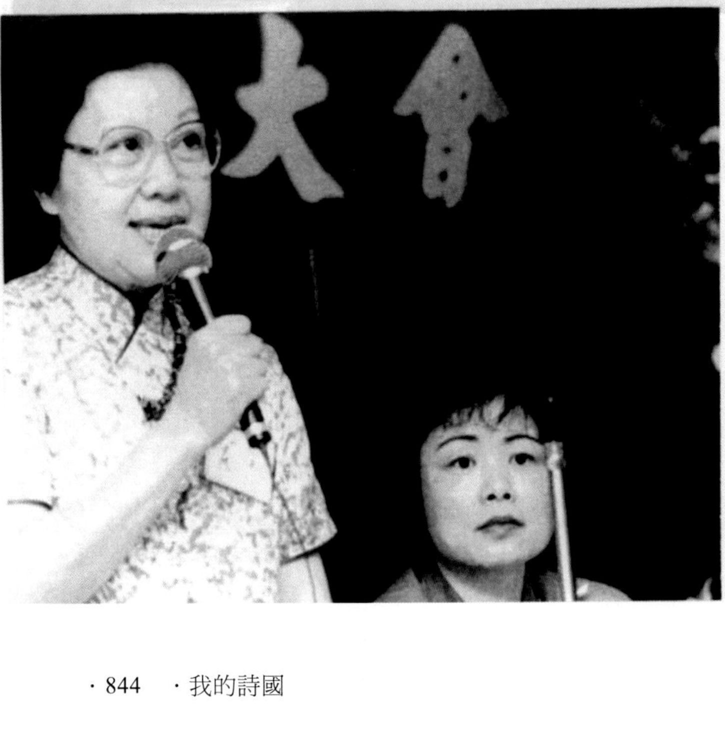

台灣國立文學館 2007年舉行文學作品首屆收藏展
蓉子應邀在開幕禮上代表剪彩和致詞

THE INTERNATIONAL
SHAKESPEARE

25th November 2009

Director General

Editor-In-Chief

The Epoch Poetry Quarterly
創世紀
詩雜誌
·163期·2010年6月·夏季號·

·高利克主講「台灣當代女詩人蓉子與聖經」

2010 年 3 月 30 日下午，漢學研究中心特假台北國家圖書館 188 會議室，由斯洛伐克科學院東亞研究中心高利克（Marian Galik）教授主講「台灣當代女詩人蓉子與聖經」，並特邀張漢良教授擔任主持人。高利克對蓉子的詩十分推崇，並以實例為證，獲得在場參與者多次熱烈的掌聲。

按：高利克為「布拉格漢學學派」代表人物之一，他一直致力於中西文學的比較研究，特別是在中國現代文學的研究領域取得了重要的成就。著有《中國現代文學批評發生史》、《中西文學關係的里程碑》（均有中文本），已獲得國際漢學界的肯定。

蓉子榮獲瑞典寄贈的「英國國際莎士比亞獎」此為獎牌照片，於 2009 年 11 月頒發。

高利克（中）與蓉子（左）、張漢良（右）在現場留影。（蓉子提供）

詩人藝術家與尖端科學家
1985 藝展與專題演講

雷射藝術特展
LASER ART EXHIBITION

雷射・藝術・生活
LASER・ART・LIFE

雷射發明25週年誌慶
系列專題講座
SYMPOSIUM

演講者簡介

／石大成博士
行政院國科會光電小組執行祕書

／蘇瑞屏女士
台北市立美術館　館長

／劉海北博士
雲石光電科技股份有限公司總經理

／胡錦標博士
國立台灣大學機械系教授
國立台灣大學慶齡工業研究中心主任

／張榮森博士
行政院國科會光電小組研究員

／羅　門先生
中國當代十大詩人・專業作家

雷射藝術特展
臺北市立美術館／

展出日期：民國七十四年四月四日
專題演講於本館視聽室，

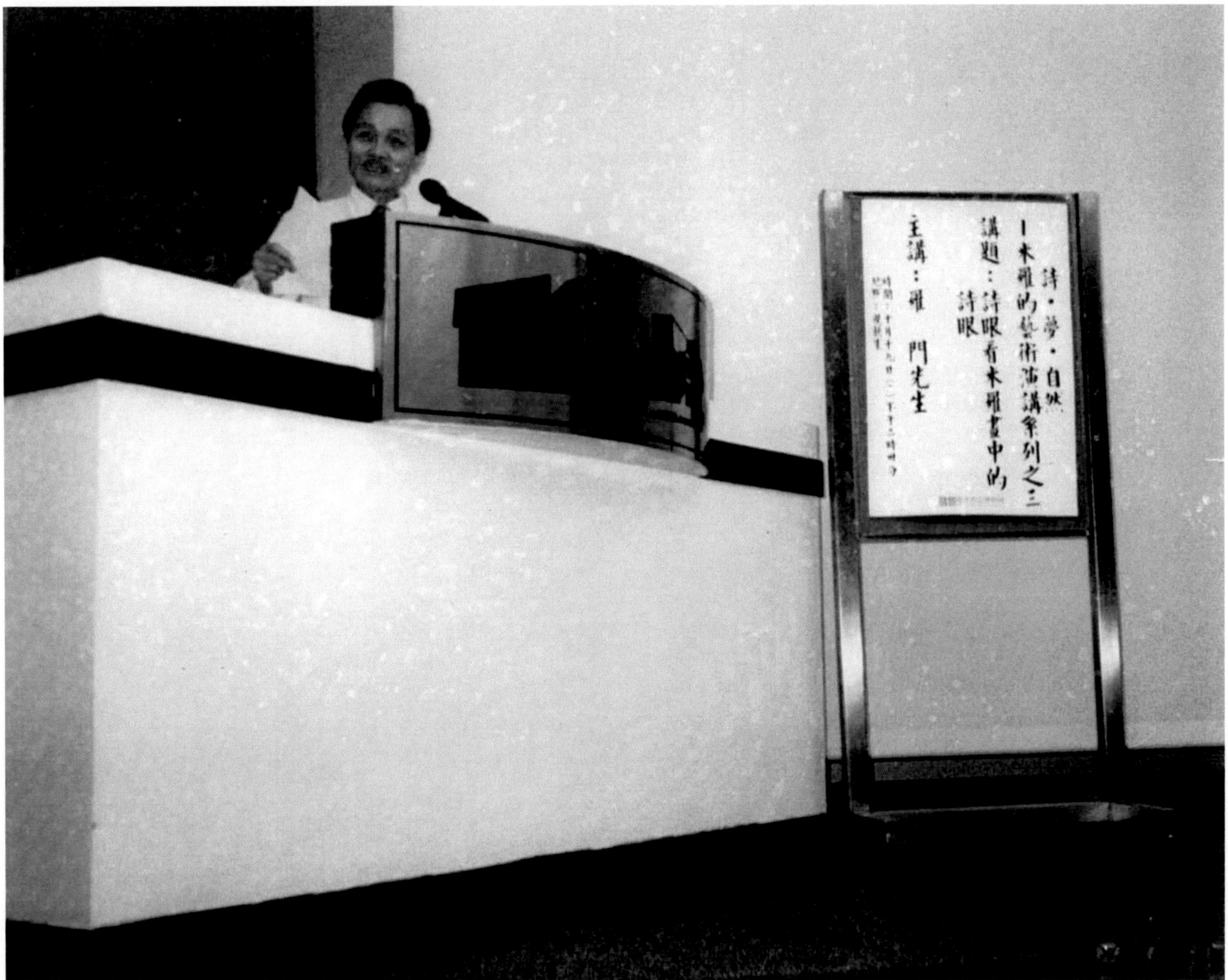

民國八十年十月間，配合國際大師米羅作品在臺北市立美術館展出，
羅門特邀在該館做專題演講

羅門先生：

很榮幸請到您！

「文學與社會」專題講座

時間：每週一下午3:00－5:00　　聯絡老師：張靄珠

地點：國立交通大學光復校區

工程三館~~015~~教室

課程：1011　122

台灣的社會在一連串解嚴、解禁措施後，正面臨著無數的變數，也呈現出嶄新的風貌，往多元化發展。在這新舊交替的轉捩點，誠如英國文豪狄更斯所言：「這是最好的時代，也是最壞的時代。」爲了從多種不同的角度，捕捉社會、政治、與文化的變遷，藉以增廣同學們對自身的內在心靈，以及外在客觀環境的認識，更進而掌握新的契機，我們特地邀請十位在各項領域內有實際成就的人士，分別作專題演講。他們都參與了社會、政治，與文化風雲的締造，並產生了具體而深遠的影響。他們經由系統的專業知識，配合實際經驗，將爲同學們回顧過去、剖析現在、預測未來。

演講日期及講題排定如下：

2月27日	朱高正	國會運作與大衆傳播媒體的互動性
3月 6 日	陳映眞	鄉土文學論戰的回顧
3月13日	羅　門	心靈的饗宴－現代詩與現代藝術的關連性
3月20日	阮義忠	如何經由攝影，反映對台灣土地和人民的愛
4月24日	詹宏志	台灣社會未來的新趨勢
5月 1 日	楊憲宏	創作者面臨的困境－文學創作的哲學意涵
5月 8 日	高信疆	思潮與文風－台灣廿年現象側記
5月22日	李　濤	哈哈鏡中的眞實－「李濤寓言」如何反映變遷中的社會

王文興、馬以工：講題及日期未定

坐車在新竹交大或清大站下，坐計程車（約60元至70元）到交大新校區（光復校區），我2:45在大門恭候。如果早到，歡迎來新生館 Rm 331 歇歇腳，喝杯茶

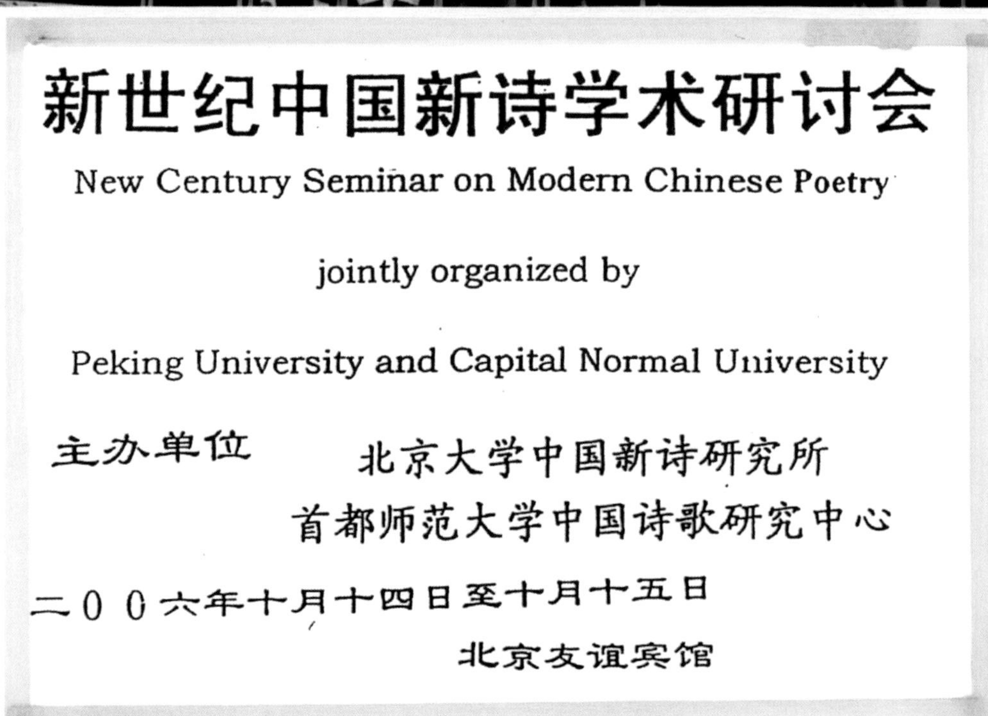
新世纪中国新诗学术研讨会

New Century Seminar on Modern Chinese Poetry

jointly organized by

Peking University and Capital Normal University

主办单位　　北京大学中国新诗研究所
首都师范大学中国诗歌研究中心

二００六年十月十四日至十月十五日

北京友谊宾馆

新世纪中国新诗学术研讨会

New Century Seminar on Modern Chinese Poetry

主办单位 北京大学中国新诗研究所
首都师范大学中国诗歌研究中心

上午：9:00—11:50 开幕式暨大会发言
地点：北京大学勺园7号楼2楼多功能厅
主持人：谢　冕
致开幕词：孙玉石
赵敏俐
发言人：屠　岸
洛　夫
余光中
罗　门
郭　枫
邵燕祥 2006.10.14.

"中国诗歌高端论坛"开坛仪式
暨"台湾诗坛大家罗门先生专题演讲"
演讲题目：诗与艺术深层世界的探索
主办单位 北京师范大学
时间：2006年10月16日 晚7：00—9：
地点：北京师范大学文学院励耘学术报告厅

清華大學 基础研究基金项目

“跨文化交际能力与21世纪的人材培养”系列讲座之五

台灣著名詩人伉儷

时间：2004年6月14日（周一）16：00

地点：图书馆报告厅（新馆入口对面）

羅門

詩與藝术對人類的永恒價值

罗门，1928年出生，海南省文昌县人。
曾被名评论家在文章中称为“重量级诗人”，“大师级诗人”，“现代诗人的守护神”，“战争诗的巨辈”，“都市诗之父”以及“知性派的思想型诗人”与“诗人中的诗人”……曾获蓝星诗奖，诗联会诗奖，教育部诗教奖，中国时报文学奖，中山文学奖，《麦坚利堡》获菲总统大授勋章，与蓉子获“大会文学伉俪奖”。除诗创作外，尚写《艺评》，有“台湾阿波里奈尔”之称。

蓉子

詩中的感情世界

蓉子，江苏人，五十年代初正式走上诗坛，出版诗集《青鸟集》（第一本女诗人专集），《七月的南方》，《维纳丽沙组曲》，《这一站不到神话》，《黑海上的晨曦》（一九九七）和《水流花放》（一九九八年）等十六种诗的单行本。有诗坛“永远的青鸟”之誉。

主办：清华大学外国语言文学系

协办：清华大学新闻与传播学院

请柬
INVITATION
中国现代文学馆
中国现代文学馆
现代文人墨缘展
2007 年 9 月 26 日上午 10 点
地　点：中国现代文学馆 B 座展厅

我與蓉子至為榮幸應邀以現代詩人參加北京中國現代文學館在該館2007年9月26日舉辦前輩詩書大師于右任與劉延濤現代文人墨緣展」此次尚有多位前輩名家參與展出,包括有胡適・羅家倫・梁實秋・臺靜農・雷震・郁達夫・溥心畬.毛子水・余承堯....等人

蒙張將會會長陸炳文籌辦的厚愛與推介;我與蓉子在開幕禮除擔任剪彩,我尚應邀致詞.同時在展出我書寫的詩作〈門的聯想」、蓉子書寫的詩作〈一朵青蓮〉之外,我的詩作〈天地線是宇宙最後的一根弦〉也被該館收藏,是台灣現代詩人被北京中國現代文學館收藏的第一幅現代詩書寫,留下一些創作記憶.

于右任　刘延涛等现代文人墨缘展

时　间：2007 年 9 月 26 日上午 10 点

地　点：中国现代文学馆 B 座展厅

主持人：周明先生

开幕式议程

一、宣布开展；

二、介绍嘉宾；

三、中国现代文学馆常务副馆长李荣胜致词；

四、台北市中华粥会会长陆炳文先生致辞并向文学馆赠送

李荣胜常务副馆长代表文学馆接受礼品并回赠礼品和证书。

五、台湾著名诗人罗门先生致辞并赠送诗作；

李荣胜常务副馆长代表文学馆接受礼品并回赠礼品和证书。

于右任 · 刘延涛 · 现代文

于右任 · 刘延涛 · 现代文人墨缘展
天地線是宇宙最後的一根弦

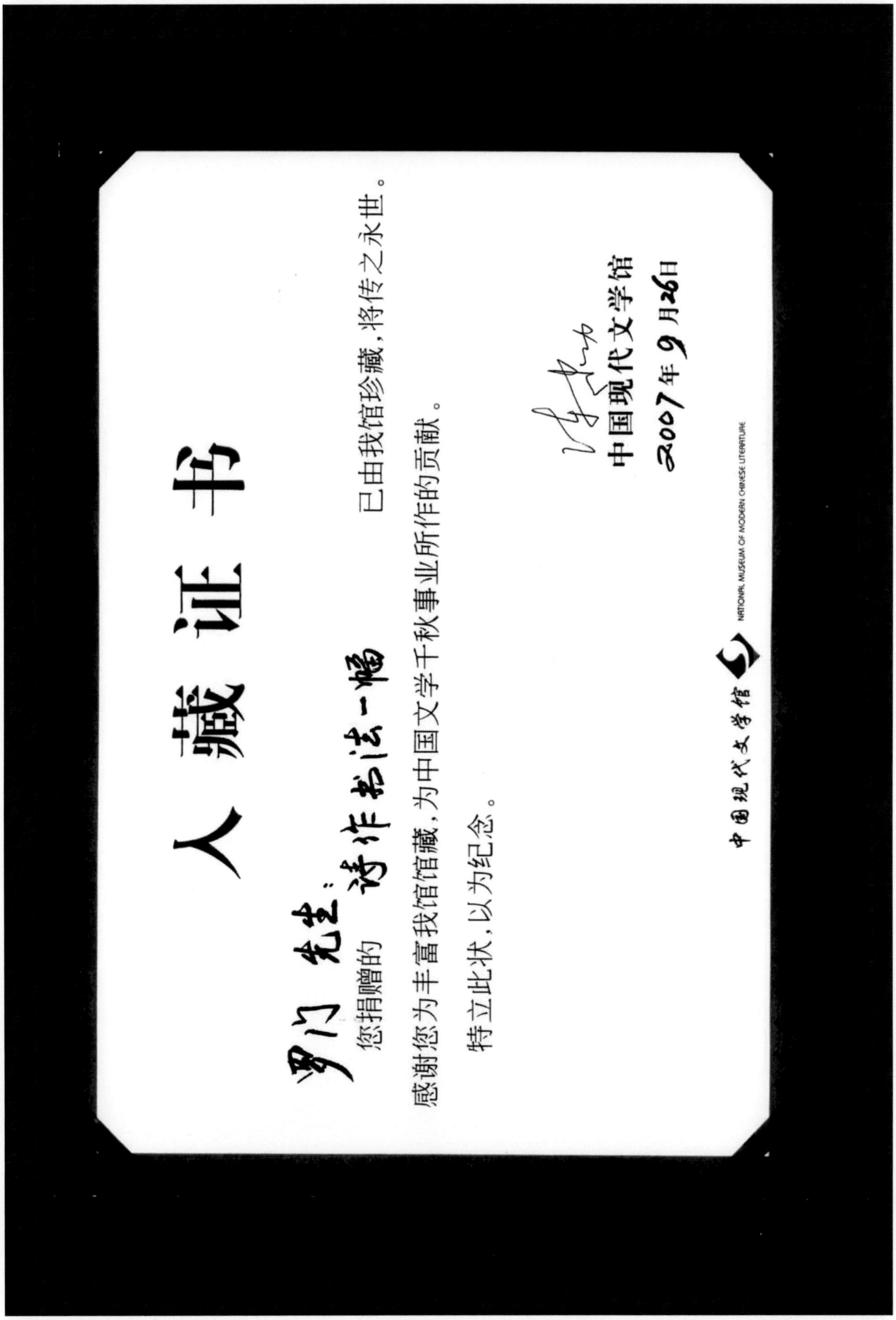

入藏证书

罗门 先生：

您捐赠的 诗作书法一幅 已由我馆珍藏，将传之永世。

感谢您为丰富我馆馆藏，为中国文学千秋事业所作的贡献。

特立此状，以为纪念。

中国现代文学馆

2007年9月26日

中国现代文学馆 NATIONAL MUSEUM OF MODERN CHINESE LITERATURE

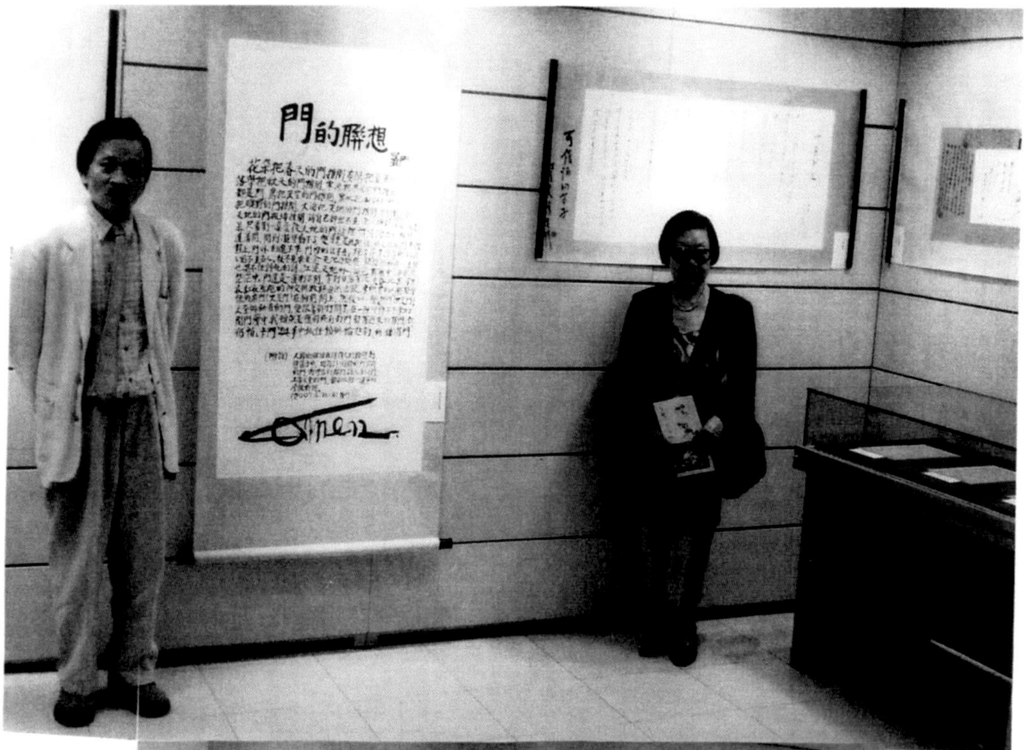
門的聯想

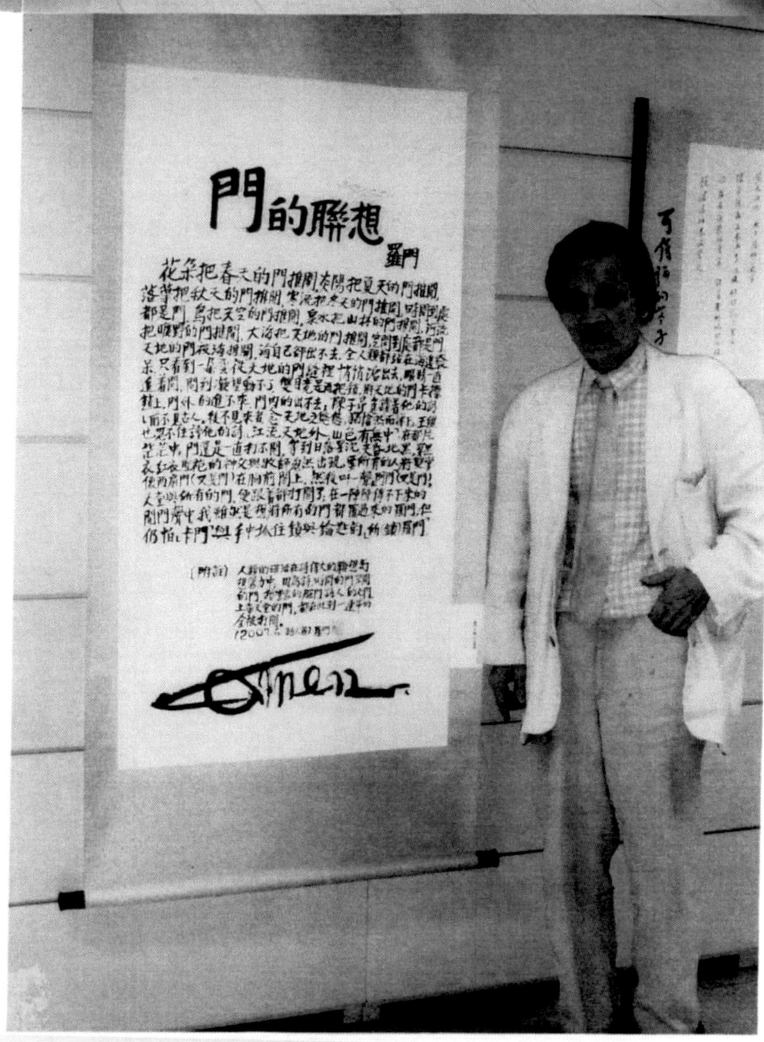
門的聯想
羅門

首屆 黃山·歸園 國際詩歌節

兩岸詩人主題詩會

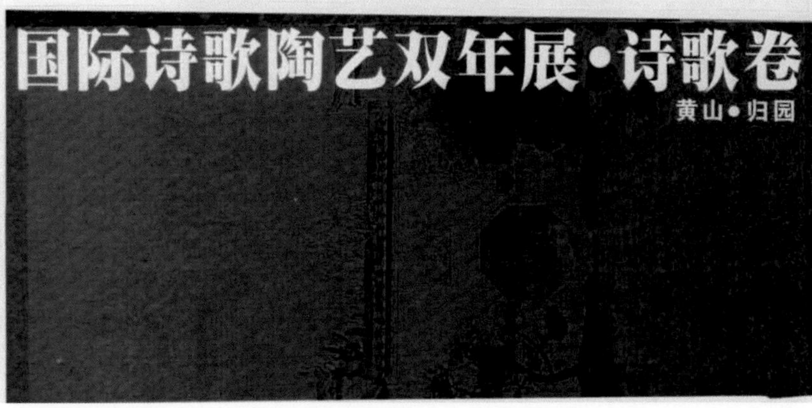

文學人　革新版 第四期 (總17期)
二〇〇三年五月四日創刊
二〇〇九年二月四日出刊

国际诗歌陶艺双年展·诗歌卷
黃山●归园

詩歌在黃山上燦亮　高山月

首屆黃山歸園國際詩歌陶藝雙年展紀實(摘錄)

国际诗歌陶艺双年展
诗歌卷
黃山●归园

邀請函於9月初發出，台灣方面請白靈幫忙約請，時間敲定在12月5日至12月11日。老詩人們覺得氣候太冷，紛紛婉拒，但仍有羅門、管管、鄭愁予三位前輩詩人前往，另有汪啟疆、落蒂、蕭蕭、德亮、白靈、林文義、詹澈、夏婉雲及羅任玲等中生代和新生代前往。

晚上朗誦詩會開始，由蘇州企業家聶聖哲主持。聶總風趣幽默，是絕佳的主持人，讓整個朗誦會熱鬧異常。羅門不但朗誦他的刻在地球上最大石頭的長詩「觀海」，還可以背誦他的名作「麥堅利堡」，令人嘆為觀止。

朗誦會之外，就是遊覽當地名勝，如西遞、宏村、牌坊群、老街等，黃山更是必上的景點。剛下完大雪的黃山，松樹間彷彿開著白花，煞是好看。當天溫度雖低，但出了太陽，能見度極佳，詩人們仔細的觀賞了光明頂、飛來石、始信峰、臥雲峰等奇景，羅門老當益壯，一馬當先，令人佩服・・・(摘錄)

〔註〕作者高山明(夏婉雲)

特別報導 ❶

黃山・歸園兩岸詩歌會

詩報　季刊　復刊第11期

台灣新詩人十餘家
應邀參加「黃山兩岸詩歌會」

台灣新詩人羅門、管管、鄭愁予、汪啟疆、蕭蕭、落蒂、德亮、白靈、夏婉雲、林文義、詹澈、潘郁琦、羅任玲等十餘家，應大陸黃山歸園主人周墻之邀，曾聯袂於二〇〇八年十二月六－十一日赴黃山，參加兩岸詩歌盛會，除誦詩，爬黃山光明頂，在宏村散步，並遊訪蘇州園林。此行收穫豐碩，羅門、管管、鄭愁予三家榮獲終身成就獎。大陸詩評家沈奇、趙野、聶造等人出力尤多。

創世紀
《創世紀》158期（2009年3月）
• 卷前特輯：黃山詩會剪影
• 黃山詩會小輯：羅門、白靈、蕭蕭、羅任玲等十三家詩作。

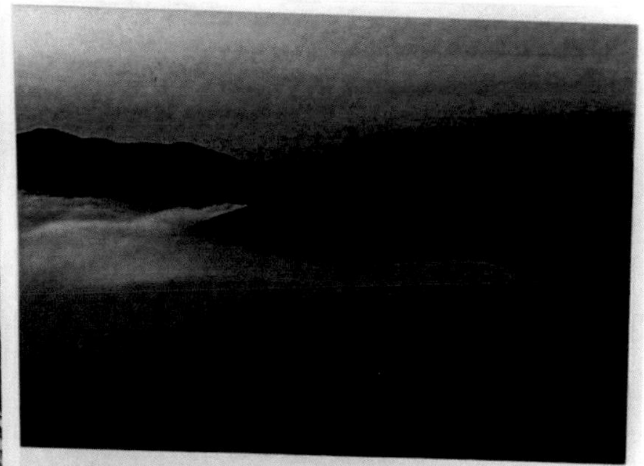

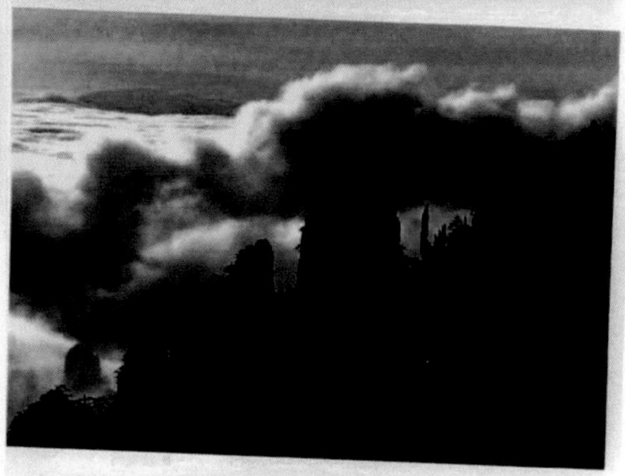

〔註〕此次黃山的詩會，除獲得主辦單位頒給「終身成就獎」，更為滿意的，是了我登黃山的心願。登山隊中，我是年齡最長者，但爬「光明峯」「始信峯」兩個高峯，我都是第一個到達山頂，第一個下山，超出我的想像，行走的高山路近6個小時。

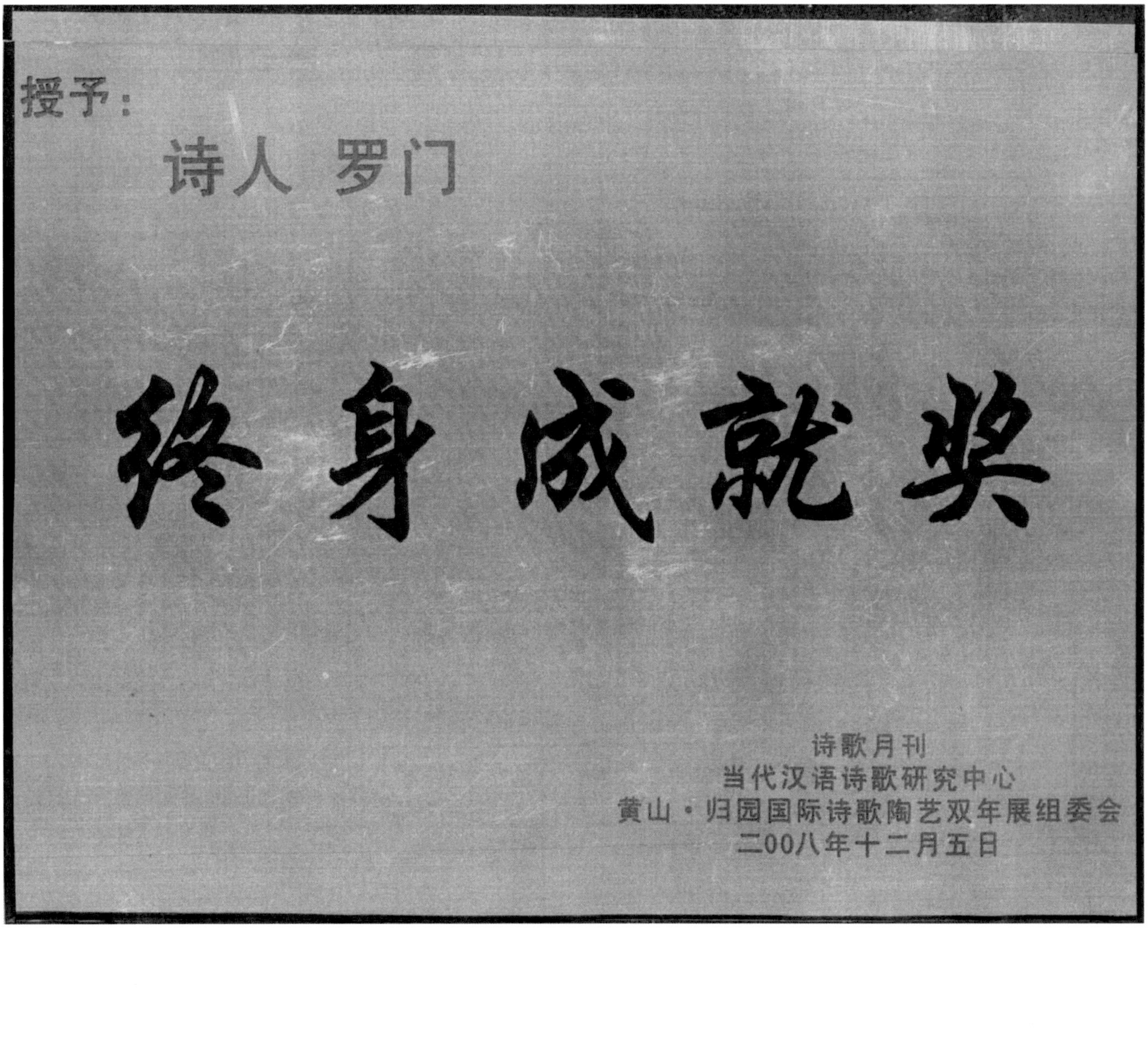

授予：

诗人 罗门

终身成就奖

诗歌月刊
当代汉语诗歌研究中心
黄山·归园国际诗歌陶艺双年展组委会
二00八年十二月五日

二〇〇八年

結婚53週年紀念

詩的歲月

——四月十四日難忘的這一天

我們在海南也是在地球上留下自己存在的著落點——

這三個點並構成一「詩意的慶祝三角形」

●海南大學新圖書館廣場設置『羅門蓉子詩園——東亞 勃朗寧夫婦』石碑。

●羅門《觀海》一百多行長詩 刻在海南甲級觀光區巨石上。

●在地球上創作三件中的第二件詩的藝術作品「圖象燈屋」正式在海南落成。

由海南大學「歷史文化研究基地」、「海南大學人文傳播學院」、「海南詩社」、「海南作家協會」共同舉行「羅門蓉子詩歌藝術活動週」開幕禮.

羅門蓉子詩園
於2008年4月14日
(結婚53週年紀念日)
在海南大學
圖書館新館廣場
落成揭幕儀式

海南大學新圖書館廣場設置石牌刻上『羅門蓉子詩園—東亞勃朗寧夫婦詩人』，並舉行揭幕禮。

罗门蓉子诗园揭幕仪式
羅門蓉子詩園

羅門《創作大系》——「自然詩」中的重要作品《觀海》

一百多行長詩，刻在海南的甲級觀光區，也是刻在地球

一個美麗的天涯海角。揭幕禮

〔註〕

經查詢多位教中西文學的學者教授，都認爲此詩很可能是古今中外詩人刻寫在地球巨石上最長的一首詩。如此，或許也可稱是詩世界的一項「金氏紀錄」。

又：此詩曾翻譯入外文詩選；曾在愛荷華大學國際作家工作室（IWP）作品發表會上以及海內外不少大專院校與藝文活動場所多次朗誦。再就是台灣著名、前衛與具世界水準的現代畫家張永村讀了「觀海」，引發靈感，曾畫下具震撼性的巨幅大畫「墨海」，獲得台北市立美術館現代繪畫大獎。

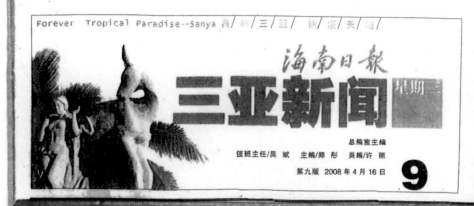

Forever Tropical Paradise--Sanya 美/丽/三/亚/ 浪/漫/天/涯/

海南日报
三亚新闻 星期三
总编室主编
值班主任/吴 斌 主编/郑 彤 美编/许 丽
第九版 2008年4月16日 9

给大海的诗要留在最美的三亚

罗门《观海》刻上大小洞天景区巨石

“饮尽一条条江河 你醉成满天风浪 浪是花瓣……”正午时分，一位耄耋老者面对沧海，真情吟诵出他那大海般的博大情怀，也传达出他对三亚的真挚情感。今天，第二次造访三亚洞天奇观的台湾著名诗人罗门如愿以偿——他最喜爱的《观海》诗镌刻在了南中国海边的巨石上。

在大小洞天景区小月湾，一块巨石面向东方的大海，罗门长达100行的《观海》诗就镌刻在这块天然之石上。

海天一色，清风迎面吹来。老人激动地说，现代和后现代文明已经将人们与自然隔离得太久。远离了原来生活的第一自然，人们很难体会到“花朵盛开推开天空与大地”的安详，而现代人正在高楼和红绿灯的围剿中喘息。

《观海》凝聚了罗门多年创作精华与艺术情感，诗中蕴含的恢宏气势与惊天才气生动展现了海的博大。上个月，罗门第一次来到大小洞天景区时，美丽的景色令老人赞不绝口。面对山海相融的奇观，老人兴致高涨，欣然将《观海》赠与景区。

“这是我最得意的自然诗。这首诗要给三亚的海看，要给永恒看，给时空看。这是我献给三亚的最美好的礼物。”

站在礁石上，面对一望无际的南中国海，罗门牵着妻子蓉子的手感慨万千。罗门说，台湾是他的“养母”，而海南是他最亲的“生母”，他要把最美的东西留在海南。

罗门的好友，台湾诗人管管也陪同罗门夫妇造访天涯。看到琼崖美景，老人无尽感慨。老人说，他的祖籍在山东青岛，这次回大陆是他最为高兴的一次。在新的形势下，两岸的联系将更加紧密，而文学界的交流也将更加频繁。老人说，他将和罗门夫妇一道，为祖国创作出更美的诗歌来。

本报记者 张谯星 通讯员 宋美琴

（本报三亚4月15日电）

给大海的诗留在最美的三亚

罗门《观海》刻上大小洞天景区巨石

“饮尽一条条江河 你醉成满天风浪 浪是花瓣……”正午时分，一位耄耋老者面对沧海，真情吟诵出他那大海般的博大情怀，也传达出他对三亚的真挚情感。今天，第二次造访三亚洞天奇观的台湾著名诗人罗门如愿以偿——他最喜爱的《观海》诗镌刻在了南中国海边的巨石上。

在大小洞天景区小月湾，一块巨石面向东方的大海，罗门长达100行的《观海》诗就镌刻在这块天然之石上。

海天一色，清风迎面吹来。老人激动地说，现代和后现代文明已经将人们与自然隔离得太久。远离了原来生活的第一自然，人们很难体会到“花朵盛开推开天空与大地”的安详，而现代人正在高楼和红绿灯的围剿中喘息。

《观海》凝聚了罗门多年创作精华与艺术情感，诗中蕴含的恢宏气势与惊天才气生动展现了海的博大。上个月，罗门第一次来到大小洞天景区时，美丽的景色令老人赞不绝口。面对山海相融的奇观，老人兴致高涨，欣然将《观海》赠与景区。

“这是我最得意的自然诗。这首诗要给三亚的海看，要给永恒看，给时空看。这是我献给三亚的最美好的礼物。”

站在礁石上，面对一望无际的南中国海，罗门牵着妻子蓉子的手感慨万千。罗门说，台湾是他的“养母”，而海南是他最亲的“生母”，他要把最美的东西留在海南。

罗门的好友，台湾诗人管管也陪同罗门夫妇造访天涯。看到琼崖美景，老人无尽感慨。老人说，他的祖籍在山东青岛，这次回大陆是他最为高兴的一次。在新的形势下，两岸的联系将更加紧密，而文学界的交流也将更加频繁。老人说，他将和罗门夫妇一道，为祖国创作出更美的诗歌来。

本报记者 张谯星 通讯员 宋美琴

（本报三亚4月15日电）

湾著名诗人罗门先生《观海》诗刻在大小洞天落成揭幕

先进文化是『国际旅游岛』的核心、翅膀！

海南詩文學

主　办：海南诗社　协办：海南海汽运输集团有限公司

理事长：王明英　总编辑：邝海星　副总编辑：吴云汉　伍鼎锐　陆圣存

琼内准印字 B014 号　第 61 期(总第 96 期)　2009.4.13

喜讯

本刊讯 由于海南诗社为海南诗歌的发展作出一定贡献，海南省委宣传部近日给海南诗社奖励贰万元。消息传来，海南诗社成员无不深为激动。海南诗社一九八四年成立至今二十五年，为发现、培养诗文作者，并同国内外文学界交流，创办了《海南诗文学》(原《诗文学报》)，已出版总九十六期，获得各界好评。

二十多年来，出版《海南诗文学》的经费都是诗社领导层奔波自筹，加上工作人员的无偿劳作，能坚持到今天非常艰苦。如今获得宣传文化部门领导的认可给予奖励，是个很大的鼓舞。海南诗社的同仁们，决心继续创作出高质量的诗文作品，把海南诗社办得更好，把《海南诗文学》的质量提得更高，为建设文明和谐的社会作出新的贡献。

(雁　飞)

前　言

最近，海南省委、省政府决定在海南岛建设"国际旅游岛"，各类媒体也进行大量的报导。这于海南、全国乃至全世界都是件好事。"国际旅游岛"一时成为街头巷尾谈论的话题。前不久，三亚市五星级旅游区"大小洞天"将海南籍台湾著名诗人罗门的长诗《观海》刻在该景区的巨石上，使该景区增添了文化元素。这于建设"国际旅游岛"也是一份不轻的献礼。为此，本刊特发表罗门的长诗《观海》以及相关诗人、评论家的诗文，让读者对罗门其人其诗有进一步的了解。

观　海

——给所有具自由与超越心境的智慧创造者

○罗　门

饮尽一条条江河
你醉成满天风浪
浪是花瓣　大地能不缤纷
浪是翅膀　天空能不飞翔
浪波动起伏　群山能不心跳
浪来浪去　浪去浪来
你吞进一颗颗落日
　吐出朵朵旭阳

总是发光的明天
总是弦音琴声回响的远方
千里江河是你的手
握山顶的雪林野的花而来
带来一路的风景
其中最美最耐看的
到后来都不是风景
而是开在你额上
　那朵永不凋的空寂
听不见的　都已听见
看不见的　都已看见
到不了的　都已进来
你就这样成为那种
　无限的壮阔与圆满
　　　满满的阳光
　　　满满的月色
　　　满满的浪声
　　　满满的帆影
究竟那条水平线
　能拦你在何处
压抑不了那激动时
你总是狂风暴雨

　　千波万浪
把山崖上的巨石　一块块击开
　放出那些被禁锢的阳光与河流
其实你遇上什么
　都放开手顺它
任以那一种样子　静静躺下不管
你仍是那悠悠而流的忘川
浮风平浪静花开鸟鸣的三月而去
　　　　　　去无踪
　　　　　　来也无踪
既然来处也是去处
　去处也是来处
那么去与不去
你都在不停的走
从水平线里走出去
从水平线外走回来
你美丽的侧身
　已分不出是闪现的晨曦
　　还是斜过去的夕阳
任日月问过来问过去
你那张浮在波光与烟雨中的脸
一直是刻不上字的钟面
　　能记起什么来

如果真的有什么来过
风浪都把它留在岩壁上
　留成岁月最初的样子
　　时间最初的样子
苍茫若能探视出一切的初貌
那纯粹的摆动
那永不休止的澎湃
它便是钟表的心
　　时空的心
也是你的心
　你收藏日月风雨江河的心
　你填满千万座深渊的心
　你被冰与火焚烧蓝透了的心
任雾色夜色一层层涂过来
任太阳将所有的油彩倒下来
任满天烽火猛然的扫过来
任炮管把血浆不停的灌下来
　都更变不了你那蓝色的顽强
　　　　　蓝色的深沉
　　　　　蓝色的凝望
即使望到那缕烟被远方
　　　　拉断了
所有流落的眼睛

　都望回那条水平线上
仍望不出你那只独目
　在望着那一种乡愁
仍看不出你那只独轮
　　究竟已到了那里
从漫长的白昼
　到茫茫的昏暮
若能凯旋回来
　便伴着月归
星夜是你的冠冕
众星绕冠转
那高无比的壮丽与辉煌
使灯火烟火炮火亮到半空
　　都转了回来
而你一直攀登到光的峰顶
将自己高举成次日的黎明
让所有的门窗都开向你
　　　天空都自由向你
　　　大地都辽阔向你
　　　河都流向你
　　　鸟都飞向你
　　　花都芬芳向你
　　　果都甜美向你
　　　风景都看向你
　　　无论你坐成山
　　　　或躺成原野
　　　　　走动成江河
　　　无论你是醒是睡
只要那朵云浮过来
你便飘得比永恒还远

文学评论

海之无极

——读罗门的《观海》

○黄辛力(青年诗评家)

海之美丽、之壮阔、之丰富、之力量，无穷无尽。海，令人神往，令人倾情，令人扬思，令人生发高邈的想象。她是一种极致的境界，一种丰厚的情愫，一种至高的精神。亘古至今，谁人能阅尽海，穷尽海？一句话，海是无极的。近闻，海南欲创建"国际旅游岛"，这乃恩泽岛民及后代的善举。然，我们不能忽视"海"这个大字，这是一篇让人可以发挥得淋漓尽致的大文章。因关注海岛政治，关注生存现状，故近来对有关海的诗文尤为兴趣。又因前不久琼籍台湾诗人罗门的《观海》被刻在三亚市五星级旅游景点"大小洞天"的石头上，故罗门的《观海》，自然而然的走进了我的视野。

我在拙作《敞开灵肉之门》中，曾把"海"作为罗门诗歌中的关键词，并有这样的评说："台湾和海南周遭都有苍苍茫茫，浩浩荡荡的大海，两地的地缘和政治的特殊化，又赋予'海'更为深刻的内涵。而海南是罗门的'生母'，台湾是他的'养母'，因此他对海更有特殊的感情。'海'也便成为他诗中重要的意象……当然，罗门笔下的'海'，不仅是自然形态的'海'，它更多时候是生命的、社会的、世界的，是纵深的、辽阔的。它既有诗人人生的情感，也有诗人思想的标高。既有深沉的地域情结，也有宽阔的世界胸怀及开放性的视野，这就使罗门的诗显现出大气、大度，深度、力度及高度。罗门是辽阔、纵深的艺术海洋中凸起的诗岛。"我想，罗门的《观海》同样体现出这样一种气度和极致。在罗门看来，海是美丽而又包容一切的："饮尽一条条江河/你醉成满天的风浪/浪是花瓣　大地能不缤纷/浪是翅膀　天空能不飞翔/浪波动起伏　群山能不心跳/浪来浪去　浪去浪来/你吞进以颗颗落日/吐出朵朵旭阳""其中最美最耐看的/到后来都不是风景/而是开在你额头上/那朵永不凋的空寂"。好一个"永不凋的空寂"，它不仅道出了海永恒的美丽，美丽的不平凡，也隐喻了美丽的生命永远的鲜活，如同作者在后记里所说的："海的额头最好看，看久了，会看到罗素与爱因斯坦的额头"。诗人充分调动多种手段，把海的无限与壮阔置之于茫茫宇宙中，让读者感知到宇宙的无穷奥妙，世界的多姿多彩，及人生的多变、生命规律，充满着深厚的哲学思考："其实你遇上什么/都放开顺它/任以那一种样子　静静躺下不管/你仍是那悠悠而流的忘川/浮风平浪静花开鸟鸣的三月而去/去无踪/来也无踪"。而诗人笔下的海的"壮阔"与"无限"更多的是灌输一种自由的生命意识，一种于激荡中心处宁静的自由意识："让所有的门窗都开向你/天空都自由向你/大地都辽阔向你/河都流向你/鸟都飞向你/花都芬芳向你/果都甜美向你/无论你坐成山/或躺成原野/走动成江河/无论你是睡是醒/只要那朵云浮过来/你便飘得比永恒还远"。这是诗人精神上一种崇高的渴求，也是其苦苦追寻的境界。

人的生命是有限的，而艺术生命乃至人的精神、思想是无限的。罗门以无极的海，告知人们，艺术之海，精神之海也是无极的。人们只有在生命之海中，让精神与思想自由飞翔，才能飞往无极的境界里。

罗门先生在三亚大小洞天《观海》长诗镌刻落成揭幕仪式上讲话

著名诗人罗门、蓉子伉俪邀约海南诗人、文友在镌刻《观海》长诗巨石旁留影。右起：罗门、蓉子、王燕飞、邝海星、文永飞

大海·青鸟

——献给诗人罗门、蓉子

○韩秀仪

你的呼吸煽动了大海
我感觉到了
我感觉到了大海深层的涌动
它冲开情感的闸门
掀起了缤纷的浪花
义无反顾
追逐翱翔在云海间
那圣洁的青鸟

大海，孕育了诗的生命
——生命的诗
那座将日月星辰汇聚的"灯屋"
是海上诗的灯塔
诗人心血的凝聚
真爱的烈焰
为宏扬文化的精粹
捍卫艺术的尊严
你带着原始的冲动
将诗升华到极致

那高飞、低旋的青鸟
见证了大海的深邃
在贝多芬的乐声中
急拍着天使的双翅
毅然投入诗的怀抱
驾驭性灵穿越时空
与大海化作永恒

庆贺罗门、蓉子八十华诞及半世纪金婚纪念，2008 年 4 月 14 日于海南嘉泰酒家欢宴，即兴赠诗。

听罗门给蓉子唱情歌

○蔡　旭

这支用英文唱的歌，用不着翻译。

这支贝多芬原唱的情歌，超越了国界与语种，突破了时空。

诗的交杯酒喝了整整 53 年了，这对"东方勃朗宁夫妇"，这对"世界诗人大会杰出文学伉俪"，又难得地用音符传递他们的心声。

暂别了"养母"台湾，重见到"生母"海南，男主人公出人意外的放歌，让所有酒杯都伸长了耳朵。

同他那坦率奔放的诗一样，那深沉的歌唱中，有大海的壮阔、豪迈与硬朗。

有当年用箭在台风夜射入青鸟心房的兴奋与激动。

有从没送过戒指与梳妆台的不安与不悔。

有每年今日都令整个天空停业一天的深情。

啊，歌声中也有九百九十九朵玫瑰吗？为何全场的耳朵，都翩飞如蝴蝶！

窗外的海风与椰林，也以天长地久为题在轻声地讨论。

只见女主人公，那只青鸟，也许亦有心潮逐浪吧，却不动声色，坐在凝眸中。

也如她的诗，温柔，典雅，闲静，永恒地微笑……

(2008 年 4 月 14 日，庆祝罗门蓉子 80 寿辰与金婚晚宴一幕)

2007年8/11月
第16~17期
世華文學家
逸生
会址：香港九龙洗衣街七十号A座三号
A3,9F70 SAI YEE ST.
KLN,HONG KONG
电话(含传真)：(852)2391 0255
(852)2319 2249
电邮：zysg@net-yan.com
网址：http://shixing.yculblog.cc

台湾文学之星——罗门、蓉子

在海口的图像灯屋

夏 萍

罗门、蓉子简介

台湾诗人罗门蓉子近日回到海南，在故乡的海边置下的新居，建起了一座图像灯屋。

罗门原名韩仁存，祖籍海南文昌。从事诗歌创作50年，其文学成就受到高度评价，被文学评论家们誉之为大师级诗人、现代诗的守护神、战争诗巨擘、都市诗之父、诗人中的诗人……罗门已出版诗集约20种、论文集7种、罗门创作大系书10种、罗门蓉子系列书8种，在海峡两岸文学界具有很高声望。蓉子原名王蓉芷，祖籍江苏扬州。1953年出版《青鸟集》而闻名台湾诗坛。日后以她《青鸟》、《一朵青莲》、《维纳罗莎组曲》与《我宁愿拥抱大理石的柱石》等诗作塑造她生命与诗溶为一体的至为自然、怡静、高雅与刚柔并济的诗貌风格，曾被台湾早期诗坛称为首席女诗人，被当代评论界誉为诗坛"开得最久的菊花"、"永远的青鸟"。

罗门蓉子于1955年结婚，两位诗人的结合和他们在台北的居所"灯屋"，成为海峡两岸文坛佳话。近日又回到海南。5月12日，记者来到位于海口湾的一个小区，在被罗门称之为他们"在海口的图像灯屋"的新居，见到了在海峡两岸文坛享有盛誉的罗门蓉子伉俪。

海南是生母，台湾是养母，地球是祖母。

虽然已年近八旬，诗人罗门身上仍洋溢着充沛的生命热情和艺术奇想．从放在门口的一块展板上，可知诗人近期的学术活动非常频繁。

1928年出生于海南文昌铺前的罗门， 1948年在他20岁的时候随校赴台，这一去多年与家乡亲人完全失去联系。上世纪50年代，青年诗人罗门在台湾文坛上声名大震，并与台湾诗坛美女诗人蓉子结成伴侣，这对诗坛双星座被世人传为佳话。

罗门告诉记者，他近年多次飞来祖国大陆，在清华大学、北京大学等高校做诗与艺术的演讲。荟萃中国诗人及诗评家的"中国诗歌高端论坛"巡回系列讲座，从2006年至2007年8月举办，他近年来也因此有更多机会在两岸往返。

我作三件作品分别送给三个母性

（台湾）罗门

（1）台湾是我的"养母"，她养我近一甲子，我在台北创造一个被评论界称为"台湾现代装置艺术（INSTALLATION ART）始祖"的"灯屋"给她；那也许是世界上人在生前被媒体报道最多的住屋，有三十余种杂志（其中有用做封面）、十多家报纸与三家电视拍成公视；并成为艺文界传奇的名字。

（2）大陆是我的"生母"，她生出我"美好幸福的童年"，我在海南岛也造一座美丽的"图象灯屋"给她，那里存藏有我与蓉子一生创作的心路历程与成果以及艺文宝贵的历史回忆。

（3）地球是我也是全人类的"祖母"，我也在进入21世纪，于二000年构想创造一个异于柏拉图"理想国"的"美"的"诗国"给她；这一古今中外没有过的"诗国"创作观念与蓝图，已在报纸诗刊与网路上发布，有待具体的落实。未落实前，"观念"的本身就已是"存在"；当有力人士资助在地球某个景点落成，则台湾的"灯屋"与海南岛的"图象灯屋"，在历史的记忆中便成为"诗国"的起跑点与航向"诗国"主要的古老航站码头。

为了使他们在海口的图像灯屋整个空间浑然一体，对艺术追求近于苛刻的罗门，连装修地面都没有使用地板或瓷砖，而是用乳白色漆涂刷而成，几件线条简洁的家具，也全是乳白色。罗门说，他没有办法把台北的灯屋搬到海口，但他可以让人从图像或书籍中感受到灯屋韵致。当记者问道他们今后会在哪个地方常住时，罗门说，海南是生母，台湾是养母，地球是祖母。他的心永远要随着艺术飞翔。

一朵青莲

（台湾）蓉子

有一种低低的回响也成过往
仰瞻
只有沉寒的星光 照亮天边
有一朵青莲 在水之田
在星月之下独自思吟。

可观赏的是本体
可传诵的是芬美 一朵青莲
有一种月色的朦胧 有一种星沉荷池的古典
越过这儿那儿的潮湿和泥泞而如此馨美！

幽思辽阔 面纱面纱
陌生而不能相望
影中有形 水中有影
一朵静观天宇而不事喧嚷的莲。

紫色向晚 向夕阳的长窗
尽管荷盖上承满了水珠 但你从不哭泣
仍旧有翁郁的青翠 仍旧有妍婉的红
从淡淡的寒波 擎起。

满屋的图片、书籍，诉说着一对浪漫诗侣半个世纪的艺术成就

蓉子说，这次他们两人回海南，是特意来布置这套新房子的。在台北，他们居于闹市，窗外霓虹闪烁，门前市声喧哗。而在海口的居所，幽静安宁，不远处是大海，窗外是空中花园，倚在躺椅上，翻翻书籍，听听音乐，是人生一种难得的享受。回到海南，更重要的是能够常与亲人相聚，年纪的增长让人更感到亲情的可贵。这套房子也是罗门的兄弟们代为张罗买下的。

罗门边翻看图片边指给记者说，台北的"灯屋"后来之所以能日渐成为一个传奇的名字，那是因它在上世纪60年代经他用雕塑、绘画与建筑三种艺术形式、建构成一件近乎是"视觉诗"的空间艺术作品，又被当时最著名的艺文生活大型杂志《摩登家庭》登上封面，以及相连下来有近30种杂志、10多种报纸与多家电视台的专访报道，加上海内外艺文界不少知名诗人、作家、艺术家、评论家与学者教授以及文艺青年的来访，都确是给"灯屋"带来不少的知名度与传奇性，更进一步增加了"灯屋"艺术的特色光彩，深化其存在的历史记忆印象，也使这对"穷文人"诗人夫妇，在内心生活中多少感到一些来自精神的富足。

展开诗歌与艺术的双翅，从天空俯瞰大地。已经悬挂在墙壁上的图片和尚未拆箱的资料，记载着罗门蓉子已经取得的艺术成绩。罗门其实早已经不单单局限在诗歌领域，他的触角早已伸向后现代艺术、音乐、雕塑、绘画等等，并与很多顶尖高手有合作与交往。罗门说，诗与绘画是无声的音乐。雕塑与建筑是凝固的音乐。舞蹈是飞跃的音乐。记者看到，罗门为那些令许多人"看不懂"的后现代艺术以诗歌的形式所作出诠释，还为很多各艺术类别的大师们的作品集，写序作文字说明，他与雕塑家合作的作品，其中多首诗镌刻在台湾的一些标志性公共场所……但罗门对艺术的探索从未停止，他仍在尝试在一个特定的空间建一个"诗国"，用"诗眼"来观看大千世界。

相信罗门蓉子在海口的图像灯屋，不久后定会成为一个熠熠闪光的艺术灯塔，让那些在艺海摸索前行的小船向它注目致意。

上 七十七年元月羅門蓉子應菲文藝協會理事長施穎洲邀請赴菲講演
下 七十七年元月羅門蓉子應邀赴菲演講，接受千島詩社仝人晚宴

UNITED DAILY NEWS
Entered as Second-Class Mail Matter at the MCPO on March 14, 1973
812 & 818 Benavidez St., Mla, Phils. 行政院新聞局登記證局版台僑字報字〇〇〇二
SATURDAY, JANUARY 23, 1988 元月廿三日（星期六）農曆丁卯年十二月初五日

聯合日報
營業部電話：
Tels.: 21-56-45
21-51-18
26-23-90
21-98-06 to 08
編輯部電話：
Tels.: 49-84-82
40-78-31
P.O. Box
148 & 2937
每份零售 P2.00

總統再委任文丹諾擔任保安軍總司令

軍方將領調動加强戡亂方案

美聯社菲律濱岷市二十二日電：亞謹諾總統於週五佈宣再作一次軍官的委任。她告訴記者，副參謀總長怡美齊少將，五十二歲，將取代黎未惹擔任國軍的第二把交椅。她又證實文丹諾准將，五十歲，將擔任保安軍總司令。

另方面，此次資深國防軍官突如其來的改組，於週五引起不同的評語。共產黨叛亂分子說，此舉顯示國軍內的嚴重分裂，而一名反對派人物則說，此一措施爲藍慕士將軍在政壇初次登台。

藍慕士於週五發表談話，稱讚伊禮道爲他的良師及「兄長」。

他說：「我矢言將獻出我一切的才能，精神及熱誠，以執行此一更高職位的任務。」

總統委任國軍參謀總長藍慕士將軍接任，並委任黎未惹中將爲國軍參謀總長，軍官相信將使國防的指揮鏈更爲團結。

國防部長伊禮道辭去內閣之職，而亞謹諾

共產黨游擊隊發言人山多巴在此間告訴記者，「藍慕士（將軍）受委擔任文職官職後，預料將實施更尙武的措施。」

他說，伊禮道先生被視爲在執行美國所支持的剿亂方案，沒有效能，而藍慕士則爲剿亂的專家，並且他的作法更有尙武的精神。

此次改組發生在週一地方選舉的四天後。亞謹諾的同盟在省、市及社的選舉多數獲勝。

亞謹諾總統昨日主持土改理事會議之影。圖中左起爲司法部長奧倫尼示，農糧部長羅明慕示，土改部長瑞戈，財政部長謝樵。（新聞部照片）

美官員下週訪菲

菲新社岷尼拉廿二日電：美國大使館宣佈，國務院主管東亞與太平洋事務的助理國務卿史古爾，一月廿五日至廿七日將訪問岷尼拉。

大使館發言人說，沙古爾此次東來，將走訪若干東南亞協會國家，討論共同關注問題。

沙古爾於廿七日離菲前將在尼蕊亞謹諾國際機場舉行記者招待會。

爲促使國會通過土改方案 總統表示家族蔗園亦將置於土改之下

美聯社菲律濱岷市二十二日電：亞謹諾總統於週五首次表示，她會將她的家族之蔗園置在土改之下，她這樣表示，顯然爲向國會施壓力，使國會通過土改法案。

亞謹諾總統於「民衆拉隔殺」一週年時，透過電視台作此宣佈。

亞謹諾總統說：「我曉得有人會說：菸士杳農場怎麼辦？」她係指她百公頃農場。她說：「由國會決定土改如何施於蔗園。

我頭一個承認，我若未他使菸士杳農場置在全盤土改方案之下，則我有關土改的宣佈是空洞的。」

她說：「因此我今天顯當置申菸士杳農場的業主丹轆發族公司，表示準備將該農場……置在全盤土改方案之下。我再說，菸士杳農場將符合所有農地登記的條件。」

她說：她的家族將

各團體，包括共產黨叛亂份子，呼籲總統將蔗片蔗園分配給七千名工人，作爲土改的範圍。

路透社岷市二十二日電：亞謹諾總統於週五重申將執行菲律濱的土改方案。

她呼籲地主支持土改方案，聲稱她執政之下的政府決將實施土改

美駐菲

美聯社……日電：美……烈特週五……來菲律濱……長……並謂此一……的詢問……需經濟復……黨叛亂。柏烈……國公司在……億美元……仍維偏低……他同……之協助菲……並提出數……府及商人……

三十以上……但是無上……

柏烈……統第二……佈一月十……「假日」……投票的……

天然……收……

菲新社……杜蘭發出……估計以及……依新……方公尺森……立方公尺……對於……燃料木或……林損二元

示政府致力……保遊客安全

……亞謹諾總統昨天表示，政府將致遊客安全，同時也將使其在菲觀……

……之中「……括在總統……有特別用……修正而規……總統第一……規假日，……指定的選……出，勞動……

……三號訂出，在此種情形下，僱員本人自應受合約的拘束……應視爲正規假日者，當議特別明文規定選舉日……或集體談判協……

他又說，假如個別……指令的要領。……符合總統第一〇八七號文說明，最新的公告，對於選舉投票日則無明日與特別假日的系列，全國應該遵守的正規假

一月十八日未上班仍有薪可付，上班付薪加倍……

仙齊示又說，以日計薪的僱員，「無工無薪」原則之適用，不應損害提供有利工人的利惠的公司或協議。

正規假日有異於法定假日，法定假日乃共和國規定之十個假日，如獨立節等，因此無上班仍有給付，上班加班給付，特別假日事實上也有區分，有正規特別

假日，如選舉投票日，以及非正規特別假日，如天從特別放假何先

選舉上

……統接見日本中部友好交換委員會……表示。

「本人希望各位返國之後傳達菲……息，我們非常歡迎日本遊客。」

本報「……地方選舉以後，菲律濱情勢將……

觀光部長昨宣佈 開放旅行社禁令 今年將批准十家

菲新社岷尼拉廿二日電：觀光部長銀沙禮示宣佈，今年將開放批准十家旅行社營業執照。最低營業資本額必須是五十萬元。

銀沙禮示說，此舉乃奉亞謹諾總統的指示，一方面鼓勵自由企業，一方面進……

羅門蓉子夫婦昨午蒞臨岷市

今晚舉行首場講座

本報訊：國際著名詩人羅門．蓉子夫婦，應菲華文藝協會邀請，昨（二十二）日下午蒞臨岷市，作四日講學之旅。

羅門蓉子夫婦昨午在爾頓大旅社咖啡廳接受本報記者訪問時說，這次他們受邀來岷講學，主要是將三十年來寫詩的一點心得與菲華詩人及菲華作家進行交流，切磋詩藝。羅門蓉子夫婦說菲律濱在他們生命的歷程留下難忘的記憶。他們希望藉這次講學的機會，多了解菲華文藝的現狀。

這對被國際詩人協會譽爲「中國白朗寧夫婦」的文學伉儷，曾來菲律濱講學兩次，羅門都是在旅菲期間寫下不朽名作「麥堅利堡」，當時曾獲菲律濱的勳章與馬可仕的金牌獎。

被譽爲中國現代詩一代宗師的羅門，是一位向人類心靈深處探險的詩人，他透過詩，採取心靈的廣角鏡，多向性地探討現代人內在世界活動的境域如自我，性，都市文明，戰爭，死亡與時空等生存層面，具有極銳利的透視力與緊當傑出的想像力，他的詩通過表象以進入生命最原始的遼闊之曠野，是台灣少數具有靈視的詩人及表現現代都市詩最具代表性的詩人。

被視爲中國首建女詩人的蓉子是詩壇公認，永遠的青鳥，她以幾容理趣的抒情詩飲譽詩壇，她視詩是一種良知的事業，奉獻三十年爲中國詩壇孕育肥沃豐實的土壤。

還對詩人夫婦，夫婦詩人的文學伉儷，各著有詩集十餘冊，他們多次出席國際性的詩人大會，在詩壇享有極高的地位。

據羅門蓉子夫婦披露，他們此次前來講學，將把三十年來寫詩的心得與菲華文藝作家交流。菲華文協爲使廣大愛好文藝的聽衆能分享詩人的成果，特訂今晚（二十三日）七時假座商總大廈八樓舉行首場公開文藝講座，由詩人蓉子主講「詩的感情世界」，另訂明（廿四日）下午二時半在同一地點舉行第二場講座，由詩人羅門主講「詩的轉化與造型能力」，歡迎各界人士參加。

昨午前往迎迓詩人者爲菲華文協常務理事、聯合日報總編輯施穎洲、文協常務理事莊良有、楊美瓊、秘書長黃珍玲、以及學術組的范鳴英、李惠秀

中國大詩人羅門與夫人蓉子於昨午抵岷時，獲菲華文協常務理事莊良有，揚美瓊，秘書長黃珍玲，副秘書長黃碧蘭，理事李惠秀，范鳴英，黃樑星等之歡迎。

樹比壽公司已同意提高罹難者賠償金

遺屬如願接受應放棄訴訟

本報訊：樹比壽船運公司董事會同意提高「巴士夫人號」與「勝利者號」互相慘重海難罹難者遺屬的賠償金。

樹比壽公司副總理朱申智．甘比薩說，董事會同意把賠償金由每一罹難者二萬升至三萬或調升百分之五十。

甘比道又說，董事會之會議，於一月二十日在總統府舉行，由副文官長莫朗運主持。

他說，總統府特別小組（由莫朗運任召集人）交出罹難者有關的證明文件以後，即予給付。

然而航運公司之律師林阿杜解釋說，遺屬有兩途徑可循：（一）接受賠償，簽署放棄控訴書。（二）不願接受賠償，向法院提出民事訴訟。

菲共產黨批評國防部長換人

胡畢禮認爲藍慕士……

〔註〕

羅門蓉子應邀赴菲演講
華文報紙三次以頭版新聞報導

UNITED DAILY NEWS
Entered as Second-Class Mail Matter at the MCPO on March 14, 1973
842 & 818 Benavidez St., Mla, Phils. 行政院新聞局登記證局版台報字〇〇〇二
FRIDAY, JANUARY 22, 1988 元月廿二日（星期五）農曆丁卯年十二月初四日

聯合日報

營業部電話：
Tels.: 21-56-45
21-51-18
26-23-90
21-98-06 to 08
編輯部電話：
Tels.: 49-84-82
40-78-31
P.O. Box
148 & 2937
每份零售 P2.00

接受國防部長辭職
總統委藍慕士繼任
黎未惹將軍受委任參謀總長

新任國防部長藍慕士 五照

新任參謀總長黎未惹將軍

美聯社菲律濱岷市二十一日電：亞謹諾總統於週四宣佈，她已接受國防部長伊禮道的呈辭，並將委任國軍參謀總長藍慕士將軍作他的繼任人。

總統說，副國軍參謀總長兼菲律濱保安軍總司令黎未惹中將將被受委，以取代藍慕士，二個委任皆需經國會批准。

亞謹諾總統於伊禮道宣佈辭職的數小時後發表談話作此宣佈，伊禮道任國防部長有十四個月。

伊禮道於週四告訴記者，他於上週呈辭，因他料正軍部分裂的計劃受到忽視。

預料此等措施將導致國軍的實際軍官改組。

藍慕士於亞謹諾總統執政時擔任國軍參謀總長。他曾挫敗軍部叛亂份子推翻政府的企圖。

伊禮道於週四告訴記者，他於上週呈辭，但暫擱不宣佈，因爲「我不願意滋生擾亂」，這可能是指週一的地方選舉。

伊禮道的發言人馮義利蘭說，國防部長提交數項改組及改善國軍戰鬥效力的建議，但受……

長期的服務。他說，他接受他的呈辭時，「深爲遺憾」。

伊禮道呈文亞謹諾……

對的叛亂，已加劇至屬害的程度，因爲其時的政權並不顧及人民的福利。他顯然是指馬可仕……

……，必須由組織嚴密，重新振作的國軍來積極對付。」

他說，他認爲改組軍部，並沒有照他所構想的。他深恐軍部的分裂份子與頗具爭執性的課題，若不立即遏止，將抵消已得的成果。

亞謹諾總統說，伊禮道對於叛亂的謂擾，以及對於國軍的專業主義之看法，她有同感。

菲新社岷市二十一日電：以下是總統就伊禮道的呈辭所發表的談話：

「伊禮道將軍呈請解去國防部長之職。

「本人委任伊禮道將軍爲副國防部長，並將軍離開國軍需要奪往民衣依然關懷國軍人美德的楷模。爲，此種精神是指絕對誠實，甚至終失敗權崇高，英勇精神與他分擔此於職守，及尊重國商他保證，譽。和菲律濱軍人共工作，我們業。最重要的，我舐求性謙虛他，因爲他對於軍人另有抱有崇高的觀念，堪爲……崇高觀念的最佳楷……軍的指南。他也是……

「他依然是我……史上軍功最高的軍……。他於戰後構想……亂運動頗爲成功，……

負，能有助於我們顧及軍部及剿亂。本人向伊禮道保證，國軍只有一個抱負，就是我們共同有份的抱負，也是他的卓越軍人事業所表現的典範：完全維護軍部的尊崇地位、普爲盡職、及爲國服務。

「本人尊重他辭去國防部長的意願，只是深感遺憾，對於他懷着最高的敬意，並企望我們能繼續得到他的意見，因我因爲他服務國人而受鼓舞。

「本人謹向伊禮道將軍掬誠申謝，並爲全民向他道謝。

「本人茲委任藍慕士將軍爲國防部長。

「本人又委任黎未惹將軍任參謀總長。」

人羣集中不散
影響計票進度
軍警守衛檢票中心

菲律濱岷市選舉署官員多警察與軍票中心，免家與支持者週四，計票……

軍部宣佈將仍然提高警覺，直至檢票完畢。

有柴多不受約束的支持者聚集在首都周圍的檢票中心，迫使當局於週三在岷市郊至少五……

處暫停計票。落選候選人的支持者交涉計票緩慢，爲可能發生選舉舞弊的信號。

在巴蘭迎計社，軍人在裝甲車及一架直升機的支持之下，於週三驅散一名落選社長候選人的支持者，因他們企圖退止岷市郊一地方的計票。

軍部說，他們派出二百五十多名兵士，在裝甲車及直升機的支援之下，前往巴蘭迎計社，因該社約有可坐滿五十輛卡車的自由黨社長候選人奧利描禮示的支持者，企圖闖入社府大廈，以停止計票。

選舉署長斐里貝下令亞義禮准將派兵至該社府大廈。軍人驅散羣衆，並沒有逮捕任何人。

悼蔣總統
行追思彌撒

……駐馬尼拉辦事處，爲悼念故總統蔣經……馬尼拉大教堂舉行各界追思彌撒，由……尼神父率領馬尼拉各主教主持彌撒……，在聖樂聲中，在場的神父修女……、菲華各界人士、各華文學校代表……先生祈禱，場面悲切動人。……有商總名譽理事長高祖儒、常務顧……執行副理事長姚榮輝，國民黨中央……李治民等人。……，並當場致詞，推崇蔣總統經國先……則致詞對各界人士百忙中撥冗參加……

他說，他認爲改組……菲華各界昨（廿一）日下午四時，在岷里拉大教堂舉行蔣總統經國先生追思彌撒。上圖爲菲外交團團長教廷駐菲大使杜比格連尼神父爲首的各界人士。前排右爲商總理事長高祖儒。下圖爲參加的各……長李永年。第三位爲商總名譽理事……左二位爲劉代表宗翰伉儷。

羅門蓉子夫婦
今抵岷市講詩

本報訊：著名詩人羅門，蓉子夫婦，應菲華文藝協會邀請，訂今日下午由台北抵岷，作四日講學之旅。

羅門，蓉子夫婦在中國詩壇享譽三十年，曾獲世界詩人大會「國際詩人伉儷獎」。羅門現任藍星詩刊社長，蓉子爲青年寫作協會及婦女寫作協會理事。

羅門與蓉子對於菲華新詩運動有極大貢獻。

羅門已出版詩集八種，詩論集四種，蓉子則有詩集十種。兩人的詩被譯爲英文「日月集」。他們的詩各被選入詩選集二十種以上，並被譯成數國文字。

菲華文藝協會訂今晚於喜爾頓大旅社隆重歡迎二位大詩人，邀請各文藝團體領袖，詩人，及該會同人參加。

該會並訂星期六晚上七時在商總大廈八樓舉行文藝講座，請蓉子主講：「詩中友情世界」，此公開演講，歡迎愛好文藝人士參加。

星期日下午二時三十分，該會亦將於商總大廈八樓舉行文藝講座，請羅門主講：「詩的創作與欣賞能力」，此場亦歡迎菲華文藝人士聽講。

廉政會主席表示
追回馬可仕財富
五千六百萬美元

美聯社岷尼拉廿一日電：一位官員報告，亞謹諾政府過去兩年在全球尋找被罷黜的馬可仕總統統治國家二十年累積的「不義之財」，現在已經追回五千六百萬美元。

總統府廉政委員會主席，南文．李亞示向一個民間公益團體講話作前進報告，他又補充……

他報告二月中旬將拍賣一些雜項的馬可仕財產，如公寓與名畫，來籌措作業所需款項。

李亞示又報告，政府現在追回國內面積一百九十七公頃的土地，八十一輛豪華轎車，廿九架飛機與直升機與十三艘遊艇與船舶。

他承認在收……

華文記者會
優秀教師……
作四項……

工商界人士……
選舉後可集……
解決經濟……

加洛千市開……
民衆久候情……

UNIVERSAL DAILY NEWS
SATURDAY JANUARY 23, 1988 農曆丁卯年十二月初五日 星期六

環球日報
第 0566 號
—辦事處—
LIBERTY HALL BLDG.
4th Floor 820 Benavidez St.
Binondo, Manila
P.O. BOX 725
—電話—
21-03-59;21-40-32
每份零售非幣二元
行政院新聞局內銷登記證局版僑臺報字零零零壹陸號

亞謹諾於敏婁拉血案週年紀念宣佈
願將自家龐大蔗園列入土改分給佃農

法新社岷市二十一日電：當國家慶祝十三名無田地農民被屠殺一週年紀念日之際，亞謹諾總統週五日宣佈，將把其家龐大的甘蔗園地分發給佃農。

那些於一九八七年元月二十二日在總統府附近發生命案之生還者舉行遊行抗議之前，總統突然在電視台廣播，將六千一百公頃的雷赫沓甘蔗園列入土改方案。

分析家說，亞謹諾夫人的宣佈，及時排除屠殺紀念的緊張氣氛，同時有鼓勵地主趕上二月八日限期，向土改部登記其不動產的作用。

有些地主曾發誓不理睬該限期，也有一小部份地主甚至威脅將僱用武裝人員保護他們的土地。黑人省和斑乃省的蔗園地主，已聯手對抗土改方案。

亞謹諾夫人在總統土改理事會舉行二小時會議後作上述宣佈。

亞謹諾夫人和其顧問包括支持土改方案的國會議員們，較早在馬拉干鄢宮舉行濰撤，以追念去年被犧牲的農民。

亞謹諾夫人說：「我很清楚，有些人會問我：「如何處理雷赫沓甘蔗園？」」

這項方案是總統在六個月前所宣佈的廣泛土改計劃。她說：「我會第一個承認，如果無法把雷赫沓蔗園列入土改方案之內，則我宣佈的土改將會成為空談。」

當局的土改提案仍懸決在國會，而國會領袖曾答應於週一日國會復會時，予優先處理。

亞謹諾夫人說，該蔗園有七千名農民。其家庭的丹轆開發公司會把它登記列入為土改方案之一。希望其他地主會向她的這項行動看齊。

準備遊行到馬拉干鄢宮的左翼農民組織並未立刻表達他們的反應。

雷赫沓是個龐大的甘蔗農園和最新式糖廠。它是亞謹諾夫人兄妹的父母親遺留給他們的產業。

亞謹諾內閣週三批准勞工部的建議，暫時禁止非婦女出國，以免遭受外國僱主的侮辱，剝削和隨便剋扣薪水。

狄諾說，政府並未提供其他就業的選擇，而目前尚有數以百計的婦女……

官方說，亞謹諾將於最近正式宣佈施行該項禁令。

勞工部官員說，由於此間缺乏高薪的職業，因此許多擁有大學學位的非女性，均紛紛申請往國外擔任家傭的工作。結果形成……

欲往國外，擔任家傭的工作，雖然政府已頒佈是項禁令。

他又說，在這種情況下，將會發生更多的外國僱主辱待非傭工事件。因為政府實際上並沒有給予適當的保障。

敬悼蔣故總統經國先生
菲華各界團體代表今午舉行追悼大會

本市訊：菲華各界敬悼故總統蔣經國先生大會，訂今天下午五時假座自由大廈五樓中正堂舉行。

敬悼大會由商總、菲華旅菲永寧林氏聯誼會、菲律濱血幹團、第一、六分部、拉允隆文化書院、岷尼拉菲華天主教堂區教友會、菲華足球協會、電光體育、內湖菲華商會、內……菲華商會、DLSU-ENGLIC、OM、菲律濱中正學院小學部衛生。

敬悼輓聯輓額者：菲華商會、荷浪牙波中西小學校董會、菲律賓忠義堂、菲華商刷業商會、岷里拉天主教堂區教友會、菲華青華體育會、怡省依拉岸菲華商會、怡省依拉岸中華中學董事會、怡省依拉岸中華中學泊附小、邦省仙彬蘭洛新生小學董事會及全體師生、邦省仙彬蘭洛泰華堂……

新任國防部長
捍衛民主國家

菲新社岷市二十二日電：新委任國防部長藍慕斯今天矢言在共和國面臨左右翼份子的嚴重威脅之際，將努力工作，以維護國家的安定。

藍慕斯於週四日被亞謹諾總統委任為國防部長，接替辭職的怡禮道部長之後，首次提出上述誓言。

藍慕斯說：「我未來的工作將……負起相當大的責任和挑戰。」

藍慕斯發誓將盡其個人最大的能力，執行這個更高職位的職責。

他說，他將遵守國家最高原則捍衛全國人民在新憲法上所爭取到的新民主。

藍慕斯說：「維護基本法律和國家的穩定，將是我每天的工作。」

藍慕斯同時讚……

禮道……合法化

怡禮道說，他們欲利用政治配合武裝，奪取政權。因此，實不可使非共組織合法化。

他認為可能在國內經濟大幅改善，和斷再誘惑青年上山搞鬥爭的時候，再來研究非共合法化的問題，尚不為遲。

假如非共不經由武裝鬥爭，企圖推翻政府，事情將易於解決，然而實情並非如此。

他指出，非共拒絕放棄武力鬥爭。

友好團旅遊安全

……禮道之職位表示高興。藍慕斯亦感激總統對他的信任。

我希望你們返國時，能夠把我，非律濱總統的信息帶回去，那就是我們歡迎日本遊客。」

她接著說，政府將盡其所能，保護他們的安全與及使他們在本國，獲到最大的快樂與享受。

該團體由來自日本社會各階層……

……的三十四位領袖組成，來菲訪問的目的在視察菲國在教育，醫藥，經濟合作與旅遊各方面的情況，期能加以援助。該團團長佐千為自由民主黨愛知縣議會會員。

總統說，日本總理竹下登在上任後，選擇菲律濱為第一個訪問的國家，非律濱人民感到很榮幸。

她接著說，對於竹下登總統的保證，日本政府將給予菲國的援助與合作，她很感激。

她又說，關於該次地方選舉，雖然曾發生一些暴力事件，但是大致可說很平靜。她希望自此後，國家不會再出現任何問題，這樣就會引更多的遊客來訪問。

亞謹諾總統昨批准收集大岷垃圾計劃
相信將改善市區髒亂情況

本報訊：亞謹諾總統已批准一項計劃，使岷市成為最清潔衛生的城市。

總統府行政管理處副處長古律示在馬拉干鄢宮自由廳舉行新聞簡報時說，總統已批准聯合處理大岷區的垃圾計劃，為收拾垃圾工人提供生活補助方案。

這項計劃於元月廿日呈交總統批准。一旦實行後將使大岷區成為清潔衛生的城市。今除了加強收垃圾之外，同時也教育居民遵守法，妥善處理市裡垃圾。

古律示說，總統一九九二年期屆滿之後，這聯合處理垃圾方……

……將提供更多衛生垃圾車，把垃圾場遷移到大岷區以外的地方，建設科學化處理垃圾的系統以及對收垃圾工人提供生活津貼和提高他們的生活水準。

……的嚴重性，所以……近簽發第二二〇號備忘錄，設立聯合處理垃圾方案和提高垃圾工人的生活水準。

古律示說，大岷區之垃圾是目前最頭痛的問題。八百萬居民每天產生三千四百噸的垃圾。

古律示又說，……政府將解決這些問題。

該計劃建議巴耶沓示，計順那武合丹，巴不加魯合坦，描仁拉，仙吊洛，內拉，馬拉汶和達宜等地增設垃圾堆場。

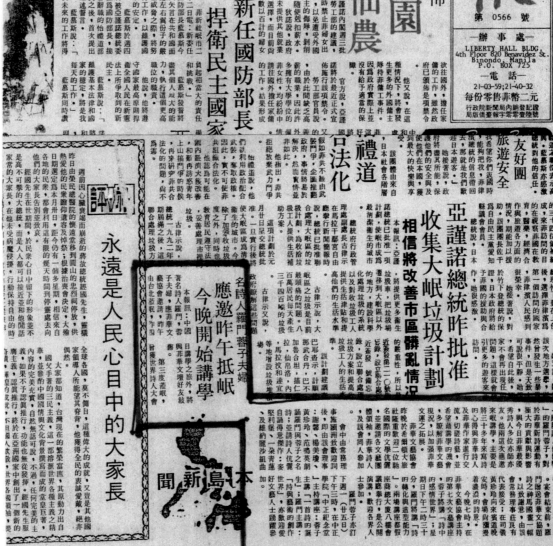

評論 永遠是人民心目中的大家長

週前因心臟衰竭而崩逝的蔣故總統經國先生，靈樞昨日由榮民總醫院的懷遠堂移到圓山的忠烈祠停放，供熱愛他的民眾瞻仰遺容及悼祭；根據治喪會決定，大殮日期選定為本月卅日，距今仍有一個多星期，相信來自各地的民衆，都會利用這有限的幾天時間到停靈處去向他們的大家長告別並致哀。

經國先生在世期間，於民衆心目中留下的形象並不是高不可攀的大總統，而是人人都可以接近並和他閒話家常的大家長，在他未受病魔侵擾，行動保持自由的時……

全球各國，莫不側目，這種偉大的成就，又豈是其他國家領導人所能望其脊背，他獲得全民的衷誠愛戴，絕非偶然。

大家都知道，台灣現在的繁榮富庶，其原動力出自國父手著的三民主義，這一部溶匯世界各種主義之精華，並參酌中國國情與文化背景撰寫而成的堂皇巨著，內容的完美充實，自然無話可說，不過，任何完美的主義，如果不予認眞推行，功能也無從發揮。經國先生服膺主義，認眞推行，終於在亞洲國家中創出了一個新的……

名詩人羅門蓉子夫婦
應邀昨午抵岷
今晚開始講學

本報訊：中國著名詩人羅門，蓉子夫婦，應菲華文藝協會邀請，昨午由台北蒞岷，作四日講學之旅外，將與非華文壇好友敍舊。

第三度蒞岷，曾獲世界詩人大會「國際詩人伉儷獎」等……美不勝收……宴會結束前，羅門贈送菲華文協題詩之神馬國畫一幅，以致謝意，由該會常務理事莊長有代表接受；在司儀黃珍玲向來賓道晚安時，會場尚彌漫著濃濃的詩意。

「……的羅門蓉子，對於菲華新詩運動有極大的貢獻與影響，與今日菲華最優秀詩人多位亦師亦友。他兩這次應邀來岷講學，主要是將三十多年來寫詩的心得與菲華詩人及非華作家進行交流，切磋詩藝，並希望藉講學的機會，多瞭解菲華文藝現況，以加強菲華文運之拓展。

菲華文藝協會昨晚於希爾頓大旅社隆重歡迎二位馳名國際的文學伉儷，並邀請各文藝團體領袖，菲華詩人，及該會同人參加。

會中由常務理事施顯洲致歡迎詞後，即由該會理事：謝馨、楊美瓊、黃珍玲、范鳴英朗誦羅門與蓉子之名詩；並請詩人伉儷自誦得意傑作：麥堅利堡、一朵青蓮、及維納麗沙組曲……

今晚七時，在菲華文藝協會主持的第七次文藝講座，蓉子將講「詩中的感情世界」；星期日下午二時三十分，羅門將講「詩的轉化與造型能力」。兩場講座都假座商總大廈八樓會議廳舉行，是公開演講，歡迎各界人士參加。

羅門蓉子亦訂下週一（廿五日）下午三時，在中正學院「中正紀念堂」主持講座：蓉子主講「一首詩的誕生」；羅門主講：「詩與藝術的創作世界」，亦歡迎愛好文藝人士踴躍參加。

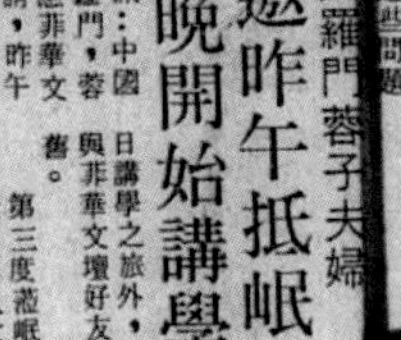

专题专刊　四川政协报　一九九四年八月二十六日　第四版

海峡两岸诗人心

罗门蓉子伉俪情

□洪亮

罗门、蓉子来了，当我们接过他俩手中的那张久违了的"旧船票"时，感到分外亲切，因为这是四十多年来，台湾现代诗坛的一对伉俪，应四川省作家协会、四川文艺出版社、四川联大中文系和四川企业文化促进会之邀，从海峡的那一边，首次入川，与四川的诗人们同渡诗之长江，共游诗之心海。

我不是诗人，只是《罗门诗精选百首赏析》的责任编辑，本次海峡两岸诗人交流会的策划者和组织者之一，会毕后，《四川政协报》的友人约我写点有关此会幕前幕后情景，特别是介绍罗门、蓉子这对台湾现代诗坛伉俪生涯的文章，我只好恭敬不如从命，从耳闻之趣、目睹之景采撷几朵心海浪花献给读者吧！

一、蜀中开放的姿态

四川被誉为诗之大国，这并不夸张。写诗者多，好诗的人亦多。据称，四川省作协机构里，诗人过半，其作品甚丰。当然，四川新闻出版界为此殊荣也可谓屡立战功。改革开放初期的八十年代，由四川出版界推出的诗集在全国频频得奖，诗人、编辑、读者对诗歌都给予了极大的关注，此情仍绵延至今，尚未消退。

四川是个幅员辽阔，人口众多的大省，在它的农村，我国的改革开放最先开花结果，"年产责任承包制"推动了全国农村的改革与发展，上述两例从城市到乡村一此一彼的领先地位，反映出1亿多四川人对精神生产和物质生产的热烈追求……现今，十几载的光阴已逝，沿海一带，长江三角洲的经济突飞猛进，已成为我们中华腾飞巨龙的龙头，同时，攀摘"诗王国"桂冠之地亦多了起来，经济搭台，文化唱戏，经济与文化联姻成为当今的时尚。譬如海南省，去年就以经济腾飞为目标，以开放促发展，不仅大招经济之商，也搞高水准的文化投资，以期经济与文化的比翼双飞。是年盛夏，海南大学等好几家，成功地举行了罗门、蓉子文学世界国际学术研讨会。然而，无独有偶，几乎与此同时，今年7月，我们也迎来了罗门、蓉子夫妇莅蓉。在由四川省作协、四川文艺出版社、四川联大中文系及四川企业文化促进会联合主办的四川海峡两岸诗人交流会暨《罗门诗精选百首赏析》首发式上，我省的老、中、青诗人、诗评家、中西比较文学专家教授、出版社编辑、新闻界记者共计50多人济济一堂，切磋诗艺，比较中西诗学，探讨海峡两岸新诗之现状与未来，此举也鲜明反映出四川在文化领域开放的态势。

然而，我们还可把这一开放性的焦距拉长一点，尚可追溯到去年初夏由省作协、省文艺出版社以及诗歌广达公司联袂举办的"中美诗人交流会暨《美国语言派诗选》首发式的一幕。笔者也是该会的策划与组织者之一，恰巧与会的前四川大学朱徽教授谈及想出一本罗门诗歌赏析的本子。于是，这便成了今天这个大会的初创点，后来笔者与朱教授共同设计了出版该书的方案和举办此会的计划，尔后又得到省作协《星星》诗刊四川企业文化促进会有关领导的热情支持，经过一番酝酿和筹备，四方联袂主办此会终于在7月的蓉城举行。值得肯定的一点是：在我们较为封闭的内陆腹地，能与具有较强前卫意识的台湾现代派诗人进行对话交流，这不能不说我们四川文化界已具备了开放的心态与信心，诚与海内外人士共创华夏文明的辉煌。去年切磋美国后现代派诗歌，今又是台湾现代派诗歌，这一前一后的举措，体现了四川文化出版界对东西方诗歌，传统与现代诗派所持的进行比较与借鉴吸收的正确态度。

另外，还有一点也格外引人注目。改革开放赢来了经济的迅猛发展，而滚滚商潮也难免有其负面影响，在由社会主义计划经济向社会主义市场经济转化时期，人们的价值观、道德观尚未重新调整好或得以重新确立之际，弃文经商、重商轻文者渐多，对物质的过高追求，拜金主义之风也较猖獗。文化市场，纯文学呈滑坡趋势，商业性文化日渐泛滥。在此严峻的现实面前，主办单位和与会的海峡两岸诗人们仍矢志不渝的追求严肃文学，高唱人类精神文明的不朽，以高度的历史责任感和

说，在当代台湾诗坛乃至大陆诗坛上，罗门是一位饮誉中外的著名现代派诗人。今天，我们有缘在蓉城与罗门夫妇共聚一堂，探讨海峡两岸现代诗歌的现状与未来，这便使我们有更多的机会和时间来接近罗门。

其实，罗门并非诗人的真名，他的本名叫韩仁存，出生在今海南省文昌县。诗人从小就与海有缘，至今虽年逾花甲，仍还在与海为伴。难怪在诗人的世界里，海的意象占据了主导地位。您听他对海的解释：

诗人坐在海边观海，把海看到自己的生命里来，把自己的生命，看到海里去；看到海天间的水平线，便发现那是"宇宙最后的一根弦；看到海上一朵云在飘，便联想'云带着海散步'，悠哉游哉，画面便也跟着映出王维与老庄来；凝望着海圆寂的额头，便会联想到哲人爱因斯坦与罗素等人的额头；将蓝蓝的海，看成宇宙的独目，又倒转来看人类的眼睛，是多望了百合年！都要回上……

左起：黄孟文 、罗门、蓉子、公刘、林木海、古继堂、胡时珍摄于"东坡书院"，为弟子授业的雕塑前。

上图：罗门童年旧居一角（文昌县地泰村）

右图：蓉子欣然为诗歌爱好者签名留念

他的天空中飘飞着中国人的思绪，他的诗海，波澜壮阔中包……

实生活中提炼出来的经验，揉合了思想、感情，更经想象力的……

華夏詩報

CHINA POETRY

(2) 总107期

国内外发行

社长：张德昌　　理事会理事长：黄施民　　副理事长：张瑞坤

国内统一刊号：CN440104　　《华夏诗报》编辑出版

诗坛爱侣

——台湾著名诗人罗门与蓉子的创作生活

〔台湾〕刘广华

推开罗门与蓉子的一扇两瓣窗

三千年来，中国这个诗的民族，一直翻滚在龙飞天际与鱼跃沧波的宇宙光年间，时而腾升起雄拔险峻的壮硕脊梁，时而展露出恬雅温婉的柔美风韵；忽焉透析着曼妙婀娜的款款姿采，时又凸显出阳刚伟岸之英英美感。诚可谓刚柔并济、阴阳燮合，这正是中国以诗载道、为诗太和的浑融境界。

罗门与蓉子，这一对诗坛爱侣，正是当代中国衔接传统与现代的龙族诗心之典范征象。

三千年惊鸿一瞥，开窗天眼之际，罗门与蓉子为现代中国文学，启亮了一扇光明耀目的有情窗口。

翻阅罗门与蓉子的前尘后页

罗门，本名韩仁存，1928年11月20日诞生于海南岛文昌县。

被誉为中国国际桂冠诗人的罗门，曾获蓝星诗奖、诗联会诗奖、教育部诗教奖、中国时报文学奖、中山文艺奖等。《麦坚利堡》一诗被UPL1国际诗人举行了别致的婚礼朗诵会，一时诗华灿烂、欢颂畅怀，十足的饶富诗的餐宴、诗的礼赞。

此后，蓉子的创作和罗门连理辉映、心影相契。她曾获得1975年国际妇女文学奖；先后担任妇女写作协会值年常务理事、中国青年写作协会常务理事兼诗研究委员会主任委员；应聘担任各公私立文化教育机构（含大专院校和政府机关）文学奖评审委员；曾应聘为“文建会”与东海大学合办“文艺创作研习班”诗组主任；担任中山文艺奖评审委员；并与罗门同赴菲国，于第一届世界诗人大会中，获“大会第一伉俪奖”，接受菲国总统颁赠大绶勋章，出席在美国召开的第三届世界诗人大会，获特别奖并接受加冕。其后曾赴菲律宾、泰国、香港、美国和大陆等地，发表诗论和专题演讲。

如今，蓉子已名列中文版《中国名人录》、英文版《世界名人录》、《世界诗人辞典》。其著作诗集有《青岛集》、《七月的南方》、《蓉子诗抄》、《这一站不到神话》、《只要我们有根》……等十六部。作品选人英、法、日、韩、南斯拉夫、罗马尼亚等中（外）文版选集近八十种诗选集。作品接受国内外著名学者、评论家及诗人评介文章近七十万字，可谓著作等身，荣誉和成就与罗门同步显扬。

宏观微视罗门的心灵创作图象

英年早凋的中国诗坛奇葩林耀德，在其所著《罗门论》里，有诸多掷地雷响的传神弦音，他说：“罗门的诗与诗观，气度恢远，充满磅礴的悲剧性格和庞硕的形上体系，在二十世纪的中国诗界，他所拓展出来的精神领域丰富了时代”。又云：“罗门是当代台湾诗人中，少数能在创作同时具体提出思想架构的著例。……罗门创作的前卫性格以及他对艺术所抱持的信念，使得他坚持面对太阳的芒刺发足‘猛奔’，他并非沿袭一条笔直的跑道前进，而是在诗智的螺旋梯中盘行上升，这具螺旋梯就是罗门视中，它的副产品是冷漠且恐怖的死亡。《麦坚利保》诗便是表现这一重大的悲剧主题”。

《麦坚利堡》(Mckinly Fort）是罗门表达“战争”思想的第一首诗，这一首诗之所以能够震憾国际文坛，赢得海内外诗坛的一致肯定和钦服，不懂是它的赢得奖誉，最重要的是，它所揭露的战争冷酷、悲剧与喻示之人道精神，两相映视出强烈的冲突与无奈。而经由诗人的深刻探凿，终能直陈不隐地重击在人类全体反思心瓣上，让这一瓣血淋淋的伤口，破浓倾流，曝晒在人性省悟的阳光下。

撷录“麦”诗数段佳句如下：

战争坐在此哭谁
它的笑声　曾使七万个灵魂陷落在
比睡眠还深的地带
太阳已冷　星月已冷
太平洋的浪被炮火煮开也都冷了
史密斯　威廉斯
烟花节　光荣伸不出手来接你们回家
你们的名字运回故乡
比入冬的海水还冷
死神将圣品挤满在嘶喊的大理石上
给升满的星条旗看　给不朽看　给云看
你们的盲眼不分季节地睡着
睡醒了一个死不透的世界
睡熟了麦坚利堡绿得格外忧郁的草场

麦坚利堡是纪念第二次世界大战期间，七万美军阵亡在太平洋地区的美国军人公墓，位于马尼拉市郊，以七万座大理石十字架，镂刻着忠魂的名字与出生，壮观且凄烈的排列在空旷的绿茵上，日夕诉说着人类舔血的记忆。

罗门对战争的感触既悠深且敏锐，他站在残照掩映的绿坡上，凝视这一垠埋骨千万的荒天暗地，心灵的喟叹浸湿了红焰般的云翳，感悟悲情与逝者同声一诀，遂有惊天绝世之作。

前瞻顾盼诗坛佳偶的本然境界

罗门不惟以“战争”诗见长，以内心世界的灵视观照为其特质，更以“都市诗”脍炙人心。

任教于国立台湾师范大学国文系的潘丽珠博士，曾以《罗门都市诗美学研究》专文，发表于师大之《中国学术年刊》（第17期）。她分别从

辑　于　月
部　198　刊

照片提供/小雨

冷却了的悲痛

——读罗门的《麦坚利堡》

●冯麟煌

诗是诗人感知客体诉诸心灵所爆发出来的激情火花。我读罗门的《麦坚利堡》，为诗中的激情火花所燃烧。深为诗情的旋响所震动，涌起波澜久久不得平静，犹如看到那场惊心动魄的战争。

在我所读过的关于描写战争题材的诗篇中，我觉得《麦坚利堡》是写得最不同凡响的。这是一首反战的瑰丽虹美的诗篇，它让从那场战争走过来的人再次温习和体味那场战争，让没有经过那场战争的人也可以感知那场战争，那场人间历史的悲剧，人类的灾难和死亡。它的诗情所具有的魅力无疑是投向读者心灵的爆响，而又冷峻地引发人们去思索那场战争，这种思索因为时空的关系已经是一种冷却了的悲痛，悲痛着该如何去寻找和创造一个没有战争只有和平与安宁的世界，这就是《麦坚利堡》在今天所要告诉我们的。

超过伟大的
是人类对伟大已感到茫然

诗的引文拉开了诗的序幕，定下整首诗的题旨和基调，揭示了战争与人类、战争与和平难于调解的矛盾内涵。那场残酷的战争虽然已经过去许多年许多年了，战火燃烧过的岁月和太平洋的海水也都早已冷却，然而当作者也许作为观赏风景的旅人，踏访这方以七万座大理石十字架分别刻着死者名字与出生地，极其壮观而又凄惨地展览于麦坚利堡旷野上的美军阵亡公墓时，心情却是不能冷静的，他仿佛嗅到那股浓浓的战争的火药味，听到那场战争依然在哭诉，向着天和地，向着上帝在哭诉，又仿佛看到那场战争当年狰狞的狂笑，可怕的死亡的狂笑。七万颗灵魂就是被这疯狂的炮火的“笑声”埋葬的。

战争坐在此哭谁
它的笑声 曾使七万个灵魂陷落在比睡眠还深的地带

两行诗起头，独成一节，以两个反义字“哭”和“笑”带出，就非常形象非常感情地展现了那场战争的残酷和惨烈以及给人类带来灾难深重的痛苦和悲伤。这痛苦和悲伤是再也不能弥合了，一切美好的失去再也不能挽回：“史密斯威廉斯烟花节光荣伸不出手来接你们回家/你们的名字运回故乡比入冬的海水还冷/……/血已把伟大的纪念冲洗了出来/战争都哭了伟大它为什么不笑”，能笑得起来么，伟大？上帝也都救不了他们，只能眼睛发愣，看着那惨白的七万朵十字花“在风中不动，在雨里也不动”，站成永远的沉默和死寂，站作游客的景观。死者过去美好的一切只能让游人代作叩问的追忆：“那里是你们童幼时眼睛常去玩的地方/那地方藏有春日的录音带与彩色的幻灯片”，这从另一面也强烈地反映出活着的人们反对战争的呼声和对和平美好生活的向往和追求。

“麦坚利堡 鸟都不叫了树叶也怕动/……空间与空间绝缘：时间逃离钟表”，诗情奔涌着进入抒情的深层，推出一个特写的“静”字。静静的广场，静静的绿，静静的白，静静的美丽，却不是人间的乐园，不是，而是“死者的花园”。作者通过制造墓地死静的氛围，进一步渲染那场战争带来的死亡灾难的悲剧性。其悲剧可叫人神崩魂碎，鸟也惊心，花也溅泪。“凡是声音都会使这里的静默受击出血”。空间凝固了，时间静止了，死亡定格在这里，永恒无声，也许只有神来光顾吧，这墓园的草地是绿得怆然，绿得忧郁的。“静止如取下摆心的表面，看不清岁月的脸”，一番悲凉凄楚的景致！

然而，再长的梦也有醒来的时候，即使这死者的“睡”在生者看来是不会“醒”了，但诗人却使它“醒”了。而且是“睡醒了一个死不透的世界”。那个炮火咆哮、尸血遍地的世界，在诗人眼中似是个死世界。但却死不透，既然死不透，就有复活的希望，生存的希望，在战火燃烧过的焦土上只要有生命在，有和平的渴望在，就定会生长出芳草和鲜花来，就定会放养和平鸽。世界人民只要在战争的灾难中觉醒了，战争就会被制止、铲除、美好的和平也就会到来。

然而希望只是希望，期待只是期待，现实却是很冷酷的。面对这苍凉茫昏的墓地，看着这死神聚居的人间地狱。还能感慨什么？“麦坚利堡是浪花已塑成碑林的陆上太平洋/一幅悲天泣地的人浮雕/挂入死亡最黑的背景”。悲凉、悲凉，只是无尽的悲凉，只是叫人感觉到被死亡重压着的窒息。此景此情，任你七万座大理石的嘶喊也不济于事，这里神也不敢留步，星也不敢睁眼，史密斯，威廉斯。“你们是哪里也不去了/太平洋阴森的海底是没有门的”。诗写到这里戛然而止。就好像阎王关住鬼门似的更教人感到无比的阴冷与颤栗，进而警醒人们：罪恶的战争只有通向灾难和死亡，造成人类文明的毁灭，没有别的出路。诗的结尾一句力敌千钧，回味无穷。

《麦坚利堡》饱蕴着诗人大海一样的激情，以极其冷峻深沉的笔触描绘了那场世界大战群体悲剧的故事，三十五行有血有泪有声有色的美丽的语言集结成气势磅礴的伟阵，交相辉映，也像是在举行一场威武雄壮的战争。全诗统由哭诉——死静——凝固（定格）这样一种肃穆悲壮的情调主线贯串其中；融汇时空声色为一体，意象奇异独具，意境深拓独到；诗语因景因情而生，壮美多姿而凝炼，如件件珠光宝器掷地作响而生辉。此乃《麦坚利堡》艺术表现手法精湛高超之所在，是同类诗作无与伦比的。《麦坚利堡》不愧为当代世界诗坛的杰作，不愧于诗人称号的罗门的最辉煌的成功。

罗门简介

1928年生，海南省文昌县人。

空军飞行官校肄业，美国民航中心毕业，曾任民航局高级技术员，民航业务发展研究员。

从事诗创作四十年，曾任蓝星诗社社长、UPLI国际诗会荣誉会员、中国文协诗创作班主任、国家文艺奖评审委员、世界华文诗人协会会长、中国雷射协会发起人。先后曾赴菲律宾、香港、大陆、泰国与美国等地（或大学或文艺团体）发表有关诗的专题讲演。

1958年获蓝星诗奖与中国诗联会诗奖。1965年<麦坚利堡>诗被UPLI国际诗组织誉为世界伟大之作，颁发菲总统金牌。1969年同蓉子选派参加中国五人代表团，出席菲举行第一届世界诗人大会，同获大会「杰出文学伉俪奖」，颁发菲总统大绶勋章。1988年获中国时报推荐诗奖。1991年获中山文艺奖等。

著作有诗集十三种，论文集五种，罗门创作大系书十种，罗门、蓉子系列书8种。

作品选入英、法、南斯拉夫、日、韩，等外文诗选与中文版《中国当代十大诗人选集》。

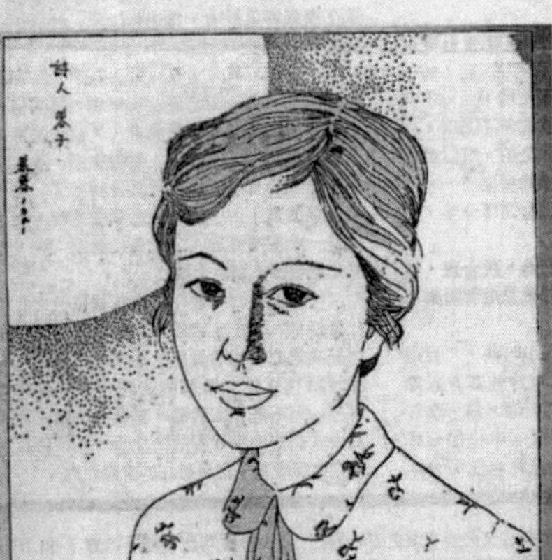

照片提供/小雨

蓉子简介

蓉子，本名王蓉芷，江苏人。曾担任中国妇女写作协会值年常务理事，青年写作协会常务理事兼诗研究委员会主任委员。曾出席在菲举行第一届世界诗人大会与罗门获「大会杰出文学伉俪奖」，接受菲总统大绶勋章。曾获国家文艺奖、国际妇女年国际妇女文学奖、青协第一届文

诗人·诗论家眼中的蓉子

●《七十年代诗选》曾介绍蓉子的诗风：「她早期的作品颇流露着哲思与智慧的光辉，「青鸟」时期，她活泼玲珑的句法，音响轻柔的节奏，单纯明澈的意象，严整稳妥的结构，以及含蓄的抒情风貌，在在使人低回不已。之后，《七月的南方》与《蓉子诗抄》相继出版，蓉子的诗风便有了极显著的转变，在现代新审美观与新的观物态度的影响下，她逐渐更换了「自我」的坐姿，逐渐远离了「青鸟」时期那单纯隽永与可爱的抒情世界，也像其他的现代诗人，强调深入的思考与知性，向内把握住事物的真实性，追求精神活动的交感作用，使作品在现代艺术的新领域里塑造交错繁美与带有奥秘性的意象，获致其更纯的深度与密度。……蓉子大部份的作品给予我们的感受是整体的跃动——一种女性特有情绪美，一种均衡与和谐的心象状态的展露……。」

●诗人余光中教授评介蓉子说：「蓉子为诗坛「开得最久的菊花」。近年来，她忽然如一只自焚而复活的凤凰，一个更成熟的蓉子出现了，她的新作不再是以往理想国度飞来的青鸟，而是现实风雨中的一只风信鸡，她的题材具体而复杂起来了，她的手法也现代了，且能做到透过具体的高度抽象……」

●诗评家张汉良教授评介蓉子说：「蓉子文如其人，她一向素处以默……她在时空的雕琢下，愈见清丽光滑，不仅是美、是善
到浪漫神话，到的是比神话更真实的人生，充满着
亲和地浮升在我们的眼前，痕辙已换，风也转调，
终肯定了艺术、肯定了人类的灵魂。」

●女诗人钟玲说：「蓉子的诗有多面化的特色
界、抨击都市文明、歌颂大自然，还有旅游诗、咏
怀等等。在体材上，她最突出的成就在以下两方面
女的新形象，㈡她表现了充满生命力的大自然及丰
位台湾诗人能如她有力地呈现大地的母性与丰饶
中，以蓉子处理的题材最多面，视野最广。她处理
然的赞颂、女性的形象、旅游、咏物、以诗论诗（a
市文明之批判、环境保护主义、名人事迹有感等等

●诗人兼评论家林耀德在论文中说：「蓉子她
於文学创作的执著，她对於名利淡泊不泥的率真，
洁的形象。蓉子之所以被形容为「永远的青鸟」、

文学
罗门·蓉
现代诗讲
讲题：
(1)罗门:《
恒价值》
(2)蓉子:《
主持人:李
主办:雪隆
协办: 马来
华人文化协
时间:8月1
地点:天后
入场免费

马华
七彩
著者：
作比比
定价：
出版：
邮购处
Univer
9 A, J
47300
Tel: 03
Fax: 03
马华
著者：
定价：
出版：
邮购处
P. O. E
童
著选：
定价：
出版：
邮购处
复
著者：
定价：
出版：
邮购处
取
著者：
定价：
出版：
邮购处
39, Jln
8120

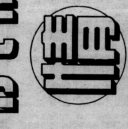

海峡两岸诗人心　罗门蓉子伉俪情

□洪亮

罗门、蓉子来了，当我们握过他俩手中的那张久违了的"旧船票"时，感到分外亲切，因为这是四十多年来，台湾现代诗坛的一对伉俪，应四川省作家协会、四川文艺出版社、四川联大中文系和四川企业文化促进会之邀，从海峡的那一边，首次人川，与四川的诗人们同渡诗之长江，共游诗之心海。

我不是诗人，只是《罗门诗精选百首赏析》的责任编辑，本次海峡两岸诗人交流会的策划者和组织者之一。会毕后，《四川政协报》的友人约我写点有关此会幕前幕后情景，特别是介绍罗门、蓉子这对台湾现代诗坛伉俪生涯的文章，我只好恭敬不如从命，从耳闻之趣、目睹之景采撷几朵心海浪花献给读者吧！

一、蜀中开放的姿态

四川被誉为诗之大国，这并不夸张。写诗者多，好诗的人亦多。据称，四川省作协机构里，诗人过半，其作品甚丰。当然，四川新闻出版界为此殊荣也可谓屡立战功。改革开放初期的八十年代，由四川出版界推出的诗集在全国频频得奖，诗人、编辑、读者对诗歌都给予了极大的关注，此情仍绵延至今，尚未消退。

四川是个幅员辽阔，人口众多的大省，在它的农村，我国的改革开放最先开花结果，"年产责任承包制"推动了全国农村的改革与发展，上述两例从城市到乡村一此一彼的领先地位，反映出1亿多四川人对精神生产和物质生产的热烈追求……现今，十几载的光阴已逝，沿海一带，长江三角洲的经济突飞猛进，已成为我们中华腾飞巨龙的龙头，同时，攀摘"诗王国"桂冠之地亦多了起来，经济搭台，文化唱戏，经济与文化联姻成为当今的时尚。譬如海南省，去年就以经济腾飞为目标，以开放促发展，不仅大招经济之商，也搞高水准的文化投资，以期经济与文化的比翼双飞。是年盛夏，海南大学等好几家，成功地举行了罗门、蓉子文学世界国际学术研讨会。然而，无独有偶，几乎与此同时，今年7月，我们也迎来了罗门、蓉子夫妇莅蓉。在由四川省作协、四川文艺出版社、四川联大中文系及四川企业文化促进会联合主办的四川海峡两岸诗人交流会暨《罗门诗精选百首赏析》首发式上，我省的老、中、青诗人、诗评家、中西比较文学专家教授、出版社编辑、新闻界记者共计50多人济济一堂，切磋诗艺，比较中西诗学、探讨海峡两岸新诗之现状与未来，此举也鲜明反映出四川在文化领域开放的态势。

然而，我们还可把这一开放性的焦距拉长一点，尚可追溯到去年初夏由省作协、省文艺出版社以及诗歌广达公司联袂举办的"中美诗人交流会暨《美国语言派诗选》首发式的一幕。笔者也是该会的策划与组织者之一，恰巧与会的前四川大学朱徽教授谈及想出一本罗门诗歌赏析的本子。于是，这便成了今天这个大会的初创点，后来笔者与朱教授共同设计了出版该书的方案和举办此会的计划，尔后又得到省作协《星星》诗刊四川企业文化促进会有关领导的热情支持，经过一番酝酿和筹备，四方联袂主办此会终于在7月的蓉城举行。值得肯定的一点是：在我们较为封闭的内陆腹地，能与具有较强前卫意识的台湾现代派诗人进行对话交流，这不能不说我们四川文化界已具备了开放的心态与信心，诚与海内外人士共创华夏文明的辉煌。去年切磋美国后现代派诗歌，今又是台湾现代派诗歌，这一前一后的举措，体现了四川文化出版界对东西方诗歌，传统与现代诗派所持的进行比较与借鉴吸收的正确态度。

另外，还有一点也格外引人注目。改革开放赢来了经济的迅猛发展，而滚滚商潮也难免有其负面影响，在由社会主义计划经济向社会主义市场经济转化时期，人们的价值观、道德观尚未重新调整好或得以重新确立之际，弃文经商、重商轻文者渐多，对物质的过高追求，拜金主义之风也较猖獗。文化市场，纯文学呈滑坡趋势，商业性文化日渐泛滥。在此严峻的现实面前，主办单位和与会的海峡两岸诗人们仍矢志不渝的追求严肃文学，高唱人类精神文明的不朽，以高度的历史责任感和时代感来探讨传统文化与现代文化，诗歌中中西文化的碰撞与融合，他们坚持和维系具有悠久历史和灿烂文明的中华民族之魂，这些汇聚成本次盛会的主旋律，可以说它是对当前物欲主义、拜金主义之风的有力回击，体现了对高品位严肃文学的积极倡导和扶持，标志着四川在经济对外开放的同时，文化事业

说，在当代台湾诗坛乃至大陆诗坛上，罗门是一位饮誉中外的著名现代派诗人。今天，我们有缘在蓉城与罗门夫妇共聚一堂，探讨海峡两岸现代诗歌的现状与未来，这便使我们有更多的机会和时间来接近罗门。

其实，罗门并非诗人的真名，他的本名叫韩仁存，出生在今海南省文昌县。诗人从小就与海有缘，至今虽年逾花甲，仍还在与海为伴，难怪在诗人的世界里，海的意象占据了主导地位。您听他对海的解释：

诗人坐在海边观海，把海看到自己的生命里来，把自己的生命，看到海里去；看到海天间的水平线，便发现那是"宇宙最后的一根弦；看到海上一朵云在飘，便联想'云带着海散步'，悠哉游哉，画面便也跟着映出王维与老庄来；凝望着海圆寂的额头，便会联想到哲人爱因斯坦与罗素等人的额头；将蓝蓝的海，看成宇宙的独目，又倒转来看人类的眼睛，最多望了百余年，都要闭上，而海的眼睛，却望了千万年仍在望——望着人类的乡愁，时空的乡愁，宇宙的乡愁，上帝的乡愁；更妙的，是浮在海上的那条天地线，几千年来，一直不停地牵着日月进进出出，从未停过；而海也一直把着浪刀，一路雕过来，把山越雕越高，一路雕过去，把水平线越雕越细，此时，难怪王维要把'山色有无中'的境界在诗中说了出来。

的确，海与罗门的诗密不可分，无论是那首名诗《观海》，还是他的加冕诗《麦坚利堡》，海让他走出了家园，走向了世界。一位美国诗人如是说："《麦坚利堡》具有将太平洋的海水凝成一滴眼泪的力量。"这是对罗门战争诗所下的精辟之评。

在罗门生活的空间中，还有一点，是促成他的诗创作具有浓烈现代倾向的重要因素。忆往昔，在抗日战争的烽火中，青少年时期的罗门就投身到成都附近的空军幼年学校受训，他驰骋在辽阔的天空，自由遨翔，眼界宽阔，有一种"天高任鸟飞"之感。要不是一场意外的足球比赛（一种很具都市意味的体育运动）所致，改变了他的生活航向，也许不会有今日之罗门。然而，生活就是这样，飞行员生涯，都市生活经历，为他后来的现代诗的创作奠定了重要基础。我们在罗门诗的世界中两个最重要的现代母题——战争和都市——里就感到了这种空间感和时间感即历史的穿透力，也许是由此缘故吧，罗门夫妇此次成都之行，还特意回到阔别数十载的成都都江堰空幼校参观访友。不过，今日之成都，已

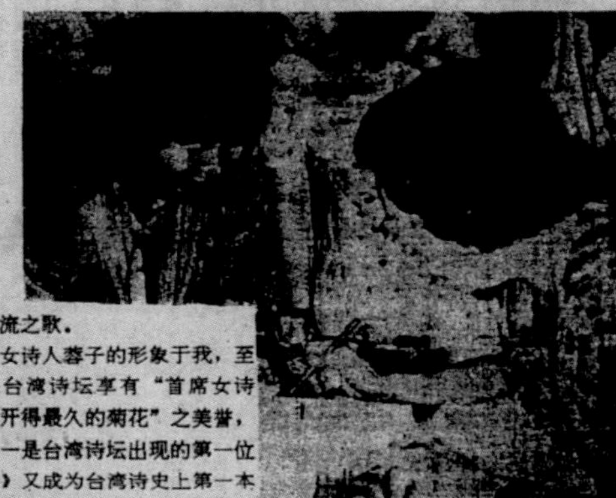

蓉子欣然为诗歌爱好者签名留念

她为我们唱响了海峡两岸诗人交流之歌。

"雁过留声，鸟过留鸣"，女诗人蓉子的形象于我，至今还是那么清晰。虽然蓉子在台湾诗坛享有"首席女诗人"、"诗坛永远的青鸟"、"开得最久的菊花"之美誉，并在台湾诗坛创下了两个第一：一是台湾诗坛出现的第一位女诗人，二是处女诗集《青鸟集》又成为台湾诗史上第一本女诗人的专集，但当您见到她时，便有一种和蔼、亲切和纯朴自然之感。她自谦不善论诗说道，其实在她的谈吐之间，那种静清纯的朴素之音，本身就是一首明朗婉约的诗，方可见出蓉子的人品与诗品。

我以为一位诗人必须首先做成了"人"，然后方能为"诗人"。我总觉得常人对"诗人"这一名词的估价不是过高，就是偏低，很少能恰如其分。……而诗人对自身的估价又多半有偏高的倾向，总视自己有点不同凡响，便"高自位置"，于是在态度上会流露出那种不切实际，加上很多想象的"自尊"。的确，从某种程度上说，诗人的心性应较敏锐，更拥有不同于一般常人的创作才能……

在20世纪末的今天，诗人既非有闲阶级，又无法专业化，诗人必须另有职业，否则不能维生。这样，尽管诗人有一份不同于常人的理想和抱负，但在现实生活里，几乎每一位诗人都象"隔壁家的邻居"那样平常，并无丝毫显赫之处——诗人应当显赫的是他们的作品而不是行为。因此，当人家称呼我"诗人"之际，我丝毫不觉得有什么特别之处，而我满意于这种"平凡"——我喜欢做一个"隔壁的缪斯"。

蓉子在交流会上的这番演说，我至今还记忆犹新。我以为，一个诗人能做到的，我们的一些官员也理应如此。高贵的不一定伟大，伟大之中一定包含平凡！

再听，蓉子是这样表述她的诗艺观的："人原有一颗'诗心'，可惜很多人的这颗心，特别是在20世纪末，现实功利金钱挂帅的今天，已逐渐为物欲的尘土掩埋了！"在此

左起：黄玉文、罗门、蓉子、公刘摄于"东坡书院"，为弟子授业的雕塑前。

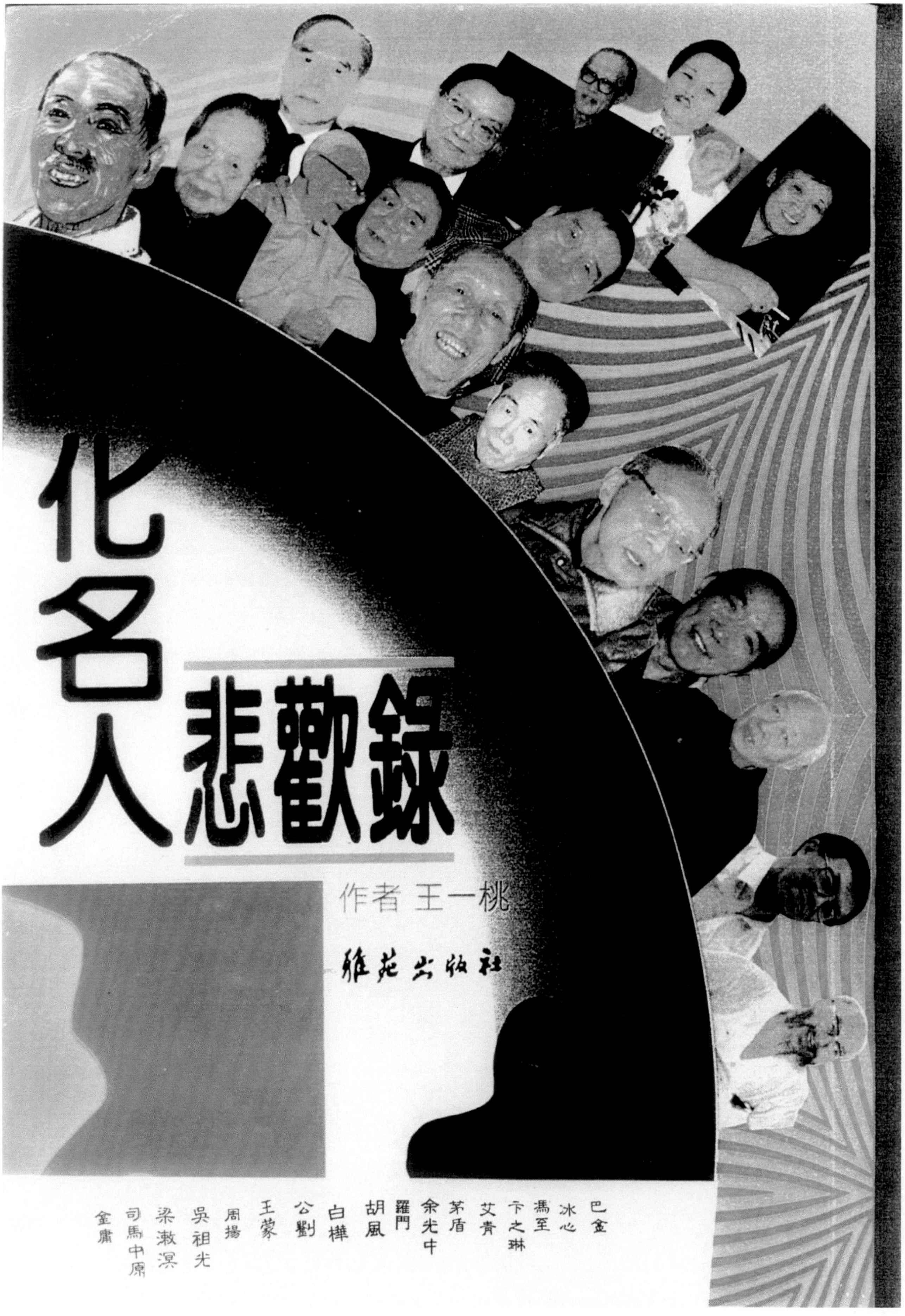
化名人
悲歡錄
作者 王一桃
雅苑出版社
巴金
冰心
馮至
卞之琳
艾青
茅盾
余光中
羅門
胡風
白樺
公劉
王蒙
周揚
吳祖光
梁漱溟
司馬中原
金庸

LADIES

仕女雜誌
1991. AUG
147期

9個名男人暢談身後的那雙手。

成功的男人背後，
必有一雙推動的雙手，
源源不斷的輸送著鼓勵與關懷，
好讓他全無後顧之憂的開步向前走。
有道是娶妻娶德，
雖然站在女性主義的立場並不見得完全贊同這句話，
但是，
家有賢妻絕對是每個男人畢生的夢想，
她不一定要美貌，
不一定要能幹，
但卻絕對得溫柔。
至於溫柔的感覺，
人人體味不一，
他們眼裏所見的溫柔又是什麼呢？

你懂溫柔嗎？

特別企劃
Special Report

159 LADIES

自立晚報

中華民國八十二年一月二十九日

大美百科全書共計30冊，具一百年歷史，文字風格較清晰易讀，由美國超大型出版公司葛羅里發行，以德國百科全書爲基礎，五年前由光復書局取得中文版權，投下新台幣兩億五千萬元，網羅近三千名編輯顧問和專業人員，最大特色在「開聯互動式的索引」，獲得綜合圖書類金鼎獎。

◀文字風格清新易讀的「大美百科全書」。

大美百科全書

17

LATIN AMERICA
-LYTTON

光復書局

1921 年，盧奧人在肯亞的民族主義政治運動之領袖中再度脫穎而出。他們建立了一個傳承的政治自治體，於肯亞獨立之後仍維續著。

LUO CHIA-LUN 羅家倫

西元 1897-1969.12.25。中國現代新文學運動創始人之一。字志希，筆名毅。原籍浙江紹興，清光緒 23 年(1897)生於江西進賢縣。1914 年入上海復旦公學。1917 年入北京大學文科，主修外國文學。與傅斯年等創辦《新潮》月刊，強調用新文學表現新人生。五四運動時期極爲活躍，被譽爲五四健將之一。1920 年被選派留美，入普林斯頓大學研究歷史與哲學，後轉入哥倫比亞大學。1922 年以後，先後於英國倫敦大學、德國柏林大學研究院及法國巴黎大學就讀，主修歷史與哲學。1926 年返國，出任總司令部編輯委員會委員長。翌年，協助創辦中央黨務學校。1928 年任國立清華大學校長，宣布選拔成績優良者赴美深造，並使清華大學直接受教育部管轄，不再由教育部、外交部共同管理。1930 年辭清華職務，轉任武漢大學歷史系教授。翌年，調任中央政治學校教務主任兼代教育長。

1932-41 年擔任中央大學校長。1943 年任新疆監察使兼西北考察團團長。翌年擬定大西北建設計畫。國民政府遷都南京後，出任國民黨中央黨史編纂委員會副主任委員，協助主委張繼從事中國革命史實的蒐集與編纂工作。1947 年任職首任印度大使，1950 年印度宣布承認中共，遂離任返國，擔任中國國民黨中央黨史會主任委員。1952-59 年兼任考試院副院長、國史館館長、中華民國筆會會長。1968 年因病請假休養。翌年，以腦血管硬化謝世，享年 73 歲。其著作有：《新人生觀》、《逝者如斯集》等(參考：羅家倫《羅家倫先生文存》)。

LUO FU 洛夫

西元 1928.5.11- 。現代詩人、評論家。湖南衡陽人，本名莫洛夫。初爲海軍軍官，後入淡江大學英文系，畢業後曾任教東吳大學外文系，現任《創世紀》詩刊總編輯，爲創世紀詩社發起人之一。已出版詩集《靈河》、《石室之死亡》、《魔歌》(1974)、《時間之傷》(1981)、《釀酒的石頭》(1983)、《因爲風的緣故》(1988)、《天使的涅槃》(1990)、《月光房子》(1990)等。散文集《一朵午荷》(1979)、《洛夫隨筆》(1985)，詩論集《詩人之鏡》(1969)、《洛夫詩論選集》(1978)、《孤寂中的迴響》(1981)、《詩的邊緣》(1986)，翻譯有《第五號屠宰場》(1975)、《雨果傳》(1975)、《約翰生傳》(1977)等。又曾參與主編《七十年代詩選》(1967)、《中國現代文學大系・詩卷》(1971)等。

他的詩富於意象美，張力大，變化繁富，可說是一位集陽剛、現代感、超現實主義於一身的詩人。早期《靈河》寫過一些比較輕俏的作品，但自《石室之死亡》之後，便展現其沈厚俊銳利的才力。近年來的作品不僅題材更爲開闊，語字益發渾成，且能自淡中見奇、奇中出淡，去晦澀而入雋永。代表作如《石室之死亡》之一、《我的獸》、《血的再版》、《秋來》等，各有不同的風格。其評論及散文亦見才力。

LUO KUAN-CHUNG 羅貫中

西元 1330？-1400。元代小說家。名本，字貫中，號湖海散人。山西太原人，一說爲錢塘(今浙江杭州)或廬陵(今江西吉安)人。相傳爲施耐庵門人，爲人與世寡合，但信仰儒家正統思想，有志於輔佐帝王，成一番事業，卻又很厭惡統治階級「爲名利使盡奸猾」。曾爲張士誠的幕客。明朝成立後，因不得志，轉而從事稗史的修撰，曾與《續錄鬼簿》的作者賈仲結爲忘年之交。但時代多變故，以致天各一方，未曾相會。所作樂府隱語，極爲清新。

他所作的小說，有《三國志通俗演義》120 回和《三遂平妖傳》20 回。但這兩本書都是後人所增删，大失本來面目。又有《水滸傳》，據明代王圻《續文獻通考》云：「亦爲貫中所作。」明郎瑛《七修類稿》、田汝成《西湖遊覽志餘》也作如是說。金聖歎則認爲《水滸傳》70 回以後爲貫中所續。又作雜劇《宋太祖龍虎風雲會》、《忠正孝子連環諫》、《三平章死哭蜚虎子》等三本，然其結構描寫皆不如其小說之緊湊動人。諸書今傳於世。

LUO MEN 羅門

西元 1928.11.20- 。現代詩人、批評家。本名韓仁存，廣東文昌人。藍星詩社大將。

祖父爲晚清進士，父親乃船業鉅子，童年極爲幸福。民國 31 年就讀四川灌縣的空軍幼年學校，37 年再進杭州筧橋空軍飛行學校。不久隨官校來台，在岡山續飛一年，後因踢足球腿傷而技術停飛。41 年時，考進民航局，擔任圖書室管理員。曾赴美國俄克拉荷馬州空航學校受訓數月。現已退休，專事寫作，並經常參與藝術家之活動；與畫家林壽宇、莊喆等結爲好友，爲藝壇之知音與藝評家。

他從事現代詩創作已逾 30 年，詩風堅實，爲陽剛派巨擘，以意象繁富、想像卓特見稱。而且不時發表評論，四出演說、座談，對年輕的詩作者及讀者發生宏大的影響力。現任藍星詩社社長，先後主編《藍星》詩刊、詩頁、年刊，又與張健合編《星空無限藍》頗有貢獻。

他的詩一貫地剛強、濃醇，「大風起兮雲飛揚」。對現代事物及人間現象特別敏感，而又懷抱傳統人文主義的理想，儼然以詩人中的貝多芬自視，高唱人類的心靈之歌，力抗物質文明的急驟潮流。

早期作品收入《曙光》(1958)詩集中，大部分不免過於直率，用喻亦連根帶葉，主題明朗，且富有浪漫情調，論者以爲其風格在拜倫與惠特曼之間。如《城裏的十字架》、《英雄頌》等。之後技巧更進步，內容也更深刻：意象繁美，節奏上波瀾起伏，氣勢上盤旋變化，使他成爲詩壇上重要的一員。《第九日的底流》、《都市之死》、《死亡之塔》是他六〇年代最重要的三組代表作，前者標有副題「獻給樂聖貝多芬」，乃是在現實中追求永恆之境的一系列回響：「而在你音色輝映的塔國裏/純淨的時間仍被鐘錶的雙手捏住/萬物回到自己的本位，以可愛的容貌相視/我的心境美如典雅的檯布，置入你的透明。」《都市之死》探討現代文明的癥結及現代人的墮落與悲哀，《死亡之塔》由紀念亡友覃子豪出發，探究生死的嚴肅問題。間或創作小品，其思雖巧，其辭反覺生硬。後期作品如《升起的河流》、《天安門廣場印象》、《時空奏鳴曲》等，奇喻屢見，較善剪裁，亦膾炙人口。

他曾在《羅門詩選》自序中分述他的作品內涵：一、透過戰爭的苦難，追蹤人的生命；二、透過都市文明與性，探討人生；三、表現對死亡與時空的默想；四、透過對自我存在的默想，表現生命感；五、對大自然的觀照；六、其他生存情境的探索。

除前述者外，他的詩集尚有：《曠野》、《有一條永遠的路》、《日月集》(與夫人蓉子合集)、《羅門自選集》、《隱形的椅子》、《整個世界停止呼吸在起跑線上》等。論文集《現代人的悲劇精神與現代詩人》、《心靈訪問記》、《長期受著審判的人》、《時空的回聲》、《詩眼看世界》。

LUO PIN-WANG 駱賓王

西元 640-684？。初唐詩人。婺州義烏(今浙江義烏附近)人。少善屬文，7 歲即能賦詩，尤妙於五言，嘗作《帝京篇》，鋪排整煉，慷慨有力，時人譽爲絕唱。爲人落魄無行，有俠氣，好與博徒爲伍。曾任武功、長安主簿，因坐贓左遷臨海丞，怏怏不得志，遂棄官而去。後隨徐敬業在揚州起兵討伐武后，作《討武曌檄》一文傳檄天下，斥武后罪行，文辭工麗，氣勢凜然。傳聞武則天讀此文，初猶嘻笑，但至「一抔之土未乾，六尺之孤安在」時，矍然而問：「誰爲之？」或以賓王對，后曰：「宰相安得失此人！」徐敬業兵敗伏誅，賓王則亡命不知所終。其詩豪邁而有英俊之氣，《在獄詠蟬》、《在軍登城樓》、《于易水送人》等爲其代表作，音調雄渾，氣魄悲壯，充滿懷古傷今之悲慨。詩文中常好以數字對仗，有「算博士」之稱。與王勃、盧照鄰、楊炯齊名，並稱「初唐四傑」。文多散軼，中宗時集成《駱賓王集》(10 卷)傳世。

LUO YIN 羅隱

西元 833-909。晚唐文學家。原名橫，字昭諫，自號江東生，錢塘餘杭(今屬浙江)人，一作新登(今浙江盧桐)人。少時英敏有文名，詩筆尤爲俊拔，有浩然之氣。爲人恃才傲物，對現實多譏諷之辭，深爲當權者所忌憎，因此屢舉進士不第，遂改名爲隱。晚年因避亂歸鄉里，依附鎮海軍節度使錢鏐，掌書記。後歷遷節度判官、鹽鐵發運使、著作佐郎等。羅隱自負其才堪當大用，然十試不中，傳食於諸侯之間，於是深怨唐室，詩文多以譏刺爲主，雖荒祠木偶

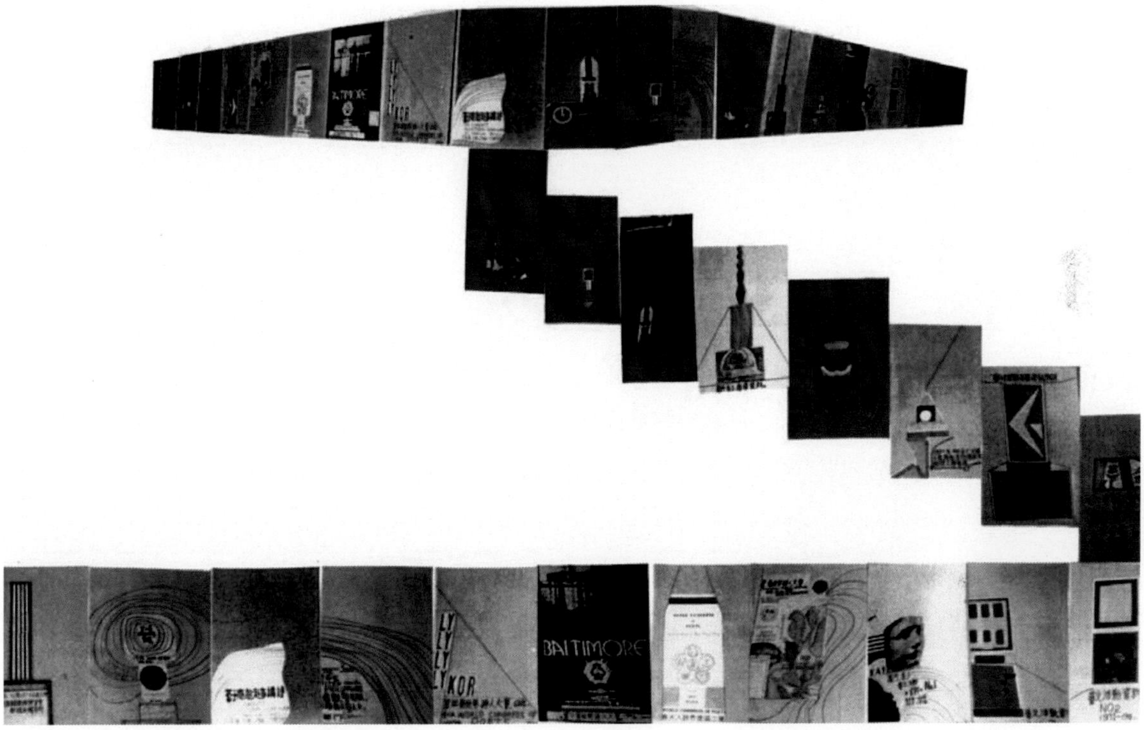

我的詩國

POETREPUBLIC

蓉子羅門研究檔案

蓉子研究檔案
羅門研究檔案

【說明】

蓉子羅門研究檔案，在目前較詳的資料可查看：

●國科會委托台灣交通大學圖書館設置蓉子羅門的數位網站。

●海南大學圖書館 1998 年舉辦羅門蓉子創作半世紀成果展彙編的《羅門蓉子創作年表》

●海南省圖書館 1999 年舉辦羅門蓉子「詩光・藝光・燈光」的大展所彙編的《羅門蓉子作品和入選與被評論書目鉤沉》

蓉子研究檔案

蓉子簡介

蓉子，本名王蓉芷。江蘇人，五十年代初正式走上詩壇，被稱爲台灣光復後現代詩壇第一位女詩人，1953年出版其引人矚目的處女詩集《青鳥集》爲光復後第一本女詩人專集。此後陸陸續續出版《七月的南方》、《維納麗沙組曲》、《這一站不到神話》、《黑海上的晨曦》（1997）和《水流花放》（1998年）、《衆樹歌唱》（2006年）、《童話城》（2009年數位典藏新版）、《蓉子集》（2008年國立台灣文學館）等共十九種詩的單行本。歷年來作品選入中文詩選近一百五十種選集，部分作品選入英、法、德、韓、、南斯拉夫、羅馬尼亞等外文版詩選集。（散文及其他文類未計》，有詩壇「永遠的青鳥」之譽。

曾擔任中國婦女寫作協會值年常務理事，青年寫作協會常務理事兼詩研究委員會主任委員。曾出席在菲舉行第一屆世界詩人大會與羅門獲「大會傑出文學伉儷獎」，接受菲總統大綬勳章。曾獲國家文藝獎、國際婦女年國際婦女桂冠獎、青協第一屆文學成就金鑰獎。中國詩歌藝術學會「詩歌藝術貢獻獎」等。曾先後應聘擔任各公私立文化教育機構文學評審委員，曾應聘擔任「文建會」與東海大學合辦「文藝創作研習班」詩組主任。一九六五年曾以詩人身份同小說謝冰瑩、散文家潘琦君，應韓國文化出版界之邀，以中華民國女作家三人代表團身份赴韓國，做了一次南韓全國性的訪問。一九八三年曾參加新加坡第一屆國際華文作家會議，會中初晤大陸詩人艾青、作家蕭勤和蕭軍三位著名的前輩作家。曾赴菲講學以及應邀赴香港大學、泰國與美國……等地發表有關詩的演講。曾擔任中山文藝獎評審委員。名列《世界名詩人辭典》。

1992年和羅門應邀赴美參加愛荷華著名的國際作家寫作計劃（International Writing Program），獲頒 IWP 榮譽研究員證書。1993年專程前往海南島海口市參加由海南大學和海南日報聯合主辦的「羅門、蓉子文學世界學術研討會」，與會的學者、作家、詩人分別來自美國、新加坡、馬來西亞、台灣、香港和大陸等地。研討會中所提出的卌多篇論文，已於 1994 年由文史哲出版社出版成書。1995年，中國社會科學出版社，以「羅門、蓉子文學創作系列」爲總題，陸續出版了兩人共八本系列書，並由北京大學、清華大學、海南大學和中國社會科學出版社等聯合召開「羅門、蓉子文學創作討論會」暨《羅門、蓉子文學創作系列》推介禮。本次討論會中的多篇論文以及會外由學者專家、評論家所執筆的數十篇論評均收集在1997年10月由文史哲出版社出版的《從詩中走過來》和《從詩想走過來》兩本論文集內。

●作品接受國內外著名學人、評論家及詩人

評介文章近八十萬字、已出版五本評論蓉子作品的書。

●二位研究生研究蓉子分別獲得學位。

●作品選入國中、高中及大專國文教科書。

其本人則在 2009 年 11 月，因在詩的領域內的長久努力和成就，榮獲瑞典寄贈的「國際莎士比亞獎」。

又 2010 年 3 月 30 日台灣漢學研究院寰宇漢學講座，邀請斯洛伐克科學院教授，著名的漢學家同時也是重要的比較文學學者高立克博士（Dr. Marian Galik）假國家圖書館，以「台灣當代女詩人『蓉子』與聖經」爲題發表演講，其演講中有謂「關於中國現代女詩人一作爲中國宗教、哲學以及文學價值的繼承者如何看待這部最富有智慧的希伯來的遺產，會非常有意思等語」。令蓉子覺得有些沉重。

蓉子著作目錄

類別	書名	出版者	出版年月
1.詩集	青鳥集	中興文學出版社	1953 年 11 月
		爾雅出版社（新版重印）	1982 年 11 月
2.詩集	七月的南方	藍星詩社	1961 年 12 月
3.詩集	蓉子詩抄	藍星詩社	1965 年 5 月
4.童話翻譯	四個旅行音樂家	國語日報	1965 年 12 月
5.童詩集	童話城	台灣書店	1967 年 4 月
童詩集	童話城	國立交通大學（數位典藏新版）	2009 年 5 月
6.英譯詩集	日月集（兩人合集）	美亞出版版社	1968 年 8 月
7.詩集	維納麗沙組曲	純文學出版社	1969 年 11 月
8.詩集	棋笛與豎琴的饗午	三民書局	1974 年 1 月
9.詩集	天堂鳥	道聲出版社	1977 年 12 月
10.詩選集	蓉子自選集	黎明文化公司	1978 年 5 月
11.詩集	雪是我的童年	乾隆圖書公司	1978 年 9 月
12.散文集	歐遊手記	德華出版社	1982 年 4 月
		純文學出版社	1984 年 2 月
13.詩集	這一站不到神話	大地出版社	1986 年 9 月
14.詩選集	羅門・蓉子短詩精選	殿堂出版社	1988 年 9 月
15.詩集	只要我們有根	文經出版社	1989 年 9 月
16.詩論集	青少年詩國之旅	業強出版社	1990 年 10 月
17.散文集	千泉之聲（上下冊）	師大書苑	1991 年 1 月

18.詩選集	太陽與月亮（兩人合集）	廣州花城出版社	1992 年 3 月
19.詩選集	蓉子詩選	中國友誼出版社	1993 年 7 月
20.詩精選集	千曲之聲	文史哲出版社	1995 年 4 月
21.詩選集	蓉子詩選	中國社會科學出版社	1995 年 4 月
22.散文選	蓉子散文選	中國社會科學出版社	1995 年 4 月
23.散文集	千泉之聲	群衆出版社（大陸版）	1996 年 1 月
——台灣名家散文叢書			
24.詩集	黑海上的晨曦	九歌出版社	1997 年 9 月
25.詩集	水流花放	遼寧春風文藝出版社	1998 年 5 月
——中國女性詩歌文庫			
26.詩集	衆樹歌唱	萬卷樓圖書公司	2006 年 6 月
——蓉子人文山水詩集			
27.蓉仔集		國立台灣文學館	2008 年 12 月
——台灣詩人選集			

◎「羅門．蓉子文學創作系列」八冊（中國社會科學出版社，1995 年）

1.羅門短詩選

2.羅門長詩選

3.羅門論文集

4.羅門論

5.蓉子詩選

6.蓉子散文選

7.蓉子論

8.日月的雙軌－論羅門蓉子（周偉民．唐玲玲教授合著）

蓉子作品選入中、外文詩選

作品選入中文詩選集

①《中國新詩選輯》（創世紀詩社 1956 年出版）

②《中國詩選》（大業書店 1957 年出版）

③《詩創作集》（復興書局 1957 年出版）

④《十年詩選》（明華書局 1968 年印行）

⑤《寶島頌》（台灣省新聞處 1968 年 6 月）

⑥《七十年代詩選》（大業書店 1969 年 3 月）

⑦《乙酉端午詩集》（台北市文獻委員會 1969 年 6 月）

⑧《中國新詩選》（長歌出版社 1970 年）

⑨《一九七〇年詩選》（仙人掌出版社 1971 年）

⑩《中國現代文學大系》（巨人出版社 1972 年）

⑪《中國古今名詩三百首》（華岡出版社 1973 年）

⑫《六十年詩歌選》（正中書局 1973 年）

⑬《中國現代文學選集》（書評書目出版社 1976 年）

⑭《廿世紀中國現代詩大展》（大昇書庫出版 1976 年）

⑮《中國現代文學年選》（巨人出版社 1976

年)

⑯《當代詩人情詩選》(濂美出版社 1976 年)

⑰《八十年代詩選》(濂美出版社 1976 年)

⑱《現代詩導讀》(故鄉出版社 1979 年)

⑲《現代名詩品賞集》(聯亞出版社 1979 年)

⑳《小詩三百首》(爾雅出版社 1979 年)

㉑《當代中國新文學大系》－詩(天視出版公司 1980 年)

㉒《中國新詩選》(長安出版社 1980 年)

㉓《龍族的聲音》(國軍新文藝運動導委員會印行 1980 年)

㉔《新詩評析一百首》(布穀出版社 1980 年)

㉕《童詩百首》選(爾雅出版社 1980 年)

㉖《中國當代新詩大展》(德華出版社 1981 年)

㉗《剪成碧玉葉層層》－現代女詩人選集(爾雅出版社 1981 年 6 月)

㉘《青青草原》－現代小詩賞析(青草地雜誌出版社 1981 年)

㉙《抒情傳說》－聯副卅年文學大系詩卷(聯合報 1981 年出版)

㉚《葡萄園詩選》(自強出版社 1982 年)

㉛《童詩欣賞》(華仁出版社 1982 年)

㉜《現代詩入門》(人民文學出版社 1982 年)

㉝《台灣詩選》(人民文學出版社 1982 年)

㉞《中國現代文學選集》(爾雅出版社 1983 年)

㉟《七十一年詩選》(爾雅出版社 1983 年出版)

㊱《她們的抒情詩》(福建人民出版社 1983 年出版)

㊲《中國現代詩》(五南圖書公司 1984 年)

㊳《七十二年詩選》(爾雅出版社 1984 年)

㊴《大地注》(神州彩色印刷公司印 1984 年)

㊵《生命注》(神州彩色印刷公司印 1984 年)

㊶《七十三年詩選》(爾雅出版社 1985 年)

㊷《七十四年詩選》(爾雅出版社 1986 年)

㊸《世界兒童詩選》(安徽少年兒童出版社 1986 年)

㊹《星空無限藍》(九歌出版社 1986 年 4 月)

㊺《海是地球的第一個名字》－中國現代海洋文學詩選(號角出版社 1987 年)

㊻《台灣女詩人卌家》(湖南文藝出版社 1987 年 2 月)

㊼《小詩選讀》(爾雅出版社 1987 年 5 月)

㊽《海外詩箋》(中央日報社 1987 年 5 月)

㊾《千曲之島》(爾雅出版社 1987 年 7 月)

㊿《鏡頭中的新詩》(漢光文化公司 1987 年)

51《七十六年詩選》(爾雅出版社 1988 年)

52《當代臺灣詩萃》(湖南文學出版社 1988 年)

53《臺灣兒童詩選》(湖南文藝出版社 1988 年 8 月)

54《現代中國詩選》(洪範出版社 1989 年)

55《中華現代文學大系》(九歌出版社 1989 年)

56《名詩手稿》(海風出版社 1989 年)

57《水仙的心情》——台灣女性抒情詩(廣州花城出版社 1989 年)

58《臺港朦朧詩賞析》(花城出版社 1989

年）

⑲《台灣現代詩四十家》（人民文學出版社1989年）

⑳《秋水詩選》（秋水詩刊社1989年）

㉑《兒童文學詩歌選集》（幼獅文化事業公司1989年）

㉒《台港百家詩選》（江蘇文藝出版社1990年）

㉓《鄉愁》——台灣與海外華人抒情詩選（河北人民出版社1990年）

㉔《七十九年詩選》（爾雅出版社1991年）

㉕《台灣現代詩選》（香港文藝風出版社1991年）

㉖《海峽兩岸朦朧詩賞析》（長江文藝出版社1991年）

㉗《台灣新詩鑑賞辭典》（山西北岳文藝出版社1991年）

㉘《台灣現代詩賞析》（河南人民出版社1991年）

㉙《中國兒童詩佳作選》（遼寧少年兒童出版社1991年）

㉚《葡萄園卅週年詩選》（文史哲出版社1992年）

㉛《八十年詩選》（爾雅出版社1992年）

㉜《活水詩粹》（活水文化雙周報社1993年）

㉝《半流質的太陽》－幼獅文藝四十年大系（新詩卷）（幼獅文化公司1994年）

㉞《中國詩歌選》（漢藝色研文化公司1994年）

㉟《三年詩選》——1990至1992（北京人民文學出版社1994年）

㊱《中國海洋詩選》（大洋文藝雜誌社1994年）

㊲《新詩三百首》（九歌出版社1995年）

㊳《國際華文詩人百家手稿集》（廣州出版社1995年）

㊴《國際華文詩人精品集》（廣州旅遊出版社1996年）

㊵《中華新詩選》（文史哲出版社1996年）

㊶《彼岸的繆斯》（百花洲文藝出版社1996年）

㊷《中國詩歌選萃》（花城出版社1996年）

㊸《中國當代名詩一〇〇首》（湖北教育出版社1996年）

㊹《中國詩歌選》（詩藝文出版社1996年出版　1997年增訂版）

㊺《可愛小詩選》（爾雅出版社1997年）

㊻《當代名詩人選》（絲路出版社1997年）

此外作品（散文）選入散文選集卅多種，論蓉子的著作共七種，其中四種是和羅門合論，書目如下：

蓉子論書目

1.《日月的雙軌》－羅門蓉子合論（周偉民、唐玲玲教授合著，文史哲出版社出版1991年）

2.《羅門蓉子文學世界學術研討會論文集》（文史哲出版社出版1994年）

3.《永遠的青鳥》——蓉子詩作評論集（詩論家蕭蕭主編，文史哲出版社出版1995年）

4.《蓉子論》（余光中、鍾玲、鄭明娳、張健、林綠等教授著，中國社會科學出版社出版1995年）

5.《從詩中走過來》——論羅門蓉子（楊匡漢、鄭敏、潘麗珠、沈奇、侯洪、李漢榮等詩評人著，文史哲出版社1997年）

6.《從詩想走過來》——論羅門蓉子（張肇

祺教授著，文史哲出版社 1997 年出版）

入選歷年詩、文或文史選集的詩

①《百家文》（文明印書館 1954 年 4 月）
②《自由中國文藝創作集》（正中書局 1954 年）
③《當代中國名作家選集》（文光圖書公司 1959 年）
④《百壽文》－國父百年誕辰百家文集（中國青年寫作協會 1965 年）
⑤《她們的世界》－當代中國女作家及作品（純文學出版社 1973 年）
⑥《文藝選粹》（幼獅文化事業公司 1977 年）
⑦《我需要一份愛》－當代散文、詩歌、小說選輯（龍鳳實業有限公司 1977 年）
⑧《彩虹文藝》（彩虹出版社 1980 年）
⑨《現代兒童文學精選》（正中書局 1986 年）
⑩《織錦的手》（九歌出版社 1987 年）
⑪《台灣新詩發展史》（北京人民文學出版社 1989 年）
⑫《七十七年文學批評選》（爾雅出版社 1989 年）
⑬《現文因緣》（現文出版社 1991 年）
⑭《台灣文學家辭典》（廣西教育出版社 1991 年）
⑮《台灣新詩鑒賞辭典》（山西北岳文藝出版社 1991 年）
⑯《中國當代新詩史》（北京人民文學出版社 1993 年）

作品選入外文選集

A 英譯選集：

1.中國新詩集錦（*New Chinese Poetry*）　全光中教授編譯　台北 Heritage Press　出版　1960
2.日月集（二人詩英譯）（*Sun-Moon Collection*）　榮之穎博士編譯　台北 Mei Ya Publications 出版　1968
3.台灣現代詩選（*Modern Verse from Taiwan*）　榮之穎博士編譯　美國加州大學出版社出版　1972
4.蘭舟——中國女詩人（*The Orchid Boat*）　Kenneth Rexroth、鍾玲教授合譯　美國 McGraw-Hill Book Company Newyork　1972
5.亞洲新聲（*Voice of Mordern Asia*）　新芥昱教授譯介（中國詩部分）　新美國圖書公司出版　1973
6.新歐洲評論（*New Europe-Quarterly Review*）　Director Mimmo Morina 策劃　在盧森堡發行（Luxembourg）　1974
7.中國現代文學選集（*An Anthology of Contemporary Chinese Literature*）　國立編譯館（台北）　1975
8.夏照——中國當代詩選（*Summer Glory-Contemporary Chinese Poetry*）　殷張蘭熙編譯　中華民國筆會　1982
9.當代中國詩人評論集（*Essays on Contemporary Chinese Poetry*）　林明暉教授著　美國俄亥俄大學出版社　1985
10.千曲之島——台灣現代詩選（*The Isle Full of Noises*）　張錯博士編譯　美國哥倫比亞大學出版社　1987
11.一九九〇世界詩選（*World Poetry 1990*）　Dr. Krishna Srinivas 主編　印度馬德拉斯發行　1990

12.中國現代詩選（*Anthology of Modern Chinese Poetry*） 奚密教授編譯 美國耶魯大學出版社 1992

13.一九九二文學的奧林匹亞選集－國際詩選（*Literary Olympians 1992 - An International Anthology*） Elizabeth Barllett 主編 美國波斯頓出版 Ford-Brown & Co. 1992

B **法譯選集**：

中國當代詩選（*La Poesie Chinoise Contemporaine*） 胡品清編譯 Seghers paris 1962

C **南斯拉夫文選集**：

1.環球女詩人之聲（*The Poetic Voices of Women from all Meridians*） Ajsa Zahirovic 主編、Ivo Soljan 翻譯 在南斯拉夫出版 1991

2.中國詩選集（*Antologija Savremene Kineske Poezije*） Radosav Pusic、張香華主編 南國出版 Filip Visnjic, Beograd 1994

D **羅馬利亞文選集**：

當代中國詩選集（*Antologie de Poezie Chineza Contemporana*） 張香華主編、杜山、拜士奇（Dusan Baiski）翻譯 羅馬利亞出版 Editura de Vest Timisoara 1996

E **日譯選集**：

台灣詩集——世界現代詩文庫 12 北影一主編 東京新宿土曜美術社發行 1986

華麗島詩集——中國民國現代詩選 笠編委會企劃編輯 日本東京若樹書房 1976

F **韓譯詩選**：

1.中國文學史 尹永春教授著 韓國漢城白映社 1965

2.廿世紀詩選－世界文學全集 69（*An Anthology of Twentieth Century Verse*） 李昌培教授主編 韓國乙酉文化出版社 1971

3.現代中國文學史 尹永春博士著 漢城瑞文堂出版 1974

4.中國現代詩選 許世旭博士編譯 韓國乙酉文化社 1975

5.韓國文學 7 卷 7 號——世界詩人大會紀念特輯 金東里主編 漢城韓國文學社出版 1979

6.全北文學 77——中華民國三詩人集 崔勝範教授策劃、全北文學編輯室主編 在韓國全州市發行 1979

7.亞洲現代詩集（含韓、日、英三種文字翻譯） 亞洲現代詩編委會 Dong Hwa Publishing Co.出版 1984

8.湖西文學——中國現代代表詩人五人選特輯 湖西文學會編著 韓國湖西文化社發行 1987

9.全北文學 179 全北文學編輯室、全泰成韓譯 韓國鮮明出版社發行 1998

蓉子研究

「蓉子論」書目

1.永遠的青鳥——蓉子詩作評論集（評論家蕭蕭主編，文史哲出版社，1995 年）

2.蓉子論（余光中、鍾玲、鄭明娳、張健、林綠等教授著，中國社會科學出版社 1955 年）

3.蓉子詩賞析（古遠清教授著，文史哲出版社，1998 年）

4.青鳥的蹤跡——蓉子詩歌精選賞析（朱徽教授著，爾雅出版社，1998 年）

「蓉子羅門論」書目

1.日月的雙軌——羅門蓉子合論（周偉民・唐玲玲教授合著，文史哲出版社，1991年）

2.羅門蓉子文學世界學術研討會論文集（文史哲出版社，1994 年）

3.從詩中走過來——論羅門・蓉子（謝冕教授等著，文史哲出版社，1997 年）

4.從詩想走過來——論羅門・蓉子（張肇棋教授著，文史哲出版社，1997 年）

5.燕園詩旅——羅門蓉子詩歌藝術論（長江文藝出版社，2000 年 4 月）

詩人・詩論家眼中的蓉子

●「七十年代詩選」曾介絕蓉子的詩風：

「她早期的作品頗流露著哲思與智慧的光輝，『青鳥』時期，她活潑玲瓏的句法，音響輕柔的節奏，單純明澈的意象，嚴整穩妥的結構，以及含蓄的抒情風貌，在在使人低迴不已。之後，『七月的南方』與『蓉子詩抄』相繼出版，蓉子的詩風便有了極顯著的轉變，在現代新審美觀與新的觀物態度的影響下，她逐漸更換了『自我』的坐姿，逐漸遠離了『青鳥』時期那單純雋永與可愛的抒情世界，也像其他的現代詩人，強調深入的思考與知性，向內把握住事物的眞實性，追求精神活動的交感作用，使作品在現代藝術的新領域裏塑造交錯繁美與帶有奧秘性的意象，獲致其更純的深度與密度。……蓉子大部份的作品給予我們的感受是整體的躍動——種女性特有情緒美，一種均衡與和諧的心象狀態的展露……。」

●詩人余光中教授評介蓉子說：

「蓉子爲詩壇『開得最久的菊花』」。「近年來，她忽然如一隻自焚而復活的鳳凰，一個更成熟的蓉子出現了，她的新作不再是以往理想國度飛來的青鳥，而是現實風雨中的一隻風信雞，她的題材具體而複雜起來了，她的手法也現代了，且能做到透過具體的高度抽象……」（1971 年高雄大亞書店出版的《七十年代詩選》爲張默、洛夫、瘂弦三人主編）

●詩人余光中教授評介蓉子說：

“蓉子爲詩壇‘開得最久的菊花’”。“近年來，她忽然如一只自焚而復活的鳳凰，一個更成熟的蓉子出現了，她的新作不再是以往理想國度發來的青鳥，而是現實風雨中的一只風信雞，她的題材具體而復雜起來了，她的手法也現代了，且能做到透過具體的高度抽象……”（刊於菲華雜志《荒原》，詩人南山鶴主編，約在 1962 年出刊）

●詩評家張漢良教授評介蓉子說：

「蓉子文如其人，她一向素處以默……她具有大多數女詩人敏銳觸覺；但又和浪漫的女詩人，如胡品、沈花末、馮青不同。她的詩表現出一種寧靜的秩序與斯多噶式（Stoic）的收斂……。她的另一半—羅門則是詩壇有名的慷慨激昂人物；有人把他們喻爲中國現代詩壇的「白朗寧夫婦」。就其詩觀之，蓉子比伊莉莎白古典多了。（原載《現代詩導讀》，1979 年故鄉出版社）

●評論家鄭明娳教授說：

「蓉子是被詩壇共認的『永遠的青鳥』，她的羽翮在時空的雕琢下，愈見清麗光滑，不僅是美、是善，更是智慧的榮耀。這一站不到浪漫神話，到的是比神話更眞實的人生，充滿著愛和悲憫的境界，那麼自然而親和地浮昇在我們的眼前，痕轍已換，風

也轉調，但是『維納麗沙』的微笑，始終肯定了藝術、肯定了人類的靈魂。（1986年11月23日《大華晚報》書評書介）

●女詩人鍾玲說：

「蓉子的詩有多面化的特色。包括描寫現代女性的內心世界、抨擊都市文明、歌頌大自然，還有旅遊詩、詠物詩、對時事或新聞人物之感懷等等。在體材上，她最突出的成就在以下兩方面：（一）她的詩塑造了中國現代婦女的新形象，（二）她表現了充滿生命力的大自然及豐盈的人生觀。「……沒有一位臺灣詩人能如她有力地呈現大地的母性與豐饒。」她也說「在臺灣諸女詩人中，以蓉子處理的題材最多面，視野最廣。她處理的主題包括哲思、親情、大自然的讚頌、女性的形象、旅遊、詠物、以詩論詩（ars poetica），社會現實素材、都市文明之批判、環境保護主義、名人事跡有感等等。」（鍾玲：《都市女性與大地之母：論蓉子的詩歌》見1988年8月《中外文學》第十七卷第三期）

●詩人兼評論家林燿德在論文中說：

「蓉子她對於生命中眞善美的昂揚，對於文學創作的執著，她對於名利淡泊不泥的率眞，在在於詩中顯影出一個溫婉純潔的形象。蓉子之所以被形容爲『永遠的青鳥』、更成爲中國詩壇一朶不凋的青蓮，並不僅止她是『自由中國第一位女詩人』這種記錄上的意義，更在於她數十年毫無間斷而且高潮迭起的創作生涯已帶給我們一種典範。」（林燿德：《詩的信仰－我讀蓉子之（一）》和《向她索取形象－我讀蓉子之（二）》見1987年8月－9月的《大華晚報》

●詩人兼詩評家羅青說：

「蓉子自從『七月的南方』出版後：她開始緩慢而有節制的於作品中，注入現代機械文明下所產生的種種經驗，使溫柔純美的詩風裏，透露出些許苦澀及西化的頃向。她寫下了『我的粧鏡是一隻弓背的貓』等作品，語言、意象、內容都比過去成熟了許多。到了她出版『維納麗沙組曲』時，她已經能夠收發自如的處理任何題材了。這一個時期的作品如『公保門診之下午』、『未言之門』及『詩』等，都顯示出她不再只是一個閨秀詩人。（1982年9月《文學時代雙月叢刊》第九期《月桂冠》號）

●詩人兼詩評家蕭蕭說：

「詩如其人，就蓉子而言，端莊是人格的總體表現，端莊的風味就是詩的主要風格之一。如果是青蓮，那是端莊的青蓮，如果是青鳥，青鳥的飛翔之姿也是優雅而端莊的。」（1981年《陽光小集》夏季號）

●詩人高歌（高信彊）說：

「在蓉子的世界，一再旋著那生育我們的大地與自然的親情，那種人性完美的追求，自我眞實的塑造，以及心智的成熟與豐美……。」又說：「如果說，蓉子是那種曖曖的宗教與自然之光的話，那麼，羅門便是那熾燃的生命與精神的火花；如果蓉子是寧靜的湖，羅門便是那湖上遽然而來的風浪；如果蓉子是流泉涓涓，羅門便是那一瀉千里的江河－表現在性格上的是：蓉子謙遜、質樸而典雅，羅門坦率、誇張而熱情；在創作上：蓉子偏於東方柔美的抒情性，而羅門則偏於內在精神的主知性；蓉子是一完美的雕塑，一股溫柔的風，而羅門則是一個龐然的建築，是一不能自己的震動……」（高歌：

《生命的二重奏》，見 1972 年 4 月《幼獅文藝》33 卷第四期）

●詩人兼評論家周伯乃說：

「我常常覺得，女詩人蓉子的本身，就是一首詩，一首典雅的詩。她那幽幽的情懷，和那長期深受宗教氣氛薰陶的一種肅穆，她的早期的詩，清新、簡潔，而又有一種柔柔的節奏感。她不重視格律，但她的詩有一種自然的音樂美，大部份是建立在整體的完美上，從她最早在『新詩周刊』上發表的「青鳥」到現在的『一朵青蓮』。她都是守住她那屬於東方古典美的特有氣質，也是形成她一貫創作詩的高尚情操。」見1969年7月7日出版的《文藝》第一期。

●詩人張默說：

「卅年來一直保持不急不徐的創作狀態，每年都有新作出示讀者，環視當今詩壇，在衆多女詩人群中，應以蓉子列首位。『一種季節的推移』，依然顯現作者一貫的詩風，『親切、明澄、華美』。我想這也就夠了，一個詩人能數十年如一日，追求她的理想，絕非易事，編者衷心爲她的執著鼓掌。」（1983 年 3 月出版的《七十一年詩選》）

●詩人向明：

「在我國現在詩人中，女詩人蓉子當是這麼始終堅持的一位。蓉子早在民國四十二年就曾出版膾炙人口的『青鳥集』，此後直到今天，她年年月月一直都有作品發表。而且詩壇幾十年來風起雲湧的各種激流，她都屹立不，搖始終默默於詩的耕耘。她已經出版過十種詩集。余光中早在十九年前即曾稱道『蓉子是開得最久的菊花』，而現在這菊花仍欣欣向榮，開很茂盛。」（見 1986 年 12 月 18 日台灣《中華日報》）

●詩人辛鬱說：

「抒情，是蓉子作品的特色，這也許是因爲女性天生愛美，蓉子的詩，在意象的營造，氣氛的營造，氣氛的烘托，以及語言的構建等方面，可說是得心應手，其技巧運用的圓熟，一般女詩人是很難達到的。從蓉子的特中，你會發現美的完整。」（1976 年 11 月 22 日《青年戰士報》評《蓉子的（傘）》）

●詩人兼散文家陳寧貴說：

「蓉子是自由中國第一位女詩人，生長於一個教會家庭裏，養成了待人待己都極虔誠的性情，與她交談你會感覺她具有一顆中國傳統的溫柔敦的心，因此從她玲瓏剔透的詩中，隱約透厚出對物的關愛，讀她的詩，能使煩躁混濁的情緒，慢慢沉澱透明起來，像這種具有安慰力量的詩，在現代詩壇是稀罕的。」

●詩人兼散文家陳煌在論文中說：

「一再翻讀蓉子的詩，我感覺到有一種類似古典溫婉的情調充滿字行間，而升至我心中的，卻是一股柔和芬芳的成熟！甚至在取材內容上，她似乎早已能熟練地運用生活經驗的情感，融入詩中，經過多方觸鬚的敏銳感應，而從妍婉中擎起。」他又說：

「蓉子是一位不斷肯定自己的女詩人，同時，藉著詩的表達，她更認清了生命的意義！而在技巧上，蓉子特別喜愛以漸層入境的手法，將自己的觀照和諧且完整地呈露，並閃現出智慧的心思，而純眞明澈的感情尤使得蓉子的作品，從詩的意境上傳出韻味的芬芳，叫人反嚼回來。」（見 1981 年夏秀號《陽光小集》）

●詩評家潘亞暾教授說：

「久聞蓉子芳名，聽說她是臺灣詩壇最先出現的女詩人，素有『首席女詩人』、『永遠的青鳥』之譽……」。

「在長期的藝術實踐中，蓉子逐漸形成意境悠遠、含蓄委婉、寧靜雋永的風格，詩中每每流露出一種訴諸於生命的哲思與靈性的祥光，詩的語言清淡遠、自然和諧、凝煉舒展。」

「三十多年來，蓉子鍥而不舍地在詩壇耕耘。她淡泊名利，執著追求的只是藝術的眞善美。願這詩苑的『青鳥』振翮高飛，永保藝術之青春。」（潘亞墩：《求眞、求善、揚美－蓉子短詩賞析》見 1989 年 8 月《國文天地》

●女作家莊秀美說：

「蓉子，這位絕美的女詩人，一直被詩壇所共認爲『永遠的青鳥』，竟誕生於這樣一個光輝的日子－五月四日文藝節，而且是自由中國第一位出版個集的人女詩人。」

「這些年來，不僅是因爲『詩是一種對生活現象的探索，對生命本質的體驗』，更由於「詩是一種良知的事業」，致使蓉子奉獻了三十餘年的生命而無悔，如今她的詩國枝繁葉茂，一片錦繡天地：她並爲中國詩壇孕育了肥沃豐實的土壤，使得後起之秀有一條脈絡可循，說她是詩壇永恆的奠基者，實不爲過！」（見 1987 年 4 月 9 日《大華晚報》詩人專訪）

●女詩人兼散文家張秀亞說：

「在自由中國的新詩壇上，蓉子女士的詩筆，首先在寶島上綻開了『一束馨美的小白花柔』她的深沉的感情，豐富的想像，充沛的才分，皆在一種克臘西克Classic式的節制下，淡淡的表達出來，似顯露，而實深藏，所以耐人尋味。」

●女詩人涂靜怡說：

「蓉子寫了許多好詩，可惜我不能把它一一引在這裏，我只能夠說，她在我們的詩壇，是創作最豐，寫了許多好時，令我非常敬慕的一位詩人。她的成功，絕非偶然，她的成就，也不止是寫下了那麼多感人的詩篇，也不止是那一寫就是三十年的執著和毅力。更令人敬佩的是她謙和的態度。她待人親切，不因自己的成就而以「大詩人」自居。和她在一起，你會覺得特別愉快，不會有拘束感，她的親切總是叫人難忘。」（見 1979 年 4 月 15 日《秋水詩刊》怡園詩話專欄）

●女作家南之在評論中說：

「最近讀了蓉子女士的『天堂鳥』詩集，深感她纖細、圓滑、溫柔的詩心，正是我們這個倫理社會所要求的優美的內在氣質。」

「蓉子的詩，和現代主義的風格，有點不同。她的特徵，是來自中華文化的儒家面貌，且含有宗教、淑世、教育的精神。從她的每一首詩中，都可找到中國文化的內蘊，看到她詩心的慧美，清遠的靈思，和優雅的生活內容。而其作品的軸心，大部份都是表達自己對社會、和周身事物的關愛與欣賞。」（見 1981 年 5 月 9 日《青年戰十報》）

●女作家李菅說：

「詩是文學王國中的聖殿，居最高的榮姿，蓉子以她的才情、智慧、毅力建立了她在聖殿中的地位，我們介紹了她的成就，也刊用了她的詩，以向這朵詩國中不謝青蓮致敬。」（見 1989 年 12 月出版的台灣《婦聯

畫刊》第十八期《巾幗英杰》專欄）

●名詩人評論家陳芳明說：

五〇年代出發的蓉子驕傲於「我是一棵獨立的樹」時，顯然已爲後來的台灣女性帶來了無窮的想像…進入六〇年代以後，蓉子拾棄具像的描述，轉而投向抽象的思維，啓開她成熟而動人的現代主義時期。她的重要詩集陸續問世豐碩的創作，建立了她在詩史上的穩固地位。蓉子的經典詩作（我的粧鏡是一隻弓背的貓），頗能顯示她的現代轉折。（聯合文學‧ 220 期 2006）

●大陸名詩人評論家龍彼德說：

在女詩人蓉子的衆多稱號中，令筆者最爲欣賞的，不是“永遠的青鳥”，不是“不凋的青蓮”，也不是“開得最久的菊花”，而是“一座華美的永恆”；因爲它將“美”與“永恆”聯系在一起，既突出了二者的辨證關係，也促使我們去探求美的本質與奧秘……因此，她寫青春，寫城市，寫自然，寫生命，寫時間，寫鄉愁，並以這六部分題材組成了她的美之奏鳴曲……

蓉子大多數的詩無論情操、氣質、語言、節奏、都是中國的！（芝田文學 2002. NO.4）

●大陸名詩人評論家沈奇說：

蓉子，生活中的蓉子，寫作中的蓉子，近半個世紀裡，她在我們中間，持平常心，作平常人，寫不平常的詩，作我們平和、寧靜的「隔鄰的謬斯」，散佈愛意和聖潔。

蓉子的代表作（一朵青蓮），是置於整個中國新詩之精品佳作寶庫中，都不失其光彩的經典之作。同時，在研讀完蓉子的大部分詩作後，我更願將這首詩看作蓉子詩歌精神和詩歌美學的、一種以詩的形式所做的自我詮釋，足以引導我們去更好地認識與理解蓉子詩歌的靈魂樣態和語言質地，亦即可稱之爲「青蓮之美」的意義價値和藝術價値……在『製作的』人之上，還有一個更高的種族。①蓉子自是屬這「更高的種族」的詩人。在她幾乎所有的詩作的背後，我們都可以或深或淺地感受到她那種從容、達觀、溫婉、澄明高貴氣息，使我們爲之深深感動。精明的批評家還會更進一步地發現到，凡蓉子的成功之作，皆是與其心性最爲契合的語境下的詩性言……單純而不失豐富，悠揚而不失堅卓，音色純正，音韻和諧，在整個臺灣現代詩的交響中，有如一架豎琴，佔有不可或缺的一席重要位置。（見文史哲出版的《從詩中走過走》1997 年）

●名評論家潘麗珠教授說：

蓉子的詩歌作品，深感她的「自然詩」與她的宗教生命、人文關懷息息相關，與她對美的追求、美的堅持也密不可分。

她的確是溫婉寧靜的，但溫婉寧靜中有靜水深流的動力、堅持不懈的韌性，就像大自然中恒定的光，雖遇黑夜，星在天際；又像暖陽，祥光照耀時，不忘提供綠蔭供人休憩。她的「自然詩」充滿光的意象，色彩繽紛，音聲泠泠，活潑而沉潛，顯現了她的性靈之美，一種活力飛動卻深沉靜照的生命情調，塑造出與自然同一的精神氣韻、與宗教同德的藝術境界。

蓉子自然詩中，光影意象的經營，是極爲精彩而有特色的。她就像印象派畫家一樣，輕喚陽光探視詩境，在詩作裡塑造了一種溫暖祥和的氛圍。這樣的氛圍，反映了詩人內心的坦蕩，顯現雍容開朗的氣象。（《從詩中走過來－論羅門蓉子》文史哲出

版社出版 1997）

●名詩人評論家鄭敏教授說：

在這很難讀到令人怡情養性的詩的時代，遇到蓉子的，讀後令人精神爲之一爽……蓉子的詩顯露出遠離商業與後工業時期的喧囂浮華，眞誠地埋首於開發自然予她的詩才的寶藏。她的才華因此能充份的流露、橫溢於她的詩行中，……蓉子的詩語和她的女性心地及靈活的思維十分貼近，幾乎無間。我想語言的泉湧和詩思的伸展在她可能是幾乎是同步的。語言這來自文化無意識的地下泉眼的流溢，帶來詩人的心靈的每一閃波光，使我們在閱讀中時時驚嘆自然賦予人類的美和智慧。在這到處都遇到語言交通阻塞的今天，蓉子的詩以其新穎、清麗如山風的詩歌語言給我以極大的閱讀愉包。她的詩可讀性很強，而又有很深邃的內涵。用字飽滿、穿透而不誇張；色彩鮮亮，喚起視覺的形、色之感，而不造作。漢語的優美韻味及高度的活力被自然地吸收到現代詩語中。漢語的視覺美與活力，聽覺的音樂性如何能回到當代詩作中，棲居其中，如在古典詩詞中那樣，是我們在 21 世紀必須面對的一個重要課題，捨此當代漢言詩無法比美於世界名作。在詩語的音樂性方面蓉子的詩是有可借鑑性的。（《從詩中走過來－論羅門蓉子》文史哲出版 1997 年）

●文學評論家譚五昌說：

或許是出於從童年時代就培養起來的宗教信念，或許是出於詩人天生的敏感心靈，蓉子對於生命本體持有一種近乎本能的執著關注精神，並在此基礎上融入自己開闊而深沉的理性思考。體現在其具體的詩歌作品中，則是一種充分審美意義上的生命哲思。蓉子在其詩歌創作中所展開的生命哲思是多角度、多層次，而且貫穿了她四十多年的創作歷程。

蓉子的生命意識非常強烈，她常常自覺或不自覺地以生命作爲審美觀照與凝思內省的對象，創作出充滿豐盈情感與深刻思想的詩篇，這使她的創作擁有開掘不盡的資源，而她仍時時保持著自我更新與自我超越的姿態。可以說，蓉子是一位深情而又執著的生命歌手，一直在用她自己的聲音唱著生命的歌。自蓉子登上詩壇以來，臺灣及大陸詩界人士用「自焚新生的火鳳凰」、「中國詩壇上一朵開得最久的菊花」、「永遠的青鳥」等評語來讚譽蓉子本人及其創作，這些讚譽蓉子保有長盛不衰的創作生命力提供了美麗而有又有力的證詞。（《從詩中走過來一論羅門蓉子》文史哲出版社 1997）

●名詩人評論家張國治說

四十年來蓉子創作之評鑑。我們看到許多的贊譽、許多的榮耀冠諸於前輩詩人蓉子身上，在臺灣現代詩壇上，無疑的，蓉子擁有她極其閃亮的桂冠。

在她的盛名之下，作爲新生代，或新新詩人，常常忽略了對其作品的實質閱讀，或整合式的完整閱讀。對筆者而言，從高中伊始閱讀蓉子的詩至今已閱讀了不少評論文章，再回到作品原點的閱讀……她的詩美學風格，我們似乎可印象式浮塑出一些形容語！中國傳統婉約的抒情、對宗教虔誠安詳兼具柔美浪漫的詩風，古典與現代的結合……等。（《從詩中走過來一論羅門蓉子》文史哲出版社出版 1997）

羅門研究檔案

羅門簡歷

空軍飛行官校肄業，美國民航中心畢業，考試院舉辦民航高技術員考試及格

曾任民航局高級技術員，民航業務發展研究員。

從事詩創作五十年，曾被名評論家在文章中稱爲：「重量級詩人」「台灣當代十大詩人」、「現代主義的急先峰」、「台灣詩壇孤傲高貴的現代精神掌旗人」、「現代詩的守護神」、「戰爭詩的巨擘」、「都市詩之父」、「都市詩的宗師」、「都市詩國的發言人」、「知性派的思想型詩人」、「大師級詩人」、「詩人中的詩人」……；甚至在文章中被稱爲台灣詩壇的五大三大支柱……。半世紀來，他不但建立自己獨特的創作風格：也提倡個人特殊創作的藝術美學理念：「第三自然螺旋型架構創作世界」。

曾任藍星詩社社長、世界華人詩人協會會長、國家文藝獎評審委員、中國文協詩創作班主任、中國雷射藝術協會發起人、世界和平文學聯盟顧問……。先後曾赴菲律賓、香港、大陸、泰國、馬來西亞與美國等地（或大學、或文藝團體）發表有關詩的專題講演。

●1958 年獲藍星詩獎與中國詩聯會詩獎。

●1965 年「麥堅利堡」詩被 UPLI 國際詩組織譽爲世界偉大之作，頒發菲總統金牌。

●1969 年與蓉子選派爲中國五人代表團，出席菲舉行的第一屆世界詩人大會，仝獲大會「傑出文學伉儷獎」，頒發菲總統大綬勳章。

●1967 年在美國奧克拉荷馬州民航中心研習，獲州長頒發「榮譽公民狀」。

●1972 年獲巴西哲學院榮譽博士學位。

●1976 年與蓉子應邀以貴賓參加美第三屆世界詩人大會，仝獲大會特別獎與接受加冕。

●1978 年獲文化復興委員會「鼓吹中興」文化榮譽獎。

●1987 年獲教育部「詩教獎」。

●1988 年獲中國時報推薦詩獎。

●1991 年獲中山文藝獎。

●1992 年同蓉子仝獲愛荷華大學國際作家工作室（IWP）榮譽研究員證書。

●1995 年獲美國傳記學術中心頒發二十世紀世界五〇〇位具有影響力的領導人證書。

●1997 年曾應邀出席華盛頓時報基金會與國際文化基金會在美國華盛頓舉行的「21世紀亞洲文學會議」、「21 世紀西方文學會議」、「21 世紀世界和平國際文學會議」等三個國際文學會議。

●名列英文版「中華民國年鑑名人錄」、「世界名人錄」、「世界名詩人辭典」、及中文版「大美百科全書」。

●著作有詩集十七種，論文集八種，羅門創作大系書十種；羅門、蓉子，系列書八種，並在台灣與大陸北京大學兩地分別舉辦羅門蓉子系列書研討會。

●作品選入英、法、德、瑞典、南斯拉夫、日、韓，等外文詩選與中文版「中國當代十大詩人選集」……等超一百多種詩選集，若包括評論評介書目已超出 400 種（見海南省圖書館「羅門蓉子作品入選與被評論書目鈎沉」）

●作品接受國內外著名學人、評論家及詩人評介文章超一百萬字、已出版八本專論羅門的書。

●作品選入大專國文教科書。

●因評論羅門作品，國立台灣大學教授名批評家蔡源煌博士獲「金筆獎」；國立臺灣師範大學教授戴維揚博士獲一九九五年國科會學術研究獎。

●八位研究生研究羅門分別獲得碩士或博士學位。

●羅門作品碑刻在臺北新生公園（1982年）、臺北動物園（1988 年）、彰化市區廣場（1992 年）、彰化火車站廣場（1996年）與台中清水公共藝術園區（2004 年）以及 100 多行長詩〈觀海〉2008 年石刻在海南三亞甲級觀光區的巨石上，是古今中外詩人石刻在地球上最長的一首詩，或可謂是詩世界的「金氏記錄」。

●二〇〇八年四月十四日羅門蓉子結婚 53 週年，海南大學「歷史文化研究基地」、「海南大學人文傳播學院」、「海南詩社」、「海南作家協會」共同舉行「羅門蓉子詩歌藝術活動週」，並在海大新圖書館舉行創作成果展與館前廣場設置石牌，刻上「羅門蓉子詩園——東亞勃朗寧夫婦詩人」。

●海南島於二〇〇九年經各方面高層人士於相連召開的高端論談會議中，一致通過海南島提昇為「詩國島」與「國際旅遊島」，大會中，文聯主席韓少功為響應這兩大構想，特別建議在海南大昌縣（羅門出生地）造「羅門・蓉子紀念館」與立碑（見二〇〇九年二月十八日海南日報）

二〇一〇年三月間經韓少功主席與作協孔見主席前往文昌親自同文昌高層晤談，獲得協議，決定建館。並來電要我為建館事，專程飛海南進一步商談。

●羅門除寫詩，尚寫詩論與藝評，有「台灣阿波里奈爾」與「台灣現代裝置藝術鼻祖」之稱。

《羅門蓉子研究書目》

◉「論羅門蓉子」書目（21 種）

(1)《日月的雙軌－羅門蓉子合論》（周偉民、唐玲玲教授合著，文史哲出版社出版，一九九一年）

(2)《羅門論》（詩人評論家林燿德著，師大書苑出版社，一九九一年）。

(3)《羅門天下》（蔡源煌、張漢良、鄭明娳教授與詩人評論家林耀德等著，文史哲出版社出版一九九一年）。

(4)《羅門蓉子文學世界學術研討會》（周偉民、唐玲玲教授合編，文史哲出版社，一九九四年）。

(5)《羅門詩一百首賞析》（朱徽教授著，文史哲出版社，一九九四年）

(6)《詩壇雙星座》（周偉民、唐玲玲教授合編，四川文藝出版社，一九九五年）。

(7)《羅門詩鑑賞》（作家王彤主編，香港文化出版社出版，一九九五年）。

(8)《永遠的青島——蓉子詩作評論集》（詩論家蕭蕭主編，文史哲出版社，一九九五年）。

(9)《蓉子論》（余光中、鍾玲、鄭明娳、張健、林綠等教授著，中國社會科學出版社一九九五年）。

(10)《羅門論》（蔡源煌教授等著，中國社會科學出版社出版，一九九五年）。

(11)《羅門都市詩研究》（陳大爲碩士論文，東吳大學，一九九七年）。

(12)《從詩中走過來－論羅門蓉子》（謝冕教授等著，文史哲出版社，一九九七年出版）。

(13)《從詩想走過來－論羅門蓉子》（張肇棋教授著，文史哲出版社，一九九七年出版）。

(14)《羅門論》（張艾弓碩士論文，文史哲出版社出版，一九九八年）。

(15)《蓉子詩賞析》（古遠清教授著，文史哲出版社出版，一九九八年）。

(16)《青鳥的蹤跡－蓉子詩歌精選賞析》（朱徽教授，爾雅出版社，一九九八年）。

(17)《燕園詩旅－羅門蓉子詩歌藝術論》（謝冕教授等著，武漢長江文藝出版社，二〇〇〇年）。

(18)《心靈世界的回響，羅門詩作評論集》（龍彼德、張健等著，文史哲出版社，二〇〇〇年）。

(19)《羅門詩的時空觀》研究生尤純純二〇〇〇年獲得南華大學碩士論文。

(20)《蓉子詩研究》研究生夏聖芳研究蓉子，二〇〇〇年獲得南華大學碩士論文。

(21)《羅門與蓉子懷鄉詩研究》作者呂淑端碩士論文（二〇〇八年台北市立教育大學國文學系）

《羅門．蓉子 20 本系列書》

◉羅門蓉子出版系列叢書（十二卷）

（一）羅門創作大系（十卷）

卷一：戰爭詩

卷二：都市詩

卷三：自然詩

卷四：自我・時空・死亡詩

卷五：素描與抒情詩

卷六：題外詩

卷七：《麥利堅堡》特輯

卷八：羅門論文集

卷九：論視覺藝術

卷十：燈屋・生活影像。

（二）蓉子創作（兩大卷）

(1)《千曲之聲》

(2)《永遠的青島》

（以上十二卷，文史哲出版社一九九五年出版）

◉羅門蓉子文學創作系列（八卷）

卷一：羅門長詩選

卷二：羅門短詩選

卷三：蓉子詩選

卷四：蓉子散文選

卷五：羅門論文集

卷六：羅門論

卷七：蓉子論

卷八：日月的雙軌

（以上 8 卷書，由北京社會科學出版社一九九五年出版）

海內外學者教授名評論家作家對羅門的指稱

◉在文章中指稱「羅門大師」的有：

●任教中央大學、曾任文訊雜誌總編輯、名評論家李瑞騰教授（見文訊革新號50期總號79期李教授的文章）。

●名詩人評論家林燿德（見羅門研討會林燿德發表的論文（山河天眼裡，世界法身中）收入文史哲出版社出版的《從詩中走過來》論文集）

●名詩人評論家游喚教授（見《當代臺灣都市文學論》中游教授的論文P.422。）時報文化出版社出版1995年。

●名詩人向陽（見林明德教授著《實踐生命理境》195頁。）

●菲華名翻譯家施穎洲（見菲華聯合日報1990年10月4日菲華文藝版）

●廈門大學研究生張艾弓（張艾弓碩士論文集《羅門論》文史哲出版社，1998年出版）

●菲華名詩人王勇（見菲華聯合日報2002年12月26日，文藝版）

●「秋水」詩社女詩人雪飛（見《秋水》詩刊130期2006年7月）。

●香港「藍葉」詩社社長舒慧在論文（「燈屋」的啓迪）2006年5月。

●名攝影家黃華安（見《中華攝影報》2006年10月2日—8日）

◉在文章中稱「羅門宗師及其他」的有：

●任教台灣大學、曾任台灣比較文學學會會長、名評論家張漢良教授稱羅門爲「臺灣都市詩的大宗師」（見文史哲出版的《門羅天下》P.33，張教授寫的論文）

●後現代文學評論家孟樊稱羅門爲「都市詩宗主」（見世新大學2001年10月20日舉辦的「台灣現當代詩史書寫研討會」，孟樊發表的論文〈台灣新詩的後現代主義時期〉）

●任教河南鄭州大學、曾任河南省文藝理論研究會會長、名評論家魯樞元教授稱「羅門爲都市詩的宗師」（見文史哲1994年出版的《羅門蓉子文學世界學術研討會論文集》P.350魯教授寫的論文）

●名詩人、藝術家杜十三在（羅門論）中稱羅門爲：「都市詩之父」（見《藍星詩學》1999年第二期）

●任教國立師範大學名評論家潘麗珠教授稱羅門是「都市詩的守護神」（見文史哲出版的《從詩中走過來》1997年）

●詩人陳慧樺教授稱羅門爲「詩壇獨行俠」（海鷗詩刊第25期秋/冬季號2001年12月）

●詩人書法家楊雨河稱羅門爲：「詩人中的詩人」（見文史哲出版的《從詩中走過來》1997年）

●名詩人評論家蕭蕭稱羅門爲：「眞正的詩人」（台灣日報：1982年6月24日）

●大陸作家劉福春稱羅門在台灣詩壇有「孤傲高貴的現代精神掌旗人」之稱。（見20世紀中國文藝圖文誌，新詩卷瀋陽出版社2001年）

●此外羅門與林燿德一九八八年赴北京大學演講，校方海報寫「歡迎台灣詩壇大師羅門」。

●二〇〇四年六月中旬羅門蓉子應邀往北京清華大學演講，校方海報寫羅門爲：「重量級詩人」、「大師級詩人」、「現代詩的守護神」、「戰爭詩的巨擘」、「都市詩之父」以及「知性派的思想型詩人」與「詩人中的詩人」……

●2005 年 4 月海南大學邀請羅門擔任「名師論壇」講座，演講海報稱羅門爲「大師級詩人」、「現代詩的守護神」、「戰爭詩的巨擘」以及「知性派的思想型詩人」……。

●2009 年海南省圖書館舉行羅門蓉子半世紀創作成果展，在海報與展出文字中指稱羅門爲「大師級詩人」。

◉在書信（或其他文件）中指稱「羅門大師」的有：

●任教國立師範大學、名評論家鄭明娳教授。

●曾任教美國匹士堡大學，現任該校圖書館東亞館主任周欣平教授。

●任教輔仁大學曾任青年寫作協會秘書長張瀛太女士。

●馬來亞大學何國忠教授。

●任教四川大學、文學理論家王曉路教授。

●IOWA 愛荷華大學藝術設計系主任、名藝術家胡宏述教授。

●在大學任職、香港大學比較文學博士區仲桃女士。

●名詩人評論家林燿德。

●後現代名評論家孟樊。

●任職廈門大學台灣研究所名理論家朱雙一。

●廈門大學中文系兪兆平教授。

●廈門大學中文系徐學教授。

●四川聯合大學中文系侯洪講師。

●廈門大學研究生張艾弓。

●詩人、散文家、從事文學評論陳寧貴。

●香港著名作家溫瑞安。

●菲華女詩人謝馨。

●詩人張國治。

●乾坤詩社發行人藍雲。

●海洋詩社社長朱學恕。

●《中縣文藝》主編洪富連。

●女詩人謝家樺。

●名詩人許水富。

●詩人評論家落蒂。

●「創世紀」詩社名詩人張堃。

●大陸詩人馮椿。

●大陸詩人雲逢鶴。

●浙江省《芝田文學》主編李青葆。

●上海外國語大學海外聯誼會副會長施行。

●畫作被故宮收藏聞名國際的現代大畫家林壽宇。

●名小說家畫家王藍。

●名畫家霍剛。

●名畫家莊普。

●名畫家張永村。

●名畫家蔡志榮。

●旅美畫家俐文小姐

●環球旅行家馬中欣

●香港「藍葉」詩社社長舒慧

海內外學者教授名評論家作家對羅門的指稱（之二）

●臺灣詩壇五巨柱：羅門、洛夫、余光中、鄭愁予、楊牧

曾任晨光詩社社長、任教實踐專校的詩人葉立誠，他以（詩壇五巨柱）爲題說：「當今詩壇具影響力，成就斐然的五位詩人，分別爲羅門、洛夫、余光中、鄭愁予、楊牧，每位詩人，獨塑一格的詩貌……」（見一九八九《藍星詩刊》廿一期）

●臺灣詩壇上三大鼎足：羅門與洛夫、余光中

大陸名文學批評家陳仲義在（羅門詩的藝術）論文中說：「羅門他詩人的想像，穿越時空的能力，智性深度、靈視，乃至悟性都在一般詩人之上……羅門擁有自己的特技。他的靈視、想像力、詭譎的意象，以近乎隨心所欲的錯位倒置手法，把現代詩推向更富於表現性的廣闊天地，他的持久不衰的才情，連續的爆發力和後勁，與洛夫、余光中堪稱臺灣詩壇上三大鼎足。」（見北京一九九五年出版的《詩探索》雜誌第二輯）

●臺灣詩壇三巨柱：羅門與余光中、洛夫

大陸文學批評家侯洪任教四川聯合大學評介羅門時說：「羅門這位現代著名詩人，正是當今台灣詩壇的三巨柱之一（還有余光中、洛夫），他以詩歌的創新精神和現代性，享有「現代詩的守護神」和「都市詩與戰爭主題的巨擘」的聲譽，並且在大陸及香港地區以及世界各地的華人圈內具有廣泛影響。（見《從詩中走過來——論羅門蓉子》謝冕教授等著，文史哲出版社一九九七年出版）

●臺灣詩壇三巨柱：羅門、洛夫與余光中

大陸學者譚五昌（現任教北京師範大學）在主編《中國新詩三百首》序言中說：「羅門與洛夫是五六十年代臺灣現代主義詩潮中並駕齊驅的兩員健將，他們的創作活力一直延貫至今。從整體程度上來看，羅門要比洛夫更具先鋒色彩（羅門是整個台灣詩壇前衛意識最強的詩人）。羅門長期致力於「都市」題材的創作並使其具備了自足的美學品格，豐富了中國現代詩的表現領域，增添了中國現代詩的豐富性。……跟羅門、洛夫一起並稱爲「台灣詩壇三巨柱」之一的余光中……」（見北京出版社一九九九年出版《中國新詩三百首》）

●臺灣十大詩人，從六八年（一九七九）到九○年（二○○一）的二十三年間，經過先後四個時期選出的人選，有更動情形，而四次都能入選的十大詩人共有五位，除羅門尚有詩人余光中、楊牧、洛夫與商禽。

四次不同的評選者：

●第一次是由張漢良教授以及詩人張默、辛鬱、管管、菩提等五人小組在六十八年（一九七九）所編選的《中國當代十大詩人選集》選出。

●第二次是由向陽、游喚、蕭蕭、苦苓、陳寧貴、林文義、劉克襄……等編輯仝人以《陽光小集》詩刊發起採取請詩壇年青知名詩人於七十一（一九八二）年票選的中國當代十大詩人。

●第三次是由大陸名詩人流沙河在七十二（一九八三）年編的《台灣詩人十二家》一書中，多加選兩大詩人。

●第四屆是由名評論家孟樊九十（二○○一）年一個人評選

台灣詩壇三巨柱

譚五昌

羅門與洛夫是五六十年代台灣現代主義詩潮中並駕齊驅兩員健將，他們的創作活力一直延貫至今。他們兩位都重視超現實主義精神表現，但在藝術風貌及表現興趣等方面呈現明顯的個體性差異。就藝術手法與技巧方面而論，從整理程度上來看，羅門要比洛夫更具先鋒色彩（羅門是整個台灣詩壇前衛意識最強的詩人）。羅門具有優異的想像及聯想能力，具有“靈視”的穿透性，這使得他的作品常因突發的奇思妙想而富有情趣撩人的藝術效果（如《傘》）。此外，羅門還善於運用句法乖謬、情境錯位等“顛倒”手法來反映現代人的精神風貌，風格冷峻、深邃。洛夫的想像力同樣非常出色，但幻覺色彩相對較淡，其情境設置具有某種可以觸摸的質感，因而容易產生閱讀心理上的親切效果（如《子夜讀信》）。洛夫很少採用羅門式的“顛倒”、“變形”等先鋒手法（《石室之死亡》時期例外），他通常只追求語言的簡潔錘煉（煉字煉意）、感覺意象的奇特鮮明、情感的內在張力所形成的綜合性的作品效果；在題材與主題的選擇上，羅門充分顯示出現代詩人的典型品質，常常以時間、存在、生命、死亡、戰爭等形而上的重大命題作爲自己的詩思聚焦點，成功地創作出了關於戰爭與死亡這一關係人類命運的“巨型思想紀念碑”式的傑出作品《麥堅利堡》。羅門長期致力於“都市”題材的創作並使其具備了自足的美學品格，豐富了中國現代詩的表現領域，這是羅門值得稱許的一種貢獻；洛夫詩的取材面也較廣，但大多與自己的人生遭遇聯繫在一起，其作品主題的社會性、現實性較強，缺乏羅門作品主題的形而上性質。但是，洛夫在對於人性其複雜性的深刻揭示所表現出的創作觀念上的先鋒性（如《午夜削梨》）卻是值得肯定與倡導的。總之，羅門與洛夫的現代詩創作增添了中國現代詩的豐富性。

跟羅門、洛夫一起被並稱爲“台灣詩壇三巨柱”之一的余光中，在 50 年代台灣詩壇現代主義風潮風起雲涌的時候就沒有表現出非常先鋒的姿態，而是根據自己的認識選擇將傳統與現代融合起來進行穩健的藝術創造。余光中在思想上接受過現代主義的洗禮，但他深受中國傳統詩詞的熏陶，在美學趣味上傾向於古典。余光中創作上的主要貢獻在於他對“文化鄉愁”（“中國情結“）這一人文主題的深入開拓與出色的藝術表現上，他沒有一般性地表達家國之思，而常常由家國之思導向對光輝燦爛的民族歷史文化的追慕與讚美（如《白玉苦瓜》），這使得余光中的“文化鄉愁”獲得了歷史的深度而具普遍意義。此外，余光中善於運用通俗明朗的傳統意象、易誦易背的民謠式語言，來對“文化鄉愁”的主題給予生動有力的傳達，從而獲得具有雅俗共賞的藝術效果（如《鄉愁》《民歌》）。余光中的成功充分說明了現代詩的本土化所擁有的良好前景。

（摘錄自北京出版社一九九九年出版的《中國新詩三百首》主編譚五昌序文）

作者：現任教北京師範大學

〔註〕此文發表在 Chinese Commercial News 商報，精華文學副刊 MONDAY SEPTEMBER 二〇〇〇年九月十八日（星期一）

羅門從詩中走來獲得的『最』

1.台灣現代詩人第一首處女作，『最』先用紅字在詩刊上發表的，是羅門在紀弦先生主編的《現代詩》所發表的〈加力布露斯〉。

2.古・今・中・外，夫婦同是詩人又是寫詩最久的，應是寫詩超半個世紀的羅門與蓉子；曾於一七九四年接受印度世界詩學會（WORLD POERTY SOCIETY）頒贈「東亞傑出的中國勃朗寧夫婦（ASOUTSTANDING BROWNING CHINESE COUPLE OF EAST ASIA）的榮譽獎狀；而他倆較勃朗寧夫婦寫詩的年月還久。

3.最早獲得國際詩獎的台灣現代詩人，是羅門蓉子一九六六年獲菲 UPLI 國際詩組織的「傑出文學伉儷獎」（DISTINGUISHED LITERATRY COUPLE OF CHINA），由菲駐華大使劉德樂（R LEUTERIO）在台北菲大使館頒發菲總統金牌。

4.最早出席國際詩人會議的台灣現代詩人，是羅門蓉子於一九七〇年應大會主席特函邀請、經中國新詩聯誼會理監事通過爲四人正式代表，出席在菲律賓召開的第一屆世界詩人大會；並仝獲大會頒贈的菲總統大綬獎章。

5.以菲律賓馬尼拉著名的美國軍人公墓「麥堅利堡」爲寫詩題材的十三位海內外知名詩人中，羅門寫的「麥堅利堡」，除被 UPLI 國際詩人組織一九六七年譽爲世界的偉大之作，頒發菲總統金牌與被寶象文化公司拍製成公共電視播出，也是十三位詩人中被評介的文章與獲得佳評最多者。

6.最早將現代詩發表與碑刻在台灣土地上的詩人，是羅門一九八二年以（花之手）「推開天空與大地」一詩，配合名雕塑家何恆雄教授的雕塑、共同碑立在台北市新生公園。

7.台灣最早舉辦藝術與科學結合的首屆科藝展，是羅門蓉子一九八一年參加名雕塑家楊英風、光電科學家胡錦標與張榮森博士等人在圓山大飯店舉辦的「第一屆國際雷射藝術景觀展」；其中有羅門的「觀海」與蓉子的〔一朵青蓮〕等詩配合音樂、圖象與雷射光多元媒體綜合演出；羅門並爲此次活動，在中國時報（九月十四日）藝術版以〔中國雷射藝術啓航了〕寫有關的論評文章。

8.羅門近三百行的長詩（死亡之塔），於一九七〇年被當時具前衛觀念（AVANGARDISM）的圖圖畫會當做展出主題思想，在台北市「精工社」藝廊，以「詩」、「繪畫」、「雕塑」、「造型」、「電影」（幻燈）」、「音樂」、「現代舞」、「劇」等七種多元媒體共同展出；是當時台灣最早結合詩與媒體最多的一次最具革命性的綜合藝術表現；同時極具特色的，是在這件展出的大作品中，所有參展的作者都破例的沒有寫上名字。

9.一九八八年兩岸解嚴，最先往大陸多

所著名大學型進行詩與藝術巡迴演講的台灣詩人，是羅門與林燿德，在近一個月中，分別赴北京大學、復旦大學、上海戲劇學院、華東師範大學、中山大學、暨南大學、廈門大學、海南大學以及同當地的文聯、作協與社會科學院等藝文團體進行文藝座談。

10.北京大學最先舉辦台灣個別作家文學創作研討會，是一九九五年爲配合北京社會科學出版社出版《羅門蓉子創作系列》八本書，協同清華大學、海南大學、中國藝術研究院中國文化研究所、中國社會科學出版社、《詩探索》與海南日報等七個學術文化團體所共同在北京大學舉行的「羅門蓉子文學創作系列」研討會。會後，羅門蓉子並在北大演講、接受訪問，同時由大陸長江文藝出版社出版研討會論文集《燕園之旅》。

11.海內外華文詩人，被評介出版的專書，最多的，是羅門；已出版十四種（包括五種合論羅門蓉子）。

12.台灣詩壇一年內出書最多的詩人，是羅門蓉子。那是一九九五年，紀念他們結婚四十週年，由文史哲出版社耗資百萬出版「羅門蓉子文學創作系列書十二册」、北京社會科學出版社出版「羅門蓉子文學系列書」八册，共二十册，並分別在台北與北京大學開出書研討會。

13.最早在台灣出現的後現代裝置藝術（INSTALLATION ART），是羅門與蓉子在許多年前，以一己「第三自然螺旋型架構」藝術理念所創造的詩化藝文生活造型空間——「燈屋」，較西方裝置藝術流入台灣早三十年，大道藝術館（MUSEUM OF DADAO）館長張永村於開館展，展出「燈屋」造型空間圖象時，在說明文字中，特別指出「『燈屋』是台灣裝置藝術的始祖。」

14.在台灣現代詩與現代視覺藝術幾十年來共同努力之路上，一直保持彼此互動與關注時間最長又仍一直在寫詩的詩人是羅門。台灣現代藝術導師李仲生生前與名畫家陳正雄，都曾公開說羅門是台灣的阿波里奈爾；眼鏡蛇畫派（COBRA）名評論家也是法國著名詩人龍貝特（LAMBERT）兩度來台，都曾到「燈屋」，有一回他相當有趣但至爲友好與有感的對我說他是法國的羅門，我是台灣的龍貝特」。他說的話，那是基於彼此都專誠的將整個生命投給詩與藝術創作超過半個世紀。

15.自一九七九到二〇〇一年的二十三年間，經過四個時期、由海內外不同評選者所選出的「台灣十大詩人」，羅門四次都入選，是入選最多次的五位詩人中的一位。

16.台灣現代詩人中，最專業的詩人，是羅門；他辭掉航空好的工作，離任期還有十六年，便申請提前退休，全是爲了更自由更純粹與專注的去過詩人與藝術的生活。從詩人評論家蕭蕭一九八一年六月廿四日在台灣日報爲詩人節特輯寫的（詩人與詩風）一文，論及羅門說的那段話可見。蕭蕭說：「在臺灣，眞正的詩人恐怕只有一個，那就是羅門。爲什麼說羅門才是眞正的詩人呢？有三個原因：第一，近數年來，羅門退休後，除了寫詩與詩評，不從事任何行業，生活優遊，其他詩人都是業餘寫作。第二，羅門心中只信仰詩，與詩有關的活動，他才樂於討論，參與。第三，羅門眞能從詩中得到快樂，他不牽掛任何事，全心投入詩的享受中，那樣著迷，無人可及。」

17.從一九七〇到二〇〇〇年，三十年

來，「在台灣」爲現代詩與藝術四處演講「最」多的詩人，羅門是其中之一。包括全省的大專院校、島內島外的巡迴演講與各類型的文藝營以及美術館畫廊與地方文化社團如文化中心、獅子會、扶輪社、同濟會乃至較小的場所如「小木屋」、茶藝館、小型讀書會……等都是羅門爲詩與藝術四處演講的範圍，故常有些人戲稱羅門爲「羅蓋」、「心靈大學校長」、「教主」……。

18.兩岸詩壇，「最」早（也是唯一）具有個人獨創性詩創作美學理念的現代詩人，是羅門在七十年代所創造的「第三自然螺旋型架構世界」美學理念。

19.在台灣現代詩人中，獲得批評家不同雅稱最多的詩人，是羅門。他曾在不同的評介文章中，稱爲：「重量級詩人」、「台灣當代十大詩人」、「現代主義的急先鋒」、「台灣詩壇孤傲高貴的現代精神掌旗人」、「現代詩的守護神」、「戰爭詩的巨擘」、「都市詩之父」、「都市詩的宗師」、「都市詩國的發言人」、「知性派的思想型詩人」、「大師級詩人」、「詩人中的詩人」、「眞正的詩人」……甚至再文章中被稱台灣詩壇的五大三大支柱……此外尙稱爲：「台灣阿波里奈爾」與「台灣現代裝置藝術的鼻祖」。

20.地球上個人生前住屋生活空間，被報章雜誌、媒體報導介紹最多的應是羅門蓉子，以廢棄物透過裝置藝術（INSTALLATION ART）在許多年前所建構具有前衛意念與人文思想的「燈屋」——計有雜誌三十多種、報紙十餘種報導介紹，三次拍成電視在電視台播出。

21.羅門《觀海》一百多行長詩，碑刻在海南甲級觀光區的大小洞天涯海角巨石上，也是刻在地球「最」長的一首詩。（經查詢多位教中西文學的學者教授，都認爲此詩很可能是古今中外詩人刻寫在地球巨石上最長的一首詩。如此，或許也可稱爲是詩世界的一項「金氏紀錄」。）

22.羅門最短的一首詩「天地線是宇宙最後的一根弦」，是「最」早被北京現代文學館收藏的台灣現代詩人的詩作書法。

羅門蓉子創作鑑賞會．研討會與展示會

●羅門著作《羅門詩選》與《整個世界停止呼吸在起跑線上》兩書曾於一九八八年與一九八九年分別列入中國青年寫作協會策劃之第一屆與第二屆文學鑑賞研習營當做研習與討論課程。

●一九九三年八月六日到十一日海南省海南大學舉辦「羅門蓉子文學世界」學術研討會，請有來自美國、臺灣、港澳、星馬與大陸各地等學者詩人作家五十餘人；提出研究羅門蓉子創作世界論文近三十篇，後由文史哲出版社出版論文集，是一次具規模與有水準的海外個別作家學術研討會。

●一九九四年七月四川大學中文系、四川省作協、四川文藝出版社、四川企業文化促進會……等在成都市合辦的「羅門詩選百首賞析」出書發表會，到有學者教授名詩人作家數十人；羅門蓉子並在會上與四川大學中文系發表演講。

●一九九五年五月間文史哲出版社耗資百萬出版羅門蓉子文學創作系列書十二冊，紀念兩人結婚四十週年；同時並由青協舉辦（文建會、文復會贊助）兩人系列書出版發表會，分別由青年寫作協會理事長林水福與余光中二位教授主持，有海內外知名學者與詩人數十人與會。

●一九九五年北京中國社會科學出版社首次破例出版羅門蓉子文學系列書八冊，並在十二月間由北京大學文學研究所、清華大學中文系、海南大學、中國藝術研究院文化研究所、中國社會科學出版社、《詩探索》編輯部與海南日報等七個單位共同協辦，在北京大學首次召開的個別作家羅門蓉子系列書出版發表討論會，由謝冕教授主持，有名學者、詩人作家等數十人出席，會後羅門與蓉子接著在該校公開演講與接受專訪。並由大陸長江文藝出版社出版討論會論文集《燕園師旅》。

●羅門的「死亡之塔」長詩於一九七〇年被當時具前衛觀念的圖圖畫會當做展出主題，以「詩」、「繪畫」、「雕塑」、「造型」、「電影」（幻燈）」、「音樂」、「現代舞」、「劇」等多元媒體共同展出；是當時台灣首次具革命性採取媒體最多的綜合藝術表現。此次藝術活動已進入徐文琴博士撰寫的《台灣美術史》。

●羅門被 UPLI 國際詩人組織譽爲近代偉大之作獲菲總統金牌的「麥堅利堡」一詩，於一九九〇年八月間，由寶象文化公司公共電視拍攝小組專程飛往菲律賓馬尼拉「麥堅利堡」現場，製作羅門「麥堅利堡」詩電視專輯；羅門並在現場朗誦該詩，後在公共電視節目中播出。

●一九八一年與蓉子參加由名雕塑家楊英風、光電科學家胡錦標博士、張榮森博士等舉辦的第一屆國際雷射藝術景觀展，以羅門的「觀海」與蓉子的「一朵青蓮」等詩，配合音樂與雷射多元媒體聯合演出，也是國內藝術與科學結合的首屆科藝演出。

●一九九四年十二月間，中國青年寫作協會策劃第一屆召開的「當代台灣都市文學研討會」，羅門發表論文「都市與都市詩」，臺灣師大教授林綠博士發表論文「論羅門的都市詩」

●一九九九年十二月廿五日，大道（MUSEUM OF DADAO）藝術館開館展，首次展出羅門蓉子「燈屋」生活藝術造型空間的影像與兩人半世紀創作的全部著作及成果；後贈由該館收藏。

●在邁進千禧年，也是庚寅年元宵節前後（國曆二月十一至三月四日），由國立文學館與文化資產保存研究中心特別策劃，爲詩人伉儷羅門、蓉子舉辦一次詩與燈屋特展，命名爲「詩光、藝光、燈光三重奏」。爲一場創作成果結合生活環境（燈屋）的大型綜合展覽，展出羅門、蓉子兩近半世紀所創作的詩集、詩選、詩論集以及批評家學者們對他們作品的評論集；重要的藝文資料、書信與手稿等近千種，展後部分重要著作與藝文資料由該館典藏。

●二〇〇八年四月由海南省海南大學「歷史文化研究基地」、「海南大學人文傳播學院」、「海南詩社」、「海南作家協會」共同舉行「羅門蓉子詩歌藝術活動週」及創作成果展，並在圖書館廣場設置「羅門蓉子東亞勃朗寧夫婦詩園」。

●二〇〇九年四月海南省圖書館舉辦羅門蓉子創作的大型成果展，展出羅門蓉子重要著作影像資料數百件，其中有百餘件羅門蓉子親筆寫的長短詩作與語錄書法掛軸，也是一次以「詩光・藝光・燈光三重奏」爲題的特別展出。

●海南師範大學海南文聯與海南作協聯合在 2010 年 6 月舉辦羅門蓉子創作世界研討會，除邀請多位海內外名學者評論家撰寫論文尚舉行羅門終端作品《我的詩國》出書發表會與安排羅門蓉子專題演講與座談。

羅門精要評語專輯

（一）學者教授、詩人、詩論家眼中的羅門

● 詩人楊牧教授在出版《羅門詩選》時認爲：詩人羅門是詩壇重鎮，詩藝精湛，一代風範。（《詩眼看世界》1989 年師大書苑出版）

● 詩評家張漢良教授評介羅門時說：羅門是台灣少數具有靈視的詩人之一；反映現代社會的都市詩，他是最具代表性的詩人。（張漢良：《分析羅門的一首都市詩》見 1987 年 5 月 1 日出版的《中外文學》）

● 評論家蔡源煌教授對羅門創作的某些看法：羅門所要表現的，也就是他所謂的“第三自然”，第三自然的塑造，是以萬法唯心爲出發點；包括了超越、永恆的追求，乃至原始基型的援用。（見羅門：《有一條永遠的路》1989 年 4 月尚書出版社出版）

● 評論家鄭明娳教授曾在論文《新詩一甲子》中指出：羅門是當代中國詩壇都市詩與戰爭主題的巨擘。（鄭明娳：《中國新詩一甲子》，見《自立晚報》1986 年 6 月 14 日副刊）

● 詩人兼評論家羅青教授稱譽羅門是現代詩人中最擅長使用意象與譬喻的詩人。（羅青：《羅門的流浪人》見大華晚報 1987 年 3 月 5 日副刊）

● 詩人兼評論家林耀德在論文《羅門都市主題初探》中說：羅門是“文明尖塔上造塔”的詩人。（林耀德：《在文明的尖塔上造塔》見《藍星詩刊》第 6 期 1986 年元月份）

● 詩人兼散文家陳煌在論文中說：羅門是“都市詩國的發言人”。（陳煌《都市詩國的發言人》見《台灣時報》1984 年 12 月 2 日）

● 詩人兼評論家蕭蕭說：羅門的詩，具有強大的震撼力；他差遣意象有高人一等之處。（蕭蕭：《心靈的追索者——羅門》，見 1980 年故鄉出版社出版的《中國白話詩選》）

● 詩人兼散文家陳寧貴說：羅門，已成了現代詩的名字，他是現代詩的守護神。30 年來，他放棄了一切物質的享受，把自己獻給繆思。然而這期間卻有不少詩人拋開了繆斯，把自己投入現代文明物質享受的虎口中。

● 在近代詩壇中，像羅門如此純眞、專一的詩人極爲罕見。加以他取之不盡、用之不窮的才情，使他從事現代詩創作 30 余年，已爲現代詩開拓出一條嶄新亮麗的大道。有時我想，如果現代詩壇沒有羅門，將是多大的遺憾。（陳寧貴：《月涌大江流》，見 1984 年 11 月 17 日《自由日報》副刊）

● 早期以才情突出詩壇的詩人阮囊說：“我讀羅門的作品，一向使我感到花團錦簇，光芒四射，令我目不暇瞬，不管從那個角度看，羅門的智慧、思想、人性的光輝、

統馭詞藻的能力，都駕乎我們這一代詩人……在詩的王國裡，羅門永遠是那麼豪華，那麼富有……”（見 1971 年《藍星年刊》中《從批評過程中看讀者、作者、批評者》一文）

● 詩人王潤華教授讀羅門的《麥堅利堡》詩，曾在文章中發表感想：英國詩人 P. Larkins 的《上教堂》是呱呱叫的作品，在倫敦被視爲透視人類精神的，但我認爲比不上羅門的《麥堅利堡》……。（同上）

● 詩人兼評論家陳慧樺教授說：讀羅門的詩，常常會被他繽紛的意象，以及那種深沉的披蓋力量所攝照住……，不管在文字上、意象構成上等等，羅門的詩，都是最具有個性的。他的詩，是一種龐沛的震撼人的力量，時時爲“美”工作，是一種新的形而上詩……。（陳慧樺：《論羅門的技巧》見 1971 年《藍星年刊》）

● 詩人兼評論家季紅說：羅門無疑是今日現代詩壇一位重要的詩人，他的前衛意識，他的創造精神，他的深刻觀察與他突出的表現，都使他成爲重要的詩人。（季紅：《詩人羅門》見 1981 年 9 月《中外文學》）

● 詩人兼評論家陳瑞山教授說：羅門的作品，按今日世界先進國家文明的發展趨勢來看，在未來的世界中當屬一級。這是從羅門的詩所探觸的深、廣度看；更重要的是他的詩是當今時、空中“活著的”詩。它們活在今日的每一時空分子中，這也就是羅門詩作先後會有學院派的學者之研究的最大基點。（陳瑞山：《意象層次剖析法》見 1987 年《文訊》雜誌）

● 青年詩人兼藝評家呂錦堂在評介羅門時說：羅門是位才華橫溢的作家，他以敏銳的靈覺去從事藝術的探索完成許多豐富人類心靈的詩作，是一位享譽國際文壇的中國現代詩人，也是一位推動中國現代詩的健將，其作品無論深度、廣度與密度都十分完美。其詩作予吾人的印象是氣勢磅礡，富于陽剛之美，他將全生命投入藝術，擁抱藝術，故作品有著強烈的生命力……。（呂錦堂：《詩的三重奏——評介羅門》見 1978 年 6 月《山水詩刊》）

● 詩人兼散文家陳煌說：以追求藝術的永恆之心來講，羅門算是最能掌握其最內裡最震撼的那剎那脈動的詩人，對人性——或者談所謂的生命的詮釋，以及內心的審視反省，羅門似乎肯以整個心去投入，去透視——這點，表現在詩上的成就，不但在質量和數量上皆較同世代其他的詩人都豐富，眼光尤鞭辟入裡。看來，羅門是一個永遠對生命忠誠而渴求自省批判的詩人。（陳煌：《曠野的演出》，見 1981 年《陽光小集》詩刊夏季號）

● 詩人和權說：盛傳羅門先生豪放不拘，文采華美，是台灣少數具有靈視的“重量級”詩人，也是一位飲譽國際文壇的中國現代詩人。《羅門詩選》，愈讀愈有味，深覺得羅門先生感情眞摯而眼光銳利，意象繁富語言亮麗，幾乎篇篇皆有強大的撞擊力。用字精確，節奏的操縱十分圓融。可以預言，羅門先生許多巨構型作品，將會星斗一樣地遍佈在歷史的夜空哩，永遠閃爍著迷人的光芒。（和權：《迷人的光輝——論羅門的詩》見 1988 年 10 月《藍星詩刊》）

羅門在中國現代詩壇，無疑是風雲人物。他創造了自己獨特的聲音，完成的每篇作品都有超卓的表現，而種種活潑的意象，被他大量地使用著，他的詩有澎湃激越的情緒，也有平穩的情感，不但引起海內外衆多讀者內心的共鳴，也使萬千讀者在細細品讀他的詩作之過程中，產生快感與美感，同時獲得啓示。（同上）

他被稱爲“重量級”的詩人，印證于他技藝上乘的作品，誠非過譽。（同上）

● 詩人林野說：源于都市景觀和人類生存層面的題材，一直爲詩人們努力地探討和詮釋。但探討此類的作品，多半由于語言的傳熱性和導電度不佳，或局限于物象的表淺切割，以致不能激發強烈感情的痛覺反射所造成的心靈震撼，也不足爲訓。在當今國內詩壇，詩人羅門對于這些尖銳、猛烈的事物，始終投入最灼熱的觀照，可貴的是他對現代感的瞬間捕捉，透過冷靜的內省，精準地把高度活動性的意象和疊景，拉攏到靈視的圓心。從他的詩裡，經常可聽見血的聲音，都市譫妄的幻覺，同時也看到現代人迷惘的表情。（林野：《回顧茫茫的曠野》見1981年《陽光小集》詩刊夏季號）

● 詩人張雪映說：羅門是一位較爲“直感”的詩人，他直接地“自覺”于內心最原始的生命力之悲劇精神，我們可從羅門大量作品裡，窺出他面臨現代都市文明與戰爭、死亡與自我的關係，在在呈現出羅門內心所欲渴求的超越性，欲藉著他所勾勒出來的媒體意象，引導著同感的讀者走向孤寂沉思的高峰，並運用他超越性的動感語言，加速讀者血液的循環、與強調內心的震撼。在羅門諸多的詩作中，《麥堅利堡》成功地達到了上述的境界。（張雪映：《透過美感藝術——談羅門的悲劇感》見1981年《陽光小集》詩刊夏季號）

● 曾任晨光詩社社長、任教實踐專校的詩人葉立誠，他以《詩壇五巨柱》爲題，評介詩人羅門時他說：羅門是當今詩壇具影響力、成就斐然、獨塑一格的詩人，“詩風堅實、意象朗暢、音響跌宕”，藉直視的外在觀察與體認，透過昇華、交感的過程，而精煉出靈視無窮的內在心象世界將心靈的活動融注在詩境，表現詩人個人內心對生命存在感知的“有我之境”與物我兩忘、又兩在的“無我之境”，是極獨特的藝術觀。他不時強調藝術與生命結合，導引出一份強烈的關懷與執著。羅門在漫長的詩路生涯中，之所以屹立不搖，廣受詩壇尊崇，正是本持“人詩合一”的哲理了。較其他詩人，羅門較能本著藝術家的精神，歸向若似宗教家的廣博胸懷能像一面透視的廣角鏡，從心靈擴充至整個藝術宇宙。（葉立誠：《以美學建築藝術殿堂的詩人》見1989年《藍星詩刊》21期）

● 詩人兼評論家張健教授對羅門的“都市之死”詩的佳評：“都市之死”是羅門的力作。那種寓批判于感受的作法，自非無前例可援。而主題之凸現，又較同型的“深淵”（瘂弦）、“咆哮的挽歌”（方莘）爲甚。除了朗然的風格外，更予人堅實矗立的感覺……大刀闊斧的比喻之羅列，破釜沉舟的死亡之爆發，造成一股鮮有其匹的尾聲。……他比瘂弦的“深淵”觸及的面廣泛，與現實則多一層象喻式的距離，但此點並未減弱了其雄渾的力量。較之“咆哮的挽歌”，他沉著些，焦點也清晰些。（張健：《評羅門的都市之死》見1964年3月《現代文學》季刊20期）

● 詩人兼評論家張健對《麥堅利堡》詩的佳評：這首詩給予人心靈上一種肅穆的窒息

感……，這首詩是氣魄宏壯，表現杰出的；而且眞正地使人感覺到自己讀了這首詩就如身歷了那座莊穆而能興起“前不見古人，後不見來者”的紀念堡。我不想引太多割截下來的佳句，因爲他正像“一幅悲天泣地的大浮雕”，作者在處理這首詩時，他的赤子之誠，他的對於歷史時空的偉大感、寂寥感，都一一的注入那空前悲壯的對象中，我也許可以果斷地說“這是年來詩壇上很重要的一首詩……羅門這首詩是時空交融，是眞正地受了靈魂的震顫的……”。（張健：《評三首麥堅利堡》，見 1963 年聯合報副刊）

● 詩人兼散文家陳煌在“談羅門詩中的戰爭表現”論文中說：“……《麥堅利堡》仍如同羅門寫城市詩一樣，他帶著透視的批判性來表達戰爭的境界，叫人攝于他的驚人感受力與龐沛的語言。（見《門羅天下》文史哲出版 245 頁）

● 評論家鄭明麗教授評《羅門詩選》：《羅門詩選》很能呈現作者個人的發展及成長的軌跡，又能結合時代精神，具備現代化觀點，他誠然是位不屈不撓，把生命奉獻給詩神的桂冠詩人，不愧是現代詩人的典範之一。我們衷心盼望在《日月的行蹤》之後，羅門的創作生涯將比日月走得更遠。《第九日的底流》一書出版後，風格不變，雖然他的語言仍有深厚的抒情風格，但是在詩想和詩質上都轉入高度的知性層次。在雄厚的思想架構上，發展出主題與技巧並重的幾大方向。他最重要的幾首詩如《第九日的底流》、《麥堅利堡》、《都市之死》等都是此一時期的作品。《第九日的底流》實爲羅門的躍升期，在短短數年間，完全擺脫一般詩人持續甚久的少年浪漫期，一轉爲成熟深刻的思想家形貌，用語言的魅力建構出一個羅門式的心靈世界。《第九日的底流》一詩是羅門第一次大規模製作以死亡與心靈爲主題的詩篇，且已經援用“圓”、“塔”、及“河流”三大造型來進行他內心世界的層層探索。羅青稱譽他是現代詩人中最擅長使用意象與比喻的詩人，在此輯中可以得到印證。

《都市之死》是羅門另一重要的發軔。他被陳煌譽爲“都市詩國的發言人”，評論家康旻思也曾在《草根》詩刊《都市詩專號》中揭示羅門都市詩的貢獻及深遠的影響。

● 時報文化出版公司出版羅門《曠野》時，鄭重推介：《曠野》是羅門的第五本詩集。

是此位現代主義的急先鋒，在寫詩三十年之後的重新出發。（鄭明娳：《比日月走得更遠》見 1986 年 6 月 1 日《大華晚報》副刊）

羅門詩作的最大特色，在于他豐富的意象、新鮮的感性和充分的現代感。他能融合現代畫的構圖、現代電影的蒙太奇及現代小說的意識流，交織成萬花筒般魔幻的世界。

他用“曠野”象徵現代精神生活的荒涼，但也暗示了它的遼闊和無限的可能性，比諸艾略特的《荒原》，有異曲同工之妙。

如果在今天要找一個最能表現都市文化的詩人，羅門無疑是個中的代表。（見時報文化出版公司 1981 年《新書 20 種》出版書報）

● 光復版《整個世界停止呼吸在起跑線上》的出版簡介指出：這是一代大師羅門石破天荒的新作。對於文明、戰爭、都市及大自然主題，這位孤傲高貴的現代精神掌旗人，持續他心靈的透視和省思，音韻鏗鏘、形式壯闊，其中傑作如《時空奏鳴曲》，大膽揭露中國人的命運，感人至深，是現代史詩的經典之作。（見光復出版社 1988 年出版該書，主編的評語）

● 第一屆世界詩人大會在菲律賓馬尼拉召開，大會主席尤遜（Dr. Yuzon）在開會典禮上曾當著數百位來自美國、蘇聯等五十多個國家代表，贊說："羅門的《麥堅利堡》詩，是近代的偉大作品，已榮獲菲總統金牌詩獎。"

● 美國代表凱仙蒂・希見（Hyacinthe Hill）女詩人，是大會風頭人物。她的作品曾與美著名詩人龐德（Ezra Pound）、惠特曼（Walt Whitman）金士保（Ginsberg）、康敏思（E. E. Cummings）、迪更生（Emily Dickinson）等選入 1969 年在美出版的‘The Writing on the War’詩選。她讀過《麥堅利堡》詩後，寫出她的感言："羅門的詩有將太平洋凝聚成一滴淚的那種力量（Lomen'n poetry has the power of the pacific ocean distil-late to a tear）。"

美國詩人代表高肯教授（W. H. Cohen）他也是這次大會的活躍人物。曾是美國大專學校的駐校詩人，于 1979 年應聘來台任政大客座教授，讀過《麥堅利堡》詩後寫出他的感言：羅門是一位具有驚人感受性與力量的詩人，他的意象燃燒且灼及人類的心靈…我被他詩中的力量所擊倒（原文：Lomen is a poet of astonishing felling and power, his images sear and burn men’s being… cohen who is auestruck by the power of his poetry）。

● 美國詩人代表李萊・黑焚（Leroy hafen）博士，在各國代表到馬尼拉近郊參觀"麥堅利堡"軍人公墓時，他提議由他朗誦羅門的《麥堅利堡》，並請大家于朗誦前向七萬座十字架默哀一分鐘，在低沉陰暗的天空下，讀完，至爲感人，並寫下他的誠心之言："李萊・黑焚能在麥堅利堡十字架間爲世界詩人大會朗讀這首偉大的詩，使我感到光榮（Leroy hafen was honored to read this great poem for the world Congress of poets amid the acroses at Fort Mckinley）。"

● 美籍教授卜少夫（Robert J. Bertholf）在寫羅門蓉子《日月集》英文詩集序言中說："羅門的《都市之死》這首詩，近似是中文的 T.・ S 艾略特的《荒原》……"

（二）學者、評論家、詩人、作家對羅門理論創作世界的評語

● 評論家蔡源煌說羅門講的"第三自然"，自己也喜歡塑造象徵的形象，這個形象就代表某種精神境界，長期把它呈現出來就可以形成一種體系。（蔡源煌：《晚近詩風的演變》見 1989 年 9 月 1 日《新詩學報》）

● 前輩藝評家虞君質教授在世時讀羅門的詩文寫出："我喜歡羅門的《麥堅利堡》，更欽佩羅門對"現代人悲劇精神"的闡釋。（見 1971 年《藍星詩刊》中《從批評過程中看讀者作者》）

● 詩人張錯在美國念博士學位時說："我在台灣時看到文壇名家的文章，眞給嚇倒了，現在卻不當一回事，倒是羅門的幾篇論文比較 Original。"（見 1971 年《藍星年刊》）

● 詩人張健教授在 1964 年 20 期《現代文學》上說："羅門的‘現代人的悲劇精神與現代詩人’可推爲年來詩壇罕見的詩論。"

● 詩人蘇凌教授在當時也說："羅門的《心靈訪問記》是我這幾年來看到的最好的一篇有關於詩與哲學的思考等的中國創作，可說是相當偉大的論文。"（見1971年《藍星年刊》）

● 詩評家周伯乃在編《當代中國文學批評選》時曾說："在來稿中，羅門的那篇大作《現代人的悲劇精神與現代詩人》是壓軸的傑作，無論對詩對人性都有了徹底的批判，我很欽佩那篇文章。"（同上）

● 詩人洛夫在出版《石室的死亡》詩集之後，讀羅門的論文說："羅門的論文並不是一種純客觀的論文，有點近乎紀德與艾默生的散文，因它的啓示性較論說爲多，今天在台灣寫這一型文章的，羅門還眞是數一數二的。其實羅門的心聲也是大多數具有自覺的現代人的心聲……。"（同上）

● 詩人張默主編的《現代詩人書簡》對羅門的《心靈訪問記》那篇文章發表意見說："《心靈訪問記》無疑會成爲一篇重要的文獻，作者提出現代詩人的七個問題……作者對每一個問題，均穿透自己的靈視，作了相當精闢的解說，使人讀後不難感知他射噴的精神逼力是如何深厚。"（同上）

● 詩人兼畫家林興華說："我是那麼感動於羅門的《心靈訪問記》，它是多麼能引發人的深思，在國內這方面，推羅門爲一把交椅是無疑了。羅門的著作，我幾乎嗅到一股'劍氣'，宣言式的字句、格言式的言語，直搗吾們的心房，一擊而心痛半輩子……"

● 散文作家林文義讀羅門《時空的回聲》後，寫著"《時空的回聲》實在是現今詩壇最有氣魄的論文集，羅門將因這本巨作而不朽，我被他深切的感動了。"（同上）

● 名詩人、小說家、散文家、評論家 林燿德——評論羅門說：

羅門，做爲一個具備現代思想與前衛創新傾向的重要詩人與詩論家，在五〇年代以降台灣詩壇形成一家之言，他的發展軌跡隨著自己的思想與詩風、以及整個文化環境的變遷而顯現出來。在多次有關潮流、技巧以及詩人內在生命本質的論爭中，羅門始終能夠提出獨到的見解，包括了創作的形式、與古典詩的關係、各種主義流派的反思，他的洞見維護了詩的純粹性，並且以不輟的創作親自證明了詩人毫不屈撓於現實的意志。

「羅門思想」中的「第三自然螺旋型架構」對於後現代的批判與修正仍然具備以下嚴肅的意義：

（一）羅門能夠一己營造的壯美思想體系面對時潮，提出具體的立場，這種胸襟和氣魄，在台灣詩壇陷入沉寂、被小說界奪去解釋權的八、九〇年代，無疑是令人振奮的。

（二）羅門講究立場，雖然也有模型理論的自我制約，但比起後現代主義玩家的閃爍其詞、飄忽不定，他篤定而誠懇的態度值得肯定，重建眞理的企圖則令人欽佩。

（三）後現代主義者譏笑現代主義是「刺蝟」，眼睛只能看到一個方向，他們又自比爲「狐狸」，可以同時注意不同的方位。不過眼觀八方的狐狸常常因爲咬不著刺蝟而餓死，就算咬著了也往往痛斃當場。後起的浪潮不見得必然高過前區的浪峰；能夠堅持自我理念的詩人羅門是永不過時的。

見《羅門蓉子文學世界學術研討會論文集》文史哲出版社一九九四年）林燿德「羅門思想」與「後現代」

（三）學者教授、詩評家對羅門都市詩的重要評語

● 任教臺灣大學曾任台灣比較文學學會會長的名理論家張漢良教授在論文中說：「羅門是都市詩的宗師……反映現代社會的都市詩，他是最具代表性的詩人。」（見文史哲出版社一九九一年十二月出版的「門羅天下」書中張漢良教授的論文。）

● 後現代文評論家孟樊稱羅門為「都市詩宗主」（見世新大學二〇〇一年十月二十日舉辦的「台灣現代詩史書寫研討會」，孟樊發表的論文〈台灣新詩的後現代主義時期〉）

● 台灣名詩人藝術家評論家杜十三在論文中說：「羅門擁有中國都市詩之父的美譽」（見一九九七年文史哲出版的「羅門‧蓉子論」書中詩人杜十三寫的「羅門論」。）

● 任教臺灣師範大學當代著名文學評論家鄭明麗教授在論文中說：「羅門是當代中國詩壇都市詩與戰爭主題的巨擘。也是至八〇年代以來，臺灣最具思想家氣質的前衛詩人……八〇年代「掌握都市精神的一代」崛起，受到羅門很大的啓迪……羅門的都市詩，縱貫了將近三十年歲月，從「都市之死」到「麥當勞午餐時間」，其觀點愈見成熟，能與時代同步，在都市的圓點上，既能回顧其歷史，能探測其未來。其見識廣遠，自非一般詩人所可比擬。」（見文史哲出版社的「門羅天下」書中鄭明娳教授的論文。）

● 任教臺灣師範大學，當代著名文學評論家潘麗珠教授在論文中說：「羅門是當代都市詩的守護神。」（見潘麗珠教授寫的「羅門都市詩美學探究」，收入台灣師大一九九六年「中國學術年刊」。）

● 詩評家林燿德在他寫的「羅門論」專書中說：「三十年的光陰中，一直持續著對於現代都市的探索與挖掘，他已不僅止於陳煌所指的「都市詩國的發言人」（《明日世界》第一二〇期，一九八四年十二月），更是一個不斷在文明塔尖造塔的藝術思想家……。面對著在文明塔尖起造精神之塔的羅門，我們可以體會，都市詩學的出現已是一樁動撼人心的文學史事件。」（見一九九一年師大書苑出版詩人林燿德的「羅門論」。）

● 林燿德寫給羅門的信中說：

羅門大師：

頃接您的來鴻，對於您的訓示，德已謹記在心，請大師放心，年輕一代必能在大師的感召下淬勵奮發，為中國現代詩壇貢獻心力。

對於都市詩，德仍積極整理資料中，西方自波特萊爾至歐立德，都市詩一直是一重要系統，中國都市詩之出發則自羅門大師始，可為開山師祖。然而如何以最適切的中性語言，襯托出您偉大之所在，確實需要謹慎落筆。……

● 台灣名散文家、詩人、詩評家陳煌在論文中說：「羅門是都市詩的發言人。」（見一九八四年十二月二日「臺灣時報」副刊詩人陳煌寫的「都市詩的發言人」）

● 新世代傑出詩人陳大為以羅門都市詩為研究對象，在通過碩士學位的「羅門都市詩研究」論文中說：「雖然羅門對九〇年代的世紀末都市景象的刻劃與挖掘不盡理想，但其餘同輩詩人與新世代詩人在這方面並沒有

大規模的經營，即使最具潛力開發出「世紀末都市詩」的林燿德（一九六二——一九九六），也僅僅是偶有幾篇佳作；其餘人等皆無法展現出羅門的創作企圖，毅力與魄力，更談不上建構一己之都市詩美學。相較之下，羅門三十多年來都在都市詩方面所投注的創作新力與成果，在臺灣現代詩發展史上，確實無出其右者。從這個角度來看，他不負「都市詩國的發言人」之譽，而「都市詩」也儼然成爲臺灣詩史上的一個重要詩類。」（見詩人陳大爲碩士論文「羅門都市詩研究」東吳大學一九九七年）

● 一九九四年十二月召開的第一屆「當代臺灣都市文學研討會」，在臺灣師大教授林綠博士寫論羅門都市詩的論文中，擔任講評人的臺灣大學教授、名詩人兼施評家張健所寫的評語，特別指出兩點：（1）羅門都市詩表現的是多方面的問題：如機械稱霸、金錢掛帥、人慾橫流、人性扭曲、價值貶損、宗教淪落、道德淪喪、文藝受忽視……等。（2）羅門詩中最可貴的，是豐富的意象、酣暢的節奏感及磅礡的氣勢（見一九九五年十一月二十一日時報文化出版社的「當代臺灣都市文學論」書中張健教授的講評）

● 「陽光小集」詩社傑出詩人林野在論文中說：「源於都市景觀和人類生存層面的題材，一直爲詩人們努力地探討和詮釋。但探討此類的作品，多半由於語言的傳熱性和導電度不佳，或侷限於物象的表淺切割，以致不能激發強烈感情的痛覺反射所造成的心靈震撼，也不足爲訓。在當今國內詩壇，詩人羅門對於這些尖銳、猛烈的事物，始終投入最灼熱的觀照，可貴的是他對現代感的瞬間捕捉，透過冷靜的內省，精準地把高度活動性的意象和疊景，拉攏到靈視的圓心。從他的詩裡，經常可聽見血的聲音，都市譫妄的幻覺，同時也看到現代人迷惘的表情。（見一八九一年「陽光小集」詩刊夏季號詩人林野寫的「回顧茫茫的曠野」。）

● 任教河南鄭州大學、曾任河南省文藝理論研究會會長、名評論家魯樞元教授稱羅門爲「都市詩的宗師」（見文史哲一九九四年出版的《羅門蓉子文學世界學術研討會論文集》P.350 魯教授寫的論文）

● 名作家詩評家王一桃在論文中說：「兩岸的詩評家在評論羅門的詩作時都不約而同地指出他在城市詩創作的成就和他對詩壇的貢獻；……。特別值得一提的是臺灣著名詩人兼學者余光中，在談及臺灣進入八十年代，「對面工業文明而且身處現代的大都市」，「我們的城市文學也應該產生自己的代言人」時，就很自然想到早在二十年前致力於城市詩開拓的羅門，並說「未來如有城市詩派，羅門該是一位先驅」（見文史哲出版社一九九四年出版的「羅門、蓉子文學世界」學術研討會論文集王一桃的「論羅門的城市詩」）

● 名學者、詩論家評論羅門都市詩的文章有十多篇（見文史哲出版社出版多册論羅門的專書）。

● 羅門曾擔任青協舉辦首屆「當代臺灣都市文學研討會」論文發表人，論文題目：「都市與都市詩」（見一九九五年十一月二十一日時報文化出版社的「當代臺灣都市文學論」

〔附〕：「羅門創作大系」十卷中，有〈卷二〉「都市詩」專書（文史哲出版，一九九五年）

羅門演講經歷

羅門曾以創作者（非學者教授）身分，在台灣與大陸兩地三十多所大專院校演講（包括兩岸最著名的大學），可說是創作生涯的一項特殊經歷

（一）台灣七十年代就已應邀往廿餘所大專院校演講（詳記在「黎明文化公司」一九七五年出版（羅門自選集）個人的簡歷中P3）。

（曾應邀往台大、師大、政大、輔大、淡江文理學院、文化學院、國防醫學院、臺北醫學院、大同工學院、海洋學院、中正理工學院、東海大學、中興大學、臺中醫學院、成功大學、高雄師範學院、國立藝專、世界新專、臺北師專、臺北女師、實踐家專、苗栗聯合工專、明志工專等廿餘所大學院校做詩的專題演講，也多次聘任文藝夏令營詩講座。）

（二）一九八四年接受香港大學應邀赴港做三場演講，由黃德偉教授接待。並在中大文藝班與余光中、黃維樑主持現代詩座談。

一九八八年一月下旬與蓉子應菲華文協邀請赴菲做四場詩的專題演講。菲華中文報（聯合日報與環球日報）曾三次以第一版新聞報導。

一九八八年十月～十一月應邀往大陸進行近一個月的巡迴演講（包括）：

●海南大學

●海南師範學院

●廣州中山大學

●暨南大學

●上海復旦大學

●華東師範學院

●上海戲劇學院

●北京大學

●廈門大學

（見文史哲出版羅門《在詩中飛行》詩選「重要記事445頁」）

一九九一年五月「泰華文藝作家協會」在曼谷被泰國政府正式批准成立與蓉子應大會之邀專程前往作專題演講。

一九九一年八月與蓉子應邀赴美參加愛荷華大學舉辦的廿多國家國際作家寫作（IOWA I.W.P）會議，曾擔任論文主講人；參加作品發表會，接受電視訪問。蓉子個人到俄亥俄大學與亞特蘭大大學讀詩與講詩。

一九九四年與蓉子應邀往西安西北大學演講。

一九九四年在畫家陳正雄於北京美術館展覽酒會上代表詞後應邀往北京美術學院抽象藝術

一九九四年在陳正雄上海美術館畫展酒會上代表致詞後，應邀到上海畫院演講

一九九五年北京大學舉辦「羅門蓉子系列書」發表會過後，同蓉子在北京大學演講。

二〇〇年六月中旬羅門蓉子應邀往北京清華大學舉辦的系列演講，由於目前清大在大陸似乎已被視爲首榜學府，我們能以純創

作者前往演講，看來多少是件榮幸的事。

二〇〇四年十月一日在台灣大學舉辦的現代詩系列講座演講

二〇〇五年三月五日在台北市立師範學院視覺藝術研究所演講

二〇〇五年四月七日在海南大學「名師論壇」演講

二〇〇五年六月八日在佛光大學演講

二〇〇六年九月八日在台北市立美術館「系列講座」演講

二〇〇六年十月十五日北京大學與北京首都師範大學舉辦『新世紀中國新詩學術研討會』特別安排在開幕典禮上發言。

二〇〇六年十月十六日北京師範大學舉辦『中國詩歌高端論壇』會議，應邀在開壇典禮上以「詩與藝術深層世界的探索」爲題，做二小時專題演講，又此項「高端論壇」會議，自二〇〇六年十月到二〇〇七年八月，安排有10場系列講座。

●此外尚應邀在美國、香港、菲律賓、泰國、馬來西亞等地的學校或文藝社團演講、以及台灣島內島外的巡迴演講、各類型的文藝營以及美術館畫廊與地方文化社團如文化中心、獅子會、扶輪社、同濟會乃至較小的場所，如：小木屋、茶藝館、小型讀書會……等都是羅門爲詩與藝術推廣四處演講的範圍場所。

附語：「在台灣」爲現代詩與藝術四處演講「最」多的詩人，羅門是其中之一。

2010年5月13日應南亞科技大學校長王春源當面邀請的此次演講是我長年來應兩岸許多大學包括各個著名大學以及社會藝文團體所有的邀請演講中，最感到榮幸特殊印象最深刻最具意義與記憶性以及意料不到的一次。

超出想像的機遇

元智大學舉辦頒給「桂冠」文學獎給高行健，此項構想，由該校前文學院院長王潤華提議，已實施多屆，由於此次盛會幕後推動者是「燈屋」。40 多年的老友，他在電話中說如有空參加，可來回坐計程車由學校付費，雖忙於「詩國」終端作品的出版，還是答應出席，當然尚有一些是我考慮去的理由，能看到三位很久未見的文友。

（1）一獲獎人高行健是我曾特別在不少人對他獲諾貝爾獎有異議而寫肯定性的論評文章，發表於台灣新聞報西子灣副刊，後收進我寫華人著名的作家評論集《創作心靈的探索與透視》（文史哲出版社出版）同時爲他在亞洲藝術中心畫展畫冊寫序。

（2）名評論家劉再復，是同我一樣爲兩岸奇才傑士林懼德的特別賞識者。

（3）名作家王蒙；自名畫家陳正雄在大陸北京中國美術館 1994 年開畫展，我特邀在開幕酒會致詞與評介其作品，我曾電話給王蒙先生希望他能來，他客氣說：他不懂抽象畫，我回答他「來了就懂」，他終於答應出席開幕酒會，並參加美術館午宴與暢談現代藝術，此次見面，一別就 16 年。

此次我應邀參加頒冠盛會，安排在貴賓席，靠近三位特別人士，見面便將《創作心靈的探索與透視》送他們，並即近對大會主席元智大學校長說我有兩幅字一幅送給大會，一幅送給友人高行健。校長答應在頒獎過後於「與大師對話」節目中贈送。

我上台送給大會的那幅字（就右邊的短文）由校長接受；

送給高行健「完美是最豪華的寂寞」，由高行健接受。

當時我只將校長與我打開的那幅字用了倆分鐘讀一遍，然後說了兩句話；「它是我爲詩與藝術世界磨了超出半世紀的一面鏡子，送給大會」，然後回座。剛坐下來真是出乎我意料之外，坐在我旁邊從不認識的一位貴賓給我名片，他是南亞技術學院校長，並說我寫的那段話很精彩，要我到他學校演講，我聽到那的確不只是感到榮幸，而是爲超出想像在人類思想高空碰撞的聲響令人感動，我也坦然接受他的邀請，是我在海內外無數次應邀演講印象最特別最深的一次。

世界上真正偉大的「大師級」、「桂冠級」詩人文學家與藝術家，是必須具有 —— 「生命觀」，「世界觀」、「宇宙觀」、「時空觀」與「永恆觀」……等宏觀的大思想智慧以及大的才華與藝術功力。

同時他作品的媒體符號應是人類精神思想世界（相對於物理世界）的原子能與核能其爆發的威力與光能，不但能進入而且能美化與亮麗東方孔孟老莊、西方亞利斯多德、蘇格拉底、柏拉圖、羅素乃至道教、回教、佛教、基督教……等生命思想的活動境域，並能捺響「上帝」天國天堂的門鈴，以及拿到「上帝」的通行証與信用卡，最後同「上帝」一起存在於『前進中的永恆』！

註：這是我在「第三自然螺旋型架構」世界的「磨鏡房」為詩與藝術世界以及世界上所有具深知遠見的詩人藝術家與批評家，磨了超出半世紀的一面鏡子。

不可思議超出想像的機遇；是「詩 Poeiry」以超出「速度」之外的高速，快捷地在思想高空地帶，所引發來不及設防的互動、共感與共震！

5 月份春源校長邀請我的演講主題『詩與藝術對人類存在的終極意義（兼談詩與藝術的關聯性）』

接著 6 月份，校長來電話希望我再次到該校演講；我雖忙在海南 6 月 18-21 日舉辦我與蓉子創作半世紀研討會，還是接受校長邀請，那是基於那份令人感懷的盛意。

此次演講主題是：『詩眼看人類存在的四大困境』

南亞技術學院
Nanya Institute of Technology

感 謝 狀

感謝　羅門 大詩人：

承蒙蒞臨講座賜教，助益良深，

高情隆誼，由衷感激。

敬奉感恩狀，特表謝忱與紀念。

Thanks for Your Visiting.
We've Learned Much from You.
We Deeply Appreciate This.
This Thanksgiving for Your Memory of Visiting Us.
Sincerely

校長
王春源　敬謝
2010. 05. 13

南亞技術學院
Nanya Institute of Technology

感 謝 狀

感謝　大詩人　羅門：

承蒙蒞臨講座賜教，助益良深，

高情隆誼，由衷感激。

敬奉感恩狀，特表謝忱與紀念。

Thanks for Your Visiting.
We've Learned Much from You.
We Deeply Appreciate This.
This Thanksgiving for Your Memory of Visiting Us.
Sincerely

校長
王春源　敬謝
2010. 06. 10.

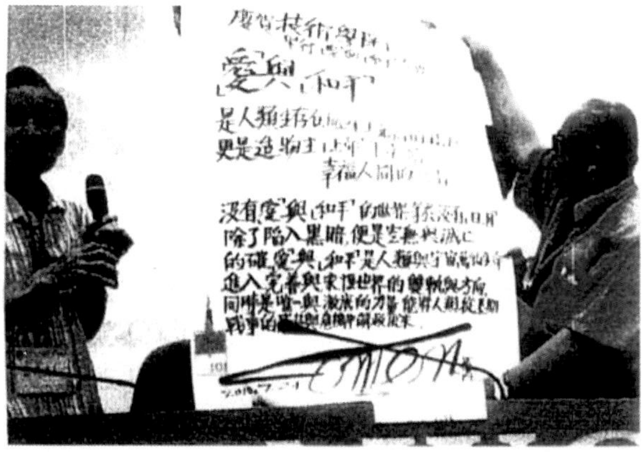

聯合國NGO組織副主席出席南亞技術學院舉行的國際和平會議，我第三次應邀參加，並安排20分鐘講話與贈送大會的詩話書寫（2010年7月間）

「後記」

提筆寫「詩國」的後記，內心首先要想說的話：

(1)前言與「詩國」本文完成後，尚有一些要加以補充說明的。

(2)更重要的是正面過來的嚴肅問題：

●基於只有眞正的詩與藝術超越的優勢，能有效的讓一切存在回到「眞實」的位置；令使我撰寫「詩國」，下筆便遵從詩與藝術絕對的旨意，也因而有足夠的信心，於必要時，將探究自我乃至人類存在終極價值的解說權，從所謂「社會性」的『大家』手中拿回到自己的手中；其實所謂「大家」也是來自許多「個人」，沒有「個人」那裡來的「大家」，只要說的坦誠同時接近事實事理有說服力，則任誰來說都一樣。

●基於詩與藝術是裸在陽光中的大自然，詩人與藝術家是裸在大自然中說眞話的『海』或沉思默言的『山』；我寫「詩國」，便也在潛意識中，裸回絕對與坦然直率的「自我」境域，導使「詩國」的創作世界，便形成近乎是半世紀來從事詩與藝術「自我告白式」的終端著作。

接著是一開始就想加以說明的，那是在二〇〇〇年構想創作「詩國」之前，於六十年代，我因富於想像與理想，便曾同一些藝文界朋友其中有一位是企業家王永慶的親友，（他也熱愛藝文）在作家咖啡屋談詩論藝，我隨意但也相當認眞的說，如果台灣由王永慶巨富帶動 50 至 100 位大小企業家，每人提供十分之三的財力來建造較「大英博物館」法國「羅浮宮」都宏偉輝煌與龐大的文化藝術博物館，則台灣除是世界經濟繁榮的國家，更是地球上令使全人類都永遠仰慕重視與讚美的地方，這些天馬行空的想像與高度理想化的豪言，其實並非空話，事在人爲，關乎人存在的智慧與價值觀；而我一直抱持較純粹的藝術態度與觀念。同「政治」有相當距離，便讓過去留在歲月倒鏡頭中的這些美思影像，也自然隱沒入過去的記憶。

至於目前從我內心推演同上述理想的情景有潛在基因的「詩國」——也就是我所構想的一個新的「理想國」，它是虛擬的非現實世界的什麼國家；它只是從現實面，超越昇華形成一面反映人類存在於理想與完美境域中明亮的「對照鏡」。

再就是本來這本設計擬有 1000 頁包括數百頁彩色圖象的「詩國」大型終端著作，由於出版費用超出很多，應重新規劃，將書縮減到 800 頁以下，部份彩色圖象也盡可能改以黑白印刷。

由於「詩國」是將「詩」與「藝術」統合爲一體，又是我個人有異於柏拉圖「理想國」的新的「理想國」，顯已是人類世界一本相當新穎特異具有創意的書，也是我創作近 60 年推出的終端作品，所付出的心力與時間是可見的，我勢必要以嚴肅與認眞的態度來面對與完成，並接受讀者誠摯的批評指教。

最後「詩國」的出版，除了感謝同我一起堅苦創作超過半世紀的女詩人蓉子，也要特別謝謝在出版事業不景氣的年代，文史哲出版社彭正雄先生，出版我與蓉子廿多本書，又幫忙出版這本相當艱巨又無利可圖的書；此外，海內外不少著名學者批評家在諸多評論文章中所不斷給予我創作的激勵，都是使我內心此刻留下至爲深刻的感念與謝意；再就是此書中的「燈屋」與藝術方面的許多精彩可觀的攝影圖象是由知名的攝影家曾崇詠、黃華安、陳文發與名旅行家馬中欣等人所拍攝，一併在此表以感謝。

國家圖書館出版品預行編目資料

我的詩國 / 羅門著. -- 增訂再版. -- 臺北市：
文史哲, 民 99.12
頁： 公分
ISBN 978-957-549-938-9（平裝）

1. 羅門 2.學術思想 3.訪談 4.詩評 5.圖像

851.586 99024658

我的詩國

著者：羅 門
出版者：文 史 哲 出 版 社
http:// www.lapen.com.tw
e-mail：lapen@ms74.hinet.net
登記證字號：行政院新聞局版臺業字五三三七號
發行人：彭 正 雄
發行所：文 史 哲 出 版 社
印刷者：文 史 哲 出 版 社
臺北市羅斯福路一段七十二巷四號
郵政劃撥帳號：一六一八〇一七五
電話886-2-2351-1028・傳真886-2-2396-5656
平裝二冊售價新臺幣9,600元
中華民國九十九年（2010）六月初版
中華民國一百年（2011）元旦增訂再版二刷

ISBN 978-957-549-938-9 84214